KB001910

to my Korean readers,
from
Jared Diamond,
admirer of Korean people
and
of hangul

GUNS, GERMS, AND STEEL

“거시적인 질문과 담대한 답! 나를 중세 전쟁사학자에서 인류학자로 바꾼 책이다. 재레드 다이아몬드는 어떻게 과학자가 역사의 큰 질문을 탐구하고, 글을 이해하기 쉽게 쓸 수 있는지 보여준다. 내게《사피엔스》를 쓸 용기를 주었다.”

유발 하라리, 예루살렘 히브리대학교 역사학 교수

“재레드 다이아몬드의 저작 중 하나만 읽어야 한다면 단연코《총, 균, 쇠》이다. 인류 역사를 이해하는 데 필요한 초석을 놓았다.”

빌 게이츠, 마이크로소프트 창업자

“재레드 다이아몬드만큼 실험실과 현장에서 많은 것을 경험한 과학자는 없고, 사회적 쟁점을 깊이 고민해 명쾌하게 설명하는 과학자도 없다. 이 탁월한 책에서 다이아몬드는 역사와 생물학이 인간 조건을 더 깊이 이해하는 데 어떻게 도움을 주는지를 보여주었다.”

에드워드 O. 윌슨, 하버드대학교 명예교수

“지금까지 가장 많이 추천한 책이다. 역사책인가 하면 지리학과 경제학을 넘나든다. 재레드 다이아몬드는 완벽한 의미의 ‘통섭학자’다. 이 시대에 왜 공부를 두루 해야 하는지가 보인다.”

최재천, 이화여자대학교 에코과학부 석좌교수

“학문의 영역에서 제대로 된 답을 얻기 위해 필요한 것은 적절한 질문이다. 이 책은 가장 중요한 내용을 질문의 형태로 제시하며 원인의 연쇄를 파고들어간다. 질문을 던지며 더 거대한 질문을 만들어내는 훌륭한 책.”

이동진, 영화평론가

“이 책은 놀랍게도 사회 발전의 핵심 요인이 무엇인지를 답하는 한편 더 많은 탐구의 방향을 한 편의 드라마처럼 제시한다. 역사에 흥미를 가진 사람들에게 최고의 입문서다.”

홍춘욱, 프리즘 투자자문 대표

“매혹적이고 중요하다!《총, 균, 쇠》는 대학을 졸업하기 전에 반드시 읽어야 하는 책이다.”

〈워싱턴 포스트〉

“어떤 주제를 이처럼 새로운 관점에서 뜻밖의 차원까지 끌어낸 책은 지금껏 없었다. 오직 재레드 다이아몬드만이 쓸 수 있는 책이다!”

〈뉴욕 리뷰 오브 북스〉

"모든 대륙에서 펼쳐진 1만 3,000년의 역사를 회오리바람처럼 격정적으로 휩쓸며 명쾌하게 썼다. 제국, 종교, 문자, 작물, 총의 기원이 모두 담겼다. 대륙별로 인간 사회가 다르게 발전한 이유를 설득력 있게 설명함으로써 역사에 대한 인종차별적인 이론의 근거를 무너뜨린다. 현대사회가 형성된 과정에 대한 설명은 우리 미래를 위한 교훈으로 가득하다. 처음 두 페이지를 읽고 나면 이 책을 손에서 떼지 못할 것이다."

폴 R. 엘릭, 스탠퍼드대학교 인구연구소 교수

"'왜 인간 사회는 각기 다른 운명을 지니게 되었는가?'라는 질문에는 흔히 인종차별적인 대답이 뒤따랐다. 재레드 다이아몬드는 여러 분야에서 수집한 정보를 능수능란하게 다루며, 먼저 시작해서 누린 이점과 지역적 조건이 인류의 역사 과정에 큰 영향을 미쳤음을 설득력 있게 해설한다. 그의 인상적인 설명에 많은 독자가 수긍할 것이다."

루카 카발리 스포르차, 스탠퍼드대학교 유전학 교수

"재레드 다이아몬드는 고고학과 전염병학 등 다양한 분야의 최근 성과를 끌어와, 대륙에 따라 인간 사회가 지난 1만 3,000년 동안 어떻게 다른 속도로 발달했고, 그 이유가 무엇인지를 밝힌다."

브루스 D. 스미스, 스미스소니언연구소 고고학·생물학 프로그램 책임자

"인류 역사를 생물학적 관점에서 진지하게 접근한 획기적인 연구 결과! 포괄적 이론에 일화적 사건을 연결해 읽는 재미를 더하고, 인과관계를 밝히면서도 창조적인 도약을 놓치지 않는다. 이보다 더 치밀하게 쓰인 책은 올해, 아니 오래전부터 출간된 적이 없었다."

〈워싱턴 타임스〉

"재레드 다이아몬드는 독창적인 의문을 제기한 것만으로도 박수받아야 마땅하다. 야심차고 너무도 중요한 책이다."

〈뉴욕 타임스〉

"인간 세계가 부유한 국가와 가난한 국가로 나누어진 이유를 흥미진진하게 파헤친다. 전문 지식과 글 읽는 재미를 이처럼 일관성 있게 결합해낸 책은 이제껏 없었다."

〈더 타임스〉

"재레드 다이아몬드는 정말 박식하다. 게다가 과학적 개념을 쉽게 풀어 쓰며, 인류의 발전 과정에 관심 있는 사람이면 누구나 궁금해할 만한 문제를 다룬다. 다이아몬드는 인종차별적인 답을 완전히 뒤집는 대안을 제시하며 우리를 환히 웃게 해주었다. 더할 나위 없이 흥미롭다!"

〈로스앤젤레스 타임스〉

GUNS, GERMS, AND STEEL: The Fates of Human Societies
by Jared Diamond

Copyright © 2017, 1999, 1997 by Jared Diamond
Korean translation copyright © 2023 by Gimm-Young Publishers, Inc.
All rights reserved.

Korean translation rights arranged with Jared Diamond, c/o Brockman, Inc.

총균쇠

인간 사회의 운명을 바꾼 힘

GUNS, GERMS, AND STEEL

THIS BOOK ATTEMPTS TO PROVIDE A SHORT HISTORY OF EVERYBODY FOR THE LAST 13,000 YEARS. THE QUESTION MOTIVATING THE BOOK IS: WHY DID HISTORY UNFOLD DIFFERENTLY ON DIFFERENT CONTINENTS? THE BOOK'S EMPHASIS IS ON THE SEARCH FOR ULTIMATE EXPLANATIONS, AND ON PUSHING BACK THE CHAIN OF HISTORICAL CAUSATION AS FAR AS POSSIBLE.

JARED DIAMOND

재레드
다이아몬드

강주헌 옮김

김영사

강주헌 옮김

한국외국어대학교 불어과를 졸업하고, 같은 대학원에서 석사 및 박사 학위를 받았다. 프랑스 브장송대학교에서 수학한 후 한국외국어대학교와 건국대학교 등에서 언어학을 강의했다. 2003년 올해의 출판인 특별상을 수상했다. 옮긴 책으로 《문명의 붕괴》《어제까지의 세계》《대변동》《세상은 실제로 어떻게 돌아가는가》 등 100여 권이 있고, 지은 책으로 《원서, 읽(힌)다》《기획에는 국경도 없다》 등이 있다.

총, 균, 쇠 양장판

1판 1쇄 발행 2023. 8. 10.
1판 6쇄 발행 2023. 9. 28.

지은이 재레드 다이아몬드
옮긴이 강주헌

발행인 고세규
편집 이한경 디자인 윤석진 마케팅 박인지 홍보 이한솔
발행처 김영사
등록 1979년 5월 17일(제406-2003-036호)
주소 경기도 파주시 문발로 197(문발동) 우편번호 10881
전화 마케팅부 031)955-3100, 편집부 031)955-3200 | 팩스 031)955-3111

이 책의 한국어판 저작권은 저작권사와의 독점 계약으로 김영사에 있습니다.
저작권법에 의해 한국 내에서 보호를 받는 저작물이므로 무단전재와 무단복제를 금합니다.

값은 뒤표지에 있습니다.
ISBN 978-89-349-5171-1 03900

홈페이지 www.gimmyoung.com 블로그 blog.naver.com/gybook
인스타그램 instagram.com/gimmyoung 이메일 bestbook@gimmyoung.com

좋은 독자가 좋은 책을 만듭니다.
김영사는 독자 여러분의 의견에 항상 귀 기울이고 있습니다.

에사, 카리니가, 옴와이, 파란, 사우아카리, 위오르와 더불어

나의 모든 뉴기니인 친구와 스승에게 이 책을 바친다.

그들 모두가 험난한 환경에서 성공적으로 살아가고 있다.

2023년 특별서문

사랑하는 한국 독자들에게

《총, 균, 쇠》가 한국에서 새로운 모습으로 한국 독자들에게 소개될 것이란 소식을 듣고 무척 기뻤습니다. 내 책들은 이미 43개 언어로 번역되었지만 《총, 균, 쇠》가 한국어로 전면 재번역된다는 소식은 나에게 여러모로 특별히 반가운 소식입니다.

《총, 균, 쇠》는 한국과 특히 인연이 깊은 책입니다. 구체적으로 말하면 한국의 한글과 지리적 특징이 이 책의 여러 주제를 잘 대변해줍니다. 《총, 균, 쇠》에서 한글을 다룬 이후 나는 서울에서 개최된 언어학 학회에 참석하기 위해 한국을 처음 방문했습니다. 당시의 방문이 좋은 결과로 이어지며 그 이후로 한국을 더 많이 방문하게 되었고, 한국 초청자들과 우정을 맺었으며, 성균관대학교의 석좌교수로 초빙되어 한국 학생들과 만날 기회도 있었습니다. 한국을 방문할 때마다 나만큼이나 한국의 아름다운 공예품을 높이 평가하는 아내 마리를 위한 선물도 샀죠. 그 덕분에 로스앤젤레스의 우리 집은 한국의 전통 찻잔과 나전칠기 보석함, 장신구 등이 곳곳을 장식하고 있습니다,

한국과의 또 다른 인연으로는 미국에 나와 관심사가 같은 한국인 친구가 꽤 있다는 것을 들 수 있습니다. 피아노 연주자로서 나는 다른 음악인들과 협연하기를 무척 좋아합니다. 나와 함께 주기적으로 협연하는 두 바이올린 연주자가 모두 한국인입니다. 지난주에는 그중 한 사람과 베토벤의 피아노 소나타 C 장조를 협연했고, 며칠 후에는 다

른 한국인 연주자와 슈베르트의 소나티나를 협연하기도 했습니다. 또 내가 일하는 대학교에는 나처럼 야구팀 LA 다저스를 응원하는 한국인 동료 교수가 있습니다. 그 친구와 나는 얼마 전에 WBC 결승전에서 미국 국가대표 야구팀이 일본 국가대표 야구팀에게 아슬아슬하게 패한 것을 알고 함께 애석해하기도 했죠. 이렇게 한국과 좋은 관계를 맺어온 것을 감사하게 생각합니다.

1990년 이후로 나는 전 세계의 독자를 대상으로 인간 사회에 내재한 중대한 의문에 관한 책을 써왔습니다. 그 전에 내가 발표한 책과 출판물은 완전히 다른 주제였고, 목표로 삼은 독자도 달랐습니다. 1990년 전까지 수십 년 동안 나는 캘리포니아대학교 로스앤젤레스 캠퍼스University of California, Los Angeles, UCLA 의과대학에서 생리학 교수로 일했습니다. 신장과 창자의 생리를 가르치고 그와 관련된 장기를 연구했죠. 특히 나는 쓸개의 생리에 대한 세계적인 전문가였답니다.

그렇게 쓸개를 연구하는 한편 나는 뉴기니라는 커다란 열대 섬에서 새를 관찰하고 연구하는 작업을 병행했습니다. 새를 연구한 결과를 일곱 권의 책과 논문으로 발표했고, 그중 첫 권은 거의 800부가 팔렸습니다(발표하고 51년이 지난 지금도 절판되지 않았습니다). 50회 생일을 맞이하기 수개월 전까지는 이런 이력과 판매량에 만족하며 지냈습니다.

그때 아내 마리가 쌍둥이 아들 맥스와 조슈아를 낳았습니다. 나는 큰 충격을 받았습니다. 삶에 대한 세계관도 완전히 바뀌었습니다. 쓸개와 뉴기니 조류에 대한 궁금증을 풀고 800명의 독자에게 박수받는 것으로는 두 아들의 미래를 바꿀 수 없음을 깨달은 것입니다. 맥스와 조슈아 그리고 그들 세대의 미래는, 80억 인구가 현 세계를 위협하는 중대한 문제를 앞으로 수십 년 내에 성공적으로 해결할 수 있는지에 따라 달라진다는 걸 절감했습니다. 그리고 이는 인간 사회, 지리와 역사가 복합된 문제입니다.

그래서 나는 50세에 이력 전환을 시도하며 새로운 삶을 시작했습니다. 일반 대중을 위한 책을 집필하기로 한 것이죠. 책을 통해 많은 사람이 현 세계를 짓누르는 중요한 문제를 이해하도록 하는 동시에 그 해법을 모색해왔습니다. 결론적으로 말하면 위기는 해결할 수 있습니다. 그러나 조건이 있습니다. 먼저 위기가 존재한다는 사실을 인정하고, 범세계적으로 행동에 나서야 한다는 것입니다. 그 첫 단계로 나는《총, 균, 쇠》를 비롯한 여섯 권의 책을 발표했고, 지금은 일곱 번째 책을 쓰고 있습니다. 이 책들에서 내가 세계에 대해 젊었을 때부터 관심을 두었던 주제, 또 독자들이 오래전부터 궁금하다고 말해주었던 주제를 다루었습니다.

일반 대중을 위해 쓴 첫 책《제3의 침팬지The Third Chimpanzee》는 우리 인류가 지난 수백만 년 동안 유인원 조상에서부터 어떻게 진화했는지를 다루었습니다. 인간의 수명을 기준으로 하면 수백만 년은 영원에 가까운 시간이지만, 지상에 생명체가 존재해온 수십억 년과 비교하면 찰나와도 같은 시간에 불과합니다. 우리, 즉 인간 침팬지는 가장 가까운 동물 친척인 다른 두 종의 침팬지와 DNA가 98퍼센트나 일치합니다. 고작 2퍼센트의 차이가 인간만의 고유한 특징인 언어와 예술, 약물 사용, 대량 학살 등을 빚어냅니다. 인간의 이런 모든 속성이 동물 조상에게도 있다는 걸《제3의 침팬지》에서 추적해보았습니다.

두 번째로 쓴 책이 앞으로 여러분이 읽게 될《총, 균, 쇠Guns, Germs, And Steel》입니다. 이 책은 인류 역사에서 가장 원대한 질문에 답하고자 집필했습니다. 지난 1만 년 동안 부와 과학기술, 정치조직과 인구 규모 등이 특정 지역에서 훨씬 더 빨리 발전한 이유는 무엇일까요? 예컨대 한국과 일본이 오늘날 평균적으로 볼리비아와 탄자니아보다 더 부유한 이유는 무엇이고, 또 수천 년 전 현재의 이라크 인접 지역에서 살던 사람들이 세계 최초로 금속 도구와 제국과 문자를 만들어낼 수 있었던 이유는 무엇일까요?

그 답은 지리적 조건과 생태적 지리 그리고 그로 인한 영향에서 찾을 수 있습니다. 이른바 '인간 지능'의 차이와는 아무런 관계가 없다는 것입니다. 한국을 예로 들자면, 한국의 지리적 위치, 즉 위도와 중국과의 인접성이라는 조건이 뉴기니나 북아메리카, 브라질, 모잠비크가 아니라 한국이 한글을 만들 수 있었던 것의 궁극 원인입니다.

앞에서도 말했듯이 내가 한국을 처음 방문하게 된 계기는 한글과의 인연 덕분이었습니다. 나는《총, 균, 쇠》를 집필할 때 인간 사회의 발전 양상이 지리적 위치에 따라 달라지는 이유를 밝히기 위해 문자가 소수 지역에서만 독자적으로 생겨난 과정을 추적했습니다(독자적인 문자가 몇 지역에서나 만들어졌는지 추측해보고, 12장에서 여러분의 추측이 맞았는지 확인해보십시오!). 이렇게 세계의 문자 체계에 대한 자료를 읽으면서 우연히 한글을 알게 된 것입니다. 솔직히 말하면, 그전까지는 한글에 대해 들어본 적이 없었습니다.

한글을 제외하면 사실상 세계의 그 어떤 문자 체계도 의도적으로 효율성을 목표하여 고안되지 않았습니다. 오히려 초기의 문자 체계는 목적의식 없이 오랜 시간에 걸쳐 발달했습니다. 단어나 음절 혹은 문자를 대신하기 위한 단순화된 그림에서부터 시작된 것이죠. 여기에서 파생된 문자 체계는 초기 문자 체계를 수정한 것이거나, 영감을 받아 새로 만들어진 것이었습니다. 예를 들어보지요. 영어 알파벳은 라틴 문자를 기반으로 형성되었고, 라틴문자는 에트루리아문자를, 에트루리아문자는 그리스문자를 수정해 만들어졌습니다. 한편 그리스문자는 셈어계의 자음 문자에서 영감을 받았고, 그 자음 문자는 이집트 상형문자를 본뜬 것이었죠. 그러니 영어 알파벳이 지독히 어려운 것도, 영어를 모국어로 사용하는 사람조차 단어의 철자를 정확히 쓰지 못하는 것도 전혀 놀랍지 않을 수밖에요.

반면에 한글은 세종대왕이 한국어에 적합하도록 의도적으로 창제했기 때문에 세계에서 가장 합리적인 문자 체계입니다. 한글에서는 자모가 합해져 음절을 이루고, 자음과 모음에서 사용하는 문자의 형태가 다릅니다. 그 결과 한국인은 미국인보다 읽기를 빨리, 훨씬 빨리 배울 뿐만 아니라 철자법에서도 실수가 적습니다.《총, 균, 쇠》의 12장에서 여러분은 한글의 장점과 다른 문자 체계의 단점을 더 깊이 알게 될 겁니다.

그 뒤에는 세 번째이자 가장 짧은 책《섹스의 진화Why Is Sex Fun?》를 썼습니다. 인간의 고유한 성생활이 어떻게 진화했는지를 다룬 책입니다. 나는《섹스의 진화》가 수천만 독자의 관심을 끌어 베스트셀러가 될 거라고 예상했습니다. 안타깝게도 이 책은 내 책 중 판매량이 가장 적습니다. 그 이유는 책 제목에 있었습니다. 서점 관리자들이 제목만 보고 이 책을 과학 부문이 아니라 성애물 부문에 진열해버렸거든요(《섹스의 진화》의 원제를 직역하면 '왜 섹스는 재밌는가?'이다 — 옮긴이). 하지만 이 책은 글로만 구성된 데다 노골적인 사진 대신 담백한 도표만 있을 뿐이죠. 성애물 부문을 뒤적이던 독자가 이 책을 들춰 보았다면 금세 실망해 도로 서가에 꽂았을 겁니다. 하지만《섹스의 진화》는 섹스가 무엇인지 이해하려는 독자라면 정말 재밌고 즐겁게 읽을 수 있는, 마음을 열어주는 책입니다.

다행히 다음 책《문명의 붕괴Collapse》는 서점에서 적합한 자리에 배치되었습니다. 세계 곳곳의 일반 독자에게 상당한 인기도 얻었습니다. 이 책은 자연자원을 무모하게 파괴해 파멸을 자초한 과거 사회들을 다루었습니다. 예컨대 캄보디아의 크메르제국, 거대한 석상으로 유명한 폴리네시아의 이스터섬 사회 등이 그렇습니다. 이런 사실은 현대사회도 그들처럼 자연자원을 파괴하고 있지는 않은지 되돌아보게 합니다. 이 책에서 나는 크메르인들과 이스터섬 사람들이 그랬듯 우리도 우리 사회를 파멸의 길로 이끌고 있음을 경고하는 동시에 어떻게 해야 그런 운명을 피할 수 있는지를 분석했습니다.

그다음에 발표한《어제까지의 세계The World Until Yesterday》는 내가 지난 50년 동안 조류를 관찰하고 연구해온 뉴기니족 마을에서 직접 경험한 일을 토대로 집필했습니다. 과거의 조상들, 또는 뉴기니인이나 몇몇 아마존 부족처럼 오늘날까지 전통적인 삶을 유지하는 사람들은 산업화 사회의 현대인들과 무척 다른 방식으로 보편적인 인간 문제를 해결합니다. 예컨대 이 책에서는 아기를 키우는 법과 늙어가는 법, 건강을 유지하는 법, 위험을 피하는 법, 낯선 사람을 대하는 법, 분쟁을 해결하는 법, 다른 부족과 전쟁하고 화해하는 법 등을 다루었습니다. 뉴기니인들에게 나는 내 아이들을 어떻게 키워야 하는지, 느닷없이 상황이 나빠지는 경우를 어떻게 예측해야 하는지 등 많은 것을 배웠습니다.

가장 최근에 발표한 책은 《대변동Upheaval》입니다. 한마디로 위기에 관한 책입니다. 국가적 위기에 제대로 혹은 부적절하게 대처한 일곱 국가(핀란드와 일본, 칠레와 인도네시아, 독일과 오스트레일리아, 미국)를 집중적으로 다루었습니다. 국가의 위기에 대한 이 책의 관점은 우리가 일상의 삶에서 맞닥뜨리는 개인적 위기, 예컨대 결혼을 비롯한 여러 인간관계, 경력과 돈, 건강 문제, 사랑하는 사람의 죽음 등을 다루는 방식에서 비롯했습니다. 이는 내가 직면해야 했던 개인적 위기에서 배운 것이기도 하지만, 임상심리학자로 일하며 의뢰인의 개인적 위기를 해결하도록 돕는 아내 마리에게서 배운 것이기도 합니다. 《대변동》을 읽어보면 개인의 위기와 국가의 위기를 성공적으로 해결하는 방법이 많은 점에서 유사하다는 걸 확인할 수 있을 겁니다.

《총, 균, 쇠》와 내 다른 책을 이미 읽은 한국 독자들이 그랬듯이, 여러분도 내 책에서 독서의 즐거움을 누리기를, 그리고 내가 책을 쓰며 누렸던 즐거움과 함께할 수 있기를 바라겠습니다.

2023년 5월

재레드 다이아몬드

JARED DIAMOND

3부 | 식량에서 총, 균, 쇠로

4부 | 여섯 지역에 대한 구체적인 분석

서문

왜 세계 역사는 양파와 같은가?

이 책은 지난 1만 3,000년 동안 인류가 겪은 역사를 간략하게 되짚어 보려는 시도이다. 이 책을 쓰게 된 동기는 하나의 의문에서 비롯되었다. "왜 역사는 대륙마다 다르게 전개되었는가?" 이 질문을 보는 순간 인종차별적인 글을 읽게 되리라는 생각에 몸서리를 쳤다면 착각한 것이다. 뒤에서 살펴보겠지만, 이 질문에 대한 대답은 인간의 인종적 차이와 전혀 관계가 없다. 이 책의 주안점은 궁극적인ultimate 답을 추적하고 역사적 인과관계의 사슬을 최대치까지 되돌려보는 데 있다.

세계 역사를 이야기하겠다고 나서는 책들은 대체로 문자를 가지고 있던 유라시아와 북아프리카 사회에 초점을 둔다. 그 밖의 지역, 예컨대 사하라 이남 아프리카, 남북아메리카, 해양 동남아시아, 오스트레일리아, 뉴기니, 태평양 제도諸島 등의 원주민 사회는 간략하게만 언급한다. 그것도 서유럽인이 발견하고 예속시킨 뒤의 사건, 즉 그들의 역사에서 뒤늦게 닥친 사건을 주로 다룬다. 유라시아의 역사 또한 중국, 인도, 일본, 열대 동남아시아 및 유라시아 동쪽 지역의 사회보다 서쪽 지역 사회의 역사에 훨씬 많은 지면을 할애한다. 기원전 3000년경 문자가 탄생하기 전의 역사도 짧게 나오는데, 그 기간은 500만 년에 달하는 인간종의 역사에서 99.9퍼센트를 차지한다.

세계 역사를 이렇게 좁은 관점에서 접근하면 세 가지 단점이 생긴다. 첫째, 당연한 말이지만 오늘날 서유라시아 외에도 다른 사회에 관심을 기울이는 사람이 점점 늘고 있다. 여하튼 그 '다른' 사회들이 세계 인구는 물론이고 민족과 문화와 언어 집단의 대부분을 차지한다. 그중 몇몇 사회는 경제와 정치에서 이미 세계열강의 반열에 올라섰고, 그 자리를 향해 다가가는 사회도 적지 않다.

둘째, 현대 세계의 형성 과정에 특별히 관심을 갖는 사람들에게도 문자 탄생 이후만 다룬 역사는 그 과정을 깊이 이해하는 데 별 도움이 되지 않는다. 각기 다른 대륙에 있던 사회들은 기원전 3000년경까지는 서로 비교할 만한 여지가 없었다. 그 이후 서유라시아 사회가 갑자기 문자를 개발해냈고, 그때부터 처음으로 다른 면에서도 앞서가기 시작했다. 하지만 기원전 3000년경 유라시아와 북아프리카에는 이미 초기 형태의 문자를 보유하고, 중앙집권화한 국가와 도시를 형성하고, 금속연장과 금속 무기를 폭넓게 사용하고, 운송과 견인 등 기계력이 필요한 곳에 가축을 활용하고, 농업과 가축을 식량 생산에 활용하는 사회가 있었다. 이즈음 다른 대륙에는 이런 도구를 쓰는 곳이 전혀 없었다. 나중에야 남북아메리카와 사하라 이남 아프리카의 일부 원주민 사회에서 이런 도구가 부분적으로 생겨났는데, 그 과정까지 근 5,000년이 걸렸다. 오스트레일리아 원주민 사회에서는 이런 도구가 전혀 나타나지 않았다. 이런 사실로 미루어 서유라시아가 현대 세계를 지배한 데에는 기원전 3000년경 이전, 즉 문자 탄생 이전의 과거에 그 원인이 있을 것으로 짐작할 수 있다. 내가 여기서 말하는 '서유라시아의 지배'는 서유라시아 사회 자체의 지배뿐만 아니라, 그들이 다른 대륙에서 형성한 사회들에 대한 지배도 뜻한다.

셋째, 서유라시아 사회에 초점을 맞춘 역사는 "서유라시아가 압도적으로 강력하고 혁신적인 사회로 성장한 이유는 무엇일까?"라는 중대한 질문에 답을 주지 못한다. 이 질문에 대한 일반적인 대답은 대략적인 요인, 예컨대 자본주의의 발흥과 중상주의, 과학적 탐구와 과학기술, 서유라시아 사람들과 접촉한 다른 대륙의 원주민을 죽음으로 몰고 간 지독한 병원균 등이다. 그러나 정복에 필요한 그 모든 요인이 서유라시아에서 발달하기 시작한 이유는 무엇일까? 그리고 다른 지역에서는 그런 요인이 상대적으로 낮게 형성되거나 아예 없었던 이유는 무엇일까?

그 모든 요인은 근접proximate 요인에 불과할 뿐 궁극적인 설명은 아니다. 왜 자본주의가 멕시코 원주민 사회에서는 꽃피지 못했을까? 중상주의가 사하라 이남 아프리카에서, 과학적 탐구가 중국에서, 선진 과학기술이 북아메리카 원주민 사회에서, 지독한 균이 오스트레일리아 원주민 사회에서 성하지 못한 이유는 대체 무엇일까? 그곳의 특유한 문화적 요인을 들먹이며 그 이유에 대해 답한다면, 예컨대 중국에서는 유교 때문에 과학적 탐구를 억압했지만 서유라시아에서는 그리스와 유대·기독교 전통에 따라 과학적 탐구를 권장했다는 식으로 답한다면, 이 역시 궁극적인 설명을 여전히 외면한 셈이다. 이 대답은 자연스레 "유교와 유대·기독교 같은 전통적 윤리관이 거꾸로 서유라시아와 중국에서 발달하지 않은 이유는 무엇일까?"라는 질문으로 이어지기 때문이다. 게다가 이 대답은 유교 사회인 중국이 기원후 1400년경까지는 서유라시아보다 과학기술에서 앞섰다는 사실을 무시한 것이다.

서유라시아 사회에만 초점을 맞추면 그 사회 자체를 제대로 이해하는 것도 불가능하다. 서유라시아 사회와 다른 지역 사회의 차이에 관한 것도 흥미로운 질문이다. 이 질문에 답하려면, 다른 지역 사회들에 대한 이해가 필요하다. 그래야 서유라시아 사회를 더 넓은 맥락에서 파악할 수 있기 때문이다.

내가 서유라시아에는 지면을 최소한으로 할애하고 그 밖의 세계를 주로 다룸으로써 전통적인 역사와 완전히 반대 방향을 선택할 거라고 생각할 독자가 있을지도 모르겠다. 이런 독자에게는 지리적으로 좁은 지역에 수많은 사회가 무척 다양하게 뒤섞여 있는 곳이 있다는 걸로 대답을 대신하려 한다. 한편 이 책에 대해 논평한 어느 서평가의 의견에 공감하는 독자도 있을 것이다. 그는 장난스러우면서도 약간 비판적인 논조로, 내가 세계 역사를 양파처럼 보는 듯하다고 썼다. 현대 세계는 양파의 겉면에 불과하므로, 내가 역사를 올바로 이해하기 위해 그 껍질을 하나하나 벗겨내는 식으로 접근한다는 것이다. 그렇다. 세계 역사는 정말 그런 양파와 다름없다! 그러나 양파의 껍질을 한 겹씩 벗겨내는 작업은 흥미진진한 데다 호기심을 유발한다. 또한 미래를 위해 과거의 교훈을 올바로 이해하려고 애쓰는 지금의 우리에게 무엇보다 중요하다.

일러두기

1. 이 책은 2017년 W. W. Norton 출판사에서 개정 출간한 원서를 원 텍스트로 번역·편집했다.

2. 인명, 지명 등의 외국어와 외래어는 국립국어원 외래어표기법에 따르되 몇몇 경우는 관용적 표현을 따랐다.

프롤로그 얄리의 질문

YALI'S QUESTION

인류 역사는 왜 대륙마다 다르게 전개되었는가?

아메리카, 아프리카, 오스트레일리아 원주민이 아니라 유라시아인이 세계의 부와 힘을 차지한 이유는 무엇일까? 역사가 종족마다 다르게 진행된 이유는 환경의 차이 때문이지 종족 간 생물학적 차이 때문이 아니다. 생물학, 지리학, 역사학, 유전학, 언어학 등 다양한 학문의 융합을 통해 환경의 차이가 인류 역사와 문명 발전에 얼마나 영향을 미쳤는지 밝힌다.

우리 모두가 알고 있듯 역사는 지역마다 다른 양상으로 전개되었다. 마지막 빙하기가 끝나고 1만 3,000년 동안, 어떤 지역에서는 문자와 금속연장을 보유한 산업사회가 발달했고, 어떤 지역에서는 문자 없는 농경사회가 발달했다. 한편 돌연장을 사용하는 수렵·채집사회가 그대로 유지된 지역도 있었다. 이런 역사 발전상의 불평등은 현대사회에 긴 그림자를 드리웠다. 문자와 금속연장을 보유한 사회가 다른 사회들을 정복하거나 절멸해왔기 때문이다. 이런 차이는 세계 역사에서 가장 기본적 사실인데도 그 이유는 여전히 불확실하고 의견도 분분하다. 지역 차이의 기원에 대한 수수께끼 같은 의문은 나에게 25년 전에 단순하면서도 개인적인 방식으로 다가왔다.

1972년 7월, 나는 뉴기니의 열대 해변을 따라 걷고 있었다. 나는 지금도 그곳을 가끔 방문해 생물학자로서 새의 진화를 연구한다. 당시 얄리라는 비범한 지역 정치인이 그 일대를 순회하던 중이었는데, 나는 이미 입소문으로 그에 대해 알고 있었다. 우연히 그날 얄리와 나는 같은 방향으로 걸음을 옮겼고, 이윽고 그가 나를 따라잡았다. 우리는 나란히 한 시간쯤 거닐며 줄곧 이야기를 나누었다.

얄리에게서는 카리스마와 힘이 느껴졌다. 그의 눈빛은 정신이 혼미해질 정도로 반짝였다. 그는 자기에 대해 자신만만하게 말하면서도 진실을 캐기 위해 질문 공세를 펴고는 내 대답을 귀담아들었다. 우리 대화는 당시 모든 뉴기니인이 마음속으로 생각하던 주제, 즉 급격하게 변화하는 정치 문제로 시작되었다. 지금은 얄리의 나라를 파푸아뉴기니라고 이름하지만, 당시는 오스트레일리아가 유엔의 위임을 받아 통치하던 때였다. 그즈음 독립의 기운이 무르익던 터라 얄리는 자치 정부의 수립을 앞두고 지역민을 준비시켜야 하는 자신의 역할에 대해 나에게 설명했다.

잠시 후, 얄리는 대화의 방향을 돌려 나에게 질문을 해대기 시작했다. 그는 뉴기니를 벗어난 적이 없었고 고등학교를 졸업한 게 정규교육의 전부였다. 하지만 호기심은 끝이 없었다. 그는 먼저 내가 뉴기니의 새를 연구하는 이유, 나아가서 그 연구로 얼마의 보수를 받는지 알고 싶어 했다. 나는 다양한 종류의 조류가 수백만 년에 걸쳐 어떻게 뉴기니에 터를 잡게 되었는지 이야기해주었다. 그러자 얄리는 자기 조상들이 지난 수만 년에 걸쳐 어떻게 뉴기니에 들어왔고, 하얀 피부의 유럽인들이 지난 200년 동안 어떻게 뉴기니를 식민지로 만들었는지 물었다.

얄리와 내가 대표하던 두 사회 사이의 긴장 상태는 우리 둘에게 익숙했지만, 우리의 대화는 친근하게 이루어졌다. 두 세기 전만 해도, 뉴기니인 모두가 여전히 '석기시대에 살고' 있었다. 다시 말하면, 그들은 유럽에서 수천 년 전 금속연장으로 대체된 것과 유사한 돌연장을 여전히 사용했고, 어떠한 중앙집권적 정치체제도 정비되어 있지 않은 마을에서 살았다. 그러다 백인이 들이닥쳐 중앙집권제를 강요했고, 철제 도끼와 성냥과 의약품부터 옷과 청량음료와 우산까지 다양한 물품을 가져왔다. 뉴기니인도 그것들의 가치를 금세 알아보았다. 뉴기니에서는 그 물품들을 뭉뚱그려서 '화물cargo'이라고 통칭했다.

백인 식민지 개척자 대부분이 뉴기니인을 '원시적'이라며 공공연하게 경멸했다. 그 백인들은 뉴기니에서 1972년까지도 여전히 '주인master'이라고 불렸다. 그 때문인지 뉴기니에서는 가장 무능한 백인조차 현지인보다 생활수준이 훨씬 높았고, 얄리처럼 카리스마가 넘치는 정치인보다 잘살았다. 하지만 얄리는 그날 나에게 그랬던 것처럼 많은 백인에게 질문 공세를 했고, 나 역시 많은 뉴기니인에게 그때까지 이런저런 질문을 한 터였다. 따라서 그와 나는 뉴기니인이 평균적으로 유럽인 못지않게 똑똑하다는 걸 잘 알고 있었다. 얄리는 그 모든 것을 오래전부터 마음에 두고 있었던 듯 반짝이는 눈빛으로 다시 나를 뚫어지게 쳐다보며 물었다. "당신네 백인은 그렇게 많은 화물을 개발해서 뉴기니까지 가져왔는데, 우리 흑인에게는 우리만의 화물이 거의 없는 이유가 무엇일까요?"

간단했지만 얄리가 그때까지 겪은 삶의 핵심을 찌르는 질문이었다. 그렇다. 뉴기니인과 유럽인이나 미국인의 평균적인 생활 방식에는 현격한 차이가 있다. 이와 유사한 차이는 세계 곳곳에서 살아가는 다른 종족들의 생활 방식에도 존재한다. 이렇게 큰 차이가 난 데는 뚜렷한 원인이 있는 게 분명하고, 그 원인은 굳이 설명이 필요 없을 정도로 자명하다고 생각할 사람이 있을지도 모르겠다.

그러나 얄리의 질문은 얼핏 생각하면 단순하지만, 실제로는 대답하기 곤란한 질문이다. 그때 나는 제대로 대답하지 못했다. 전문적인 역사학자들의 의견도 여전히 제각각이고, 대부분은 그런 질문을 더는 꺼내지도 않는다. 그날 얄리와 대화를 나눈 이후로 나는 인류의 진화와 역사와 언어 등에 관해 다방면으로 연구하고 글을 써왔다. 그리고 25년이 지난 지금, 나는 이 책으로 얄리의 질문에 대한 대답을 대신하려 한다.

얄리의 질문은 뉴기니인과 유럽 백인의 대조적인 생활 방식에만 국한된 것이었지만, 현대 세계에 존재하는 다른 여러 차이로도 넓힐 수 있다. 유라시아에 뿌리를 둔 종족, 특히 지금도 유럽과 동아시아에서 살아가는 종족과 북아메리카로 이주한 종족이 부와 힘에서 현대 세계를 주름잡고 있다. 반면 대부분의 아프리카인을 포함해 다른 종족들은 유럽의 식민 지배에서 벗어났지만, 부와 힘에서 여전히 훨씬 열세인 상황이다. 게다가 오스트레일리아, 남북아메리카, 아프리카 남단의 원주민을 비롯한 몇몇 종족은 유럽 식민주의자들에 의해 자신의 땅마저 모두 빼앗기고 학살당하거나 예속되는 데 그치지 않고, 어떤 경우에는 절멸하기까지 했다.

따라서 현대 세계의 불평등에 대한 질문은 이렇게 다시 고쳐 쓸 수 있다. 왜 부와 힘이 하필이면 지금처럼 배분되었을까? 구체적으로 말하면, 아메리카 원주민, 아프리카인, 오스트레일리아 원주민이 유럽인과 아시아인을 학살하고 예속하고 절멸시킨 쪽이 아닌 이유는 무엇일까?

이 질문을 한 걸음쯤 과거로 되돌려보는 건 그다지 어렵지 않다. 유럽이 세계 전역에서 식민지를 개척하기 시작한 1500년쯤에도 과학기술과 정치조직에서 대륙 간 차이는 무척 컸다. 유럽과 아시아 그리고 북아프리카에 분포한 국가와 제국은 금속 장비를 갖추었을 뿐만 아니라, 그중 일부는 산업화의 문턱에 들어서 있었다. 한편 아메리카의 두 원주민 종족, 즉 아즈텍족과 잉카족은 돌연장으로 제국을 지배했다. 사하라 이남 아프리카에는 철제연장을 갖춘 소국가와 군장사회chiefdom가 곳곳에 있었다. 그리고 오스트레일리아와 뉴기니, 태평양의 많은 섬, 남북아메리카 일대, 사하라 이남 아프리카의 일부 지역에서 살아가던 종족을 비롯해 대부분의 다른 종족은 여전히 돌연장을 사용하는 농경민 또는 수렵·채집민이었다.

물론 1500년경에 존재한 과학기술과 정치조직의 차이가 현대 세계의 불평등을 야기한 직접적 원인이었다. 철제 무기로 무장한 제국이 돌과 나무로 만든 무기를 휘두르는 부족을 정복하거나 절멸시키는 건 문제도 아니었다. 그렇다면 1500년경의 그 세계는 어떤 이유에서 그런 상태가 되었을까?

다시 한 걸음 더 뒤로 물러나, 문자로 기록된 역사와 고고학적 발굴물에 기초해 이 질문을 생각해보자. 마지막 빙하기가 끝났을 때, 즉 기원전 11000년경까지는 모든 대륙의 모든 종족이 수렵·채집민이었다. 기원전 11000년부터 기원후 1500년 사이에 대륙별로 발전 속도가 달랐기 때문에 과학기술과 정치조직의 불평등이 생겨났다. 오스트레일리아 원주민과 아메리카의 많은 원주민은 여전히 수렵·채집민이었던 반면, 대부분의 유라시아, 남북아메리카, 사하라 이남 아프리카의 많은 지역에서는 농업과 목축, 야금술이 점진적으로 발달했고 정치조직도 점차 복잡해졌다. 유라시아 일부, 아메리카의 한 지역에서는 독자적으로 문자가 형성되기도 했다. 그렇지만 이런 새로운 발전의 산물은 유라시아에서 가장 먼저 나타났다. 예컨대 청동연장은 남아메리카 안데스 지역에서 1500년을 수 세기 앞두고서야 대량생산에 들어갔지만, 유라시아 일부 지역에서는 그보다 4,000년 정도 일찍 대량생산이 자리 잡았다. 또 유럽 탐험가들이 1642년 오스트레일리아 태즈메이니아에서 처음 맞닥뜨린 석기는 수만 년 전 후기 구석기시대 유럽 일부 지역에서 흔히 사용하던 석기보다 단순했다.

따라서 현대 세계의 불평등에 대한 질문은 최종적으로 이렇게 다시 풀어쓸 수 있다. 인류의 발전이 대륙에 따라 그처럼 다른 속도로 진행된 이유는 무엇일까? 이러한 속도 차이는 인류 역사에서 가장 광범위하게 눈에 띄는 현상이며 이 책의 주제이기도 하다.

이 책은 궁극적으로 역사시대와 선사시대를 다루지만, 그 주제는 학문적 관심사를 넘어 실용적이고 정치적인 중요성도 아우른다. 공통점이라곤 없는 이질적인 종족들이 상호작용을 해온 역사는 정복과 전염병 그리고 대량 학살을 통해 형성된 현대 세계의 역사이기도 하다. 이런 충돌이 남긴 영향이 오랜 시간이 지난 후에도 사그라지지 않고, 오늘날에도 세계의 여러 분쟁 지역에서 여전히 위세를 떨치고 있다.

예컨대 아프리카의 많은 지역이 근대 식민주의가 남긴 유산 때문에 여전히 몸살을 앓고 있다. 중앙아메리카와 멕시코, 페루, 누벨칼레도니섬, 구소련, 인도네시아의 일부 등 다른 지역에서도 여전히 다수를 차지하는 토착민이 정복자들의 후손이 지배하는 정부에 저항해 소요를 일으키고 게릴라전을 벌인다. 또 하와이 원주민, 오스트레일리아 원주민, 시베리아 원주민 그리고 미국, 캐나다, 브라질, 아르헨티나, 칠레의 인디언을 비롯한 많은 다른 토착민은 대량 학살과 질병으로 인구가 크게 줄어들어, 이제는 침략자의 후손보다 수적으로도 크게 열세에 처해 있다. 따라서 내전을 일으킬 만한 여력은 없지만, 그래도 자신들의 권리를 주장하는 목소리가 점차 높아지고 있다.

과거 이질적인 종족들 사이에 일어난 충돌의 영향은 오늘날의 정치와 경제뿐만 아니라 언어 영역에서도 나타난다. 특히 현대 세계에서 사용하는 6,000여 종의 언어 대부분이 곧 소멸할 위기를 맞은 반면, 영어와 중국어와 러시아어를 비롯한 일부 언어의 사용자는 수 세기 전부터 기하급수적으로 늘고 있다. 현대 세계가 직면한 이 모든 문제는 얄리의 질문이 함축하고 있듯 대륙 간의 서로 다른 역사적 궤적에서 비롯된 것이다.

얄리의 질문에 적합한 대답을 찾아 나서기 전에, 이러한 논의 자체를 반대하는 의견들을 잠깐 살펴보자. 어떤 사람은 이런 질문을 제기하는 것조차 못마땅하게 여기는데, 여기엔 몇 가지 이유가 있다.

첫째, 어떤 종족이 다른 종족을 지배하는 과정을 설득력 있게 설명하면, 그 지배를 정당화하는 것처럼 비치지 않을까? 또 그런 결과는 불가피했으므로, 오늘날 그 결과를 바꿔보려 애써도 소용없다는 뜻이 되지는 않을까? 이런 반대 의견이 나오는 것은 원인의 설명과 결과를 정당화하거나 수용하는 것을 혼동하기 때문이다. 역사적 설명을 어떻게 활용하느냐는 그 설명 자체와 별개의 문제이다. 어떤 결과에 변화를 주려면 그 결과를 되풀이하거나 영속화하는 것보다 이해하는 편이 유리한 경우가 많다. 이런 이유로 심리학자들은 살인범과 강간범의 마음을 이해하려 애쓰고, 사회역사학자들은 종족 학살을 이해하려 애쓰고, 의사들은 질병의 원인을 이해하려고 노력한다. 그렇다고 그들이 살인과 강간, 종족 학살과 질병을 정당화하려는 것은 아니다. 오히려 원인의 사슬을 이해함으로써 그 사슬을 끊으려는 것이다.

둘째, 얄리의 질문에 대답하려면 유럽 중심적으로 역사에 접근하고, 서유럽을 미화하고, 서유럽과 유럽화한 미국이 현대 세계를 지배하는 걸 당연시하게 되지 않을까? 그러한 지배는 지난 수 세기 동안의 일시적 현상이었고, 지금은 일본과 동남아시아의 두각에 뒤로 밀려나고 있지 않은가? 실제로 이 책에서는 유럽보다 다른 지역을 주로 다룬다. 유럽과 비유럽권의 상호작용에만 초점을 맞추지 않고, 비유럽권의 종족들, 특히 사하라 이남 아프리카, 동남아시아와 인도네시아 그리고 뉴기니 등에서 원주민이 어떻게 상호작용을 했는지도 살펴볼 것이다. 따라서 서유럽에 기원을 둔 종족을 미화하기는커녕 그들의 문명을 구성하는 가장 기본적인 요소들이 다른 곳에서 살아가는 다른 종족에 의해 먼저 발달하고, 나중에야 서유럽에 도입되었다는 걸 확인할 수 있을 것이다.

셋째, '문명' 같은 단어 혹은 '문명의 발흥' 같은 구절에서, 문명사회는 좋은 것이고, 수렵·채집에 의존하는 부족사회는 보잘것없는 것이며, 지난 1만 3,000년 동안의 역사는 인류의 행복을 증진하는 진보 과정이었다는 잘못된 인식이 생겨나지 않을까? 그러나 나는 산업화한 국가가 수렵·채집 부족사회보다 '더 낫다'라거나, 수렵과 채집에 의존하는 생활 방식을 버리고 철제에 기반한 국가가 되는 게 '진보'라고, 또 그런 변화가 인류의 행복 증진으로 이어졌다고 가정하지는 않을 것이다. 내가 미국의 여러 도시와 뉴기니의 여러 마을에서 번갈아가며 살아본 경험에 따르면, 이른바 문명의 축복은 복합적인 측면이 있다. 예컨대 수렵·채집민과 비교할 때 현대 산업화 국가의 시민은 더 나은 의료 혜택을 누리고, 살해될 위험이 더 낮고, 오랜 수명을 향유할 가능성이 크지만, 친구들과 대가족에게 기대할 수 있는 사회적 지원의 크기는 훨씬 작다. 내가 인간 사회의 이러한 지리적 차이를 연구하게 된 동기는 특정 형태의 사회를 미화하려는 게 아니라, 역사에서 실제로 일어난 현상을 이해하려는 데 있다.

얄리의 질문에 대답하려면 정말 또 한 권의 책이 필요할까? 우리는 이미 그 답을 알고 있지 않을까? 그렇다면 그 답은 무엇일까?

가장 일반적인 설명은 암묵적으로든 명시적으로든 종족 간 생물학적 차이를 가정하는 것일 수 있다. 1500년 이후 수 세기 동안, 유럽의 탐험가들은 과학기술과 정치조직에서 종족 간 뚜렷한 차이를 인식했고, 그것이 타고난 능력의 차이에서 비롯된 것이라고 추정했다. 다윈의 진화론이 대두한 이후로는 자연선택natural selection과 진화 계통evolutionary descent으로 그 차이를 다시금 설명하기에 이르렀다. 엄밀한 의미에서, 원시 종족은 유인원 같은 조상으로부터 인간이 진화한 흔적으로 여겨졌다. 또 산업화한 사회의 식민지 개척자들이 그런 원시 종족을 대체한 현상은 적자생존survival of the fittest의 좋은 예였다. 훗날 유전학이 등장하자 종족 간 차이는 유전학적 개념으로 재구성되었다. 유럽인이 아프리카인보다 유전적으로 더 지적이고, 특히 오스트레일리아 원주민보다는 지능이 월등하게 높다고 생각했다.

오늘날 서구 사회는 많은 부분에서 인종차별을 공개적으로 부인한다. 하지만 서구인의 다수(어쩌면 대부분!)가 인종차별적 설명을 개인적으로 혹은 잠재의식적으로 여전히 받아들인다. 일본을 비롯한 다른 많은 국가에서는 여전히 아무런 거리낌 없이 그런 인종차별적 설명을 공공연하게 내세운다. 미국과 유럽과 오스트레일리아의 이른바 교육받은 백인들조차 오스트레일리아 원주민과 관련해서는 그들에게 원시적인 면이 있다고 추측한다. 그들이 백인과 다르게 생긴 것은 분명하다. 많은 원주민이 유럽의 식민화 시대를 견뎌내고 살아남았지만, 백인이 지배하는 오스트레일리아 사회에서 그 후손들이 경제적으로 성공하기는 지금도 어렵다.

얼핏 생각하면 그럴싸한 주장도 있다. 오스트레일리아로 이주한 백인들이 그 대륙을 식민지로 만들면서, 금속연장과 식량 생산을 기반으로 문자를 갖추고 산업화를 이루고 중앙집권적 정치체제를 갖춘 민주 국가를 건설하는 데 한 세기밖에 걸리지 않았다. 반면 원주민들은 최소 4만 년 넘게 금속연장도 없이 수렵·채집 부족으로 살았다. 동일한 환경에서 인류의 발전에 대한 실험이 두 차례 연이어 계속된 셈인데, 유일한 변수는 그 환경을 점유한 종족이었다. 오스트레일리아 원주민 사회와 유럽 사회의 차이는 결국 종족의 차이에서 비롯되었음을 입증하는 데 어떤 증거가 더 필요하겠는가?

이런 인종차별적 설명을 반대하는 이유는 자명하다. 역겨운 데다 잘못된 설명이기 때문이다. 과학기술에서 종족 간 차이가 곧 지능의 차이라는 증거는 없다. 뒤에서 자세히 설명하겠지만, 현대의 '석기시대'를 살아가는 사람들이 산업화한 사회를 살아가는 사람들보다 평균적으로 지능이 더 높을지언정 더 낮지는 않은 게 분명하다. 역설적으로 들릴지 모르겠지만, 15장에서 볼 수 있듯 오스트레일리아로 이주한 백인들이 위에서 언급한 장점 및 문자를 갖춘 산업화한 사회를 건설했다는 이유로 칭찬받을 자격은 없다. 게다가 최근까지도 과학기술적인 면에서 원시적이던 종족들, 예컨대 오스트레일리아 원주민과 뉴기니인도 기회만 있다면 산업용 과학 기계를 일상적으로 능숙하게 다룬다.

인지심리학자들은 현재 동일한 국가에 거주하지만 지리적 기원이 다른 종족들 간 지능지수 차이를 찾아내려고 각고의 노력을 기울여왔다. 특히 미국의 많은 백인 심리학자는 수십 년 전부터 미국에 거주하는 아프리카계 흑인이 유럽에서 건너온 백인보다 선천적으로 지능이 낮다는 걸 증명하려고 애썼다. 하지만 잘 알려진 것처럼, 비교 대상인 종족들은 사회 환경과 교육 기회가 크게 다르다. 이 때문에 지적 능력의 차이에서 과학기술의 차이가 비롯된다는 가정은 검증하기가 한층 어려워진다. 첫째, 성인의 인지능력은 어린 시절 경험한 사회 환경에 큰 영향을 받으므로 기존의 유전적 차이에 따른 영향 여부를 구분해내기는 어렵다. 둘째, 지능지수 검사를 비롯한 인지능력 검사는 순수한 선천적 지능이 아니라 문화적으로 학습한 내용을 측정하는 경향을 띤다. 어린 시절의 환경과 학습된 지식이 지능지수 검사의 결과에 영향을 미치는 게 분명하기 때문에, 비백인의 지능에 유전적 결함이 있다는 가정을 설득력 있게 규명하려는 심리학자들의 노력은 지금까지 성공하지 못했다.

이런 논란에 대한 내 관점은 본래 모습을 그대로 간직한 뉴기니 사회에서 33년 동안 그들과 함께 일한 데서 비롯되었다. 나는 뉴기니인과 함께 일하기 시작한 때부터 그들에게 깊은 인상을 받았다. 그들은 평균적인 유럽인이나 미국인보다 대체로 더 똑똑하고 더 기민하며, 감정을 숨김없이 드러내고 주변의 사물과 사람에 관심이 많았다. 합리적으로 생각할 때 뇌 기능의 여러 측면을 반영한다고 여겨지는 일, 예컨대 낯선 환경을 머릿속으로 그려내는 능력에서 그들은 서구인보다 상당히 능숙한 듯하다. 물론 서구인은 어린 시절부터 교육받았지만 뉴기니인은 교육받지 못한 일에 대해 뉴기니인이 제대로 해내지 못하는 건 당연하다. 따라서 외딴 마을에 살며 학교 교육을 받지 못한 뉴기니인이 도시를 방문하면, 서구인의 눈에는 어리숙하게 보일 수밖에 없다. 거꾸로 정글에서 뉴기니인과 함께 지내노라면 그들은 어렸을 때부터 배웠지만 나는 배우지 못한 일, 예컨대 정글에서 흔적을 쫓아가고 피신처를 만드는 등의 간단한 일을 제대로 해내지 못하는 내가 끊임없이 멍청하게 느껴진다.

뉴기니인이 서구인보다 똑똑하다는 내 짐작이 정확하다는 것은 두 가지 이유로 쉽게 알아챌 수 있다. 첫째, 유럽인은 중앙정부와 경찰 그리고 사법 체계를 갖추고, 인구가 밀집한 사회에서 수천 년 동안 살아왔다. 그렇게 인구가 과밀한 사회에서는 역사적으로 천연두 같은 전염병이 주된 사망 원인이었다. 살인은 드문 편이었고, 전쟁도 일상사가 아니라 예외적 현상이었다. 치명적 감염병을 이겨낸 대부분의 유럽인은 다른 잠재적 사망 원인들도 극복해내며, 자신의 유전자를 후손에게 계속 물려주었다. 오늘날 서구에서 정상적으로 태어난 아기는 개인적 지능 및 유전자와 상관없이, 치명적 감염병을 견뎌내고 성장해서 자식을 낳는다. 반면 뉴기니인은 전염병이 진화할 만큼 인구 밀도가 높지 않은 사회에서 살았다. 그 대신 전통적인 뉴기니 사회에서는 살인, 부족 간의 만성적인 전쟁, 식량 확보와 관련한 문제가 높은 사망 원인이었다.

전통적인 뉴기니 사회에서도 지능 높은 사람이 낮은 사람보다 사망률이 높은 치명적인 원인을 피하기 쉽다. 하지만 유럽의 전통적인 사회에서 전염병으로 인한 사망률의 차이는 지능과 별다른 관계가 없었고, 오히려 몸의 세밀한 화학작용에 따라 달라지는 유전 저항$_{\text{genetic resistance}}$에 영향을 받았다. 예컨대 혈액형이 B형이나 O형인 사람이 A형보다 천연두에 대한 저항력이 더 강하다. 달리 말하면, 지능과 관련된 유전자를 활성화하는 자연선택은 인구가 과밀하고 정치적으로 복잡한 사회에서보다 뉴기니에서 훨씬 더 치열하게 작용한 반면, 몸의 화학작용과 관련된 자연선택은 복잡한 사회에서 더 강력하게 작용했을 것으로 추정한다.

이런 유전적인 이유 이외에 뉴기니인이 서구인보다 더 똑똑해졌을지도 모른다고 생각하는 또 다른 이유가 있다. 요즘 유럽과 미국에서 태어나는 아이들은 텔레비전과 라디오와 영화를 수동적으로 즐기며 긴 시간을 보낸다. 미국의 평균적인 가정에서는 텔레비전을 하루에 7시간가량이나 시청한다. 반면, 전통적인 뉴기니 사회에서는 아이들이 그런 수동적인 오락거리를 즐길 기회가 사실상 없다. 그들은 능동적으로 무엇인가를 하며 깨어 있는 시간의 대부분을 보낸다. 예컨대 다른 아이나 어른과 대화하거나 놀면서 시간을 보낸다. 아동 발달에 대한 연구 대부분이 어린 시절의 자극과 활동이 지능 발달을 촉진하는 데 중요한 역할을 한다고 강조하는 한편, 어린 시절의 자극이 줄어들면 돌이킬 수 없는 지적 능력 발달 장애로 이어질 수 있다고 역설한다. 이런 환경적 영향이 뉴기니인의 지적 능력을 평균적으로 우월하게 만드는 비유전적 요인임에 분명하다.

달리 말하면, 지적 능력에서 뉴기니인이 서구인보다 유전적으로도 우월할 가능성이 크다는 뜻이다. 그리고 산업화한 사회에서는 요즘 대부분의 아이가 몸과 정신의 발달에 불리한 환경에서 성장하기 때문에 이를 극복하는 데도 뉴기니인이 우월할 게 자명하다. 결국 얄리의 질문에 뉴기니인의 지적 능력이 '떨어지기' 때문이라고 대답할 근거가 전혀 없는 셈이다. 유전적 요인과 아동 발달 환경이라는 요인은 뉴기니인과 유럽인을 구분하는 데뿐 아니라, 수렵·채집민을 비롯해 과학기술적으로 원시적인 사회의 구성원과 과학기술적으로 발달한 사회의 구성원을 구분하는 일반적인 기준으로도 사용할 수 있는 듯하다. 따라서 통상적인 인종차별적 가정은 완전히 뒤집어야 한다.

유럽인은 유전적으로도 불리했을 가능성이 크고 현대에 들어서도 발달 환경이 불리했던 게 분명한데, 그럼에도 훨씬 더 많은 '화물'을 갖게 된 이유가 무엇일까? 뉴기니인은 내가 생각하기에 유럽인보다 지능이 더 나은데도 왜 과학기술적으로 원시적인 수준에서 벗어나지 못했을까?

얄리의 질문에 유전적 요인으로만 대답할 수 있는 것은 아니다. 다른 설명은 북유럽 사람들에게 널리 알려져 있는데, 북유럽의 한랭한 기후는 인간의 창의성과 에너지를 자극하는 효과가 있는 반면, 열대의 고온 다습한 기후는 억제하는 효과가 있다는 것이다. 고위도 지역은 계절에 따라 기후가 달라지기 때문에, 계절이 변화해도 기후가 일정한 열대에 비하면 다양한 문젯거리에 맞닥뜨리기 마련이다. 또 한랭 기후권의 사람들은 살아남으려면 따뜻한 집과 따뜻한 옷을 지어야 하기 때문에 과학기술적으로 창의적이어야 하지만, 열대지역 사람들은 한결 단순한 집에서 살며 옷이 없어도 얼마든지 견딜 수 있다. 이런 논증 과정을 뒤집어놓아도 똑같은 결론에 도달한다. 즉 고위도 지역은 겨울이 길기 때문에 그곳 사람들은 집 안에 앉아 발명에 몰두할 시간이 많다.

이런 설명은 예전에는 보편적으로 인정받았지만 자세히 뜯어보면 허점이 많다. 뒤에서 살펴보겠지만, 북유럽 사람들은 1,000년 전까지도 유라시아 문명에 이렇다 할 공로가 없었다. 그들은 유라시아 내의 상대적으로 따뜻한 지역에서 개발된 산물, 예컨대 농업과 바퀴, 문자와 야금술 등을 받아들일 수 있는 지리적 위치에 운 좋게 살았을 뿐이다. 신세계, 즉 아메리카 대륙에서도 한랭한 고위도 지역은 훨씬 뒤처진 상태였다. 아메리카에서 문자를 개발한 유일한 원주민 사회는 멕시코에서도 북회귀선 남쪽에 있었고, 가장 오래된 토기는 열대 남아메리카, 즉 적도 부근에서 출토되었다. 또 신세계에서 예술과 천문학을 비롯한 여러 부문에서 일반적으로 가장 발달했다고 여겨지는 사회는 기원후 첫 1,000년 동안 열대지역인 유카탄반도와 과테말라를 지배한 고대 마야였다.

얄리의 질문에 대한 또 다른 유형의 대답은 건조한 기후권의 강변 저지대와 밀접한 관계가 있다. 이러한 지역에서의 높은 농업 생산성은 대규모 관개시설에 달려 있었으므로 중앙집권적 관료 체제가 필요했다는 것이다. 이런 설명은 우리에게 알려진 최초의 제국과 문자가 티그리스강과 유프라테스강 유역을 중심으로 한 비옥한 초승달 지역과 이집트의 나일강 유역에서 시작되었다는 명백한 사실로 뒷받침되었다. 물 관리 체계는 세계의 다른 지역에서도 중앙집권적 정치조직과 관련이 있었던 듯하다. 인도아대륙의 인더스강 유역, 중국의 황허강과 양쯔강 유역, 중앙아메리카의 마야 저지대, 페루의 해안 사막지대가 대표적인 예이다.

하지만 세밀한 고고학적 연구에서 밝혀졌듯 복잡한 관개시설은 중앙집권적 관료 체제와 동시에 발생한 것이 아니라, 상당한 시차를 두고 나중에 생겨났다. 다시 말하면, 정치의 중앙집권화는 다른 이유에서 시작되었고, 복잡한 관개시설의 건설은 그 뒤에 이루어졌다. 위에서 언급한 지역들에서 정치의 중앙집권화보다 앞서 일어난 중대한 발전은 강 유역 및 복잡한 관개시설과 아무런 관계가 없었다. 예컨대 비옥한 초승달 지역에서 식량 생산과 정착 생활이 시작된 곳은 언덕과 산악지대였지, 강변 저지대가 아니었다. 비옥한 초승달 지역의 언덕들에서 정착 생활과 식량 생산이 본격적으로 시작되고 약 3,000년이 지난 뒤에도 나일강 유역은 여전히 문화적으로 뒤처진 상태였다. 미국 남서부의 여러 강 유역에서도 결국에는 관개시설을 갖춘 농업과 함께 복잡한 사회가 형성되었지만, 그런 사회의 근간을 이룬 많은 산물이 멕시코로부터 유입된 뒤에야 가능했다. 한편 오스트레일리아 남동부의 여러 강 유역은 농업이 전해지지 않아 부족사회를 벗어나지 못했다.

하지만 또 다른 유형의 설명으로, 유럽인이 다른 종족들을 살해하고 정복할 수 있게 해준 직접적 요인, 특히 총과 감염병, 철제 도구와 공산품 등을 나열하는 방법이 있다. 그런 요인이 유럽인의 정복을 직접적으로 가능케 해주었다는 사실을 뒷받침하기 때문에 이 설명이 잘못된 것은 아니다. 하지만 이러한 가정은 직접적 원인을 찾아내기 위한 대략적인 설명, 즉 초보적 설명을 제안하는 것에 불과하기 때문에 불완전하다. 달리 말하면, 궁극 원인을 찾아 나서게끔 만드는 가정이다. 왜 아프리카인이나 아메리카 원주민이 아니라 유럽인이 결국 총과 가장 지독한 균과 쇠를 갖게 되었을까?

유럽이 신세계를 정복한 사건에 대해서는 궁극 원인을 찾아내는 데 상당한 진전을 이룬 반면, 아프리카의 경우는 여전히 오리무중이다. 아프리카는 원인原人, protohuman이 가장 오랫동안 머물며 진화했고, 해부학적으로 현생인류가 탄생했을 가능성이 높고, 말라리아와 황열병 같은 풍토병에 유럽의 탐험가들이 목숨을 잃었던 대륙이다. 어떤 경우에나 일찍 시작하는 게 중요하다면, 왜 아프리카에서 총과 쇠를 먼저 만들지 않았을까? 아프리카인과 그들의 병원균이 유럽을 정복하지 못한 이유는 어디에 있을까? 또 오스트레일리아 원주민이 돌연장을 사용하는 수렵·채집민의 단계를 넘어서지 못한 이유는 어떻게 설명해야 할까?

과거에는 역사학자와 지리학자가 세계 곳곳에 흩어진 여러 인간 사회를 비교할 때 불거지는 의문에 많은 관심을 가졌다. 이런 노력의 일환으로 현재 가장 널리 알려진 예는 아널드 토인비Arnold Toynbee(1889~1975)가 12권 분량으로 발표한《역사의 연구》이다. 토인비는 23곳의 주요 문명에서 찾아낸 내적 역동성에 특히 관심을 기울였다. 그중 22곳의 문명에 문자가 있었고, 무려 19곳이 유라시아에 위치했다. 토인비는 선사시대에, 또 상대적으로 단순하고 문자가 없는 사회에는 별다른 관심을 두지 않았다. 하지만 현대 세계 불평등의 근원은 멀리 선사시대까지 거슬러 올라간다. 따라서 토인비는 얄리와 같은 의문을 제기하지도 않았고, 내가 역사의 개괄적 흐름으로 파악하는 현상을 고민하지도 않았다. 세계 역사를 다룬 다른 책들도 지난 5,000년 동안 유라시아에서 발흥한, 문자를 갖춘 주요 문명들에 대체로 초점을 맞추는 경향이 있으며 콜럼버스가 아메리카 대륙을 발견하기 전의 그곳 문명들에 대해서는 아주 간략하게만 다룰 뿐이다. 다른 지역에 대해서는 유라시아 문명과 접촉하며 상호작용한 때를 제외하면 언급조차 하지 않는다. 토인비 이후 역사의 인과관계를 세계적 차원에서 통합하려는 노력은 해결하기 힘든 어려운 문제를 제기하는 과제로, 역사학자들 사이에서 인기를 잃었다.

몇몇 학문 분과의 전문가들이 각자의 분야를 세계적으로 통합한 결과물을 내놓기도 했다. 생태지리학자, 문화인류학자, 식물과 동물을 길들이는 과정을 연구하는 생물학자, 감염병이 역사에 미친 영향을 추적하는 학자의 공헌이 무척 유익하기는 했다. 그들의 연구가 퍼즐의 일부에 관심을 불러일으키긴 했지만, 지금까지 놓쳐왔던 광범위한 종합적 이론에 필요한 조각 정도만 제공할 뿐이다.

따라서 얄리의 질문에 정설로 인정되는 대답은 아직 없다. 직접적 원인에 대한 설명은 명백하다. 어떤 종족은 총과 균과 쇠를 비롯한 다른 요인을 발전시켜 다른 종족보다 앞서 정치력과 경제력을 증진시킨 반면, 그런 요인들을 전혀 발전시키지 못한 종족이 있었기 때문이다. 그러나 궁극 원인, 예컨대 청동연장이 유라시아의 몇몇 지역에서는 일찍이, 신세계에서는 뒤늦게 그것도 국지적으로, 오스트레일리아 원주민 사회에서는 전혀 나타나지 않은 이유에 대한 설명은 여전히 명확하지 않다.

현재로서는 이런 궁극 원인에 대한 설명이 없기 때문에 역사의 개략적인 흐름도 여전히 설명이 되지 않는다. 따라서 지적으로 큰 공백이 있는 셈이지만, 훨씬 더 심각한 것은 여전히 도덕적 공백을 메우지 못했다는 사실이다. 공공연한 인종차별자이든 아니든 누구에게나 인류 역사에서 각각의 종족이 다른 식으로 살았던 것은 확실한 사실이다. 현대 미국은 유럽인이 아메리카 원주민에게서 빼앗은 땅을 차지하고, 사하라 이남 아프리카에서 수백만 명을 노예로 끌고 와 강제로 편입시켜 만든 사회이다. 반면 현대 유럽은 사하라 이남 아프리카계 흑인이 수백만 명의 아메리카 원주민을 노예로 끌고 가 만든 사회가 아니다.

이런 결과는 철저히 일방적이다. 남북아메리카와 오스트레일리아, 아프리카의 51퍼센트가 유럽인에게 정복당한 반면, 유럽의 49퍼센트가 아메리카 원주민이나 오스트레일리아 원주민, 아프리카인에게 정복당한 게 아니었다. 현대 세계 전체가 이런 일방적인 결과로 형성되었다. 따라서 그런 일방적인 결과가 일어난 원인에 대해, 수천 년 전 어느 때에 누가 우연히 어떤 전쟁에서 승리했다거나 어떤 발명품을 개발했다는 식의 시시콜콜한 것을 넘어서는 한층 근본적인 설명, 즉 명명백백한 설명이 있어야 한다.

역사의 개괄적인 흐름이 종족 간 선천적인 차이를 반영한다는 주장은 얼핏 생각하면 논리적인 듯하다. 물론 그런 차이를 공개적으로 언급하는 건 예절에 어긋나는 행동이라고 우리는 배웠다. 선천적 차이를 입증한다고 주장하는 학술 논문이 있는 반면, 그런 논문에는 학술적 결함이 있다고 주장하며 반박하는 논문도 있다. 정복이나 노예 수입이 발생하고 수 세기가 지난 뒤에도 정복당한 종족이 하층 계급을 형성하고 있는 걸 우리는 일상의 삶에서 어렵지 않게 볼 수 있다. 또 이런 현상이 생물학적 결함 때문이 아니라, 사회적으로 불리한 조건과 제한된 기회 때문이라는 말도 귀가 따갑도록 듣는다.

그렇지만 궁금증은 여전히 풀리지 않는다. 지위에서 종족 간의 차이가 뚜렷한 것이 여전히 눈에 들어오고, 그러한 차이는 줄어들지 않는다. 1500년 당시 세계의 불평등 현상을 생물학적으로 설명하려는 시도는 잘못된 게 분명하지만, 그렇다고 올바른 설명이 어떤 것이라고도 들어본 적이 없다. 역사의 개괄적 흐름에 대해 설득력 있고 누구나 인정할 만한 자세한 설명이 제시될 때까지, 사람들 대부분이 인종차별적인 생물학적 설명이 결국에는 옳을지도 모른다고 여길 것이다. 내가 이 책을 쓴 가장 큰 동기가 바로 여기에 있다.

저자들은 기자에게서 두툼한 책을 한 문장으로 요약해달라는 요청을 자주 받는다. 이 책의 경우에는 "역사가 종족마다 다르게 진행된 이유는 환경의 차이 때문이지, 종족 간 생물학적 차이 때문이 아니다"라고 요약할 수 있을 것이다.

물론 환경적 지리와 생태적 지리가 사회 발전에 영향을 미쳤다는 생각은 오래전부터 있었다. 하지만 요즘 그런 생각은 역사학자들에게 크게 인정받지 못한다. 오히려 잘못되었거나 지나치게 단순한 생각으로 여겨지고, 때로는 환경 결정론으로 무시당한다. 혹은 세계적 차이를 이해하려는 노력 자체가 지나치게 어렵다는 이유로 기약 없이 보류되곤 한다. 하지만 지리가 역사에 '어떤' 영향을 미치는 건 분명하다. 남은 문제는 그 영향이 얼마만큼 큰지, 지리가 역사의 개괄적인 흐름을 설명할 수 있는지 하는 것이다.

이제 이런 문제들을 새로운 시각으로 접근할 때가 되었다. 인류의 역사와는 무관해 보였던 과학 분야에서 찾아낸 새로운 정보 덕분이다. 특히 유전학과 분자생물학 그리고 농작물과 그 야생 원종原種을 연구하는 생물지리학이 주목을 받는다. 이를테면 가축과 그 야생 조상을 연구하는 행동생태학, 인간을 괴롭히는 병원균과 동물을 숙주로 삼는 동족 병원균을 연구하는 분자생물학, 인간의 질병을 연구하는 전염병학, 인류유전학, 언어학, 모든 대륙과 주요 섬에 대해 연구하는 고고학, 기술(이 책에서 '기술technology'은 사회 발전에 따른 새로운 장비와 도구, 기술력을 의미한다—옮긴이)과 문자와 정치조직의 역사에 대한 연구가 여기에 포함된다.

얄리의 질문에 대답하기 위해 책을 쓰려는 장래의 저자라면 이렇게 다양한 학문의 성과를 종합해야 하기 때문에 이런저런 문제에 부닥칠 수밖에 없다. 그는 위에서 언급한 학문들을 포괄하는 상당한 전문 지식을 지녀야 할 것이다. 그래야 관련된 새로운 정보를 종합할 수 있을 것이기 때문이다. 각 대륙의 역사시대와 선사시대도 비슷하게 종합할 수 있어야 한다. 이 책의 주제는 역사이지만 자연과학, 특히 진화생물학과 지질학처럼 과거의 기록에서 자료를 얻는 자연과학의 접근법을 취한다. 아울러 장래의 저자는 직접적 경험을 통해 수렵·채집사회부터 현대 우주 시대의 문명까지 다양한 형태의 인간 사회를 이해할 수 있어야 한다.

이런 조건을 충족하려면 처음에는 다수의 저자가 공동으로 작업해야 할 것처럼 보일 수 있다. 하지만 문제의 본질은 일관된 방향으로 종합하는 것이기 때문에 그런 접근법은 처음부터 실패를 예약한 것이나 다름없다. 이런 점을 고려하면 많은 어려움이 있더라도 한 명이 쓰는 게 낫다. 물론 그 한 명의 저자가 많은 학문으로부터 자료를 수집해 완전히 소화하려면 엄청난 노력을 들여야 할 테고, 많은 동료에게 도움도 구해야 할 것이다.

얄리가 나에게 그 질문을 던진 1972년 이전에도 나는 이미 개인적 배경 덕분에 여러 학문을 섭렵한 터였다. 내 어머니는 교사이자 언어학자이고, 아버지는 아동 질환 관련 유전학을 전공한 의사이다. 나는 아버지의 선례에 따라 의사가 되는 데 필요한 학교에 입학했다. 또 7세 때부터 열정적인 조류 관찰자가 되었다. 따라서 대학교 4학년 때 의사가 되려던 처음의 목표를 생물학 연구로 바꾸는 건 그다지 어렵지 않았다. 하지만 중·고등학교와 대학교에서 나는 주로 언어와 역사 그리고 글쓰기를 공부했다. 생리학으로 박사 학위를 받기로 결정한 뒤에도 대학원 첫해에 언어학자가 되기 위해 자연과학을 포기하려 한

적도 있었다.

1961년에 박사 학위를 받은 후 나는 두 분야로 나누어 과학 연구를 계속했다. 하나는 분자생리학이었고, 다른 하나는 진화생물학과 생물지리학이었다. 특히 진화생물학은 실험실 과학과는 다른 방법론을 사용할 수밖에 없는 역사과학historical science, 즉 과거의 기록에서 자료를 얻는 학문이란 점에서, 이 책의 목적에 부합하는 뜻밖의 선물이었다. 그때의 경험 덕분에, 인류 역사에 과학적으로 접근하는 방법을 고안해내는 어려움도 나에게는 익숙하게 느껴졌다. 또 1958년부터 1962년까지 유럽에 거주하며 20세기 유럽 역사 때문에 정신적으로 큰 충격을 입은 친구들과 어울린 덕분에, 인과관계의 사슬이 역사의 전개에서 어떻게 작용하는지 진지하게 생각할 기회도 있었다.

지난 33년 동안, 나는 진화생물학자로서 현장을 연구하며 꽤 다양한 인간 사회를 가까이에서 접촉할 수 있었다. 나는 내 전공인 조류의 진화를 남아메리카, 남아프리카, 인도네시아, 오스트레일리아, 특히 뉴기니에서 꾸준히 연구해왔다. 그 지역들의 원주민과 함께 생활하며, 최근까지 돌연장을 사용하던 수렵·채집사회부터 농업이나 어업에 종사하는 부족사회까지 과학기술적인 면에서 원시적인 인간 사회를 많이 알게 되었다. 그래서인지 대부분의 문명인에게는 아득한 선사시대의 이상한 생활 방식으로 비칠 만한 현상이 나에게는 내 삶에서 가장 흥미진진하게 다가온다. 뉴기니는 세계 육지 면적에서 극히 일부분에 불과하지만, 인류의 다양성이라는 측면에서는 상당히 큰 몫을 차지한다. 또 현대 세계에서 사용하는 6,000여 종의 언어 중 약 1,000종이 뉴기니에 몰려 있다. 뉴기니에서 조류를 관찰하고 연구하는 동안, 지역에 따라 다른 새 이름을 그 많은 언어 중에서 약 100개의 명칭으로 정리해야 하다 보니 언어에 대한 내 관심도 되살아났다.

일반 독자의 눈높이에서 인간의 진화를 설명한 나의 책《제3의 침팬지》는 이런 모든 관심사의 결실로 탄생했다. 이 책의 14장 '어쩌다가 정복자가 된 인간들'에서는 유럽인과 아메리카 원주민의 충돌이 낳은 결과를 이해해보려 했다. 나는 이 책을 완성한 뒤, 선사시대뿐만 아니라 현대에도 종족 간 충돌이 유사한 문제를 제기한다는 걸 깨달았다. 결국 내가 14장을 쓰며 씨름했던 문제는 장소만 바뀌었을 뿐 얄리가 1972년에 나에게 제기한 질문과 본질적으로 똑같았다. 따라서 많은 친구의 도움을 받아 얄리의 호기심, 나아가서 나 자신의 호기심을 채워보려 한다.

이 책은 크게 4부로 나뉜다. '에덴에서 카하마르카까지'라는 제목을 붙인 1부는 세 개의 장으로 이루어졌다. 1장에서는 우리가 약 700만 년 전 유인원으로부터 갈라져 나온 때부터 마지막 빙하기가 끝난 약 1만 3,000년 전까지, 인류의 진화와 역사를 간략하게 살펴본다. 또 흔히 '문명의 발흥'이란 용어로 통칭하는 사건들이 시작되기 직전에 세계가 어떤 상태였는지를 이해하기 위해, 인류의 조상이 아프리카에서 다른 대륙들로 어떻게 퍼져나갔는지도 추적해볼 것이다. 이를 통해 특정한 대륙에서 인류의 발전이 시간적으로 앞섰다는 게 밝혀진다.

2장에서는 시간과 공간을 축소해서 섬 환경이 역사에 미친 영향을 간략히 살펴본다. 이 단계는 지난 1만 3,000년 동안 대륙의 환경이 역사에 미친 영향을 탐구하기 위한 준비 단계라고 할 수 있다. 폴리네시아인의 조상들이 약 3,200년 전 태평양 곳곳으로 퍼져나갔을 때, 그들이 맞닥뜨린 섬들은 제각각 환경이 크게 달랐다. 그 뒤로 수천 년 동안, 단일한 하나의 사회로 출발했던 폴리네시아인의 조상들은 환경적으로 제각각인 섬에서 수렵·채집 부족사회부터 원시 제국에 이르기까지 다양한 형태의 사회를 낳았다. 이런 확산 현상을 표본으로 삼으면, 더 오랫동안 훨씬 큰 규모로 이루어졌지만 우리가 제대로 파악하지 못한 확산 현상, 즉 마지막 빙하기가 끝난 이후로 여러 대륙에서 하나의 사회가 수렵·채집 부족사회와 제국 등 다양한 형태로 변해가는 과정을 이해하는 데 도움을 얻을 수 있다.

3장에서는 다른 대륙에 속한 종족들 간의 충돌을 다룬다. 역사상 가장 극적이었던 충돌 사건—페루의 도시 카하마르카에서 프란시스코 피사로가 소수의 콩키스타도르conquistador('정복자'라는 뜻으로, 16세기에 중남미를 침입한 스페인인—옮긴이)를 거느리고, 잉카제국의 마지막 독립 황제 아타우알파를 그의 군대가 지켜보는 앞에서 생포한 사건—을 당시의 목격담을 토대로 재구성한다. 피사로가 아타우알파를 생포하고 유럽이 아메리카 원주민 사회를 정복하는 데도 작용한 일련의 근접 원인을 찾아내는 건 그다지 어렵지 않다. 스페인 정복자들이 몸 안에 지녔던 병원균, 말馬, 문자와 정치조직, 기술(특히 선박과 무기) 등이 직접 원인에 속한다. 근접 원인에 대한 이런 분석은 이 책에서 쉬운 편에 해당한다. 어려운 부분은 그러한 근접 원인을 초래한, 아타우알파가 마드리드로 달려가 스페인의 카를로스 1세를 생포하지 못하고 정반대의 결과를 가져온 궁극 원인을 찾아내는 것이다.

2부 '식량 생산의 기원과 확산'(4~10장)에서는 내가 가장 중요한 궁극 원인이라고 믿는 것들을 주로 다룬다. 4장에서는 식량 생산, 즉 야생에서 짐승을 사냥하고 먹을 것을 채집하던 단계에서 벗어나 농업이나 목축을 통해 식량을 확보하는 방법이 궁극적으로 피사로의 승리를 가능케 해준 직접적 요인으로 어떻게 발전했는지를 간략하게 살펴본다. 그러나 식량 생산의 기원도 지역마다 달랐다. 5장에서 살펴보겠지만, 일부 지역에서는 식량 생산 방법을 독자적으로 개발한 반면, 그런 곳으로부터 선사시대에 그 방법을 획득한 지역도 있었다. 한편 선사시대에 식량 생산 방법을 개발하지도, 획득하지도 못한 채 현대까지 수렵·채집 상태를 벗어나지 못한 종족도 있었다. 6장에서는 어떤 지역에서는 생활 방식을 수렵·채집에서 식량 생산으로 전환했지만, 어떤 지역에서는 그런 전환이 일어나지 않은 이유를 다룬다.

7~9장에서는 선사시대에 야생의 식물과 동물을 어떻게 작물과 가축으로 길들였는지 보여준다. 초기의 농부와 목자는 그런 행위의 결과를 짐작조차 하지 못했을 것이다. 작물화와 가축화에 적합한 야생식물과 야생동물의 지리적 차이는 극히 일부 지역에서만 식량 생산 방법을 독자적으로 개발할 수 있었던 이유, 또 그런 지역에서도 특정한 곳에서 식량 생산이 먼저 시작된 이유를 설명하는 데 큰 도움을 준다. 그 소수의 기원지로부터 식량 생산이 전해진 속도도 지역마다 달랐다. 그렇게 전파 속도가 달랐던 주된 요인은 대륙의 중심축 방향이었던 것으로 여겨진다. 예컨대 유라시아의 중심축은 대체로 동서 방향이었고, 남북아메리카와 아프리카의 중심축은 대체로 남북 방향이었다(10장).

요컨대 3장에서는 유럽이 아메리카를 정복한 배경이 되었던 직접적 요인들을 간략히 다루고, 4장에서는 그러한 요인들이 식량 생산이라는 궁극 원인에서 파생했음을 살펴본다. 그리고 3부 '식량에서 총, 균, 쇠로'(11~14장)에서는 궁극 원인이 근접 원인으로 이어지는 연결 고리를 자세히 추적하고, 높은 인구밀도가 기본 전제인 병원균의 진화를 살펴본다(11장). 아메리카 원주민을 비롯해 비유라시아계 종족은 유라시아의 총이나 철제 무기보다 병원균에 의해 훨씬 많은 사람이 죽었다. 반대로 신세계를 침략한 유럽의 정복자들에게 치명적 타격을 안긴 병원균은 극소수이거나 눈에 띄는 게 없었다. 왜 병원균의 교환이 그처럼 불균등했을까? 분자생물학이 최근의 연구에서 거둔 성과에 따르면, 병원균과 식량 생산의 기원 사이에 밀접한 관계가 있고, 그 관계는 남북아메리카보다 유라시아에서 더 뚜렷이 드러난다.

또 하나의 인과관계 사슬이 작용해, 식량 생산은 단일 품목으로는 지난 수천 년 사이에 가장 중요한 발명품이라고 할 수 있는 문자의 탄생으로 이어졌다(12장). 인류 역사에서 문자가 완전히 새롭게 처음부터 진화한 경우는 수차례에 불과했다. 즉 문자가 탄생한 곳은 식량 생산이 가장 먼저 시작된 곳과 일치했다. 그렇게 독자적으로 문자가 형성된 곳으로부터 문자라는 개념 혹은 문자 체계가 확산하며, 다른 사회들도 문자를 갖기에 이르렀다. 따라서 세계 역사를 공부하는 학생에게 문자라는 현상은 다른 중요한 인과관계, 즉 어떤 사상과 발명이 전해지는 용이성에 지리가 미치는 영향을 연구하는 데 대단히 유용하다.

문자에 적용되는 인과관계는 과학기술에도 적용된다(13장). 과학기술과 관련해서는 중대한 의문이 있다. 과학기술에서의 혁신이 드물게 탄생하는 천재적인 발명가나 특이한 문화적 요인에 많이 의존한다는 점 때문에, 정말 그 개략적인 흐름을 파악하기가 어렵냐는 의문이다. 뒤에서 살펴보겠지만, 오히려 많은 특이한 문화적 요인 덕분에 과학기술의 세계적 흐름을 파악하는 게 어렵기는커녕 더 쉽다. 과학기술의 발전으로 농부는 더 많은 식량을 생산할 수 있었고, 그 결과 농경사회는 식량을 생산하지 않고 기술 개발에 전념하는 전업 기능 전문가 계급을 뒷받침할 수 있었다.

식량 생산으로 농민은 필경사와 발명가뿐만 아니라 정치인까지 부양할 수 있었다(14장). 수렵·채집을 하며 이동하는 무리는 상대적으로 평등했다. 하지만 그들의 정치 세계는 무리가 이동하는 공간적 영역 및 이웃한 무리들과 맺는 변덕스러운 동맹 관계에 국한되었다. 정착해서 식량을 생산하며 인구밀도가 높아지자 군장君長과 왕, 관료가 등장했다. 관료 체제는 면적이 넓고 인구가 많은 지역을 다스리는 데뿐 아니라, 상비군을 유지하고 탐험대를 파견하며 정복 전쟁을 계획하는 데도 반드시 필요했다.

4부 '여섯 지역에 대한 구체적인 분석'(15~20장)에서는 2부와 3부에서 살펴본 내용을 각 대륙과 몇몇 중요한 섬에 적용한다. 15장에서는 오스트레일리아 자체의 역사와 과거 오스트레일리아에 연결되어 하나의 대륙을 이루었던 커다란 섬 뉴기니의 역사를 추적한다. 오스트레일리아는 최근까지도 가장 단순한 기술을 사용하던 인간 사회의 터전이었고, 식량 생산이 자체적으로 발달하지 못한 유일한 대륙이었다. 따라서 오스트레일리아의 사례는 대륙 간 인간 사회의 차이에 대한 이론을 검증하는 중요한 시금석이 된다. 이웃한 뉴기니의 종족 대부분이 식량 생산자가 되었음에도 오스트레일리아 원주민은 수렵·채집 상태를 벗어나지 못한 이유 또한 살펴볼 것이다.

16장과 17장에서는 오스트레일리아와 뉴기니의 발전을 동아시아 본토와 태평양 섬들을 망라하는 지역 전체의 관점에서 다룬다. 중국에서 식량 생산을 시작한 이래로 선사시대에 인구와 문화적 특성 혹은 둘 모두의 대대적인 이동이 여러 차례 이뤄졌다. 그런 이동 중 하나는 중국 내에서 나타났으며, 그로써 중국은 우리가 아는 지금의 정치적·문화적 형태를 갖추었다. 또 한 번의 이동은 열대 동남아시아 거의 전역에서 이루어졌으며, 그 결과 토착 수렵·채집민이 궁극적으로 남중국에 기원을 둔 농경민으로 대체되었다. 하지만 '오스트로네시아 확장'이라고 일컫는 또 한 번의 이동이 있었고, 이때 그들이 필리핀과 인도네시아의 토착 수렵·채집민을 대체했다. 그들은 폴리네시아에서 가장 멀리 떨어진 섬까지 뻗어나갔지만, 오스트레일리아와 뉴기니 일대에는 발을 들여놓지 못했다. 세계 역사를 공부하는 학생에게, 동아시아 종족들과 태평양 종족들 간의 이런 충돌은 두 가지 이유에서 중요하다. 첫째, 그러한 충돌이 현재 세계 인구의 3분의 1이 살며 경제력이 점점 집중되는 국가들을 형성했기 때문이다. 둘째, 그러한 충돌이 다른 지역에서 살아가는 종족들의 역사를 이해하는 데 필요한 모델을 명확히 제공하기 때문이다.

18장은 3장에서 다루었던 문제, 즉 유럽인과 아메리카 원주민 간의 충돌 문제로 돌아간다. 신세계와 서유라시아의 지난 1만 3,000년에 걸친 역사를 요약해보면, 유럽의 남북아메리카 정복은 역사적으로 독립적이던 두 갈래의 긴 궤적이 만나며 맞이한 궁극적인 결말에 불과했다는 게 명확히 드러난다. 두 궤적의 차이는 양 대륙에서 길들인 식물과 동물, 병원균, 정착 시기, 대륙의 중심축 방향, 생태적 장벽 등의 차이에서 비롯되었다.

사하라 이남 아프리카의 역사(19장)는 신세계의 역사와 놀라울 정도로 유사하면서도 확연히 다르다. 유럽인과 아프리카인의 만남에 관계한 요인이 그대로 유럽인과 아메리카 원주민의 만남에도 관여했다. 그러나 그 모든 요인에서 아프리카는 남북아메리카와 다르기도 했다. 따라서 사하라 이남을 정복한 뒤에도 유럽인의 정착은 아프리카 남단을 제외하고 더는 확대되지도, 오래 지속되지도 않았다. 아프리카에서 더 오랫동안 지속된 중요한 사건은 대륙 내에서 이뤄진 대규모 인구 이동, 즉 반투족Bantu의 팽창이었다. 반투족의 이동을 촉발한 원인은 카하마르르카, 동아시아, 태평양의 섬들, 오스트레일리아와 뉴기니에서 작용한 것과 대체로 같은 원인이었다.

그렇다고 내가 이 책에서 지난 1만 3,000년 동안 모든 대륙에서 일어난 역사를 성공적으로 설명했다고 생각하지는 않는다. 우리가 모든 답을 알지도 못하지만, 설령 알더라도 그 모든 것을 한 권의 책에 담아내는 건 불가능하다. 기껏해야 이 책은 내가 얄리의 질문에 대한 대답에서 큰 부분을 차지한다고 믿는 몇몇 환경적 요인을 찾아낸 것에 불과하다. 그러한 요인을 인정할 때 아직 설명되지 않은 나머지가 더욱 잘 보일 것이다. 그 나머지에 대한 분석과 이해는 향후의 과제이다.

에필로그에는 '과학으로서 인류사의 미래'라는 제목을 붙였다. 여기서는 유라시아에서도 지역 간 차이가 있는 이유, 환경과 무관한 문화적 요인의 역할, 개인의 역할 등 나머지에 속한 문제를 다룬다. 아직 해결되지 않은 것 중 가장 큰 문제는 인류사human history를 하나의 역사과학, 즉 진화생물학과 지질학 그리고 기후학 같은 공인된 역사과학과 같은 위치에 올려놓을 수 있느냐는 것이다. 인류사 연구에는 실질적인 어려움이 따르겠지만, 현재 공인된 역사과학들도 적잖게 똑같은 문제로 난관을 겪고 있다. 따라서 그 학문들에서 개발한 방법론이 인류사 분야에도 유용하게 쓰일지 모른다.

하지만 한 냉소주의자가 말한 것처럼 역사가 "지긋지긋한 사실의 나열에 불과한 것"이 아니라는 걸 내가 설득력 있게 써냈기를 바랄 뿐이다. 역사에 개략적인 흐름이 있다는 건 사실이며, 그 흐름을 설명하려는 노력은 흥미로운 만큼이나 생산적인 작업이다.

1부

에덴에서 카하마르카까지

FROM EDEN TO CAJAMARCA

JARED DIAMOND

1장 출발선까지 어떤 일이 있었을까?

UP TO THE STARTING LINE

1만 3,000년 전에 무슨 일이 일어났는가?

인류의 조상은 언제 어떻게 각 대륙에 정착했을까? 문명이 발흥하기 직전 세계는 어떤 상태였을까? 대륙마다 달랐던 정착 시기의 차이는 역사에 어떤 영향을 미쳤을까? 700만 년 전 인간이 하나의 종으로 탄생한 순간부터 마지막 빙하기가 끝난 1만 3,000년 전까지 인류의 진화와 역사를 살펴본다.

각 대륙에서 역사가 어떻게 전개되었는지를 비교하기에 적합한 출발선은 기원전 11000년경이다.• 이 연대는 세계 몇몇 지역에서 마을을 형성하기 시작한 시기와 대략적으로 일치한다. 이때 모두가 인정하듯 남북아메리카에 처음으로 사람들이 모여 살기 시작했고, 홍적세가 끝나고 마지막 빙하기에 들어섰으며, 지질학자들이 말하는 현세Recent Era가 시작되었다. 동식물을 길들이려는 노력은 그로부터 수천 년 후에 적어도 한 지역에서 이뤄졌다. 당시 일부 대륙의 종족이 다른 대륙의 종족들보다 먼저 출발해서 명백한 이점을 누린 것일까?

그랬다면 그 앞선 출발에 따른 유리함이 지난 1만 3,000년 동안 증폭된 결과가 얄리의 질문에 대한 대답이 될지도 모른다. 따라서 여기서는 우리가 하나의 종種으로 탄생한 때부터 1만 3,000년 전까지 모든 대륙에서 진행된 인류의 역사를 간략하게 살펴보려고 한다. 그 모든 걸 20쪽 이내로 요약할 것이므로 세부적인 내용은 적당히 넘어가고, 이 책과 특별히 관련 있는 추세만을 언급할 것이다.

• 이 책에서 지난 1만 5,000년에 관해 제시한 연대는 전통적인 비보정 방사성탄소 연대가 아니라, 이른바 보정 방사성탄소 연대이다. 두 가지 연대의 차이는 5장에서 자세히 설명할 예정이다. 보정 연대가 실제 연대에 더 가깝다고 여겨진다. 비보정 연대에 익숙한 독자는 자신이 알고 있는 연대보다 더 먼 과거로 내가 잘못 인용하고 있다는 생각이 들 때마다 이 차이를 기억할 필요가 있다. 예컨대 북아메리카에서 발견된 클로비스 고고학적 유적지의 연대는 주로 기원전 9000년경(약 1만 1,000년 전)으로 잡는 게 보통이지만, 나는 기원전 11000년경, 즉 1만 3,000년 전이라고 말한다. 일반적으로 사용하는 연대는 보정되지 않은 것이기 때문이다.

우리 인간과 가장 가까우면서 살아 있는 친척은 3종의 현존하는 대형 유인원great ape, 즉 고릴라와 일반 침팬지 그리고 보노보bonobo라고도 알려진 피그미침팬지이다. 많은 화석 증거와 더불어 이 유인원들이 아프리카에만 서식한다는 사실은 인류 진화의 초기 단계가 아프리카에서 진행되었다는 걸 보여준다. 동물의 역사와는 별개로, 인류의 역사는 약 700만 년 전(추정 범위는 500만~900만 년 전) 아프리카에서 시작되었다. 그즈음 한 아프리카 유인원 개체군이 여러 개체군으로 갈라졌다. 그중 하나가 고릴라로 진화했고, 다른 하나는 두 종류의 현재 침팬지로, 마지막 하나가 사람으로 진화했다. 고릴라 계통이 약간 먼저 갈라져 나간 뒤에 침팬지 계통과 사람 계통이 갈라진 것으로 보인다.

화석에서 확인할 수 있듯이 우리까지 이어져온 진화 계통은 약 400만 년 전 상당한 직립 자세에 도달했고, 체구와 상대적인 뇌 용량이 커지기 시작한 때는 약 250만 년 전이었다. 이 원인原人은 일반적으로 오스트랄로피테쿠스 아프리카누스*Australopithecus africanus*, 호모하빌리스*Homo habilis*, 호모에렉투스*Homo erectus*라고 불리며, 각각 이 순서대로 진화한 것으로 여겨진다. 약 170만 년 전의 단계인 호모에렉투스는 체구 면에서 현대인에 가까웠지만, 뇌 용량은 우리의 절반에 불과했다. 돌연장은 약 250만 년 전에 흔해졌는데, 부서지거나 떨어진 극히 조악한 형태의 뗀석기에 불과했다. 동물학적 중요성과 특성에서 호모에렉투스는 유인원보다 우위에 있었지만, 현대인에 비교할 정도는 전혀 아니었다.

약 700만 년 전 시작된 이후 첫 500만~600만 년 동안, 인류의 역사는 아프리카에 국한되었다. 처음으로 아프리카를 벗어나 퍼져나

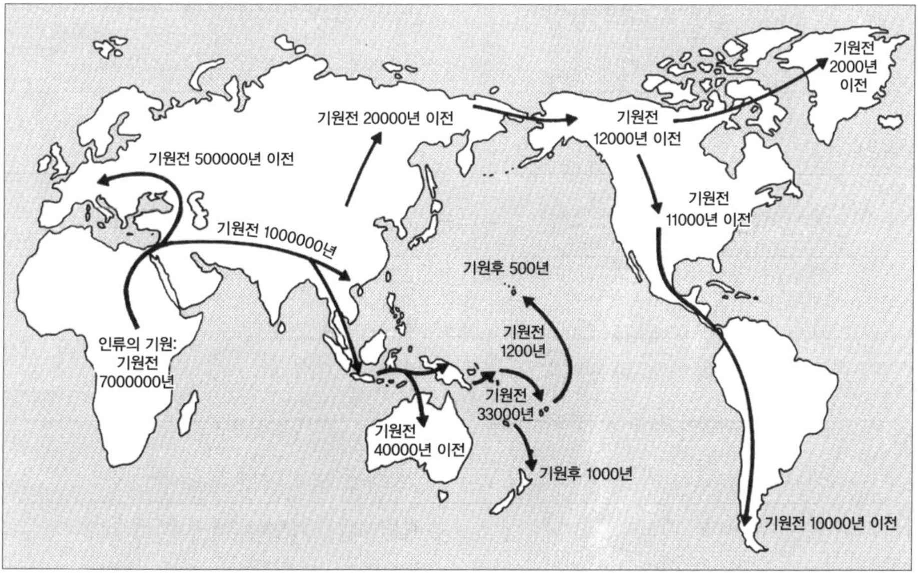

그림 1.1 인류의 세계 확산.

간 인류의 조상은 호모에렉투스였다. 이런 추정은 동남아시아의 자바섬에서 발견된 화석으로 입증할 수 있으며, 그 화석은 관례상 자바원인Java man(그림 1.1 참조)이라고 부른다. 가장 오래된 자바원인 화석—물론 그 화석의 주인은 자바 여성일 수도 있다—은 일반적으로 약 100만 년 전의 것으로 추정한다. 하지만 최근에는 그 화석이 180만 년 전의 것이란 주장도 나왔다(엄격히 말하면, '호모에렉투스'라는 명칭은 자바 화석에 속하므로 호모에렉투스로 분류되는 아프리카 화석에는 다른 명칭을 붙여야 할지도 모르겠다). 현재 유럽에서 발견된 인류의 증거로 의문의 여지없이 가장 오래된 것은 약 50만 년 전의 것이지만, 그 이전에도 인류가 살았을 것이란 주장이 적지 않다. 특히 유라시아는 거대한 장벽으로 분리되지 않은 하나의 땅덩어리이기 때문에, 인류가 아시아에 거주하기 시작할 즈음 유럽에서도 거주하기 시작했을 것이라고 봐도 무방할 것이다.

이 문제는 이 책에서 계속적으로 반복해서 제기하는 쟁점의 일례이기도 하다. 예컨대 어떤 과학자가 '최초의 X'— 유럽에서 발견된 최초의 인간 화석, 멕시코에서 인위적으로 재배한 옥수수라는 최초의 증거 등 여하튼 어딘가에서 찾아낸 최초의 무엇—를 발견했다고 주장할 때마다, 다른 과학자들은 더 이전의 것을 찾아내 그 주장을 무너뜨리겠다는 의욕을 불태운다. 현실적으로 생각하면 진짜로 '가장 오래된 X'가 있기 마련이므로, 그보다 더 오래된 X에 대한 모든 주장은 거짓이 된다. 그러나 뒤에서 살펴보겠지만, 실질적으로 어떤 X에 대해 해마다 새로운 것이 발견되고, 그게 더 오래된 X로 추정된다는 주장이 더해지면서, X에 대한 과거의 주장이 부분적으로 혹은 송두리째 반박되곤 한다. 고고학자들이 그런 문제에 대해 일치된 합의에 도달하기까지 수십 년의 연구가 필요한 경우도 비일비재하다.

약 50만 년 전쯤 인간 화석은 호모에렉투스로부터 갈라져 나와 두개골이 더 크고 둥글어지며 각진 부분이 줄어드는 형태로 바뀌었다. 아프리카와 유럽에서 발견된 50만 년 전의 인간 화석 두개골은 호모에렉투스가 아니라 호모사피엔스로 분류되는 현대인의 두개골과 상당히 유사했다. 호모에렉투스가 호모사피엔스로 진화한 것이기 때문에 둘을 구분하는 것은 임의적일 수밖에 없다. 하지만 초기 호모사피엔스는 세부적인 골격에서 여전히 우리와 달랐다. 뇌 용량이 우리에게 크게 미치지 못했고, 그들이 남긴 유물과 행동도 우리와 무척 달랐다. 돌연장을 만든 근대 사람들, 예컨대 얄리의 증조부모가 50만 년 전의 돌연장을 보았다면 너무 조잡하다고 조롱했을 것이다. 이런 돌연장 이외에 우리 조상이 당시에 남긴 유의미한 문화유산이라고 확실히 기록할 수 있는 유일한 한 가지는 불의 사용이다.

초기 호모사피엔스는 유골과 조악한 돌연장을 제외하면, 공예품이나 뼈로 만든 연장 등 어떤 것도 우리에게 남기지 않았다. 동남아시아에서 오스트레일리아로 가려면 당시에도 배가 필요했을 것이기 때문에 오스트레일리아에는 인간의 흔적조차 없었다. 물론 남북아메리카 어디에도 사람이 살지 않았다. 아메리카로 가려면, 인류가 유라시아 대륙에서 그곳과 가장 가까운 지역(시베리아)까지 진출하고, 배를 짓는 기술도 확보해야 했기 때문이다(지금은 시베리아와 알래스카를 갈라놓는 베링해협이 얕은 바다이지만, 빙하기에는 해수면이 반복적으로 오르내리며 마른땅으로 변해 대륙을 연결하는 드넓은 육교가 되곤 했다). 하지만 배를 짓고 추운 시베리아에서 생존하는 능력은 초기 호모사피엔스에게 전혀 기대할 수 없는 것이었다.

50만 년 전 이후, 세부 골격에서 아프리카와 서유라시아의 인간 개체군은 서로 달라지기 시작했고, 동아시아 개체군과도 달라졌다. 13만 년에서 4만 년 전 사이에 유럽과 서아시아 개체군은 유난히 많은 유골을 남겼다. 이는 네안데르탈인이라고 알려진 유골로, 간혹 독립된 종, 즉 호모네안데르탈렌시스*Homo neanderthalensis*로 분류되기도 한다. 많은 만화에서, 네안데르탈인은 동굴에 거주하는 유인원과 유사한 짐승처럼 묘사되지만, 뇌 용량은 우리보다 약간 더 컸다. 네안데르탈인은 시신을 땅에 묻고 병자를 보살폈다는 강력한 증거를 남긴 최초의 인류이기도 했다. 하지만 그들의 돌연장은 현대 뉴기니인의 깔끔하게 다듬은 돌도끼에 비하면 여전히 조악했고, 기능을 명확히 구분할 수 있을 만큼 표준화된 형태로 다양하게 만들어지지도 않았다.

네안데르탈인과 같은 시대에 존재한 아프리카 개체군의 유골 조각은 지금까지 극소수만 발굴되었으며, 그 모양은 네안데르탈인보다 현대인의 유골에 더 가깝다. 동아시아에서 발굴된 유골 조각은 더 적지만, 그 형태는 아프리카 유골뿐 아니라 네안데르탈인 유골과도 달라 보인다. 당시의 생활 방식과 관련해 가장 잘 보존된 증거는 아프리카 남부의 유적지에서 다량으로 나온 돌 공예품과, 먹잇감으로 사냥한 짐승의 뼈였다. 10만 년 전의 이 아프리카 개체군은 유골 모양에서 동시대의 네안데르탈인보다 현대인과 더 비슷했지만, 돌연장은 네안데르탈인의 것만큼이나 조악하고 표준화된 형태도 없었다. 그들은 예술이라고 할 만한 것도 남기지 않았다. 먹잇감으로 사냥한 짐승들의 뼈를 증거로 판단할 때, 그들의 사냥 기술은 그다지 인상적이지 않았으며, 주로 죽이기 쉽고 전혀 위험하지 않은 짐승을 목표로 삼았다. 그때까지는 들소와 돼지 등 위험한 먹잇감을 사냥하지 않았다. 해변의 유적지에서 물고기 뼈와 낚싯바늘이 발견되지 않는 것으로 보아 물고기를 잡지 못했던 게 분명하다. 그들은 동시대를 살았던 네안데르탈인과 마찬가지로 완전한 인간이라고 하기에는 상당히 부족했다.

인류의 역사는 적어도 약 5만 년 전에 시작되었고, 그때를 나는 '대약진Great Leap Forward'이라고 이름한다. 대약진과 관련한 최초의 결정적 증거는 동아프리카 유적지에서 나온 표준화된 돌연장과 처음으로 발굴된 장신구(타조알 껍질로 만든 구슬)이다. 곧이어 유사한 발전이 근동과 남동 유럽에서, 그다음으로 약 4만 년 전에는 남서 유럽에서도 나타났다. 남서 유럽에서 많이 발견되는 인공 유물은 크로마뇽인Cro-Magnon이라고 일컫는 최초의 완전한 현생인류와 관계가 있다. 그때 이후로 고고학적 유적지에 있는 쓰레기장도 점점 더 흥미로워졌고, 그곳의 주인이 생물학적 특성과 행동에서 현대인과 다를 바 없었다는 데는 한 점의 의혹도 없다.

크로마뇽인이 남긴 쓰레기 더미에서는 돌연장뿐 아니라 뼈로 만든 연장도 나왔다. 뼈는 모양(예컨대 낚싯바늘)을 만드는 데 적합한 재료였지만 그 이전의 인류는 그 가능성을 인식하지 못한 게 분명하다. 크로마뇽인의 연장은 형태가 다양하고 매우 현대적이어서 바늘과 송곳, 조각용 도구 등 그 기능을 명확히 구분할 수 있다. 손에 쥐고 사용하는 긁개처럼 한 덩어리로 된 도구 이외에 여러 부분으로 이루어진 도구도 나타났다. 크로마뇽인 유적지에서 발굴된 무기 중 그 기능을 짐작할 만한 것으로는 작살과 투창기가 있고, 나중에는 활과 화살까지 나왔다. 소총을 비롯해 여러 부분으로 이뤄진 현대 무기의 전신이 그때부터 있었던 셈이다. 안전한 거리를 두고 사냥감을 효과적으로 살상하는 수단을 고안해냄으로써 코뿔소와 코끼리 같은 위험한 먹잇감까지 사냥할 수 있었고, 그물과 낚싯줄과 덫을 만드는 데 필요한 끈을 발명함으로써 물고기와 새를 먹잇감으로 추가할 수 있었다. 잔재로 남은 주거지와 꿰맨 옷은 한랭 지역에서 살아남는 능력이 크게 향상했다는 증거가 되기에 충분하고, 장신구와 조심스레 매장된 유골은 미학적인 면과 영적인 면이 혁명적으로 발달했다는 걸 보여준다.

지금까지 발굴된 크로마뇽인의 인공물 중 가장 널리 알려진 것은 예술 작품이다. 경이로운 동굴 벽화, 조각상, 악기 등은 지금도 예술로 평가받기에 부족하지 않다. 프랑스 남서부의 라스코 동굴에 실물 크기로 그려진 황소와 말의 역동적인 모습을 직접 본 사람이라면, 그 그림을 그린 사람들이 골격만큼이나 정신 능력에서도 분명히 현대인에 못지않았음을 어렵지 않게 알아차릴 것이다.

약 10만 년에서 5만 년 전 사이 우리 조상의 능력에 어떤 중대한 변화가 일어난 게 분명하다. 대약진은 그 원인 및 지리적 위치와 관련해 아직 해결되지 않은 두 가지 중대한 의문을 제기한다. 그 원인에 대해 나는《제3의 침팬지》에서, 후두喉頭 부위가 완벽하게 형성됨으로써 인간이 창의력을 발휘하는 데 큰 역할을 하는 언어 사용을 위한 해부학적 기반이 갖추어졌기 때문이라고 설명했다. 한편 다른 학자들은 당시 뇌 용량에는 변화가 없었지만 뇌 조직에 변화가 일어남으로써 언어 사용이 가능해졌을 것이라고 주장했다.

대약진은 주로 지리적으로 한 지역, 한 집단에서 먼저 일어났을까? 그런 뒤 그 집단이 다른 지역으로 퍼져나가고, 그곳에 먼저 살고 있던 집단을 밀어냈을까? 아니면 여러 지역에서 동시에 대약진이 일어났고, 오늘날 각 지역에 살고 있는 인간 개체군은 대약진 전부터 그곳에서 살던 개체군의 후손일까? 약 10만 년 전의 것으로 추정되며 현대인과 상당히 닮아 보이는 아프리카의 두개골은 전자의 견해에 손을 들어준다. 달리 말하면, 대약진이 아프리카에서 먼저 일어났다는 뜻이다. 이른바 미토콘드리아 DNA에 대한 분자생물학적 연구 결과, 현생인류가 아프리카에서 기원했을 것이란 해석이 처음으로 대두했다. 하지만 현재로선 그 연구 결과에 담긴 의미가 미심쩍다. 한편 일부 자연인류학자physical anthropologist들은 수십만 년 전 중국과 인도네시아에서 살았던 인류의 두개골이 각각 현대 중국인과 오스트레일리아 원주민에게서 여전히 나타나는 특징을 보여준다고 주장한다. 이런 주장이 맞는다면, 인류가 하나의 에덴동산에서 기원한 게 아니라 여러 지역에 기원을 두고 평행진화parallel evolution를 했다는 뜻이

된다.

현생인류가 한 지역에서 기원한 뒤 퍼져나가며 다른 곳에 살던 다른 유형의 인간을 대체했을 것이라는 추정의 증거는 유럽에서 가장 뚜렷한 듯하다. 약 4만 년 전에 현대인의 두개골을 지닌 크로마뇽인이 월등한 무기 및 다른 선진적 문화 특성을 앞세우며 유럽에 진입했다. 그로부터 수천 년이 지난 뒤에는 수십만 년 전부터 유럽의 유일한 점유자로서 진화하던 네안데르탈인이 자취를 감추었다. 이런 결과가 강력히 암시하듯 현생인류인 크로마뇽인은 어떤 이유로든 월등한 과학기술과 언어 능력 그리고 두뇌를 활용해 네안데르탈인을 감염시키거나 죽이거나 쫓아냈을 것이다. 한편 네안데르탈인과 크로마뇽인이 교배해 혼혈을 남겼을 것이라는 증거는 거의 또는 전혀 없다.

우리 조상이 유라시아에 진출한 이후 지리적 범위를 처음 크게 확대한 것으로 입증된 시기는 대약진 시기와 일치한다. 이때 인류는 당시 하나의 대륙이던 오스트레일리아와 뉴기니까지 들어갔다. 많은 유적지의 방사성탄소 연대를 측정한 결과에 따르면, 인류가 오스트레일리아와 뉴기니에 4만 년에서 3만 년 전 사이에 존재했던 것은 분명하다(물론 더 오래전부터 존재했다는 반론도 있지만 타당성이 의심스럽다). 그렇게 첫발을 내딛은 뒤 인류는 짧은 시간 내에 대륙 전체로 퍼져나가며, 뉴기니의 열대우림과 고산 지역부터 오스트레일리아의 건조한 내륙과 습한 남동부까지 다양한 주거 환경에 적응했다.

빙하기에는 대양의 바닷물이 대거 빙하에 갇히며, 세계 전역에서 해수면이 현재 수준보다 100미터가량 낮아졌다. 그 결과, 현재 아시아와 인도네시아의 주요 섬들, 예컨대 수마트라섬과 보르네오섬, 자바섬, 발리섬 사이의 얕은 바다가 마른땅이 되었다(베링해협과 영국해협처럼 다른 얕은 해협도 마찬가지였다). 당시 동남아시아 본토의 끝자락은 현재 위치에서 동쪽으로 1,125킬로미터 떨어진 곳에 있었다. 그렇지만 발리섬과 오스트레일리아 사이, 인도네시아 중부의 섬들은 깊은 해협에 둘러싸인 채 분리되어 있었다. 따라서 당시에도 아시아 본토에서 오스트레일리아·뉴기니로 들어가려면 최소한 여덟 개의 해협을 건너야 했고, 그중 가장 넓은 해협의 폭은 80킬로미터가 넘었다. 해협들로 갈라진 섬들은 대개 서로 육안으로 보였지만, 오스트레일리아는 가장 가까운 인도네시아 섬들, 예컨대 티모르섬과 타님바르제도에서도 전혀 보이지 않았다. 즉 오스트레일리아·뉴기니로 들어가려면 선박과 항해술이 필요했다. 따라서 그곳에 사람이 살았다는 것은 인류 역사에서 배를 처음으로 사용했다는 증거이다. 하지만 배를 사용했다는 강력한 증거는 그로부터 약 3만 년 후(지금으로부터 1만 3,000년 전), 그것도 다른 지역인 지중해에서 발견되었다.

처음에 고고학자들은 몇몇 사람이 인도네시아의 어느 섬 근처에서 뗏목을 타고 물고기를 잡던 중 파도에 휩쓸려 우연히 오스트레일리아·뉴기니에 들어갔을 거라고 생각했다. 심지어 사내아이를 임신한 젊은 여성 한 명이 최초의 정착민이었을 거라는 극단적 시나리오도 있었다. 그러나 뉴기니 동쪽에 위치한 섬들에도 뉴기니에 사람들이 유입되기 시작한 직후, 즉 약 3만 5,000년 전에 사람들이 정착하기 시작했다는 흔적이 최근에 발견되어 우연한 정착론을 신봉하는 학자들까지 놀라게 했다. 비스마르크제도의 뉴브리튼섬과 뉴아일랜드섬, 솔로몬제도의 부카섬이 여기에 속한다. 부카섬은 서쪽의 가장 가까운 섬에서도 육안으로 보이지 않아 그곳에 가려면 약 160킬로미터에 달하는 바다를 건너야 했다. 따라서 초기 오스트레일리아인과 뉴기니인은 육안으로 보이는 섬까지는 의도적으로 이동할 수 있었을 테고, 멀리 떨어져 보이지 않는 섬에도 뜻하게 않게 반복해서 도착할 만큼 수상 기구를 자주 이용했을 것이다.

오스트레일리아·뉴기니 정착에는 인간이 처음으로 수상 기구를 사용하고, 유라시아에 접근한 후 처음으로 지리적 범위를 확장했다는 것 이외에 또 하나의 대대적인 첫 시도가 개입된 듯하다. 인간이 대형 동물종을 처음으로 대량 학살하기 시작한 것이다. 오늘날 우리는 아프리카를 대형 포유동물의 대륙이라고 생각한다. 아프리카 세렝게티 평원의 풍요로움에는 미치지 못하지만, 요즘에는 유라시아에도 많은 종의 대형 포유동물이 있다. 아시아의 코뿔소와 코끼리와 호랑이, 유럽의 엘크와 곰 그리고 (그리스·로마 시대까지) 사자가 대표적인 예이다. 오늘날 오스트레일리아·뉴기니에는 이에 버금가는 대형 포유동물이 없다. 정확히 말하면, 평균 체중이 45킬로그램인 캥거루보다 큰 포유동물이 없다. 그러나 과거에는 오스트레일리아·뉴기니에도 자이언트 캥거루나 소 정도의 몸집에 코뿔소를 닮은 디프로토돈diprotodon이라는 대형 유대류, 그리고 역시 유대류에 속하는 '표범' 등 다양한 대형 포유동물이 있었다. 또 체중이 180킬로그램에 달하고 타조처럼 날지 못하는 새뿐만 아니라 체중이 1톤에 버금가는 도마뱀과 자이언트비단뱀, 육지에서 사는 악어까지 인상적인 대형 파충류도 있었다.

인간이 등장한 뒤 오스트레일리아·뉴기니에서는 대형 동물, 즉 거대 동물상megafauna이 완전히 사라졌다. 거대 동물상이 멸종한 정확한 시기에 대해서는 줄곧 논란이 있었지만, 시간 폭이 수만 년에 이르고 동물 뼈가 놀라울 정도로 충분히 퇴적된 몇몇 고고학적 유적지에서 신중하게 발굴한 결과에 따르면, 지난 3만 5,000년 동안에는 현재 멸종한 거대 동물의 흔적이 전혀 발견되지 않았다. 따라서 거대 동물상은 인간이 오스트레일리아에 들어온 직후 멸종한 것으로 추정한다.

그 많은 대형 동물종이 거의 동시에 사라졌다는 추정에는 "그 원인이 무엇이었을까?"라는 의문이 생기는 게 당연하다. 처음 들어온 인간들이 몰살시켰거나 간접적으로 제거했을 가능성을 생각해볼 수 있다. 우리는 오스트레일리아·뉴기니에 살던 동물은 인간 사냥꾼이 없는 환경에서 수백만 년을 진화해왔다는 걸 기억해야 한다. 갈라파고스섬과 남극에 서식하는 조류와 포유류도 인간이 없는 환경에서 비슷하게 진화했고, 현대에 이르러서야 인간을 접촉하기 시작했다. 그 때문인지 그곳의 동물들이 지금도 구제불능일 정도로 온순하다는 건 널리 알려진 사실이다. 자연보호론자들이 신속하게 보호 조치를 취하지 않았더라면 그 동물들도 멸종했을 것이다. 최근에 발견된 섬들 중에는 보호 조치를 신속하게 취하지 않아 여러 동물이 멸종한 사례가 적지 않다. 모리셔스섬의 도도새는 그렇게 해서 멸종한 동물의 상징이 되었다. 역시 지금은 널리 알려진 사실이지만, 선사시대에 인간이 들어온 대양도大洋島(대륙에서 멀리 떨어진 섬—옮긴이)에서도 면밀히 조사해본 결과, 한결같이 인간의 도래가 멸종의 파도로 이어졌다. 뉴질랜드의 모아moa, 마다가스카르의 거대 여우원숭이, 하와이의 날지 못하는 큰 거위가 그렇게 사라졌다. 현대인이 사람을 무서워하지 않는 도도새와 물개한테 다가가 그들을 죽였듯이, 선사시대 사람들도 천진난만한 모아와 거대 여우원숭이한테 다가가 그들을 죽였을 것이다.

따라서 오스트레일리아와 뉴기니에서 거대 동물상이 사라진 것과 관련한 한 가지 가설은 그 동물들도 약 4만 년 전에 그와 똑같은 운명을 맞았으리라는 것이다. 반면 아프리카와 유라시아에서는 대부분의 대형 포유동물이 원인原人과 함께 수십만 년, 혹은 수백만 년의 시간을 진화해왔기 때문에 근대까지 살아남을 수 있었다. 우리 조상의 사냥술은 처음에 보잘것없다가 서서히 향상했을 것이기 때문에, 그 동물들이 인간을 두려움의 대상으로 인식하기에 충분한 시간이 있었다. 뛰어난 사냥술을 지닌 현생인류가 느닷없이 들이닥쳤기 때문에 도도새와 모아 및 오스트레일리아·뉴기니의 모든 거대 동물상은 진화라는 준비 과정도 없이 급작스레 불운에 직면했을 수 있다.

하지만 이른바 '과다 살육overkill' 가설은 오스트레일리아·뉴기니의 경우에 반론이 없지 않다. 비평가들이 강조하듯 지금까지 누구도 오스트레일리아·뉴기니에서 멸종한 거대 동물상이 인간에 의해 살상되었다거나, 심지어 인간과 같은 시대에 살았다는 걸 설득력 있게 입증하지 못했다. 이에 대해 과다 살육 가설을 옹호하는 쪽은 멸종이 오래전에, 예컨대 약 4만 년 전에 신속하게 완료되었다면 살상 흔적을 찾아내는 게 거의 불가능하지 않겠느냐고 반박한다. 그러면 비평가들은 그렇잖아도 건조하던 오스트레일리아에 닥친 극심한 가뭄 같은 기후변화에 거대 동물상이 굴복했을 수 있다는 반론을 제기한다. 이렇게 논쟁은 끝없이 이어진다.

개인적으로 나는 오스트레일리아의 거대 동물상이 오스트레일리아 역사에서 수천만 년 동안 무수히 반복되던 가뭄을 견뎌내고도, 인간이 처음 들어왔을 때 정확히 우연의 일치처럼 거의 동시에(시간적으로는 적어도 수백만 년) 급작스레 죽은 이유를 도무지 이해할 수 없다. 대형 동물은 오스트레일리아의 건조한 중부 지역뿐 아니라 비가 많이 내려 지독히 습한 뉴기니와 오스트레일리아 동남부에서도 멸종되었다. 사막부터 한랭우림과 열대우림까지 모든 서식지에서 예외 없이 그랬다. 따라서 내 생각에는 대형 동물이 실제로 인간에 의해 직접적 혹은 간접적으로 멸종했을 가능성이 가장 큰 듯하다. 예컨대 식량을 얻기 위해 죽인 게 직접적 원인이라면, 인간 활동에 의해 발생한 들불과 생활환경의 개량에 따른 영향은 간접적 원인일 것이다. 그러나 뒤에서 다시 살펴보겠지만, 과다 살육 가설과 기후변화 가설 중 어느 쪽이 맞든 오스트레일리아와 뉴기니에서 모든 대형 동물이 사라지며 인류의 역사에 중대한 영향을 미쳤다. 거대 동물상이 멸종하면서 가축화에 적합할 법한 대형 야생동물이 완전히 사라졌고, 그리하여 오스트레일리아와 뉴기니의 원주민에게는 단 하나의 토종 가축도 남지 않았다.

따라서 대약진 시기에 이르러서야 오스트레일리아·뉴기니에 인간이 살기 시작했다. 대약진 직후 인류는 유라시아에서 가장 추운 지역들로 다시 지리적 확대를 시도했다. 네안데르탈인은 빙하기에 살며 추위에 적응한 상태였지만 독일 북부와 키이우 이북까지 진출하지는 않았다. 바늘이 없어 옷도 꿰매지 못하고 따뜻한 주거지 등 극도로 추운 기후권에서 생존하는 데 필수적인 다른 기술도 없었다는 점을 고려하면, 네안데르탈인이 북진을 멈춘 사실이 그다지 놀랍지는 않다. 해부학적으로 현생인류에 속하면서 이런 기술을 갖춘 사람들이 시베리아로 들어간 때는 약 2만 년 전이었다(물론 훨씬 전에 진출했다는 주장도 있다). 유라시아의 털로 뒤덮인 매머드와 털코뿔소가 멸종한 이유도 여기에 있는 듯하다.

오스트레일리아와 뉴기니에 들어가면서, 인류는 사람이 거주할 수 있는 다섯 개의 대륙 중 세 개의 대륙에서 살게 되었다(이 책에서 나는 유라시아를 하나의 대륙으로 간주하며 남극을 배제한다. 인간이 남극에 첫발을 내디딘 건 19세기였고, 그곳에서 인간의 자급자족이 가능한 적은 없었기 때문이다). 따라서 두 대륙, 즉 북아메리카와 남아메리카만이 남았다. 두 개의 대륙은 인류가 마지막으로 정착한 곳이 분명하고, 그 이유는 명확하다. 구세계(유럽과 아시아와 아프리카를 가리키는 개념—옮긴이)에서 남북아메리카로 진출하려면 바다를 건너기 위해 배가 있어야 했고, 마른땅으로 변한 베링해협을 육교로 사용하려면 이미 시베리아에 진입했어야 한다. 하지만 배는 인도네시아에서도 4만 년 전에야 만들어졌다는 증거가 있고, 인류가 시베리아에 진입한 때는 약 2만 년 전이었다.

하지만 1만 4,000년에서 3만 5,000년 전의 언제 인류가 남북아메리카에서 살기 시작했는지는 여전히 불확실하다. 남북아메리카에서 의심할 여지없이 가장 오래된 인간의 흔적은 기원전 12000년경의 것으로 추정되는 알래스카 유적지에서 나왔다. 그 이후의 흔적으로는 캐나다 국경 남쪽의 미국과 멕시코에서 나왔는데, 기원전 11000년 직전 수 세기의 것으로 추정된다. 특히 후자는 클로비스Clovis 유적이라고 부른다. 뉴멕시코주 클로비스 근처의 표준 유적에서 이름을 딴 것으로, 여기서 클로비스 유적을 대표하는 커다란 돌 창촉이 처음으로 발견되었다. 현재 클로비스 유적으로 알려진 것은 수백 곳에 이르며, 알래스카와 하와이를 제외한 미국 본토 전역과 남쪽으로는 멕시코까지 분포해 있다. 곧이어 아마존강 유역과 파타고니아에서도 의문의 여지없는 인간의 흔적이 나타났다. 이런 사실로 미루어 클로비스 유적은 인간이 남북아메리카에 처음으로 정착한 뒤 인구가 빠르게 증가하고 사방으로 뻗어나가 두 개의 대륙을 채운 증거라는 해석이 가능하다.

클로비스 문화의 후손들이 1,000년도 안 되는 기간에 미국과 캐나다 국경에서 남쪽으로 1만 3,000킬로미터나 떨어진 파타고니아에 어떻게 도착할 수 있었겠냐며 놀랄 사람도 있을지 모르겠다. 하지만 이러한 이동은 평균적으로 연간 고작 13킬로미터를 남하한 것에 불과하다. 수렵·채집민은 먹을 것을 구하려고 하루에 보통 그 정도 거리를 걸었을 것이므로 13킬로미터는 대단한 게 아니었다.

또 남북아메리카의 인구가 빠르게 늘어나 사람들이 파타고니아를 향해 계속 남하할 수밖에 없었다는 사실에도 놀랄 사람이 있을 것이다. 하지만 이런 인구 증가도 실제 수치를 따져보면 전혀 놀랄 일이 아니다. 수렵·채집민이 남북아메리카에서 2.6제곱킬로미터당 평균 한 명(현대 수렵·채집민에게는 높은 수치)의 인구밀도에 도달했다면, 그 지역 전체에 약 1,000만 명이 거주했다는 뜻이다. 가령 첫 정착민이 100명에 불과했고, 인구가 연간 1.1퍼센트의 비율로만 증가했더라도 1,000년이 지나지 않아 그 후손이 1,000만 명에 달했을 것이다. 연간 1.1퍼센트의 인구 증가율도 대단한 게 아니다. 영국 군함 바운티호에서 반란을 일으킨 폭도와 그들의 타이티 출신 아내들이 핏케언섬에 정착했을 때처럼 근대에도 사람들이 미개척지에 이주할 때는 인구 증가율이 3.4퍼센트에 이르기도 했다.

클로비스 수렵민이 정착하고 수 세기 동안의 유적이 많은 것은 그 이후에 마오리족의 조상이 뉴질랜드에 정착한 뒤의 고고학적 유적이 많은 현상과 유사하다. 초기의 유적이 이렇게 많은 것은 훨씬 오래전 해부학적인 현생인류가 유럽에 들어왔을 때, 또 현생인류가 오스트레일리아와 뉴기니에 진입했을 때도 마찬가지이다. 다시 말해 클로비스 현상과 그들의 문화가 남북아메리카 전역에 확산한 것은 모든 면에서, 인류가 미개척지에 정착한 초기에 나타난 현상과 일치한다.

클로비스 유적이 기원전 16000년이나 기원전 21000년 이전보다, 기원전 11000년 직전의 수 세기 동안 폭발적으로 증가했다는 것은 무슨 의미일까? 시베리아는 예전부터 줄곧 추웠고, 끝없이 뻗은 얼음층은 홍적세 빙하기 동안 대체로 캐나다 전역에서 통과할 수 없는 장벽이었다는 걸 기억해야 한다. 또 앞에서 살펴보았듯 극단적 추위에 대처하는 데 필요한 과학기술은 해부학적 현생인류가 유럽에 진출한 약 4만 년 전에야 등장했고, 그로부터 2만 년 후에야 인류는 시베리아에 정착하기 시작했다. 결국 그렇게 초기에 시베리아로 진출한 사람들이 (오늘날에도 그 폭이 80킬로미터에 불과한) 베링해협을 바닷길로 건너거나, 베링해협이 마른땅으로 변한 빙하기에 걸어서 알래스카에 들어갔을 것이다. 수천 년 동안 간헐적으로 마른땅을 드러내던 베링 육교는 그 길이가 1,600킬로미터에 달했을 테고, 드넓은 툰드라로 뒤덮여 추위에 적응된 사람이라면 쉽게 가로지를 수 있었을 것이다. 가장 최근인 기원전 14000년 이후 해수면이 상승하면서, 베링 육교는 물에 잠겨 다시 해협이 되었다. 초기의 시베리아인이 알래스카까지 걸어서 갔든 노를 저어 갔든 인간이 알래스카에 살았다는 가장 확실한 최초의 증거는 기원전 12000년경의 것이다.

곧이어 캐나다를 뒤덮은 얼음층이 녹으며 남북으로 긴 통로가 열렸다. 처음에 알래스카에 정착했던 사람들이 그 통로를 따라 그레이트플레인스Great Plains, 정확히 말하면 현재의 캐나다 에드먼턴에 있는 유적지 근처까지 들어왔다. 해빙으로 알래스카와 파타고니아 사이를 가로막고 있던 최후의 거대한 장애물이 사라진 셈이다. 에드먼턴에 진입한 개척자들은 그곳에서 수많은 사냥감을 목격했을 테고, 풍요롭게 살아가며 수적으로도 늘어나 남쪽으로 점점 퍼져서 반구半球 전체를 차지하기에 이르렀을 것이다.

클로비스 현상의 또 다른 특징은 인간이 캐나다 얼음층 남쪽에 정착한 이후에 대한 우리의 예상과 일치한다. 오스트레일리아·뉴기니가 그랬듯 남북아메리카도 처음에는 대형 포유동물이 아주 풍부했다. 약 1만 5,000년 전에 미국 서부는 오늘날의 아프리카 세렝게티 평원과 무척 유사해서 코끼리와 말이 무리 지어 다녔고, 그 뒤를 쫓는 사자와 치타가 있었다. 또 낙타와 자이언트땅늘보 같은 이국적인 동물종도 많았다. 하지만 오스트레일리아·뉴기니에서 그랬듯 남북아메리카에서도 대부분의 대형 포유동물이 멸종했다. 멸종이 오스트레일리아에서는 약 3만 년 전보다 앞서 일어난 반면, 남북아메리카에서는 약 1만 7,000년에서 1만 2,000년 전 사이에 일어났다. 남북아메리카에서 상당히 많은 뼈가 발견되고 시기 또한 무척 정밀하게 측정 가능한 멸종 포유동물의 경우에는 그 시기를 기원전 11000년경으로 정확히 집어낼 수 있다. 멸종 시기를 가장 정밀하게 측정할 수 있는 두 동물은 그랜드캐니언 일대에서 살던 샤스타땅늘보Shasta ground sloth와 해링턴산양Harrington's mountain goat이다. 둘 다 기원전 11000년에 들어 한두 세기 만에 사라졌다. 우연의 일치이든 아니든 그 시기는 클로비스 수렵민이 그랜드캐니언 일대에 들어온 때와 실험 오차 내에서 동일하다.

늑골 사이에 클로비스 창촉이 박힌 매머드 유골이 많이 발견되는 것으로 판단하건대 연대의 일치는 우연이 아닌 듯하다. 아메리카 대륙을 관통하며 남쪽으로 뻗어나가던 수렵민은 대형 동물들을 맞닥뜨렸을 것이다. 그 동물들은 인간을 본 적이 없었기 때문에 수렵민은 그들을 죽이는 게 쉽다는 걸 알아챘을 테고, 결국에는 멸종에 이르게 했을 것이다. 그러나 아메리카 대륙의 대형 포유동물이 마지막 빙하기가 끝날 쯤에 닥친 기후변화로 멸종했다는 반론도 있다. 현대 고생물학자에게는 혼란스럽게도 마지막 빙하기 역시 기원전 11000년경에 일어났다.

개인적으로 나는 오스트레일리아·뉴기니에서 거대 동물상이 기후변화로 멸종했을 것이라는 이론에 의문을 품었듯이, 남북아메리카에서도 거대 동물상이 기후변화로 멸종했을 것이라는 이론을 마뜩하게 생각하지 않는다. 남북아메리카의 대형 동물은 이미 22회의 빙하기를 견뎌냈다. 그런데 인간이 정말 그들에게 아무런 해도 끼치지 않았다면, 왜 대부분의 대형 동물이 23번째 빙하기를 맞아 일제히 멸종했을까? 모든 서식지에서, 즉 마지막 빙하기가 끝났을 때 좁아진 서식지뿐만 아니라 크게 확대된 서식지에서도 대형 동물이 사라진 이유는 무엇일까? 따라서 나는 클로비스 수렵민이 원흉이라고 생각하지만 이에 대한 논쟁은 아직 해결되지 않았다. 어떤 이론이 옳든, 멸종하지 않았더라면 아메리카 원주민이 훗날 가축화했을 법한 대부분의 대형 야생 포유동물이 그렇게 사라졌다.

클로비스 수렵민이 정말 아메리카에 처음으로 발을 들여놓은 인간인지도 아직 풀리지 않은 의문이다. 누군가 최초의 무엇을 주장할 때마다 항상 그렇듯이, 남북아메리카에서도 클로비스 이전에 살았던 인간의 흔적을 발견했다는 주장이 꾸준히 제기되고 있다. 매년 소수의 그런 새로운 주장이 처음 제기될 때는 정말 설득력 있고 흥미진진하게 들린다. 그러고는 해석에 따른 필연적인 문제가 불거진다. 유적지에서 나왔다는 연장이 실제로 인간이 만든 것일까, 아니면 자연스레 형성된 돌조각일까? 방사성탄소 연대 측정이 정말 맞을까? 방사성탄소연대측정법에는 흔히 많은 어려움이 따르는데, 그 때문에 연대 측정이 무용지물인 것은 아닐까? 만약 어떤 연대가 측정되었다면, 그것은 9,000년 전에 실제로 만들어진 돌연장 옆에 있던 1만 5,000년 전의 숯 덩어리의 연대가 아닐까? 정말 인간이 만든 인공물의 연대일까?

클로비스 이전에 인간이 살았다는 주장의 근거로 자주 인용되는 대표적인 예를 살펴보자. 브라질에는 페드라 푸라다Pedra Furada라는 얕은 석굴이 있다. 이 석굴에서 고고학자들은 인간이 그린 게 분명한 동굴 벽화를 발견했다. 절벽 아래 돌 더미에서는 전체 형태가 조악한 연장이었을 가능성이 있는 돌들이 발굴되었다. 게다가 화덕으로 추정되는 것도 나왔는데, 그 안에 있는 숯은 방사성탄소 연대 측정 결과 약 3만 5,000년 전의 것으로 드러났다. 페드라 푸라다를 다룬 몇 편의 논문은 권위 있고 무척 까다로운 세계적 과학 잡지 〈네이처〉에도 실렸다.

그러나 클로비스 문화의 창촉이나 크로마뇽인의 연장과 달리 절벽 아래에서 발견된 돌들은 어떤 것도 인간이 만든 연장이 아니었다. 수만 년의 시간이 흐르는 동안 수십만 개의 돌덩이가 절벽 위에서 떨어졌다면, 그 아래의 바윗덩이를 때릴 때 많은 돌이 쪼개지거나 깨졌을 테고, 일부는 인간이 깎고 깨뜨린 조악한 연장과 비슷한 모양을 띠었을 것이다. 고고학자들은 아마존강 유역의 다른 곳이나 서유럽에서 발견된 동굴 벽화의 경우에는 실제로 쓰인 안료의 방사성탄소 연대를 측정했지만, 페드라 푸라다의 경우에는 그런 과정이 없었다. 들불이 지금도 인근 지역에서 빈번히 발생해 숯을 만들어내고, 그 숯이 시시때때로 바람과 물살에 휩쓸려 동굴들로 들어가기 때문이다. 게다가 3만 5,000년 전의 숯과 페드라 푸라다의 동굴 벽화를 분명하게 이어주는 어떤 증거도 없다. 최초의 발굴자들은 여전히 확신하고 있지만, 그 발굴 작업에 참여하지 않았음에도 클로비스 이전에 인간이 살았다는 주장을 수용해온 고고학자들은 얼마 전 그곳을 방문한 뒤 확신을 얻지 못한 채 되돌아가야 했다.

현재 북아메리카에서 클로비스 이전의 유적으로 가장 신뢰받는 곳은 펜실베이니아주의 메도크로프트 석굴Meadowcroft Rockshelter인데, 인간과 관련된 그곳의 방사성탄소 연대는 약 1만 6,000년 전인 것으로 알려졌다. 메도크로프트 석굴에서는 여러 지층을 조심스레 발굴했는데, 거기서 많은 인공물이 나왔다는 걸 부인하는 고고학자는 전혀 없다. 그러나 가장 오래된 방사성탄소 연대들과 관련된 식물종과 동물종이 1만 6,000년 전 빙하기에 살았을 법한 것이 아니라, 최근에야 온대기후권에 들어선 펜실베이니아에 살던 종이라 그 연대들이 선뜻 이해되지 않는다. 따라서 인간이 가장 오래전에 거주한 지층에서 나온 숯에, 클로비스 이후의 것이지만 그 이전의 탄소가 스며든 숯이 섞여들었을 가능성을 의심할 수밖에 없다. 남아메리카에서 클로비스 이전 유적으로 가장 강력한 후보는 칠레 남부의 몬테베르데Monte Verde 유적인데, 이는 적어도 1만 5,000년 전의 것으로 추정된다. 몬테베르데 유적도 많은 고고학자에게 확실한 증거로 여겨지지만, 과거의 거듭된 실망을 교훈으로 삼아 더욱 신중을 기해야 한다.

클로비스 이전에도 남북아메리카에 정말 사람이 살았다면, 그들이 존재했다는 걸 증명하는 게 왜 아직도 어려울까? 고고학자들은 아메리카 대륙에서 명백히 기원전 11000년에서 기원전 2000년 사이의 것으로 추정되는 수백 곳의 유적을 파헤쳤다. 그중에는 북아메리카 서부에 위치한 수십 곳의 클로비스 유적, 애팔래치아산맥 일대의 석굴들, 캘리포니아 해안 지역의 유적들이 포함되었다. 그중 많은 곳에서 명백한 인간의 흔적을 지닌 고고학적 지층이 나왔다. 하지만 그 아래로 더 오래된 지층을 파헤치니 동물의 유해 외에 인간의 흔적은 더 이상 나오지 않았다. 클로비스 이전에 인간이 남북아메리카에 살았다는 증거는 취약한 반면, 유럽에서는 무척 뚜렷하다. 클로비스 수렵민이 기원전 11000년경 남북아메리카에 도래하기 훨씬 전 현생인류가 유럽에 살았다는 증거가 수백 곳의 유적에서 나왔기 때문이다. 오스트레일리아·뉴기니에서 나온 증거는 더욱더 눈에 띈다. 미국에 비교하면 그곳의 고고학자는 수적으로 10분의 1에 불과하지만, 그 소수의 고고학자들이 대륙 전역에서 클로비스 이전의 것이 명백한 유적을 100여 곳이나 찾아냈다.

초기 인류가 헬리콥터를 타고 중간의 모든 지역을 건너뛴 채 알래스카에서 메도크로프트와 몬테베르데까지 곧바로 날아가지는 않았을 것이다. 클로비스 이전에 인간이 남북아메리카에서 살았다는 주장이 맞으려면, 그들이 세계 다른 지역에서는 찾을 수 없는 알지 못할 이유로 수천 년 혹은 심지어 수만 년 동안 인구밀도를 낮게 유지했거나 고고학적으로 눈에 띄지 않게 살았을 것이라는 전제가 필요하다. 내 생각에 그런 전제는 클로비스 시대 이전의 것이라고 여겨지는 다른 유적들과 더불어 몬테베르데와 메도크로프트가 결국에는 재평가될 것이라는 기대보다 훨씬 더 불가능하다. 클로비스 이전에 인간이 정말 남북아메리카에 정착했다면 지금까지 많은 곳에서 명백한 증거가 나와 더는 이런 논쟁이 필요하지 않았을 거라는 게 내 생각이다. 하지만 고고학자들은 이 문제에서 여전히 의견이 엇갈리고 있다.

어느 쪽 해석이 옳든 그 이후의 남북아메리카 선사시대에 대한 우리 이해는 달라지는 게 없다. 결국 두 가지 중 하나이다. 첫째, 남북아메리카에 인류가 첫발을 내디딘 때는 기원전 11000년경이었고, 이들이 곧바로 신속하게 퍼져나갔다는 해석이다. 둘째, 첫 정착이 약간 더 일찍 시작되었지만(클로비스 시대 이전에 인간이 살았다고 주장하는 학자들은 그 시기를 1만 5,000년이나 2만 년, 심지어 3만 년 전까지 앞당기지만, 그보다 더 빨랐다고 진지하게 주장하는 학자는 거의 없다), 그들은 기원전 11000년경까지 수적으로 소수였거나 거의 눈에 띄지 않게 살며 별다른 흔적을 남기지 않았다는 해석이다. 어느 경우이든 사람이 살 수 있는 다섯 개의 대륙 중 북아메리카와 남아메리카는 선사시대 인류 역사가 가장 짧다.

남북아메리카에 인간이 정착함으로써 다섯 개의 대륙과 대륙도大陸島(지질상 대륙과 밀접한 관계가 있는 섬—옮긴이), 그리고 인도네시아부터 뉴기니 동쪽까지 대양도에서 주거가 가능한 곳에는 대부분 사람들이 살았다. 세계 곳곳의 남은 섬들에서는 훨씬 나중에야 정착이 시작되었다. 크레타, 키프로스, 코르시카, 사르데냐 같은 지중해의 섬들에는 기원전 8500년에서 기원전 4000년 사이에, 카리브해의 섬들에서는 기원전 4000년경에 정착이 이루어졌다. 폴리네시아와 미크로네시아의 섬들에서는 기원전 1200년에서 기원후 1000년 사이, 마다가스카르에는 기원후 300년에서 800년 사이, 아이슬란드에는 기원후 9세기에 정착이 이루어졌다. 현대 이누이트족의 조상으로 추정되는 아메리카 원주민은 기원전 2000년경 북극권 지역 곳곳으로 퍼져나갔다. 그리하여 대서양과 인도양에서 가장 멀리 떨어진 섬들, 예컨대 아조레스 제도와 세이셸제도 및 남극만이 남았다. 사람이 살지 않던 그 지역에도 700년 전부터는 유럽 탐험가들이 찾아가기 시작했다.

대륙마다 각기 정착 시기가 달랐다면 그것이 차후의 역사에 어떤 영향을 미쳤을까? 예컨대 어떤 고고학자가 타임머신을 타고 기원전 11000년경으로 되돌아가 세계 일주를 한다고 가정해보자. 고고학자는 당시 세계 상황을 지켜보고서 총과 균과 쇠가 여러 대륙의 인간 사회에서 어떤 순서로 개발될지, 나아가서 오늘날의 세계 상황이 어떨지 예측할 수 있을까?

고고학자는 남보다 일찍 출발하는 게 유리하다는 원칙을 고려할 수 있다. 그러한 원칙이 어떤 경우에나 적용된다면, 아프리카가 크게 유리했다. 원인原人의 존재가 다른 대륙보다 적어도 500만 년을 앞서기 때문이다. 게다가 현생인류가 기원전 10만 년 전 아프리카에서 태어나 다른 대륙으로 퍼져나간 게 사실이라면, 그사이 다른 곳에서 축적된 이점은 완전히 사라진 채 아프리카인이 또다시 맨 먼저 새로운 출발을 시작한 셈이다. 나아가서 인간의 유전적 다양성은 아프리카에서 가장 높다. 그리고 더 다양한 특성을 띤 인간 집단이 더 다양한 발명을 해낼 가능성이 크다.

그러나 우리의 고고학자는 이런 의문을 품을 수도 있다. 이 책의 목적에 비추어볼 때 '먼저 출발'하는 이점은 실제로 무엇을 뜻할까? 달리기 경주에 비유해서 그 뜻을 이해할 수는 없다. 개척자들이 처음 들어간 뒤 사람들이 대륙 전체로 퍼져나가는 데 걸린 시간이 '먼저 출발한 이점'이라면, 그 시간은 상대적으로 짧은 편이다. 예컨대 신세계 전체를 채우는 데는 1,000년이 걸리지 않았다. 한편 '먼저 출발하는 이점'이 지역 환경에 적응하는 데 필요한 시간을 뜻한다면, 나도 인정하지만 일부 극단적인 환경에서는 상당한 시간이 걸렸다. 예컨대 북아메리카 전역에 진출한 뒤에도 북극권으로 들어가는 데는 9,000년의 시간이 필요했다. 그러나 우리 조상들은 창의적 능력을 개발한 뒤 대부분의 다른 지역을 신속히 탐험했을 테고, 그 환경에 곧 적응했을 것이다. 예컨대 마오리족의 조상이 뉴질랜드에 첫발을 들여놓은 뒤 돌연장으로 다듬을 만한 돌덩이를 전부 찾아내는 데는 한 세기가 채 걸리지 않았던 듯하다. 또 세계의 가장 험준한 땅에서 모아를 마지막 한 마리까지 죽이는 데는 수 세기밖에 걸리지 않았고, 해변의 수렵·채집사회부터 새로운 형태로 식량을 저장하는 농경사회까지 다양한 사회로 분화하는 데도 수 세기밖에 걸리지 않았다.

따라서 우리의 고고학자는 남북아메리카를 바라보며, 아프리카인이 엄청나게 앞서 시작하는 이점을 누렸지만 길게 보아도 1,000년이란 시간 내에 초기 아메리카 원주민에게 따라잡혔을 것이라고 결론지을 수 있다. 게다가 남북아메리카는 아프리카보다 면적이 50퍼센트나 더 넓고 환경도 훨씬 더 다양하므로, 아메리카 원주민이 아프리카인보다 유리할 것이라고 생각할 수도 있다.

그 뒤에 고고학자는 유라시아로 눈길을 돌리고는 이렇게 생각할 것이다. '유라시아가 세계에서 가장 넓은 대륙이군. 아프리카를 제외하면 어떤 대륙보다 사람이 먼저 살았겠지. 사람들이 유라시아에 첫발을 들여놓기 훨씬 전, 그러니까 100만 년 전 아프리카에서 살기 시작했지만, 그 원인原人이 원시 상태를 벗어나지 못했기 때문에 그 긴 시간이 아무짝에도 쓸모가 없었던 거야.' 그리고 다시 우리의 고고학자는 2만 년에서 1만 2,000년 전 사이 유럽 남서부에서 꽃피었던 후기 구석기시대로 눈길을 돌린다. 그러고는 그곳의 유명한 예술 작품과 복잡한 연장을 보며, 유라시아가 적어도 지역적으로는 그때부터 다른 대륙보다 앞서가는 이점을 누리고 있었던 게 아닌가 생각할지도 모른다.

끝으로 우리의 고고학자는 오스트레일리아·뉴기니를 바라보면서 먼저 작은 땅(실제로 면적이 가장 작은 대륙)에 주목하고, 사람이 거의 살 수 없는 사막으로 뒤덮인 지역이 상당하고 외따로 떨어져 있어 아프리카와 유라시아보다 나중에 사람이 살기 시작한 대륙이란 것도 간과하지 않을 것이다. 이 모든 것을 종합함으로써 고고학자는 오스트레일리아·뉴기니의 느릿한 발전을 예측할 수 있을 것이다.

그러나 오스트레일리아인과 뉴기니인이 세계에서 누구보다 훨씬 앞서 수상 기구를 보유했다는 점을 기억해야 한다. 또 그들은 유럽의 크로마뇽인만큼이나 일찍이 동굴에 그림을 그렸던 것으로 보인다. 동물학자 조너선 킹던Jonathan Kingdon과 고생물학자 팀 플래너리Tim Flannery가 지적했듯이, 아시아 대륙붕에 떠 있는 섬들에서 오스트레일리아와 뉴기니에 들어가려면 인도네시아 중부의 섬들에서 맞닥뜨릴 새로운 환경—세계에서 가장 풍요로운 해양자원과 산호초 그리고 맹그로브가 미로처럼 복잡하게 얽힌 해안선—에 대처하는 법을 먼저 배워야 했다. 개척자들은 인도네시아에서 해협을 건너 새로운 섬들에 차례로 적응하고, 그 섬들을 채워가며 동쪽으로 차근차근 나아갔다. 이는 그때까지 전례가 없던 현상으로, 연속적인 인구 폭발의 황금시대였다. 개척과 적응과 인구 폭발이라는 순환이 대약진의 필수 조건이었다면, 대약진이 그곳에서부터 시작해 서쪽의 유라시아와 아프리카로 진행된 것은 아닐까? 이 시나리오가 맞는다면, 오스트레일리아·뉴기니가 먼저 출발한 이점을 누렸을 테고, 그 이점은 대약진 이후에도 오랫동안 그곳에서 인간의 발전에 계속 도움을 주었을 수 있다.

따라서 어떤 관찰자가 타임머신을 타고 기원전 11000년으로 거슬러 올라가더라도, 어느 대륙의 인간 사회가 가장 빨리 발전할 것인지는 예측할 수 없고, 충분한 근거를 제시하며 어떤 대륙에나 가능성을 부여할 수는 있다. 물론 우리는 역사적 과정을 이미 보았기 때문에, 유라시아가 가장 빨랐다는 걸 알고 있다. 그러나 유라시아 사회가 가장 빨리 발전한 진짜 이유는 기원전 11000년으로 돌아간 가상의 고고학자가 추측한 이유처럼 그렇게 단순하지 않았다. 이제부터 그 진짜 원인들을 찾아보자.

2장 역사의 자연 실험

A NATURAL EXPERIMENT OF HISTORY

환경은 인간 사회의 형성에 어떤 영향을 미치는가?

하나의 조상에서 분화된 폴리네시아의 사회들이 각기 다른 방향으로 발전한 이유는 무엇일까? 폴리네시아는 환경적 요인이 인간 사회의 다양성에 어떤 영향을 미치는지 보여주는 좋은 예이다. 기후, 자원, 면적, 지형, 고립성 등 지리적 조건이 폴리네시아 여러 사회의 인구 규모에 영향을 주었고, 이는 과학기술 및 경제·사회·정치조직의 차이로 이어졌다.

뉴질랜드에서부터 동쪽으로 800킬로미터쯤 떨어진 채텀제도Chatham Islands에서 오랫동안 독자적인 삶을 살던 모리오리족Moriori은 1853년 12월에 갑자기 모든 것을 잃었다. 그해 11월 19일, 총과 몽둥이, 도끼로 무장한 500명의 마오리족을 태운 선박 한 척이 도착했고, 뒤이어 12월 5일에 400명의 마오리족을 태운 배 한 척이 또 들어왔다. 마오리족은 무리 지어 모리오리족의 마을들을 헤집고 다녔다. 그러면서 모리오리족이 이제 그들의 노예라고 선언하며, 반항하는 사람을 무지막지하게 죽였다. 그때 모리오리족이 수적으로 2 대 1로 우세했기 때문에 조직적으로 저항했다면 마오리족을 물리칠 수 있었을 것이다. 하지만 모리오리족에게는 분쟁을 평화적으로 해결하는 전통이 있었다. 따라서 회의를 연 그들은 맞서 싸우지 않고 평화와 친선 및 자원의 분배를 제안하기로 결정했다.

모리오리족이 그런 제안을 전달하기도 전에 마오리족이 일제히 공격을 감행했다. 그로부터 며칠 동안 마오리족은 수백 명의 모리오리족을 죽이고, 많은 시신을 요리해 먹었다. 살아남은 사람은 모두 노예로 삼았는데, 기분에 따라 그들 대부분을 몇 년 동안 닥치는 대로 살상했다. 한 모리오리족 생존자는 당시를 이렇게 회상했다. "(마오리족은) 우리를 아무런 이유도 없이 죽이기 시작했다. …… (우리는) 겁에 질려 숲으로 달아나거나 땅을 파고 그 속에 숨었다. 적을 피할 수 있는 곳이면 어디에나 숨었다. 하지만 아무런 소용이 없었다. 우리는 결국

발각되어 죽임을 당했다. 그들은 남자와 여자, 어린아이를 구분하지 않고 무차별적으로 죽였다." 한편 한 마오리족 정복자는 이렇게 항변했다. "우리는 우리 관습에 따라 …… 장악했고, 모두를 사로잡았다. 한 사람도 달아나지 못했다. 몇몇이 우리 눈을 피해 달아났지만, 우리는 그놈들을 죽였고 다른 놈들도 죽였다. 그래서 그게 어쨌단 말인가? 우리는 관습을 따랐을 뿐이다."

모리오리족과 마오리족의 충돌에서 빚어진 이런 야만적 결과는 충분히 예측 가능한 것이었다. 모리오리족은 소규모의 고립된 수렵·채집민 집단으로, 지극히 단순한 무기와 기술밖에 없었다. 또 전쟁 경험이 전혀 없고, 강력한 리더십이나 조직도 없었다. 반면 뉴질랜드 북섬을 터전으로 삼은 마오리족 침략자들은 인구가 밀집한 농경민 집단이었다. 그들은 격렬한 전쟁을 상습적으로 벌이는 데다 상대적으로 발전한 기술과 무기를 갖추었고, 강력한 리더십에 따라 움직였다. 따라서 두 집단이 마침내 마주했을 때 마오리족이 모리오리족을 학살한 건 당연했다. 그 반대 상황은 불가능했다.

모리오리족의 불행은 고대 세계에서나 현대 세계에서, 월등한 장비를 갖춘 다수의 종족이 그러지 못한 소수의 종족을 상대할 때마다 벌어진 많은 비극과 다르지 않다. 그런데도 마오리족과 모리오리족의 충돌이 유난히 섬뜩하게 느껴지는 이유는 두 집단이 1,000년 전 공통된 조상에서 갈라졌기 때문이다. 둘 다 폴리네시아인이었다. 현대 마오리족은 기원후 1000년경 뉴질랜드에 정착한 폴리네시아 농경민의 후손이다. 그 마오리족에서 한 집단이 채텀제도로 이주해 모리오리족이 되었다. 그렇게 갈라진 후 수 세기 동안 두 집단은 완전히 반대 방향으로 진화했다. 북섬의 마오리족은 더 복잡한 기술과 정치조직을 개발한 반면, 모리오리족은 덜 복잡한 기술과 정치조직에 만족하며 지냈다. 달리 말하면, 모리오리족은 과거의 수렵·채집민으로 되돌아갔고, 북섬의 마오리족 사회는 한층 집약적인 농경사회로 바뀌었다.

이런 정반대의 진화 방향이 두 집단의 궁극적인 충돌 결과를 결정했다. 똑같이 섬에 근거를 둔 두 사회가 완전히 상반된 방향으로 발달한 원인을 알아낼 수 있다면, 우리는 더 폭넓은 문제, 즉 대륙마다 발전 정도가 달랐던 이유를 알아내기 위한 모델을 얻을 수 있을 것이다.

모리오리족과 마오리족의 역사는 환경이 인간 사회에 미치는 영향을 살펴보려고 단기간에 소규모로 진행한 자연 실험natural experiment과 같다. 대규모로 이뤄진 환경의 영향, 예컨대 지난 1만 3,000년 동안 환경이 세계 전역의 인간 사회에 미친 영향을 분석한 한 권의 책을 완독한 독자가 아니라면, 상대적으로 작은 실험을 통해서라도 그런 효과가 정말 유의미한지를 당연히 확인하고 싶을 수 있다. 가령 당신이 실험실에서 쥐를 연구하는 과학자라면, 같은 계통에 속한 한 무리의 쥐를 선택한 후 그 조상 쥐들을 환경이 각기 다른 우리 안에 가두고 여러 세대가 지난 뒤 어떤 일이 벌어질지 확인하는 실험을 시행할 것이다. 물론 인간 사회에 대해 이런 의도적인 실험을 시도할 수는 없다. 따라서 과학자들은 과거 인간에게 닥쳤던, 이와 비슷한 '자연 실험'을 찾아봐야 한다.

이런 자연 실험이 폴리네시아에 인류가 정착하는 동안 펼쳐졌

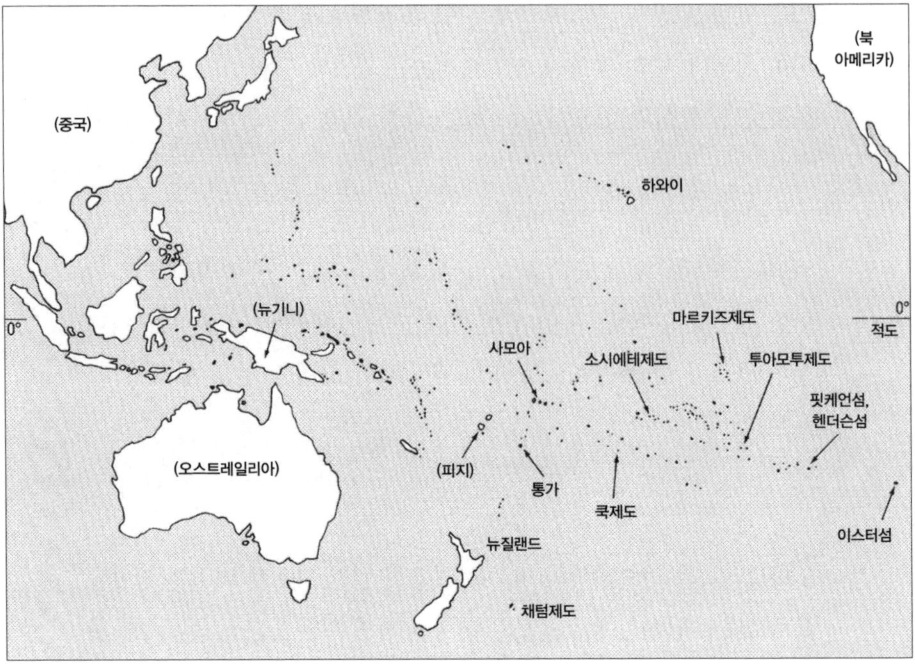

그림 2.1 폴리네시아의 섬들(괄호 안은 비非폴리네시아계 땅).

다. 뉴기니와 멜라네시아를 넘어 태평양 곳곳에는 수천 개의 섬이 흩어져 있고, 그 섬들은 면적과 고립성, 표고標高, 기후, 생산성, 지질적·생물적 자원에서 크게 다르다(그림 2.1 참조). 인류 역사에서 대부분의 기간 동안 그 섬들은 수상 기구로는 갈 수 없는 곳에 있었다. 기원전 1200년경 뉴기니 북쪽에 위치한 비스마르크제도Bismarck Archipelago에서 농사를 짓고 바다를 항해하며 고기잡이로 살아가던 사람들이 마침내 그중 몇몇 섬에 도착하는 데 성공했다. 그 이후 수 세기 동안 그들의 후손은 태평양에서 실제 사람이 살 수 있는 모든 땅에 거주했다.

그 과정은 대체로 기원후 500년쯤 완료되었고, 마지막까지 남은 소수의 섬들에는 기원후 1000년경이나 그 직후에 사람들이 살기 시작했다.

따라서 별로 길지 않은 기간 동안 동일한 인간 개체군에 뿌리를 둔 사람들이 극단적으로 다른 환경의 섬들에 정착하게 되었다. 달리 말하면, 현재 모든 폴리네시아인의 궁극적인 조상은 근본적으로 동일한 문화와 언어, 기술, 길들인 동식물을 공유하던 사람들이었다. 따라서 우리는 이곳의 자연 실험을 통해 수월하게 인간의 적응력을 탐구할 수 있다. 폴리네시아 역사의 계속된 자연 실험에서는 이질적인 정착자들이 연속해서 들어와 복잡한 문제를 야기하는 등 다른 지역에서의 인간 적응력을 연구하려는 시도를 방해하지 않기 때문이다.

폴리네시아의 역사는 전체적으로 중간 규모의 실험이고, 여기에서 모리오리족의 운명은 작은 실험에 속한다. 채텀제도와 뉴질랜드의 환경 차이가 모리오리족과 마오리족에게 어떻게 다른 영향을 주었는지 추적하는 건 비교적 쉽다. 채텀제도에 처음으로 정착한 마오리족 조상은 농경민이었을 수 있다. 하지만 안타깝게도 그들이 가져온 열대작물은 채텀제도의 한랭한 기후권에서 자라지 못했다. 그들에게는 수렵·채집민으로 되돌아가는 것 말고는 다른 대안이 없었다. 수렵·채집민은 잉여 작물을 생산해서 재분배하거나 저장해두지 않기 때문에 사냥하지 않는 공예가, 군대와 관료 및 군장을 부양하며 먹여 살릴 수 없다. 그들은 정교한 도구 없이도 맨손이나 막대기로 잡을 수 있는 바다표범, 조개류와 어류, 둥지를 튼 바닷새를 주로 사냥했다. 게다가 채텀제도는 상대적으로 작고 외진 섬들로 이루어져, 약 2,000명의 수렵·채집민만을 먹여 살릴 수 있었다. 그럼에도 근처에 이주할 만한 섬이 없기 때문에 모리오리족은 채텀제도를 떠날 수 없었고, 따라서 서로 협력하며 지내는 방법을 터득해야 했다. 그 방법의 하나로 그들은 전쟁을 포기했고, 남자 신생아 일부를 거세함으로써 인구 과잉에 따른 잠재적 갈등을 줄였다. 그 결과 그들은 전쟁을 좋아하지 않는 소규모 집단을 유지했고, 기술과 무기는 지극히 단순했으며, 강력한 리더십이나 정치조직이 없었다.

반면 폴리네시아에서 가장 큰 섬 뉴질랜드에서도 상대적으로 따뜻한 북부 지역은 농사를 짓기에 적합했다. 뉴질랜드에 남아 있던 마오리족은 인구가 늘어나 10만 명을 넘어섰다. 국지적으로 인구밀도가 높아지자, 이웃 집단과 치열한 전쟁을 벌이는 경우가 잦았다. 한편 그들은 잉여 작물을 생산하고 저장할 수 있어, 공예가와 군장 및 비상근 군인을 먹여 살릴 수 있었다. 이에 따라 작물을 재배하고, 전쟁을 치르고, 예술품을 만드는 데 필요한 다양한 도구가 발달했다. 또 정교한 의례용 건축물을 세우고, 요새도 엄청나게 많이 지었다.

따라서 모리오리족과 마오리족은 동일한 조상을 둔 사회에서 시작했지만 완전히 다른 방향으로 발전했다. 그렇게 갈라진 두 사회는 결국 상대의 존재조차 의식하지 못한 채 500년이라는 긴 시간을 조우 없이 지냈다. 그러던 어느 날, 바다표범을 사냥하는 오스트레일리아 원주민 어선 한 척이 뉴질랜드로 가던 길에 채텀제도에 들렀고, 그곳 소식을 뉴질랜드에 전했다. "바닷고기와 조개가 많고, 호수에는 장어가 떼 지어 다니고, 땅에는 카라카 열매가 주렁주렁 달려 있다. …… 사람은 무척 많지만 싸움이란 걸 모르고, 무기도 없다." 그 얘기에 이끌린 900명의 마오리족이 채텀제도로 몰려갔다. 그 결과는 환경이 단기간에 경제와 과학기술, 정치조직과 전쟁 능력에 어떻게 영향을 미칠 수 있는지를 극명하게 보여주었다.

앞에서 언급했듯이, 마오리족과 모리오리족의 충돌은 중간 규모의 실험 내에서 진행된 작은 규모의 실험에 비유할 수 있다. 환경이 인간 사회에 미치는 영향에 대해 폴리네시아 전체로부터 무엇을 배울 수 있을까? 폴리네시아의 많은 섬에 자리 잡은 각 사회의 차이를 어떻게 설명해야 할까?

폴리네시아 전체는 뉴질랜드와 채텀제도보다 환경의 다양성이 훨씬 크지만, 채텀제도는 폴리네시아에서도 끝부분에 위치해 극단적인 경우를 대변한다. 폴리네시아인은 그 생존 방식에서, 채텀제도의 수렵·채집민부터 화전농, 당시 인구밀도가 가장 높은 편에 속한 사회에서 살며 집약적인 농사를 짓던 집단까지 무척 다양했다. 폴리네시아의 식량 생산자들은 돼지와 개, 닭의 사육량에서도 많은 차이가 났다. 그들은 노동력을 조직적으로 이용해 농업용 관개시설을 크게 지었고, 커다란 연못을 막아 물고기를 키웠다. 폴리네시아 사회의 경제적 기반은 거의 자급자족하는 가정으로 이루어졌지만, 일부 섬에는 기술을 세습한 겸업 기능인 집단이 있었다. 사회조직 측면에서는 구성원들이 상당히 평등한 촌락 사회부터 세계에서 가장 계층화된 사회까지 전반적인 사회 형태가 빠짐없이 존재했다. 계층화된 사회는 혈통에 따라 여러 계급으로 나뉘었고, 군장 계급과 평민 계급은 자신이 속한 계급의 구성원하고만 결혼했다. 정치조직 측면에서도 폴리네시아 섬들에는 독립적인 부족이나 마을부터, 많은 섬을 거느리고 상비군을 운영하며 다른 섬을 침략해 정복하는 원형原型 제국까지 다양한 형태가 있었다. 끝으로, 폴리네시아의 물질문화 역시 개인적인 도구의 제작부터 거대한 석조 건축물까지 다채로웠다. 어떻게 해야 이런 모든 다양함을 설명할 수 있을까?

폴리네시아 사회들의 이런 차이는 폴리네시아 섬들에서 확인할 수 있는 적어도 여섯 가지 환경 요인—기후, 지질 유형, 해양자원, 면적, 지형, 고립성—에서 기인한 듯하다. 이 요인들을 개괄적으로 정리한 뒤 그 하나하나가 폴리네시아 사회에 구체적으로 어떤 영향을 미쳤는지 살펴보기로 하자.

폴리네시아의 기후는 무더운 열대와 아열대부터 온대와 추운 아亞남극subantarctic 기후까지 무척 다양하다. 대부분의 섬이 적도 부근에 위치해 열대기후이거나 아열대기후이고, 뉴질랜드 대부분은 온대기후, 채텀제도와 뉴질랜드 남섬의 남단은 아남극 기후이다. 하와이제도에서 가장 큰 섬 빅아일랜드Big Island는 북회귀선 안쪽에 있지만 높은 산이 많아 고산식물이 서식하고 간혹 눈이 내리기도 한다. 강우량도 지구에서 최고 기록을 세운 곳(뉴질랜드의 피오르드랜드와 하와이제도 카우아이섬의 알라카이 습지)부터, 최고치의 10분의 1에 불과해 농사를 짓기에도 부적합할 정도로 건조한 섬까지 다양하다.

섬의 지질 유형으로는 환초, 융기 석회암, 화산섬, 대륙의 일부가 있고, 여러 유형이 혼합된 경우도 있다. 한쪽 끝에는 투아모투제도를 이루는 섬들처럼 무수히 많은 작은 섬(평평하고 해수면 위로 약간 올라온 환초)이 있다. 헨더슨섬과 렌넬섬처럼 과거에는 환초였지만 해수면 위로 높이 솟아올라 석회암 섬이 된 경우도 있다. 이 두 유형의 환초에는 석회암 외에 다른 암석은 없는 데다 토양층이 무척 얇고 항구적인 민물도 없어 인간이 정착해 살기에 부적합하다. 반대편 끝에는 폴리네시아에서 가장 큰 섬 뉴질랜드가 있다. 뉴질랜드는 곤드와나 대륙Gondwanaland의 일부로, 지질학적으로 다양하며 오래되었다. 상업적 효용성을 띤 철광석과 석탄, 금, 옥 등 광물자원도 풍부하다. 폴리네시아의 섬 대부분은 바다에서 융기한 화산섬이고, 대륙과 연결된 적이 없으며, 융기된 석회암 지역이 있는 섬과 없는 섬으로 나뉜다. 뉴질랜드처럼 지질학적으로 다채롭지는 않지만, 폴리네시아의 대양 화산섬은 돌연장을 만드는 데 매우 적합한 종류를 비롯해 다양한 화산암을 제공한다는 점에서 (폴리네시아인의 관점에서) 적어도 환초보다는 낫다.

화산섬들 사이에도 차이가 있다. 해발이 높은 화산섬은 산악지대에서 비가 만들어지기 때문에 풍화작용을 피할 수 없고, 토양층이 깊고 영구 하천도 있다. 소시에테제도, 사모아, 마르키즈제도, 특히 폴리네시아에서 가장 높은 산들이 있는 하와이제도가 여기에 해당한다. 해발이 상대적으로 낮은 섬, 예컨대 통가섬과 그보다 좁은 이스터섬은 화산재 덕분에 토양이 매우 기름지지만, 하와이와 같은 큰 하천이 없다.

해양자원에 대해 말하자면, 폴리네시아는 대부분의 섬이 얕은 바다와 암초로 둘러싸여 있고, 석호潟湖를 감싸고 있는 섬도 많다. 이런 환경에는 물고기와 조개류가 풍부하다. 그러나 이스터섬, 핏케언섬, 마르키즈제도는 해안을 이루는 암벽이 해저까지 가파르게 이어져 있고, 섬 주변에 산호초가 없어 해산물의 생산성이 크게 떨어진다.

면적도 뚜렷한 차이를 보이는 요인이다. 폴리네시아에서 가장 작은 유인도有人島 아누타섬은 면적이 0.4제곱킬로미터에 불과하지만, 뉴질랜드는 면적이 26만 8,000제곱킬로미터여서 작은 대륙이라고 할 수 있다. 마르키즈제도를 비롯한 일부 섬에서 거주 지역은 높은 능선과 가파른 절벽으로 인해 여러 골짜기로 나뉘지만, 통가섬과 이스터섬 등의 지형은 완만한 경사를 이루어 이동과 통신을 방해하는 장애물이 없다.

마지막으로 고려해야 할 환경 요인은 고립성이다. 이스터섬과 채텀제도는 크기가 작은 데다 다른 섬들에서 상당히 멀리 떨어져 있어, 처음 정착한 때부터 그곳 사회는 바깥세상과 완전히 고립된 상태에서 발전했다. 뉴질랜드, 하와이제도, 마르키즈제도도 외따로 멀리 떨어진 곳에 있지만, 하와이제도와 마르키즈제도에 정착한 사람들은 그 이후에도 다른 섬들과 접촉을 계속 유지했다. 게다가 이 세 곳은 모두 가까이 위치한 많은 섬으로 이루어졌기 때문에, 같은 제도에 속한 섬들과 주기적으로 접촉할 수 있었다. 폴리네시아에서는 대부분의 섬이 다른 섬과 거의 주기적으로 접촉했다. 특히 통가제도는 피지제도, 사모아제도, 월리스제도와 상당히 가까이 위치해 서로 주기적인 항해가 가능할 정도였다. 이런 환경적 요인 때문에 결국에는 통가가 피지를 정복하기 위해 나설 수 있었던 것이다.

폴리네시아의 다양한 환경을 간략하게 살펴보았으니, 이번에는 그 다양함이 폴리네시아 사회에 어떤 영향을 미쳤는지 알아보기로 하자. 생존 방식은 사회의 다른 면에도 영향을 미치기 때문에 사회를 분석할 때 가장 먼저 살펴봐야 할 단면이다.

폴리네시아에서 생존 수단은 고기잡이, 야생식물과 조개류와 갑각류 채집, 육생陸生 조류와 산란 중인 바닷새 수렵, 식량 생산을 어떻게 결합하느냐에 따라 달라졌다. 원래 대부분의 폴리네시아 섬에는 포식자가 없는 상태에서 진화해 몸집은 크고 날지 못하는 새가 서식했다. 뉴질랜드의 모아, 하와이의 날지 못하는 거위가 가장 널리 알려진 예이다. 이 새들은 초기 정착민에게, 특히 뉴질랜드 남섬에 정착한 사람들에게 무척 중요한 식량원이었다. 하지만 사냥하기가 쉬웠기 때문에 대부분의 새가 모든 섬에서 금세 절멸하고 말았다. 바닷새도 수적으로 빠르게 줄어들었지만 일부 섬에서는 여전히 중요한 식량원이었다. 해양자원은 대부분의 섬에서 풍부했지만, 이스터섬과 핏케언섬 그리고 마르키즈제도에서는 극히 제한적이었다. 따라서 그곳 사람들은 인위적인 식량 생산에 의존해야 했다.

폴리네시아 조상들은 세 종류의 가축(돼지, 닭, 개)을 가져왔는데, 정착한 후에는 다른 동물을 더는 가축화하지 않았다. 많은 섬에서 세 종류의 가축을 모두 길렀지만, 멀리 떨어져 고립된 섬에는 그중 한두 종이 없었다. 그 이유는 카누에 실린 가축이 바닷길의 긴 항해를 견뎌내지 못했거나, 어떤 종이 완전히 사라지더라도 외부에서 다시 얻는 게 쉽지 않았기 때문이다. 예컨대 고립된 뉴질랜드에는 결국 개밖에 남지 않았고, 이스터섬과 티코피아섬에는 닭만 남았다. 육생 조류들이 하루가 다르게 절멸하자 주변에 산호초는 물론이고 풍요로운 얕은 바다도 없는 이스터섬에서는 닭장을 지어 집약적인 양계를 시작했다.

하지만 이 세 종류의 가축은 기껏해야 가끔씩 먹는 식량일 뿐이었다. 폴리네시아의 식량 생산은 농업에 크게 의존했지만, 모든 작물이 애초에 폴리네시아 밖에서 작물화한 열대작물을 정착민들이 들여온 것이었기 때문에 아남극 위도에서는 재배가 불가능했다. 따라서 채텀제도와 뉴질랜드 남섬의 추운 남부에 정착한 사람들은 그들의 선조가 수천 년 동안 발전시킨 농업이라는 유산을 포기하고 다시 수렵·채집민으로 돌아갈 수밖에 없었다.

폴리네시아의 다른 섬에 정착한 사람들은 천수답 작물(특히 토란, 참마, 고구마), 관개 작물(주로 토란), 과수 작물(빵나무 열매, 바나나, 코코넛)에 기반을 둔 농업에 종사했다. 그런 작물의 생산성과 상대적 중요성은 섬의 환경에 따라 크게 달랐다. 인구밀도는 척박한 토양과 제한적인 민물 때문에 헨더슨섬과 렌넬섬 및 환초 섬들이 가장 낮았다. 뉴질랜드의 온대기후권도 폴리네시아 작물을 재배하기에는 추운 편이어서 인구밀도가 낮았다. 따라서 이곳과 다른 일부 섬에서는 화전농법에 의존해 이동하며 살았다.

기름진 토양을 지닌 섬들이 있었지만 널찍한 영구 하천이 있을 만큼 해발이 높지 않았고, 따라서 관개시설을 조성하는 것도 쉽지 않았다. 그래서 이런 섬에 정착한 사람들은 집약적인 건조농법dryland agriculture을 개발해냈다. 많은 인력을 투입해 만든 계단식 밭을 짚으로 덮어 수분 증발을 막고, 윤작을 실시해 휴경 기간을 줄이거나 없앴으며, 과수 작물을 유지하는 데도 힘썼다. 건조농법은 이스터섬, 작은 아누타섬, 고도가 낮고 평평한 통가섬에서 특히 생산성이 높았다. 그 섬들에서 폴리네시아인은 대부분의 땅을 식량 생산에 할애했다.

폴리네시아에서 가장 생산성이 높은 농사는 관개시설을 갖춘 밭에서 토란을 재배하는 것이었다. 인구가 많은 열대 섬들 중에서 통가는 그 방법을 선택할 수 없었다. 고도가 낮아 강이 없었기 때문이다. 관개농법은 하와이제도 서쪽 끝에 위치한 카우아이섬, 오아후섬, 몰로카이섬에서 최고조에 달했다. 세 섬은 면적도 넓고 영구 하천을 유지할 만큼 비가 잦았을 뿐만 아니라, 관개시설을 짓는 데 필요한 인력도 충분했다. 그렇게 동원한 인력이 토란밭에 정교하게 연결한 관개시설은 에이커당 24톤의 토란을 생산해, 폴리네시아 전체에서 가장 높은 작물 수확량을 자랑했다. 이런 높은 생산성은 집약적인 돼지 사육으로 이어졌다. 또 하와이는 폴리네시아에서 대규모 노동력을 동원해 거대한 양어장을 짓고, 갯농어(혹은 젖빛고기)와 숭어를 인공적으로 키운 유일한 섬이기도 했다.

이렇게 환경에 따라 생존 수단이 달라진 결과, 인구밀도(경작지 제곱마일당 인구수로 측정)도 폴리네시아 곳곳에서 크게 달랐다. 인구밀도가 낮은 쪽 끝에는 채텀제도(제곱마일당 5명)와 뉴질랜드 남섬의 수렵·채집민과 뉴질랜드 다른 지역의 농경민(제곱마일당 28명)이 있었다. 반면 집약적 농법을 실시한 많은 섬에서는 인구밀도가 제곱마일당 120명을 넘었다. 통가제도, 사모아제도, 소시에테제도에서는 제곱마일당 210~250명, 하와이에서는 제곱마일당 300명에 달했다. 인구밀도가 가장 높았던 곳은 아누타섬으로 제곱마일당 무려 1,100명이었다. 그곳 사람들은 실질적으로 모든 땅을 집약적인 식량 생산지로 바꾸었고, 면적이 0.4제곱킬로미터에 불과한 섬에 160명이 비좁게 모여 살며, 세계에서 가장 인구밀도가 높은 자급자족 사회를 형성했다. 아누타섬의 인구밀도는 현대 네덜란드를 넘어 방글라데시에 필적할 정도였다.

인구 규모는 인구밀도(제곱마일당 인구수)에 면적(제곱마일)을 곱한 값이다. 여기서 말하는 면적은 섬의 절대 면적이 아니라 정치 단위의 면적을 뜻하며, 섬의 절대 면적보다 클 수도 있고 작을 수도 있다. 예컨대 지리적으로 서로 가까운 섬들은 연대해서 하나의 정치 단위를 이

룰 수 있었다. 반면 면적이 넓어도 지형의 기복이 심한 섬은 여러 개의 독립된 정치 단위로 나뉘었다. 따라서 정치 단위의 면적은 섬 자체의 면적뿐 아니라 지형과 고립의 정도에도 영향을 받았다.

고립되고 내부 교류를 크게 방해하는 장애물이 없는 작은 섬의 경우에는 섬 전체가 하나의 정치 단위였다. 인구가 160명에 불과하던 아누타섬이 대표적인 예이다. 그보다 큰 섬들은 정치적으로 통일되지 않은 경우가 많았다. 그 이유는 각각 수십 명에 불과한 수렵·채집 무리로 흩어져 살거나(채텀제도와 뉴질랜드 남섬), 널찍한 간격을 두고 살던 농경민(뉴질랜드의 나머지 지역)으로 이루어졌기 때문이다. 혹은 농경민으로 밀집해 살았지만 기복이 심한 지형으로 인해 정치적 통일이 애초부터 불가능한 경우도 있었다. 예컨대 마르키즈제도처럼 가파른 절벽 옆 골짜기에 살던 사람들은 주로 바다를 통해 서로 교류했다. 골짜기 하나하나가 수천 명으로 이뤄진 독립된 정치 단위였으며, 마르키즈제도에서 웬만큼 큰 섬은 거의 예외 없이 그런 정치 단위들로 나뉘었다.

통가제도와 사모아제도, 소시에테제도, 하와이제도는 지형 덕분에 섬들의 정치적 통일이 가능했다. 그래서 인구 규모가 1만 명 이상인 정치 단위를 만들어낼 수 있었다(하와이제도의 큰 섬들에는 인구가 3만 명이 넘는 정치 단위도 있었다). 통가제도는 자체 섬들 사이의 거리는 물론이고 이웃한 제도들과의 거리도 그다지 멀지 않아, 결국은 4만 명을 아우르는 다도 제국multi-island empire을 세울 수 있었다. 결론적으로, 폴리네시아의 정치 단위는 수십 명에서 4만 명까지 그 규모가 매우 다양했다.

정치 단위의 인구 규모는 인구밀도와 상호작용을 하며, 폴리네시아의 과학기술 및 경제·사회·정치조직에 영향을 미쳤다. 일반적으로 말하면, 규모가 크고 밀도가 높을수록 과학기술과 조직이 전문화하고 복잡해졌다. 그 이유에 대해서는 뒤에서 자세히 살펴보기로 하자. 일단 간단히 언급하면, 인구밀도가 높은 곳에서는 인구의 일부만이 농사일에 종사했지만 집약적인 식량 생산에 전념함으로써 잉여 작물을 수확해 비생산자들을 먹여 살렸다. 농민이 생산하는 잉여 작물의 혜택을 누리는 비생산자에는 군장과 성직자, 관료, 전사戰士가 있었다. 규모가 큰 정치 단위는 노동력을 대거 동원해서 관개시설과 양어장을 건설해 식량 생산을 더욱더 강화할 수 있었다. 이런 발전은 특히 통가제도와 사모아제도, 소시에테제도에서 두드러지게 나타났다. 세 곳 모두 폴리네시아 기준에서는 토양이 비옥하고, 인구밀도가 높고, 면적도 그런대로 넓은 편이었다. 이런 발전 방향은 하와이제도에서 정점을 찍었다. 폴리네시아에서 가장 큰 열대 섬들로 이루어진 하와이제도는 인구밀도가 높고 면적도 넓어, 각 군장이 활용할 수 있는 잠재적 노동력도 풍부했다.

인구밀도와 인구 규모의 차이에 따라 폴리네시아의 여러 사회는 다음과 같은 다양성을 보여주었다. 경제는 인구밀도가 낮은 섬(수렵·채집민이 살던 채텀제도), 인구수가 적은 섬(작은 환초), 혹은 인구밀도도 낮고 인구수도 적은 섬에서 가장 단순했다. 이런 사회에서는 각 가정이 필요한 것을 직접 만들었기 때문에 경제의 전문화가 거의 혹은 전혀 이루어지지 않았다. 면적도 넓고 인구밀도도 높은 섬에서 경제는 다양한 방향으로 전문화했고, 사모아제도와 소시에테제도 그리고 통가제도와 하와이제도에서 정점에 이르렀다. 특히 통가제도와 하와이제도에는 기술을 세습한 겸업 기능인, 예컨대 카누 제작자, 항해사, 석공,

새잡이, 문신 전문가 등이 있었다.

사회의 복잡성도 마찬가지로 다양했다. 역시 채텀제도와 환초 섬들에 가장 단순하면서도 가장 평등한 사회가 있었다. 이들 섬은 군장을 두는 폴리네시아 본래의 전통을 유지했다. 그렇다고 군장이 눈에 띄는 표식을 달고 다닌 것은 아니다. 군장은 일반 평민과 똑같이 평범한 오두막에서 지냈으며, 먹을 것도 직접 키우거나 잡아야 했다. 정치 단위가 크고 인구밀도가 높은 섬에서는 군장의 사회적 권위와 권력이 강했고, 이런 현상은 통가제도와 소시에테제도에서 특히 두드러지게 나타났다.

사회의 복잡성도 역시 하와이제도에서 정점에 달했다. 여기서는 군장의 후손도 여덟 단계의 계급으로 나뉠 정도였다. 군장 계급은 평민과 결혼하지 않고 자기들끼리만 혼인을 맺었다. 따라서 때로는 남매 혹은 배다른 남매가 짝을 맺는 경우도 있었다. 평민은 고위직 군장 앞에서 무릎을 꿇고 엎드려야 했다. 군장 가문 전체, 관료와 일부 장인匠人은 식량 생산을 위한 노동에서 벗어났다.

정치조직도 똑같은 경향을 띠었다. 채텀제도와 환초 섬들의 군장에게는 마음대로 사용할 수 있는 자원이 거의 없어 전체적인 논의를 통해 결정이 이뤄졌다. 토지도 군장 소유가 아니라, 공동체 전체의 것이었다. 한편 면적이 넓고 인구밀도가 높은 정치 단위에서는 군장에게 더 많은 권한이 집중되었다. 통가제도와 하와이제도에서 정치구조가 가장 복잡했다. 두 제도에서 세습 군장의 권력은 다른 지역 왕의 권력에 버금갔고, 토지를 관리하는 권한도 평민이 아니라 군장에게 있었다. 군장은 자신이 임명한 관리를 동원해 평민들로부터 식량을 징발했고, 평민을 징용해 대규모 건설 작업에 투입했다. 건설 작업은 섬마다 달라 하와이제도에서는 관개시설과 양어장을 지었고, 마르키즈제도에서는 무도장과 축제장을 지었다. 통가제도에서는 군장의 무덤, 하와이제도와 소시에테제도 및 이스터섬에서는 신전을 만들었다.

18세기에 유럽인이 들어왔을 때 통가의 군장사회 혹은 국가는 이미 여러 제도가 결합한 제국의 형태를 띠었다. 통가제도는 지리적으로 가까운 섬들로 이루어졌고, 지형의 기복이 심하지 않은 큰 섬도 적잖게 있었기 때문에 모든 섬은 각각 한 명의 군장하에 통일되었다. 그 후에는 통가제도에서 가장 큰 통가타푸섬의 세습 군장이 제도 전체를 통일했고, 결국에는 제도 밖의 섬들, 정확히 말하면 800킬로미터까지 떨어진 섬들을 정복했다. 통가는 멀리 떨어진 피지 및 사모아와 정기적으로 교역했다. 피지에는 통가인 정착촌까지 세우고 섬 곳곳을 습격해 정복하기 시작했다. 이 원형原型 해양 제국의 정복과 통치는 150명까지 태울 수 있는 대형 카누로 무장한 해군력을 통해 이루어졌다.

통가처럼 하와이도 인구가 많은 서너 개의 섬으로 이뤄진 하나의 정치 독립체가 되었지만, 극단적으로 고립된 지리적 조건 때문에 제도의 범위를 넘어서지는 못했다. 유럽인이 1778년 하와이를 '발견'했을 때 하와이제도의 각 섬은 이미 정치적으로 통일된 상태였고, 섬들 간의 정치적 융합도 부분적으로 시작된 뒤였다. 또 네 개의 큰 섬, 즉 빅아일랜드(좁은 의미에서 하와이섬)와 마우이섬, 오아후섬, 카우아이섬이 독립적 지위를 유지하며 작은 섬들(라나이, 몰로카이, 카호올라웨, 니하우)을 지배하려고 서로 다투었다. 유럽인이 들어온 뒤, 빅아일랜드의 왕 카메하메하 1세는 유럽인들에게서 총기와 배를 사들였고, 마우이섬과 오아후섬을 차례로 침략해 정복하며 큰 섬들을 빠르게 통합해갔다. 곧이어 카메하메하 1세는 마지막까지 독립적 지위를 유지하던 카우아이섬을 침략할 준비를 했다. 이에 카우아이섬의 군장이 카메하메하 1세와 협상에 나섰고, 그 협상이 최종적으로 타결됨으로써 하와이 제도의 통일이 이루어졌다.

폴리네시아 사회의 다양성을 설명할 때 마지막으로 살펴봐야 할 현상은 개인적 도구를 비롯한 물질문화의 여러 단면이다. 원재료를 구할 수 있는 가능성의 차이가 물질문화의 명백한 제약으로 작용했다. 한쪽 끝에는 헨더슨섬이 있었다. 이 섬은 산호초가 해수면 위로 융기해서, 석회암 이외에 다른 암석은 없는 곳이었다. 따라서 그곳 주민들은 대왕조개의 껍질로 자귀라는 연장을 만드는 수준을 벗어나지 못했다. 반대편 끝에는 작은 대륙 뉴질랜드가 있었다. 그곳에서 마오리족은 다양한 원재료를 폭넓게 구할 수 있었고, 특히 옥玉을 다루는 솜씨로 널리 알려졌다. 극단적인 두 환경 사이에 폴리네시아의 대양 화산섬이 있었다. 대양 화산섬에는 화강암이나 부싯돌 등 대륙 암석이 없었지만 적어도 화산암은 있었다. 그들은 이 화산암을 갈고 다듬어 농사일에 사용하는 자귀를 만들었다.

인공물에 대해 말하자면, 채텀제도에 정착한 사람들은 바다표범과 바닷새, 바닷가재를 사냥하는 데 필요한 도구, 즉 손에 쥐고 사용하는 몽둥이와 막대기 정도를 만들었을 뿐이다. 그러나 대부분의 다른 섬에서는 낚싯바늘과 자귀, 장신구 등 갖가지 인공물을 만들었다. 채텀제도에서 그랬듯 환초 섬에서는 인공물이 작고 비교적 단순했으며, 개인적으로 제작해 소유했다. 건축물도 단순한 오두막에 불과했다. 반면 면적이 넓고 인구밀도도 높은 섬에는 전문 기술을 지닌 장인들이 군장의 권위를 상징하는 물건을 다양하게 만들었다. 예컨대 하와이에서 군장을 상징하던 깃털 망토는 수만 개의 깃털로 만들었다.

폴리네시아에서 가장 큰 인공물은 일부 섬에 세워진 웅장한 석조 건축물이었다. 이스터섬의 유명한 석상, 통가 군장들의 무덤, 마르키즈제도의 의식용 제단, 하와이제도와 소시에테제도의 신전이 대표적인 예이다. 이 거대한 폴리네시아 건축물은 이집트, 메소포타미아, 멕시코, 페루의 피라미드와 같은 방향으로 진화하고 있었다. 물론 폴리네시아의 구조물이 크기에서는 그런 피라미드에 미치지 못하지만, 그 차이는 이집트의 파라오들이 폴리네시아의 어떤 군장보다 많은 노동력을 징집할 수 있었다는 걸 뜻할 뿐이다. 그렇지만 이스터섬 사람들은 30톤에 달하는 석상들을 어떻게든 세워냈다. 근력 이외에 다른 동력원이 없고 인구도 7,000명에 불과한 섬이었던 걸 고려하면, 대단한 위업이 아닐 수 없다.

따라서 폴리네시아의 여러 섬 사회는 경제의 전문화, 사회의 복잡성, 정치조직, 물질적 인공물 등에서 크게 달랐다. 이는 인구 규모와 인구 밀도의 차이와 관련이 있었고, 이 둘은 섬의 면적과 지형 및 고립도의 차이에서 비롯되었다. 생존 수단으로 식량 생산을 집약화할 수 있었는지 역시 그런 차이를 만들어낸 원인이었다. 하나의 조상을 가진 폴리네시아에서 이런 다양한 환경 관련 요인이 영향을 미친 결과, 각 사회들 간의 차이는 그다지 넓지 않은 땅에서 비교적 짧은 시간에 점점 확대되었다. 폴리네시아에서 나타난 문화적 차이의 범주들은 세계 다른 지역에서 확인할 수 있는 것과 기본적으로 똑같다.

물론 폴리네시아보다 세계 다른 지역에서 나타나는 다양성이 훨씬 더 폭넓다. 당시엔 대륙에도 폴리네시아인처럼 돌연장에 의존하는 종족들이 있었다. 하지만 남아메리카에는 귀금속을 사용하는 사회가 곳곳에 있었고, 유라시아와 아프리카는 금속을 사용하는 단계에 들어섰다. 이런 발전에서 폴리네시아가 배제된 이유는 뉴질랜드를 제외하면 괜찮은 금속광상이 폴리네시아에 전혀 없었기 때문이다. 폴리네시아에 사람이 정착하기도 전에 유라시아에는 모든 조건을 제대로 갖춘 제국들이 있었다. 나중에는 남아메리카와 중앙아메리카에도 제국들이 생겨났다. 하지만 폴리네시아에는 단 두 곳의 원형原型 제국만 세워졌고, 그나마 하나(하와이)는 유럽인이 들어온 직후에야 통합되었다. 유라시아와 중앙아메리카는 고유한 문자를 개발했지만, 폴리네시아에서는 그러지 못했다. 이스터섬이 예외일 수 있지만, 그곳의 신비로운 문자는 섬사람들이 유럽인과 접촉한 뒤에 생겨났을지도 모른다.

다시 말하면, 폴리네시아는 세계 전역에서 확인할 수 있는 인간 사회의 다양성을 부분적으로만 보여줄 뿐 전체를 대신하지는 않는다. 폴리네시아가 세계 지리적 다양성에서 작은 조각에 불과하다는 사실을 고려하면 놀라운 일도 아니다. 게다가 폴리네시아는 인류 역사에서 최근에야 사람이 살기 시작했다. 가장 오래된 폴리네시아 사회의 역사도 3,200년에 불과하다. 인류가 가장 나중에 살기 시작한 대륙, 즉 남북아메리카 사회가 최소 1만 3,000년 전에 형성된 것에 비교하면 무척 짧은 시간이다. 몇천 년만이라도 시간이 더 있었다면, 통가와 하와이는 완전한 제국의 수준에 올라서서 태평양의 지배권을 두고 서로 다투었을 테고, 각자의 제국을 다스리기 위해 고유한 문자도 개발했을 것이다. 한편 뉴질랜드의 마오리족은 옥을 비롯한 기존 재료뿐 아니라 구리와 철로도 이런저런 도구를 만들었을 것이다.

요컨대 폴리네시아는 환경이 인간 사회의 다양성에 어떤 영향을 미치는지를 설득력 있게 보여주는 좋은 예이다. 그러나 우리가 여기에서 알 수 있는 것은 폴리네시아에서 그랬기 때문에 다른 곳도 그럴 것이란 가능성에 불과하다. 다른 대륙들에서도 환경이 인간 사회에 영향을 미쳤을까? 그랬다면 환경이 어떻게 달랐기에 대륙들이 각기 다른 방향으로 발전했을까? 이는 결국 어떤 결과를 낳았을까?

3장 카하마르카에서의 충돌

COLLISION AT CAJAMARCA

왜 잉카제국은 스페인을 침략하지 못했는가?

스페인의 정복자 피사로는 어떻게 수적으로 압도적인 잉카제국의 군대를 물리치고 황제 아타우알파를 생포할 수 있었을까? 카하마르카에서 벌어진 이 사건의 전말을 통해 총포와 철제 무기, 말에 기반한 군사 기술, 유라시아 풍토병, 해양 과학기술, 중앙집권적 정치조직, 문자 등 유럽인이 '신세계'를 식민지로 만들게 된 근접 요인을 알 수 있다.

근대에 들어 유럽인이 신세계를 개척하고, 그 결과 아메리카 원주민(아메리칸인디언)이 정복을 당해 수적으로 줄어들거나 대부분의 집단이 완전히 소멸함으로써 가장 급격한 인구 변화가 일어났다. 1장에서 설명했듯이, 인류가 시베리아와 베링해협, 알래스카를 거쳐 신세계에 처음 정착한 때는 기원전 11000년경이나 그 이전이었다. 복잡한 농경사회가 남북아메리카에서 생겨나며 점점 남쪽으로 퍼져나갔지만, 구세계에서 나타나기 시작한 복잡한 사회와는 완전히 단절된 채 발전했다. 아시아에서 건너온 인류가 정착한 이후에 신세계와 아시아가 접촉했다는 걸 확인할 수 있는 유일한 증거는 베링해협 양쪽 건너편에 살던 수렵·채집민의 만남뿐이다. 한편 남아메리카의 고구마가 폴리네시아에 전해진 것으로 보아, 태평양을 횡단하는 항해가 이루어졌을 것이라는 추론이 가능하다.

신세계 사람들과 유럽인이 처음 접촉한 사례에는 기원후 986년부터 약 1500년 사이에 그린란드를 점령한 극소수의 스칸디나비아인이 등장한다. 그러나 이들의 방문은 아메리카 원주민 사회에 뚜렷한 영향을 남기지 못했다. 발전한 구세계와 신세계의 실질적 충돌은 1492년, 즉 크리스토퍼 콜럼버스Christopher Columbus(1451~1506)가 카리브해에서 아메리카 원주민이 밀집해 살고 있는 섬들을 '발견'한 때부터 급작스레 시작되었다.

그 이후로 유럽인과 아메리카 원주민의 관계에서 가장 극적인 순간은 1532년 11월 16일에 카하마르카라는 페루의 고산지대 도시에서 잉카제국의 황제 아타우알파와 스페인의 정복자 프란시스코 피사로Francisco Pizarro(1475?~1541)가 처음 마주한 때였다. 아타우알파는 신세계에서 가장 크고 가장 발달한 국가의 절대군주였고, 피사로는 신성로마제국의 황제 카를 5세(스페인에서는 카를로스 1세), 즉 당시 유럽에서 가장 강력한 군주의 대리인이었다. 피사로는 오합지졸에 불과한 168명의 스페인 병사를 이끌고 낯선 땅에 들어왔다. 지역 주민들에 대해 아는 게 전혀 없었고, 파나마에서 북쪽으로 1,600킬로미터나 떨어진 곳이어서 가장 가까운 스페인 진영과 연락을 주고받을 수 없었기 때문에 때맞춘 지원을 기대하기도 힘들었다. 수백만 명의 백성이 섬기는 제국의 한가운데에서 8만 명의 병사가 아타우알파를 철저히 호위했다. 아타우알파는 더구나 최근에 다른 원주민들과의 전쟁에서 승리를 거두기도 했다. 그러나 두 지도자가 처음 만나고 몇 분이 지나지 않아, 피사로는 아타우알파를 포로로 사로잡았다. 피사로는 아타우알파를 8개월 동안 포로로 붙잡아두고는 그를 풀어준다고 약속하며 역사상 가장 많은 몸값을 뜯어냈다. 길이 6.7미터, 폭 5.2미터, 높이 2.4미터의 방을 가득 채울 정도의 황금을 몸값으로 받아낸 뒤, 피사로는 약속을 뒤집고 아타우알파를 처형했다.

유럽이 잉카제국을 정복하는 데는 아타우알파 생포가 결정적 역할을 했다. 스페인의 무기가 월등했기 때문에 여하튼 결국에는 스페인이 승리를 거두었겠지만, 아타우알파 생포로 정복이 더 수월해졌다. 아타우알파는 잉카인들이 태양신으로 숭배하는 존재였고, 백성에게 절대적 권력을 행사했다. 따라서 백성은 아타우알파가 포로인 상태에서 내리는 명령에도 복종했다. 덕분에 피사로는 아타우알파를 처형하기 전까지 수개월 동안 아무런 방해도 받지 않고 탐험대를 잉카 제국 곳곳에 파견하고, 파나마에 사람을 보내 지원을 요청할 수 있었다. 따라서 아타우알파를 처형한 뒤 잉카와 진짜 전쟁을 시작할 즈음, 스페인군은 훨씬 강해져 있었다.

아타우알파 생포 사건은 근대사에서 가장 큰 충돌의 승패를 가른 결정적 순간이었다는 점에서 특별한 관심을 끈다. 그러나 이보다 일반적 측면에서도 주목할 만하다. 그런 결과를 낳은 요인들이 근대에 세계 다른 곳에서 이주민과 원주민 사이에 벌어진 많은 유사한 충돌의 결과를 결정지은 요인들과 기본적으로 똑같기 때문이다. 이런 이유에서, 아타우알파 생포 사건은 우리에게 세계의 역사를 들여다보게 해주는 널찍한 창문인 셈이다.

그날 카하마르카에서 어떤 일이 있었는지는 잘 알려져 있다. 스페인 쪽에서 글로 그날의 기록을 남긴 사람이 많았기 때문이다. 피사로와 함께한 정복자들, 특히 두 동생 에르난도와 페드로를 비롯해 여섯 사람이 남긴 목격담에서 발췌한 글을 짜 맞추어 당시 사건을 재현해 보자.

로마 가톨릭 제국의 천하무적 황제이며 우리 천부적 국왕이신 폐하의 신하들, 즉 스페인 병사들의 신중함, 불굴의 용기, 군기軍紀와 노력, 위험을 무릅쓴 항해, 전투력은 믿음의 신도들에게는 기쁨, 믿음이 없는 이교도들에게는 공포일 것이다. 이런 이유에서, 우리 주 하느님께 영광을 돌리고, 가톨릭 황제 폐하께 충성을 다하기 위해, 내가 이 이야기를 기록해 폐하께 보내는 게 합당한 듯하다. 그럼 여기에 쓰인 승전보를 모두가 알게 될 테니까. 스페인 병사들이 성령의 인도를 받아 무수히 많은 이교도를 정복하고, 그들을 우리의 거룩한 가톨릭 신앙으로 이끌었기 때문에 이 승전보는 하느님께 영광을 돌리는 일이 될 것이다. 또 폐하의 원대한 힘과 행운으로 말미암아 이런 사건이 폐하의 시대에 일어났기 때문에 이 승전보는 황제 폐하의 명예를 드높일 것이다. 전투에서 승리를 거두었고, 새로운 지역을 발견한 뒤 정복했고, 그로부터 획득한 재물을 폐하와 믿음의 신도들을 위해 조국으로 보냈다는 점에서, 또 믿음이 없는 이교도에게는 큰 두려움을 심어주고, 온 인류에게는 탄복을 불러일으켰다는 점에서 이 승전보는 믿음의 신도들에게 큰 기쁨일 것이다.

예나 지금이나 많은 기후권을 지나고, 많은 바다를 건너고, 육지로도 아득히 멀리 떨어진 곳에서 소수가 다수를 상대하며, 본 적도 없고 제대로 알지도 못하는 적을 정복하는 이런 위대한 승리를 거둔 적이 있었던가? 누구를 스페인군의 위업에 비교할 수 있겠는가? 우리 스페인군은 수적으로 열세였고, 모두 합해도 200~300명을 넘지 않았다. 때로는 100명 혹은 그에 훨씬 못 미치는 병사만으로, 과거에 알려진 어떤 땅보다, 또 어떤 믿음의 군주, 어떤 이교도 군주가 소유한 땅보다 넓은 땅을 우리 시대에 정복했다. 그리하여 나는 정복 과정에 있었던 일을 지금 전부 쓰려고 한다. 그러나 장황해지는 걸 피하기 위해 너무 길게 쓰지는 않을 생각이다.

피사로 총독은 카하마르카에서 온 인디언들에게서 정보를 얻으려고 그들을 고문했다. 결국 그들은 아타우알파가 카하마르카에서 총독을 기다리고 있다는 소문을 들었다고 자백했다. 총독은 우리에게 전진하라는 명령을 내렸다. 카하마르카 입구에 도착하자, 5킬로미터 쯤 떨어진 산자락에 아타우알파의 진지가 보였다. 인디언들의 진지는 무척 아름다운 도시처럼 보였다. 천막이 헤아리기 힘들 정도로 많아 우리 모두는 불안감에 사로잡혔다. 그때까지 우리는 인디언들의 땅에서 그와 같은 광경을 본 적이 없었기 때문이다. 그 광경에 우리 스페인 병사들은 당혹해하며 두려움에 떨었다. 그러나 우리는 그런 두려움을 내색하거나 뒤돌아서지 않았다. 인디언들이 우리가 약하다는 걸 눈치챈다면, 우리가 안내인으로 데려간 인디언들까지 우리를 죽이려고 할 것이기 때문이다. 그래서 우리는 일부러 용기백배한 모습을 드러냈고, 그곳의 지형과 천막들의 배치를 면밀히 살핀 후 골짜기로 내려가 카하마르카에 들어갔다.

우리는 무엇을 해야 할지 우리끼리 많은 이야기를 나누었다. 수적으로 열세인데도 적진 깊숙이 들어와서 지원을 받을 희망조차 없었기 때문에 우리는 모두 두려움에 떨었다. 우리는 총독을 만나 다음 날 무엇을 해야 할지 논의했다. 그날 밤, 극소수만이 잠을 잤다. 우리는 카하마르카 광장에서 눈에 띄지 않고 인디언 병사들의 모닥불을 지켜보았다. 정말 무섭고 섬뜩한 광경이었다. 모닥불은 대부분 산비탈에서 지폈는데, 그 간격이 촘촘해서 마치 밤하늘을 총총히 밝히는 별처럼 보였다. 그날 밤에는 지휘관과 병졸, 보병, 기병의 구분도 없었다. 모두가 무장한 채 보초를 섰다. 우리의 총독도 마찬가지였다. 그는 끊임없이 돌아다니며 병사들에게 용기를 북돋워주었다. 총독의 동생 에르난도 피사로는 인디언 병사의 수를 대략 4만 명으로 추정했지만, 실제로는 8만 명이 넘었기 때문에 이는 우리를 격려하려고 거짓말을 한 것이었다.

이튿날 아침, 아타우알파가 보낸 사신이 도착했고, 총독은 그에게 이렇게 말했다. "그대의 주군에게 언제든 원하는 방식으로 오라고 전하시오. 그대의 주군이 어떤 방식으로 오든 나는 친구이자 형제로서 대할 것이라고도 전하시오. 그분을 뵙고 싶은 마음이 간절하니, 하루라도 빨리 오시면 좋겠소. 그분에게 어떤 해도 없고 어떤 모욕도 없을 것이오."

총독은 카하마르카 광장 주변에 병사들을 숨겨두었다. 또 기병대를 둘로 나누어, 하나는 동생 에르난도 피사로에게, 다른 하나는 에르난도 데 소토Hernando de Soto에게 지휘권을 맡겼다. 또 보병대도 비슷한 방식으로 나눈 뒤 하나는 직접 지휘하고, 다른 하나는 동생 후안 피사로에게 지휘권을 주었다. 동시에 총독은 페드로 데 칸디아Pedro de Candia와 두세 명의 보병에게 나팔을 갖고 광장에 있는 작은 요새로 가서, 작은 대포 옆에 서 있으라고 지시했다. 총독이 세운 전체적인 작전은 대략 이랬다. 아타우알파가 인디언들을 거느리고 광장에 들어서면 총독이 칸디아와 그 부하들에게 신호를 보낸다. 그러면 칸디아 일행은 지체 없이 대포를 발사하고 나팔을 분다. 그리고 나팔 소리가 들리면, 숨어서 만반의 준비를 하고 있던 기병대가 널찍한 안뜰에서 신속히 뛰쳐나온다.

정오가 되자 아타우알파가 병사를 소집해 광장으로 다가오기 시작했다. 곧 평원을 가득 채운 인디언들이 우리 눈에 들어왔다. 인디언들은 주기적으로 행진을 멈추고, 진지에서부터 열을 지어 나오는 더 많은 인디언들을 기다렸다. 그들은 오후까지 부대별로 계속 줄지어 나왔다. 어느덧 전방 부대가 우리 진지 코앞까지 다가왔다. 하지만 인디언 진지에서는 계속 병사들이 쏟아져 나왔다. 아타우알파 앞쪽에서는 2,000명의 인디언이 길바닥을 쓸었고, 그 뒤로는 전사들이 아타우알파를 양쪽에서 보호하며 들판을 행진했다.

체스판처럼 서로 다른 색깔의 옷을 입은 인디언 부대가 가장 먼저 다가왔다. 그들은 땅바닥에서 지푸라기를 줍고 길을 쓸며 전진했다. 다음에는 각기 다른 모양의 옷을 입은 세 부대가 춤을 추고 노래를 하며 뒤따랐다. 그 뒤로는 갑옷을 입고, 커다란 금속 방패를 들고, 황금과 은으로 장식한 투구를 쓴 남자가 여럿 다가왔다. 그들이 지닌 엄청난 양의 황금과 은에 비치는 햇살이 장관을 연출했다. 그들 사이로 아타우알파의 모습이 보였다. 그는 목재의 끝부분을 은으로 감싼 호화로운 가마를 타고 있었다. 그 가마를 어깨에 짊어진 80여 명의 귀족은 모두 짙은 푸른색 제복을 입었고, 아타우알파 자신도 무척 화려한 옷에 머리에는 왕관을 쓰고 있었다. 그의 목에서 큼직한 에메랄드 목걸이가 덜렁거렸다. 그는 가마 위 작은 의자에 화려한 방석을 깔고 앉아 있었다. 안쪽에 다채로운 색깔의 앵무새 깃털을 깔고, 금판과 은판으로 장식한 호화로운 가마였다.

아타우알파 뒤로는 가마 두 채와 해먹 두 개가 따라왔는데, 거기에는 신분 높은 군장들이 타고 있었다. 다시 그 뒤로 금은 투구를 쓴 서너 부대의 인디언들이 나타났다. 그 인디언 부대가 광장에 들어서며 장엄한 노래를 부르기 시작했다. 그리고 광장 곳곳을 빠짐없이 채웠다. 그러는 동안 우리 스페인군은 안뜰에 몸을 감춘 채 두려움에 떨며 신호를 기다렸다. 많은 병사가 겁에 질려 자기도 모르게 오줌을 지렸다. 아타우알파는 광장 한가운데 도착해서도 높은 가마에 앉아 꼼짝하지 않았고, 인디언 병사들이 계속 줄지어 들어왔다.

마침내 피사로 총독이 하느님과 스페인 왕의 이름으로, 우리 주예수 그리스도의 율법에 따르고 스페인 국왕을 섬기라는 명령을 아타우알파에게 전하라며 빈센테 데 발베르데Vincente de Valverde 수사를 보냈다. 수사는 한 손에는 십자가, 한 손에는 성경책을 쥐고, 인디언 병사들 사이를 지나 한 걸음씩 아타우알파가 있는 곳까지 다가갔다. 그러고는 이렇게 말했다. "저는 하느님의 사제입니다. 하느님과 관련한 모든 것을 그리스도인들에게 가르칩니다. 그렇게 폐하도 가르치려 합니다. 제가 가르치는 것은 하느님이 이 책에서 우리에게 말씀하시는 것입니다. 그러므로 하느님과 그리스도인을 대신하여, 폐하께서도 우리 친구가 되기를 간청드립니다. 그게 하느님의 뜻이기도 하고, 폐하에게도 유익할 것이기 때문입니다."

아타우알파는 성경책을 자세히 살펴볼 수 있겠느냐고 물었다. 수사는 성경책을 덮은 채로 아타우알파에게 건네주었다. 아타우알파는 성경책을 펴는 방법을 몰랐다. 그래서 수사가 두 손을 내밀어 성경책을 펴주려고 하자, 아타우알파는 크게 화를 내며 수사의 팔을 내리쳤다. 남의 손을 빌려 책을 펴고 싶지는 않다는 행동인 듯했다. 결국 아타우알파는 직접 성경을 폈고, 그 안에 쓰인 문자와 종이를 보고도 전혀 놀라지 않았다. 그러곤 얼굴빛이 시뻘개져서는 성경책을 대여섯 걸음 떨어진 곳에 던져버렸다.

수사가 피사로에게 돌아가며 소리쳤다. "나오시오! 나와서 공격하시오! 그리스도인들이여! 하느님의 말씀을 거부한 이 적의 개들을 공격하시오! 저 폭군이 신성한 율법의 책을 땅바닥에 내던졌소! 그 불경스러운 짓을 여러분도 보지 않았소? 저 평원이 인디언들로 가득하지만, 오만하기 이를 데 없는 개들에게 예절을 차리고 굽신거려야 할 이유가 어디에 있단 말이오? 내가 그대들의 죄를 용서할 테니, 저

폭군을 향해 진격하시오!”

총독은 지체 없이 칸디아에게 신호를 보냈고, 칸디아는 총을 발사하기 시작했다. 그와 동시에 나팔 소리가 울려 퍼졌다. 그러자 무장한 스페인 병사들이 기병과 보병 할 것 없이 몸을 감추고 있던 곳에서 한꺼번에 뛰쳐나와 스페인군의 전투 함성을 외쳤다. “산티아고('돌격'이라는 뜻—옮긴이)!” 병사들은 광장을 꽉 채운 비무장 인디언들을 향해 곧장 진격했다. 우리는 인디언들에게 겁을 주려고 모든 말에 딸랑이를 매달아두었다. 대포 소리, 요란하게 울려 퍼지는 나팔 소리, 게다가 말에 매달린 딸랑이 소리에 인디언들은 극심한 공포와 혼란에 빠졌다. 스페인군은 인디언들을 공격해 갈가리 찢어버리기 시작했다. 인디언들은 겁에 질려 달아나기에 급급했다. 서로 짓밟고 넘어져 질식해 죽기까지 했다. 그들은 전혀 무장을 하지 않아 스페인군에 아무런 위해도 가하지 못한 채 공격을 당했다. 기병대는 말을 몰아 그들을 죽이거나 부상을 입히며 뒤쫓았다. 보병대는 뒤처진 인디언들을 효과적으로 공격했고, 대부분의 인디언이 칼에 맞아 목숨을 잃었다.

총독도 칼과 단검을 들고 스페인 병사들과 함께 인디언 무리 속으로 파고들어, 용맹무쌍하게 아타우알파의 가마를 향해 진격했다. 총독은 겁도 없이 아타우알파의 왼팔을 움켜잡고, “산티아고!”라고 소리쳤다. 그러나 가마가 너무 높아 총독은 아타우알파를 가마에서 끌어내리지 못했다. 우리는 가마를 짊어진 인디언들은 죽였다. 하지만 다른 인디언들이 즉시 빈자리를 채우며 가마를 높이 치켜들었다. 그 때문에 우리는 인디언들을 죽이고 밀어내며 오랜 시간을 보냈다. 마침내 일고여덟 명의 우리 기병이 말을 채찍질하며 가마를 한쪽으로 밀어붙여 넘어뜨렸다. 총독은 생포한 아타우알파를 진지의 숙소로 끌고 갔다. 가마를 멨던 인디언들과 아타우알파를 호위하던 인디언들은 결코 군주를 저버리지 않았고, 결국 모두가 군주 곁에서 죽어갔다.

겁에 질린 채 광장에서 우왕좌왕하던 인디언들은 대포 소리와 난생처음으로 본 말 때문에 크게 놀라 어떻게든 그곳에서 달아나려 했다. 마침내 그들은 길게 뻗은 벽을 무너뜨리고 들판으로 뛰쳐나갔다. 우리 기병대는 무너진 벽을 뛰어넘고 들판을 향해 돌진하며 소리쳤다. "화려한 옷을 입은 놈들을 쫓아라! 절대 빠져나가지 못하게 해라! 창을 던져 죽여라!" 아타우알파가 데려온 인디언 병사들은 모두 카하마르카로부터 1.5킬로미터쯤 떨어진 곳에서 전투 준비를 하고 있었지만 단 한 명도 움직이지 않았다. 그런 대학살이 벌어지는 상황에서도 스페인군에 저항해 무기를 들지 않았다. 카하마르카에 들어오지 않고 평원에 머물러 있던 인디언 부대들은 다른 인디언들이 도망치며 소리 지르는 걸 보고는 대부분이 겁에 질려 달아나기에 바빴다. 놀라운 광경이었다. 25~30킬로미터 남짓한 골짜기가 완전히 인디언들로 가득 찼다. 어느새 어둠이 떨어졌고, 우리 기병들은 계속 벌판을 휘저으며 인디언들을 창으로 찔러 죽였다. 이윽고 진지로 돌아오라는 나팔 소리가 들렸다.

밤이 오지 않았다면, 4만 명이 넘는 인디언 병사 중 목숨을 부지한 자는 거의 없었을 것이다. 6,000~7,000명의 인디언이 죽고, 더 많은 수의 인디언이 팔이 잘리거나 다른 곳에 부상을 입었다. 아타우알파도 우리가 그 전투에서 7,000명의 인디언을 죽인 걸 인정했다. 다른 가마에서 죽은 사람은 아타우알파의 대신으로, 그가 무척 총애하던 친차Chincha의 영주였다. 아타우알파의 가마를 멨던 인디언들도 모두 높은 군장이거나 고관인 듯했다. 그들은 물론이고 여러 가마와 해먹에 타고 있던 인디언도 모두 죽었다. 카하마르카의 영주도 죽임을 당했다. 아타우알파를 수행한 고관들은 모두 대영주였기 때문에 다른 영주도 그 수를 헤아리기 힘들 만큼 많이 죽었다. 놀랍게도, 우리는 엄청난 대군을 거느린 그토록 강력한 군주를 순식간에 생포했다. 엄격히 말하면, 우리만의 힘으로 이루어낸 위업이 아니었다. 전능하신 하느님의 은혜였다.

스페인 병사들이 아타우알파를 가마에서 끌어내릴 때 그의 예복이 찢어졌다. 그래서 총독은 새 옷을 그에게 가져다주라고 지시했다. 아타우알파가 옷을 갈아입자 총독은 그를 옆에 앉히고, 높은 지위에서 나락으로 떨어진 처지로 인해 끓어오르는 그의 분노와 불안을 달래며 이렇게 말했다. "폐하께서는 우리에게 패하고 포로로 잡힌 걸 모욕으로 받아들이지 마십시오. 저와 함께 온 그리스도인들은 수적으로는 적지만, 폐하의 왕국보다 더 큰 왕국도 정복한 적이 있습니다. 폐하보다 더 강한 군주들을 무너뜨리고, 내가 모시는 황제이자 스페인 국왕이시며 사해四海 세계의 지배자이신 분께 복종하라고 강요한 적도 있습니다. 우리는 황제의 명령을 받들어 이 땅을 정복하고, 모두에게 하느님과 그분의 신성한 가톨릭 신앙을 알려주려고 왔습니다. 우리 임무는 선한 것이기 때문에, 천지와 그 안의 모든 것을 창조하신 하느님이 이번 정복을 허락하시며, 폐하께 하느님을 알게 하고, 지금까지 살았던 야만적이고 악마적인 삶에서 폐하를 벗어나게 하려는 것입니다. 이런 이유에서 우리가 수적으로 크게 부족했음에도 훨씬 많은 폐하의 군대에 승리를 거두었던 것입니다. 폐하가 과거의 삶을 돌이켜보며 잘못한 게 있다는 걸 깨닫는다면, 우리가 스페인 국왕 폐하의 명령을 받아 폐하의 땅에 들어와 폐하에게 어떤 선행을 베풀었는지 이해할 수 있을 것입니다. 폐하의 오만이 처절하게 꺾이고, 그 어떤 인디언도 그리스도인을 해칠 수 없었던 것 역시 우리 주님이 허락하신 것입니다."

이번에는 이 기막힌 충돌에서 작용한 인과관계의 사슬을 추적해보자. 먼저, 충돌의 결과부터 따져보자. 피사로와 아타우알파가 카하마르카에서 조우했을 때, 수적으로 압도적인 아타우알파의 군대가 피사로를 사로잡아 죽이지 못하고, 반대로 피사로의 군대가 아타우알파를 사로잡고 그의 무수한 추종자들을 죽일 수 있었던 이유는 무엇일까? 여하튼 피사로의 병력은 고작 기병 62명과 보병 106명이 전부였고, 아타우알파는 약 8만 명의 군대를 지휘했다. 이번엔 이러한 결과가 있기 전의 사건으로 거슬러 올라가 보자. 아타우알파는 어쩌다 카하마르카에 오게 되었을까? 또 아타우알파가 스페인으로 가서 카를로스 1세를 생포하지 못하고, 피사로가 카하마르카에 들어가 아타우알파를 생포하게 된 사연은 무엇일까? 우리가 보기에 함정이었던 게 분명한데, 아타우알파는 왜 제 발로 그 덫 속으로 걸어 들어갔을까? 아타우알파와 피사로의 만남에 작용한 요인들이 구세계 사람들과 신세계 사람들의 만남, 일반화하면 다른 종족들 사이의 만남에서도 똑같은 역할을 했을까?

왜 피사로는 아타우알파를 생포했을까? 피사로의 군사적 이점은 스페인군의 철제 검과 갑옷, 총포, 말 등 무기에 있었다. 아타우알파의 군대는 전쟁터에서 활용할 짐승도 없었고, 헝겊만으로 몸을 보호한 채 돌연장과 청동연장, 나무 방망이, 갈고리와 손도끼, 새총 등으로 맞서야 했다. 장비의 이런 격차는 아메리카 원주민이나 다른 종족이 유럽인과 충돌할 때 빈번히 승패를 결정한 중대한 요인이었다.

아메리카 원주민 중에서도 말과 소총을 구해 사용법을 습득하며 군사적 격차를 줄인 부족은 유럽인의 정복에 오랫동안 저항할 수 있었다. 미국의 평균적인 백인에게 '인디언'이란 단어는 말을 타고 달리며 소총을 쏘는 평원 인디언Plains Indians, 예컨대 유명한 1876년 리틀빅혼 전투에서 조지 커스터George Custer(1839~1876) 장군의 육군 대대를 전멸시킨 수족Sioux 전사들을 떠올리게 한다. 우리는 말과 소총이 원래 아메리카 원주민에게는 없었다는 걸 까맣게 잊곤 한다. 말과 총은 유럽인이 가져왔고, 그 말과 소총을 사들인 원주민 부족사회는 당연히 달라졌다. 말과 소총을 능숙하게 다룬 덕분에, 북아메리카의 평원 인디언, 칠레 남부의 아라우카니아 인디언, 아르헨티나의 팜파스 인디언은 백인의 침략에 맞서 어느 아메리카 원주민 부족보다 오랫동안 싸웠다. 결국에는 1870년대와 1880년대 백인 정부의 대대적인 군사 작전에 굴복할 수밖에 없었지만 말이다.

오늘날의 관점에서 보면, 스페인군이 군사적 장비 덕분에 엄청난 수적 열세를 딛고 승리했다는 사실이 쉽게 이해되지 않는다. 앞서 묘사한 카하마르카 전투에서 168명의 스페인군은 수적으로 무려 500배나 많은 아메리카 원주민군을 압도했다. 수천 명의 원주민을 죽이면서도 한 명의 병사조차 잃지 않았다. 피사로가 그 이후 잉카족과 벌인 여러 번의 전투, 에르난 코르테스Hernán Cortés(1485~1547)의 아즈텍제국 정복 등 유럽인과 아메리카 원주민의 초기 전투에 대한 이야기를 보면, 유럽인이 불과 수십 명의 기병으로 수천 명의 원주민을 학살하며 궤멸시켰다는 증언이 되풀이된다. 피사로가 아타우알파를 처형한 후 카하마르카에서 잉카의 수도 쿠스코까지 행진하는 동안 하우하, 빌카슈아만, 빌카콩가, 쿠스코에서 그런 전투가 네 차례나 있었다. 그 네 차례의 전투에서 스페인 기병의 수는 각각 80명, 30명, 110명, 40명에 불과한 반면, 그들이 상대한 인디언의 수는 수천 혹은 수만 명에 달했다.

스페인군의 승리를 아메리카 원주민 동맹 세력의 협조 때문이라고, 스페인군의 무기와 말에 대한 원주민의 심리적 위축 때문이라고, 혹은 (흔히 주장하듯이) 잉카족이 스페인군을 그들의 창조신, 즉 비라코차의 현신으로 착각했기 때문이라고 평가절하할 수는 없다. 피사로와 코르테스가 첫 충돌에서 승리하자, 많은 원주민이 스페인 편에 붙기는 했다. 하지만 초기에 아무런 지원도 받지 않은 스페인군이 압도적 승리를 거두는 것을 보고 원주민이 저항은 무의미한 짓이라고 생각하며, 승리할 가능성이 큰 쪽에 붙는 게 낫다고 판단하지 않았다면 다수의 원주민이 스페인과 동맹을 맺지 않았을 것이다. 난생처음 보는 말, 총포, 철제 무기가 카하마르카에서는 잉카족을 틀림없이 당황하게 만들었을 것이다. 하지만 그 이후의 전투에서 잉카족 군대는 스페인의 무기와 말을 이미 보았던 터라 완강히 저항하며 싸웠다. 처음 패전하고 6년 동안 잉카족은 스페인의 지배에 저항해 두 차례의 잘 준비된 대규모 반란을 필사적으로 일으켰다. 그러나 스페인군의 월등한 무기 때문에 그들의 노력은 모두 번번이 실패했다.

1700년대 들어 총은 칼을 완전히 대체하며, 유럽 침략자가 아메리카 원주민을 비롯한 그 밖의 다른 원주민 종족을 압도하는 주된 무기로 자리 잡았다. 예컨대 1808년 찰리 새비지Charlie Savage라는 사격술이 뛰어난 영국 선원이 머스킷 총을 들고 피지섬에 들어갔다. '야만적'이란 뜻이 담긴 이름의 주인공답게 새비지는 혼자서 피지의 권력 구도를 뒤집으며 온갖 만행을 저질렀다. 한 번은 카누를 타고 카사부라는 마을까지 강을 거슬러 올라갔다. 마을 울타리가 사정거리 안에 들어오자 그는 카누를 멈추고는 무방비 상태인 주민들을 향해 총을 쏘았다. 그때 사망자가 얼마나 많았던지, 살아남은 사람들이 차곡차곡 쌓아놓은 시체 뒤에 숨었으며 마을 옆을 흐르던 시냇물이 피로 빨갛게 물들었다고 전한다. 총을 갖지 못한 원주민에게 총의 위력을 과시한 이런 사례는 헤아릴 수 없이 많았다.

스페인이 잉카를 정복할 때 총은 극히 작은 역할을 했을 뿐이다. 당시 총(일명 화승총)은 장전해서 발사하기가 쉽지 않았고, 피사로에게도 화승총이 6정밖에 없었다. 그래도 그럭저럭 발사하면 총포는 상당한 심리적 효과를 발휘했다. 스페인의 정복에서는 철제로 만든 검과 창, 단검 등 얇은 헝겊 갑옷을 입은 인디언들을 무참하게 학살한 단단하고 날카로운 무기가 더 큰 역할을 해냈다. 반면 인디언들의 뭉툭한 몽둥이는 스페인 병사와 말에게 타격을 주고 부상을 입힐 수는 있었지만, 살상에 성공하는 경우는 거의 없었다. 스페인군의 철제 갑옷이나 쇠사슬 갑옷, 특히 그들의 철제 투구는 인디언의 몽둥이 공격을 효과적으로 막아냈지만, 인디언의 헝겊 갑옷은 철제 무기를 전혀 감당할 수 없었다.

스페인군이 말로부터 얻은 엄청난 이점은 목격자들의 설명에서도 명확히 드러난다. 인디언 보초가 후방의 병사들에게 알리기도 전에 기병은 그 보초를 쉽게 앞질렀고, 도망치는 인디언을 추격해 죽일 수 있었다. 드넓은 들판에서 보병은 말과 부딪칠 때의 충격, 말의 기동성, 말을 이용한 재빠른 공격에 거의 속수무책으로 당할 수밖에 없었다. 보병이 말 등에 올라탄 기병을 공격하는 것도 쉽지 않았다. 말을 처음 상대한 인디언의 두려움 때문에 말이 효과를 발휘한 것은 아니었다. 잉카족이 1536년에 대대적인 반란을 일으킬 즈음, 그들도 기병을 제법 효율적으로 상대하는 법을 알고 있었다. 좁은 산길에 매복해 있다가 스페인 기병을 몰살시키기도 했다. 그러나 다른 지역의 보병들이 그랬듯이, 잉카족도 확 트인 벌판에서는 기병을 당해낸 적이 없었다. 아타우알파에 이어 잉카제국의 황제가 된 망코를 섬기던 최고의 장군 키소 유판키Quizo Yupanqui가 1536년에 리마에서 스페인군을 포위해 기습하려고 했을 때, 스페인군은 기병 중대 두 개만으로 널찍한 들판에서 수적으로 훨씬 많은 인디언군을 공격했다. 스페인군은 첫 공격에서 키소와 그의 부관들을 모두 죽였을 뿐만 아니라 인디언 군대까지 궤멸시켰다. 또 망코 황제가 직접 쿠스코에서 스페인군을 포위했을 때도 26명의 기병이 돌격해서 황제의 최정예 부대를 초토화시켰다.

말을 이용한 전투는 기원전 4000년경 흑해 북쪽의 초원지대에서 말을 길들이며 시작되었다. 말을 길들이는 데 성공하자 사람들은 걸어 다닐 때보다 훨씬 먼 거리를 이동할 수 있었고, 상대를 기습적으로 공격할 수도 있었다. 또 강력한 방어 부대가 결집하기 전에 달아날 수도 있었다. 따라서 카하마르카 전투에서 말의 역할은 20세기 초까지 6,000년 동안 강력한 위력을 발휘하고, 결국에는 모든 대륙에서 사용된 군사 무기의 전형을 보여준 사례였다. 제1차 세계대전 때에야 기병의 군사적 우위가 마침내 막을 내렸다. 철제 무기를 갖추지 못한 보병을 상대하며 말과 철제 무기 및 갑옷으로부터 얻은 이점을 고려하면, 스페인군이 엄청난 수적 열세에도 불구하고 연전연승한 사실이 조금도 놀랍지 않다.

아타우알파는 어쩌다 카하마르카에 오게 되었을까? 아타우알파와 그의 군대가 카하마르카에 온 이유는 잉카제국을 갈라놓고 약하게 만든 내전에서 아타우알파가 결정적 승리를 거둔 직후였기 때문이다. 피사로는 잉카제국에 분열이 있다는 걸 신속히 파악하고, 그런 상황을 적절히 이용했다. 내전이 일어난 이유는 스페인 정착자들이 파나마와 콜롬비아에 도착한 뒤로 남아메리카 원주민 세계에 천연두가 유행하며 1526년경 잉카제국 황제 우아이나 카파크와 대부분의 신하가 죽고, 곧이어 황태자 니난 쿠유치마저 천연두에 쓰러졌기 때문이다. 그런 연이은 죽음으로, 아타우알파와 그의 이복동생 우아스카르 사이에 왕권 다툼이 벌어졌다. 천연두가 없었더라면 스페인군은 통일된 제국을 상대해야 했을 것이다.

그렇게 해서 아타우알파가 카하마르카로 왔기 때문에, 세계 역사를 좌우한 핵심 요인 중 하나—상당한 면역력을 지닌 침략자가 면역력이 없는 사람들에게 퍼뜨리는 질병—가 더욱 두드러져 보인다. 천연두와 홍역, 독감, 발진티푸스, 흑사병 등 유럽의 고유한 전염병이 다른 대륙에서 수많은 사람을 죽음으로 몰아넣으며 유럽이 타 지역을 정복하는 데 결정적 역할을 했다. 예컨대 1520년 스페인은 아즈텍제국을 처음 공격할 때 실패했지만 곧 천연두가 아즈텍제국을 휩쓸었다. 몬테수마 황제를 승계한 지 얼마 되지 않은 쿠이틀라우악 황제마저 천연두에 쓰러졌다. 남북아메리카 전역에서, 유럽인이 가져온 질병은 유럽인의 이동보다 더 빨리 부족들 사이에 퍼졌다. 콜럼버스 이전에 남북아메리카에서 살았던 원주민 인구의 95퍼센트가 그러한 질병들로 인해 사망한 것으로 추정된다. 북아메리카에서 가장 인구가 많고 고도로 조직적이던 원주민 사회, 즉 미시시피의 군장사회도 1492년부터 1600년대 말 사이에 그렇게 사라졌다. 그때는 유럽인이 미시시피강 유역에 첫 정착촌을 세우기도 전이었다. 1713년에 퍼진 천연두는 유럽 정착민이 남아프리카의 원주민인 산족을 절멸 상태로 몰아간 가장 큰 요인이었다. 영국인이 시드니에 정착한 직후인 1788년에는 전염병으로 인해 오스트레일리아 원주민이 속절없이 죽어갔다. 태평양 섬들의 경우, 1806년에 피지를 휩쓴 전염병이 문서로 잘 정리되어 있다. 아르고호가 난파된 뒤 해안까지 힘겹게 떠밀려온 소수의 유럽 선원들부터 시작된 전염병이었다. 전염병과 관련한 유사한 이야기를 통가와 하와이 등 태평양의 다른 섬들에서도 확인할 수 있다.

그렇다고 역사적으로 볼 때, 질병이 유럽인에게 길을 열어주는 역할만 했던 것은 아니다. 말라리아와 황열병 같은 아프리카, 인도, 동남아시아, 뉴기니의 열대 풍토병은 그 열대지역에 정착하러 온 유럽인에게 가장 큰 장애물이었다.

피사로는 어떻게 카하마르카에 왔을까? 왜 아타우알파는 스페인을 정복하려고 시도하지 않았을까? 피사로는 유럽의 해양 과학기술 덕분에 카하마르카에 올 수 있었다. 유럽의 해양 과학기술로 건조한 배를 타고, 스페인을 출발해 대서양을 건너 파나마에 도착했다. 파나마에서부터는 태평양을 따라 내려가 페루의 카하마르카로 들어갔다. 그러나 아타우알파는 배를 건조할 만한 과학기술에 없었기 때문에 남아메리카 밖으로 뻗어나갈 수 없었다.

넓은 바다를 건널 수 있는 과학기술 이외에 중앙집권적 정치조직 덕분에 스페인은 배를 건조하고, 장비를 마련하고, 선원들을 고용할 자금을 피사로에게 지원할 수 있었다. 그리하여 피사로는 카하마르카에 들어갈 수 있었던 것이다. 잉카제국에도 중앙집권적 정치조직이 있었다. 하지만 피사로가 아타우알파를 생포해 잉카의 명령 계통을 장악했기 때문에 그런 조직이 오히려 잉카제국에는 불리하게 작용했다. 잉카의 관료 체제는 신神과 같은 절대군주와 거의 동일시되었기 때문에, 아타우알파의 사망과 동시에 붕괴했다. 정치조직과 해양 과학기술의 결합은 유럽인뿐만 아니라 많은 종족이 다른 대륙으로 진출하는 데 필수적이었다.

스페인인을 페루로 끌어들인 또 하나의 요인은 문자의 존재였다. 스페인에는 문자가 있었지만 잉카제국에는 없었다. 정보는 말보다 글로 전달할 때 더 널리, 더 정확하게, 더 자세히 퍼져나갈 수 있다. 콜럼버스의 항해와 코르테스의 멕시코 정복에 대한 정보가 전해지자, 스페인 사람들이 신세계로 쏟아져 들어왔다. 편지와 소책자는 신세계로 이주해야 할 동기뿐 아니라, 신세계를 찾아가는 정확한 방향까지 알려주었다. 피사로의 위업을 처음 책으로 출간한 주역은 그의 동료이던 크리스토발 데 메나Cristóbal de Mena 선장이었다. 그 책은 1534년 4월에 세비야에서 출간되었는데, 아타우알파가 처형되고 9개월밖에 지나지 않은 때였다. 베스트셀러가 된 그 책은 유럽의 다른 언어들로 지체 없이 번역되었다. 그 결과 스페인의 이주자들이 페루에 물밀듯 몰려가 피사로의 지배력을 더욱 강화해주었다.

왜 아타우알파는 덫에 제 발로 걸어 들어갔을까? 돌이켜 생각해보면, 피사로가 카하마르카에 놓은 명백한 덫에 아타우알파가 제 발로 걸어 들어갔다는 사실이 놀라울 따름이다. 스페인 사람들도 아타우알파를 생포하려던 자신들의 작전이 성공하자 크게 놀랐을 정도이다. 이 의문에 대한 궁극적인 해명에서도 글을 쓰고 읽는 능력의 영향이 두드러진다.

가장 손쉬운 설명은 아타우알파가 스페인에 대해, 더 정확히는 스페인의 군사력과 진의에 대해 거의 몰랐다는 것이다. 아타우알파는 그 부족한 정보도 구전을 통해 얻었을 것이다. 또한 그것조차 피사로 군대가 해안지대에서 내륙으로 행군할 때 피사로의 진영을 이틀 동안 방문한 사절에게서 전해 들은 게 전부였다. 그 사절은 가장 지리멸렬한 상태의 스페인군을 보았다. 그래서 아타우알파에게 스페인군은 전투병이 아니라고 하며, 자기에게 200명의 인디언을 주면 스페인군을 전부 꽁꽁 묶어둘 수 있을 거라고 말했다. 따라서 아타우알파가 스페인군을 무서운 적이라고 여기지 않고, 스페인군이 그를 이유 없이 공격하지는 않으리라고 판단한 건 당연했다.

신세계에서 글을 읽고 쓰는 능력은 현재의 멕시코와 당시 잉카제국에서 북쪽으로 멀리 떨어진 멕시코 인근 지역에 거주하던 몇몇 종족의 상류 계급에 국한된 것이었다. 이미 1510년부터 스페인은 잉카제국의 북쪽 경계에서 겨우 950킬로미터쯤 떨어진 파나마를 정복하기 시작했지만, 잉카인들이 스페인인의 존재를 알게 된 때는 피사로가 페루 해안에 첫발을 내딛은 1527년이었던 듯하다. 게다가 아타우알파는 스페인이 중앙아메리카에서 가장 강력하고 인구도 많은 인디언 사회들을 정복했다는 걸 전혀 모르고 있었다.

아타우알파가 생포되기 전에 보인 행동만큼이나 그 이후의 행동도 오늘날 우리에게는 놀랍기만 하다. 아타우알파는 스페인군이 몸값을 받으면 그를 풀어주고 떠날 거라고 순진하게 생각했다. 그는 피사로의 병사들이 일회성 습격대가 아니라, 항구적인 정복을 목표로 삼은 세력의 선봉이었다는 걸 짐작조차 하지 못했다.

아타우알파만이 이렇게 치명적 오판을 한 것은 아니었다. 아타우알파를 생포한 이후에도 프란시스코 피사로의 동생 에르난도 피사로는 아타우알파의 사령관으로서 대군을 지휘하던 찰쿠치마를 속여 스페인군에 투항하게 만들었다. 찰쿠치마의 오판은 잉카의 저항이 무너지는 전환점이 되었고, 아타우알파 생포만큼이나 중대한 사건이었다. 아즈텍의 몬테수마 황제도 코르테스를 환생한 신이라고 생각하며, 코르테스와 그의 한 줌도 되지 않는 병력이 아즈텍제국의 수도 테노치티틀란에 입성하는 걸 허락하는 뼈아픈 오판을 저질렀다. 그 결과 코르테스는 손쉽게 몬테수마를 사로잡고, 테노치티틀란과 아즈텍제국을 정복할 수 있었다.

아타우알파와 찰쿠치마, 몬테수마 등 많은 아메리카 원주민 지도자가 유럽인의 속임수에 넘어가 오판한 이유는 무엇일까? 상식적인 차원에서 생각해보면, 신세계에는 구세계를 다녀온 사람이 한 명도 없었다는 사실에 그 이유가 있었던 게 분명하다. 따라서 신세계 사람들은 스페인에 대한 구체적인 정보를 전혀 확보할 수 없었다. 그렇더라도 잉카 사회가 인간의 행태를 더 폭넓게 경험했더라면 아타우알파가 '당연히' 더 의심했을 것이란 결론을 피하기는 어렵다. 카하마르카에 도착한 피사로도 1527년부터 1531년까지 맞닥뜨린 잉카인들을 추궁해서 알아낸 것 이외에 잉카에 대한 정보가 전혀 없었다. 그러나 피사로 자신은 문맹이지만 전통적으로 문자를 사용해온 세계에 속한 사람이었다. 스페인 사람들은 여러 책을 통해 수천 년에 달하는 유럽의 역사는 물론이고 유럽에서 멀리 떨어진 곳에 많은 문명이 있다는 걸 알고 있었다. 피사로가 아타우알파를 생포하기 위해 매복한 것도 코르테스의 성공한 전략을 모방한 게 분명했다.

정리하면, 글을 읽고 쓰는 능력 덕분에 스페인 사람들은 인간의 행태와 역사에 대해 방대한 지식을 갖게 되었다. 반면 아타우알파는 스페인이란 존재 자체를 몰랐을 뿐만 아니라, 역사적으로 다른 곳에서 다른 사람에게 다른 시기에 행해진 유사한 위협에 대해 들은 적도 읽은 적도 없었다. 이런 경험의 차이에서 피사로는 자신 있게 덫을 놓았고, 아타우알파는 그 덫에 제 발로 걸어 들어갔던 것이다.

따라서 피사로가 아타우알파를 생포한 사건에서, 아메리카 원주민이 유럽을 정복하지 못하고 궁극적으로 유럽이 신세계를 식민지로 만들게 된 일련의 근접 요인이 명확히 드러난다. 피사로를 성공으로 이끈 직접적 원인으로는 총포와 철제 무기와 말에 기반한 군사적 기술, 유라시아의 풍토병, 유럽의 해양 과학기술, 유럽 국가들의 중앙집권적 정치 구조, 문자 등을 들 수 있다. 이 책의 제목은 이런 근접 요인들을 압축한 것이다. 근대에 들어선 유럽인이 총과 균과 쇠를 앞세워 다른 대륙의 종족들을 정복할 수 있었기 때문이다. 뒤에서 살펴보겠지만, 누구나 총과 쇠를 만들기 시작한 때보다 훨씬 이전에는 비유럽계 종족이 다른 요인들에 힘입어 영역을 확장했다.

그러나 근본적인 의문은 여전히 남아 있다. 이런 직접적인 이점이 신세계보다 유럽에 집중되었던 이유는 무엇일까? 구체적으로 말하면, 왜 잉카인은 총과 쇠칼을 발명하지 못했고, 말만큼 무시무시한 짐승을 타고 다니지 않았으며, 유럽인에게는 저항력이 없는 질병을 지니지 못했고, 먼바다를 항해할 수 있는 배와 세련된 정치조직을 개발하지 못했으며, 문자화된 역사를 통해 수천 년의 경험에서 교훈을 끌어내지 못했을까? 이런 의문은 이 장에서 다루었던 근접 요인들로 해결될 문제가 아니다. 이 책의 2부와 3부에서 다루려는 궁극적 인과 관계에서 답을 찾아야 할 문제이다.

2부

식량 생산의 기원과 확산

THE RISE AND SPREAD OF FOOD PRODUCTION

JARED DIAMOND

4장 **농업의 힘**

농업의 힘

FARMER POWER

총, 균, 쇠는 어디에서 기원했는가?

농경과 목축이라는 식량 생산 방식은 총과 균과 쇠의 발전을 위한 전제 조건이었다. 식물의 작물화와 동물의 가축화가 더 많은 식량과 더 많은 인구, 정치적으로 중앙집권화하고 사회적으로 계층화한 사회, 또 경제적으로 복잡하고 과학기술적으로 혁신화한 사회로 이어진 주된 연결 고리를 추적해본다.

10대였을 때 나는 몬태나주에서 1956년의 여름을 보내며 프레드 허시라는 나이 든 농부를 도와 일했다. 스위스에서 태어난 프레드는 10대이던 1890년대에 몬태나주 남서부로 이주했고, 그 지역에서 가장 먼저 농장을 개간한 농부 중 한 명이었다. 그가 이주할 즈음에도 많은 아메리카 원주민이 여전히 수렵·채집민으로 그곳에 살고 있었다.

나와 함께 일하던 농장 일꾼들은 입에 욕을 달고 살며, 주말에는 주중에 번 돈을 동네 술집에서 펑펑 써대는 거친 백인이 대부분이었다. 그런데 농장 일꾼들 중에 레비라는 이름의 블랙풋Blackfoot 인디언 부족민이 있었다. 그는 상스러운 백인들과 달랐다. 공손하고 상냥하며 책임감이 있고 술을 멀리하며 말도 반듯하게 잘했다. 그는 내가 처음으로 긴 시간을 함께 보낸 인디언이었고, 나는 급기야 그를 존경하게 되었다.

따라서 어느 일요일 아침, 레비가 지난 토요일 밤에 얼마나 폭음을 했던지 비틀거리며 욕설을 내뱉는 걸 보았을 때 이만저만 실망한 게 아니었다. 그가 쏟아낸 욕설 중 하나는 아직도 내 기억에 뚜렷하다. "프레드 허시, 개새끼! 스위스에서 그놈을 데려온 배도 바다에 빠져버려라!" 그 욕은 내가 다른 백인 학생들과 마찬가지로 영웅적인 일이라고만 배웠던 미국의 서부 개척을 인디언들이 어떻게 바라보는지 뼈아프리만큼 깨닫게 해주었다. 프레드 허시의 가족은 프레드를 어려운 환경에서도 성공한 개척농이라고 생각하며 자랑스럽게 여겼다. 그러나 수렵민이자 유명한 전사이던 레비의 부족은 이주해온 백인 농부들에게 땅을 빼앗겼다. 농부들이 어떻게 그 유명한 전사들에게 승리를 거둘 수 있었을까?

약 700만 년 전 현생인류의 조상이 현존하는 대형 유인원의 조상으로부터 갈라져 나온 뒤 대부분의 시간 동안, 모든 인류는 야생동물을 사냥하고 야생식물을 채집하며 식량을 구했다. 블랙풋족은 19세기까지도 여전히 그렇게 살았다. 그런데 1만 1,000년 전 몇몇 종족이 '식량 생산'이라는 것에 눈을 돌렸다. 달리 말하면 야생동물과 야생식물을 길들이고, 그로부터 얻은 가축과 곡물을 먹기 시작했다. 오늘날에는 지구상에서 살아가는 대부분의 사람이 자기가 직접 생산하거나 다른 사람이 대신 생산해준 식량을 소비한다. 현재의 변화 속도를 고려하면 10년 내에, 여전히 수렵·채집으로 살아가는 극소수의 무리도 고유한 생활 방식을 버리거나, 사회 자체가 붕괴해 흔적도 없이 사라질 것이다. 그리하여 수백만 년 동안 지속되어온 수렵·채집이라는 생활 방식도 막을 내릴 것이다.

선사시대에 식량 생산을 시작한 때는 종족마다 달랐다. 오스트레일리아 원주민을 비롯한 몇몇 종족은 결코 인위적으로 식량을 생산한 적이 없었다. 일부 종족(예컨대 고대 중국인)은 외부의 도움을 받지 않고 독자적으로 식량을 생산하는 법을 개발했지만, 고대 이집트인처럼 이웃에게서 습득한 종족도 있었다. 뒤에서 설명하겠지만, 식량 생산은 간접적으로 총과 균과 쇠의 발전을 위한 전제 조건이기도 하다. 따라서 각 대륙의 종족들이 농경민 혹은 목축민이 되었는지, 만약 그랬다면 지리적 차이에 따라 언제 그렇게 되었는지가 그 이후의 대조적인 운명을 설명해준다. 이어지는 여섯 개 장을 할애해 식량 생산에서 지리적 차이가 어떻게 나타났는지를 살펴보기 전에, 이번 장에서는 식량 생산이 피사로에게 아타우알파를 생포할 수 있게 해주고, 프레드 허시 같은 농부가 레비의 전사 부족에게서 땅을 빼앗을 수 있게 해준 이점들로 이어진 주된 연결 고리를 추적해보려고 한다(그림 4.1 참조).

첫 번째 연결 고리는 가장 직접적인 것이다. 소비할 칼로리가 많다는 것은 더 많은 사람을 먹일 수 있다는 뜻이다. 야생의 식물종과 동물종 중에서 인간이 먹을 수 있어, 사냥하고 채집할 가치가 있는 것은 소수에 불과하다. 대부분의 종은 다음에 언급하는 항목 중 하나 혹은 그 이상의 이유로 우리에게 식량으로 부적합하다. 예컨대 소화가 되지 않거나(나무껍질), 독성을 띠거나(제왕나비와 광대버섯), 영양가가 낮거나(해파리), 먹을거리로 준비하는 과정이 힘들거나(매우 작은 견과류), 채집하기 어렵거나(대부분의 애벌레), 사냥할 때 위험을 각오해야 하는 것(코뿔소)이다. 지구상에 존재하는 생물량biomass(살아 있는 생물의 현존량)의 대부분은 나무와 잎의 형태를 띠고, 우리는 그걸 소화하지 못한다.

우리가 먹을 수 있는 소수의 식물종과 동물종을 선택하고, 그것이 해당 땅덩어리에 존재하는 생물량의 0.1퍼센트가 아니라 90퍼센트를 차지하도록 키운다면 우리는 단위면적당 훨씬 많은 식용 칼로리, 즉 식량을 생산할 수 있다. 따라서 단위면적당 수렵·채집민보다 훨씬 많은 목축민과 농경민이 먹고살 수 있다(일반적으로 10~100배). 이런 대략적인 수치의 크기가 식량을 생산하는 부족이 수렵·채집 부족에 대해 갖는 많은 군사적 이점 중 첫 번째였다.

인간 사회에서 가축은 네 가지 방법으로 더 많은 인간에게 먹을거리를 제공한다. 요컨대 고기와 젖과 거름을 제공하고, 쟁기를 끈다.

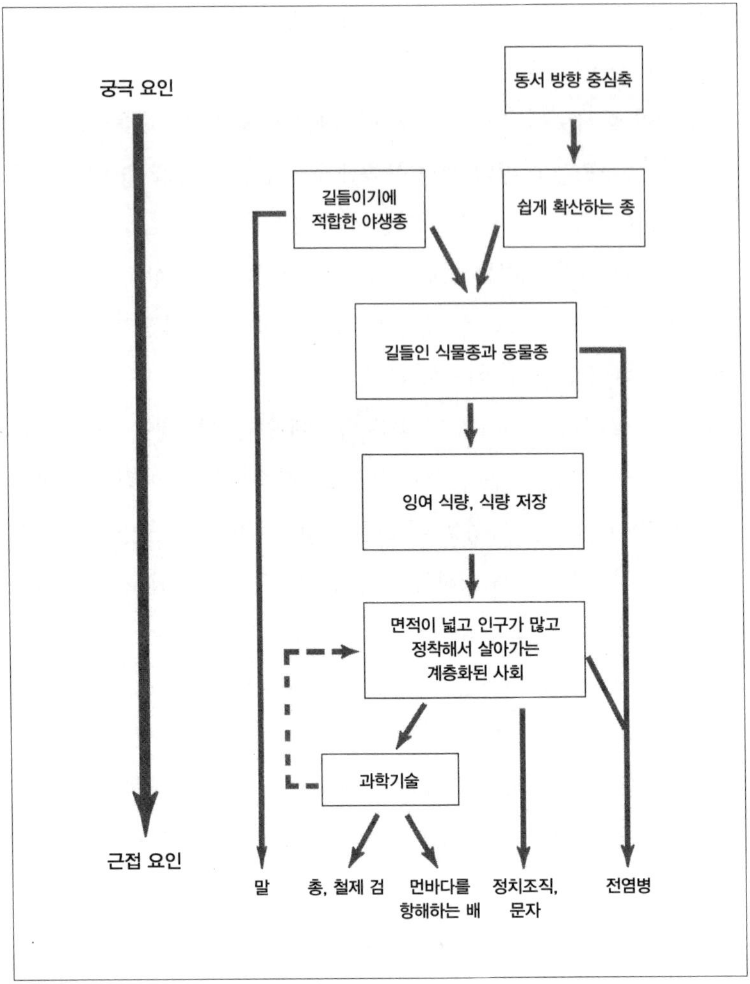

그림 4.1 역사의 흐름에 영향을 주는 요인. 궁극 요인(예: 대륙의 중심축 방향)에서부터, 어떤 종족이 다른 종족을 정복하게 해준 근접 요인(예: 총포와 말과 질병)으로 이어지는 인과관계의 사슬을 정리했다. 예컨대 인간에게만 발생하는 여러 전염병이 길들이기에 적합한 야생의 식물종과 동물종이 많았던 지역에서 진화한 이유는 두 가지이다. 첫째, 그렇게 길들인 작물과 가축이 인구가 밀집해서 여러 전염병이 토착화할 수 있는 사회에 먹을거리를 제공했기 때문이다. 둘째, 많은 질병이 가축화된 동물의 병원균에서 진화했기 때문이다.

더 구체적으로 말해보자. 첫째, 가축은 야생에서 사냥한 짐승을 직접적으로 대체하며 사회의 주된 동물성 단백질 공급원이 되었다. 예컨대 오늘날 미국인은 소와 돼지, 양과 닭에서 동물성 단백질의 대부분을 섭취하는 경향이 있고, 이제 사슴처럼 사냥해서 얻은 고기는 드물게 맛보는 별미일 뿐이다. 둘째, 대형 포유류 가축은 단순히 젖을 제공하는 데 그치지 않고, 버터와 치즈와 요구르트 같은 유제품의 공급원 역할까지 해냈다. 젖을 제공하는 포유동물로는 젖소, 양과 염소, 말과 순록, 물소와 야크, 단봉낙타와 쌍봉낙타가 있다. 그렇게 함으로써 가축은 도살되어 고기로 소비되는 경우보다 평생 동안 몇 배나 많은 칼로리를 제공할 수 있다.

대형 포유류 가축은 작물화한 식물과 두 가지 방법으로 상호작용을 하며, 농작물 생산의 증대에 도움을 주었다. 첫 번째 방법은 오늘날의 원예가와 농부라면 누구나 경험적으로 아는 것, 즉 두엄을 비료로 살포하면 농작물 수확량이 크게 증가한다는 것이다. 요즘은 화학공장에서 생산한 합성 비료를 언제라도 사용할 수 있지만, 오늘날에도 대부분의 사회에서 주된 농작물 비료는 가축의 배설물이다. 특히 젖소의 배설물이 큰 몫을 차지하고, 야크와 양의 것도 사용한다. 가축의 배설물은 전통사회에서 불을 지피는 연료로도 사용할 만큼 소중했다.

대형 포유류 가축이 식량 증산을 위해 작물화한 식물과 상호작용을 한 두 번째 방법은 쟁기를 끌어 전에는 농경에 부적합했던 땅을 개간할 수 있게 해준 것이었다. 쟁기를 끈 가축으로는 소와 말, 물소와 발리소Bali cattle, 야크와 젖소의 잡종 등이 있었다. 이런 용도로 쓰인 가축의 가치를 잘 보여주는 예를 들어보자. 선사시대에 중부 유럽에 정착한 최초의 농경민, 즉 기원전 5000년 직전에 시작된 이른바 '선형 토기 문화'는 손에 쥐고 땅을 파는 막대기로도 충분히 개간할 수 있을 정도로 부드러운 땅에서만 농사를 지었다. 그로부터 1,000년의 시간이 지난 뒤에야 가축이 끄는 쟁기가 등장하며, 그곳 농민들은 흙이 거칠고 차진 땅까지 경작지를 확대할 수 있었다. 북아메리카의 경우도 크게 다르지 않았다. 그레이트플레인스에 정착한 아메리카 원주민 농부들은 강 유역에서 작물을 재배했지만, 흙이 차진 드넓은 고지대에서의 농경은 19세기에 유럽인이 가축이 끄는 쟁기를 가져올 때까지 기다려야 했다.

식물과 동물을 길들인 결과, 수렵·채집민보다 많은 식량을 생산할 수 있었고, 이는 자연스레 인구 증가로 이어졌다. 식량 생산에 필요한 정주형 생활 방식도 인구 증가에 간접적으로 기여했다. 수렵·채집사회에서는 구성원들이 야생에서 먹을거리를 찾아 빈번하게 이동하지만, 농경민은 밭과 과수원 근처에 머물러야 한다. 따라서 고정된 거주지가 필요하고, 그 때문에 아이를 낳는 간격이 줄어들고, 그 효과로 인구밀도가 높아진다. 수렵·채집사회에서는 거주지를 끊임없이 옮겨야 하는데, 이때 어머니가 짊어질 수 있는 것은 어린 자식 하나와 약간의 소지품이다. 어린 자식이 부족의 이동을 방해하지 않을 정도로 빨리 걸을 때까지는 다음 자식을 낳을 형편이 되지 않는다. 유목생활을 하는 수렵·채집사회에서는 수유기 무월경, 금욕, 유아 살해, 낙태 등의 수단을 통해 자식 간에 4년 정도의 터울을 두었다. 반면 정주 사회에서는 자식을 데리고 이동하는 문제로 제약을 받지 않기 때문에 먹일 수 있는 범위 내에서 많은 자식을 낳아 기를 수 있다. 따라서 농경민의 경우에는 분만 간격이 대체로 2년으로, 수렵·채집사회의 절반에 불과하다. 식량을 인위적으로 생산하는 사회는 출산율도 높은 데다 단위면적당 더 많은 사람을 먹일 수 있기 때문에 수렵·채집사회보다 인구밀도가 훨씬 높을 수밖에 없다.

잉여 식량을 저장할 수 있게 된 것도 정착 생활의 또 다른 영향이다. 식량을 가까이에서 머물며 지키지 않으면 저장이 무의미하기 때문이다. 유목하는 수렵·채집민에게도 며칠 동안 소비할 수 있는 양보다 많은 식량을 사냥하거나 채집하는 운 좋은 날이 간혹 있겠지만, 먹고 남은 것을 지킬 방법이 없기 때문에 그런 행운이 그들에게는 무용지물이다. 그러나 식량을 직접 생산하지 않는 전문 계급을 위해, 다시 말하면 그런 계급에 속한 사람을 부양하려면 저장 식량이 절대적으로 필요하다. 이런 이유에서, 유목하는 수렵·채집사회에는 전업 기능공이 전혀 없거나 극소수에 불과한 반면, 정주 사회에서는 이들이 본격적으로 등장한다.

그런 전문 계급에 속한 대표적인 두 유형이 왕과 관료이다. 수렵·채집사회는 상대적으로 평등한 사회여서 전업 관료와 세습 군장이 없고, 정치조직도 소규모 무리나 부족 수준을 넘어서지 않는다. 그 이유는 수렵·채집사회에서 몸이 튼튼한 사람은 모두가 먹을거리를 구하는 데 상당한 시간을 할애해야 하기 때문이다. 반면 농경사회에서는 식량을 비축하기 시작한 순간부터 엘리트 정치조직이 농부가 생산한 식량을 통제하는 권한을 장악하고, 세금을 부과할 권리를 주장하며, 직접 식량을 생산하는 부담에서 벗어나 전업으로 정치 활동에 뛰어든다. 이런 이유로 중간 규모의 농경사회는 주로 군장사회로 조직되고, 왕국은 대규모 농경사회에만 존재한다. 이렇게 복잡한 정치 단위가 평등한 수렵 무리보다 정복 전쟁을 지속적으로 훨씬 더 유리하게 치를 수 있다. 환경이 유난히 풍요로운 곳, 예컨대 북아메리카의 태평양 연안 북서부 지역과 에콰도르 해안지대를 차지한 수렵·채집민은 식량을 저장하며 정주 사회로 발달해 초기 형태의 군장사회까지 올라섰지만 왕국으로까지는 발전하지 못했다.

과세를 통해 거두어들인 잉여 식량으로, 왕과 관료 이외에 다른 전업 전문 계급도 부양할 수 있다. 정복 전쟁과 가장 직접적인 관련성을 띤 경우를 찾자면, 직업 군인을 먹이는 데 사용할 수 있다는 점이다. 대영제국이 뉴질랜드에서 잘 무장한 토착민인 마오리족에 최종 승리를 거두는 데 결정적 역할을 한 것이 과세를 통해 비축한 잉여 식량이었다. 마오리족은 간혹 일시적으로 깜짝 놀랄 만한 승리를 거두었지만, 야전에서 군대를 지속적으로 유지할 수 없었다. 그리하여 결국에는 1만 8,000명의 영국 전업 군인들에게 꺾이고 말았다. 저장 식량은 정복 전쟁에 종교적 정당성을 부여하는 성직자, 금속을 다루며 칼과 총 등 다양한 기술을 개발하는 직공과 장인, 기억보다 훨씬 많은 정보를 정확히 보존하는 필경사를 먹이는 데도 쓰였다.

지금까지 나는 작물과 가축이 식량으로서 갖는 직접적·간접적 가치를 강조했다. 하지만 작물과 가축에는 다른 용도도 있다. 예컨대 우리를 따뜻하게 해주고, 소중한 재료를 제공하기도 한다. 구체적으로 말하면 옷과 담요, 그물과 밧줄을 만드는 데 필요한 천연섬유를 제공한다. 야생식물을 작물화하는 데 성공한 주요 지역에서는 식용작물뿐 아니라 섬유작물—특히 목화, 아마(리넨의 원료), 삼—도 진화했다. 몇몇 가축은 동물성섬유를 제공했다. 양과 염소, 라마와 알파카에서 얻는 모직, 누에에서 얻는 명주가 대표적인 예였다. 야금술이 발달하기 전까지 신석기인들이 인공물을 만드는 데는 가축의 뼈도 중요한 재료였다. 소가죽은 가죽 옷을 만드는 데 쓰였다. 남북아메리카의 많은 지역에서 초기에 의도적으로 재배한 식물 중에는 식량 확보가 아닌 목적에서 재배한 것이 하나 있었다. 일종의 용기로 사용한 조롱박이 그것이다.

가축화한 대형 포유동물은 19세기에 철도가 등장하기 전까지 주요 육상 운송 수단으로 사용되었으며, 인간 사회를 크게 바꿔놓았다. 야생동물을 가축화하기 전에 육상에서 물건과 사람을 운반하는 데 쓰인 유일한 수단은 인간의 등이었다. 대형 포유동물이 이런 상황을 바꿔놓으며, 인류는 역사상 처음으로 무거운 물건과 사람을 대량으로 육상에서 멀리까지 신속하게 운반할 수 있었다. 그런 용도로 쓰인 가축으로는 말과 당나귀, 야크와 순록, 단봉낙타와 쌍봉낙타가 있다. 이 5종 이외에 라마도 무거운 짐을 옮기는 데 쓰였다. 소와 말에는 수레를 연결하고, 순록과 개는 북극권에서 썰매를 끌었다. 대부분의 유라시아에서는 말이 주된 장거리 운송 수단이 되었다. 가축화한 3종의 낙타(단봉낙타, 쌍봉낙타, 라마)는 각각 북아프리카와 아라비아, 중앙아시아, 안데스 지역에서 유사한 역할을 했다.

작물화와 가축화가 정복 전쟁에 가장 직접적으로 기여한 부분은 유라시아의 말에서 찾을 수 있다. 유라시아에서 벌어진 고대 전쟁 당시 말이 해낸 군사적 역할은 지프나 셔먼 탱크와 다를 바 없었다. 3장에서 언급했듯이, 말을 적절히 활용한 덕분에 코르테스와 피사로는 소수의 병력만으로 아즈텍제국과 잉카제국을 무너뜨릴 수 있었다. 그보다 훨씬 더 빠른 기원전 4000년경, 즉 말안장이 없던 시대에도 말은 인도유럽어족Indo-European languages 사람들이 우크라이나에서부터 서쪽으로 뻗어나가는 데 사용한 필수적인 군사적 병기였을 것이다.

그 언어들이 결국에는 바스크어를 제외하고 초기의 모든 서유럽어를 대체했다. 훗날 말에 멍에를 씌우고 수레를 연결한 전차戰車(기원전 1800년경 발명)는 근동과 지중해 지역 및 중국에서 전쟁의 양상을 혁명적으로 바꿔놓았다. 예컨대 기원전 1674년, 말을 자유자재로 다루던 외래 종족인 힉소스족Hyksos은 말이 없던 이집트를 정복해 한때 파라오로 군림하기도 했다.

그 뒤로 안장과 등자가 발명된 후에는 훈족을 비롯해 아시아 초원지대에서 연이어 일어난 종족들이 말을 타고 달려와 로마제국과 그 이후의 국가들을 공포에 몰아넣었다. 그런 상황은 몽골족이 아시아와 러시아의 많은 지역을 정복한 기원후 13세기와 14세기에 절정에 달했다. 제1차 세계대전 때 트럭과 탱크를 도입한 뒤에야 말은 전쟁에서 주된 공격 무기 또는 빠른 운송 수단이라는 자리를 내려놓았다. 단봉낙타와 쌍봉낙타도 각각의 지리적 영역 내에서는 군사적으로 유사한 역할을 했다. 위의 모든 예에서 알 수 있듯이, 가축화한 말이나 낙타를 보유한 종족, 나아가서 그 가축을 적절히 활용하는 수단까지 찾아낸 종족은 그러지 못한 종족에 비해 군사적으로 엄청난 이점을 누렸다.

인간 사회에서 가축과 함께 진화한 병원균도 정복 전쟁에서는 그에 못지않게 중요했다. 천연두와 홍역, 독감 같은 전염병을 일으키는 병원균은 원래 동물한테 퍼져 있던 매우 유사한 조상 병원균에서 나왔는데, 그것들이 몇 번의 돌연변이를 거친 끝에 인간만 감염시키는 병원균이 되었다(11장 참조). 야생동물을 가축화한 사람들이 새롭게 진화한 병원균에 가장 먼저 희생되었지만, 그 이후로 인간은 그 새로운 질병들에 대한 저항력을 상당한 수준까지 키워갔다. 그렇게 부분적으로 면역력을 지닌 사람들이 그 병원균에 전혀 노출된 적 없는 사람들을 접촉하면 전염병이 창궐하며, 한 번도 그 병에 걸린 적이 없는 쪽의 인구가 99퍼센트까지 사망했다. 따라서 유럽이 남북아메리카, 오스트레일리아, 아프리카 남부, 태평양의 섬들을 정복하는 데는 궁극적으로 가축에게서 얻은 병원균이 결정적 역할을 한 셈이다.

요약하면, 식물의 작물화와 동물의 가축화는 더 많은 식량과 더 많은 인구를 뜻했다. 그로 인해 잉여 식량이 생겨났고, 일부 지역에서는 가축을 이용해 잉여 식량을 운반하는 수단까지 고안해냈다. 그 둘은 정치적으로 중앙집권화하고 사회적으로 계층화한 사회, 또 경제적으로 복잡하고 과학기술적으로 혁신화한 정착 사회의 탄생을 위한 전제 조건이었다. 따라서 제국과 문자와 철제 무기가 유라시아에서 먼저 발달하고 다른 대륙들에서는 나중에야 혹은 전혀 발달하지 못한 이유를, 결국에는 작물화와 가축화 여부에서 찾을 수 있다. 우리가 앞으로 살펴보려는 식량 생산과 정복 간의 주요 관련성을 완전히 목록화하려면, 군사적 목적으로 쓰인 말과 낙타, 그리고 동물에 기원을 둔 병원균의 살상력을 여기에 더해야 할 것이다.

5장 역사에서 가진 자와 못 가진 자

HISTORY'S HAVES AND HAVE-NOTS

어떤 종족이 농업의 힘을 가지게 되었는가?

식량 생산은 일부 지역에서만 독자적으로 시작되었고, 지역마다 시작 시기 또한 크게 달랐다. 식량 생산에 적합한 지역에 살면서도 농경을 도입하지 않은 종족도 있었다. 그렇다면 언제 어떤 종족이 작물화와 가축화를 최초로 시도하고 전파했을까? 식량 생산을 먼저 시작한 이점을 누린 종족들이 결국 총, 균, 쇠에 대해서도 우위를 차지했다.

대체로 인류의 역사는 가진 자와 못 가진 자 사이의 불평등한 갈등 관계로 이루어졌다. 다시 말하면, 농업의 힘을 가진 종족과 가지지 못한 종족, 혹은 농업의 힘을 획득한 시기가 서로 다른 종족들 사이의 충돌은 불평등할 수밖에 없었다. 식량 생산이 생태학적 이유로 지구상의 많은 지역에서 이뤄지지 못했다는 것은 조금도 놀랍지 않다. 똑같은 이유로 그런 곳에선 오늘날에도 식량 생산이 어렵거나 불가능하다. 예컨대 북아메리카의 북극권에서는 선사시대에 농경도 목축도 생겨나지 않았다. 유라시아 북극권에서는 순록 목축이 식량 생산의 유일한 방법이었다. 물론 오스트레일리아 중부나 미국 서부의 일부 지역처럼 관개를 위한 수원지에서 멀리 떨어진 사막지대에서도 식량 생산이 자생적으로 나타날 수 없었다.

오히려 설명이 필요한 것은 오늘날 세계에서 가장 풍요로운 농업과 목축의 중심지로 손꼽힐 만큼 생태학적으로 적합하기 이를 데 없는 몇몇 지역이 근대에 이르기까지 인위적인 식량 생산을 시작하지 못한 이유이다. 유럽의 식민지 개척자들이 도래했을 때도 토착민이 여전히 수렵·채집민으로 살았던 이 수수께끼 같은 지역들 중에서, 미국의 캘리포니아를 비롯한 태평양 연안 지역, 아르헨티나의 팜파스, 오스트레일리아의 남서부와 남동부, 아프리카 남단의 케이프 지역이 가장 눈에 띈다. 식량 생산이 농업 발원지에서 처음 시작되고 수천 년이 지난 뒤인 기원전 4000년에 조사를 했다면, 오늘날의 세계 여러 곡창지대 — 미국의 나머지 전체 지역, 잉글랜드, 프랑스의 많은 지역, 인도네시아, 적도 아래 아프리카의 모든 지역—에서 그때까지도 농업이 시작되지 않았다는 걸 확인하고 깜짝 놀랄 것이다. 식량 생산의 발원지까지 거슬러 올라가면, 가장 먼저 농업을 시작한 곳들이 다시금 우리를 놀라게 한다. 이라크와 이란, 멕시코, 안데스 지역, 중국의 여러 지역, 아프리카의 사헬 지역Sahel region(사하라사막 남쪽 가장자리에 있는 지역—옮긴이) 등은 현재 곡창지대이기는커녕 오히려 상당히 건조하거나 생태학적으로 부적합하다고 평가된다. 식량 생산이 이런 외견상 경작 한계지에서 먼저 시작된 반면, 오늘날 가장 비옥한 농지와 목초지에서는 늦어진 이유가 무엇일까?

식량 생산이 시작된 형태의 지리적 차이도 역시 수수께끼이다. 소수의 지역에서만 원주민이 그곳의 식물과 동물을 길들인 결과, 식량 생산이 독자적으로 시작되었다. 대부분의 지역에는 식량 생산이 다른 곳에서 이미 길들인 작물과 가축의 형태로 전해졌다. 이처럼 식량 생산 방법을 다른 곳에서 전달받은 지역은 선사시대에도 작물과 가축을 이용한 식량 생산에 적합한 곳이었다. 그렇다면 그 지역 사람들이 토착 식물을 작물화하고 토착 동물을 가축화해서, 외부의 도움을 받지 않고 독자적으로 농경민과 목축민이 되지 못한 이유는 어디에 있을까?

식량 생산을 독자적으로 시작한 지역들 사이에서도 그 시기가 크게 달랐던 이유는 무엇일까? 예컨대 동아시아에서는 미국 동부보다 수천 년이나 빨랐고, 오스트레일리아 동부에서는 인위적인 식량 생산을 아예 시작하지 못한 이유가 무엇일까? 한편 선사시대에 식량 생산 방법을 전달받은 지역들 사이에서도 그 시기가 크게 달랐던 이유는 무엇일까? 예컨대 유럽 남서부가 미국 남서부보다 수천 년이나 빨랐던 이유는 무엇일까? 또 식량 생산 방법을 전달받은 지역들 중에서, 미국 남서부를 비롯한 일부 지역에서는 그곳의 수렵·채집민이 이웃으로부터 작물과 가축을 받아들여 스스로 농경민이 된 반면, 아프리카 적도 아래 많은 지역과 인도네시아 등에서는 식량을 생산하는 침략자가 원래 그곳에 살던 수렵·채집민을 대체하는 재앙이 일어났던 이유가 무엇일까? 이 모든 의문을 풀려면, 역사에서 어떤 종족이 못 가진 자가 되었고, 어떤 종족이 가진 자가 되었는지를 알아내야 한다.

위의 의문들에 대한 답을 구하기 전에 식량 생산이 언제 어디에서 시작되었고, 언제 어디에서 처음으로 식물을 작물화하고 동물을 가축화했는지를 확인할 방법을 먼저 알아내야 한다. 가장 명백한 증거는 고고학적 유적지에서 찾을 수 있는 식물과 동물의 잔해이다. 대부분의 길들인 식물종과 동물종은 형태 면에서 야생 원종이나 조상들과 다르다. 예컨대 가축화한 소와 양은 몸집이 작은 반면, 닭과 사과는 더 크다. 또 작물화한 완두콩은 씨껍질이 더 얇고 매끄러우며, 가축화한 염소의 뿔은 초승달보다 나선형에 더 가깝다. 이런 이유에서, 연대를 확인한 고고학적 유적지에서 나온 가축과 작물의 잔해는 어렵지 않게 식별할 수 있다. 이는 곧 그 장소에서 그 시기에 식량을 생산했다는 강력한 증거이다. 반면 어떤 유적지에서 야생종의 잔해만 나왔다면 식량을 생산했다는 증거가 없는 것이고, 그곳에서는 수렵·채집에 국한된 삶을 살았던 것임을 알 수 있다. 물론 식량 생산자, 특히 초기의 식량 생산자는 계속 야생식물을 채집하고, 야생동물을 사냥했다. 따라서 그들의 유적지에서는 길들여서 재배한 종뿐 아니라 야생종도 식량의 잔해로 발견되는 경우가 많다.

고고학자들은 유적지에서 발굴한 탄소 함유 물질에 방사성탄소연대측정법을 적용해 식량 생산 시기를 추정한다. 이 방법은 방사성탄소 14가 느리게 붕괴하며 비방사성 동위원소 질소 14로 변하는 특성에 기반한 것이다. 탄소 14는 모든 생명체에 존재하는 탄소에서 극히 일부에 불과하고, 대기에서 우주선cosmic ray(우주에서 지구로 내려오는 매우 높은 에너지의 입자선—옮긴이)에 의해 끊임없이 만들어진다. 식물이 대기에서 흡수하는 탄소에 많이 함유된 탄소 동위원소 12에 대해 탄소 14의 비율은 약 100만분의 1로 알려졌고, 그 비율은 대체로 일정하다. 식물이 흡수한 탄소는 그 식물을 먹는 초식동물의 몸을 형성하고, 다시 그 초식동물을 잡아먹은 육식동물의 몸을 형성한다. 하지만 그 식물이나 동물이 죽으면, 함유된 탄소 14의 절반이 5,700년을 주기로 질소 14로 붕괴한다. 그리하여 약 4만 년이 지나면, 탄소 14의 함유량이 무척 낮아 측정하기 어렵거나, 소량의 탄소 14를 함유하는 그 이후의 물질에 오염된 경우와 구분하기가 어렵다. 따라서 고고학적 유적지에서 나온 물질의 연대는 그 물질에 함유된 탄소 14와 탄소 12의 비율을 보고 계산할 수 있다.

방사성탄소연대측정법에는 여전히 기술적으로 많은 문제가 있지만, 그중 두 가지는 여기에서 언급해둘 만하다. 첫째, 1980년대까지 방사성탄소연대측정법을 사용하려면 비교적 많은 양(몇 그램 정도)의 탄소가 필요했다. 비교해서 말하자면, 작은 씨앗이나 뼈에 함유된 양보다 훨씬 많아야 했다. 따라서 과학자들은 동일한 유적지 근처에서 발굴되어 식량 잔해와 '관련이 있는 것'—달리 말하면, 식량을 남긴 사람들이 같은 시기에 남긴 것—으로 추정되는 물질을 측정하는 방법에 의존할 수밖에 없었다. 이때 흔히 선택되는 '관련' 물질은 모닥불에 남은 숯이다.

그러나 고고학적 유적지는 모든 물질이 같은 날에 놓이고 깔끔하게 봉인된 타임캡슐이 아니다. 벌레와 설치류 등이 땅을 파고 휘젓기 때문에 다른 시기에 남겨진 물질이 뒤섞일 수 있다. 따라서 불에 타고 남은 숯 근처에서 나온 식물이나 동물의 잔해는 그보다 수천 년 전이나 후에 벌레나 설치류의 먹이가 된 것일 수도 있다. 오늘날 고고학자들은 가속질량분석법accelerator mass spectrometry이라는 새로운 기법을 활용해 이 문제를 해결하는 경우가 많다. 이 기법을 사용하면 아주 작은 표본, 이를테면 작은 씨앗이나 작은 뼈 등 음식물 찌꺼기의 방사성탄소 연대를 직접 측정할 수 있다. 어떤 경우에는 이 새롭지만 그 자체로 문제가 없지는 않은 직접적인 연대 측정법을 이용해 최근에 측정한 방사성탄소 연대와 과거 간접적인 방법으로 측정한 연대 사이에 큰 차이를 확인하기도 한다. 그로 인한 논란이 여전히 말끔하게 해소되지는 않았지만, 이 책의 목적에 비추어 가장 중요한 논란거리는 식량 생산이 남북아메리카에서 시작된 연대와 관련한 문제일 것이다. 1960년대와 1970년대에 실시한 간접적인 측정법에서는 기원전 7000년까지 멀리 거슬러 올라갔지만, 최근의 직접적인 측정법에 따르면 기원전 3500년보다 빠르지 않았다.

탄소 연대 측정에 내재된 또 하나의 문제는 대기에 포함된 탄소 14와 탄소 12의 비율이 실제로는 항상 일정하지 않고, 시간의 흐름에 따라 조금씩 변한다는 것이다. 따라서 그 비율이 일정하다는 가정하에 계산한 방사성탄소 연대에는 작지만 계통 오차systematic error

(원인을 찾아내면 보정할 수 있는 오차—옮긴이)가 있을 수밖에 없다. 그러나 오래 살며 나이테를 만들어내는 나무의 도움을 받으면, 연대 측정에서 생기는 이러한 오차의 폭을 원칙적으로 알아낼 수 있다. 나이테를 헤아리면 각 나이테의 절대 연령을 파악할 수 있고, 그렇게 연대를 측정한 목질에서 얻은 탄소 표본을 분석하면 탄소 14와 탄소 12의 비율을 알아낼 수 있기 때문이다. 이렇게 대기에 포함된 두 탄소의 비율이 어떻게 변했는지 찾아내고, 그 변동 폭을 고려해서 기존에 측정한 방사성탄소 연대를 '보정'할 수 있다. 이런 보정을 한 결과, 기원전 1000년에서 기원전 6000년 사이의 것이라고 추정되던 물질의 실제 연대가 수 세기 혹은 수천 년 앞당겨지기도 한다. 최근에는 더 오래된 표본을 다른 방사성 붕괴 과정radioactive decay process을 이용한 방법으로 보정하기 시작했다. 그 결과, 전에는 기원전 9000년경의 것으로 추정되던 표본이 실제로는 기원전 11000년경의 것으로 크게 앞당겨지기도 했다.

흔히 고고학자들은 보정한 연대를 대문자로, 보정하지 않은 연대를 소문자로 표기해 구분한다(예컨대 B.C. 3000, b.c. 3000). 하지만 고고학 문헌에서는 이 약속이 제대로 지켜지지 않는다. 많은 연구서와 논문이 보정하지 않은 연대를 B.C.로 표기하며 실제로는 보정한 것이라고 말하지 않기 때문이다. 내가 이 책에서 지난 1만 5,000년 이내의 사건에 대해 표기하는 연대는 보정 연대이다. 그 때문에 초기 식량 생산에 대해 이 책에서 제시하는 연대와 기본적인 참고 도서에서 인용하는 연대가 다른 경우도 적지 않다.

작물화한 식물이나 가축화한 동물의 오래된 잔해를 찾아내서 연대까지 추정하더라도, 그 식물이나 동물이 해당 유적지 근처에서 실

사진 1 뉴기니 북부 해안 저지대(시아르섬)의 여인과 아이.

사진 2 파란. 뉴기니 고원지대의 포레족. 사진 2~5는 내 뉴기니 친구들 중 네 명의 사진이다. 나는 이 책을 내 뉴기니 친구들에게 바친다.

사진 3 에사. 뉴기니 고원지대의 포레족.

사진 4 카리니가. 뉴기니 남부 해안 저지대의 투다웨족.

사진 5 사우아카리. 뉴기니 북부 해안 저지대인.

사진 6 뉴기니 고원지대인.

사진 7 오스트레일리아 중부의 핀투피족 원주민.

사진 8 오스트레일리아 북부의 안헴 원주민.

사진 9 태즈메이니아 원주민 여인. 유럽인이 도래하기 전 태어난 원주민으로, 마지막 생존자 중 한 명.

사진 10 시베리아의 퉁구스족 여인.

사진 11 일본인. 59번째 생일을 맞은 일본 황제 아키히토.

사진 12 쌀을 수확하고 있는 자바족 여인.

사진 13 자바섬에서 1만 1,000킬로미터쯤 떨어진 열대 태평양 라파섬의 폴리네시아 여인.

사진 14 죽순을 채집하는 중국 소녀.

사진 15 북아메리카 원주민. 그레이트플레인스 포니족의 스포티드 호스 부족장.

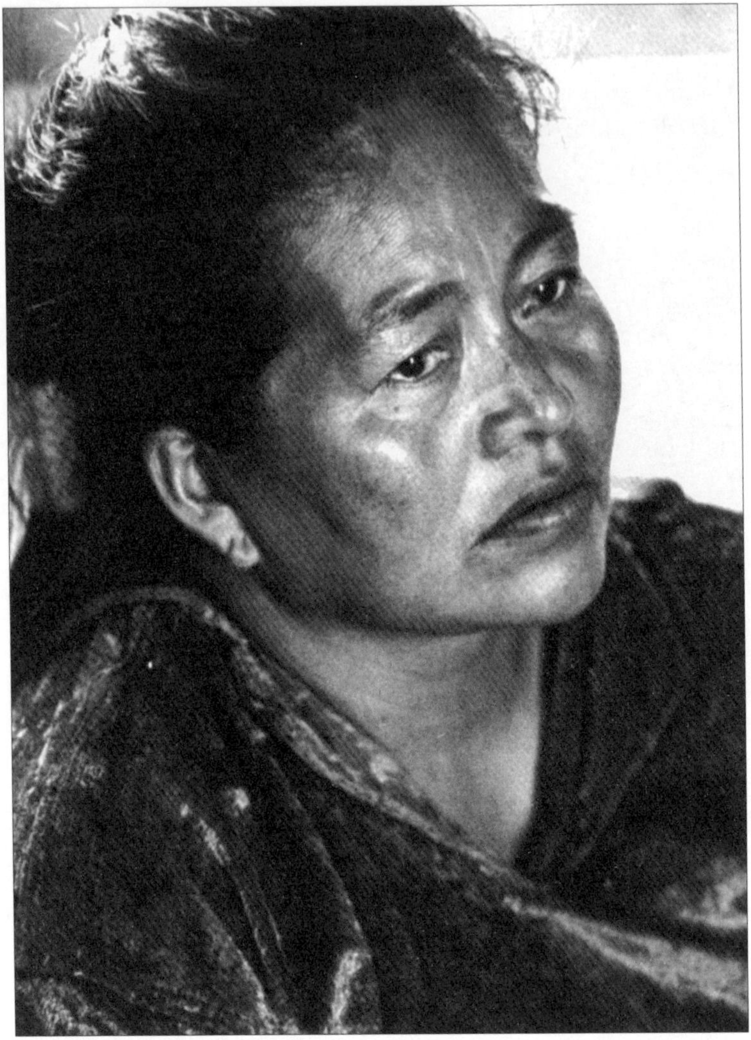

사진 16 북아메리카 원주민. 미국 남서부의 나바호족 여인.

질적으로 작물화되거나 가축화되었는지, 아니면 다른 곳에서 길들인 뒤 그 유적지로 옮겨온 것인지 어떻게 판정할 수 있을까? 해당 곡물과 동물의 야생 원종이나 조상이 지리적으로 어떻게 분포하는지 조사하는 것도 한 방법이다. 그 야생 원종과 조상이 존재하는 지역에서 작물화나 가축화를 시작했으리라고 추론하는 게 합당할 것이다. 병아리콩을 예로 들어보자. 병아리콩은 지중해와 에티오피아에서 동쪽으로 인도까지 드넓은 지역에서 전통적인 농법으로 재배했고, 지금도 인도는 세계 병아리콩 생산량의 80퍼센트를 차지한다. 따라서 자칫 잘못하면 병아리콩이 인도에서 작물화되었다고 착각할 수 있다. 그러나 병아리콩의 조상인 야생종은 튀르키예 남동부에서만 자란다는 사실이 이미 확인되었다. 따라서 병아리콩이 그곳에서 실질적으로 작물화되었을 것이라는 해석이 가능하다. 이는 신석기 유적지에서 나온 작물화한 병아리콩 중 가장 오래된 것이 기원전 8000년경의 튀르키예 남동부와 그 인근 시리아 북부에서 나왔다는 사실로도 뒷받침된다. 인도아대륙에서 병아리콩의 고고학적 증거는 그로부터 5,000년이나 지난 후의 것이다.

작물화나 가축화를 최초로 시도한 곳을 알아내는 또 다른 방법은 각 지역에서 작물화나 가축화 형태가 처음으로 나타난 시대를 지도에 표시하는 것이다. 그 형태가 가장 일찍 나타난 곳이 최초로 작물화나 가축화를 시도한 지역일 가능성이 크다. 특히 야생 원종과 조상까지 그곳에 존재한다면, 그리고 또 다른 여러 지역에서 처음 나타난 연대가 최초로 작물화나 가축화를 한 것으로 추정되는 곳에서 멀어질수록 점차 늦어진다면, 점진적으로 그곳까지 전해진 것이라는 뜻이므로 그 가능성이 더욱 높아진다. 예컨대 지금까지 알려진 바에 따르면, 경작된 에머밀emmer wheat(낟알 껍질에 깔끄러운 수염이 붙은 밀—옮긴이)의 첫 흔적은 기원전 8500년경의 비옥한 초승달 지역에서 나왔다. 그 직후 에머밀은 점차 서쪽으로 전해졌고, 기원전 6500년경에는 그리스, 기원전 5000경에는 독일로 퍼졌다. 이런 연대의 차이를 통해 에머밀이 비옥한 초승달 지역에서 작물화되었다고 결론지을 수 있고, 이는 에머밀의 야생 원종이 이스라엘에서 이란 서부와 튀르키예에 이르는 지역에서만 자란다는 사실로 뒷받침된다.

하지만 동일한 식물이나 동물을 여러 곳에서 독자적으로 길들인 경우엔 문제가 복잡해진다. 그런 경우에는 여러 지역에서 발견되는 동일한 작물이나 가축의 품종이 형태, 유전자, 염색체에서 어떻게 다른지를 분석할 필요가 있다. 예컨대 인도 혹소와 서유라시아의 소는 똑같이 소를 가축화한 경우이지만 인도 혹소와 달리 서유라시아의 소에는 혹이 없다. 유전자를 분석하면, 인도 혹소와 서유라시아 소는 수십만 년 전, 즉 가축화가 시작되기 전에 계통적으로 갈라졌다는 걸 확인할 수 있다. 다시 말하면, 소는 약 1만 년 전 인도와 서유라시아에서 독자적으로 가축화되었고, 두 지역에서 가축화된 각각의 야생 아종亞種, subspecies은 그보다 수십만 년 전에 갈라져 나왔다.

이번에는 식량 생산의 기원에 대해 앞에서 제기한 질문들로 돌아가 보자. 식량 생산은 지구상의 어디에서 언제 어떻게 시작하고 발달했을까?

한쪽 끝에는 다른 곳에서 작물이나 가축이 전해지기 전에, 많은 토종 식물을 작물화한 동시에 독자적으로 식량 생산을 시작한 지역들

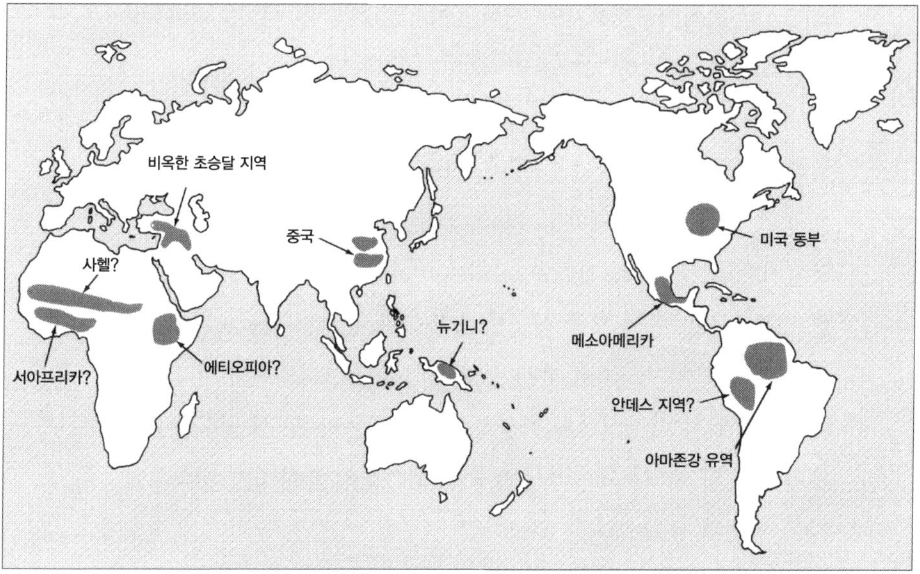

그림 5.1 독자적으로 식량 생산을 시작한 지역. 물음표는 그 지역의 식량 생산이 다른 지역으로부터 영향을 받지 않았다고 확신할 수 없거나, (뉴기니의 경우처럼) 어떤 작물을 먼저 생산했는지 불확실한 경우를 나타낸다.

이 있다(일부 지역에서는 토종 동물의 가축화까지 진행되었다). 현재 구체적이고 확실한 증거가 나온 지역은 다섯 곳에 불과하다. 바로 근동 또는 비옥한 초승달 지역으로도 알려진 서남아시아, 중국, 메소아메리카(멕시코 중남부와 중앙아메리카 북서부 지역의 문명권을 통틀어 일컫는 말—옮긴이), 남아메리카의 안데스 지역과 인접한 아마존분지, 미국 동부이다(그림 5.1 참조). 일부이든 전부이든 이 지역들은 북중국의 황허강 유역과 남중국의 양쯔강 유역처럼 식량 생산을 거의 독자적으로 시작한, 서로 인접한 여러 중심지로 이루어졌을 수 있다.

식량 생산을 독자적으로 시작한 게 분명한 다섯 지역 외에 네 지역—아프리카의 사헬 지역, 서아프리카 열대지역, 에티오피아, 뉴기니—에도 이 특별한 지위를 부여할 수 있다. 하지만 이 네 지역은 모두 약간 불확실한 측면이 있다. 사하라사막 남쪽 가장자리에 위치한 사헬 지역에서도 토종 야생식물을 작물화한 게 분명하지만, 이곳에서는 농경에 앞서 소의 목축을 먼저 시작한 듯하다. 사헬 지역에서 소를 독자적으로 가축화한 것인지, 아니면 비옥한 초승달 지역에서 가축화한 소를 도입하면서 토종 식물의 작물화가 당겨진 것인지는 아직 확실하지 않다. 마찬가지로 사헬 지역의 작물이 전해지면서 서아프리카 열대지역 토종 야생식물의 작물화를 촉발했는지, 또 서남아시아의 작물이 전해져 에티오피아에서 토종 야생식물의 작물화가 시작되었는지도 여전히 불확실하다. 고고학적 연구에 따르면, 뉴기니의 경우에는 인접 지역에서 식량 생산을 시작하기 훨씬 전에 농업을 시작한 증거가 있지만, 어떤 작물을 재배했는지는 아직까지 명확히 밝혀지지 않았다.

표 5.1은 앞에서 언급한 지역을 포함해 토종 식물과 동물의 작물화와 가축화가 이뤄진 지역들에서 가장 널리 알려진 작물과 가축, 그리고 각 지역에서 작물화와 가축화를 시도한 가장 이른 시기로 알려진 연대를 간략히 정리한 것이다. 독자적으로 식량 생산을 시작했다고 추정되는 아홉 곳의 후보 지역 중에서, 서남아시아가 작물화(기원전 8500년경)와 가축화(기원전 8000년경) 모두에서 가장 빨랐다. 서남아시아에서 발굴되는 초기 식량 생산의 흔적들에 적용한 방사성탄소 연대가 가장 빠르기도 하다. 중국의 연대도 서남아시아에 버금가게 빠르지만, 미국 동부에서 나온 유물의 방사성탄소 연대는 그보다 6,000년가량 늦은 게 분명하다. 다른 후보 지역 여섯 곳 중에서 가장 이른 것

표 5.1 각 지역에서 길들인 식물종과 동물종의 예

지역	작물화·가축화		가장 빠른 시기로 입증된 작물화·가축화 연대
	식물	동물	
독자적으로 작물화와 가축화를 시작한 지역			
1. 서남아시아	밀, 완두콩, 올리브	양, 염소	기원전 8500년
2. 중국	벼, 기장	돼지, 누에	기원전 7500년 이전
3. 메소아메리카	옥수수, 강낭콩, 호박	칠면조	기원전 3500년 이전
4. 안데스 지역과 아마존강 유역	감자, 마니옥	라마, 기니피그	기원전 3500년 이전
5. 미국 동부	해바라기, 명아주	없음	기원전 2500년
6. 사헬 지역	수수, 아프리카벼	뿔닭	기원전 5000년 이전
7. 서아프리카 열대지역	아프리카참마, 기름야자	없음	기원전 3000년 이전
8. 에티오피아	커피, 테프	없음	?
9. 뉴기니	사탕수수, 바나나	없음	기원전 7000년?
다른 곳에서 원조 작물을 받아들인 뒤에 토종 식물과 동물을 길들인 지역			
10. 서유럽	양귀비, 귀리	없음	기원전 6000~3500년
11. 인더스강 유역	참깨, 가지	인도 혹소	기원전 7000년
12. 이집트	돌무화과, 기름골	당나귀, 고양이	기원전 6000년

으로 확인된 연대는 서남아시아의 연대에 필적하지 못하지만, 극소수의 유적지만을 조사했기 때문에 그 지역들이 서남아시아보다 정말로 늦었는지, 만약 그렇다면 얼마나 늦었는지 확실하게 말할 수 있는 게 없다.

나머지 지역들은 2종 이상의 토종 식물이나 동물을 길들였지만, 다른 곳에서 길들인 작물과 가축에 의존해 식량을 생산한 곳이다. 그

렇게 도입한 작물과 가축이 그 지역 식량 생산의 기반을 이뤘기 때문에, 그것들을 그 지역의 '원조元祖, founder' 작물과 가축으로 여길 수도 있을 듯하다. 원조 작물과 가축이 전해지면서 각 지역 사람들은 한곳에 정주할 수 있었고, 자기 지역의 야생식물을 채집해 집으로 가져왔다. 그렇게 가져온 식물이 우연히 뿌리를 내려 수확을 할 수 있게 되자, 나중에는 그것을 의도적으로 재배해 토종 작물로 만들었을 가능성이 크다.

그런 서너 지역에 전해진 작물과 가축의 원조는 서남아시아였다. 그중 하나가 유럽 서부와 중부였는데, 여기에서는 서남아시아의 작물과 가축이 기원전 6000년에서 기원전 3500년 사이에 전해지면서 식량 생산을 시작했다. 그러나 적어도 한 종 이상의 식물이 그곳에서 작물화되었다. 양귀비는 확실하고, 귀리와 그 밖의 작물은 가능성이 있을 뿐이다. 야생 양귀비의 분포는 서지중해의 해안 지역을 넘어서지 않는다. 양귀비 씨는 동유럽과 서남아시아의 초기 농경 공동체 유적지에서는 나오지 않고, 서유럽의 초기 농경 유적지에서 처음으로 나타난다. 반면 서남아시아에서 길들인 곡물과 가축의 야생 원종이나 조상은 거의 서유럽에 없었다. 따라서 서유럽에서는 식량 생산이 독자적으로 이뤄지지 않고, 서남아시아의 작물과 가축이 들어오면서 촉발되었을 가능성이 크다. 그 결과 서유럽 농경사회는 양귀비를 작물화했고, 그 이후 양귀비는 하나의 작물로서 동쪽으로 전해졌다.

서남아시아의 원조 작물이 도래한 뒤, 토종 식물을 작물화한 또 다른 지역으로는 인도아대륙의 인더스강 유역이 있다. 기원전 7000년에서 기원전 6000년 무렵 이곳에 처음으로 형성된 농경 공동체는 비옥한 초승달 지역에서 일찌감치 작물화된 후 이란을 거쳐 인더스강 유역까지 전해진 게 분명한 밀과 보리 및 다른 작물을 재배했다. 인도아대륙의 토종 식물과 동물을 길들인 작물과 가축, 예컨대 참깨와 혹소는 나중에야 인더스강 유역의 농경 공동체에 나타났다. 이집트에서도 식량 생산은 서남아시아의 작물이 전해지며 기원전 6000년에서 기원전 5000년에 시작되었고, 그 이후에 돌무화과와 기름골chufa이라고 불리는 토종 풀을 작물화했다.

동일한 양상이 에티오피아에도 적용된 듯하다. 에티오피아에서는 밀과 보리 및 서남아시아의 여러 작물을 오랫동안 경작했다. 물론 에티오피아에서도 많은 토종 야생식물종을 작물화했다. 그 대부분은 아직도 에티오피아에서만 재배하는데, 그중 하나인 커피콩은 세계 전역으로 퍼져나갔다. 그렇지만 에티오피아가 이런 토종 식물을 서남아시아의 작물이 도래하기 전, 또는 그 이후에야 경작했는지는 아직까지 확실하지 않다.

다른 곳으로부터 원조 작물을 받아들인 후 식량 생산을 시작한 지역들의 경우, 그곳의 수렵·채집민이 이웃한 농경민들로부터 직접 원조 작물을 들여와 그들 자신도 농경민이 되었던 것일까? 아니면 이웃한 농경민이 그곳을 침략할 때 원조 작물을 가져왔고, 이를 바탕으로 빠르게 자손을 불려 그 지역 수렵민을 살상하거나 쫓아냄으로써 결국에는 수적으로도 우세해졌던 것일까?

이집트는 전자였을 가능성이 크다. 이집트의 수렵·채집민은 원래 먹거리인 야생 동식물에 서남아시아의 작물과 가축 그리고 경작법과 목축법을 추가하고, 그 이후에 야생에서 얻는 먹거리를 점차 줄여갔다. 다시 말하면, 이집트에서 식량 생산은 외래 작물과 가축에서 비롯되었지만 외래 종족에 의해 시작된 것은 아니다. 유럽의 대서양 해안지대도 마찬가지인 듯하다. 그곳의 수렵·채집민은 수 세기에 걸쳐 서남아시아로부터 양과 곡류를 받아들인 것으로 보인다. 아프리카 남단 케이프 지역의 토착민 코이코이족은 원래 수렵·채집민이었지만, 아프리카 북부(궁극적으로는 서남아시아)에서 양과 소를 받아들이면서 목축민이 되었다(농경민까지는 아니었다). 마찬가지로, 미국 남서부 지역에서 수렵·채집민으로 살던 아메리카 원주민은 멕시코로부터 작물을 받아들이면서 농경민이 되었다. 지금까지 언급한 네 지역에서는 식량 생산을 시작한 이후 토종 식물의 작물화나 토종 동물의 가축화가 이뤄졌다는 증거가 거의 없거나 전혀 없다. 하지만 원주민이 다른 종족으로 대체되었다는 증거 역시 거의 없거나 전혀 없다.

반대편 끝에는 외래 종족뿐 아니라 외래 곡물과 가축이 갑작스레 전해지면서 식량 생산을 시작한 게 확실한 지역들이 있다. 우리가 그렇게 확신할 수 있는 이유는 그런 유입이 비교적 근대에 일어났고, 문자를 지닌 유럽인이 관련되어 당시 상황을 기록한 문헌이 무수히 많기 때문이다. 캘리포니아, 북아메리카 태평양 연안 북서부, 아르헨티나의 팜파스, 오스트레일리아, 시베리아가 여기에 속한다. 수 세기 전까지 이 지역들은 여전히 수렵·채집민의 땅이었다. 앞의 세 지역에서는 아메리카 원주민, 나머지 두 지역에서는 각각 오스트레일리아 원주민과 시베리아 원주민이 수렵·채집을 하며 살았다. 그런데 유럽의 농경민과 목축민이 들이닥쳐 그 수렵·채집민을 살상하거나 감염시키거나 몰아냄으로써 결국에는 그들의 땅을 차지했다. 유럽인은 자신들의 작물을 가져왔는데, 그곳에 정착한 뒤에도 (오스트레일리아의 마카다미아를 제외하면) 해당 지역의 고유한 야생종을 작물화하지 않았다. 유럽인이 아프리카 남단 케이프 지역에 정착했을 때, 그곳에는 수렵·채집을 고집하는 코이코이족뿐 아니라, 목축민 코이코이족도 있었다. 그들은 이미 가축화한 동물을 키우고 있었지만 농작물은 없었다. 그 결과 토종 식물을 작물화하지 못한 채 다른 곳에서 전해진 작물에 의존하는 농경이 시작되었고, 근대에 들어 대대적인 인구 교체가 이뤄졌다.

끝으로, 다른 곳의 작물과 가축에 의존해 식량 생산을 급작스레 시작한 뒤 대대적인 인구 교체까지 신속하게 이뤄진 패턴이 선사시대에도 많은 지역에서 반복적으로 나타난 듯하다. 문자 기록이 없기 때문에, 선사시대의 그러한 인구 교체를 객관적으로 뒷받침하는 증거를 고고학적 기록에서 찾아내거나 언어학적 증거로부터 추론해내야 한다. 인구 교체가 있었던 건 의심할 여지가 없다는 추론은 가장 명확히 증명할 수 있다. 새롭게 등장한 식량 생산자와 그들이 대체한 수렵·채집민의 유골이 확연히 다를뿐더러 식량 생산자가 작물과 가축뿐 아니라 토기까지 가져왔기 때문이다. 이와 관련해 가장 명확한 두 가지 사례를 17장과 18장에서 살펴보기로 하자. 하나는 오스트로네시아인이 남중국에서부터 필리핀과 인도네시아로 퍼져나간 경우이고(17장 참조), 다른 하나는 반투족이 적도 이남의 아프리카 지역에서 팽창해나간 경우이다(18장 참조).

유럽 동남부와 중부에서도 비슷하게 식량 생산(서남아시아의 작물과 가축을 사용)과 토기 제작이 급작스레 시작된 것을 확인할 수 있다. 필리핀과 인도네시아 및 적도 이남의 아프리카 지역에서 구舊종족이 신新종족에게 밀려났듯이, 유럽에서도 고대 그리스인과 게르만인이 새로운 그리스인과 게르만인으로 대체되는 결과가 뒤따랐을 가능성이 크다. 하지만 초기 수렵·채집민과 그들을 대체한 농경민의 유골 차이가 필리핀과 인도네시아 및 적도 이남 아프리카 지역의 경우보다 유럽에서는 뚜렷하지 않다. 이를 볼 때 유럽에서는 인구 교체가 덜 거셌거나 덜 직접적이었다.

요약하면, 세계적으로 일부 지역에서만 식량 생산이 독자적으로 시작되었고, 그것도 지역마다 시기가 크게 달랐다. 이웃한 일부 지역의 수렵·채집민은 그 핵심 지역으로부터 식량 생산 방법을 배웠고, 기타 이웃 지역의 종족들은 그 핵심 지역의 식량 생산자로 대체되었다. 이 경우에도 시기가 크게 달랐다. 끝으로, 생태학적으로 식량 생산에 적합한 지역에 살면서도 일부 종족은 선사시대에 농경을 독자적으로 개발하지 못했고, 다른 지역에서 들여오지도 않았다. 그들은 끝까지 수렵·채집을 고집하다가 결국에는 근대의 파도에 휩쓸리고 말았다. 한편 식량 생산을 먼저 시작한 이점을 누린 지역의 종족들은 총과 균과 쇠를 향해서도 먼저 달려가며 우위를 차지했다. 그 결과는 역사에서 가진 자와 못 가진 자의 기나긴 충돌이었다.

식량 생산을 시작한 시기와 방법에서 이런 지리적 차이를 어떻게 설명할 수 있을까? 이 질문은 선사시대와 관련해 가장 중요한 문제 중 하나이다. 따라서 이어지는 다섯 개 장에서는 이 문제를 본격적으로 살펴보려고 한다.

6장

농경, 선택의 기로

TO FARM OR NOT TO FARM

수렵·채집민은 어떤 경우에 식량 생산을 채택했는가?

수렵·채집에서 농경으로의 전환은 한순간에 이루어지지 않았고, 두 가지 방식은 한동안 공존하며 서로 경쟁 관계에 있었다. 어떤 이유로 수렵·채집보다 농경이 더 유리해졌을까? 왜 어떤 종족은 수렵·채집 생활을 유지했을까? 수렵·채집과 농경의 생산성, 인구밀도의 변화 등의 요인을 종합하면 그 답을 알 수 있다.

과거에 지구상의 모든 사람은 수렵·채집민이었다. 그런데 왜 그들 중 일부가 식량 생산을 채택했을까? 어떤 이유가 틀림없이 있었을 것이라고 가정하면, 비옥한 초승달 지역의 지중해성 환경에서는 기원전 8500년경에, 역시 지중해성 환경을 지녀 기후적으로나 구조적으로 유사하던 유럽 남서부에서는 기원전 3000년 이후에야 식량 생산을 시작한 이유는 무엇일까? 게다가 비슷한 지중해성 환경을 지닌 캘리포니아, 오스트레일리아 남서부, 남아프리카의 케이프 지역에서는 토착민이 전혀 식량 생산을 시작하지 않았던 이유는 무엇일까? 또 비옥한 초승달 지역의 사람들이 기원전 18500년이나 기원전 28500년에 식량 생산을 시작하지 않고, 기원전 8500년까지 기다렸던 이유는 무엇일까?

현대인의 시각에서, 이 모든 질문은 언뜻 어리석어 보일 수 있다. 수렵·채집은 여러 면에서 너무도 불리하다고 여겨지기 때문이다. 과거에 과학자들은 토머스 홉스Thomas Hobbes(1588~1679)를 인용해, 수렵·채집민의 생활 방식을 "힘들고 야만적이며 짧은 삶"이라고 압축해 표현하곤 했다. 수렵·채집민은 힘들게 일하고, 매일 먹을 것을 찾아 돌아다녀야 했다. 그런데도 걸핏하면 아사 지경에 내몰렸고, 푹신한 침대와 적절한 옷처럼 위안을 주는 기본적인 물품이 부족했으며, 어려서 죽는 경우도 많았던 듯하다.

두 눈을 똑바로 뜨고 보면, 오늘날 원격 영농remote agribusiness 덕분에 식량 생산이 육체노동의 감소, 더 편안해진 삶, 기근으로부터의 해방, 더 길어진 기대수명을 뜻한다고 생각하는 사람은 직접 먹을 것을 장만하기 위해 노동할 필요가 없는 제1세계 시민들뿐이다. 세계 전역에서 식량 생산자의 대다수를 차지하는 농경민과 목축민은 대체로 소작인이어서 수렵·채집민보다 반드시 형편이 낫지는 않다. 시간 활용 분석에 따르면, 농경민이 수렵·채집민보다 하루에 더 적은 시간은 커녕 더 많은 시간을 일한 듯하다. 게다가 고고학자들이 이미 증명했듯 많은 지역에서 농경민이 수렵·채집민을 대체했지만, 초기의 농경민은 수렵·채집민보다 체구가 더 작고 영양도 제대로 공급받지 못했다. 또 한층 더 심각한 질병에 시달렸고, 평균 사망 연령도 낮았다. 따라서 만약 초기 농경민이 식량 생산을 시작한 데 따른 결과를 예측할 수 있었다면, 결코 그런 선택을 하지 않았을지도 모른다. 그렇다면 그들은 왜 그런 결과를 예측하지 못하고, 식량을 생산하는 쪽을 선택했을까?

수렵·채집민이 식량을 생산하는 이웃을 보고도 이른바 '축복'이라는 농경을 받아들이지 않고 계속 수렵·채집사회를 유지한 사례는 실제로 많다. 예컨대 오스트레일리아 북동부에서 수렵과 채집을 하며 살던 원주민은 오스트레일리아와 뉴기니 사이에 있는 토러스해협 제도Torres Strait Islands의 농경민과 수천 년 전부터 왕래하며 지냈다. 캘리포니아의 토착 수렵·채집민은 콜로라도강 유역의 토착 농경민과 교역하며 살았다. 남아프리카를 흐르는 피시강 서쪽에서 목축을 하며 살아가던 코이코이족은 강 동쪽의 반투족 농경민과 교역하면서도 끝까지 농경을 받아들이지 않았다. 왜 그랬을까?

농경민과 접촉한 수렵·채집민은 대체로 결국 농경민이 되었지만, 우리가 보기에는 터무니없이 오랫동안 지체한 뒤에야 그렇게 전환했다. 예컨대 독일 북부 해안 지역 사람들은 선형 토기 문화를 이룩한 종족들이 남쪽으로 겨우 200킬로미터밖에 떨어지지 않은 독일 내륙까지 농경을 전파했음에도 1,300년이 지난 뒤에야 식량 생산을 받아들였다. 그 해안 지역 사람들이 그렇게 오랫동안 지체한 이유는 무엇이고, 결국 그들이 마음을 바꾼 이유는 또 무엇일까?

이런 질문에 정확히 답하려면, 식량 생산의 기원에 대한 잘못된 생각을 떨쳐내고 질문을 다른 식으로 해야 한다. 우선 식량 생산과 관련해 실제로 있었던 현상은, 우리가 처음에 추정한 것처럼 식량 생산이 '발견'된 것도 아니고 '발명'된 것도 아니라는 점이다. 식량 생산과 수렵·채집 사이에 의식적인 선택이 자주 벌어진 것도 아니다. 구체적으로 말하면, 각 지역에서 식량 생산을 채택한 최초의 종족도 과거에 농경을 본 적이 없고 농경이 무엇인지 전혀 몰랐을 것이기 때문에, 의식적인 선택을 내릴 수 없었을 테고, 농경을 목표로 삼아 의식적으로 노력할 수도 없었을 것이다. 뒤에서 살펴보겠지만, 식량 생산은 결과를 의식하지 않은 채 내린 결정의 부산물로 '진화'한 것이었다. 따라서 우리가 여기서 제기해야 할 질문은 이것이다. 왜 식량 생산은 진화했는가? 왜 어떤 지역에서는 진화했고, 어떤 지역에서는 진화하지 않았는가? 왜 지역마다 진화한 시기가 달랐는가? 왜 더 일찍 또는 더 나중이 아니라 하필이면 그때 진화했는가?

식량 생산의 기원에 대한 또 하나의 잘못된 생각은 유랑하는 수렵·채집민과 정주한 식량 생산자를 항상 명확히 구분하는 것이다. 그러나 실제로는 그렇지 않다. 우리는 습관적으로 두 가지 사회를 뚜렷이 구분하지만, 북아메리카의 태평양 북서 해안과 오스트레일리아 남동부 등 생태학적으로 풍요로운 지역에서는 수렵·채집민도 정주해 살았다. 하지만 그들은 식량 생산자가 되지 않았다. 한편 팔레스타인, 페루 해안 지역, 일본에서 살던 수렵·채집민은 정주 생활을 시작하고 한참 뒤에야 식량 생산을 채택했다. 1만 5,000년 전쯤에는 오늘날보다 정주 생활을 하는 수렵·채집민의 비율이 훨씬 더 높았다. 당시에는 가장 풍요로운 지역을 비롯해 사람이 사는 지역에는 모두 수렵·채집민밖에 없었지만, 지금은 수렵·채집민이 극소수밖에 남지 않았고, 그마저 모두 척박한 지역에 살며 떠돌이 생활을 할 수밖에 없기 때문이다.

반대로, 이동하며 살아가는 식량 생산자 집단도 있다. 뉴기니의 레이크스 대평원Lakes Plains에서 살아가는 몇몇 떠돌이 무리는 정글에 들어가 일정한 면적을 개간한 뒤 바나나와 파파야를 심고, 그곳을 떠나 다시 수렵·채집민으로 살아간다. 그러고는 수개월 뒤에 돌아와 작물들을 살펴보고, 작물들이 그럭저럭 자라고 있으면 밭에서 잡초를 뽑아주고 나서 다시 수렵·채집 생활로 돌아간다. 그리고 수개월 뒤 다시 돌아와 작물의 상태를 살피고, 이번에는 작물을 수확해 먹으면서 한동안 정주 생활을 한다. 미국 남서부의 아파치 인디언은 여름에는 북쪽으로 이동해 고도가 높은 곳에 머물며 농사를 짓고, 겨울에는 고도가 낮은 남쪽으로 이동해 야생에서 떠돌아다니며 먹을거리를 찾았다. 아프리카와 아시아의 많은 목축민은 계절별로 다른 길을 따라 야영지를 옮겨 다니며, 목초지의 예측 가능한 계절 변화를 이용한다. 따라서 삶의 방식이 수렵·채집에서 식량 생산으로 바뀌었다고 유랑 생활이 기계적으로 정주 생활로 바뀐 것은 아니다.

식량 생산자는 땅을 능동적으로 관리하는 사람이고, 수렵·채집민은 야생의 땅에서 나오는 먹을거리를 단순히 거두는 사람이라는 구분도 현실적으로 제대로 맞아떨어지지 않는 또 하나의 이분법이다. 실제로 수렵·채집민 중에는 땅을 철저하게 관리하는 무리가 적지 않다. 예컨대 뉴기니인은 사고야자와 마운틴판다누스를 작물화하지 않았지만 수확량을 높이기 위해 주변을 잠식하는 나무들을 잘라내고, 사고야자가 자라는 습지의 수로를 깨끗하게 유지하려고 애쓴다. 또한 늙은 사고야자나무를 베어내 새순의 성장을 돕기도 한다. 오스트레일리아 원주민도 참마나 종자식물을 경작하는 단계에 이른 적은 없지만, 농경과 관련한 몇몇 요소를 활용할 줄 알았다. 예컨대 불에 탄 곳은 식용 종자식물의 생장에 유리하기 때문에 땅을 불태우는 방식으로 토지를 관리했다. 또 야생 참마를 채집하면 먹을 수 있는 덩이줄기 부분을 거의 잘라낸 뒤 줄기와 윗부분을 땅에 심어, 참마가 다시 자랄 수 있게 했다. 또 참마를 캐기 위해 땅을 파는 과정은 토양을 부드럽게 하고 공기를 통하게 만들어 참마의 성장을 촉진했다. 그들이 참마의 줄기와 남은 부분을 집으로 가져와 야영지 주변의 땅에 다시 심었더라면, 농경민의 정의를 완벽하게 충족했을 것이다.

식량 생산은 수렵·채집민이 이미 실행하던 준비 단계부터 순차적으로 발달했다. 식량 생산에 필요한 모든 기법이 짧은 시간에 발전한 것은 아니고, 어떤 지역에서 야생식물과 야생동물을 한꺼번에 작물화하고 가축화한 것도 아니다. 수렵·채집에 의존하던 생활 방식에서 식량을 생산하는 생활 방식으로 가장 신속하게 전환한 경우에도, 다시 말하면 야생의 먹거리에 완전히 의존하던 생활 방식에서 약간의 야생식물만 섭취하는 식생활로 전환하는 데도 수천 년이 걸렸다. 식량 생산의 초기 단계에 사람들은 야생에서 먹거리를 채집하는 '동시에' 작물을 인위적으로 재배했다. 시간이 흘러 재배 작물에 대한 의존도가 늘어남에 따라 다양한 유형의 채집 활동은 그 중요도가 줄어들었다.

이런 전환이 조금씩 서서히 이뤄진 근본적 이유는, 식량 생산 시스템 자체가 시간과 노력을 할당하는 일에 대한 무수히 많은 결정이 누적된 결과 발전했기 때문이다. 먹이를 찾는 동물과 마찬가지로 먹을거리를 찾는 인간에게도 허용된 시간과 에너지가 유한하므로, 그 둘을 다양한 방식으로 사용할 수밖에 없다. 따라서 초기 농경민은 아침에 눈을 뜨면 이런 생각을 머릿속에 떠올리지 않았을까 싶다. '오늘은 밭에서 괭이질을 할까(그러면 지금부터 수개월 후에 많은 채소를 수확할 수 있다), 조개를 잡을까(그러면 오늘 약간의 고기를 맛볼 수 있다), 아니면 사슴 사냥을 나갈까(그러면 오늘 많은 고기를 맛볼 수 있지만, 맨손으로 돌아올 가능성이 더 크다)?' 인간과 동물은 먹을거리를 구하기 위해 무의식적이지만 끊임없이 우선순위를 매기며, 노력을 어떻게 할당할지 결정한다. 처음에는 좋아하는 먹을거리, 즉 최상의 보상을 주는 것에 집중한다. 만약 그 먹을거리를 구할 수 없다면 덜 좋아하는 먹을거리로 점차 옮겨간다.

이런 결정을 내릴 때는 많은 것을 고려한다. 사람은 굶주림을 가라앉히고 배를 채우기 위해 먹을 것을 찾아 돌아다닌다. 단백질이 풍부한 음식, 기름지고 짭짤하고 달콤한 음식, 맛 좋은 음식 등 특정한 먹을거리를 갈망하기도 한다. 또 모든 조건이 똑같다면, 가장 짧은 시간에 가장 적은 노력으로 가장 많은 수확을 가장 확실하게 거둘 수 있는 방법으로 먹을 것을 찾아다니며, 칼로리와 단백질 등 특정한 범주의 수확을 극대화하려고 한다. 그러나 시간당 평균 수확량은 많지만 굶어 죽을 가능성이 상당히 높은 변덕스러운 생활 방식보다, 많지는 않지만 안정된 수확을 선택함으로써 굶주림의 위험을 최소화하려고도 한다. 약 1만 1,000년 전에 만든 초기의 채마밭은 야생에서 먹을 것을 구하지 못할 경우 확실한 비축물을 제공하는 보험 역할을 했던 것으로 추정된다.

한편 남자 수렵민은 위신을 고려해서 행동하는 경향을 띤다. 예컨대 자신을 낮추어 매일 확실하게 견과류를 채집해서 한 달에 기린 체중의 두 배에 달하는 먹을거리를 집에 가져오는 쪽보다, 한 달에 한 마리를 잡더라도 매일 기린을 잡으러 나가 위대한 사냥꾼이란 호칭을 얻고 싶어 할 수 있다. 또 아무런 객관적 근거도 없는 문화적 편견에 따라 행동하며, 물고기를 진미로 여기기도 하지만 금기로 생각하기도 한다. 끝으로, 음식의 선호 순위는 사람들이 각각의 생활 방식에 부여하는 상대적 가치에 크게 영향을 받는다. 이런 현상은 오늘날에도 확인할 수 있다. 예컨대 19세기 미국 서부에서 소를 기르는 목우업자, 양을 기르는 목양업자, 농사를 짓는 농경민은 서로를 경멸했다. 마찬가지로 인류 역사에서도 농경민은 수렵·채집민을 원시적이라고 경멸하는 경향을 띠었고, 수렵·채집민은 농경민을 무지하다고 경멸했으며, 목축민은 둘 다를 경멸했다. 사람들이 먹을 것을 얻는 방법을 결정할 때마다 이 모든 요인이 작용한다.

앞에서 언급했듯이, 각 대륙에서 최초의 농경민은 근처에 관찰할 만한 농경민이 없기 때문에 의식적으로 농경을 택할 수는 없었을 것이다. 하지만 어떤 대륙의 한 지역에서 식량 생산을 시작한 뒤에는, 이웃에 살던 수렵·채집민이 그 결과를 보면서 의식적으로 농경을 선택할 수 있었다. 어떤 경우에는 수렵·채집민이 이웃의 식량 생산 방법을 통째로 채택했지만, 일부만을 받아들인 경우도 있었다. 반면 식량 생산을 철저히 거부하며 수렵·채집민으로 남은 경우도 적지 않았다.

예를 들어 설명해보자. 유럽 남동부 곳곳에 살던 수렵·채집민은 기원전 6000년경 이전에 서남아시아의 곡류와 콩류와 가축을 동시에 신속히 받아들였다. 이 세 가지는 기원전 5000년이 되기 수 세기 전에 유럽 중부까지 빠르게 퍼져나갔다. 유럽 남동부와 중부에서 식량 생산을 신속하고 대대적으로 받아들인 이유는 무엇일까? 그곳에서 수렵·채집민으로 살기에는 땅이 풍요롭지 않아 경쟁력이 떨어졌기 때문일 것이다. 반면 유럽 남서부(프랑스 남부, 스페인, 이탈리아)에서는 식량 생산을 조금씩 단편적으로 채택했다. 즉 양이 먼저, 곡류는 나중에 전해졌다. 일본도 아시아 본토의 집약적인 식량 생산을 무척 느릿하게 조금씩 채택했다. 그 이유는 해산물과 토종 식물에 기반한 수렵·채집의 생산성이 상당히 높았기 때문일 것이다.

수렵·채집에서 식량을 생산하는 생활 방식으로 조금씩 천천히 전환될 수 있듯이, 식량을 생산하는 체계도 천천히 단계적으로 전환될 때가 있다. 예컨대 미국 동부의 인디언은 기원전 2500년경 토종 식물을 작물화했지만, 옥수수와 호박과 강낭콩 같은 3대 작물을 기반으로 한층 생산적인 체계를 개발한 멕시코 인디언들과 교역하며 그들의 작물을 받아들였다. 그리하여 미국 동부에서 많은 인디언 부족이 개별적으로 개발하던 작물들을 하나씩 포기했다. 그래도 호박은 독자적으로 작물화했고, 옥수수는 기원후 200년경 멕시코에서 전해졌지만 900년경까지 그다지 중요한 작물이 아니었다. 그리고 강낭콩은 한두 세기 뒤에야 전해졌다. 놀랍겠지만, 식량 생산 체계를 포기하고 수렵·채집으로 되돌아간 경우도 있었다. 예컨대 스웨덴 남부의 수렵·채집민은 서남아시아의 작물에 기반한 농경을 기원전 3000년경에 채택했지만, 기원전 2700년경 농경을 포기하며 수렵·채집의 삶으로 되돌아갔다. 그러나 400년 뒤에는 다시 농경을 시작했다.

이 모든 것을 고려할 때, 농경을 채택하는 결정이 백지 상태에서 이루어졌다고 생각해서는 안 된다. 요컨대 사람들에게 그 이전에는 먹을거리를 구할 수단이 없었기 때문에 농경을 채택했을 것이라고 생각해서는 안 된다. 그 대신 식량 생산과 수렵·채집을 서로 경쟁 관계에 있는 '대안적 전략alternative strategy'이라고 생각해야 한다. 수렵·채집에 약간의 작물과 가축을 더한 혼합 경제는 '순수'를 고집하는 두 유형의 경제, 즉 완전한 수렵·채집 경제 및 완전한 식량 생산 경제와 경쟁했고, 식량 생산에 종사하는 인구의 비율이 상대적으로 높거나 낮은 혼합 경제와도 경쟁했다. 그렇지만 지난 1만 년 동안 수렵·채집에서 식량 생산으로 이동하는 결과가 두드러지게 나타났다. 이쯤에서 이런 의문을 품어야 마땅하다. 어떤 이유로 수렵·채집이 경쟁적 이점을 상실하고, 식량 생산이 유리해졌을까?

이 문제를 두고 고고학자와 인류학자는 지금도 논쟁을 계속하고 있다. 이 의문이 여전히 해결되지 않은 이유 중 하나는 지역마다 결정적 역할을 한 요인이 다르기 때문인 듯하다. 식량 생산의 기원에 대한 원인과 결과를 구분하기 쉽지 않은 것도 한 가지 요인이다. 하지만 식량 생산에 기여한 요인을 다섯 가지로 추릴 수는 있다. 논쟁은 주로 그 요인들의 상대적 중요성을 두고 벌어진다.

첫 번째 요인은 야생에서 먹을거리가 줄어든 것이다. 수렵·채집민의 생활 방식은 1만 3,000년 전부터 점점 힘들어졌다. 그들이 의존하던 자원, 특히 동물 자원이 줄어들거나 아예 사라지기도 했다. 1장에서 살펴보았듯이, 홍적세가 끝날 즈음에는 대부분의 대형 포유동물이 남북아메리카에서 멸종했다. 그 원인은 기후변화일 가능성도 있지만, 인간 사냥꾼의 수가 늘어나고 기술이 좋아졌기 때문일 수도 있다. 동물의 멸종이 고대 아메리카 원주민, 유라시아인, 아프리카인으로 하여금 식량 생산을 채택하게 만들었을 것이라는 결론에 대해서는 반박의 여지가 있을 수 있지만, 그로부터 오랜 시간이 지난 뒤 여러 섬에서 일어난 사례에 대해서는 이론의 여지가 없다. 폴리네시아에 처음 정착한 사람들이 무분별하게 사냥을 했기 때문에 뉴질랜드에서는 모아가 절멸하고 바다표범의 개체 수가 크게 감소했다. 폴리네시아의 다른 섬들에서도 바닷새와 육지 새가 절멸하거나 개체 수가 크게 줄어들었다. 따라서 그들은 식량 생산을 강화할 수밖에 없었다. 예컨대 기원후 500년경 이스터섬에 이주한 폴리네시아인은 닭을 가져왔지만, 야생 조류와 쇠돌고래를 더는 먹거리로 쉬이 확보할 수 없게 된 뒤에야 닭이 주된 식량으로 자리 잡았다. 마찬가지로, 비옥한 초승달 지역에서 가축화를 시작한 요인도 수렵·채집민에게 주로 단백질을 공급하던 야생 가젤의 개체 수가 줄어들었기 때문이다.

두 번째 요인은 야생에서 사냥감이 고갈됨에 따라 땀 흘린 만큼 수렵·채집의 보상을 받기 힘들어진 반면, 작물화할 수 있는 야생식물이 늘어남에 따라 식물의 작물화를 통해 단계적으로 더 많은 식량을 얻을 수 있었다는 것이다. 예컨대 홍적세 말 비옥한 초승달 지역에 기후변화가 일어나면서 야생 곡류의 자생 면적이 크게 늘어났고, 그 결과 대량의 작물을 단기간에 수확할 수 있었다. 그때 이뤄진 야생 곡류의 수확이 비옥한 초승달 지역 최초의 작물, 즉 밀과 보리의 작물화를 향한 첫발이었다.

균형추를 수렵·채집에서 멀어지게 한 세 번째 요인은 야생에서 먹을거리를 채집해 가공하고 저장하는 장비가 점차 발전하고, 궁극적으로는 식량 생산도 그 장비들에 의존하게 되었다는 점이다. 수확해서 껍질을 벗기고 저장하는 방법을 알지 못했다면, 줄기에 잔뜩 달린 밀알이 무슨 소용이 있었겠는가? 비옥한 초승달 지역에서는 기원전 11000년 이후 식량을 생산하는 데 필수적인 방법과 도구 그리고 시설이 신속하게 나타났다. 이는 모두 기후변화로 인해 전에 없이 풍요로워진 야생 곡류를 취급하기 위해 발명한 것들이다.

이때 발명한 것으로는 나무나 뼈 손잡이에 부싯돌 날을 끼워 야생 곡물을 베는 낫, 수확한 곡물을 산비탈에서 집까지 옮기는 데 사용한 바구니, 껍질을 제거하는 데 쓰인 막자(덩어리를 가는 데 사용하는 방망이—옮긴이)와 막자사발 혹은 맷돌, 저장하는 동안 싹이 트지 않도록 곡물을 볶는 기술, 습기가 스며들지 않도록 회반죽을 바른 지하 저장고 등이 있었다. 이 모든 도구와 시설에 대한 증거는 기원전 11000년 이후 비옥한 초승달 지역에 살던 수렵·채집민의 유적지에서 많이 나온다. 이는 모두 야생 곡물을 활용하기 위해 개발한 것이지만, 야생 곡물을 작물로 재배하기 위한 선행 조건이기도 했다. 요컨대 이런 것을 하나씩 개발하는 과정은 식물의 작물화를 향한 무의식적인 첫걸음이었다.

네 번째 요인은 인구밀도와 식량 생산의 증가, 그리고 둘 사이의 양방향 관계였다. 고고학자들의 주장에 따르면, 세계 어디에서든 식량 생산의 출현과 인구밀도의 증가 사이에 상관관계가 있다는 증거를 충분히 찾을 수 있다. 어느 쪽이 원인이었고, 어느 쪽이 결과였을까? 이 문제는 오랫동안 논쟁만 거듭될 뿐 답을 찾지 못한 닭과 달걀의 문제와 같다. 인구밀도가 증가함에 따라 사람들이 어쩔 수 없이 식량 생산에 눈을 돌렸을까? 아니면 식량 생산 덕분에 인구밀도의 증가가 가능했던 것일까?

일반적인 생각이 그렇듯이, 인과관계의 사슬은 양방향으로 작용하는 게 원칙이다. 앞에서 언급한 것처럼 식량 생산은 수렵·채집보다 단위면적당 더 많은 칼로리를 만들어내므로 자연스레 인구밀도의 증가로 이어진다. 한편 야생 식량을 채집하고 가공하는 기법이 향상함에 따라, 인구밀도는 어쨌든 홍적세 후기에 서서히 높아지고 있었다. 인구밀도가 올라가자 식량 생산을 선호하는 분위기가 무르익었다. 늘어난 인구를 먹이려면 식량 생산을 늘려야 했고, 식량 증산에는 농경이 유리했기 때문이다.

달리 말해서, 식량 생산의 채택은 '자기 촉매 과정autocatalytic process'(일단 시작하면, 양의 방향으로 촉매 반응을 일으키며 점점 빨라지는 과정)의 전형적인 예이다. 인구밀도가 점진적으로 증가함에 따라 사람들은 더 많은 식량을 확보해야 했고, 따라서 식량 생산 쪽으로 나아간 사람들에게는 보상이 주어졌다. 또 식량을 생산하며 정주 생활을 시작함으로써 출산 간격이 짧아져 인구가 자연스레 증가했고, 그 결과 더 많은 식량이 필요해졌다. 식량 생산과 인구밀도 사이의 이런 양방향 관계에서, 식량 생산으로 단위면적당 칼로리의 양이 증가했음에도 식량 생산자의 영양 상태가 수렵·채집민보다 나빴던 모순을 설명할 수 있다. 인구밀도가 식량 생산량보다 약간 더 가파르게 증가했기 때문에 모순이 지속된 것이다.

위의 네 가지 요인을 종합하면, 비옥한 초승달 지역에서 식량 생산으로의 전환이 기원전 18500년이나 28500년이 아니라 기원전 8500년경에 시작된 이유를 이해할 수 있다. 기원전 18500년이나 28500년에는 야생 포유동물이 여전히 많았기 때문에 수렵·채집으로 초기 단계의 식량 생산보다 더 많은 식량을 얻을 수 있었다. 게다가 당시에는 야생 곡류가 아직 풍부하지 않았고, 곡물을 효율적으로 채집하고 가공해서 저장하는 데 필요한 도구가 개발 또는 발명되지도 않았다. 또한 인구밀도가 단위면적당 더 많은 칼로리를 뽑아내는 걸 독려해야 할 만큼 높지도 않았다.

식량 생산으로의 전환과 관련한 마지막 요인은 수렵·채집민과 식량 생산자의 지리적 경계를 짓는 데 결정적 역할을 했다. 인구밀도가 높아지자, 식량 생산자는 과학기술과 병원균 그리고 직업 군인 등 식량 생산과 관련한 다른 요인은 굳이 언급할 필요도 없이 수적인 우세만으로도 수렵·채집민을 몰아내거나 학살할 수 있었다. 그리하여 처음에는 수렵·채집민밖에 없던 지역에서, 식량 생산을 채택한 수렵·채집민 집단이 그러지 않은 집단보다 인구가 많아졌다.

결과적으로, 식량 생산에 적합한 대부분 지역에서 수렵·채집민은 두 가지 운명 중 하나를 맞았다. 요컨대 이웃한 식량 생산자들에 의해 쫓겨나든지, 살아남기 위해 식량 생산을 채택해야만 했다. 수렵·채집을 하더라도 인구가 이미 많거나 지리적 조건 때문에 식량 생산자의 이주가 늦어진 지역에서는 시간적 여유가 있었다. 즉 그런 곳의 수렵·채집민은 선사시대에 농경을 채택해 농경민으로 살아남을 수 있었다. 미국 남서부, 지중해 서부, 유럽 대서양 해안 지역, 일본의 몇몇 지역이 이 경우에 해당하는 듯하다. 하지만 인도네시아, 동남아시아 열대지역, 적도 이남의 아프리카 일대, 어쩌면 유럽의 몇몇 지역에서도 선사시대에 농경민이 수렵·채집민을 대체했다. 근대에 들어서도 유사한 대체 현상이 미국 서부의 대부분 지역과 오스트레일리아에서 일어났다.

지리적·생태적 장벽이 유난히 높기 때문에 식량 생산자가 이주하거나 지역적으로 적합한 식량 생산 기법이 확산되기 무척 어려웠던 곳에서만 수렵·채집민이 근대까지 존속할 수 있었다. 특히 눈에 띄는 세 곳을 나열하면 다음과 같다. (1) 캘리포니아와 애리조나 사이에 있는 사막 때문에 애리조나 원주민이 농경을 했음에도 수렵·채집의 삶을 계속 살아온 캘리포니아 원주민, (2) 반투족 농경민의 적도 작물에 부적합한 지중해성 기후대여서 수렵·채집민으로 계속 살았던 아프리카 남단 케이프 지역의 코이산족Khoisan, (3) 여러 곳의 해협으로 인도네시아와 뉴기니의 식량 생산자들과 격리되어 있어 대륙 전체에 걸쳐 수렵·채집의 삶을 유지한 오스트레일리아 원주민이다. 한편 20세기까지 수렵·채집으로 살아가던 몇몇 종족은 식량 생산에 적합하지 않은 지역, 특히 사막이나 북극권에 갇혀 지낸 덕분에 식량 생산자들에 의해 대체되는 운명을 피해 갈 수 있었다. 그러나 앞으로 10년 내에 그들도 문명의 편리함에 유혹을 받거나, 관료와 선교사의 압력에 못 이겨 정착하거나, 병원균에 쓰러지고 말 것이다.

7장 아몬드를 재배하는 법

HOW TO MAKE AN ALMOND

야생식물은 어떤 과정을 거쳐 작물이 되었는가?

모든 농작물은 야생식물에서 개량되었다. 도대체 누가 '작물화'를 생각해냈고 어떻게 작물화에 적합한 식물을 선택했을까? 왜 어떤 식물은 작물화하는 데 오랜 시간이 걸렸을까? 인간의 의도적인 선택 또는 무의식적인 개입으로 진행된 작물화 과정과 고대 세계의 주요 작물을 살펴본다.

농장에서 재배한 농작물에 신물이 난 여행자라면, 야생에서 자라는 먹거리를 먹어보는 것도 재밌을 것이다. 누구나 알고 있듯이, 산딸기와 블루베리 같은 야생식물은 맛있고 안전한 먹거리이다. 야생식물은 우리 눈에 익은 작물과 겉모습이 상당히 비슷하다. 따라서 야생에서 자라는 장과류漿果類(과육에 수분이 많고 조직이 연한 열매—옮긴이)는 농장의 것보다 무척 작지만 쉽게 알아볼 수 있다. 대담한 여행자는 독버섯을 먹으면 죽을 수 있다는 걸 알면서도 버섯을 조심스레 먹어본다. 그러나 견과류를 정말 좋아하는 사람도 야생 아몬드는 먹지 않는다. 몇 알만 먹어도 우리의 목숨을 앗아갈 정도의 시안화물(나치가 가스실에서 사용한 독)을 섭취할 수 있기 때문이다. 숲에는 이렇게 먹을 수 없는 것으로 여겨지는 식물들로 가득하다.

그렇지만 모든 작물이 야생식물에서 개량된 것이다. 그런데 야생식물은 어떤 과정을 거쳐 작물이 되었을까? 야생의 원종이 아몬드처럼 치명적이거나 쓴맛을 내는 작물, 또는 겉모습이 옥수수처럼 야생의 원종과 확연히 달라 보이는 작물의 경우에는 이 질문에 답하기가 쉽지 않다. 어떤 동굴인洞窟人이 식물을 '작물화'하겠다는 생각을 떠올렸다면, 그 생각을 어떻게 구체화했을까?

식물의 작물화는 어떤 식물을 재배해서 의식적으로든 무의식적으로든 인간이 소비하기에 적합한 방향으로 야생의 원종에 유전적 변화를 주는 것으로 정의할 수 있다. 오늘날 작물 개발은 과학자들이 의식적으로 행하는 고도로 전문적인 활동이다. 과학자들은 현존하는 수백 종의 작물에 대해 익히 아는 상태에서 다른 종을 개발하려고 한다. 이 목적을 달성하기 위해 과학자들은 많은 씨앗이나 뿌리를 심고, 최상의 자손을 선택해 그 종자를 다시 심는다. 또 유전학 지식을 적용해 같은 특질의 자손을 계속 낳는 좋은 품종을 개발하고, 첨단 유전공학 기법을 활용해 유용한 특정 유전자를 이식하기도 한다. 예컨대 캘리포니아대학교 데이비스 캠퍼스의 과수·원예학과는 학과 전체가 사과를 연구하는 데 전력을 다하고, 포도재배·포도주양조학과는 포도와 포도주 연구에 매진한다.

그러나 식물의 작물화는 1만 년 이상 전으로 거슬러 올라간다. 초기의 농부들이 어떤 결과를 도출하기 위해 분자유전학 기법을 사용했을 가능성은 전혀 없다. 초기 농경민에게는 새로운 품종을 개발해야겠다는 의욕을 불태우며 표본으로 삼을 만한 기존 곡물조차 없었다. 따라서 그들은 자신이 무엇을 하고 있는지도 몰랐고, 결과적으로 맛있는 진미를 즐기게 될 거라는 사실 역시 몰랐을 것이다.

그러면 어떻게 초기 농경민은 부지불식간에 식물을 작물화하게 되었을까? 예컨대 그들은 자신이 무엇을 하는지도 모르면서, 독성 띤 아몬드를 어떻게 안전한 아몬드로 바꾸었을까? 그들은 야생식물이 독성을 버리고 더 큰 열매를 맺게 만드는 것 말고 야생식물에 실제로 어떤 변화를 주었을까? 주요 작물의 경우만 보더라도 작물화 시기가 크게 다르다. 예컨대 완두콩은 기원전 8000년 이전, 올리브는 기원전 4000년경, 딸기는 중세 이후, 피칸은 1846년 이후에야 작물화되었다. 식용이 가능한 도토리 덕분에 세계 여러 지역에서 사랑받는 떡갈나무처럼 많은 사람이 좋아하는 열매를 맺지만, 오늘날까지 작물화되지 않은 소중한 야생식물도 많다. 어떤 식물이 상대적으로 쉽게 작물화된 이유, 또 사람들에게 빨리 작물화해야겠다는 자극을 준 이유는 무엇일까? 달리 말하면, 왜 올리브나무는 석기시대의 농경민에게 굴복해 작물화된 반면, 떡갈나무는 우리 시대 최고의 농학자에게조차 계속 패배의 쓴잔을 안기는 것일까?

식물의 관점에서 작물화에 접근하는 것으로 시작해보자. 식물의 관점에서, 우리는 무의식적으로 식물을 '작물화'하려는 수많은 동물종 중 하나일 뿐이다.

인간을 포함해 모든 동물종이 그렇듯이, 식물도 번성하며 부모의 유전자를 전달할 수 있는 지역에 자손을 퍼뜨려야 한다. 어린 동물은 걷거나 날아서 곳곳에 퍼져나갈 수 있지만 식물한테는 그런 능력이 없다. 따라서 어떻게든 다른 매개를 통해 이동해야 한다. 그래서 씨가 바람에 날리거나 물에 떠서 이동하도록 적응한 식물이 적지 않다. 또 씨를 달콤한 열매로 감싸고, 색깔이나 냄새로 그 열매가 익었다는 걸 널리 알리며 동물을 유혹해 종자를 옮기는 식물도 많다. 굶주린 동물이 그 열매를 따서 삼킨 뒤 어딘가로 걷거나 날아간다. 그러고는 원래의 나무에서 멀리 떨어진 곳에 씨를 뱉거나 배설한다. 씨는 이런 식으로 수천 킬로미터 떨어진 곳까지 이동할 수 있다.

식물의 씨가 우리 배 속에서 소화되지 않고, 배설물 속에서 발아할 수 있다는 걸 알면 놀라는 사람이 꽤 있을 것이다. 비위가 약하지 않고 모험심이 있는 독자라면 직접 실험해봐도 좋다. 실제로 많은 야생식물의 씨가 동물의 소화기관을 통과해야만 발아할 수 있다. 예컨대 아프리카의 한 멜론종은 하이에나를 닮은 땅돼지한테 먹히는 데 완전히 적응해서, 그 종에 속한 멜론은 대부분 땅돼지가 배설한 장소에서 자란다.

식물은 동물을 어떻게 유혹할까? 야생 딸기를 예로 들어 설명해 보자. 딸기 씨가 덜 여물어 아직 땅에 심어질 때가 아니면, 과육도 푸른색에 단단하고 신맛을 낸다. 그러다 씨가 마침내 성숙해지면 딸기 과육도 붉은색에 달콤하고 부드러워진다. 이런 색깔의 변화는 개똥지빠귀 같은 새들한테 열매를 따 먹고 멀리 날아가 씨를 뱉거나 배설하라는 유혹의 신호로 기능한다.

물론 야생 딸기가 씨를 널리 퍼뜨릴 준비가 되었을 때 의식적으로 새들을 유혹하는 것은 아니다. 개똥지빠귀도 야생 딸기를 작물화하려는 의도로 그렇게 행동하는 게 아니다. 야생 딸기는 자연선택을 통해 진화한 것이다. 설익은 딸기가 푸른빛을 더 짙게 띠고 신맛이 강할수록, 그걸 먹음으로써 씨를 무용지물로 만드는 새의 수는 줄어든다. 반면 완전히 익은 딸기가 붉은색을 더 짙게 띠고 달콤해질수록, 완전히 여문 씨를 널리 퍼뜨리는 새의 수는 많아진다.

그 밖에도 무수히 많은 식물의 열매가 특정한 동물종한테 먹혀 널리 퍼져나가는 방법에 적응했다. 딸기가 새에 적응한 것처럼, 도토리는 다람쥐에, 망고는 박쥐에, 일부 사초과莎草科는 개미에 적응했다. 소비자에게 더 유용한 방향으로 어떤 원종 식물의 유전자를 변형하려는 노력을 작물화라고 정의한다면, 동물을 통한 씨앗의 전파는 이러한 정의를 부분적으로 충족한다. 그러나 누구도 이런 진화 과정을 작물화라고 진지하게 생각하지 않을 것이다. 새와 박쥐를 비롯해 여러 동물 소비자가 이러한 정의의 나머지 부분을 충족하지는 않기 때문이다. 달리 말하면, 그 동물들이 식물을 의식적으로 재배하지는 않는다는 뜻이다. 이와 마찬가지로, 야생식물이 작물로 진화한 초기의 무의식적 단계에서는 인간이 의도적으로 식물을 재배하지 않았다. 식물이 인간으로 하여금 열매를 먹고 퍼뜨리도록 유인했을 뿐이다. 땅돼지의 배설 장소처럼 인간의 배설 장소도 최초로 작물을 무의식적으로 육종하던 사람들의 실험장이었을 것이다.

배설 장소는 우리가 먹는 야생식물의 씨를 우연히 뿌리는 많은 장소 중 하나일 뿐이다. 우리는 먹을 수 있는 야생식물을 채집해 집으로 가져올 때 일부를 도중에 혹은 집 주변에 흘리기도 한다. 어떤 열매는 씨가 완벽하게 여물었는데도 과육이 썩어서 먹히지 못하고 그대로 쓰레기장에 버려진다. 종자는 우리가 입에 넣는 과일의 일부인데, 딸기 씨의 경우에는 무척 작아서 그냥 삼킨 후 배설하지만 다른 큰 씨앗의 경우에는 삼키지 않고 뱉어낸다. 따라서 우리가 배설하는 곳과 더불어 씨앗을 뱉는 곳과 쓰레기장은 최초의 농업 연구소였던 셈이다.

그런 '연구소' 중 어느 곳에 떨어지든 그 씨는 먹을 수 있는 식물 중 특정한 개체, 즉 우리가 어떤 이유로든 선호하는 개체일 가능성이 컸다. 지금도 우리는 야생 딸기를 따러 나가면, 특정한 덤불을 선택하는 경향이 있다. 따라서 초기의 농경민이 마침내 씨를 의도적으로 뿌리기 시작했을 때, 큰 딸기의 씨가 더 큰 딸기를 맺을 가능성이 크다는 유전 법칙까지는 몰랐겠지만 주로 채집하던 덤불의 씨를 뿌렸을 것이다.

우리가 덥고 습한 날에 모기와 씨름하면서 가시덤불을 헤치며 걷는 것은 아무 딸기나 따려고 그러는 게 아니다. 무의식적으로라도 우리는 어느 덤불에 딸기가 많이 달렸을지, 과연 그런 고생을 할 만한 가치가 있는지를 판단한다. 이때 우리 무의식에서 작용하는 기준은 무엇일까?

물론 첫 번째 기준은 크기이다. 누구나 큰 딸기를 더 좋아하기 마련이다. 형편없이 작은 딸기 때문에 햇볕에 타고 모기한테 물리고 싶지는 않을 것이기 때문이다. 여기서 많은 농작물이 야생 원종보다 열매가 훨씬 더 큰 이유를 부분적으로 설명할 수 있다. 슈퍼마켓에서 판매하는 딸기와 블루베리가 야생의 것에 비해 어마어마하게 크다는 건 이제 상식이다. 하지만 그런 크기의 차이는 수 세기 전에야 뚜렷이 나타났다.

그러나 다른 식물에서 이런 크기의 차이는 농경 초기까지 거슬러 올라간다. 예컨대 초기에 재배하던 완두콩은 인간의 선택을 통해 진화를 거듭한 끝에 야생 완두콩보다 10배나 무거워졌다. 오늘날 우리가 야생에서 작은 블루베리를 채집하듯이, 수렵·채집민도 수천 년 동안 야생에서 작은 완두콩을 채집했다. 그러나 야생에서도 큰 완두콩이 더 매력적으로 보였을 것이므로, 그런 완두콩을 우선적으로 수확해 심음으로써 이른바 농경이 자연스레 시작되었고, 여러 세대가 지나면서 완두콩의 평균 크기도 커졌을 것이다. 이와 마찬가지로, 슈퍼마켓에 진열된 사과는 대체로 직경이 7.5센티미터이지만 야생 사과는 2.5센티미터에 불과하다. 가장 오래된 것으로 알려진 옥수수 속대는 1.8센티미터를 넘지 않지만, 멕시코의 인디언 농경민은 기원후 1500년에 속대가 이미 15센티미터를 넘는 옥수수를 개발해냈고, 요즘에는 속대가 45센티미터에 가까운 옥수수까지 있다.

인간이 인위적으로 뿌리는 씨와 그 야생 원종은 쓴맛에서도 뚜렷한 차이를 보인다. 대체로 야생 씨는 짐승들한테 먹히지 않으려 쓰고 맛이 없는 방향, 심지어 독성을 띠는 방향으로 진화했다. 따라서 자연선택은 씨와 열매에서 정반대로 작용하는 셈이다. 열매가 달콤한 식물은 동물을 이용해 씨를 퍼뜨리지만, 열매 속의 씨 자체는 쓴맛을 내야 한다. 씨가 달콤하다면 열매를 먹는 동물이 씨까지 씹을 테고, 그러면 씨가 발아할 수 없기 때문이다.

아몬드는 쓴맛을 내는 씨가 작물화를 통해 변화한 대표적인 예이다. 대부분의 야생 아몬드 씨에는 지독히 쓴맛을 내는 아미그달린amygdalin이라는 화학물질이 함유되어 있고, (이미 앞에서 언급했듯이) 그 물질은 분해되면 시안화물이란 독을 만들어낸다. 쓴맛을 낸다는 경고를 무시한 채 한 움큼의 야생 아몬드를 삼키면 목숨을 잃을 수도 있다. 무의식적인 작물화의 첫 단계에서는 먹으려고 야생 아몬드 씨를 채집했을 텐데, 도대체 어떻게 그 첫 단계에 이를 수 있었을까?

이렇게 설명해보자. 아몬드나무 몇 그루에서 어쩌다 유전자 하나가 돌연변이를 일으켜, 쓴맛을 내는 아미그달린을 합성하지 못한다. 그런 나무는 야생에서 자손을 남기지 못한 채 죽는다. 새들이 씨에 쓴맛이 없다는 걸 눈치채고 몽땅 먹어버리기 때문이다. 그러나 초기 농경사회에서 호기심이 많거나 굶주린 아이들이 주변의 야생식물을 조금씩 먹다가 쓴맛이 없는 아몬드나무를 찾아냈을 것이다(오늘날에도 유럽 농민은 똑같은 방법으로 쓴맛보다 단맛이 강한 도토리가 달린 떡갈나무를 찾아내곤 한다). 고대 농경민은 쓴맛을 내지 않는 아몬드 씨만을 처음에는 무의식적으로 쓰레기 더미에, 나중에는 의도적으로 과수원에 심었을 것이다.

기원전 8000년경의 야생 아몬드가 그리스의 고고학 발굴지에서 발견되었다. 야생 아몬드는 기원전 3000년경 지중해 동쪽 곳곳에서 작물화되고 있었다. 기원전 1325년경 이집트의 파라오 투탕카멘이 죽었을 때, 아몬드는 사후 세계에서 먹을 수 있도록 그의 유명한 무덤에 부장한 음식 중 하나였다. 야생 원종이 쓴맛을 내거나 독성을 띠었지만, 가끔 단맛을 내는 개체가 고대 여행자들의 배설 장소 주변에서 싹을 틔웠을 게 분명한 작물로 우리에게 익숙한 것은 라이머콩, 수박, 감자, 가지, 양배추 등이 있다.

수렵·채집민이 야생식물을 선택할 때 가장 분명한 기준은 크기와 맛이었다. 그리고 과육이 많거나 씨가 없는 열매, 기름을 많이 함유한 씨, 장섬유長纖維도 선택의 기준이었다. 야생의 호박과 단호박은 씨 주변에 과육이 거의 혹은 전혀 없지만, 초기 농경민은 호박과 단호박에 씨보다 과육이 많기 때문에 선택했다. 바나나는 오래전에 과육만 있고 씨가 없는 것이 선택되었다. 현대 농학자들은 여기에서 영감을 받아 씨 없는 오렌지와 포도, 수박을 개발했다. 씨 없는 과일은 인간의 선택이 야생 열매에서 진화된 본래의 기능을 완전히 뒤바꾸어놓은 좋은 예이다. 자연에서 열매는 씨를 퍼뜨리는 도구이기 때문이다.

고대에도 많은 식물이 열매나 씨에 기름을 함유했다는 이유로 선택되었다. 지중해 지역에서 처음 작물화한 과일나무로는 올리브가 있었다. 올리브는 기름을 얻기 위해 기원전 4000년경부터 재배되었다. 작물로 재배한 올리브는 야생보다 더 크고 기름도 많다. 고대 농경민은 참깨와 겨자, 양귀비와 아마도 기름을 함유한 씨 때문에 선택했다. 현대 식물학자들은 해바라기, 홍화, 목화를 똑같은 이유로 개량하는 데 성공했다.

최근에는 기름을 얻기 위해 목화를 개량했지만, 그 전에는 직물을 짜는 데 쓰이는 섬유를 얻기 위해 선택했다. '린트lint'라고 부르는 섬유는 목화씨에 붙은 잔털이다. 남북아메리카와 구세계 모두에서 초기 농경민은 긴 린트를 구하려고 각각 다른 종의 목화를 독자적으로 선택했다. 아마와 삼도 고대에 직물을 얻기 위해 재배했다. 두 식물의 섬유는 줄기에서 얻기 때문에 길고 곧게 뻗은 줄기를 지닌 개체가 선택을 받았다. 우리는 대부분의 작물이 먹을거리를 얻기 위해 재배되었을 거라고 생각하지만, 아마는 기원전 7000년경 가장 오래전에 작물화한 식물 중 하나이다. 아마는 리넨의 주원료이고, 리넨은 산업혁명 이후 면직물과 합성섬유로 대체될 때까지 유럽의 주된 직물이었다.

야생식물이 작물로 진화하는 과정에서 나타난 변화들에 대해 지금까지 나열한 특징은 열매의 크기, 쓴맛, 과육량, 기름 함유량, 섬유 길이 등이어서 초기 농경민도 눈으로 확인할 수 있었다. 이런 바람직한 특성을 예외적으로 뚜렷하게 지닌 개체를 야생에서 수확함으로써 고대인은 무의식적으로 그 식물을 곳곳에 퍼뜨리며, 작물화를 향한 길을 걷기 시작했다.

하지만 열매를 따던 사람들이 눈으로 보고 선택한 경우와 달리, 눈으로 확인하지 못한 적어도 네 가지 유형의 주요한 변화가 있었다. 이런 경우 열매를 따는 사람들은 눈에 띄지 않는 식물에는 손을 대지 못하고 손이 닿는 식물에서만 수확함으로써, 다시 말하면 식물에 가하는 선택적 조건을 달리함으로써 변화를 야기했다.

첫 번째 변화는 씨를 퍼뜨리는 야생 메커니즘에 영향을 주었다. 많은 식물이 씨를 퍼뜨리기 위한 고유한 메커니즘을 갖고 있다(그렇게 함으로써 인간이 씨를 효과적으로 채취하는 걸 방해한다). 따라서 이런 메커니즘을 갖추지 못한 돌연변이 씨만이 수확되어 작물의 원종이 되었을 것이다.

완두콩이 그 분명한 예이다. 완두콩의 씨, 즉 우리가 먹는 완두콩은 꼬투리에 둘러싸여 있다. 야생 완두콩은 발아하려면 꼬투리에서 나와야 한다. 그런 결과를 얻기 위해 완두콩의 한 유전자가 꼬투리를 터뜨리며 씨를 땅에 쏟아내는 쪽으로 진화했다. 그런데 돌연변이를 일으킨 완두콩의 꼬투리는 터지지 않는다. 야생에서 그렇게 돌연변이를 일으킨 완두콩은 부모 식물에 달린 꼬투리에 갇힌 채 죽었을 테고, 터진 꼬투리를 가진 완두콩만이 유전자를 자손에 전해주었을 것이다. 그러나 인간은 꼬투리가 터지지 않은 채 부모 식물에 매달려 있는 완두콩만을 수확했다. 따라서 인간이 야생 완두콩을 먹으려고 집에 가져가기 시작한 것은, 그 하나의 돌연변이 유전자를 직접적으로 선택한 행위인 셈이다. 이처럼 꼬투리를 터뜨리지 않는 유전자의 선택은 렌즈콩, 아마, 양귀비에서도 일어났다.

야생 밀과 야생 보리의 씨는 터지는 꼬투리에 감싸여 있지 않고 줄기 맨 위쪽에서 자란다. 줄기가 저절로 넘어지면 씨가 땅에 떨어지고, 바로 그곳에서 씨가 발아할 수 있다. 이때 유전자 하나가 돌연변이를 일으켜 줄기가 부러지고 넘어지는 걸 예방한다. 야생에서 이런 돌연변이는 해당 식물에 치명적이다. 씨가 공중에 그대로 매달려 있으니 발아해서 뿌리를 내리지 못할 것이기 때문이다. 그러나 이렇게 돌연변이를 일으킨 종자는 인간이 수확해 집으로 가져갈 수 있다. 그리고 인간이 그렇게 수확한 돌연변이 종자를 집 주변에 심으면, 그 자손 중에서 돌연변이 종자를 다시 수확해 뿌릴 수 있고, 정상적인 종자는 땅에 떨어지고 만다. 따라서 농경민은 자연선택의 방향을 180도 바꿔놓았다. 요컨대 전에는 유익하던 유전자가 갑자기 번식에 치명적인 것이 되고, 치명적이던 유전자는 유익해진 것이다. 근 1만 년 전에 줄기가 흩어지지 않는 밀과 보리를 무의식적으로 선택한 행위가 인간이 식물에 가한 최초의 '개량'이었던 셈이다. 이런 변화를 계기로 비옥한 초승달 지역에서 농업이 시작되었다.

두 번째 유형의 변화는 고대 여행객에게 더욱더 눈에 띄지 않았을 것이다. 변화무쌍한 기후권에서 자라는 한해살이식물한테는 모든 씨가 동시에 빠르게 싹이 트면 치명적일 수 있다. 그런 경우, 가뭄이 닥치거나 서리가 내리면 어린 식물이 한꺼번에 죽어 종의 번식에 필요한 씨조차 남지 않을 수 있기 때문이다. 이런 이유에서 많은 한해살이식물이 처음에는 씨를 휴면 상태로 두었다가, 수년이 지난 뒤 싹이 트게 하는 발아 억제 유전자의 도움을 받아 위험을 분산하는 방향으로 진화했다. 그렇게 하면 대부분의 어린 식물이 한바탕 몰아닥친 고약한 날씨에 죽더라도 일부는 살아남아 몇 년 뒤 싹을 틔울 수 있다.

야생식물이 위험을 분산해 생존이란 목적을 성취하려고 흔히 채택한 적응 방법은 두꺼운 껍질이나 덮개로 씨를 감싸는 것이다. 이런 적응 방법을 채택한 야생식물로는 밀과 보리, 완두콩과 아마, 해바라기 등 상당히 많다. 이렇게 시차를 두고 싹을 틔우는 씨는 야생에서라면 어떻게든 발아할 기회가 있지만, 농경을 본격적으로 시작한 뒤에는 어떻게 되었을지 생각해보자. 초기 농경민은 시행착오를 거듭한 끝에, 땅을 갈고 물을 흠뻑 준 다음 씨를 뿌리면 더 많은 수확을 할 수 있다는 걸 발견했을 것이다. 이렇게 밭에 뿌린 씨는 곧 발아해 자랐고, 농경민은 그 씨를 수확해 이듬해에 다시 뿌렸다. 그러나 많은 야생 종자는 곧바로 발아하지 않아 수확을 내지 못했다.

야생식물 중에는 두꺼운 껍질이나, 발아를 억제하는 다른 장치가 없는 쪽으로 돌연변이를 일으킨 개체가 있었을 것이다. 이런 돌연변이체는 즉시 발아하고, 수확기에 다시 돌연변이 종자를 내놓는다. 초기 농경민은 그 차이를 눈치채지 못했을 것이다. 눈으로 열매가 큰 것을 확인하고 선택적으로 수확하던 장과류의 경우와는 크게 달랐기 때문이다. 그러나 '파종 - 성장 - 수확 - 파종'이라는 순환 과정에서 돌연변이체를 즉각적이고 무의식적으로 선택했을 것이다. 씨의 전파에서 일어난 변화가 그렇듯이, 발아 억제에 대한 변화도 밀과 보리와 완두콩을 비롯한 많은 작물이 그 야생의 원종과 구별되는 특징이었다.

초기 농경민의 눈에 보이지 않았던 또 하나의 주요한 변화 유형은 식물의 번식과 관련이 있었다. 작물 개발에서 일반적으로 직면하는 문제는, 간혹 나타나는 돌연변이 개체가 정상적인 개체보다 우리 인간에게 더 유익하다는 것이다. 예컨대 씨가 더 크거나 쓴맛이 덜하다. 이런 바람직한 돌연변이체를 정상적인 개체와 계속 교배했다면, 돌연변이 특성이 금세 희석되었거나 사라졌을 것이다. 그렇다면 어떤 환경이었기에 초기 농경민이 돌연변이를 계속 유지할 수 있었을까?

자가생식自家生殖을 하는 식물의 경우에는 돌연변이체도 자연스레 보존되었을 것이다. 덩이줄기나 부모 식물의 뿌리로 번식하는 식물, 즉 무성생식無性生殖을 하는 식물이나, 하나의 개체에서 수분受粉할 수 있는 자웅동체 식물의 경우가 여기에 해당한다. 그러나 야생식물의 대부분이 그런 식으로 번식하지 않는다. 대부분은 자화수분自花受粉을 하지 못하는 자웅동체(이쪽의 수술이 저쪽의 암술을 수정시키고, 저쪽의 수술이 이쪽의 암술을 수정시킨다)이거나, 모든 정상적인 포유류처럼 암수의 개체가 다르다. 전자를 '자가불화합성 자웅동체self-incompatible hermaphrodite', 후자를 '자웅이주 종dioecious species'이라고 부른다. 둘 다 고대 농경민에게는 달가운 존재가 아니었다. 이유도 모른 채 좋은 돌연변이체를 금세 상실했을 것이기 때문이다.

이 문제의 해결책은 마지막 유형의 보이지 않는 변화와 관계가 있었다. 식물에서 잦은 돌연변이는 생식 체계 자체에 영향을 미친다. 어떤 돌연변이 개체가 수분되지 않고도 열매를 맺었고, 그 결과 씨 없는 바나나와 포도, 파인애플이 생겨났다. 또 돌연변이 자웅동체 식물이 자가불화합성이라는 특성을 상실해 자화수분을 할 수 있게 되었다. 자두와 복숭아, 사과와 살구, 버찌를 비롯한 많은 과일나무가 이 경우에 속한다. 또 정상적이었다면 암수의 개체가 달랐겠지만, 돌연변이 포도나무는 자화수분을 하는 자웅동체가 되었다. 이런 긍정적 변화 덕분에, 고대 농경민은 번식생물학reproductive biology에 대해 전혀 몰랐지만, 첫 돌연변이체만 그럴듯하고 그 자손은 무가치해서 잊히는 식물 대신, 동일한 특징을 띠어 다시 심을 만한 가치를 지닌 유익한 작물을 얻게 되었다.

따라서 농경민은 크기와 맛 등 감각적으로 구분되는 특징뿐 아니라, 씨의 확산 메커니즘, 발아 억제, 번식 활동 등 보이지 않는 특징까지 고려해서 식물들을 하나씩 따로따로 선택했다. 이로써 다양한 식물이 각기 다른 이유로, 때로는 완전히 상반된 이유로 선택되었다. 해바라기 같은 식물은 씨가 유난히 커서 선택했지만, 씨가 아주 작거나 존재조차 하지 않아서 선택한 바나나 같은 식물도 있었다. 상추는 씨나 열매보다는 풍성한 이파리 때문에 선택한 반면, 밀과 해바라기는 이파리보다 씨를 얻기 위해, 호박은 이파리보다 열매를 얻기 위해 선택했다. 하나의 식물종이 여러 목적에 따라 선택되고, 그로 말미암아 상당히 다른 모습의 작물로 변한 사례는 특히 주목할 만하다. 이미 바빌로니아 시대에 ('근대'라는 요즘 비트의 한 변종처럼) 이파리를 얻기 위해 재배되던 비트는 이후 먹을 수 있는 뿌리를 얻기 위해, 최종적으로 18세기에는 당분을 얻기 위해 사탕무로 개발되었다. 양배추의 조상은 원래 기름을 함유한 씨를 얻기 위해 재배했을 가능성이 크지만, 이파리(요즘의 양배추와 케일), 줄기(콜라비), 싹(양배추), 꽃봉오리(꽃양배추, 브로콜리) 등 각각의 목적으로 선택되어 비트보다 훨씬 더 다양한 변화를 겪었다.

지금까지 우리는 의식적이었든 무의식적이었든 농경민의 선택으로 야생식물이 작물로 변한 사례를 살펴보았다. 달리 말하면, 처음에 농경민이 어떤 야생식물 개체를 선택해 집으로 가져와 채마밭에 심었고, 다음 단계에서는 매년 일정한 정도의 자손 씨를 선택해 이듬해 채마밭에 심었다. 그러나 식물의 자체 선택으로도 많은 변형이 일어났다. 다윈이 말하는 '자연선택'은 동일한 자연 조건에서 동일한 종 사이에도 특정한 개체가 더 꿋꿋하게 생존하고 더 성공적으로 번식하는 현상을 가리킨다. 차별적인 생존과 번식이라는 자연 현상은 실제로 '선택' 행위나 다름없다. 조건이 변하면 다른 유형의 개체가 더 잘 생존하거나 번식해 자연선택 되고, 그 결과 그 개체군은 진화적 변화를 겪는다. 영국의 나방에서 나타난 '공업 흑화industrial melanism'가 전형적인 예이다. 19세기 동안 환경이 악화하며 어두운색을 띤 나방이 옅은 색을 띤 개체보다 상대적으로 흔해졌다. 그 이유는 어둡고 더러운 나무에 앉은 어두운색의 나방이 옅은 색을 띤 나방보다 포식자의 눈에 띄지 않을 가능성이 더 컸기 때문이다.

산업혁명으로 나방의 생존 환경이 바뀐 것만큼이나, 농경으로 식물의 생존 환경도 달라졌다. 메마르고 척박한 산비탈과, 흙을 뒤집고 비료를 뿌리고 물을 주고 잡초를 뽑아주는 채마밭은 성장 조건이 무척 다르다. 작물화에 따른 식물의 많은 변화는 조건의 변화에서 비롯된 것이었다. 조건의 변화로 말미암아 생장에 유리한 개체의 유형도 달라졌다. 예컨대 농부가 채마밭에 촘촘히 씨를 뿌리면, 씨들이 치열한 경쟁을 벌여야 한다. 척박한 산비탈에서는 씨가 드문드문 있어 경쟁이 덜하므로 작은 씨가 유리했다면, 채마밭에서는 큰 씨가 빨리 성장하는 좋은 조건을 이용할 수 있어 크게 유리해진다. 식물이 이렇게 경쟁을 벌여야 하는 환경도 고대에 야생식물이 작물로 변하는 과정에서 나타난 변화, 예컨대 씨가 더 커진 현상에 큰 역할을 했다.

어떤 종은 무척 오래전에 작물화한 반면, 중세가 되어서야 작물화한 종이 있다. 한편 여전히 인간의 노력에 저항하며 작물화되지 않은 종도 적지 않다. 이렇게 작물화의 용이성에서 식물 간에 큰 차이가 있는 이유를 어떻게 설명할 수 있을까? 서남아시아의 비옥한 초승달 지역에서 야생식물이 작물화된 확실한 순서를 분석함으로써 많은 답을 추론해낼 수 있을 듯하다.

지금까지 밝혀진 바에 따르면, 비옥한 초승달 지역에서 가장 먼저 개발된 작물은 약 1만 년 전에 작물화한 밀과 보리와 완두콩이었다. 세 가지 작물의 야생 원종은 많은 면에서 유리했다. 야생 상태에서도 먹을 수 있었고 수확량도 많았다. 또 재배하기가 쉬워 씨를 뿌리거나 심기만 하면 그만이었다. 게다가 빨리 성장해서 씨를 뿌려두고 서너 달 뒤에 수확할 수 있었다. 이런 특징은 떠돌이 수렵민과 정착한 촌락민 사이의 경계선에 있던 초기 농경민에게는 큰 이점이었다. 물론 훨씬 나중에 개발된 장과류나 상추와 달리 저장하는 데도 어려움이 없었다. 대부분이 자화수분을 하는 이점도 있었다. 다시 말하면, 스스로 수분하기 때문에 바람직한 유전자를 그대로 자손에 전달할 수 있어, 인간에게 덜 유익한 다른 종과 이종교배를 할 필요가 없었다는 뜻이다. 끝으로, 이 세 가지 종의 야생 원종을 작물로 전환하는 데는 유전자 변화가 거의 필요하지 않았다. 예컨대 밀의 경우에는 줄기가 부러지는 걸 막고, 씨가 균일하고 신속하게 발아하게끔 하는 돌연변이만으로 충분했다.

작물 개발의 다음 단계는 기원전 4000년경에 시작된 과일나무와 견과류 나무의 작물화였다. 올리브와 무화과, 대추와 석류, 포도 등이 이때 작물화되었다. 곡류와 콩류에 비교할 때, 열매를 얻는 나무는 심은 뒤 적어도 3년이 지나야 수확을 시작할 수 있고, 길게는 10년 후에야 최대로 수확할 수 있다는 단점이 있었다. 따라서 열매 나무의 재배는 완전한 정착 생활을 시작한 사람들에게만 가능했다. 하지만 초기에 작물화한 과일나무와 견과류 나무도 상대적으로 재배하기가 가장 쉬운 것이었다. 나중에 길들인 나무들과 달리, 이때 작물화한 열매나무들은 부모 나무에서 꺾꽂이를 하거나, 심지어 씨만 뿌려도 그럭저럭 자라는 것이었다. 꺾꽂이에는 고대 농경민이 열매가 무성한 나무를 발견했을 때 동일한 자손을 확실하게 계속 얻을 수 있다는 이점도 있었다.

이어지는 단계는 사과와 복숭아, 자두와 앵두 등 재배하기 한층 어려운 과일나무의 작물화였다. 이 나무들은 단순한 꺾꽂이로는 재배할 수 없다. 또 특별히 뛰어난 개체의 자손도 질적으로 들쑥날쑥한 데다 대체로 무가치한 열매를 맺기 때문에, 씨를 심어 키워보려는 노력은 헛수고일 뿐이다. 따라서 이 나무들을 재배하려면 접목이라는 까다로운 기법을 적용해야 한다. 접목은 중국에서 농업을 시작하고 오랜 시간이 지난 뒤에 개발한 농법이다. 이는 방법을 알더라도 적용하기가 쉽지 않아서, 그 방법 자체도 의식적인 실험을 통해 발견했을 게 분명하다. 따라서 접목의 발명은 유목민이 어떤 곳에 배설을 하고 시간이 지난 뒤 돌아와서 맛있는 열매가 열린 것을 보고 놀라며 즐거워하던 것처럼 단순한 결과가 아니었다.

이 후기 단계에 개발된 과일나무는 야생의 원종이 자화수분을 하지 않는 식물이었다는 점에서도 또 다른 문제를 제기했다. 이 나무들은 유전적으로 다른 종에 속하는 식물과 타화수분他花受粉을 해야 했다. 따라서 초기 농경민은 타화수분이 필요하지 않은 돌연변이 나무를 찾아내거나, 유전적으로 다른 수종을 동일한 과수원 내에서 암수 개체 근처에 의식적으로 심어야 했다. 이런 문제들이 복합되었기 때문에 사과, 복숭아, 자두, 앵두의 작물화는 고대까지 미루어졌다. 그렇지만 거의 같은 시기에 뒤늦게 길들였으면서도 큰 수고를 들이지 않은 작물이 있었다. 처음에는 들판에서 잡초로 기생했지만 어엿한 작물로 재배되기 시작한 야생식물이 여기에 속한다. 이렇게 잡초로 시작한 작물로는 호밀, 귀리, 순무, 무, 비트, 리크, 상추가 있었다.

표 7.1 고대 세계의 초기 주요 작물 유형

지역	작물 유형	
	곡류, 그 밖의 볏과 식물	콩류
비옥한 초승달 지역	에머밀, 외알밀, 보리	완두콩, 렌즈콩, 병아리콩
중국	조, 기장, 쌀	대두, 팥, 녹두
메소아메리카	옥수수	강낭콩, 테퍼리콩, 붉은강낭콩
안데스 지역, 아마존강 유역	퀴노아, [옥수수]	리마콩, 강낭콩, 땅콩
서아프리카와 사헬 지역	수수, 진주기장, 아프리카벼	동부콩, 땅콩
인도	[밀, 보리, 쌀, 수수, 기장류]	편두, 우라드콩(검은이집트콩), 푸른이집트콩
에티오피아	테프, 손가락기장, [밀, 보리]	[완두콩, 렌즈콩]
미국 동부	카나리아풀, 키작은보리, 마디풀, 명아주	–
뉴기니	사탕수수	–

내가 지금까지 자세히 설명한 순서는 비옥한 초승달 지역에 해당되는 것이지만, 부분적으로 비슷한 순서가 세계의 다른 지역에서도 나타났다. 특히 비옥한 초승달 지역의 밀과 보리는 곡물이나 낟알이라고 일컫는 작물류, 즉 볏과 식물grass family의 전형적인 예이고, 같은 지역의 완두콩과 렌즈콩은 콩류, 즉 강낭콩이 포함된 콩과 식물legume family의 대표적인 예이다. 곡류는 빠르게 성장하고 탄수화물이 많으며, 재배 면적당 엄청난 양의 식량을 생산한다는 장점이 있다. 그 결과, 오늘날에는 우리가 소비하는 열량의 절반 이상을 곡류로 충당한다. 또한 세계에서 가장 중요한 12종의 작물 중 5종(밀과 옥수수, 쌀과 보리와 수수)이 곡류이다. 곡물에는 단백질 함유량이 낮은 경우가 많지만, 그 부

작물 유형		
섬유	근류, 덩이줄기	박과
아마	–	머스크멜론
삼	–	[머스크멜론]
목화(육지면), 유카, 용설란	멕시코순무	호박(페포계 등)
목화(해도면)	마니옥, 고구마, 감자, 안데스괭이밥	호박(막시마계 등)
목화(초면)	아프리카참마	수박, 호리병박
목화(목면), 아마	–	오이
[아마]	–	–
–	돼지감자	호박(페포계)
–	참마, 토란	–

이 표는 세계 곳곳의 초기 농경지에서 발견된 다섯 가지 유형의 곡물을 정리한 것이다. 대괄호 안의 작물은 다른 곳에서 먼저 작물화한 것이고, 대괄호가 없는 작물은 그 지역에서 작물화한 것이다. 아프리카의 바나나, 미국 동부의 옥수수와 강낭콩, 뉴기니의 고구마처럼 나중에야 도래하거나 중요해진 작물은 표기하지 않았다. 목화에는 목화속*Gossypium*에 속하는 4종이 있고, 각 종의 원산지가 다르다. 호박에는 호박속*Cucurbita*에 속하는 5종이 있다. 곡류와 콩류와 섬유작물은 대부분의 지역에서 농경 초기부터 재배했지만, 근류와 덩이줄기와 박과류는 일부 지역에서만 일찍부터 중요하게 여겼다.

족분을 콩류로 보충할 수 있다. 콩과 식물에는 대개 25퍼센트(대두의 경우에는 38퍼센트)의 단백질이 함유되어 있기 때문이다. 따라서 곡류와 콩류를 혼합하면, 균형 잡힌 식단에 필요한 많은 영양소를 공급받을 수 있다.

표 7.1이 요약해 보여주듯이, 많은 지역에서 토종 곡류와 콩류를 동시에 작물화하며 식량 생산을 시작했다. 우리에게 가장 널리 알려

진 예로는 밀과 보리를 완두콩 및 렌즈콩과 동시에 재배한 비옥한 초승달 지역, 옥수수 이외에 여러 종류의 강낭콩까지 재배한 메소아메리카, 그리고 쌀과 기장을 재배하면서 대두를 비롯해 다양한 콩류를 재배한 중국이 있다. 상대적으로 덜 알려졌지만, 아프리카에서는 수수와 아프리카벼, 진주기장pearl millet, 동부콩과 땅콩을 재배했고, 안데스 지역에서는 곡류가 아닌 퀴노아를 비롯해 여러 가지 콩류를 재배했다.

표 7.1은 또한 비옥한 초승달 지역이 섬유를 얻기 위해 아마를 일찍부터 작물화했듯이, 다른 지역에서도 유사한 현상이 나타났음을 보여준다. 삼과 4종의 목화, 유카, 용설란이 중국과 메소아메리카, 인도와 에티오피아, 사하라 이남 아프리카, 남아메리카에서 끈을 만들고 옷을 짓는 데 필요한 섬유를 다양한 형태로 제공했고, 이 중 몇몇 지역에서는 가축에서 얻은 털까지 사용했다. 초기의 식량 생산 중심지 가운데 미국 동부와 뉴기니에만 섬유작물이 없었다,

이런 유사점을 제외하면, 식량 생산 방법에는 지역 간에 몇몇 중대한 차이가 있었다. 먼저, 구세계 대부분 지역에서는 농경법으로 흩뿌리기broadcast seeding와 단일경작monoculture field을 사용했고, 나중에야 쟁기질을 도입했다. 달리 말하면, 씨를 한 움큼씩 밭에 흩뿌렸기 때문에 밭 하나에 한 가지 작물만 재배했다. 소와 말을 비롯한 대형 포유동물을 가축화한 뒤에는 이들한테 쟁기를 묶어 밭을 갈았다. 하지만 신세계에서는 동물을 가축화한 적이 없기 때문에 쟁기를 사용할 수 없었다. 그래서 막대기나 호미로 밭을 갈았다. 씨는 손으로 하나씩 심고, 한 움큼씩 흩뿌리지 않았다. 따라서 신세계에서 대부분의 밭은 한 종류만 심은 단일경작지가 아니라, 다양한 작물을 한꺼번에 심고 가

꾸는 혼합형 채마밭의 형태를 띠었다.

농경법에서 또 다른 주된 차이는 칼로리 및 탄수화물의 주된 공급원과 관계가 있었다. 앞에서 살펴보았듯이, 많은 지역에서 칼로리와 탄수화물의 주된 공급원은 곡류였다. 하지만 일부 지역에서는 곡류 대신 근류와 덩이줄기를 재배했다. 고대 비옥한 초승달 지역과 중국에서 그 같은 작물을 무시해도 좋을 정도였던 것과 대조적이다. 카사바라고도 부르는 마니옥과 고구마는 남아메리카 열대지역에서, 감자와 안데스괭이밥은 안데스 지역에서, 아프리카참마는 아프리카에서, 인도·태평양 원산의 참마와 토란은 동남아시아와 뉴기니에서 주식이 되었다. 나무 작물, 특히 바나나와 빵나무도 동남아시아와 뉴기니에서 탄수화물이 풍부한 주식 역할을 했다.

그리하여 로마 시대쯤에는 오늘날 주요 작물로 손꼽히는 거의 모든 작물이 세계 어딘가에서 재배되고 있었다. 가축을 다룬 9장에서 다시 살펴보겠지만, 고대 수렵·채집민은 토종 야생식물에 대해 속속들이 알았다. 따라서 고대 농경민도 작물화할 만한 가치가 있는 거의 모든 식물을 찾아내 작물화했을 게 분명하다. 물론 딸기와 라즈베리는 중세 들어 수도자들이 재배하기 시작했고, 식물 육종가들은 지금도 고대 작물을 개량하며 새로운 부작물minor crop을 꾸준히 더해왔다. 블루베리·크랜베리·참다래 등의 몇몇 장과류와 마카다미아·피칸·캐슈 등의 견과류가 대표적인 예이다. 그러나 현대에 더해진 이런 소수의 작물은 밀, 옥수수, 쌀 같은 고대 주식에 비할 때 중요성이 크지 않았다.

우리가 이렇게 많은 성공을 거두었지만, 식량으로 가치가 있음에도 결국 작물화하지 못한 야생식물이 많다. 가장 널리 알려진 예는 도토리가 열리는 떡갈나무이다. 도토리는 캘리포니아와 미국 동부에서 아메리카 원주민의 주식이었고, 유럽 농부에게는 흉작으로 기근이 닥칠 때 먹는 구황식물이었다. 도토리는 녹말과 기름이 풍부해 영양적으로 가치가 높다. 먹을 수 있는 많은 야생식물과 마찬가지로, 대부분의 도토리에는 쓴맛을 내는 타닌이 함유되어 있다. 하지만 도토리를 좋아하는 사람들은 아몬드를 비롯한 야생식물에서 쓴맛을 내는 화학물질을 처리하는 방식대로 타닌을 처리했다. 구체적으로 말하면, 도토리를 갈아 물에 담갔다가 우려내는 방식으로 타닌을 제거하거나, 타닌을 적게 함유한 쪽으로 돌연변이를 일으킨 떡갈나무 개체를 찾아내 거기서 도토리를 수확했다.

왜 우리는 도토리처럼 소중한 식량원을 작물화하는 데 실패했을까? 왜 딸기와 라즈베리를 작물화하는 데 그처럼 오랜 시간이 걸렸을까? 이 식물들에는 어떤 특징이 있기에 접목 같은 까다로운 기법까지 알아낸 고대 농부의 능력으로도 작물화하는 데 실패했을까?

돌이켜 생각해보면, 떡갈나무에는 작물화하는 데 세 가지 결정적 결함이 있다. 첫째, 느리게 성장해서 대부분의 농경민이 끈기 있게 기다리기 힘들다. 밀은 씨를 뿌린 뒤 몇 개월이면 수확하고, 아몬드나무는 묘목을 심고 3~4년이 지나면 열매가 달린다. 그러나 떡갈나무는 묘목을 심고 10년이 넘게 지나도 도토리가 열리지 않을 수 있다. 둘째, 떡갈나무는 다람쥐가 먹기에 적합한 크기와 맛을 지닌 열매를 맺는 방향으로 진화했다. 다람쥐가 도토리를 땅에 파묻고, 나중에 그 땅을 뒤집어 도토리를 꺼내 먹는 걸 본 사람이 적지 않을 것이다. 간혹 떡갈나무는 다람쥐가 땅속에 묻은 걸 잊어버린 도토리에서 자란다. 따라서 떡갈나무가 자라는 데 적합한 땅이면 실질적으로 거의 모든 곳에 매년 수십억 마리의 다람쥐가 각각 수백 개의 도토리를 퍼뜨리는 셈이다. 우리가 원하는 큼직한 도토리를 얻을 만한 떡갈나무를 선택할 기회가 없었다는 뜻이다. 이처럼 느리게 성장하는 나무와 재빠르게 행동하는 다람쥐는, 유럽인과 아메리칸인디언이 많은 견과류를 얻던 야생의 너도밤나무와 히커리나무가 작물화되지 않은 이유도 설명해준다.

마지막으로, 아몬드와 도토리의 가장 중대한 차이에서 비롯된 결함일 수 있다. 아몬드에서는 쓴맛이 하나의 우성 유전자에 의해 통제되지만, 떡갈나무에서는 많은 유전자에 영향을 받는 듯하다. 고대 농경민이 어쩌다 쓴맛이 없는 돌연변이 나무에서 얻은 아몬드나 도토리를 심으면, 유전 법칙에 따라 아몬드의 경우에는 성장한 나무에 달린 열매의 절반이 쓰지 않겠지만, 떡갈나무의 경우에는 거의 모든 열매에서 여전히 쓴맛이 날 것이다. 이런 결과만으로도, 도토리를 키워보겠다고 결심하고서 다람쥐를 쫓아내고 끈기 있게 버티던 농경민의 열의는 꺾이고 말았을 것이다.

딸기와 라즈베리의 경우에는 개똥지빠귀를 비롯해 장과류를 좋아하는 새들과 씨름해야 하는 유사한 골칫거리가 있었다. 로마인은 야생 딸기를 채마밭에서 길렀다. 그러나 수십억 마리의 개똥지빠귀가 유럽 하늘을 날아다니며 곳곳에 딸기 씨를 배설했고, 그 씨는 로마인의 채마밭에도 떨어졌을 것이다. 따라서 딸기는 개똥지빠귀의 바람대로 작은 크기를 유지했고, 인간이 원하는 크기로 자라지 못했다. 결국 새들의 침입을 막는 보호망과 온실을 개발한 뒤에야 개똥지빠귀를 물리칠 수 있었고, 우리의 기준에 맞추어 딸기와 라즈베리를 재설계할 수 있게 되었다.

지금까지 살펴보았듯이, 슈퍼마켓에 진열된 큼직한 딸기와 조그만 야생 딸기의 차이는 인위적으로 재배하는 식물과 그 식물의 야생 원종을 구분 짓는 다양한 특징 중 일례에 불과하다. 이런 차이는 원래 야생식물들 사이의 자연 발생적 변이에서 비롯되었다. 장과류의 크기, 견과류의 쓴맛 등 몇몇 변이는 고대 농경민에게도 쉽게 눈에 띄었다. 근대 식물학이 등장하지 않았다면, 씨를 전파하는 메커니즘, 씨의 휴면 등과 같은 변이는 인간에게 제대로 알려지지 않았을 것이다. 그러나 고대 여행객이 의식적인 기준에 따라 식용 야생식물을 선택했든 무의식적으로 선택했든, 야생식물의 작물로의 진화는 처음에는 무의식적인 과정이었다. 우리가 야생식물 중에서 특정한 개체를 '선택'했기 때문에, 또 생존 경쟁에서 채마밭에 적합한 개체와 야생에 적합한 개체가 서로 다르기 때문에 진화는 불가피했다.

이런 이유에서 다윈은 명저《종의 기원》을 자연선택에 대한 이야기로 시작하지 않았다. 그 책의 첫 장은 식물의 작물화와 동물의 가축화가 인간의 인위적 선택에 의해 어떻게 시작되었는지를 길게 기술한다. 또 우리가 흔히 다윈과 관련짓는 갈라파고스섬의 새를 언급할 때도 농경민이 구스베리 품종을 어떻게 다각화했는지가 먼저 나온다! "나는 원예 서적에서, 조악한 재료로 훌륭한 결과를 만들어낸 원예가의 경이로운 기술을 칭찬하는 글을 읽은 적이 있다. 그러나 그 기술은 매우 단순한 데다 최종 결과에 관한 한 거의 무의식적으로 이루어진 게 분명했다. 매번 가장 좋은 변종을 재배하고 그 씨앗을 뿌려 거기에서 조금이라도 나은 변종이 나오면 그 변종을 선택하는 과정을 되풀이하는 게 그 기술의 전부였다." 인위적 선택으로 작물을 개발한다는 원칙은 지금도 자연선택에 따른 종의 기원을 이해하는 가장 쉬운 방법이다.

8장 사과가 문제였을까, 인디언이 문제였을까?

APPLES OR INDIANS

왜 일부 지역의 종족은 야생식물을 길들이지 못했는가?

야생 사과가 유라시아에서는 작물화되었지만, 북아메리카에서는 작물화되지 않은 이유가 무엇일까? 기후와 환경, 야생 동식물종에 따라 지역별로 길들일 수 있는 생물종이 크게 달랐기 때문이다. 그로 인해 식량 생산의 시작 시기도 지역마다 달라졌으며, 일부 지역에서는 토양이 비옥함에도 근대까지 식량 생산이 시작되지 않았다.

지금까지 우리는 일부 지역민들이 야생식물종을 어떻게 재배하기 시작했는지 살펴보았다. 그렇게 농경 생활은 그들의 생활 방식에는 물론이고, 그 자손들의 역사적 위치에도 뜻하지 않게 중대한 영향을 미쳤다. 이제 다시 원래의 질문으로 돌아가 보자. 왜 캘리포니아, 유럽, 오스트레일리아의 온대지역, 적도 이남 아프리카 등지의 비옥하고 적합한 곳에서는 농경이 독자적으로 시작되지 않았을까? 한편 농경을 독자적으로 시작한 곳 중에서도 그 시기가 지역마다 달랐던 이유는 무엇일까?

뚜렷이 대조적인 설명 두 가지가 어렵지 않게 떠오른다. 하나는 해당 지역에 살던 사람들과 관련된 문제이고, 다른 하나는 해당 지역에 자생하던 야생식물과 관련된 문제이다. 지구상에서 물이 적당히 있는 온대지역이나 열대지역에는 작물화하기에 적합한 야생식물종이 충분하기 마련이다. 이런 곳에서 농경이 발달하지 않은 이유를 설명하려면, 그 지역에 살던 사람들의 문화적 특성을 살펴볼 필요가 있다. 한편 지구상의 어느 광활한 지역에 거주하던 사람들 중 일부는 작물화로 이어진 갖가지 실험에 적극적이었을 것이다. 따라서 적절한 야생식물이 부족해서 식량 생산이 일부 지역에서 발달하지 않았다고 설명할 수 있다.

다음 장에서 다시 살펴보겠지만, 대형 야생 포유동물의 가축화와 관련한 문제는 더 수월하게 해결된다. 그 이유는 길들이기에 적합한 동물종이 식물종보다 훨씬 적기 때문이다. 육지에서 생활하는 초식동물이나 잡식동물 중 가축화에 적합한 후보로 넣을 수 있는 대형 야생 포유동물은 전 세계적으로 약 148종에 불과하다. 또 어떤 포유동물이 가축화하기에 적합한지를 결정하는 요인도 그리 많지 않다. 따라서 어떤 지역의 대형 포유동물을 살펴보는 작업이나, 어떤 지역에서 포유동물을 가축화하지 않은 이유가 해당 지역민들의 탓인지 아니면 적절한 야생동물이 없었기 때문인지를 판별하는 작업도 그다지 어렵지 않다.

그러나 이 접근법을 식물에 적용하면 무척 어려워진다. 야생식물이 지구상에서 가장 많은 데다 작물화된 식물의 거의 대부분을 차지하는 현화식물flowering plant만도 20만 종에 이르기 때문이다. 따라서 캘리포니아라는 한정된 지역에 존재하는 모든 야생식물종을 조사하고, 그중 몇 종이나 작물화할 수 있었는지를 가늠하는 것조차 기대하기 어렵다. 그러나 이제부터 그 문제를 어떻게 해결할 수 있는지 살펴보기로 하자.

무수히 많은 종의 현화식물이 있다는 말을 처음 들은 사람이라면 십중팔구 이렇게 반응할 것이다. '지구에 야생식물종이 그토록 많다면, 온난한 기후권에는 작물화하기에 적합한 식물종이 넘쳐났겠군.'

그러나 조금만 생각해보면, 대다수 야생식물이 작물화하기에 부적합한 이유를 찾아낼 수 있다. 목질木質이어서 질기고 소화하기 힘들며, 식용 열매를 맺지 않고, 이파리와 뿌리도 먹을 수 없다. 20만 종의 야생식물종 중에서 인간이 먹을 수 있는 것은 수천 종에 불과하고, 그

중에서 어떤 식으로든 작물화한 것은 수백 종에 지나지 않는다. 그 수백 종의 작물도 대부분이 우리 식단을 아주 조금 메우는 수준이어서, 그것만으로는 문명을 일으키기에 충분하지 않았을 것이다. 현재 전 세계 작물 생산량의 80퍼센트 이상을 12종의 작물이 차지한다. 그 막강한 12종 가운데 곡류로는 밀·옥수수·쌀·보리·수수, 콩류로는 대두, 근류와 덩이줄기로는 감자·마니옥·고구마, 설탕 공급원으로는 사탕수수·사탕무, 열매로는 바나나가 있다. 세계 인구가 소비하는 칼로리의 절반 이상을 곡류에서 얻는다. 현재 세계 인구의 주된 식량인 몇몇 작물이 모두 수천 년 전에 작물화되었다는 사실을 고려하면, 세계의 많은 지역에 잠재력이 큰 토종 야생식물이 전혀 없었다는 것도 그다지 놀라운 일은 아니다. 현대에 들어 주요 작물로 새롭게 개발된 식물이 단 하나도 없었다는 사실로 미루어 고대인이 유용한 야생식물을 전부 실험해서 그중 실질적으로 가치가 있는 식물종을 빠짐없이 작물화했던 것으로 짐작된다.

하지만 야생식물이 작물화되지 않은 사례 중에는 아직도 설명하기 곤란한 경우가 적지 않다. 어떤 식물은 특정 지역에서는 작물화되었지만 다른 지역에서는 그러지 못했는데, 이런 사례가 특히 눈에 띈다. 이제 우리는 먼 옛날에도 야생식물을 유용한 작물로 개발하는 게 얼마든지 가능했음을 확신할 수 있고, 그러니 그 야생종이 특정 지역에서 작물화되지 않은 이유에 의문을 품어야 마땅하다.

전형적인 사례를 아프리카에서 찾을 수 있다. 중요한 곡물인 수수는 아프리카 사헬 지역, 즉 사하라사막에 인접한 남쪽에서 작물화되었다. 그보다 훨씬 남쪽에도 야생 수수가 있었다. 하지만 반투족 농경민이 2,000년 전에 적도 북쪽의 아프리카 농작물을 모두 가져온 뒤에야 아프리카 남부에서도 수수를 비롯한 다른 야생식물을 작물화했다. 왜 아프리카 남부의 원주민은 자발적으로 수수를 작물화하지 않았을까?

서유럽과 북아프리카에서 자생하던 아마와 발칸 지역 남부에서 자생하던 외알밀을 작물화하지 않은 이유도 궁금하기는 마찬가지이다. 더구나 이 2종의 식물은 비옥한 초승달 지역에서 먼저 개발된 8종의 작물 중 하나였기 때문에 작물화하기 가장 손쉬운 야생식물이었을 것이란 추정이 가능하다. 게다가 그 식물들이 자생하던 비옥한 초승달 지역 바깥에서는, 비옥한 초승달 지역의 작물이 전래되자마자 식량 생산을 위해 그 작물들을 채택해 재배하기 시작했다. 그런데 왜 그 외곽 지역 사람들은 이 2종의 식물을 자체적으로 작물화해 재배하지 않았을까?

한편 비옥한 초승달 지역에서 가장 먼저 작물화된 4종의 과일나무는 지중해 동쪽을 넘어 멀리까지 야생에 널려 있었다. 올리브, 포도, 무화과는 서쪽으로 이탈리아와 스페인과 북서 아프리카에, 대추야자는 북아프리카와 아라비아 전역에 분포했다. 이 4종이 가장 작물화하기 쉬운 야생식물이었던 게 분명하다. 그런데 왜 비옥한 초승달 지역 바깥의 사람들은 이 야생식물들을 스스로 작물화하지 않고, 지중해 동쪽에서 작물화된 형태로 전래된 뒤에야 그것들을 재배하기 시작했을까?

눈에 띄는 다른 사례로는 식량 생산을 자발적으로 시작하지 않은 지역에 분포해 작물화되지 않았지만, 다른 곳에서 작물화된 야생종과 가까운 친척 관계에 있는 야생종의 경우이다. 예컨대 '올리브나무 *Olea europea*'는 지중해 동쪽에서 작물화되었다. 그런데 아프리카 열대지역과 남아프리카, 남아시아, 오스트레일리아 동부에 약 40종의 올리브가 존재하고, 그중 일부는 '올리브나무'와 매우 밀접한 관계에 있지만 하나도 작물화된 적이 없었다. 마찬가지로, 야생 사과종 하나와 야생 포도종 하나가 유라시아에서는 작물화되었다. 북아메리카에는 그와 친척 관계에 있는 사과와 포도 야생종이 상당히 많은데, 현대에 와서야 사과와 포도의 품종 개량을 위해 유라시아의 야생 사과나 포도에서 얻은 품종을 북아메리카의 종 일부와 이종교배를 하기 시작했다. 그런데 왜 아메리카 원주민은 겉으로도 유용해 보이는 사과와 포도를 작물화하려고 애쓰지 않았을까?

이 같은 사례는 끝없이 나열할 수 있다. 그러나 이런 추론에는 치명적 결함이 있다. 식물의 작물화가 수렵·채집민이 하나의 식물만을 작물화하고, 유랑 생활에는 어떤 변화도 주지 않는다는 뜻은 아니기 때문이다. 가령 북아메리카에서 수렵·채집민으로 살던 인디언이 정착해 야생 사과를 재배한 뒤에 그 야생 사과가 상당히 괜찮은 작물로 진화했을 것이라고 가정해보자. 그러나 정착해서 식량을 생산하는 삶의 방식이 수렵·채집과 경쟁하려면 작물화하고 가축화할 만한 야생식물과 야생동물이 충분해야 한다. 즉 대상 개체 수가 부족하다면 떠돌이 수렵·채집민이 전통적인 생활 방식을 포기하고 정착해 살며 사과 과수원을 가꾸기 시작하지는 않았을 것이다.

요컨대 지역 식물상植物相, flora 전체의 작물화 가능성을 평가하려면 어떻게 해야 할까? 야생 사과를 작물화하지 못한 북아메리카의 경우, 문제가 인디언에게 있었을까, 아니면 사과에 있었을까?

이 질문에 답하기 위해 독자적으로 작물화를 시도한 지역 중에서 양극단에 있는 세 곳을 비교해보자. 앞에서 살펴보았듯이, 그중 하나인 비옥한 초승달 지역은 세계에서 식량 생산을 가장 먼저 시작한 중심지이고, 현대 세계에서도 주요 작물로 손꼽히는 몇몇 작물과 거의 모든 주요 가축의 기원지이기도 하다. 다른 두 지역, 즉 뉴기니와 미국 동부는 지역의 토종 식물을 작물화했지만 그 종류가 극히 적었고, 그중 하나만이 세계적으로 중요한 위치를 차지했다. 따라서 비옥한 초승달 지역과 달리, 그곳에서 생산된 식량으로는 과학기술과 정치조직의 발전을 대대적으로 뒷받침하기가 어려웠다. 이런 차이에 비추어 보면, 다음과 같은 의문이 자연스레 제기된다. 식물상과 환경 측면에서, 비옥한 초승달 지역이 뉴기니와 미국 동부에 비해 크게 유리했던 것일까?

인류의 역사에서 핵심적인 사실 중 하나는 서남아시아의 비옥한 초승달(그곳의 고지대가 초승달을 닮았기 때문에 붙은 명칭. 그림 8.1 참조)로 알려진 지역이 일찍부터 중요했다는 것이다. 그 지역은 도시, 문자, 제국 그리고 우리가 좋든 싫든 문명이라고 칭하는 것에 이르기까지 일련의 발전이 처음으로 일어났던 듯하다. 인구가 밀집하고 잉여 식량을 저장할 수 있게 되자 문명이 발달했다. 작물 재배와 축산의 형태로 식량 생산이 본격적으로 이뤄지면서, 농사일에 종사하지 않는 전문가들을 먹여 살릴 수 있게 되었다. 식량 생산은 비옥한 초승달 지역에서 나타난 주요한 혁신 중 하나였다. 따라서 현대 세계의 기원을 제대로 이해하려면, 비옥한 초승달 지역에서 식물과 동물을 먼저 작물화하고 가축화한 이유를 알아내야 한다.

다행히 비옥한 초승달 지역은 농업의 기원과 관련해 가장 집중적

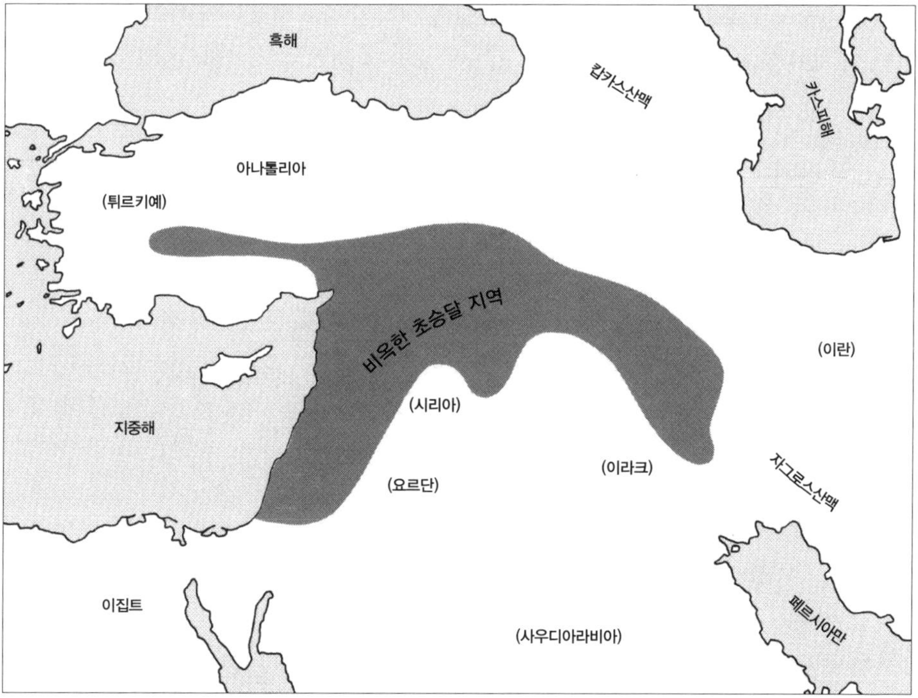

그림 8.1 비옥한 초승달 지역과 기원전 7000년 이전의 식량 생산지.

으로 연구가 이루어져 그만큼 이해도가 높은 지역이다. 비옥한 초승달 지역과 그 인근에서 재배한 작물의 경우 대부분은 야생 원종이 확인되었다. 작물과 야생 원종 사이의 밀접한 관계가 유전자와 염색체 연구를 통해 입증되었고, 야생 원종의 지리적 분포도 밝혀졌다. 작물화로 인해 야생 원종이 어떻게 변했는지도 확인되었고, 그 변화가 대체로 하나의 유전자 차원에서 일어났다는 것도 알아냈다. 여러 층으로 겹겹이 쌓인 고고학적 기록에서는 변화 과정까지 관찰할 수 있으며, 작물화가 시작된 장소와 시기도 대략적으로 찾아냈다. 그렇다고 중국과 같은 지역에도 작물화가 일찍 시작된 중심지로서의 여러 이점이 있었음을 부인하는 것은 아니다. 하지만 비옥한 초승달 지역에 대한 연구에서, 작물화에 유리한 점과 작물을 개발하게 된 과정을 더 구체적으로 찾을 수 있다.

비옥한 초승달 지역은 이른바 지중해성 기후대에 있어 문화 발전이 유리했다. 지중해성 기후대의 특징은 겨울에는 따뜻하고 습한 반면, 여름은 긴 데다 덥고 건조하다. 이 기후대에서는 길게 이어지는 건조한 계절을 견딜 수 있고, 비가 내리면 다시 신속하게 성장할 수 있는 식물종이 유리하다. 비옥한 초승달 지역의 많은 식물, 특히 곡류와 콩류에 속한 종은 인간에게 유용하도록 형질을 전환하며 한해살이 작물이 되었다. 한해살이는 건기에 말라 죽는 식물을 뜻한다.

한해살이식물은 고작 1년을 살기 때문에 초본草本의 크기가 작을 수밖에 없다. 하지만 많은 한해살이식물이 큰 씨를 만드는 데 다량의 에너지를 들인다. 씨는 건기에 휴면 상태에 있다가, 비가 내리기 시작하면 발아할 준비를 갖춘다. 따라서 한해살이식물은 나무나 관목처럼 먹을 수 없는 목질 또는 섬유질로 줄기를 만드는 데 에너지를 거의 낭비하지 않는다. 그러나 큰 씨, 특히 한해살이 곡류와 콩류의 씨는 대체로 우리가 먹을 수 있다. 현재 세계에서 가장 중요한 12종의 작물 중 6종이 곡류이거나 콩류이다. 반면 당신이 숲 근처에 산다면 창밖에 보이는 주변의 식물종은 교목이거나 관목일 가능성이 크다. 이런 나무의 줄기는 우리가 먹을 수 없고, 나무는 먹을 수 있는 씨를 만드는 데 에너지를 그다지 쓰지 않는다. 물론 습한 기후대의 숲에는 먹을 수 있는 큼직한 씨를 만들어내는 나무가 적잖게 있다. 하지만 그 씨는 길게 이어지는 건조한 계절을 견디는 데 적응하지 못해 오랫동안 보관하기에 적합하지 않다.

비옥한 초승달 지역의 식물상에는 또 다른 이점도 있었다. 요컨대 그 지역에서는 많은 작물의 야생 원종이 작물화되기 전에도 이미 풍부하고 생산성이 높았을 뿐만 아니라, 수렵·채집민이 그 가치를 쉽게 짐작할 수 있을 만큼 넓은 지역에서 자랐다. 식물학자들이 1만 년 전의 수렵·채집민을 흉내 내며 야생 곡류가 자생하는 지역에서 씨를 채집하는 실험을 해보았다. 그런 실험 연구에 따르면, 헥타르당 연간 수확한 씨가 1톤에 육박했다. 다른 식으로 말하면, 1킬로칼로리의 노동만을 투입해 50킬로칼로리의 에너지에 해당하는 식량을 얻었다는 뜻이다. 씨가 완전히 익었을 때 단기간에 엄청난 양의 야생 곡류를 채집해 저장하고 이듬해 다시 수확할 때까지 식량으로 사용함으로써, 비옥한 초승달 지역에서 일부 수렵·채집민은 식물을 본격적으로 재배하기 전부터 이미 항구적인 정착 마을을 형성하고 있었다.

비옥한 초승달 지역의 곡류는 야생에서도 생산성이 무척 높았기 때문에, 농경을 시작한 후에도 그 땅에 별다른 적응을 할 필요가 없었다. 7장에서 언급했듯이, 인간이 밭에 씨를 뿌리기 시작한 순간부터 식물의 씨 확산 방법이나 발아 억제 방식이 뒤틀리는 등 발육상의 중대한 변화가 자연스레 뒤따랐다. 현재 우리가 소비하는 밀과 보리는 그것들의 야생 원종과 겉모습이 무척 유사하기 때문에, 그 원종이 무엇인지 의혹이 제기된 적이 없었다. 큰 씨를 지닌 한해살이식물은 작물화하기 쉬워 비옥한 초승달 지역뿐 아니라, 중국과 사헬 지역에서도 가장 먼저 재배되었다.

밀과 보리의 이런 신속한 진화를 신세계의 주된 곡물 옥수수와 비교해보자. 옥수수의 조상은 테오신티teosinte(우리나라에는 '테오신트'로 알려졌지만 '테오신티'가 정확한 발음이다—옮긴이)로 알려진 야생식물로 추정된다. 테오신티는 씨와 꽃 모양이 옥수수와 너무나 달라, 테오신티가 정말 옥수수의 원종인지를 두고 식물학자들은 오랫동안 뜨거운 논쟁을 벌였다. 야생에서 테오신티는 야생 밀보다 생산성이 낮았고, 현재의 옥수수보다 씨를 훨씬 적게 맺었으며, 더구나 씨가 먹을 수 없는 단단한 껍질에 둘러싸여 있었다. 따라서 테오신티는 식량으로도 수렵·채집민의 눈길을 끌지 못했을 것이다. 테오신티가 유용한 작물로 변신하려면, 번식 활동에서 극적인 변화가 있어야 했다. 달리 말하면, 씨에 대한 투자를 크게 늘리고, 씨를 돌덩이처럼 감싸고 있는 단단한 껍질을 없애야 했다. 고고학자들은 남북아메리카에서 고대 옥수수의 속대가 손톱만 한 크기에서 사람 엄지손가락 크기로 커지는 데 수백 년이 걸렸는지, 아니면 수천 년이 걸렸는지를 두고 지금도 열띤 논쟁을 벌이고 있지만, 지금의 크기에 도달하는 데는 다시 수천 년이 더 걸렸을 것이다. 밀과 보리의 눈에 띄는 장점과 테오신티가 제기하는 문제점은 각각 유라시아와 신세계에서 인간 사회가 발전하는 속도에 영향을 준 중대한 요인이었다.

비옥한 초승달 지역의 식물상에서 찾을 수 있는 세 번째 이점은, 그 지역에는 자웅동체 '독행자selfer', 즉 주로 자화수분을 하지만 간혹 타화수분을 하는 식물의 비율이 높았다는 점이다. 대부분의 야생식물은 주로 타화수분을 하는 자웅동체이거나 암수가 나뉘진 개체여서 수분하려면 상대 개체에 의존할 수밖에 없다. 그리고 생산적인 돌연변이 개체를 찾아내더라도 그 자손이 다른 개체와 타화수분을 해서 돌연변이의 이점을 상실했기 때문에, 초기 농경민에게 이런 번식 방법은 골칫거리였을 것이다. 그 때문에 작물화된 식물 대부분은 야생에 적게 존재하는 식물, 즉 주로 자화수분을 하는 자웅동체이거나 교배 없이 무성생식으로 번식하는 야생식물(예컨대 뿌리로 부모의 유전자를 그대로 물려받는 식물)이었다. 야생에서 이런 자웅동체 독행자의 비율이 높으면 인간에게 유리했으므로 비옥한 초승달 지역의 초기 농경민도 식물상에서 자웅동체 독행자의 비율이 높은 식물을 작물로 심었을 것이다.

자웅동체 독행자가 때때로 타화수분을 해서 선택할 만한 새로운 변종을 만들어냈다는 점도 초기 농경민에게 요긴했다. 타화수분이 이따금 동일한 종에 속한 개체들 사이에서, 혹은 친척 관계에 있는 종들 사이에서 일어나며 종간 잡종을 만들어냈기 때문이다. 비옥한 초승달 지역에서 독행자가 타화수분을 해서 만들어낸 대표적인 잡종이 빵밀bread wheat이다. 보통밀이라고도 부르는 이것은 현대 세계에서 가장 가치 있는 작물이다.

비옥한 초승달 지역에서 초기에 개발된 8종의 중요한 작물은 모두 자웅동체 독행자였다. 특히 3종의 독행자 곡류, 즉 외알밀과 에머밀과 보리 중에서 두 종류의 밀은 단백질 함유량이 8~14퍼센트로 높다는 또 다른 이점도 있었다. 반면 동아시아와 신세계에서 가장 중요했던 곡류, 즉 쌀과 옥수수는 단백질 함유량이 낮아 영양학적으로 심각한 불균형을 초래했다.

지금까지 우리는 비옥한 초승달 지역의 식물상이 그곳의 초기 농경민에게 제공한 이점에 대해 살펴보았고, 작물화하기에 적합한 야생식물의 비율이 높았던 현상을 이점 중 하나로 손꼽았다. 그런데 비옥한 초

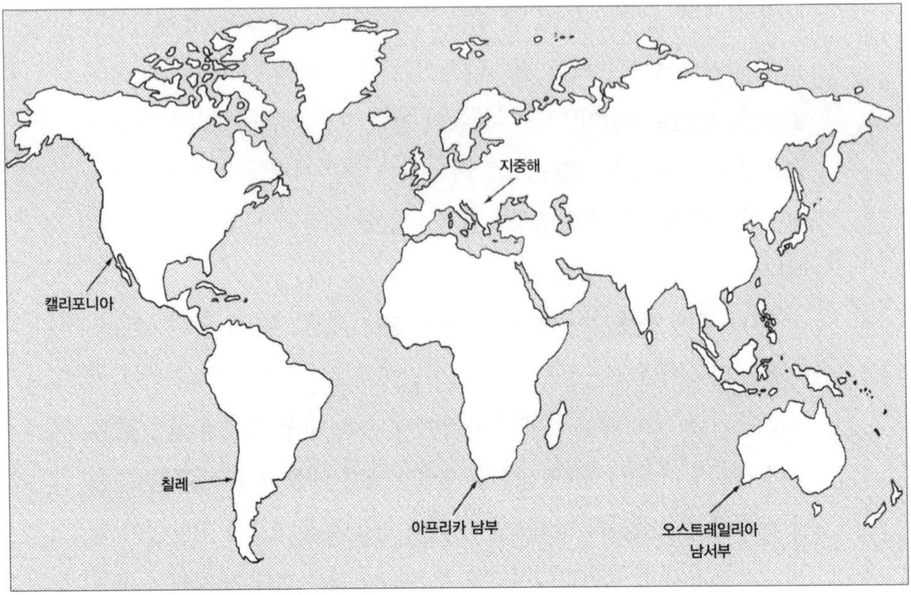

그림 8.2 세계의 지중해성 기후대.

승달 지역의 지중해성 기후대는 서쪽으로 남유럽과 북아프리카까지 연결된다. 세계에는 지중해성 기후대와 유사한 지역이 네 곳—캘리포니아, 칠레, 오스트레일리아 남서부, 아프리카 남부—더 있다(그림 8.2 참조). 그렇지만 이 네 곳은 초기 식량 생산지로 비옥한 초승달 지역에 필적하기는커녕 독자적으로 농경을 시작하지도 못했다. 그렇다면 서유라시아의 지중해성 기후대에는 대체 어떤 이점이 있었던 것일까?

지금까지 밝혀진 바에 따르면, 비옥한 초승달 지역에는 다른 지중해성 기후대에 비해 적어도 다섯 가지 이점이 있었다. 첫째, 서유라시아는 세계에서 가장 넓은 지중해성 기후대이다. 그 때문에 야생식물종과 야생동물종이 오스트레일리아 남서부와 칠레의 다소 협소한 지중해성 기후대보다 다양하다. 둘째, 지중해성 기후대 중에서도 서유라시아는 계절별 또는 연별 기후변화가 가장 크다. 이런 변화는 식물상에, 특히 높은 비율을 차지하는 한해살이식물의 진화에 유리했다. 종의 다양성이 풍부하고 한해살이식물의 비율이 높다는 두 가지 요인이 복합적으로 작용해 서유라시아의 지중해성 기후대에 세계에서 한해살이식물이 가장 다양하게 분포한다.

야생 볏과 식물의 분포에 대한 지리학자 마크 블룸러Mark Blumler의 연구는 이런 식물 분포가 인간에게 어떤 영향을 미쳤는지 잘 보여준다. 블룸러는 세계에 존재하는 수천 종의 볏과 식물 중에서 씨가 상대적으로 큰 56종을 골라 표를 만들었다. 그 56종은 자연에 존재하는 최고의 작물, 중간값을 지닌 볏과 식물보다 10배 이상 무거운 씨를 지닌 볏과 식물이었다(표 8.1 참조). 또 실질적으로 모든 종의 원산지가 지중해성 기후대이거나 계절적으로 건조해지는 환경이지만, 비옥한 초승달 지역 또는 서유라시아 지중해성 기후대의 다른 지역에 절대적으로 집중되어, 그곳의 초기 농경민은 재배할 작물을 고를 수 있는 선택의 폭이 넓었다. 세계에서 가장 중요한 56종의 볏과 식물 중 약 32종의 원산지가 서유라시아였다! 구체적으로 말하면, 비옥한 초승달 지역에서 초기에 중요한 위치를 차지한 두 작물, 즉 보리와 에머밀은 씨의 크기가 상위 56종 중 각각 3위와 13위였다. 반면 칠레의 지중해성 기후대에는 씨의 크기가 큰 작물이 2종, 캘리포니아와 아프리카 남부에는 각각 1종밖에 없었고, 오스트레일리아 남서부에는 전혀 없었다. 이런 사실만으로도 인류 역사가 흘러간 과정이 상당 부분 설명된다.

표 8.1 씨가 큰 볏과 식물종의 세계적 분포

지역	종의 수	
서아시아, 유럽, 북아프리카		33
지중해성 기후대	32	
잉글랜드	1	
동아시아		6
사하라 이남 아프리카		4
아메리카		11
북아메리카	4	
메소아메리카	5	
남아메리카	2	
오스트레일리아 북부		2
	총계	56

마크 블룸러의 박사 학위논문("캘리포니아와 이스라엘에 있는 지중해성 초원의 환경과 씨의 무게", 캘리포니아대학교 버클리 분교, 1992년)에 실린 표 12.1로, 자료를 구할 수 있는 볏과 식물 중 씨가 상대적으로 무거운 56종(대나무 제외)을 정리한 것이다. 여기서 언급한 식물종의 낟알 무게는 10밀리그램부터 40밀리그램 이상까지 다양하다. 40밀리그램이면 세계에 분포하는 볏과 식물 전체의 중간값보다 10배 이상 무거운 값이다. 이 56종은 세계 전역에 존재하는 볏과 식물의 1퍼센트도 안 된다. 이 표는 이런 소중한 작물이 서유라시아의 지중해성 기후대에 몰려 있음을 보여준다.

비옥한 초승달 지역의 지중해성 기후대가 지닌 세 번째 이점은 좁은 범위 내에 고도의 차이가 크고 다양하다는 것이다. 고도의 차이는 지구상에서 가장 낮은 곳(사해死海)부터 해발 5,500미터(테헤란 인근)의 산악지대까지이며 그에 걸맞게 자연환경도 변화무쌍하다. 결국 작물의 잠재적 원종이 될 만한 야생식물종이 많았다는 뜻이다. 게다가 이런 산악지대 근처에는 강이 흐르는 완만한 저지대와 범람원 그리고 사막이 있어 관개농업에 적합하다. 반면 오스트레일리아 남서부의 지중해성 기후대는 아프리카 남부와 서유럽만큼은 아니지만, 고도와 지형 및 서식 환경에서 다양성이 부족한 편이다.

비옥한 초승달 지역에서 고도 차이가 컸다는 것은 수확기에 시차가 있었다는 뜻이다. 고도가 높은 지역에서는 낮은 지역보다 수확기가 늦었다. 따라서 수렵·채집민은 씨가 익는 순서대로 산비탈을 올라가며 낟알을 거두었다. 반면에 고도가 단일하면 모든 곡물이 동시에 익으므로 힘들더라도 단기간에 수확에 집중해야 하는 문제가 있다. 경작을 시작한 뒤에도 초기 농경민이 산비탈에서 자라며 예측할 수 없는 비에 의존하던 야생 곡류의 씨를 축축한 하천 유역에 심는 건 어려운 일이 아니었다. 게다가 그런 곳에서는 곡물이 급수를 빗물에만 의존하는 산비탈과 달리 일정하게 자랐다.

넷째로 비옥한 초승달 지역은 좁은 범위 내에서 작물이 다양하다는 이점이 있었기 때문에 가축화한 대형 포유동물의 조상도 다양해졌다. 뒤에서 살펴보겠지만, 캘리포니아, 칠레, 오스트레일리아 남서부, 아프리카 남부의 지중해성 기후대에는 가축화하기에 적합한 야생 포유동물이 아예 없는 것이나 다름없었다. 반면 비옥한 초승달 지역에서는 4종의 대형 포유동물(염소, 양, 돼지, 소)이 매우 일찍이 가축화되었다. 다른 모든 지역에서 길들인 개를 제외하면, 이 4종은 다른 어떤 동물보다 먼저 가축화되었을 가능성이 크며, 오늘날에도 가축화한 포유동물 중에서 가장 중요한 5종 안에 들어간다(9장 참조). 그러나 염소, 양, 돼지, 소의 야생 조상이 가장 흔한 곳은 비옥한 초승달 지역 내에서도 조금씩 달랐고, 그 결과 이 4종은 각기 다른 곳에서 가축화되었다. 양은 중부 지역, 염소는 동부에서 고도가 높은 곳(이란의 자그로스

산맥)이나 남서 지역(레반트), 돼지는 중북부 지역, 소는 아나톨리아까지 포함하는 서부 지역에서 가축화되었다. 4종의 야생 조상이 많았던 지역은 이처럼 달랐지만 모두 충분히 가까운 곳에 살아서 비옥한 초승달 지역의 어떤 한 곳에서 가축화된 뒤에는 다른 곳으로 금세 전해졌고, 결국에는 비옥한 초승달 지역 전체에 퍼졌다.

농업은 비옥한 초승달 지역에서 '원조 작물'이라고 불리는 8종의 식물을 처음으로 작물화하며 시작되었다. 이들 작물이 비옥한 초승달 지역에서 농업의 기반을 이루고, 나아가서 세계 전역에서도 농업의 기초가 되었을 가능성이 크다. 그 8종의 원조 작물은 곡류인 에머밀과 외알밀과 보리, 콩류인 렌즈콩과 완두콩과 병아리콩, 쓴살갈퀴bitter vetch, 섬유작물인 아마였다. 그중 2종, 즉 아마와 보리만이 야생에서 비옥한 초승달 지역과 아나톨리아 바깥에도 널리 분포했다. 한편 병아리콩과 에머밀의 분포지는 무척 좁았다. 예컨대 병아리콩은 튀르키예 남동부에 국한되었고, 에머밀은 비옥한 초승달 지역에만 있었다. 따라서 비옥한 초승달 지역은 다른 곳에서 길들인 야생 작물이 들어올 때까지 기다릴 필요 없이, 그곳에서 흔히 눈에 띄는 야생식물을 작물화하는 것만으로도 농업을 시작할 수 있었다. 거꾸로 말하면, 2종의 원조 작물, 즉 병아리콩과 에머밀은 비옥한 초승달 지역을 제외하고는 세계 어디서도 자생하지 않았기 때문에 다른 곳에서는 작물화할 수 없었다는 뜻이다.

가축화하기에 적합한 야생 포유동물과 작물화하기에 좋은 야생식물이 다양하게 분포한 덕분에, 비옥한 초승달 지역 사람들은 집약적인 식량 생산을 위해 생물학적으로 건강하고 균형 잡힌 작물들을 어렵지 않게 조합할 수 있었다. 그러한 조합에는 주요 탄수화물 공급

원인 3종의 곡류, 20~25퍼센트의 단백질을 함유한 4종의 콩류, 주요 단백질 공급원인 4종의 가축이 포함되었고, 단백질을 넉넉히 함유한 밀을 보조 식량으로 삼았다. 또 섬유와 기름을 얻기 위해 아마를 재배했다(아마 씨는 약 40퍼센트가 기름이고, 여기에서 얻은 기름을 아마씨유라고 부른다). 가축화와 식량 생산을 시작하고 수천 년이 지난 뒤, 마침내 젖과 털을 얻고 쟁기질과 운송을 위해 가축을 이용하기 시작했다. 그리하여 비옥한 초승달 지역에 살던 농경민이 키워낸 작물과 가축은 궁극적으로 인간의 기본적인 경제 욕구—탄수화물과 단백질과 지방, 의류와 견인력과 이동—를 충족하기에 이르렀다.

다섯째로 비옥한 초승달 지역은 서지중해를 비롯한 다른 지역보다 수렵·채집에서 경쟁력이 떨어졌기 때문에 일찍이 식량 생산을 시작했을 수도 있다. 서남아시아에는 큰 강이 거의 없고 해안선도 짧아 수산자원(민물고기와 연안 어류 및 조개류)이 상대적으로 빈약한 편이었다. 또 고기를 얻기 위해 사냥한 주요 포유동물 중 하나인 가젤의 개체수가 크게 줄어들었다. 가젤은 원래 큰 무리를 지어 살았는데, 인구가 늘어나면서 가젤을 남획했기 때문이다. 그러다 보니 식량 생산에서 얻는 수확량이 수렵·채집으로 얻는 수확량을 급속히 앞지르게 되었다. 식량 생산을 시작하기 전부터 곡물에 기반한 정착 마을이 이미 존재했기 때문에, 수렵·채집민은 농경과 목축에 쉽게 적응할 수 있었다. 이처럼 비옥한 초승달 지역에서는 수렵·채집에서 식량 생산으로의 전환이 꽤 신속하게 이루어졌다. 기원전 9000년까지는 어디에도 곡물이나 가축이 없었다. 따라서 모두가 야생에서 얻은 식량에 의존했다. 그러나 기원전 6000년경 일부 사회에서는 거의 전적으로 곡물과 가축에 의존하는 삶을 살았다.

메소아메리카의 상황은 이와 뚜렷이 대비된다. 소, 돼지, 양, 염소에 비하면 고기의 양이 턱없이 부족한 칠면조와 개가 가축의 전부였다. 또 앞에서 설명했듯이, 메소아메리카의 주요 곡물인 옥수수는 작물화하는 게 까다로워 개발이 늦어졌을 것이다. 따라서 메소아메리카에서는 기원전 3500년경에야 작물화를 시작한 듯하지만, 이 연대도 여전히 불확실하다. 여하튼 수렵·채집민이 계속 떠돌이 생활을 하며 농경을 시작했고, 정착 마을은 기원전 1500년경에야 처음으로 생겨났다.

이처럼 비옥한 초승달 지역이 식량 생산을 일찌감치 시작할 수 있었던 이점을 몇 가지 살펴보았으니, 그 지역에 살던 사람들에게 뭔가 다른 장점이 있었는지까지 굳이 들먹일 필요는 없다. 게다가 내가 알기에는 그곳 사람들한테 남다른 생물학적 특징이 있어, 식량 생산에 뛰어났을 것이라고 진지하게 거론한 학자는 아예 없었다. 오히려 비옥한 초승달 지역의 기후와 환경, 야생 동식물에서 찾아낸 많은 뚜렷한 특징을 종합해야 설득력 있는 설명이 가능하다는 것만 확인했다.

뉴기니와 미국 동부에서 식량 생산을 위해 자체적으로 개발한 작물의 구성은 효과적이지 않았다. 그렇다면 그 이유가 두 지역 사람들에게 있었을까? 두 지역으로 눈을 돌리기 전에, 식량 생산을 전혀 독자적으로 시작하지 못했거나 작물 구성에서 이 두 곳보다 더 부족했던 지역에서 제기되는 두 가지 질문을 먼저 생각해보자. 첫째, 수렵·채집민과 초기 농경민은 자기 지역에 분포된 모든 야생종과 그것들의 효용에 대해 정말 잘 알고 있었을까? 혹시 소중한 작물의 잠재적 원종을 못 보고 지나치지는 않았을까? 둘째, 그들이 지역 식물과 동물에 대해 잘 알았다면, 그 지식을 활용해서 가장 유용한 종을 작물화하거나 가축화했을까, 아니면 그런 활용을 가로막는 문화적 요인이 있었을까?

첫 번째 질문과 관련해서는 이 문제를 집중적으로 연구하는 민족생물학ethnobiology이라는 학문이 있다. 구체적으로 말하면, 어떤 민족이 자신들의 환경에 존재하는 야생 동식물에 대해 얼마나 알고 있는지를 연구하는 학문이다. 세계 전역에 현존하는 극소수의 수렵·채집 종족, 그리고 농사를 지으면서도 여전히 야생에서 거둔 식량과 자연의 산물에 크게 의존하는 종족을 주로 연구한다. 민족생물학의 연구 결과에 따르면, 이런 종족은 1,000종 넘는 식물종과 동물종의 이름을 (토착어로) 알 뿐 아니라, 생물학적 특징과 분포와 잠재적 효용성까지 자세히 파악하고 있어 그야말로 걸어 다니는 자연사 백과사전이다. 사람들이 길들인 식물과 동물에 점점 의존함에 따라, 이런 전통적 지식은 그 가치를 조금씩 상실한 끝에 완전히 사라졌고, 이제 우리는 슈퍼마켓이나 들락거리며 야생 곡류와 야생 콩류조차 구분하지 못하는 지경에 이르렀다.

전형적인 예를 들어보자. 지난 33년 동안 나는 뉴기니를 왕래하며 생물학 연구를 진행했다. 그곳 현장을 직접 조사할 때마다, 지금도 여전히 야생 동식물을 광범위하게 활용하는 뉴기니인과 동행했다. 그러던 어느 날, 포레족Foré 동료들과 나는 정글에서 굶주림에 시달리고 있었다. 다른 부족이 길을 가로막아 보급 기지로 돌아갈 수 없었기 때문이다. 그때 한 포레족 남자가 버섯을 잔뜩 담은 커다란 배낭을 짊어지고 야영지로 돌아와서는 그것을 꺼내 굽기 시작했다. 마침내 저녁을 먹겠군! 하지만 갑자기 불안한 생각이 밀려왔다. 저 버섯에 독이 있으면 어쩌지?

나는 독이 있는 버섯에 관한 글을 읽은 적이 있다고 포레족 동료들에게 열심히 설명했다. 또 미국에서는 버섯 채집 전문가조차 안전한 버섯과 독버섯을 구분하지 못해 목숨을 잃곤 한다는 이야기를 들었으며, 우리 모두가 허기에 지쳤지만 위험을 무릅쓸 이유는 없다고도 말했다. 그러자 포레족 동료들이 버럭 화를 내며 나에게 입 닥치고 잘 듣기나 하라고 나무랐다. "당신은 오래전부터 수백 종에 달하는 나무와 새의 이름을 우리에게 묻고 대답을 들었으면서, 어떻게 우리가 버섯 하나 구분하지 못할 거라고 생각하며 우리를 모욕할 수 있소? 미국인이나 지독히 우둔해서 독버섯과 안전한 버섯을 헷갈리는 거요!" 그러고는 계속해서 29종의 먹을 수 있는 버섯에 대해 강의했다. 그 하나하나의 이름을 포레어로 가르쳐주며 숲 어디에서 그 버섯을 찾아야 하는지도 알려주었다. "이 버섯은 이름이 '탄티tánti'이고, 나무에서 자라요. 맛이 좋고, 당연히 먹을 수도 있지."

내가 뉴기니인을 데리고 그 섬의 이곳저곳을 다닐 때마다, 그들은 길에서 마주치는 다른 원주민과 함께 그 지역의 식물과 동물에 대해 습관적으로 대화를 나누었다. 그러고는 유익해 보이는 식물을 채집해 고향 마을로 가져가 심었다. 나는 뉴기니인을 상대하며 민족생물학자들이 전통적 방식으로 살아가는 종족을 연구할 때 겪는 것과 비슷한 경험을 했다. 하지만 그런 종족은 모두 약간이라도 식량을 생산하거나, 부분적으로만 다른 문화에 동화된 수렵·채집사회의 마지막 흔적일 수 있다. 식량을 생산하기 전, 즉 모두가 지구상에서 식량을 전적으로 야생종에 의존하던 때는 야생종에 대한 지식이 훨씬 더 넓고 깊었을 것이다. 최초의 농경민은 자연계에 긴밀히 의존하며 살던 생물학적 현생인류가 수천 년 동안 자연을 관찰하며 축적한 지식을 물려받은 계승자였다. 따라서 잠재적 가치를 지닌 야생종이 초기 농경민의 눈길을 벗어났을 가능성은 거의 없었다고 보아야 마땅하다.

두 번째 질문을 이와 관련지어 다른 식으로 표현하면, 고대 수렵·채집민과 농경민이 야생식물을 선택해서 궁극적으로 재배하는 데 민족생물학적 지식을 유용하게 활용했느냐는 것이다. 시리아의 유프라테스강 유역에 있는 고고학적 유적지 텔아부후레이라Tell Abu Hureyra에서 그 답을 얻을 수 있다.

기원전 10000년부터 기원전 9000년 사이 그곳에 살던 사람들은 이미 마을을 이루고 촌락 생활을 했던 것으로 보이지만 여전히 수렵·채집민으로 살았다. 작물 재배는 기원전 9000년 이후에야 시작한 듯하다. 고고학자 고든 힐먼Gordon Hillman, 수전 컬리지Susan Colledge, 데이비드 해리스David Harris는 유적지에서 숯으로 변한 상당량의 식물 잔해를 발굴했다. 이 숯은 그곳에 살던 사람들이 다른 지역에서 채집해 마을로 가져온 야생식물의 쓰레기였다. 고고학자들은 700건의 표본을 분석한 끝에 평균 500알이 넘는 씨를 찾아냈고, 그 씨들이 약 70종의 식물에서 나왔다는 것까지 알아냈다. 결국 그곳에 거주하던 사람들이 엄청나게 많은 종류의 식물을 채집했음이 밝혀졌다. 지금까지도 정체가 알려지지 않은 식물을 제외하더라도 까맣게 탄 씨로 확인한 식물종만 무려 157종이다!

그 순진한 사람들은 온갖 종류의 종자식물을 눈에 띄는 대로 채집해 집으로 가져갔을까? 그래서 대부분의 식물종에 들어 있는 독에 시달리고, 몇몇 식물종에서만 영양을 얻었을까? 그렇지 않았다. 그들은 그렇게 어리숙하지 않았다. 157종이면 마구잡이로 채집한 것처럼 들리지만, 인근에는 야생에서 자라는 식물이 훨씬 많았다. 하지만 야생에서 자라는 식물은 까맣게 탄 쓰레기 더미에서 발견되지 않았다. 여하튼 그렇게 선택된 157종은 세 범주로 나뉜다. 첫째는 독성이 없고 곧바로 먹을 수 있는 다수의 식물종이다. 둘째는 콩류와 겨자과 식물이다. 독성이 있지만 그 독성을 제거하면 먹을 수 있고, 독성을 제거하는 것도 어렵지 않다. 셋째는 전통적으로 염색이나 약의 원료로 쓰이던 소수의 식물종이다. 이렇게 선택된 157종에 들지 않은 야생종은 주변 환경에서 독성이 가장 강한 잡초이거나 사람한테 무익한 종 내지 해로운 종으로 여겨졌을 법한 식물이다.

따라서 텔아부후레이라의 수렵·채집민은 마구잡이로 야생식물을 채집하며 시간을 헛되이 보내지 않았고, 위험을 자초하지도 않았다. 요즘의 뉴기니인처럼 그들도 지역 야생식물을 속속들이 알았고, 그 지식을 활용해 상대적으로 유용한 종자식물만을 선택해 집으로 가져갔다. 그렇게 채집한 씨로 식물의 작물화를 향해 무의식적인 첫걸음을 떼었을 것이다.

고대인이 민족생물학적 지식을 효과적으로 이용한 사례는 기원전 9000년부터 기원전 8000년까지의 요르단강 유역에서도 찾을 수 있다. 이 시기는 그곳에서 처음으로 작물을 재배하던 때였다. 그 지역에서 가장 먼저 작물화한 곡류는 보리와 에머밀로, 이 2종의 작물은 지금도 세계에서 가장 생산성이 좋은 작물에 속한다. 그러나 텔아부후레이라에서 그랬듯 이 부근 야생에서도 수백 종의 종자식물이 틀림없이 자랐을 테고, 그중 100여 종은 먹을 수 있는 것이어서 작물화가 이루어지기 전에도 채집되었을 것이다. 그럼 어떤 이유에서 보리와 에머밀이 최초의 작물이 되었을까? 요르단강 유역에서 농경을 시작한 사람들이 식물에 대해 무지해서 무작정 보리와 에머밀을 선택했던 것일까? 아니면 보리와 에머밀이 그 지역 야생 곡류 중에서 그들이 선택할 수 있는 사실상 최선의 식물이었던 것일까?

이스라엘의 고고학자 오페르 바르요세프Ofer Bar-Yosef와 모르데카이 키슬레브Mordechai Kislev는 이 문제의 답을 찾기 위해, 오늘날 요르단강 유역의 야생에서 여전히 자라는 볏과 식물을 조사했다. 씨가 작거나 맛이 없는 종은 놔두고, 가장 맛있고 씨알도 큰 23종의 볏과 식물을 가려냈다. 당연한 결과였겠지만, 보리와 에머밀도 그 목록에 올라 있었다.

그러나 나머지 21종이 똑같은 정도로 유용하지는 않았을 것이다. 그래도 그 23종 중 보리와 에머밀이 많은 기준에서 최상의 식물이라는 게 입증되었다. 에머밀의 씨가 가장 크고, 보리의 씨가 두 번째로 크다. 야생에서 보리는 23종 중 가장 많이 분포된 4종 중 하나이고, 에머밀은 중간 수준이다. 또 7장에서 살펴보았듯이, 보리는 유전적·형태적인 이유로 씨의 전파와 발아 억제가 유리한 방향으로 신속하게 진화할 수 있었다. 에머밀은 이렇게 진화하지 못했지만 이런 부족함을 상쇄하는 장점이 있었다. 예컨대 에머밀은 보리보다 더 효율적으로 채집할 수 있고, 곡류 중에서는 특이하게도 씨가 겉껍질에 들러붙어 있지 않다. 나머지 21종의 문제점을 간략히 말하면, 그 식물들은 에머밀과 보리보다 씨가 작고, 대체로 분포 지역이 넓지 않았다. 또 일부는 한해살이가 아니라 여러해살이이다. 여러해살이식물은 설령 작물화되었더라도 진화 속도가 느렸을 것이다.

따라서 요르단강 유역에서 농경을 처음 시작한 사람들은 야생에서 구할 수 있는 23종의 좋은 볏과 식물 중 최상급인 2종을 선택했다. 물론 초기 농경민이 식물의 씨를 퍼뜨리고 발아를 억제하는 동안 우연하게 진화했을 것이다. 즉 씨의 크기와 맛과 풍부함 등 쉽게 적용할 수 있는 기준에 근거해 다른 곡류가 아닌 보리와 에머밀을 택하고, 그걸 채집해 집으로 가져와 심었을 것이다.

텔아부후레이라의 사례가 그랬듯이, 요르단강 유역의 사례도 초기 농경민이 지역 식물종에 대한 세밀한 지식을 자신에게 유리하게 활용했다는 분명한 증거이다. 소수의 전문 식물학자를 제외하면, 초기 농경민은 누구보다 지역 식물을 더 깊이 알았을 것이다. 따라서 작물화하기에 비교적 적합하고 유용한 식물종을 야생에서 정확히 선택해 재배했을 것이다.

이번에는 독자적으로 식량을 생산했지만 비옥한 초승달 지역과 비교할 때 식량 생산 체계에 결함이 있었던 두 지역(뉴기니와 미국 동부)의 농경민이, 다른 곳으로부터 한층 생산적인 작물이 전래되었을 때 실제로 어떻게 행동했는지 살펴보기로 하자. 기존에 재배하던 작물보다 생산적인 작물을 문화 혹은 다른 이유 때문에 채택하지 않았다면 우리에게 질문이 남는다. 지금까지의 모든 합리적 추론에도 불구하고, 지역 야생식물상에 잠재적 가치를 지닌 작물의 원종이 있었지만 지역 농경민이 문화적 요인 때문에 활용하지 않은 식물이 있을지 모른다고 의문을 제기할 수밖에 없기 때문이다. 그러나 뉴기니와 미국 동부의 사례에서 각 지역의 토착 작물이 똑같은 정도로 생산적이지는 않았다는 사실을 자세히 입증할 수 있다. 이는 역사적으로 매우 중요한 사실이다.

뉴기니는 세계에서 그린란드 다음으로 큰 섬이며, 오스트레일리아 북쪽으로 적도 가까이에 위치한다. 열대권에 자리 잡고 있으며 지형과 서식 환경이 무척 다양하기 때문에 식물종과 동물종이 모두 풍부하다. 하지만 섬이라 식량이 대륙의 열대지역보다 풍부하지는 않다. 뉴기니에 사람이 살기 시작한 때는 최소 4만 년 전으로 추정된다. 남북아메리카보다는 훨씬 먼저였고, 해부학적인 현생인류가 서유럽에 살기 시작한 때보다는 약간 앞선다. 따라서 뉴기니인에게는 지역의 식물상과 동물상을 파악할 기회가 충분했다. 그들은 그 지식을 활용해 식량을 생산해야겠다는 동기를 자극받았을까?

앞에서 언급했듯이, 식량 생산을 채택하기까지는 식량을 생산하는 생활 방식과 수렵·채집에 의존하는 생활 방식 간 '경쟁'이 끼어들기 마련이다. 뉴기니에서 수렵·채집은 식량 생산이라는 동기를 거부할 정도로 생산적이지 않았다. 특히 현대 뉴기니 수렵민은 사냥감 부족이라는 고질적인 어려움에 시달리고 있다. 45킬로그램 정도의 날지 못하는 화식조火食鳥와 23킬로그램 정도의 캥거루보다 큰 토종 육상동물이 없다. 해안 지역의 저지대 뉴기니인은 많은 물고기와 조개류를 얻고, 내륙의 저지대 사람들은 지금도 수렵·채집민으로 살아가며 야생에서 구한 사고야자를 주식으로 삼는다. 그러나 뉴기니의 고원지대에는 이제 수렵·채집민이 남아 있지 않다. 고원지대 사람들은 농경민으로 살아가며, 야생에서 얻은 먹을거리를 식단의 보조재로만 사용한다. 또 고원지대 사람들은 사냥을 하려고 숲에 들어갈 때 집에서 재배한 채소를 기본 식량으로 휴대한다. 그 식량이 떨어지는 불행이 닥치면, 지역에서 구할 수 있는 야생 먹거리에 대해 해박한 지식을 지녔건만 굶어 죽기도 한다. 현재 뉴기니의 대부분 지역에서는 수렵·채집만으로 생존하기가 불가능하기 때문에, 오늘날 고원지대 사람들 전부와 저지대 사람들 대부분은 정교한 식량 생산 체계를 지닌 농경민으로 정착해서 살아간다고 예상할 수 있다. 전에는 숲으로 울창하던 드넓은 고원지대가 뉴기니의 전통적인 농경민에 의해 울타리와 배수 시설을 갖추고 집약적으로 경작되며 많은 사람을 먹여 살리고 있다.

고고학적 증거에 따르면, 뉴기니에서 농경을 시작한 것은 아주 오래전으로, 기원전 7000년경까지 거슬러 올라간다. 그 당시 뉴기니를 둘러싼 광활한 땅에는 수렵·채집민밖에 없었다. 따라서 뉴기니에서는 고대 농경이 독자적으로 발달한 게 분명하다. 초기의 밭에서 작물의 흔적이 명확히 발견되지는 않았지만, 유럽인이 들어와 정착할 때까지 뉴기니인이 재배하던 작물이나, 뉴기니 땅의 조상들이 곳곳에서 작물화한 것으로 현재 알려진 작물이 일부나마 포함되었을 것이다. 뉴기니에서 작물화한 식물 중 가장 중요한 것은 현재 세계에서 가장 많이 생산되는 사탕수수이다. 오늘날 사탕수수의 연간 생산량은 2위(밀)와 3위(옥수수)의 생산량을 합한 양에 버금간다. 뉴기니가 원산지임이 확실한 다른 작물로는 아우스트랄리무사*Australimusa* 바나나라는 바나나, 카나리움 인디쿰*Canarium indicum*이라는 견과류 나무, 초대형 습지 토란giant swamp taro뿐 아니라, 여러 식용 뿌리채소와 녹황색 채소 및 풀줄기가 있다. 빵나무, 뿌리 작물인 참마, (일반적인) 토란도 뉴기니에서 작물화한 것으로 보이지만, 아직 결론이 확실하게 나지 않았다. 이것들의 야생 원종이 뉴기니에만 국한되지 않고 뉴기니부터 동남아시아까지 분포해 있는 데다 오래전부터 가정한 대로 동남아시아에서 작물화했거나, 혹은 뉴기니에서도 독자적으로 작물화했거나,

아니면 뉴기니에서만 작물화했을 것으로 보이는데, 이에 대한 의문을 해소해줄 증거가 현재까지는 부족하다.

하지만 현재까지 밝혀진 바에 따르면, 뉴기니의 생물상生物相, biota에는 세 가지 심각한 한계가 있었다. 첫째, 뉴기니에서는 곡류가 하나도 작물화되지 않은 반면, 몇몇 중요한 곡류가 비옥한 초승달과 사헬 지역 그리고 중국에서는 작물화되었다. 대신 뉴기니는 뿌리 작물과 열매를 맺는 나무에 역점을 두며, 다른 열대지역(아마존강 유역, 서아프리카 열대지역, 동남아시아)에서 관찰할 수 있는 농경 방식을 극단까지 몰아갔다. 다른 열대지역의 농경민도 뿌리 작물을 중요하게 여겼지만 적어도 두 가지 곡류(아시아벼와 욥의 눈물이라고 불리는, 씨알이 굵은 아시아율무)를 어떻게든 생산했다는 점에서 뉴기니와 달랐다. 뉴기니에서 곡류 농경을 시작하지 못한 이유는 야생에 작물화할 만한 곡류의 원종이 크게 부족했기 때문일 수도 있다. 실제로 세계에서 씨가 가장 굵은 56종의 볏과 식물 중 뉴기니가 원산지인 것은 하나도 없다.

둘째, 뉴기니 동물상에는 가축화할 수 있는 대형 포유동물이 없었다. 현재 뉴기니에서 가축으로 기르는 동물도 돼지와 닭과 개가 전부이고, 모두 수천 년 전 인도네시아를 통해 동남아시아로부터 전래된 것이다. 그 때문에 뉴기니 저지대 사람들은 물고기를 잡아 단백질을 얻지만, 고원지대 농경민은 극심한 단백질 부족에 시달린다. 대부분의 칼로리를 공급하는 주요 작물인 토란과 고구마에 함유된 단백질이 적기 때문이다. 예컨대 토란에 함유된 단백질은 1퍼센트에 불과해서 흰쌀보다 훨씬 적고, 비옥한 초승달 지역의 밀(8~14퍼센트)과 콩류(20~25퍼센트)에 비하면 턱없이 적은 편이다.

뉴기니 고원지대의 아이들은 배가 볼록하다. 먹는 양은 많지만 단백질이 부족할 때 나타나는 전형적인 모습이다. 뉴기니에서는 노소를 막론하고, 대형 포유동물 가축이나 대형 야생동물종이 있는 지역 사람들은 굳이 찾아 먹지 않는 쥐와 거미와 개구리 등 작은 동물을 일상적으로 먹는다. 뉴기니 고원지대의 전통사회에 식인 풍습이 만연했던 궁극적인 이유도 단백질 결핍에 있을지 모른다.

끝으로, 먼 옛날 뉴기니의 뿌리 작물에는 단백질뿐 아니라 칼로리까지 부족했다. 오늘날 많은 뉴기니인이 살고 있는 고원지대에서는 그런 뿌리 작물이 잘 자라지 않기 때문이다. 하지만 수백 년 전, 남아메리카가 원산지인 새로운 뿌리 작물, 즉 고구마가 뉴기니에 전래되었다. 십중팔구 필리핀을 통해 전해졌을 것이고, 필리핀으로는 스페인 사람들이 가져온 게 분명하다. 토란을 비롯해 뉴기니에서 오래전부터 재배하던 뿌리 작물과 비교할 때, 고구마는 고도가 더 높은 지역에서도 재배할 수 있고 더 빠르게 자란다. 게다가 경작 면적과 노동시간당 수확량도 더 많다. 고구마가 전래되면서 고원지대의 인구가 폭발적으로 증가했다. 달리 말하면, 고구마가 전해지기 전에도 뉴기니인이 고원지대에서 수천 년 전부터 농사를 지었지만 토종 작물에 내재한 문제 때문에 인구밀도에 한계가 있었고, 사람들이 거주할 수 있는 고도도 제한적이었다.

요약하면, 뉴기니와 비옥한 초승달 지역 사이의 대조적인 모습은 상당히 교훈적이다. 비옥한 초승달 지역의 수렵·채집민처럼 뉴기니의 수렵·채집민도 독자적으로 식량 생산을 시작했다. 하지만 뉴기니에는 작물화할 수 있는 곡류와 콩류, 가축화할 만한 동물이 없었다. 그 때문에 고원지대에서는 늘 단백질 섭취가 부족했고, 높은 고도에서 재배하기에 적합한 뿌리 작물도 별로 없었다. 따라서 뉴기니에서는 식량 생산에 제약이 많았다. 그렇지만 오늘날 지구상의 어느 종족 만큼이나 뉴기니인도 주변에 분포한 야생식물과 야생동물에 대해 잘 알고 있다. 따라서 뉴기니인도 야생에서 작물화할 가치가 있는 식물 종을 찾아내 실험했을 것이라고 추정할 수 있다. 또 고구마가 전래되었을 때 지체 없이 채택한 사례에서 보듯이, 자신들의 식량 저장실에 보태야 할 유용한 식물을 알아내는 데도 부족함이 없었다. 똑같은 교훈을 오늘날의 뉴기니에서도 찾을 수 있다. 새롭게 소개되는 작물과 가축에 접근하는 데 유리한 부족, 혹은 새로운 것을 적극적으로 받아들이는 부족이 그런 유리한 조건이나 적극성을 지니지 못한 부족을 억누르며 세력을 확장하기 때문이다. 그렇다면 뉴기니에서 식량 생산이 제한적이었던 이유는 뉴기니인들과는 아무런 관계가 없고, 전적으로 뉴기니의 생물상과 환경 때문이었다고 말할 수 있다.

농경이 지역 식물상 때문에 제약을 받은 또 다른 사례는 미국 동부에서 찾을 수 있다. 뉴기니에서 그랬듯이, 미국 동부에서 지역 야생식물의 독자적인 작물화가 이루어졌다. 하지만 초기의 농경에 대해서는 뉴기니보다 미국 동부의 사례가 더 자세히 연구되었다. 최초의 농경민이 어떤 작물을 재배했는지 밝혀졌고, 토종 식물의 작물화 시기와 그 순서도 알려졌다. 여러 작물이 다른 곳에서 전해지기 훨씬 전에, 아메리카 원주민은 미국 동부의 강 유역에 정착해 토종 작물에 기반한 집약적인 식량 생산을 시작했다. 따라서 그들은 가장 유망한 야생식물을 이용할 수 있는 위치에 있었다. 그렇다면 그들은 실제로 어떤 작물을 재배했고, 그들이 개발한 작물의 종류는 비옥한 초승달 지역의 '원조 작물'과 비교할 때 어떤 수준이었을까?

지금까지 밝혀진 바에 따르면, 미국 동부의 원조 작물은 기원전 2500년에서 기원전 1500년 사이에 작물화한 4종이었다. 비옥한 초승달 지역에서 밀과 보리를 작물화하고 꼬박 6,000년이 흐른 뒤였다. 호박은 먹을 수 있는 씨를 제공했을 뿐만 아니라 작은 그릇으로도 쓰였다. 나머지 3종은 순전히 식량인 씨를 얻기 위해 재배했다(해바라기, 섬프위드sumpweed라고 부르는 데이지의 친척, 명아주라고 부르는 시금치의 먼 친척).

그러나 씨와 그릇을 얻는 4종의 작물로는 완전한 식량 생산 체계를 꾸리기에 턱없이 부족하다. 따라서 2,000년 동안 이 원조 작물들은 미국 동부에서 식단을 조금이나마 보완하는 역할을 했을 뿐이다. 아메리카 원주민은 주로 야생의 먹거리, 특히 포유동물과 물새, 어류와 조개류 및 견과류를 먹었다. 농경으로는 기원전 500년에서 기원전 200년쯤이 되어서야 주된 식량을 얻었다. 구체적으로 말하면, 3종의 씨앗 작물(마디풀, 카나리아풀, 키작은보리)을 더 많이 작물화하고 재배하기 시작한 때였다.

현대 영양학자라면, 미국 동부에서 재배한 7종의 작물에 박수를 보냈을 것이다. 7종의 작물은 모두 단백질 함유량이 17~32퍼센트로 무척 높았다. 밀은 8~14퍼센트, 옥수수는 9퍼센트이고 보리와 흰쌀은 그보다 꽤 낮았다. 특히 섬프위드는 32퍼센트가 단백질, 45퍼센트가 기름으로 구성되어 있기 때문에 영양학자에게 꿈같은 작물이었을 이었을 것이다. 그런데 왜 지금 우리는 그 우수한 작물들을 먹지 않는 것일까?

미국 동부의 주요 작물은 영양학적으로 무척 유익했지만, 안타깝게도 다른 면에서는 심각한 단점이 있었다. 명아주와 마디풀, 키작은 보리와 카나리아풀은 씨가 아주 작아 밀과 보리의 씨에 비하면 용량이 10분의 1에 불과하다. 더구나 섬프위드는 바람을 매개로 수분되며, 건초열(꽃가루가 점막을 자극함으로써 일어나는 알레르기—옮긴이)을 일으키는 악명 높은 돼지풀ragweed의 친척이다. 돼지풀과 마찬가지로 섬프위드도 군락을 이룬 곳에서는 그 꽃가루가 건초열을 일으킬 수 있다. 그래도 섬프위드를 재배해야겠다면 섬프위드가 불쾌한 냄새를 짙게 풍기고, 접촉하면 피부에 염증을 일으킬 수 있다는 걸 덧붙이고 싶다.

기원후 1세기 이후, 멕시코에서 개발된 작물들이 무역로를 통해 미국 동부에 마침내 도래했다. 옥수수는 기원후 200년경에 전해졌지만, 옥수수의 역할은 그 이후로도 오랫동안 여전히 미미했다. 기원후 900년경에는 북아메리카의 짧은 여름에 적응한 새로운 품종의 옥수수가 등장했고, 1100년경에는 강낭콩이 전래되어 멕시코산 3대 작물—옥수수와 강낭콩과 호박—이 완성되었다. 그때부터 미국 동부에서 농경이 크게 활성화하고, 인구밀도 높은 군장사회가 미시시피강과 그 지류들을 따라 형성되었다. 일부 지역에서는 처음에 개발된 원조 작물을 생산성이 더 높은 멕시코산 3대 작물과 나란히 재배했다. 그러나 3대 작물이 원조 작물을 완전히 대체한 지역도 있었다. 유럽인이 남북아메리카에 이주하기 시작한 1492년쯤에는 섬프위드가 작물로서 사라진 이후라 인디언의 채마밭에서 섬프위드가 자라는 걸 본 유럽인은 한 명도 없었다. 미국 동부에서 재배된 모든 고대 작물 중 2종(해바라기와 동부호박)만이 다른 곳에서 다듬어진 작물들과 경쟁할 수 있었고, 오늘날에도 여전히 재배되고 있다. 요즘의 도토리호박과 여름호박은 수천 년 전에 작물화한 미국의 호박에서 개량된 것이다.

따라서 뉴기니의 경우처럼 미국 동부의 경우도 시사하는 바가 많다. 논리적으로 추론해보면, 미국 동부는 생산적인 토착 농경이 발달하기에 충분한 환경이었을 수 있다. 토양은 기름지고, 비가 때맞춰 적절하게 내리고, 오늘날에도 볼 수 있는 것처럼 기후도 농경에 적합해서 넉넉한 수확이 보장된다. 생산성 좋은 야생 견과류 나무(떡갈나무와 히커리나무)를 비롯해 식물종의 분포도 무척 다양하다. 따라서 그 지역의 원주민은 토착 작물에 기반한 농경을 시작해 마을을 이루었고, 기원전 200년부터 기원후 400년 사이에는 문화적으로도 크게 꽃을 피웠다. 오늘날의 오하이오주를 중심으로 발달했던 호프웰 문화가 그 사례이다. 따라서 가장 유익한 야생식물이 무엇이었든 그곳의 아메리카 원주민은 수천 년 동안 그런 야생식물을 잠재적 작물로 활용할 수 있는 위치에 있었다.

하지만 호프웰 문화가 꽃피기 시작한 때는 비옥한 초승달 지역에 마을이 형성되고 9,000년쯤 지난 뒤였다. 그리고 멕시코의 3대 작물이 대대적인 인구 폭발을 일으킨 것은 기원후 900년 이후의 일이었다. 이때 형성된 이른바 미시시피 문화를 통해 아메리카 원주민은 멕시코 북쪽에서 가장 큰 도시와 가장 복잡한 사회를 이루어냈다. 그러나 이러한 인구 폭발은 때늦은 것이어서, 아메리카 원주민은 곧이어 닥친 유럽인의 식민지 개척에 대비할 수 없었다. 미국 동부에서 개발한 작물에만 기반한 식량 생산으로는 인구 폭발을 촉발하기에 부족했고, 그 이유를 짐작하는 건 그다지 어렵지 않다. 요컨대 그 지역에 분포한 야생 곡물은 밀과 보리만큼 유익하지 않았다. 또 미국 동부의 아메리카 원주민은 그 지역의 야생 콩류, 섬유작물, 과일나무와 견과류 나무를 작물화하지 않았다. 게다가 개를 제외하고는 어떤 종류의 가축도 없었다. 개마저 남북아메리카의 다른 지역에서 가축화되었을 가능성이 크다.

미국 동부의 아메리카 원주민이 주변의 야생종에서 주요 작물이 될 만한 식물을 간과하지는 않았을 것이다. 20세기의 식물 육종가들은 현대 과학의 도움을 받으면서도 북아메리카 야생식물을 개량하는 데 별다른 성공을 거두지 못했다. 그렇다. 우리는 피칸을 견과류 나무로, 블루베리를 과일나무로 작물화했다. 그리고 유라시아의 사과와 자두, 포도와 딸기, 라즈베리와 블랙베리 등 열매 작물을 친척 관계에 있는 북아메리카의 야생종과 교배해 품질을 개량했다. 하지만 이러한 몇 차례의 성공이 우리의 식습관에 가져온 변화는 기원후 900년 이후 멕시코의 옥수수가 미국 동부에 전해지며 아메리카 원주민의 식습관을 바꿔놓은 것에 비할 바가 못 된다.

미국 동부에서 작물화할 만한 야생식물에 대해 가장 잘 아는 농경민은 그곳 원주민이었다. 멕시코산 3대 작물의 도래로 그들은 토종 작물을 포기하거나 토종 작물 재배 비율을 줄이는 결정을 내렸다. 이런 결정은 아메리카 원주민이 문화적 보수주의에 얽매이지 않았고, 좋은 식물을 보면 올바로 평가할 줄 알았다는 방증이다. 따라서 뉴기니의 경우가 그랬듯이, 미국 동부에서 식량 생산에 한계가 있었던 이유는 아메리카 원주민에게 있는 게 아니라, 전적으로 그 지역의 생물상과 환경의 문제였다.

지금까지 우리는 식량 생산을 독자적으로 시작했지만 서로 대조적인 모습을 보인 세 지역의 사례를 살펴보았다. 비옥한 초승달 지역이 한쪽 끝에 있고, 뉴기니와 미국 동부가 반대쪽 끝에 위치한다. 비옥한 초승달 지역에서는 두 곳보다 훨씬 먼저 지역 식물을 작물화했다. 또 훨씬 많은 종, 게다가 훨씬 더 생산적이고 가치 있는 종을 작물화했다. 이처럼 비옥한 초승달 지역은 어느 지역보다 다양한 식물종을 작물화함으로써 집약적으로 식량을 생산했고, 그 결과 인구밀도가 급격히 높아지며 상대적으로 발달한 과학기술과 복잡한 정치조직을 갖춘 선진 세계에 들어설 수 있었다. 물론 주변 민족들까지 괴롭히는 전염병도 늘어났다.

앞에서 확인했듯이, 비옥한 초승달 지역과 뉴기니 및 미국 동부 사이의 이런 차이는 그 지역 사람들에게 원인이 있는 게 아니라, 작물화할 수 있는 야생식물종과 가축화할 수 있는 야생동물종의 차이에서 비롯되었다. 생산성 높은 작물이 전해지면, 그 지역 사람들은 지체 없이 작물을 받아들여 집약적으로 재배했고, 그 결과 인구가 증가했다(뉴기니에서는 고구마, 미국 동부에서는 멕시코산 3대 작물). 확대해서 해석하면, 식량 생산을 독자적으로 시작하지 못한 지역들, 예컨대 캘리포니아와 오스트레일리아, 아르헨티나의 팜파스, 서유럽 등지에는 적어도 제한적인 식량 생산을 독자적으로 시작한 뉴기니나 미국 동부보다 작물화하고 가축화할 만한 야생식물과 야생동물이 적었을 수 있다. 씨가 큰 야생 볏과 식물의 지역적 분포를 조사한 마크 블룸러의 연구와 다음 장에서 제시할 대형 포유동물의 지역적 분포에서 확인할 수 있듯, 식량 생산이 제한적이었거나 전혀 시작되지 못한 지역에는 길들일 만한 가축과 곡류의 야생 조상과 원종이 부족했던 게 분명하다.

식량 생산은 수렵·채집과 경쟁을 거친 끝에 시작되었다. 따라서 식량 생산이 늦어졌거나 아예 존재하지 않은 경우는 작물화하고 가축화하기에 적합한 종이 턱없이 부족했다기보다, 수렵·채집으로 구할 수 있는 자원이 예외적으로 풍부했기 때문일 것이라는 추정이 가능하다. 하지만 독자적인 식량 생산이 늦었거나 아예 존재하지 않았던 지역은 수렵·채집으로 얻을 만한 자원이 풍요롭기는커녕 대체로 극히 빈약했다. 실제로 유라시아 및 아프리카와 달리 오스트레일리아와 남북아메리카에서는 빙하기가 끝날 즈음 대부분의 대형 포유동물이 멸종했다. 따라서 이 지역에서 식량 생산이 시작되었더라면, 비옥한 초승달 지역만큼이나 수렵·채집과 치열하게 경쟁하지 않았을 것이다. 결국 식량 생산이 제한적이었거나 시작되지 못한 이유를 풍요로운 수렵·채집과의 경쟁이 원인이었다고 단정 짓기는 힘들다.

이런 결론이 잘못 해석되지 않도록, 이 장을 끝내기 전에 두 가지를 지나치게 과장하지 말라고 경고해야겠다. 하나는 더 나은 작물과 가축을 채택하려는 사람들의 포용성이고, 다른 하나는 지역에 분포한 야생 동식물에서 비롯된 제약이다. 이런 포용성과 제약은 결코 절대적인 게 아니다.

앞에서 살펴보았듯이, 토착민이 다른 곳에서 작물화된 더 생산적인 작물을 채택한 사례는 많았다. 따라서 옛사람들이 유용한 식물을 알아볼 수 있었다는 개괄적인 결론을 내릴 수 있다. 주변에 작물화하기에 적합한 식물이 있었다면 그 식물을 어렵지 않게 알아보았을 테고, 문화적 보수주의나 금기 때문에 그 식물을 배척하지는 않았을 것이라는 결론도 자연스레 나올 수 있다. 그러나 이 마지막 문장에 "장기적으로는 많은 지역에서"라는 수식어를 더해야 한다. 인간 사회에 대해 많이 아는 사람이라면, 작물과 가축 및 생산성을 높일 수 있는 혁신을 거부한 사례를 얼마든지 제시할 수 있기 때문이다.

그렇다고 모든 사회가 유용해 보이는 모든 혁신을 지체 없이 받아들였다는 명백한 오류에 동의한다는 뜻은 아니다. 대륙 전체, 즉 수많은 사회가 경쟁하는 넓은 지역에는 혁신에 개방적인 사회가 있는 반면, 혁신에 저항적인 사회도 있기 마련이다. 어떤 사회가 새로운 작물과 가축 혹은 과학기술을 받아들이면 더 좋은 영양을 더 효과적으로 공급받음으로써 인구가 더 빨리 증가해, 혁신에 저항한 사회를 몰아내거나 정복하고 심지어 없애버릴 수 있다. 이는 새로운 작물의 채택 여부만으로 설명되지 않는 대단히 중요한 현상이다. 이에 대해서는 13장에서 자세히 살펴보기로 하자.

또 다른 경고에 대해 말하자면, 지역에 분포한 야생종이 식량 생산 체계에 어느 정도 제약을 준 건 사실이다. 그렇다고 근대까지도 식량 생산이 자생적으로 시작되지 않은 지역에서는 아무리 긴 시간이 흘러도 식량 생산을 못 했을 거라고 말하려는 것은 아니다. 하지만 오늘날 많은 유럽인은 오스트레일리아 원주민이 석기시대 수렵·채집민의 상태로 근대를 맞았다는 점을 들어, 유럽인이 이주하지 않았다면 그들은 영원히 그런 식으로 살았을 것이라고 추정한다.

이런 오류를 바로잡기 위해, 기원전 3000년에 지구를 방문한 외계인이 있었다고 가정해보자. 알다시피 미국 동부에서는 기원전 2500년경에야 식량 생산을 시작했다. 이에 외계의 방문객이 미국 동부에서는 야생 동식물이라는 한계 탓에 식량 생산이 영원히 이루어지지 않을 거라는 결론을 내렸더라도 그 이후의 현상들에서 그 결론이 틀렸음이 입증될 것이다. 또 어떤 외계인이 기원전 8500년이 아니라 기원전 9500년에 비옥한 초승달 지역을 방문했다면, 그곳이 식량 생산에 영원히 부적합하다고 잘못된 결론을 내렸을 수도 있다.

나는 캘리포니아와 오스트레일리아, 서유럽 등 식량 생산이 독자적으로 시작되지 않은 지역에는 길들일 만한 생물종이 없었기 때문에, 다른 지역에서 개발한 작물이나 가축이 들어오지 않았다면, 혹은 외지인이 이주하지 않았다면, 그들이 무한정 수렵·채집민으로 살았을 거라고 주장하는 게 아니다. 오히려 지역마다 길들일 수 있는 생물종이 크게 달랐고, 그에 따라 식량 생산 시기도 지역마다 달랐으며, 일부 지역에서는 토양이 비옥함에도 근대까지 식량 생산이 시작되지 않았다는 점을 짚고 싶다.

이런 점은 가장 '후진적'인 대륙이라고 여겨지던 오스트레일리아에서 잘 드러난다. 오스트레일리아 남동부는 물 공급이 원활해 이 대륙에서 식량 생산에 가장 적합한 지역이다. 이곳의 원주민 사회는 수천 년 전부터, 언젠가는 식량 생산을 자생적으로 시작했을 법한 궤적을 따라 진화해온 듯하다. 그들은 이미 월동용 촌락을 갖고 있었고 물고기를 잡는 통발과 그물, 심지어 물길을 길게 만들어 인위적으로 물고기를 기르는 환경까지 조성했다. 따라서 유럽인이 1788년 오스트레일리아에 들어와 정착하며 그 독자적인 궤적을 중단시키지 않았다면, 오스트레일리아 원주민은 그로부터 몇천 년 이내에 양어장에서 물고기를 기르고, 오스트레일리아참마와 씨 작은 볏과 식물을 작물화해 재배하는 식량 생산자가 되었을지도 모른다.

이제 우리는 이번 장의 제목에 함축된 질문에 대답할 수 있다. 앞서 나는 "북아메리카의 인디언이 북아메리카 사과를 작물화하지 못한 이유는 인디언 스스로에게 있을까, 아니면 사과 자체에 있을까?"라는 의문을 제기했었다.

사과가 영원히 북아메리카에서 작물화되지 못했을 것이란 의도에서 던진 질문은 아니다. 사과는 역사적으로 가장 재배하기 어려운 과일나무에 속하고, 번식을 하려면 접목이라는 까다로운 기법을 사용해야 하기 때문에 유라시아에서도 작물화가 가장 나중에 이루어진 과일나무 중 하나이다. 사과를 대규모로 재배했다는 증거는 비옥한 초승달 지역과 유라시아에서도 고전 그리스 시대, 즉 유라시아에서 식량 생산을 시작하고 8,000년이 지난 뒤에야 나타난다. 아메리카 원주민이 같은 속도로 접목법을 발명하거나 습득했다면, 북아메리카에서 작물화를 시작한 기원전 2500년으로부터 8,000년이 지난 뒤, 즉 기원후 5500년에야 사과를 작물화할 것이다.

따라서 유럽인이 들어올 때까지 북아메리카 원주민이 북아메리카 사과를 작물화하지 못한 이유는 원주민에게 있었던 것도 아니고, 사과에 있었던 것도 아니다. 사과의 작물화에 필요한 생물학적 선결조건에 관한 한 북아메리카의 인디언 농경민도 유라시아 농경민과 똑같은 처지였고, 북아메리카 야생 사과도 유라시아 야생 사과와 다르지 않았다. 이 책의 독자가 슈퍼마켓에서 구입해 우적우적 씹어 먹는 큼직하고 다양한 품종의 사과 중 일부는 최근에야 유라시아 사과와 북아메리카 사과를 교배해서 개발된 것이다. 결국 북아메리카 원주민이 사과를 작물화하지 못한 이유는 북아메리카에 분포한 야생 동식물종 전체에 있었다. 그 하나하나를 작물화해서 얻을 수 있는 기대 효과가 그다지 크지 않았기 때문에 북아메리카에서 식량 생산이 늦어진 것이다.

9장 얼룩말과 불행한 결혼 그리고 '안나 카레니나 법칙'

ZEBRAS, UNHAPPY MARRIAGES,
AND THE ANNA KARENINA PRINCIPLE

가축화하지 못한 대형 포유동물의 특징은 무엇인가?

왜 유라시아의 말은 가축화되었지만, 아프리카의 얼룩말은 가축화되지 않았을까? 야생 포유동물의 가축화 가능 여부는 식습관, 생장률, 짝짓기 습관, 성격과 성향 등에 따라 갈렸다. 그리고 유라시아 대륙에는 유라시아의 지리, 역사, 생태로 말미암아 다른 대륙보다 가축화할 수 있는 대형 초식 포유동물이 더 많았다.

가축화할 수 있는 동물은 모두 비슷하지만, 가축화할 수 없는 동물은 제각각 그 이유가 다르다.

이와 비슷한 말을 전에 들은 것 같은가? 그렇다. 몇 단어만 바꾸면, 톨스토이의 위대한 소설《안나 카레니나》의 유명한 첫 문장이 된다. "행복한 가정은 서로 닮았지만 불행한 가정은 모두 저마다의 이유로 불행하다." 톨스토이는 결혼 생활이 행복하려면 많은 면에서 성공적이어야 한다는 뜻으로 그렇게 말했다. 예컨대 서로 상대에게 성적으로 끌려야 할 뿐만 아니라 돈과 자식 훈육, 종교, 인척 관계 등 중요한 쟁점에 대한 의견이 일치해야 한다. 이런 기본적인 면 중 하나라도 충돌한다면, 결혼 생활의 행복에 필요한 모든 조건이 충족되더라도 그 결혼은 불행한 결말을 맞을 수 있다.

이 법칙은 우리 삶에서 결혼 생활 이외에 많은 부분을 이해하는 데도 확대해 적용할 수 있다. 우리는 성공을 쉽게 단일한 요소로 설명하려는 경향이 있다. 하지만 대부분의 중요한 일에서 성공하려면 실패와 관련한 많은 요인을 피해야 한다. '안나 카레니나 법칙'은 인류 역사에 중대한 영향을 미친 동물의 가축화를 요약해서 잘 설명해준다. 달리 말하면, 얼룩말과 페커리(중앙아메리카와 남아메리카에 분포하는, 돼지 비슷한 동물—옮긴이) 등 겉보기에는 가축화에 적합한 야생 대형 포유동물이 가축화되지 못한 이유, 또 가축화에 성공한 동물이 거의 유라시아에 분포했던 이유를 안나 카레니나 법칙으로 설명할 수 있다. 앞의 두 개 장에서는 작물화에 적합해 보이는 많은 야생식물종이 결국 작물화되지 못한 이유를 살펴보았다. 이제부터는 가축화된 포유동물에 대해 이에 상응하는 문제를 따져보기로 하자. 앞에서는 문제가 사과였는지 인디언이었는지를 따졌다면, 이번에는 얼룩말이 문제였는지 아프리카인이 문제였는지를 살펴보려고 한다.

4장에서 우리는 가축화된 대형 포유동물이 인간 사회에 어떤 면에서 중대한 역할을 했는지 알아봤다. 대표적인 예로 가축화된 대형 포유동물은 살코기와 유제품, 거름, 가죽과 털을 제공했고, 육상 운송과 군사용 공격, 쟁기를 끄는 데 쓰였다. 그리고 그때까지 한 번도 노출된 적 없는 사람들을 죽이는 병원균까지 우리에게 주었다.

물론 가축화된 소형 포유동물과 조류 및 곤충도 인류에게는 유용했다. 인간은 고기와 알 및 깃털을 얻기 위해 많은 조류를 가축화했다. 중국에서는 닭, 유라시아 곳곳에서는 다양한 오리종種과 거위종, 메소아메리카에서는 칠면조, 아프리카에서는 뿔닭, 남아메리카에서는 머스코비오리를 길들였다. 늑대는 유라시아와 북아메리카에서 가축화한 개가 되었다. 개는 원래 사냥개와 경비견으로 사육하다가 반려동물은 물론이고 일부 사회에서는 식용으로도 길렀다. 식량 목적으로 가축화된 설치류와 그 밖의 작은 포유동물로는 유럽의 토끼, 안데스 지역의 기니피그, 서아프리카의 큰도깨비쥐, 카리브제도에서 후티아라고 부르는 설치류가 있었다. 흰담비는 유럽에서 토끼 사냥에 사용하기 위해, 고양이는 북아프리카와 서남아시아에서 유해한 설치류를 퇴치하기 위해 길들여졌다. 19세기와 20세기에 들어서야 가축화된 작은 포유동물로는 털을 얻기 위해 기른 여우와 밍크와 친칠라가 있었고, 햄스터는 반려동물로 키웠다. 심지어 몇몇 곤충도 인위적으로 길렀다. 예컨대 유라시아에서는 꿀을 얻으려 꿀벌을 키웠고, 중국에서는 명주실을 얻으려 누에나방을 길렀다.

이렇게 가축화된 작은 포유동물은 대체로 고기와 털, 즉 온기를 제공하는 데 쓰였지, 쟁기를 끌거나 타고 다니는 데 활용되지는 않았다. 또 개를 제외하면 어떤 것도 썰매를 끌거나, 전쟁 무기로 쓰이지 않았다. 또한 가축화된 대형 포유동물만큼 식량으로 중요한 역할을 해내지도 못했다. 따라서 이제부터는 대형 포유동물만을 집중적으로 다루려고 한다.

극소수의 대형 육상 초식동물만을 가축화했다는 점에서 가축화된 포유동물이 더욱더 중요해진다(과거에 육상 포유동물만을 가축화한 데는 명백한 이유가 있었다. 수생 포유동물은 현대 해양 시설을 개발하기 전까지는 기르고 사육하기가 어려웠기 때문이다). '대형'을 45킬로그램 이상의 체중으로 정의한다면, 20세기 전까지 14종만이 가축화되었다(목록은 표 9.1 참조). 고대의 이 14종 중 9종(표 9.1에서 '기타 9종')은 매우 제한된 지역에서만 중요한 가축으로 자리 잡았다. 아라비아낙타(단봉낙타), 박트리아낙타(쌍봉낙타), 라마와 알파카(둘의 조상은 같은 종이지만 다른 품종), 당나귀, 순록, 물소, 야크, 발리소, 미툰mithun이 여기에 속한다. 한편 5종만이 널리 확산되어 세계 전역에서 중요한 위치를 차지했다. 그렇게 가축화된 포유동물 중 '주요 5종'은 소, 돼지, 양, 염소, 말이다.

얼핏 보면 이 목록에 빠진 게 분명히 있는 듯하다. 한니발의 군대

표 9.1 고대에 가축화된 대형 초식 포유동물 14종

주요 5종	
1. 양	야생 조상은 서아시아와 중앙아시아의 무플론mouflon. 현재는 세계 전역에 분포한다.
2. 염소	야생 조상은 서아시아의 비조르bezoar. 현재는 세계 전역에 분포한다.
3. 소	야생 조상은 현재 멸종했지만 과거에는 유라시아와 북아프리카 전역에 분포하던 오록스aurochs. 현재는 세계 전역에 분포한다.
4. 돼지	야생 조상은 유라시아와 북아프리카 전역에 분포한 야생 멧돼지. 현재는 세계 전역에 분포. 돼지는 동물성 먹이와 식물성 먹이를 가리지 않고 먹는 잡식동물인 반면, 나머지 13종은 식물을 주로 먹는 초식동물이다.
5. 말	야생 조상은 현재 멸종한 서러시아의 야생마. 야생에서 지금까지 살아남은 몽골의 프르제발스키와는 같은 종이지만 다른 아종. 현재는 세계 전역에 분포한다.
기타 9종	
6. 아라비아 단봉낙타	야생 조상은 멸종했고, 과거에는 아라비아와 인근 지역에 서식했다. 현재는 주로 아라비아와 북아프리카에 제한적으로 서식하며, 오스트레일리아에도 야생 상태로 분포한다.
7. 박트리아 쌍봉낙타	야생 조상은 멸종했고, 과거에는 중앙아시아에 서식했다. 지금은 주로 중앙아시아에 제한적으로 분포한다.
8. 라마와 알파카	라마와 알파카는 같은 종의 다른 품종이며, 종 자체가 다르지는 않다. 야생 조상은 안데스 지역의 과나코. 지금도 주로 안데스 지역에 제한적으로 분포하지만, 일부는 북아메리카에서 짐을 나르는 짐승으로 사육한다.
9. 당나귀	야생 조상은 북아프리카의 야생 당나귀. 과거에는 서남아시아 인근 지역에 분포했을 가능성도 있다. 처음에는 북아프리카와 서유라시아에서만 가축으로 사육되었지만 그 이후에는 다른 곳에서도 이용했다.
10. 순록	야생 조상은 북유라시아의 순록. 지금도 주로 그 지역에서만 가축으로 기르며, 일부는 알래스카에서도 이용한다.
11. 물소	야생 조상이 지금도 서남아시아에 서식하고 있다. 현재 그 지역에서 주로 가축으로 기르지만, 브라질에서도 많이 이용한다. 한편 오스트레일리아를 비롯한 몇몇 지역에서는 야생으로 돌아가 생활하는 물소가 적지 않다.
12. 야크	야생 조상은 히말라야산맥과 티베트고원의 야생 야크. 지금도 그 지역에서는 가축으로 이용한다.
13. 발리소	야생 조상은 서남아시아의 반텡banteng(오록스의 친척). 지금도 그 지역에서 가축으로 이용한다.
14. 미툰	야생 조상은 인도와 미얀마의 가우르gaur(오록스의 또 다른 친척). 지금도 그 지역에서 가축으로 이용한다.

가 알프스산맥을 넘을 때 이용했다는 아프리카코끼리가 보이지 않는다. 요즘에도 동남아시아에서 노동에 이용하는 아시아코끼리도 보이지 않는다. 내가 그런 동물을 잊고 빠뜨린 게 아니다. 이쯤에서 분명히 구분해둘 게 있다. 요컨대 코끼리도 분명히 길들여졌지만, 가축화되지 않았다. 한니발의 코끼리는 사로잡은 뒤 길들인 야생 코끼리였을 뿐이고, 아시아의 일 코끼리도 마찬가지이다. 그 코끼리들은 가둔 상태에서 기른 게 아니었다. 반면 '가축화된 동물'은 가둔 상태에서 선택적으로 기르고 번식시킴으로써 야생 조상과 달라진 동물을 말한다. 결국 인간이 어딘가에 사용할 목적으로 사육과 번식 및 먹이를 통제한 동물이 가축이다.

달리 말하면, 가축화를 통해 야생동물은 인간에게 한층 유용한 동물로 변한다. 진정으로 가축화된 동물은 여러 면에서 야생 조상과 다르고, 그 차이는 두 가지 과정에서 비롯된다. 하나는 같은 종의 다른 개체보다 인간에게 더 유용한 개체를 인간이 선택하는 과정이고, 다른 하나는 야생이라는 환경과 달리 인간이 인위적으로 바꾼 환경에서 작동하는 자연선택에 동물이 자동적으로 반응하는 진화 과정이다. 이 모든 과정이 식물의 작물화에도 적용된다는 걸 우리는 이미 7장에서 살펴보았다.

가축화한 동물은 여러 부분에서 야생 조상과 달라진다. 많은 종이 크기가 변한다. 예컨대 소와 돼지와 양은 가축화를 통해 크기가 작아진 반면, 기니피그는 더 커졌다. 양과 알파카는 보드라운 털을 보존하면서도 잡털을 줄이거나 없애는 방향으로 진화했고, 젖소는 젖의 양을 늘리기 위한 목적으로 선택되었다. 몇몇 종은 가축화하면서 야생 조상보다 뇌가 작아졌고, 감각기관의 기능도 떨어졌다. 야생 조상이 포식자로부터 도피할 때 의존하던 큰 뇌와 민감한 신경기관이 더는 필요하지 않았기 때문이다.

가축화를 통한 변화를 정확히 평가하기 위해 가축화된 개의 야생 조상인 늑대와 다양한 품종의 개를 비교해보자. 그레이트데인 등 일부 품종은 늑대보다 훨씬 더 크지만, 페키니즈처럼 무척 작아진 품종도 적지 않다. 또 그레이하운드를 비롯한 몇몇 품종은 늑대보다 날렵해서 달리기에 적합해 보이고, 닥스훈트 등은 다리가 무척 짧아 달리는 데 소용이 없을 정도이다. 품종에 따라 털의 형태와 색이 매우 다양하지만, 털이 아예 없는 것도 적지 않다. 폴리네시아인과 아즈텍인은 식용으로 여러 품종의 개를 개발하기도 했다. 닥스훈트와 늑대를 비교할 때, 미리 알고 있지 않다면 누구도 닥스훈트가 늑대에서 유래했다는 걸 짐작조차 하지 못할 것이다.

고대 14종의 야생 조상은 지구상에 고르지 않게 분포되어 있었다. 남아메리카에는 야생 조상이 한 종밖에 없었고, 거기에서 라마와 알파카가 태어났다. 북아메리카와 오스트레일리아와 사하라 이남 아프리카에는 전혀 없었다. 오늘날 관광객들이 아프리카를 방문하는 주된 이유가 다양하고 풍부한 야생 포유동물을 보려는 것이기 때문에, 사하라 이남 아프리카에서 가축화된 포유동물이 없다는 사실은 놀랍기만 하다. 반면 주요 5종 전부를 포함해 고대 14종 중 13종의 야생 조상은 유라시아에 국한되었다(이 책의 다른 곳에서 사용하는 '유라시아'에는 여러 경우에 북아프리카가 포함된다. 생물지리학적으로나 인류 문화의 많은 면에서 북아프리카는 사하라 이남 아프리카보다 유라시아와 더 밀접한 관계가 있기 때문이다).

물론 그 13종의 야생 조상종 모두가 유라시아 전역에 골고루 분포해 있지는 않았다. 어떤 지역에도 13종 모두가 있지는 않았다. 몇몇 종의 야생 조상은 상당히 국지적이었다. 예컨대 야크의 서식지는 티베트와 그에 인접한 고지대에 국한되었다. 하지만 유라시아의 많은 곳에서는 상당수의 종이 같은 지역에서 살았다. 예컨대 서남아시아에는 7종의 야생 조상이 있었다.

야생 조상들이 대륙 간에 이렇게 불공평하게 분포한 현상이 결국에는 유라시아가 다른 대륙보다 총과 균과 쇠를 먼저 갖게 된 중요한 이유로 작용했다. 그런데 어떻게 해야 고대 14종이 유라시아에 집중된 현상을 설명할 수 있을까?

한 가지 이유는 간단하다. 가축화된 종의 조상이든 아니든 대형 육상 포유동물이 유라시아에 가장 많았다. '가축화 후보'를 평균 체중 45킬로그램이 넘는 육상 초식이나 잡식 포유동물로 정의해보자. 표 9.2에서 알 수 있듯이 유라시아에 후보가 가장 많아 72종이나 된다. 다른 식물군과 동물군의 종수도 유라시아에 가장 많다. 그 이유는 유라시아가 세계에서 가장 넓은 대륙이어서 생태학적으로 무척 다양한 데다 광활한 열대우림부터 온대림과 사막과 습지를 거쳐 역시 광활한 툰드라까지 동식물의 서식지도 변화무쌍하기 때문이다. 사하라 이남 아프리카에는 유라시아보다 후보가 적어 51종이고, 대부분의 다른 식물군과 동물군의 종수도 마찬가지로 더 적다. 그 이유는 역시 유라시아보다 면적이 좁고 생태학적으로 덜 다양하기 때문이다. 아프리카는 동남아시아보다 열대우림의 면적이 더 좁고, 남위 37도 위로는 온대성 서식지가 전혀 없다. 1장에서 언급했듯이, 남북아메리카에 과거에는 아프리카에 버금갈 정도로 후보가 많았을지 모르지만, 대부분의

표 9.2 포유동물의 가축화 후보

	대륙			
	유라시아	사하라 이남 아프리카	남북아메리카	오스트레일리아
후보	72	51	24	1
가축화된 종	13	0	1	0
가축화된 후보의 비율	18%	0%	4%	0%

'후보'는 평균 체중이 45킬로그램을 넘는 야생 육상 초식이나 잡식 포유동물로 정의한다.

대형 야생 포유동물이 약 1만 3,000년 전에 멸종했다(여러 종의 말, 대부분의 낙타종, 그 밖의 여러 종이 살아남았더라면 가축화되었을 것이다). 오스트레일리아는 면적도 가장 좁고 가장 고립된 대륙이어서 대형 야생 포유동물의 종수도 유라시아와 아프리카 및 남북아메리카보다 적을 수밖에 없다. 남북아메리카에서 그랬듯이, 오스트레일리아에서도 붉은캥거루를 제외하고는 그 적은 후보종마저 인간이 그 대륙에 첫발을 내디뎠을 즈음 멸종하고 말았다.

따라서 유라시아에는 처음부터 가축화할 만한 야생 포유동물 후보가 가장 많았고 지난 4만 년 사이에 멸종한 후보는 가장 적었다는 점에서, 대형 포유동물의 가축화가 그 대륙에서 주로 진행된 이유를 부분적으로 설명할 수 있다. 요컨대 표 9.2의 수치에서 볼 수 있듯이, 앞의 전제로는 대형 포유동물의 가축화가 유라시아에서 주로 진행된 이유를 완전히 설명할 수 없다. 실제로 가축화된 후보의 '비율'도 유라시아에서 가장 높아 18퍼센트이고, 사하라 이남 아프리카에서는 유난히 낮아 51종의 후보 중 단 한 종도 가축화되지 않았다! 특히 아프리카와 아메리카에서는 다수의 포유동물이 가축화되지 않았지만,

유라시아에서는 그것들과 가까운 친척이나 대응 관계에 있는 포유동물이 가축화되었다는 사실이 매우 놀랍다. 왜 유라시아의 말은 가축화되었는데 아프리카의 얼룩말은 가축화되지 않았을까? 왜 유라시아의 돼지는 가축화되었는데 아메리카의 페커리와 아프리카의 진짜 야생 돼지 3종은 가축화되지 않았을까? 왜 유라시아에 살던 5종의 야생소(오록스, 물소, 야크, 가우르, 반텡)는 가축화되었는데 아프리카물소와 아메리카들소는 가축화되지 않았을까? 왜 아시아의 무플론(현재 가축화된 양의 조상)은 가축화되었는데, 북아메리카의 큰뿔양은 가축화되지 않았을까?

남북아메리카, 아프리카, 오스트레일리아에 살던 종족은 매우 다양했지만 가축화를 방해하는 문화적 장애를 공유한 반면, 유라시아에는 그런 장애가 없었던 것일까? 예컨대 아프리카의 야생에는 대형 포유동물이 풍부해서 언제라도 사냥으로 죽일 수 있으므로, 아프리카 사람들이 굳이 가축으로 기르는 수고를 쓸데없는 짓이라고 여겼던 것은 아닐까?

이 질문에 대한 대답은 분명히 "아니다!"이다. 이런 해석을 반박할 수 있는 증거는 다섯 가지나 된다. (1) 유라시아 밖의 종족들이 유라시아 가축을 신속히 받아들였고, (2) 반려동물을 옆에 두는 것은 인간의 보편적 성향이며, (3) 고대 14종이 신속히 가축화되었고, (4) 그중 일부는 여러 곳에서 독자적으로 되풀이해서 가축화되었으며, (5) 그 이후에도 가축화하려던 시도가 있었지만 제한적으로만 성공을 거두었다는 것이다.

첫째로, 유라시아에서 가축화된 포유동물 주요 5종이 사하라 이남 아프리카에 전해졌을 때, 조건이 허락되는 곳에서는 예외 없이 모든 아프리카 종족이 이를 앞다투어 받아들였다. 그 결과, 그 목축민들은 수렵·채집민보다 커다란 이점을 누리며 그들을 재빨리 몰아냈다. 특히 반투족 농경민은 소와 양을 얻게 되자 서아프리카의 고향땅을 벗어나 단기간에 사하라 이남 아프리카 대부분 지역에서 수렵·채집민을 압도했다. 작물을 수확하지 않고도 약 2,000년 전에 소와 양을 채택한 코이산족은 아프리카 남부의 많은 지역에서 수렵·채집으로 살아가던 코이산족을 몰아냈다. 서아프리카에 가축화된 말이 전래된 뒤에는 전쟁의 양상이 바뀌었고, 기병에 의존하는 여러 왕국이 그 지역에 들어섰다. 말이 서아프리카 너머까지 확산하는 걸 방해한 유일한 요인은 체체파리가 옮기는 수면병이었다.

가축화하기에 적합한 토종 야생 포유동물이 없던 종족들에게 마침내 유라시아 가축을 얻을 기회가 주어질 때마다 동일한 현상이 세계 곳곳에서 되풀이되었다. 남북아메리카에서는 유럽인의 정착지로부터 말 몇 마리가 달아난 뒤로 한 세대도 지나지 않아, 원주민이 유럽산 말을 앞다투어 받아들였다. 예컨대 북아메리카의 그레이트플레인스에 거주하던 인디언은 19세기경 말을 능숙하게 다루는 전사이자 들소 사냥꾼으로 유명했지만, 17세기 말엽에야 말을 타기 시작했을 뿐이다. 스페인인을 통해 들여온 양도 나바호 인디언 사회를 비슷하게 바꿔놓았고, 그 결과 나바호족은 양털로 아름답게 직조한 담요로 유명해졌다. 또 유럽인이 개를 데리고 태즈메이니아섬에 이주하고 10년이 지나지 않아, 태즈메이니아 원주민은 난생처음 본 개를 대대적으로 기르며 사냥에 사용하기 시작했다. 따라서 오스트레일리아,

남북아메리카, 아프리카에는 문화가 다른 원주민 종족이 무수히 많았지만, 야생동물의 가축화를 방해할 만한 보편적인 문화적 금기는 없었다.

물론 오스트레일리아와 남북아메리카, 아프리카에 가축화할 수 있는 토종 야생 포유동물이 적잖게 있었다면, 대륙마다 몇몇 종족이 그 동물들을 가축화해서 그로부터 커다란 이점을 누렸을 것이다. 유라시아의 가축들이 들어오자 지체 없이 채택해 그로부터 이익을 얻었다는 사실이 그런 추정을 뒷받침한다. 예컨대 사하라 이남 아프리카의 모든 종족이 주변에서 얼룩말과 물소를 보며 살았다고 가정해보자. 왜 그곳에는 수렵·채집을 포기하고 얼룩말과 물소를 가축화해서 다른 종족을 압도하겠다는 부족이 하나도 없었던 것일까? 그랬다면 유라시아로부터 말과 소가 전래될 때까지 마냥 기다리지 않았을 텐데 말이다. 이 모든 사실을 근거로, 유라시아 밖에서 토종 포유동물의 가축화가 시도되지 않은 이유는 지역적으로 분포된 야생 포유동물한테 있지 지역민한테 있었던 게 아니라는 해석이 가능하다.

이런 해석을 뒷받침하는 두 번째 유형의 증거는 반려동물에서 찾을 수 있다. 야생동물을 반려동물로 키우며 길들이는 게 가축화의 첫 단계이다. 그러나 알려진 바에 따르면, 반려동물은 모든 대륙의 어느 전통사회에나 거의 존재했다. 반려동물로 길들인 야생동물의 종수가 궁극적으로 가축화된 동물보다 훨씬 더 많아, 우리가 눈으로 보지 않았다면 반려동물로 상상조차 할 수 없을 법한 종도 많다.

내가 연구할 때 종종 방문하는 뉴기니의 마을들을 예로 들어보

자. 뉴기니에는 캥거루, 주머니쥐, 딱새부터 물수리까지 다양한 조류를 반려동물로 키우는 사람이 적지 않다. 포획한 야생동물은 대체로 결국에는 먹거리로 썼지만, 일부는 반려동물로 키웠다. 뉴기니인은 심지어 화식조(타조처럼 몸집이 크고 날지 못하는 새)의 새끼를 주기적으로 포획해 키운 뒤 별미로 먹는다. 하지만 다 자란 화식조는 사로잡힌 상태에서도 극히 위험해 때때로 마을 사람들의 배를 공격해 찢어놓기도 한다. 또 아시아의 일부 종족은 독수리를 길들여 사냥용으로 사용하는데, 독수리를 비롯해 힘센 반려동물이 조련사를 죽였다는 소식도 가끔 들린다. 고대에는 이집트와 아시리아에서, 그 이후에는 인도에서 치타를 길들여 사냥에 사용했던 것으로 전한다. 고대 이집트인이 남긴 그림에서 볼 수 있듯, 그들이 가젤과 사슴영양처럼 발굽 있는 유제류有蹄類 포유동물, 두루미 같은 조류를 길들였다는 건 그다지 놀랍지 않다. 그러나 상당히 위험할 수 있는 기린을 길들였다는 건 꽤 놀라운 일이고, 하이에나를 길들였다는 건 믿기조차 힘들다. 아프리카코끼리는 위험하기 짝이 없음에도 로마 시대에 길들였고, 아시아코끼리는 지금도 여전히 그렇다. 유라시아불곰(아메리카회색곰과 같은 종)은 누구나 가장 기상천외한 반려동물로 손꼽겠지만, 일본의 아이누족은 '주기적으로' 새끼 유라시아불곰을 사로잡아 길들였으며, 다 기른 뒤에는 제례 의식의 제물로 사용했다.

많은 야생동물종이 가축화로 이어지는 인간과의 관계에서 첫 단계를 그렇게 시작했다. 그러나 그 과정의 반대편 끝에 위치한 가축화에 도달한 동물종은 소수에 불과했다. 거의 한 세기 전에 영국 과학자 프랜시스 골턴Francis Galton(1822~1911)은 이런 편차를 간결하게 정리했다. "어떤 야생동물이나 가축화될 기회가 있었을 것이다. …… (극)소수만이 오래전에 가축화된 반면, 나머지 대부분은 과거에 가축화되지 못한 아주 작은 특정한 이유 때문에 앞으로도 영원히 야생에서 지내야 할 운명인 듯하다."

가축화 시기에서 골턴의 견해를 확정해주는 세 번째 유형의 증거를 찾을 수 있다. 골턴의 견해에 따르면, 초기의 목축민은 가축화하기에 적합한 모든 대형 포유동물을 빠짐없이 신속하게 가축화했다. 고고학적 증거로 가축화 시기를 확인할 수 있는 모든 동물종은 기원전 8000년에서 기원전 2500년 사이에 가축화되었다. 달리 말하면, 마지막 빙하기가 끝나고 정주한 농경·목축사회가 시작된 직후부터 수천 년 사이에 야생동물의 가축화가 이루어졌다는 뜻이다. 표 9.3에서 볼 수 있듯 대형 포유동물의 가축화 시기는 양과 염소와 돼지로 시작해서 낙타로 끝났다. 기원전 2500년부터는 중요한 가축으로 새로 생긴 것이 없다.

물론 기원전 2500년 이후에도 오랫동안 작은 포유동물이 적잖게 처음으로 가축화되었다. 예컨대 토끼는 중세에야 식용으로 가축화되었고, 생쥐와 쥐를 실험실 연구용으로 기른 것은 20세기 들어서였다. 햄스터는 1930년대에 들어 반려동물로 가축화되었다. 소형 포유동물의 가축화가 계속 시도되었다고 놀라울 것은 없다. 지금도 야생에는 문자 그대로 수천 종의 후보가 있지만, 과거에 그런 작은 포유동물은 전통사회에서 힘들여 키워야 할 만큼의 가치가 없었기 때문이다. 그러나 대형 포유동물의 가축화는 4,500년 전에 실질적으로 끝났다. 그때까지 세계 전역에서 148종의 후보가 무수히 실험을 거쳤고,

표 9.3 대형 포유동물의 가축화를 입증하는 첫 증거의 대략적 연대

종	시기(기원전)	장소
개	10000년	서남아시아, 중국, 북아메리카
양	8000년	서남아시아
염소	8000년	서남아시아
돼지	8000년	중국, 서남아시아
소	6000년	서남아시아, 인도, 북아프리카(?)
말	4000년	우크라이나
당나귀	4000년	이집트
물소	4000년	중국(?)
라마와 알파카	3500년	안데스 지역
쌍봉낙타	2500년	중앙아시아
단봉낙타	2500년	아라비아

가축화된 대형 포유동물 중 나머지 4종, 즉 순록과 야크, 가우르, 반텡의 가축화 시기에 대해서는 아직 뚜렷한 증거가 없다. 위에서 표기한 시기와 장소는 현재까지 입증된 최초의 시기와 장소일 뿐이다. 가축화는 더 이른 시기에 다른 곳에서 시작되었을 수도 있다.

결국 소수만이 그 실험을 통과했으며, 나머지 적합하지 않은 다수는 야생에 남겨졌다.

가축화하기가 상대적으로 적합한 포유동물이 있다는 네 번째 유형의 증거는 동일한 종의 포유동물이 여러 곳에서 독자적으로 반복해 가축화되었다는 사실에서 찾을 수 있다. 인도 혹소와 혹이 없는 유럽 소가 수십만 년 전 하나의 야생 조상 소한테서 갈라진 두 개체군에서 생겨

났을 것이라는 오랜 추정이, 미토콘드리아 DNA로 알려진 유전 형질을 분석한 유전학적 증거로 최근에 확인되었다. 달리 말하면, 인도인은 야생 오록스의 인도 아종을 가축화했고, 서남아시아인은 야생 오록스의 서남아시아 아종을 가축화했으며, 북아프리카인은 북아프리카 오록스를 독자적으로 가축화했을 수 있다는 뜻이다.

마찬가지로 늑대가 남북아메리카에서 가축화되어 개가 된 것은 분명하지만, 중국과 서남아시아를 포함한 유라시아의 여러 지역에서도 독자적으로 가축화가 진행되었을 개연성이 크다. 요즘의 돼지는 중국과 서유라시아에서 독자적으로 가축화되었지만, 다른 지역에서도 가축화되었을 가능성이 적지 않다. 이런 사례는 소수의 적합한 야생동물종이 많은 인간 사회의 관심을 끌었다는 걸 재확인해주는 증거이다.

과거에 대부분의 야생 후보종을 가축화하는 데 실패한 이유가 고대인에게 있지 않고, 후보종 자체의 결함에 있었다는 마지막 유형의 증거는 현대의 가축화 실패에서 찾을 수 있다. 야생동물의 가축화는 약 1만 년 전에 서남아시아에서 시작되었고, 오늘날 유럽인은 지구상에서 가장 오래된 가축화 전통의 계승자들이다. 15세기 이후로 유럽인은 세계 전역으로 퍼져나갔고, 유럽에서는 보지 못한 야생 포유동물을 맞닥뜨렸다. 원주민이 그랬듯이, 유럽인 이주민들도 많은 토착 포유동물을 길들이거나 반려동물로 삼았다. 실제로 나는 뉴기니에서 캥거루와 주머니쥐를 반려동물로 키우는 유럽인을 만난 적이 있다. 물론 유럽에서 다른 대륙으로 이주한 목축민과 농경민도 그 지역의 토착 동물종을 가축화하려고 상당히 애썼다.

19세기와 20세기에는 적어도 6종의 대형 포유동물—일런드영양, 엘크, 말코손바닥사슴, 사향소, 얼룩말, 아메리카들소—을 가축화하려는 치밀한 계획이 세워졌고, 동물육종학과 유전학 등 현대 과학으로 무장한 전문가들이 그 계획을 실행에 옮겼다. 예컨대 아프리카 영양 중 가장 큰 일런드영양은 우크라이나의 아스카니아노바동물보호구역에서, 나아가 영국과 케냐, 짐바브웨와 남아프리카공화국에서도 양질의 고기와 충분한 젖을 얻기 위해 선택되었다. 스코틀랜드 애버딘의 로웨트연구소Rowett Research Institute는 엘크(영국명: 붉은사슴)를 가축화하기 위한 실험 농장을 운영했고, 러시아의 피초라일리치국립공원에서는 말코손바닥사슴을 가축화하기 위한 실험 농장을 운영했다. 하지만 이런 노력은 아주 제한적인 성공을 거두었을 뿐이다. 요즘 들소 고기가 미국의 일부 슈퍼마켓에 간혹 진열되고, 스웨덴과 러시아에서 젖을 얻고 썰매를 끌기 위해 말코손바닥사슴을 이용하지만, 목장 경영자의 관심을 끌기에 충분할 정도의 경제적 가치를 창출해낸 실험 결과는 나온 적이 없었다. 최근 아프리카에서 일런드영양을 가축화하려는 시도가 있었지만, 별다른 주목을 받지 못했다. 유라시아에서 도입한 가축은 아프리카 풍토병에 쉽게 걸리는 반면, 일런드영양은 질병에 대한 저항력이 강하고 기후변화에도 잘 적응해 가축화에 성공한다면 유라시아산 가축들보다 여러 면에서 유리할 텐데 말이다.

따라서 수천 년 동안 후보종을 접촉했던 토착 목축민이나 현대 유전학자나 4,500년 전에 가축화된 '고대 14종' 이외에 대형 포유동물을 유용한 수준까지 가축화하는 데 성공하지 못했다. 하지만 가축화가 번식과 식량 공급의 통제를 뜻한다면, 오늘날 과학자들은 많은 종에서 그 정의를 충족하는 가축화를 이루어낼 수 있을 것이다. 예컨대 샌디에이고동물원과 로스앤젤레스동물원은 멸종 위기를 맞은 캘리포니아콘도르의 번식을 가축화된 동물종보다도 더 엄격히 관리하고 있다. 콘도르 하나하나를 유전적으로 분석하고, 우리의 목표(이 경우에는 유전적 다양성을 극대화해서 멸종 위기를 맞은 콘도르를 보존하려는 목표)를 달성하기 위해 어떤 수컷을 어떤 암컷과 짝짓기해야 하는지를 컴퓨터 프로그램으로 알아낸다. 현재 여러 동물원에서 고릴라와 코뿔소를 비롯해 멸종 위기를 맞은 동물종을 대상으로 유사한 번식 프로그램을 진행하고 있다. 하지만 캘리포니아콘도르의 번식을 엄격히 선택하고 관리하더라도 경제적으로 유익한 결과를 기대하기는 어렵다. 코뿔소는 도살하지 않은 상태에서 무려 3톤이 넘는 고기를 제공하지만, 코뿔소의 번식 프로그램에서도 경제성 있는 결과를 기대하기는 힘들다. 뒤에서 곧 살펴보겠지만, 코뿔소를 비롯해 대부분의 대형 포유동물에는 가축화하는 데 도저히 해결할 수 없는 문제가 있기 때문이다.

가축화 후보인 148종의 대형 야생 초식 포유동물 중에서 총 14종만이 가축화 실험을 통과했다. 왜 나머지 134종은 가축화되지 못했을까? 프랜시스 골턴은 어떤 조건을 머릿속에 그리며, 그 나머지 종들에 대해 "영원히 야생에서 지내야 할 운명"이라고 말했을까?

이 질문에 대한 대답은 '안나 카레니나 법칙'에서 찾을 수 있다. 야생 후보종이 가축화되려면 많은 특징을 갖추어야 한다. 그중 하나라도 없으면 가축화 노력은 수포로 돌아간다. 행복한 결혼 생활을 위한 필요조건 중 하나라도 부족하면 불행한 결말을 맞는 것과 같다. 얼룩말이든 사람이든 어울리지 않는 쌍을 추적해보면 가축화가 실패한 원인으로 적어도 여섯 가지를 찾아낼 수 있다.

식습관. 어떤 동물이 식물이나 다른 동물을 먹을 때 그 먹이의 생물량이 그걸 먹는 동물의 생물량으로 전환되는 효율은 100퍼센트를 크게 밑돈다. 그 수치는 대체로 10퍼센트 안팎에 불과하다. 달리 말하면, 암소를 체중 450킬로그램까지 키우려면, 약 4,500킬로그램의 옥수수가 필요하다는 뜻이다. 한편 육식동물을 체중 450킬로그램까지 키우려면, 4,500킬로그램의 옥수수를 먹고 자란 초식동물 4,500킬로그램을 먹여야 한다. 게다가 초식동물과 잡식동물 중에는 코알라처럼 식성이 까다로운 종이 많고, 그런 종은 농장에서 키울 만한 가축으로는 적합하지 않다.

이런 근본적인 비효율성 때문에 육식 포유동물은 한 종도 식용으로 가축화되지 않았다(육식 포유동물의 고기가 질기거나 맛없기 때문은 아니었다. 우리는 육식 야생 물고기를 시시때때로 먹고, 나는 개인적으로 사자 고기로 만든 햄버거를 아주 맛있게 먹은 적이 있다). 개는 예외에 가깝다. 개는 원래 경비견과 사냥개로 가축화되었지만, 아즈텍 시대의 멕시코와 폴리네시아 그리고 고대 중국에서는 다양한 품종의 개를 식용으로 개발하고 길렀다. 하지만 개고기는 육류가 부족한 인간 사회에서도 최후의 수단이었다. 아즈텍제국에는 개 이외에 가축화된 다른 포유동물이 없었고, 폴리네시아와 고대 중국에는 돼지와 개밖에 없었다. 가축화된 초식 포유동물을 갖는 축복을 누린 인간 사회는 번거롭게 개고기를 먹지 않았고, 오늘날 동남아시아의 일부 지역에서 그렇듯이 특별한 별미로만 먹었다. 게다가 엄격히 말해서 개는 육식동물이 아니라 잡식동물이다. 자신의 반려견이 정말 육식만을 한다고 여길 정도로 순진한 사람이 있다면,

사료 봉지에 쓰인 성분표를 읽어보기 바란다. 아즈텍과 폴리네시아에서 식용으로 키운 개는 채소와 음식물 쓰레기만 먹고도 통통하게 살이 쪘다.

생장률. 가축이 사육할 만한 가치를 지니려면 생장 속도도 빨라야 한다. 고릴라와 코끼리는 초식동물인 데다 식성이 조금도 까다롭지 않고 고기의 양도 많지만, 생장 속도가 빠르지 않아 가축화되지 못했다. 고릴라나 코끼리가 다 자랄 때까지 15년을 느긋하게 기다려줄 목장주가 있겠는가? 코끼리를 노동 현장에서 활용하려는 요즘 아시아인들은 야생 코끼리를 사로잡아 길들이는 편이 비용 면에서 훨씬 낫다는 걸 알고 있다.

인공 번식 문제. 우리 인간은 다른 사람이 지켜보는 앞에서 섹스하는 걸 좋아하지 않는다. 가축화하면 상당한 가치를 지닐 가능성이 크지만, 남들이 지켜보는 앞에서 교미하는 걸 꺼리는 동물종도 적지 않다. 육상동물 중 가장 빠른 치타를 수천 년 전부터 가축화하려고 온갖 시도를 다했지만, 결국 실패한 이유가 여기에 있다.

앞에서 이미 언급했듯이, 길들인 치타는 고대 이집트와 아시리아에서, 그 이후에는 인도에서 개보다 훨씬 뛰어난 사냥 도우미로 소중하게 여겨졌다. 인도 무굴제국의 한 황제는 무려 1,000마리의 치타를 한 울타리에 가둬놓고 길렀다. 그러나 부유한 많은 군주들이 치타의 인공 번식captive breeding에 엄청나게 투자했지만, 그들이 보유한 치타는 야생에서 포획한 뒤 길들인 치타가 전부였다. 요컨대 치타를 통제된 환경에서 번식시키려던 군주들의 노력은 번번이 실패했고, 현대 동물원의 생물학자들도 1960년에야 새끼 치타를 낳는 데 처음으로 성공했다. 야생에서는 서너 마리의 수컷 치타가 한 마리의 암컷을 며칠 동안 뒤쫓는다. 암컷이 배란하거나 교미할 준비를 마치려면, 그렇게 먼 거리를 쫓고 쫓기는 험난한 구애 과정이 필요한 듯하다. 우리에 갇힌 치타는 이런 복잡한 구애 행위를 좀처럼 시작하려고 하지 않는다.

안데스 지역의 야생 낙타 비쿠냐를 번식시키려던 계획도 유사한 문제로 실패했다. 비쿠냐의 털은 동물 털 중에서 가장 보드랍고 가벼워 높은 평가를 받는다. 고대 잉카인은 야생 비쿠냐를 울타리에 몰아넣고 털을 깎은 다음 다시 풀어주는 방식을 활용했다. 오늘날의 상인들도 이 고급스러운 털을 얻으려면 똑같은 방법을 사용하거나, 야생 비쿠냐를 죽이는 수밖에 없다. 권위를 상징하는 물건을 팔아 돈을 벌 수 있다는 강력한 동기에도 불구하고, 비쿠냐를 가두어 기르며 털을 얻고 번식시키려던 시도는 번번이 실패했다. 비쿠냐는 짝짓기 전에 복잡하고 긴 구애 과정을 거쳐야 하는데, 울타리 안에서는 그런 과정이 불가능한 것도 여러 원인 중 하나이다. 또 수컷 비쿠냐가 주변에 있는 다른 수컷의 존재를 용납하지 않기 때문이기도 하다. 먹이를 먹는 영역과 잠을 자는 영역을 따로 두는 습성도 인공 번식을 가로막는 걸림돌이다.

포악한 성격. 당연한 말이겠지만, 몸집이 큰 포유동물은 거의 전부가 인간을 죽일 수 있다. 돼지와 말, 낙타, 소에게 목숨을 잃는 경우도 있다. 하지만 성격이 유달리 포악해서 위험하기 짝이 없는 대형 동물도 있다. 다른 면에서는 가축화하기에 이상적인 후보이지만, 인간을 죽이는 경향 때문에 가축화하지 못한 후보가 의외로 많다.

대표적인 예가 회색곰이다. 곰 고기는 값비싼 별미인 데다 회색곰은 체중이 무려 770킬로그램까지 나간다. 게다가 (무시무시한 사냥꾼이기도 하지만) 주로 채식을 하고, 먹는 풀을 가리지 않으며, 인간이 남긴 쓰레기도 잘 먹고(그래서 옐로스톤과 글레이셔국립공원에서 문제를 일으킨다), 비교적 성장 속도도 빠른 편이다. 따라서 회색곰이 갇힌 상태에서도 얌전히 행동한다면, 더할 나위 없이 훌륭한 육용 동물이 될 것이다. 일본의 아이누족은 의식의 일종으로 새끼 회색곰을 기르며 그 실험을 해보았다. 하지만 충분히 납득할 만한 이유로, 아이누족은 새끼 곰이 한 살쯤 되면 잡아먹는 편이 낫다는 걸 알게 되었다. 회색곰을 그 이상으로 키우는 건 자살행위와 다를 바 없었다. 하기야 나 역시 성년이 되도록 길들여서 유순한 회색곰을 본 적이 없다.

다른 면에서는 이상적인 후보이지만 똑같은 정도의 명백한 이유로 가축화하지 못한 또 다른 예로 아프리카물소가 있다. 아프리카물소는 1톤까지 무척 빨리 자라고, 무리를 지어 살며, 무리 내에서의 위계질서가 분명하다. 이런 특성의 장점에 대해서는 뒤에서 다시 다루기로 하자. 그러나 아프리카물소는 아프리카에서 가장 위험하고 가장 예측하기 어려운 대형 포유동물로 알려졌다. 그 때문인지 아프리카물소를 가축화하려던 무모한 사람들은 그 과정에서 죽거나, 그렇지 않으면 물소가 다 커서 포악해지기 전에 먼저 죽여야 했다. 체중이 4톤에 가깝고 초식동물인 하마도 비슷해서, 그렇게 위험하지 않았다면 외양간을 차지하는 대단히 유익한 가축이 되었을 것이다. 하마는 아프리카에서 매년 사자를 포함해 어떤 포유동물보다 많은 인명을 앗아가는 동물이다.

포악하기로 유명한 이런 후보들이 가축화되지 않았다고 놀랄 사람은 거의 없을 것이다. 그러나 위험성이 그다지 알려지지 않은 후보도 있다. 예컨대 8종의 야생 말과科 동물(말과 그 친척)은 성격이 천차만

별이지만, 8종 모두가 유전자적으로 무척 가까워 이종교배를 하면 건강한 새끼를 낳을 수 있다(하지만 생식력이 없는 경우가 많다). 그중 2종, 즉 말과 북아프리카나귀(당나귀의 조상)는 성공적으로 가축화되었다. '오나거onager'라고도 알려진 아시아나귀는 북아프리카나귀와 관계가 무척 가깝다. 아시아나귀의 고향에 서구 문명과 가축화의 요람인 비옥한 초승달 지역이 포함된 것으로 보아, 고대인이 오나거로 광범위한 실험을 해보았을 게 분명하다. 수메르와 그 이후의 문명이 남긴 그림들에서 볼 수 있듯이, 사람들은 오나거를 일상적으로 사냥했을 뿐만 아니라 포획해 당나귀나 말과 교배시켰다. 고대의 그림에서 말처럼 생기고, 사람이 등에 올라타 이동하거나 수레를 끄는 데 이용한 동물은 오나거였던 것으로 추정된다. 하지만 로마인부터 현대의 동물원 사육사까지 오나거에 대해 글을 쓴 사람들은 오나거의 불끈하는 성질과 걸핏하면 사람을 무는 포악한 습관을 한목소리로 한탄한다. 그 때문에 다른 면에서는 조상인 당나귀와 비슷하면서도 오나거는 가축화되지 못했다.

아프리카 초원을 거니는 4종의 얼룩말은 더욱더 고약하다. 얼룩말을 가축화하기 위한 노력은 수레를 끄는 데까지 진행되었다. 예컨대 19세기에 남아프리카에서 얼룩말은 짐수레를 끄는 역축役畜으로 이용되었고, 괴짜 동물학자 월터 로스차일드 경Lord Walter Rothschild(1868~1937)은 얼룩말이 끄는 마차를 타고 런던 시내를 헤집고 다녔다. 그러나 안타깝게도 얼룩말은 나이가 들면 건잡을 수 없이 위험해진다(물론 말도 개체에 따라 포악한 녀석이 많다는 걸 부인하는 건 아니지만, 얼룩말과 오나거는 거의 예외가 없다). 얼룩말한테는 걸핏하면 사람을 물고 놓아주지 않는 고약한 습성이 있다. 따라서 매년 미국 동물원에서 사육사는 호랑이보다 얼룩말에게 훨씬 더 자주 상처를 입는다! 게다가 얼룩말은 올가미 밧줄로 잡는 게 거의 불가능하다. 올가미 밧줄을 던져 말을 잡는 로데오 경기에서 우승한 카우보이라고 다를 바 없다. 얼룩말은 올가미 밧줄이 자기를 향해 날아오는 걸 지켜보다가 고개를 움츠려 피하는 기막힌 능력을 지녔기 때문이다.

따라서 얼룩말에 안장을 얹고 타는 게 설사 가능했더라도 극히 드물었다. 결국 얼룩말을 가축화하려던 남아프리카 사람들의 열정도 점차 시들해졌다. 몸집 크고 잠재적 위험성을 지닌 포유동물이 돌발적으로 드러내는 공격적인 행동은, 현대에 들어 엘크와 일런드영양을 가축화하려던 실험이 처음에는 유망해 보였지만 더 크게 성공하지 못한 주된 이유이기도 하다.

겁에 질려 허둥대는 성향. 포식자나 인간이 가하는 위험에 대형 초식 포유동물은 각기 다양한 방식으로 반응한다. 일부는 신경을 곤두세우고 재빨리 행동하며, 위협을 감지하면 즉각적으로 달아난다. 반면 상대적으로 느리고 둔감해 무리에서 보호막을 찾고, 위협을 감지해도 선불리 움직이지 않고 필요한 경우에만 달아나는 포유동물도 적지 않다. 사슴과 영양에 속한 대부분의 종이 전자의 유형이라면(당연히 순록은 예외이다), 양과 염소는 후자에 속한다.

당연한 말이겠지만, 신경이 예민한 종은 가둬놓고 기르기 어렵다. 울타리를 두른 우리에 갇히면, 그런 종은 겁에 질려 허둥대거나 충격을 받아 죽기도 하고, 달아나려는 생각에 울타리에 죽어라고 몸을 부딪치기도 한다. 가젤의 경우가 그렇다. 가젤은 비옥한 초승달의 일부 지역에서 사람들이 수천 년 동안 가장 자주 사냥한 먹잇감이었다. 그 지역에 처음 정착한 사람들에게 가젤만큼 가축화할 기회가 많은 포유동물은 없었다. 그러나 어떤 종류의 가젤도 가축화하지 못했다. 놀라서 갑자기 달아나다가 담에 마구 몸을 부딪치고, 거의 9미터까지 도약하고, 시속 80킬로미터로 달릴 수 있는 동물을 데리고 다니는 걸 상상해보라!

사회구조. 가축화된 대형 포유동물의 야생 조상에서는 거의 예외 없이 세 가지 사회적 특징이 드러난다. (1) 무리를 지어 살고, (2) 무리의 구성원 사이에 정교한 위계질서가 유지되며, (3) 무리가 서로 배타적인 영역을 고집하지 않고 각 무리의 세력권이 중첩된다. 예컨대 한 마리의 수컷과 다섯 마리의 암컷 및 새끼들로 이루어진 야생말 무리가 있다고 해보자. 암말 A는 암말 B, C, D, E보다 위에 있고, B는 A에게 순종하지만 C, D, E보다는 위에 있다. 또 C는 A와 B에게 순종하지만 D와 E에게는 군림하는 식이다. 그 무리가 이동할 때 구성원은 일정한 순서를 유지한다. 후미에 수컷, 선두에 암컷 A, 그 뒤를 암컷 A의 가장 어린 새끼를 필두로 암컷 B와 그 새끼들이 연령순으로 따른다. 그 뒤로는 계급 순서에 따라 각각의 암컷과 그 새끼들이 따른다. 다 자란 동물들이 이런 식으로 무리 내에서 공존하면서도 각자의 계급을 알기 때문에 서로 끝없이 싸우는 일은 없다.

이런 사회구조는 가축화에 이상적이다. 인간이 그런 위계질서를 그대로 이용할 수 있기 때문이다. 야생에서 말들이 최상위에 있는 암컷을 따라가듯이, 가축화된 말들도 인간 지도자를 줄지어 따라간다. 양과 염소, 개의 조상인 늑대와 소의 무리에도 유사한 위계질서가 있다. 어린 새끼는 그런 무리에서 자라며 주변에서 자주 보는 동물들의 행동을 흉내 낸다. 야생의 조건이라면 근처에서 흔히 보는 동물이 같은 종에 속한 구성원이지만, 우리에 갇힌 상태에서는 인간의 행동을 보고 인간을 흉내 내기도 한다.

이런 사회적 동물은 목축에 적합하다. 이렇게 사회성을 띤 동물은 상대의 존재로 인한 불편을 웬만하면 참고 견디기 때문에 함께 모아둘 수 있다. 또 그런 동물은 자신보다 우위에 있는 리더를 본능적으로 따르고, 인간을 그런 리더로 인정하기 때문에 목축견 한 마리나 목축민 한 명이 쉽게 무리를 몰고 다닐 수 있다. 무리를 지어 사는 동물은 야생에서도 밀집해 모여 사는 데 익숙하므로 울타리 안에 비좁게 갇힌 상황도 잘 견딘다.

반면 혼자 사는 영역성 동물종을 한꺼번에 모아두는 건 불가능하다. 그런 동물은 간섭을 용납하지 않고, 인간을 주인으로 인정하지도 않으며, 본능적으로 순종하지도 않는다. 고양이는 야생에서 혼자 지내는 영역성 동물이다. 고양이들이 줄지어 사람 뒤를 따라가는 모습을 본 적이 있는가? 또 사람의 지시에 따라 고양이들이 떼 지어 이동하는 모습을 본 적이 있는가? 고양이를 좋아하는 사람이면, 개는 인간에게 본능적으로 순종하지만 고양이는 그러지 않는다는 걸 누구나 잘 안다. 고양이와 흰담비는 가축화된 유이唯二한 영역성 포유동물이다. 처음부터 고기를 얻기 위해 대규모로 키우려던 게 아니라, 사냥용이나 반려동물로 키우는 게 목적이었기 때문에 그 둘의 가축화가 가능했다.

따라서 혼자 사는 대부분의 영역성 동물은 가축화되지 않았지만, 그렇다고 무리 지어 사는 동물종 대부분이 가축화될 수 있는 것은 아니다. 그 대부분이 다음과 같은 여러 이유 중 하나 때문에 가축화되지 못한다.

첫째, 각 무리의 세력권이 중첩되지 않고, 다른 무리에 대해 배타적인 영역을 고집하기 때문이다. 혼자 살아가는 동물종의 수컷 두 마리를 한 울타리에 둘 수 없듯이, 그런 두 무리를 한 울타리 안에 함께 두는 것도 불가능하다.

둘째, 1년 중 일정 기간에는 무리를 지어 생활하는 많은 종이 번식기가 되면 영역을 고집하며, 상대의 존재를 용납하지 않고 서로 싸우기 때문이다. 사슴과 영양에 속한 대부분의 종이 여기에 해당한다(이번에도 순록은 예외다). 아프리카는 사회성을 띤 여러 종류의 영양으로 유명하지만, 어떤 종의 영양도 가축화하지 못한 주된 요인 중 하나가 이것이다. 아프리카영양을 머릿속에 떠올릴 때 가장 먼저 연상되는 장면은 '지평선을 가로지르며 평화롭게 빼곡히 들어선 무리'이다. 그러나 번식기가 되면 그 무리에서 수컷들이 일정한 간격을 두고 영역을 주장하며, 서로 치열하게 싸운다. 따라서 양과 염소와 소처럼, 그런 영양들을 울타리 안에 비좁게 가두어두는 건 불가능하다. 영역을 지키려는 행동에 사나운 성격과 느릿한 성장 속도까지 더해지며 코뿔소는 농장에서 완전히 퇴출되고 말았다.

끝으로, 무리 지어 사는 동물종 중에도 정교한 위계질서가 없어 주도적인 리더를 본능적으로 따르지 않는 종이 많기 때문이다(따라서 인간을 주인으로 인정하지도 않는다). 이번에도 사슴과 영양에 속한 대부분의 종이 여기에 해당한다. 이 때문에 많은 종류의 사슴과 영양을 개별적으로는 길들였지만(《아기 사슴 밤비》 이야기가 진짜라고 생각해보라), 그렇게 길들인 사슴이나 영양이 양처럼 무리 지어 이동하는 걸 본 사람이 없는 것이다. 북아메리카의 큰뿔양이 현재 가축화된 양의 조상인 아시아의 무플론과 같은 속屬에 속하지만 가축화에 실패한 이유가 여기에 있다. 큰뿔양은 우리에게 적합하고, 많은 점에서 무플론과 유사하지만 한 가지 결정적인 부분에서 다르다. 즉 무플론은 위계질서를 인정하며 다른 개체에게 순종적으로 행동하는 정형화된 모습을 보이지만, 큰뿔양에게는 그런 행동 습성이 없다.

이제 내가 이번 장을 시작하며 제기한 문제로 돌아가 보자. 처음에 동물의 가축화에서 가장 이해하기 힘든 현상 중 하나는 외견상의 임의성, 즉 어떤 종은 가축화된 반면 그와 가까운 친척종은 가축화되지 않은 이유였다. 지금까지 밝혀진 바에 따르면, 대부분의 가축화 후보종이 '안나 카레니나 법칙'에 따라 배제되었다. 인간을 비롯해 대부분의 동물종은 식습관과 생장률, 짝짓기 습관, 성격, 겁에 질려 허둥대는 성향, 사회구조의 뚜렷한 특징 등에서 하나 혹은 그 이상의 이유로 불행한 결혼 생활을 맞는다. 야생 포유동물 중 일부만이 인간과 결국 행복한 관계를 맺게 된 이유는 위의 모든 항목에서 서로 맞아떨어진 덕분이었다.

우연하게도 유라시아에는 다른 대륙들보다 가축화할 수 있는 대형 초식 포유동물이 더 많았다. 이러한 결과가 유라시아 사회에 중대한 이점을 안겨주었고, 이는 궁극적으로 포유동물의 지리, 역사, 생태라는 세 가지 기본적인 사실에서 비롯되었다. 첫째, 유라시아는 넓은 면적과 생태학적 다양성에 걸맞게 처음부터 후보종이 가장 많았다. 둘째, 유라시아나 아프리카와 달리 오스트레일리아와 남북아메리카는 홍적세 말에 닥친 거대한 멸종의 파도에 대부분의 후보종을 상실했다. 그 이유는 인류의 진화사에서 뒤늦게, 즉 인간의 사냥술이 상당히 발전했을 때 오스트레일리아와 남북아메리카의 포유동물이 인간에게 갑작스럽게 노출되었기 때문일 수 있다. 끝으로, 멸종의 파도를 이겨낸 후보종 중 가축화에 적합한 동물의 비율이 다른 대륙들보다 유라시아에서 더 높았다. 아프리카에서 큰 무리를 이루고 살아가는 포유동물을 포함해 가축화되지 못한 후보종들을 면밀히 분석해보면, 그럴 만한 특정한 이유가 드러난다. 따라서 톨스토이였다면, 먼 옛날의 작가 마태 성인이 다른 맥락에서 "청함을 받은 자는 많되 택함을 입은 자는 적으니라"(마태복음 22:14)라고 말했던 통찰력에 고개를 끄덕였을 것이다.

10장 드넓은 하늘과 기울어진 축

SPACIOUS SKIES AND TILTED AXES

식량 생산이 대륙마다 다른 속도로 확산된 이유는 무엇인가?

대륙의 중심축 방향과 지형적·생태적 장벽이 식량 생산의 확산 속도에 큰 영향을 미쳤다. 중심축이 남북 방향인 남북아메리카와 사하라 이남 아프리카보다 동서 방향인 유라시아에서 문자와 야금술, 기술, 제국도 더 빠르게 확산되었다. 이러한 지리적 특징으로 인해 지난 500년 동안 아메리카 원주민, 아프리카인, 유라시아인은 크게 다른 세계를 경험했다.

그림 10.1에 간략히 나타낸 세계지도에서 각 대륙의 모양과 방향을 비교해보라. 뚜렷한 차이가 확연히 눈에 들어올 것이다. 남북아메리카는 동서보다 남북의 길이(1만 4,500킬로미터)가 훨씬 더 길다. 동서의 폭은 4,800킬로미터에 불과하고, 파나마 지협에서는 폭이 65킬로미터로 크게 줄어든다. 달리 말하면, 남북아메리카의 주된 축은 남북 방향이다. 아프리카의 경우도 마찬가지이지만, 아메리카만큼 극단적이지는 않다. 반면 유라시아의 주된 축은 동서 방향이다. 대륙의 축 방향에서 나타나는 이런 차이가 인류 역사에 어떤 영향을 미쳤을까?

이번 장에서는 내가 생각하기에 그런 축 방향의 차이가 가져온 엄청난 결과, 때로는 비극적인 결과를 살펴보려고 한다. 축 방향은 작물과 가축의 확산 속도에 영향을 미쳤고, 나아가서 문자와 바퀴 등 여러 발명품의 확산 속도에도 영향을 미친 것으로 추정된다. 결국 이런 기본적인 지리적 특징으로 말미암아 지난 500년 동안 아메리카 원주민, 아프리카인, 유라시아인이 크게 다른 세계를 경험했다.

식량 생산의 확산 과정은 그 기원만큼이나 지리적으로 총과 균과 쇠의 등장 시기가 다른 이유를 이해하는 데 중요하다. 그 이유는 5장에서 살펴보았듯, 식량 생산을 독자적으로 시작한 곳이 지구상에서 아홉 곳, 적게 계산하면 겨우 다섯 곳에 불과하기 때문이다. 하지만 이

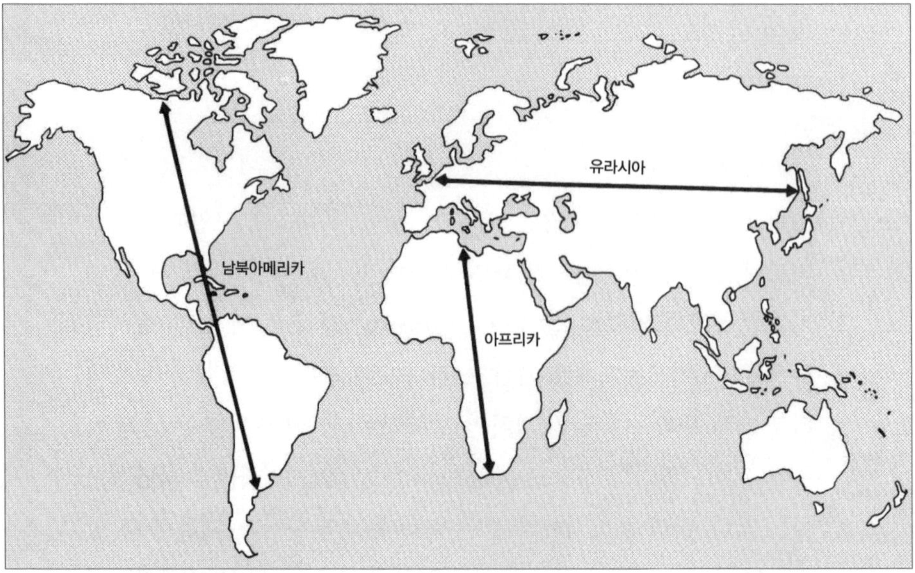

그림 10.1 각 대륙의 주요 축.

미 선사시대에, 식량 생산은 기원지로 손꼽히는 소수의 지역을 제외하고도 많은 다른 지역에서 본격적으로 시작되었다. 그런 지역에서 식량 생산을 시작할 수 있었던 것은 작물과 가축 및 그것들을 작물화하고 가축화하는 방법이 전해진 결과였고, 어떤 지역의 경우에는 농경민과 목축민이 직접 이주한 결과이기도 했다.

식량 생산의 주된 확산 경로를 보면, (1) 서남아시아에서 유럽, 이집트, 북아프리카, 에티오피아, 중앙아시아, 인더스강 유역으로, (2) 사헬 지역과 서아프리카에서 아프리카 동부와 남부로, (3) 중국에서 동남아시아 열대지역, 필리핀, 인도네시아, 한국, 일본으로, (4) 메소아메리카에서 북아메리카로 전해졌다. 그리고 각 기원지에서도 식량 생산은 다른 기원지로부터 새로운 작물과 가축 및 기법을 도입함으로써 더욱 풍요로워졌다.

식량 생산의 기원지가 되기에 상대적으로 더 적합한 지역이 있었듯이, 식량 생산 전파의 용이성도 지역마다 크게 달랐다. 식량 생산에 생태학적으로 매우 적합한 지역은 선사시대에 식량을 생산하지 않았더라도, 그 주변에 선사시대부터 식량을 생산해온 지역이 존재했다. 가장 눈에 띄는 예로는 미국 남서부에서 캘리포니아의 아메리카 원주민에게로, 또 뉴기니와 인도네시아에서 오스트레일리아로 농경과 목축이 모두 전해지지 않은 경우, 그리고 남아프리카공화국의 나탈주에서 케이프주로 농경이 전해지지 않은 경우를 들 수 있다. 선사시대에 식량 생산이 전해진 지역들 사이에서도 전파 속도와 시기는 크게 달랐다. 한쪽 끝에는 동서 축을 따라 신속히 전파된 경우가 있었다. 예컨대 서남아시아에서 서쪽으로는 유럽과 이집트, 동쪽으로는 인더스강 유역으로 전해졌고(연간 평균 확산 속도는 1.1킬로미터), 필리핀에서 동쪽의 폴리네시아로 전해졌다(연간 평균 확산 속도는 5.2킬로미터). 반대편 끝에는 남북 축을 따라 느릿하게 전파된 경우가 있었다. 예컨대 멕시코에서 북쪽으로 미국 남서부까지의 확산 속도는 연평균 0.8킬로미터에도 미치지 못했다. 옥수수와 강낭콩은 멕시코에서 북쪽으로 연평균 0.5킬로미터 미만으로 이동했기 때문에, 기원후 900년에야 미국 동부에서 생산되었다. 한편 라마는 페루에서 역시 북쪽으로 에콰도르까지 연평균 0.3킬로미터의 속도로 이동했다. 그러나 멕시코에서의 옥수수 작물화 시기가 (과거 내가 보수적으로 계산해 추정했고, 요즘 일부 고고학자가 늦춰 잡는 것처럼) 기원전 3500년경이 아니라, (과거 대부분의 고고학자가 추정했고 아직도 다수가 인정하듯이) 그보다 훨씬 빨랐다면 그러한 차이는 한층 커졌을 것이다.

작물군과 가축군이 얼마나 많이 전해졌는지에도 큰 차이가 있는데, 이런 차이는 지역적으로 크고 작은 장벽이 달랐음을 뜻한다. 예컨대 서남아시아에서 시작된 원조 작물과 가축은 대부분 서쪽으로는 유럽에, 동쪽으로는 인더스강 유역에 전해진 반면, 안데스 지역에서 가축화된 포유동물(라마, 알파카, 기니피그)은 콜럼버스 시대 이전까지 단 하나도 메소아메리카에 전해지지 않았다. 이런 놀라운 실패에는 설명이 필요하다. 여하튼 메소아메리카는 인구가 밀집하고 복잡한 농경사회를 이루어냈다. 따라서 안데스 지역에서 가축화된 동물이 그 주변에 있었다면 운송에 사용하고, 식량과 털을 얻는 데 대단히 중요한 위치를 차지했을 게 분명하다. 개를 제외하면, 메소아메리카에는 그런 용도로 쓸 만한 토착 포유동물이 전혀 없었다. 하지만 남아메리카에서 개발된 일부 작물, 예컨대 마니옥과 고구마, 땅콩은 성공적으로 메소아메리카에 전해졌다. 대체 어떤 장벽이 그런 작물의 확산은 허용하고, 라마와 기니피그의 확산은 차단했을까?

이렇게 지리적으로 다른 전파의 용이성을 더 정교하게 표현하면 '선제적 작물화·가축화preemptive domestication' 현상이라고 이름할 수 있다. 현재 우리가 소비하는 작물들의 원종인 야생식물종은 대부분 지역마다 유전학적으로 다르다. 그 이유는 야생 원종이 지역에 따라 다른 선택적 돌연변이를 겪었기 때문이다. 이와 마찬가지로 야생식물이 작물로 바뀌는 데 필요한 변화도 원칙적으로는 지역에 따라 다른 선택적 돌연변이나 다른 선택 과정으로 일어나서, 동등한 결과를 만들어낸 것일 수 있다. 이런 관점에서 선사시대에 널리 확산된 어떤 작물을 분석해, 그 작물의 모든 변종이 야생에서 일어난 돌연변이의 결과인지, 아니면 작물화 과정에서 일어난 돌연변이의 결과인지를 추적해볼 수 있다. 이런 분석의 목적은 그 작물이 한 지역에서만 개발되었는지, 아니면 여러 지역에서 독자적으로 개발되었는지를 알아내려는 데 있다.

신세계 고대 주요 작물의 유전자를 분석해보면, 다수의 작물에서 둘 이상의 야생 유전적 변이체 혹은 둘 이상의 작물화 돌연변이체가 발견된다. 이런 사실은 그 작물이 적어도 두 지역에서 독자적으로 작물화되었고, 동일한 작물이어도 어떤 품종은 어느 한 지역에서 일어난 돌연변이 형질을 물려받은 반면, 어떤 품종은 다른 지역에서 일어난 돌연변이 형질을 물려받았다는 뜻으로 해석할 수 있다. 이런 해석을 근거로 식물학자들이 내린 결론에 따르면, 라이머콩*Phaseolus lunatus*과 강낭콩*Phaseolus vulgaris*, 여러 종류의 고추*Capsicum annuum*, *C. chinense*가 모두 적어도 두 번, 즉 한 번은 메소아메리카에서, 다른 한 번은 남아메리카에서 작물화되었다. 호박*Cucurbita pepo*과 종자식물 명아주도 최소 두 번, 즉 한 번은 메소아메리카에서, 다른 한 번은 미국 동부에서 독자적으로 작물화되었다. 반면 대부분의 고대 서남아시아 작물에서는 단 하나의 야생 변이체 혹은 작물화 돌연변이체만이 발견된다. 이는 곧 서남아시아에 뿌리를 둔 특정한 작물의 현존하는 모든 품종은 한 번의 작물화에서 비롯되었다는 뜻이다.

동일한 작물이 한 지역에서 단 한 번이 아니라 야생의 여러 지역에서 반복해서 독자적으로 작물화되었다는 건 무슨 뜻일까? 앞에서 이미 살펴보았듯이, 식물을 작물화하면 야생식물에 필연적인 변화가 수반된다. 가령 씨가 더 커지거나 쓴맛이 줄어들며 인간에게 더 유용한 방향으로 변한다. 따라서 생산성 좋은 작물이 이미 주변에 있다면 초기 농경민은 그 작물을 계속 재배하려고 하지, 아직 유용하지 않은 야생 친척을 구해다가 다시 작물화하는 수고를 거치지는 않았을 것이다. 따라서 단 한 번의 작물화밖에 없었다는 증거는, 어떤 야생식물이 작물화되자마자 서식 범위를 넘어 다른 지역으로 신속히 퍼져나가서 다른 지역에서는 동일한 식물을 독자적으로 작물화할 필요가 없었던 것으로 해석할 수 있다. 하지만 동일한 야생 원종이 여러 지역에서 독자적으로 작물화되었다는 증거가 나오면, 그 작물이 무척 느리게 확산해 다른 지역에서 작물화하는 걸 차단하지 못한 것이라는 추론이 가능하다. 따라서 서남아시아에서는 대체로 한 번의 작물화로 끝난 반면, 남북아메리카에서는 반복해서 작물화를 시도했다는 증거는, 남북아메리카보다 서남아시아에서 작물이 더 쉽게 전파되었다는 간접적 증거로도 해석할 수 있다.

어떤 작물이 신속히 확산하면, 다른 지역에서 동일한 야생 원종뿐만 아니라 친척 관계에 있는 야생종까지 작물화하는 수고를 덜어줄 수 있다. 예컨대 당신이 좋은 완두콩을 이미 재배하고 있다면, 그 원종인 동일한 야생 완두콩을 작물화하겠다고 처음부터 시작하는 건 무의미한 짓이다. 또 가까운 친척 관계에 있는 야생종 완두콩을 작물화하는 것도 역시 무의미한 짓이다. 농경민에게는 그 야생종 완두콩이나, 이미 작물화된 완두콩이나 실질적으로 똑같기 때문이다. 서남아시아의 모든 원조 작물은 서유라시아 전역에서 가까운 친척들의 작물화를 미연에 차단했다. 반면 신세계에서는 밀접한 관계가 있지만 명확히 구분되는 종들이 메소아메리카와 남아메리카에서 반복해서 작물화되는 경우가 많았다. 예컨대 오늘날 세계 전역에서 재배하는 목화의 95퍼센트가 육지면陸地棉, *Gossypium hirsutum*이라는 목화종에 속하고, 이 육지면은 선사시대에 메소아메리카에서 작물화된 것이다. 하지만 선사시대의 남아메리카 농경민은 친척 관계에 있는 목화, 즉 해도면海島棉, *Gossypium barbadense*을 재배했다. 결국 메소아메리카의 목화가 남아메리카로 전해지는 데 상당한 어려움이 있었기 때문에 남아메리카에서 다른 목화종을 작물화하는 걸 미연에 차단하지 못했던 게 분명하다(물론 그 반대도 마찬가지이다). 고추와 호박, 비름과 명아주의 경우에도 친척 관계에 있지만 명확히 다른 종들이 메소아메리카와 남아메리카에서 독자적으로 작물화되었다. 어떤 종도 나머지 종을 작물화하는 수고를 덜어줄 만큼 신속히 전파되지 못했기 때문이다.

결국 지금까지 언급한 많은 현상이 하나의 결론으로 귀결된다. 식량 생산은 남북아메리카, 어쩌면 사하라 이남 아프리카보다 서남아시아에서 더 쉽게 전파되었다는 결론이다. 이런 현상에는 식량 생산이 생태학적으로 적합한 일부 지역에 전혀 도달하지 못한 경우, 식량 생산 확산 속도가 다르고 선택적이었던 경우, 먼저 작물화된 작물이 동일한 종의 재작물화나 가까운 친척 야생종의 작물화를 차단한 경우의 차이도 포함된다. 그렇다면 유라시아보다 남북아메리카와 아프리카에서 식량 생산의 확산이 더 어려웠던 이유는 무엇일까?

이 질문에 대답하기 위해 식량 생산이 서남아시아(비옥한 초승달 지역)에서 외부로 얼마나 빨리 전해졌는지를 먼저 조사해보자. 식량 생산이 서남아시아에서 기원전 8000년보다 조금 앞서 시작되고 얼마 지나지 않아, 식량 생산의 파도는 서유라시아의 여러 지역과 북아프리카에서도 나타났고, 비옥한 초승달 지역에서 점점 멀어지며 동서로 뻗어나갔다. 나는 이스라엘 유전학자 다니엘 조하리Daniel Zohary와 독일 식물학자 마리아 호프Maria Hopf가 작성한 인상적인 지도(그림 10.2 참조)를 여기에 다시 옮겨놓았다. 이 지도에서 그들은 식량 생산의 파도가 그리스와 키프로스 그리고 인도아대륙에는 기원전 6500년 이전, 이집트에는 기원전 6000년 직후, 중부 유럽에는 기원전 5400년 이전, 스페인 남부에는 기원전 5200년 이전, 영국에는 기원전 3500년경에 어떻게 도달했는지 보여주었다. 각 지역에서 식량 생산은 비옥한 초승달 지역에서 먼저 개발한 작물군과 가축군의 일부로 시작되었다. 게다가 비옥한 초승달 지역에서 개발한 작물군과 가축군은 아프리카로도 퍼져 남쪽으로 에티오피아까지 전해졌지만, 그 시기는 여전히 불확실하다. 그러나 에티오피아에서는 토종 작물도 많이 개발되었다. 에티오피아의 식량 생산을 촉진한 것이 그렇게 개발된 토종 작물 때문인지, 아니면 비옥한 초승달 지역에서 전해진 작물 덕분인지도 아직 불분명하다.

물론 비옥한 초승달 지역의 작물군과 가축군이 그 외곽 지역에 빠짐없이 전해진 것은 아니다. 예컨대 이집트는 외알밀이 뿌리를 내리기에는 기온이 너무 높았다. 일부 외곽 지역에는 작물과 가축의 도래 시기가 달랐다. 예를 들면, 유럽 남서부에는 양이 곡물보다 먼저 전해졌다. 또 일부 지역에서는 자체적으로 토종 식물을 계속 작물화했다. 그 결과 서유럽에서는 양귀비를, 이집트에서는 수박을 작물화한 것으로 보인다. 그러나 처음에 외곽 지역의 식량 생산은 비옥한 초승달 지역에서 전해진 작물과 가축에 크게 의존했다. 그리고 비옥한 초승달 지역과 그 인근에서 개발된 혁신적인 문물, 예컨대 바퀴, 문자, 금속 가공 기술, 젖 짜기, 과일나무, 맥주와 포도주 제조법 등이 곧이

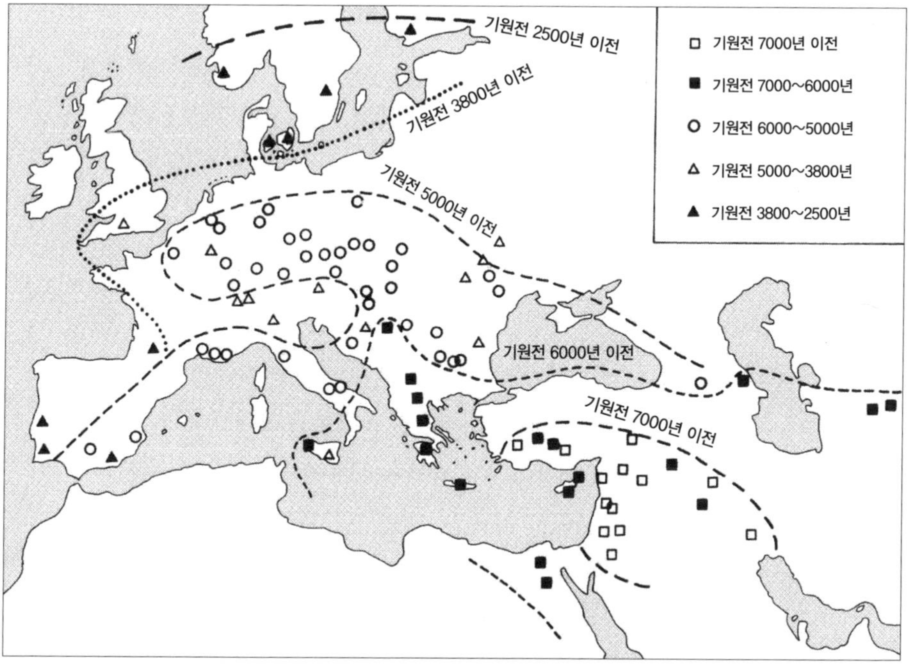

그림 10.2 비옥한 초승달 지역의 작물이 서유라시아로 전달된 경로와 시기. 각 기호는 비옥한 초승달 지역에서 개발된 작물들의 잔해가 처음 나온 지역을 방사성탄소연대측정법으로 측정한 시기를 가리킨다. □은 비옥한 초승달 지역 자체를 나타낸다(기원전 7000년 이전의 유적). 비옥한 초승달 지역에서 멀어질수록 시기도 점점 늦어지는 것에 주목하자. 이 지도는 조하리와 호프의 《구세계에서 식물의 작물화》에 수록된 지도 20을 기초로 다시 그린 것이지만, 그들의 비보정 방사성탄소 연대를 보정 연대로 바꾸었다.

어 전해졌다.

어떻게 서유라시아 전역에서 똑같은 작물군으로 식량 생산을 시작했을까? 동일한 종의 식물들이 많은 지역에서 야생으로 존재했기 때문일까? 그 식물들이 비옥한 초승달 지역에서 그랬듯이, 서유라시아의 다른 곳에서도 유용해서 독자적으로 작물화되었기 때문일까?

그렇지 않다. 첫째, 비옥한 초승달 지역의 원조 작물 중 다수가 서남아시아 외곽에서는 야생에 존재조차 하지 않았다. 예컨대 8종의 주된 원조 작물 중 보리를 제외하고는 이집트에서 자생하지 않았다. 이집트의 나일강 유역은 비옥한 초승달 지역의 티그리스강과 유프라테스강 유역과 환경적으로 유사하다. 따라서 두 강의 유역에서 잘 자라는 작물군은 나일강 유역에서도 잘 자라며, 찬란한 이집트 문명을 일으켰다. 그러나 그 눈부신 문명에 연료를 공급한 식량원은 원래 이집트에 없었다. 스핑크스와 피라미드를 짓는 데 동원된 사람들이 먹은 작물들의 원산지는 비옥한 초승달 지역이지 이집트가 아니었다.

둘째, 야생 원종이 서남아시아 외곽에서 자생한 작물들의 경우에도, 유럽과 인도에서 재배한 작물은 주로 서남아시아에서 전해진 것이지, 토종 야생식물을 작물화한 게 아니었던 게 분명하다. 예컨대 야생 아마는 서쪽으로는 영국과 알제리까지, 동쪽으로는 카스피해까지 자생한다. 또 야생 보리는 동쪽으로 티베트까지 자생한다. 하지만 비옥한 초승달 지역의 원조 작물 대부분은 오늘날 세계 전역에서 재배되는 모든 품종이 그렇듯이, 야생 원종에서 발견되는 여러 염색체 배열 중 한 가지만 공통적으로 가지고 있다. 또는 재배되는 품종이 그 야생 원종과 다른 요소, 즉 인간에게 바람직한 특성을 갖게 하는 (여러 가능한 돌연변이 중에서) 하나의 돌연변이만을 공유한다. 예컨대 야생 완두콩은 다 크면 꼬투리가 자연스레 터져 콩알을 떨어뜨리지만, 재배되는 모든 완두콩에는 그런 과정을 일으키지 않는 동일한 열성 유전자가 존재한다.

비옥한 초승달 지역의 원조 작물은 대부분 그곳에서 처음 작물화된 이후 다른 곳에서 재작물화된 사례가 없었던 게 분명하다. 원조 작물이 반복해서 독자적으로 작물화되었다면, 다양한 염색체 배열이나 다양한 돌연변이 형태로 그 기원의 흔적이 많이 남았을 것이다. 따라서 비옥한 초승달 지역의 원조 작물은 앞에서 다룬 '선제적 작물화' 현상의 전형적인 사례이다. 비옥한 초승달 지역의 작물군은 빠른 속도로 확산함으로써 그 지역 내에서, 그리고 또 다른 지역에서 동일한 야생 원종을 작물화하려는 시도를 선제적으로 차단했다. 생산성 좋은 작물을 쉽게 손에 넣는 순간, 야생에서 그 식물을 채집해 다시 작물화하는 과정을 시작할 필요가 없었기 때문이다.

원조 작물의 원종은 대체로 비옥한 초승달 지역과 그 밖의 다른 지역에 야생 친척이 있었다. 물론 그 친척도 작물화하기에 적합했을 것이다. 예컨대 완두콩은 피숨*Pisum* 속屬으로, 2종의 야생종이 있다. 하나는 작물화되어 현재의 완두콩이 된 피숨 사티붐*Pisum sativum*이고, 다른 하나는 아직 작물화되지 않은 피숨 풀붐*Pisum fulvum*이다. 하지만 피숨 풀붐도 본래의 상태에서나 말린 상태에서나 맛있고, 야생에 흔하다. 마찬가지로 밀과 보리, 렌즈콩, 병아리콩, 강낭콩, 아마는 작물화된 종 외에도 야생 친척이 많다. 강낭콩과 보리의 친척 중 일부는 처음으로 작물화된 비옥한 초승달 지역으로부터 멀리 떨어진 남북아메리카와 중국에서 독자적으로 작물화되었다. 그러나 서유라시아에서는 여러 유용한 야생종 중 하나만을 작물화했는데, 그 이유는 그것의 확산 속도가 빨라서 사람들이 나머지 야생종 친척의 채집을 중단하고 작물화된 종만을 먹었기 때문일 것으로 추정된다. 위에서 언급했듯이, 어떤 작물이 신속히 확산함으로써 그 친척을 작물화하거나 그 조상을 다시 작물화하려는 시도를 선제적으로 차단한 것이다.

비옥한 초승달 지역에서 개발된 작물은 어떤 이유에서 그처럼 신속히 확산했을까? 내가 이번 장을 시작하며 언급한 유라시아를 동서로 관통하는 축에서 그 대답의 일부를 찾을 수 있다. 동일한 위도에서 동서 양쪽으로 분포한 지역은 낮의 길이와 계절적 변화가 똑같다. 일치하는 정도는 덜하지만, 그 지역들은 유사한 질병, 기온과 강우, 서식지와 생물량, 초목의 유형을 공유하기도 한다. 예컨대 포르투갈, 이란 북부, 일본은 모두 위도가 거의 같지만 동서로 6,400킬로미터씩 떨어져 있다. 그럼에도 기후는 정남쪽으로 1,600킬로미터 떨어진 지역보다 서로 비슷하다. 모든 대륙에서 열대우림으로 알려진 서식지는 적도 위아래로 약 10도 안쪽에 국한되고, 캘리포니아의 샤파랄chaparral(주로 캘리포니아에 분포하는 관목지대)과 유럽의 마키maquis(지중해 지역의 상록 관목지대) 같은 지중해성 잡목지는 위도 30~40도 사이에 위치한다.

그러나 식물의 발아와 생장 및 병충해에 대한 저항력은 기후의 특성에 정확히 적응한다. 계절에 따라 변하는 낮의 길이, 기온과 강우는 씨한테는 발아하라는, 묘목한테는 생장하라는, 다 자란 식물한테는 꽃을 피우고 씨와 열매를 맺으라는 신호가 된다. 식물 하나하나는 자연선택을 통해 각자가 진화하는 환경에서 계절이 보내는 신호에 적절히 반응하도록 유전적으로 프로그래밍된다. 계절적 상황은 위도에 따라 크게 변한다. 예컨대 적도에서는 낮의 길이가 1년 내내 일정하지만, 온대권 위도에서는 동지에서 하지로 옮겨감에 따라 낮의 길이가 길어지고, 거꾸로 하지에서 동지로 옮겨갈수록 낮의 길이가 짧아진다. 식물의 생장철growing season, 즉 기온과 낮의 길이가 식물의 생장에 적합한 시기는 위도가 높을수록 짧아지고, 적도에 가까울수록 길어진다. 식물은 각자가 서식하는 위도에 만연하는 질병에도 적응한다.

유전자 배열이 파종된 밭의 위도에 어울리지 않는 식물한테는 나쁜 결과가 닥칠 수밖에 없다! 가령 한 캐나다 농부가 어리석게도 훨씬 남쪽인 멕시코의 기후에 적응한 옥수수 품종을 심었다고 가정해 보자. 그 불행한 옥수수는 멕시코에 적응한 유전자 프로그램에 따라 3월에 새싹을 밀어낼 테고, 그 결과 3미터의 눈에 파묻히는 안타까운 운명을 맞이할 것이다. 그 옥수수가 캐나다에서 적절한 때, 즉 6월 말에 발아하는 쪽으로 유전자 프로그램을 재조정하더라도 다른 이유들로 인해 여전히 곤경에 처할 것이다. 예컨대 유전자들이 옥수수한테 느긋하게 생장해서 5개월 뒤에나 완전히 익으라고 지시할 것이기 때문이다. 이런 지시는 멕시코의 온화한 기후에서는 완전하고 안전한 전략이지만, 캐나다에서는 옥수수가 여물기도 전에 가을 서리에 죽음을 맞는 형편없는 전략이다. 또 이 옥수수에는 남쪽 기후권의 질병에 저항하는 유전자만 쓸데없이 잔뜩 있을 뿐, 북쪽 기후권의 질병에 저항하는 유전자는 없을 것이다. 이런 이유로 저위도 식물은 고위도 조건에 제대로 적응하지 못하고, 그 반대 상황도 마찬가지이다. 따라서 비옥한 초승달 지역에서 개발된 작물은 프랑스와 일본에서는 잘 자라지만, 적도에서는 그러지 못한다.

동물 역시 위도와 관련한 기후 특성에 적응한다. 우리 자신을 돌이켜보면 알겠지만, 이 점에서는 인간이 대표적인 동물이다. 예컨대 낮의 길이가 짧고 특유의 병원균이 있는 북방의 추운 겨울을 견디지 못하는 사람이 있는 반면, 고유한 풍토병이 있는 더운 열대기후를 견디지 못하는 사람이 있다. 수 세기 전부터 서늘한 북유럽을 떠나 해외로 떠난 사람들은 북아메리카와 오스트레일리아, 아프리카 남부에서는 비슷하게 서늘한 기후권에 정착하고, 적도권의 케냐와 뉴기니에서는 시원한 고원지대에 정착하기를 바랐다. 뜨거운 열대 저지대로 간 북유럽인은 초창기에 말라리아를 비롯한 갖가지 풍토병에 걸려 목숨을 잃었기 때문이다. 하지만 열대지방 사람들은 그런 질병에 상당한 유전적 저항력을 갖는 쪽으로 진화했다.

이런 이유에서도 비옥한 초승달 지역의 작물군과 가축군은 동서로 무척 신속히 확산했다. 다시 말하면, 작물이 전해진 지역의 기후에 잘 적응했다. 예컨대 기원전 5400년경 농경이 헝가리 평원지대에서 중부 유럽에 전해질 때, 폴란드에서 서쪽으로 네덜란드에 이르는 광활한 지역에 흩어져 있는 첫 농경 유적지들이 거의 동시대의 것일 정도로 빠르게 확산했다(그 농경 유적지들에서는 선형 장식이 있는 특유의 토기가 공통적으로 출토된다). 그리스도의 시대에 들어설 즈음, 비옥한 초승달 지역에 기원을 둔 곡물은 아일랜드의 대서양 해안지대에서부터 일본의 태평양 해안지대까지 1만 3,000킬로미터의 드넓은 지역에서 자라고 있었다. 동서로 뻗은 유라시아 축은 육지에서 가장 긴 거리이다.

결국 유라시아에서는 중심축이 동서로 연결된 덕분에 비옥한 초승달 지역의 작물이 아일랜드부터 인더스강 유역까지 온대권 위도에서는 농경의 시작을 자극하고, 동아시아에서는 독자적으로 시작된 농업의 질을 높이는 데 기여할 수 있었다. 한편 비옥한 초승달 지역에서 멀리 떨어져 있지만 같은 위도에 위치한 지역에서 처음으로 작물화된 유라시아 작물이 거꾸로 비옥한 초승달 지역에 전해지기도 했다. 오늘날에는 씨를 선박과 비행기로 세계 전역에 운반하기 때문에, 우리 식단을 구성하는 먹거리의 원산지가 지리적으로 뒤죽박죽인 걸 당연하게 여긴다. 미국의 전형적인 패스트푸드에는 닭고기(중국에서 처음 가축화되었다), 감자(안데스산), 옥수수(멕시코산), 향료로 뿌린 후추(인도산), 커피(에티오피아산) 한 잔이 포함된다. 하지만 이미 2,000년 전에도 로마인들의 식단을 구성하던 먹거리 역시 그 기원이 뒤죽박죽이었다. 로마에서 생산하는 작물 중 이탈리아가 원산지인 것은 귀리와 양귀비 정도만 있었다. 로마의 주요 식량은 비옥한 초승달 지역의 원조 작물이었고, 여기에 캅카스가 원산지인 마르멜루, 중앙아시아에서 작물화된 기장과 쿠민, 인도에서 건너온 오이와 참깨와 감귤류, 중국이 원산지인 닭고기, 쌀과 살구, 조가 더해졌다. 로마의 사과는 서유라시아가 원산지였지만, 중국에서 개발되어 서쪽으로 전해진 접목법으로 재배했다.

유라시아는 세계에서 동일한 위도대의 폭이 가장 길어, 작물군과 가축군의 신속한 확산을 가장 극적으로 보여준 사례이다. 하지만 그에 버금가는 다른 사례도 있다. 확산 속도에서 비옥한 초승달 지역의 작물군과 가축군에 필적할 만한 경우로는, 남중국에서 일차로 구성된 뒤 열대권 동남아시아와 필리핀, 인도네시아, 뉴기니를 거치며 새로운 품종을 추가한 아열대 작물군과 가축군이 동쪽으로 확산한 경우이다. 이렇게 완성된 작물군(바나나와 토란과 참마 등)과 가축군(닭과 돼지와 개)은 1,600년 만에 동쪽으로 8,000킬로미터를 넘게 이동해 열대 태평양 지역의 폴리네시아 섬들에 도달했다. 아프리카의 사헬 지역에서도 작물이 동서로 확산했을 가능성이 크지만, 고식물학자들은 아직까지 이에 대해 세부적인 검증을 끝내지 못했다.

유라시아처럼 중심축이 동서이면 확산하기 쉽지만, 아프리카처럼 중심축이 남북이면 확산하기 어렵다. 두 가지 경우를 비교해보자. 비옥한 초승달 지역의 원조 작물은 대체로 이집트에 매우 신속히 전해졌고, 곧이어 멀리 남쪽으로 에티오피아의 서늘한 고원지대까지 전파된 뒤에 더는 확산되지 않았다. 아프리카 남부의 지중해성 기후대는 그 작물들에 이상적인 조건이었겠지만, 에티오피아와 남아프리카 사이에 위치한 3,200킬로미터에 달하는 열대 조건은 도저히 넘을 수 없는 장벽이었다. 하지만 사하라 이남에서는 사헬 지역과 열대 서아프리카의 토착 야생식물, 즉 따뜻한 기온과 여름에 내리는 비 그리고 저위도여서 상대적으로 일정한 낮의 길이에 적응한 야생식물, 예컨대 수수와 아프리카참마를 작물화하며 농업을 시작했다.

마찬가지로 비옥한 초승달 지역의 가축이 아프리카 남쪽으로 확산되는 것도 기후와 질병, 특히 체체파리가 옮기는 수면병 때문에 중단되거나 늦추어졌다. 말은 적도 북쪽의 서아프리카 왕국들을 넘어 남쪽으로 전해지지 못했다. 소와 양과 염소의 확산은 세렝게티 평원 북쪽 언저리에서 2,000년 동안 멈추었다. 그동안 새로운 품종이 개발되고, 인간의 경제 형태도 달라졌다. 여러 동물이 비옥한 초승달 지역에서 가축화되고 약 8,000년이 지난 기원후 1~200년이 되어서야 소와 양과 염소가 마침내 아프리카 남부에 전해졌다. 아프리카의 열대 작물은 아프리카에서도 남쪽으로 확산되는 데 어려움이 있어, 비옥한 초승달 지역의 가축이 들어온 직후에야 아프리카의 검은 농경민(반투족)과 함께 아프리카 남부에 도달했다. 하지만 아프리카의 그 열대작물은 남아프리카의 피시강을 건너지 못했다. 그 너머의 지중해성 기후에 적응하지 못했기 때문이다.

그 결과가 우리에게 널리 알려진 지난 2,000년 동안의 남아프리카 역사이다. 남아프리카 토착민, 코이산족 일부, 즉 호텐토트족과 부시먼족은 가축을 받아들였지만 농업까지 시작하지는 않았다. 남쪽으로 내려오다가 피시강에서 멈춘 아프리카의 검은 농경민이 그들보다 수적으로 앞섰고, 결국에는 피시강 북동 지역에서 그들을 몰아냈다. 1652년에 유럽 이주민이 비옥한 초승달 지역의 작물군을 갖고 뱃길로 들어온 뒤에야 농업이 남아프리카의 지중해성 지역에서 번창할 수 있었다. 이 모든 종족이 충돌하며 현대 남아프리카의 비극이 시작되었다. 유럽인의 균과 총에 코이산족이 속수무책으로 죽어갔고, 유럽인과 흑인 간의 전쟁이 한 세기 동안 이어졌다. 그리고 다시 한 세기 동안 인종차별을 겪은 뒤에야 마침내 유럽인과 흑인이 코이산족의 옛 땅에서 새로운 공존법을 모색하기에 이르렀다.

이번에는 동서로 쉽게 확산한 유라시아의 경우와 남북 축을 따라 어렵게 확산한 남북아메리카의 경우를 비교해보자. 메소아메리카와 남아메리카, 즉 멕시코 고원지대와 에콰도르 고원지대 사이의 거리는 1,950킬로미터에 불과하고, 이는 유라시아에서 발칸반도와 메소포타미아 사이의 거리와 엇비슷하다. 발칸반도는 메소포타미아의 작물과 가축이 자라기에 이상적인 조건이었고, 비옥한 초승달 지역에서 작물화와 가축화가 끝나고 2,000년이 지나지 않아 그것을 전부 한꺼번에 받아들였다. 이렇게 빠르게 전해졌기 때문에 비옥한 초승달 지역에서 개발된 동식물 및 그 친척들이 발칸반도에서 작물화 및 가축화될 기회가 선제적으로 차단되었다. 멕시코 고원지대와 안데스 지역은 동일한 작물과 가축이 자라기에 비슷한 정도로 적합했을 것이다. 특히 멕시코의 옥수수를 비롯해 일부 작물은 콜럼버스 시대 이전에 다른 지역에 실제로 전해졌을 정도이다.

그러나 다른 작물과 가축은 메소아메리카와 남아메리카 사이에서 확산하지 못했다. 멕시코의 서늘한 고원지대라면, 남아메리카 안데스 지역의 서늘한 고원지대에서 가축화된 라마와 기니피그를 키우고, 역시 그곳에서 작물화된 감자를 재배하기에 이상적인 조건이었을 것이다. 하지만 안데스에서 개발된 그 셋의 북상은 중앙아메리카의 뜨거운 저지대에서 완전히 멈추고 말았다. 라마가 안데스 지역에서 가축화되고 5,000년이 지난 뒤에도 올메크족과 마야족, 아즈텍족 등 멕시코의 원주민 사회에는 짐을 싣는 가축이 없었고, 개를 제외하고는 식용으로 가축화된 포유동물도 없었다.

멕시코에서 가축화된 칠면조와 미국 동부에서 작물화된 해바라기는 안데스 지역에서도 잘 자랐을 것이다. 그러나 그 둘의 남하도 중간에 낀 열대기후권에 막혀 멈추었다. 남북 간 거리가 1,130킬로미터에 불과했지만, 옥수수와 호박, 강낭콩은 멕시코에서 작물화되고 수천 년이 지난 뒤에야 미국 남서부에 전해졌고, 멕시코의 고추와 명아주는 선사시대를 넘겨서야 그곳에 도착했다. 옥수수는 멕시코에서 작물화된 이후에도 수천 년 동안 북쪽으로 북아메리카 동부까지 확산되지 못했다. 북아메리카 동부가 멕시코보다 더 서늘하고 생장 기간도 짧았기 때문이다. 기원후 1~200년 사이에 옥수수가 마침내 미국 동부에 나타났지만 처음에는 보잘것없는 작물에 불과했다. 기원후 900년에야 북쪽 지방의 기후에 적응한 다양한 품종의 옥수수가 개발되었고, 그때부터 옥수수에 기반한 농업에 힘입어 북아메리카에서 가장 복잡한 원주민 사회, 즉 미시시피 문화가 꽃필 수 있었다. 그러나 미시시피 문화의 찬란했던 시기는 콜럼버스 시대와 그 이후 유럽인이 가져온 병원균으로 짧게 끝나고 말았다.

앞에서 언급했듯이, 비옥한 초승달 지역의 작물을 유전학적으로 연구해보면 대부분이 한 번만 작물화되었고, 그렇게 작물화된 결과가 신속히 확산하며 동일한 종이나 친척종의 작물화를 선제적으로 차단했다. 한편 아메리카에 널리 확산한 것처럼 보이는 많은 토종 작물은 메소아메리카와 남아메리카 및 미국 동부에서 독자적으로 작물화된 친척종들, 심지어 같은 종이지만 유전학적으로 다른 품종으로 이루어졌다. 예컨대 비름과 강낭콩, 명아주와 고추, 목화와 호박, 담배 등은 밀접한 관계가 있는 종들이 지리적으로 서로를 배척했고, 같은 종의 다른 품종이 서로 배척한 예로는 붉은강낭콩, 라이머콩, 고추, 호박이 있었다. 이렇게 작물화가 독자적으로 반복된 흔적은, 남북아메리카에서 남북의 축을 따라 작물이 느릿하게 확산되었다는 증거일 수 있다.

따라서 아프리카와 남북아메리카는 주된 축이 남북이어서 작물의 확산이 늦어진 사례를 보여주는 대륙이다. 세계의 다른 지역에서도 소규모였지만 남북으로 느릿하게 확산된 중요한 사례가 있었다. 예컨대 파키스탄의 인더스강 유역과 남인도 사이에서 작물이 그야말로 달팽이걸음으로 느릿하게 교환되었다. 남중국의 식량 생산도 말레이반도로 느릿하게 확산했으며, 열대 인도네시아와 뉴기니의 식량 생산은 선사시대에 오늘날 오스트레일리아의 농경지인 남서부와 남동부에 전해지지 못했다. 두 지역은 현재 오스트레일리아 대륙의 곡창지대이지만 적도에서 남쪽으로 3,200킬로미터 떨어진 곳에 있다. 그곳에서의 농경은 아득히 멀리 떨어진 유럽으로부터, 유럽의 서늘한 기후와 짧은 생장기에 적응한 작물이 유럽인의 배를 타고 도착하기를 기다려야 했다.

위도는 기후와 생장 조건, 식량 생산 확산의 용이성을 결정하는 주된 요인이다. 따라서 지금까지 살펴본 위도와 관련한 현상은 지도만 흘낏 보아도 쉽게 가늠할 수 있다. 하지만 위도가 유일한 결정 요인은 아니며, 같은 위도에서 서로 인접한 곳의 기후가 항상 같은 것도 아니다. 물론 낮의 길이는 늘 같다. 그러나 지형적·생태적 장벽이 상대적으로 현저한 대륙이 있고, 그런 장벽은 지역적으로 식량 생산의 확산을 방해하는 더 중요한 요인이었다.

예컨대 같은 위도에 위치한 미국 남동부와 남서부 간의 작물 교환은 매우 느리고 선택적으로 이루어졌다. 그 이유는 그 사이에 있는 텍사스주 일대와 그레이트플레인스 남부가 건조해서 농업에 적합하지 않았기 때문이다. 유라시아에서 비슷한 예를 찾자면, 비옥한 초승달 지역에서 개발된 작물의 확산이 동쪽에서 멈춘 경우이다. 이 작물들은 서쪽으로 대서양까지, 동쪽으로 인더스강 유역까지 신속하게 퍼졌고, 그 과정에서 큰 장벽에 부딪치지 않았다. 하지만 인도에서 동쪽으로 더 들어가면 주로 겨울에 내리던 비가 여름에 내리는 조건으로 바뀐다. 따라서 농업이 인도 북동부의 갠지스강 유역으로 확대되는 시기가 늦어졌다. 그곳에서는 다른 작물과 다른 경작 기술이 필요했기 때문이다. 훨씬 더 동쪽, 즉 중국의 온대지역은 서유라시아와 기후는 비슷하지만, 그 사이에 중앙아시아의 사막, 티베트고원, 히말라야산맥이 버티고 있다. 따라서 중국은 비옥한 초승달 지역과 같은 위도에 위치하면서도 식량 생산이 독자적으로 시작되었고, 완전히 다른 작물을 개발했다. 하지만 중국과 서유라시아 사이의 장벽도 기원전 2000년에서 기원전 1000년경 적어도 부분적으로는 극복된 게 분명하다. 그때 서아시아의 밀과 보리와 말이 중국에 전해졌기 때문이다.

마찬가지로 남북으로 똑같이 3,200킬로미터가량 떨어져 있어도 그 거리가 장벽 역할을 하는지는 지역적 조건에 따라 다르다. 비옥한 초승달 지역의 식량 생산은 남쪽으로 에티오피아까지 그 정도의 거리를 이동했고, 반투족의 식량 생산은 아프리카 대호수African Great Lakes 지역에서 시작해 남쪽으로 남아프리카공화국의 나탈주까지 신속히 전해졌다. 두 가지 경우 모두 중간에 위치한 지역이 농경에 적합했고, 강우 상황도 비슷했기 때문이다. 그러나 인도네시아에서 남쪽으로 오스트레일리아 남서부까지 작물이 전해지는 것은 완전히 불가능했다. 그 지역 사이에는 농업에 부적합한 사막이 위치해 있기 때문이다. 메소아메리카의 과테말라 남부에는 높은 고원지대가 없고, 멕시코 남부, 특히 파나마는 육지의 폭이 극단적으로 좁다. 이런 지형도 위도의 차이만큼이나 멕시코 고원지대와 안데스 지역이 작물과 가축을 교환하는 걸 가로막은 중대한 장애물이었다.

축 방향의 대륙 간 차이는 식량 생산뿐 아니라 과학기술과 발명의 확산에도 영향을 미쳤다. 예컨대 기원전 3000년경 서남아시아에서, 혹은 그 부근에서 발명된 바퀴는 동서로 유라시아 거의 전역에 수 세기 만에 신속히 확산했다. 한편 바퀴는 선사시대의 멕시코에서도 독자적으로 발명되었지만 남쪽으로 안데스 지역까지 전해지지 않았다. 마찬가지로 기원전 1500년경 비옥한 초승달 지역 서부에서 개발된 음소문자音素文字, 즉 알파벳 원리는 약 1,000년 만에 서쪽으로 카르타고까지, 동쪽으로는 인도아대륙까지 전해졌다. 그러나 선사시대에 메소아메리카에서 꽃피었던 문자 체계는 적어도 2,000년 동안은 안데스 지역에 전해지지 않았다.

물론 바퀴와 문자는 작물처럼 위도나 낮의 길이와는 직접적인 관계가 없다. 그렇지만 식량을 생산하는 방법과 그 결과가 중간에 끼어든다는 점에서 간접적인 관계는 있다. 구체적으로 말해보자. 초기의 바퀴는 농작물을 운반하는 데 쓰인, 소가 끄는 수레의 일부였다. 또 초기의 문자는 지배계급의 전유물이었지만 식량을 생산하는 농민이 그 지배계급을 먹여 살렸다. 또 문자는 왕실의 프로파간다, 물품의 재고 작성, 관료의 기록 관리 등에 쓰이며, 경제적으로나 사회적으로 복잡한 농경사회의 목적을 달성하는 데 유용한 도구였다. 일반적으로 작물과 가축 및 식량 생산과 관련한 기술의 교환이 활발한 사회는 다른 것도 적극적으로 교환할 가능성이 컸다.

미국의 애국 가요 〈아름다운 미국America the Beautiful〉에서는 "드넓은 하늘" "황금빛으로 물결치는 곡식" "바다에서 반짝이는 바다까지"를 노래한다. 하지만 이 노래는 지리적 현실을 반대로 언급한다. 아프리카가 그렇듯이, 남북아메리카에서도 토종 작물과 가축의 확산은 비좁은 하늘과 환경적 장벽으로 인해 늦추어졌다. 토종 곡식이 아메리카의 대서양에서 태평양까지, 캐나다에서 파타고니아까지, 또 이집트에서 남아프리카까지 황금빛으로 물결친 적은 없었다. 그러나 유라시아의 경우 대서양에서 태평양까지 드넓은 하늘 아래 밀과 보리가 황금빛으로 일렁거렸다. 남북아메리카와 사하라 이남 아프리카보다 유라시아에서 농업이 더 빠른 속도로 확산함으로써 문자와 야금술, 기술, 제국이 유라시아에서 더 빨리 확산하는 데도 큰 역할을 했다(이에 대해서는 3부에서 자세히 살펴보기로 하자).

이러한 차이를 언급한다고 해서, 폭넓게 분포한 작물이 더 우수하다고 말하려는 것은 아니다. 유라시아의 초기 농경민이 더 뛰어났고 독창적이었다고 주장하는 것은 더더욱 아니다. 그 차이는 유라시아의 축 방향이 남북아메리카와 아프리카의 축 방향과 다르다는 사실을 반영할 뿐이다. 그리고 그 축들을 중심으로 역사의 운명이 회전했다.

3부

식량에서 총, 균, 쇠로

FROM FOOD TO GUNS, GERMS, AND STEEL

JARED DIAMOND

11장 가축의 치명적 선물

LETHAL GIFT OF LIVESTOCK

유라시아인은 어떻게 더 위험한 병원균을 지니게 되었는가?

스페인 정복자들의 질병이 아메리카 원주민의 95퍼센트를 말살할 정도로 큰 피해를 야기한 이유는 무엇일까? 아메리카 원주민은 유럽인의 총칼이 아니라 유라시아의 병원균에 감염되어 죽는 경우가 훨씬 많았다. 이러한 유라시아의 질병은 가축화한 동물의 질병으로부터 진화한 것이었다.

지금까지 우리는 식량 생산이 몇몇 중심지에서 어떻게 시작되었고, 그곳에서 다른 지역에 각기 다른 속도로 어떻게 확산했는지를 살펴보았다. 종족들 간에 힘과 풍요의 차이가 생긴 이유를 물었던 얄리의 질문에 대한 궁극적이고 중대한 대답은 지리적 차이였다. 하지만 식량 생산 자체는 근접 원인이 아니었다. 일대일의 싸움에서는 벌거벗은 농경민이 벌거벗은 수렵·채집민보다 유리할 게 전혀 없기 때문이다.

농경민에게 힘이 생긴 이유는 두 가지 면에서 설명이 가능하다. 첫째, 농경민의 힘은 식량 생산으로 떠받칠 수 있는 인구가 많아졌기 때문에 생겼다. 가령 10명의 벌거벗은 농경민이 힘을 합치면 한 명의 벌거벗은 수렵·채집민과 싸워 이기기는 아주 쉬웠을 것이다. 둘째, 농경민이든 수렵·채집민이든 벌거벗은 상태가 아니었기 때문이다. 비유적으로만 그런 게 아니다. 농경민이 더 위험한 병원균을 내뿜고, 더 나은 무기와 보호 장구를 지녔다. 일반적으로 말하면, 농경민은 훨씬 강력한 과학기술을 보유하고, 정복 전쟁을 더 유능하게 수행하고, 글을 읽을 줄 아는 엘리트 계급이 지배하는 중앙집권 체제하에 살았다. 따라서 지금부터는 네 개 장에 걸쳐서 식량 생산이라는 궁극 원인이 어떻게 병원균과 문자, 과학기술, 중앙집권적 정부라는 근접 원인으로 이어졌는지를 살펴보려 한다.

가축과 작물을 병원균과 연결하는 고리는, 한 의사 친구가 알려 준 사례를 통해 내 뇌리에 깊이 박혀 잊히지 않는다. 그 친구가 경험이 부족한 젊은 의사였을 때, 원인을 알 수 없는 질병 때문에 스트레스를 받고 있는 부부의 병실에서 호출을 받았다. 그 부부는 서로 대화하는 데도 어려움이 있었고, 내 친구와 대화하는 것도 힘들어했다. 남편은 작은 체구에 내성적인 사람이었고, 정체를 알 수 없는 세균에 감염되어 폐렴을 앓았다. 게다가 영어를 제대로 구사하지 못했다. 그래서 남편의 병세를 걱정하고 있는 그의 아름다운 아내가 통역을 맡았다. 하지만 그 아내는 낯선 병원 환경에 겁을 먹은 듯했다. 내 친구도 장시간 근무를 한 데다 그 이상한 질병을 일으킨 특이한 위험 요인이 무엇인지 알아내느라 지쳐 있었다. 그래서 환자의 비밀을 지켜줘야 한다는 의사의 의무를 까맣게 잊고 아내에게, 그 같은 감염을 초래했을지도 모를 성관계를 가진 적이 있었는지 남편한테 물어보라고 부탁하는 끔찍한 실수를 저지르고 말았다.

내 친구의 말이 떨어지기 무섭게, 남편이 얼굴을 붉히며 몸을 움츠렸다. 작은 체구가 더욱 왜소해진 것 같았다. 그는 침대 시트 속으로 몸을 감추려 애쓰며 거의 들리지 않는 목소리로 더듬거렸다. 그 순간 아내가 갑자기 화를 내며 소리를 지르더니 벌떡 일어서서 남편을 쏘아보았다. 그리고 내 친구가 말릴 틈도 없이 무거운 금속 병을 움켜쥐더니 있는 힘을 다해 남편의 머리를 내리치고는 병실을 뛰쳐나갔다. 내 친구의 도움에도 남편이 의식을 되찾는 데는 시간이 좀 걸렸고, 그의 엉터리 영어 때문에 부인이 그처럼 화를 낸 이유를 알아내는 데는 더 오랜 시간이 걸렸다. 이윽고 그의 아내가 그토록 화를 낸 이유가 서서히 밝혀졌다. 남편이 최근 가족 농장을 방문했을 때 양과 여러 차례 성교를 했다고 고백했기 때문이다. 그래서 정체를 알 수 없는 세균에 감염된 게 분명한 듯했다.

이 사례는 얼핏 괴상하고 특이한 사건일 뿐 그 이상의 의미는 없는 것처럼 들리지만, 실제로는 엄청난 주제, 즉 동물에서 기원한 인간의 질병이란 주제를 압축적으로 보여준다. 그 환자처럼, 성욕을 해소할 상대로 양을 사랑하는 사람은 거의 없다. 대부분은 개와 고양이 같은 반려동물을 정신적으로 사랑한다. 우리가 기르는 가축이 어마어마하게 많다는 사실을 근거로 판단할 때, 인간이 양을 비롯한 가축을 과도하게 좋아하는 건 분명한 듯하다. 예컨대 최근의 조사에 따르면, 오스트레일리아 인구는 1,708만 5,400명인데 양을 얼마나 좋아하는지 그 인구가 기르는 양은 1억 6,160만 마리나 되었다.

어른도 그렇지만 어린아이는 반려동물로 인해 병에 걸리는 경우가 더 잦다. 대체로 그런 감염병은 걸리면 귀찮다고 느끼는 정도로 지나가지만, 무척 심각한 질병으로 진화하는 경우도 적지 않다. 인류의 근대사에서 많은 인명을 앗아간 질병, 예컨대 천연두와 독감, 결핵, 말라리아, 페스트, 홍역, 콜레라는 모두 동물의 질병에서 진화한 감염병이다. 하지만 이런 전염성 질병을 일으키는 세균 대부분이 이제는 역설적이게도 거의 인간에게만 영향을 미친다. 질병은 예부터 인간의 목숨을 빼앗는 가장 큰 적이었기 때문에 역사를 만들어가는 가장 중요한 결정 요인이기도 했다. 제2차 세계대전 전까지는 전투에서 입은 부상보다 세균 때문에 죽은 전사자가 더 많았다. 위대한 장군을 미화하는 모든 전쟁사에서는 자존심을 상하게 하는 진실을 아주 간단히만 언급할 뿐이다. 그 진실이란 과거의 전쟁에서는 유능한 장군과 최상의 무기를 보유한 군대가 항상 승리한 게 아니었고, 더 지독한 병원균을 적군에게 퍼뜨린 쪽이 승리하는 경우가 꽤 많았다는 것이다.

인류 역사에서 병원균 때문에 생긴 가장 참혹한 사건은 1492년에 콜럼버스의 항해로 시작된 유럽인의 남북아메리카 정복에서 찾을 수 있다. 잔혹한 스페인 정복자들에게 희생된 아메리카 원주민도 많았지만, 그보다 스페인의 잔혹한 세균에 희생된 원주민이 훨씬 더 많았다. 남북아메리카와 유럽 사이의 위험한 병원균 교환이 그처럼 불균등했던 이유는 무엇일까? 왜 아메리카 원주민의 질병은 스페인 침략자들에게 피해를 주고 유럽까지 퍼져 유럽인의 95퍼센트를 말살하지 못했을까? 유라시아 병원균이 다른 지역의 원주민을 대량으로 살상한 경우나, 아프리카와 아시아의 열대지역에서 유럽의 정복자들이 속수무책으로 쓰러진 경우에도 유사한 질문을 제기할 수 있다.

따라서 넓은 관점에서 본 인류의 역사 뒤에는, 또 오늘날 공중 보건의 가장 중요한 쟁점 뒤에는 동물에서 기원한 인간의 질병이라는 문제가 도사리고 있다(한동안 폭발적으로 확산하던 에이즈를 생각해보면 된다. 에이즈는 아프리카의 야생 원숭이에 잠복해 있던 바이러스가 진화한 것으로 추정되는 인간 질병이다). 이번 장에서는 먼저 '질병disease'이 무엇이고, 대부분의 생명체는 우리를 아프게 만들지 않는 데 반해, 일부 세균은 '우리를 아프게 하는 쪽'으로 진화한 이유는 무엇인지를 살펴볼 것이다. 그리고 요즘 유행하는 에이즈와 중세 시대에 유행한 흑사병(림프절 페스트)처럼, 우리에게 친숙한 병 중 다수가 전염병이 되는 이유를 분석해보려 한다. 또 지금 우리 인간에게 한정적으로 나타나는 세균들의 조상이 어떤 과정을 거쳐 원래의 동물 숙주로부터 우리에게 전이되었는지도 생각해볼 것이다. 끝으로, 인간을 괴롭히는 감염병의 기원이 동물에 있음을 이해하면, 유럽인과 아메리카 원주민 사이에서 병원균이 거의 일방적으로 한쪽으로만 전파된 이유를 설명할 수 있을 것이다.

당연한 말이겠지만, 우리는 질병을 우리 인간의 관점에서 생각하는 경향이 있다. 따라서 '어떻게 하면 우리를 구하고 세균을 죽일 수 있을까? 그 악당을 밟아 뭉개버리자. 그 녀석들의 동기에는 신경 쓰지 말자!'라고 생각한다. 하지만 일반적으로 우리가 삶에서 적을 무찌르려면 그 적을 이해해야 한다. 의학의 경우가 바로 그렇다.

따라서 인간의 편견은 잠시 접어두고, 먼저 세균의 관점에서 질병을 생각해보자. 여하튼 세균도 우리만큼이나 자연선택의 산물이다. 세균이 이상하게 우리를 아프게 해서, 예컨대 우리 생식기에 염증을 일으키거나 우리를 배탈이 나게 해서 얻는 진화적 이득은 무엇일까? 왜 세균은 우리를 죽이는 방향으로 진화했을까? 이런 진화는 도무지 이해할 수 없다. 심지어 자멸적인 행위이다. 세균이 숙주를 죽이는 건 결국 자신을 죽이는 꼴이기 때문이다.

기본적으로 세균도 다른 종처럼 진화한다. 자손을 생산하고, 그 자손이 서식하기에 적합한 장소로 확산하는 걸 가장 효과적으로 도울 수 있는 개체가 진화 과정에서 선택된다. 세균의 관점에서 '확산'은 수학적으로 정의하면, 첫 환자로부터 새롭게 감염되는 피해자의 수이다. 그 수는 각각의 피해자가 얼마나 오랫동안 생존해서 새로운 피해자를 감염시킬 수 있고, 세균이 얼마나 효과적으로 전파되며 새로운 피해자를 낳느냐에 달려 있다.

세균은 한 사람에게서 다른 사람으로, 또 동물에게서 사람으로 전파되는 다양한 방법을 통해 진화해왔다. 상대적으로 잘 확산하는 세균이 더 많은 자손을 남기므로, 결국 자연선택에서 유리하다. 엄격히 말하면, 질병의 '증상symptom'이란 그 똑똑한 세균이 확산하는 데 유리한 쪽으로 우리 몸이나 행동을 바꿔가는 과정이 겉으로 드러난 것이다.

병원균이 가장 힘들이지 않고 확산하는 방법은 다른 피해자에게 전파되기를 가만히 기다리는 것이다. 현재의 숙주가 다른 숙주에게 먹히기를 기다리는 전략이 여기에 해당한다. 살모넬라균이 대표적인 예이다. 우리가 살모넬라균에 감염된 달걀이나 고기를 먹는 경우 식중독에 걸린다. 선모충증의 원인이 되는 기생충, 고래유충증을 일으키는 기생충도 마찬가지이다. 우리가 돼지를 도살한 뒤 제대로 익히지 않은 상태에서 먹을 때 선모충에 감염되고, 생선회를 좋아하는 일본인과 미국인이 생선을 날로 먹을 때 고래회충에 감염된다. 선모충과 고래회충 같은 기생충은 우리가 먹는 동물에게서 옮지만, 과거 뉴기니 고원지대에서 웃음병, 즉 쿠루병을 일으킨 바이러스는 식인 풍습을 통해 사람에서 사람으로 전해졌다. 어머니가 쿠루병에 걸려 죽은 희생자를 조리할 때, 그에게서 막 꺼낸 머릿골을 어린아이가 만지작거린 뒤 손가락을 빠는 순간 바이러스가 옮았다.

그러나 기존 숙주가 죽어서 잡아먹힐 때까지 기다리지 않고, 곤충의 침을 통해 이동해 새로운 숙주를 찾아가는 세균도 적지 않다. 그런 무임승차를 해주는 곤충으로는 모기, 벼룩, 이, 체체파리 등이 있다. 그리고 이 곤충들이 각각 말라리아, 페스트, 발진티푸스, 수면병을 퍼뜨린다. 수동적이면서도 가장 추잡한 전염은 임산부에서 태아로 세균이 옮겨가 신생아가 태어나기 전부터 감염시키는 경우이다. 특히 매독, 풍진 및 에이즈를 유발하는 세균이 그런 수법을 쓴다. 이것들이 제기하는 윤리적 문제에는 우주가 근본적으로 정의롭다고 믿는 사람들조차 골머리를 앓을 수밖에 없다.

한편 비유적으로 말해서, 자기 손으로 모든 것을 처리하는 병원균도 있다. 그런 병원균은 전염 속도를 높이려고 숙주의 신체 구조와 습관을 바꾼다. 인간의 관점에서 보면, 매독 같은 성병에 의해 성기에 염증이 생기면 모욕적으로 느낀다. 하지만 세균의 관점에서, 그런 염증은 현재 숙주의 도움을 받아 새로운 숙주의 몸에 세균을 주입하는 데 유용한 장치일 뿐이다. 천연두에 의한 피부 병변도 직간접적인 신체 접촉을 통해 세균을 퍼뜨린다. 미국 백인은 '호전적'인 아메리카 원주민을 완전히 쓸어버릴 작정으로 천연두 환자들이 사용하던 담요를 그 원주민들에게 선물로 보냈는데, 이것이 바로 간접적인 전염을 기대하고 벌이는 일이다.

하지만 독감과 일반 감기, 백일해(경련성 기침)는 더 적극적인 전략을 사용한다. 즉 감염자가 기침이나 재채기를 하도록 유도함으로써 세균이 비말飛沫을 통해 새로운 숙주에게 퍼지도록 한다. 마찬가지로 콜레라도 감염자가 심한 설사를 하게 만들어, 잠재적 피해자가 마실 상수도에 세균이 스며들게 한다. 한편 한국형유행성출혈열Korean hemorrhagic fever을 일으키는 바이러스는 생쥐의 오줌을 통해 퍼진다. 숙주의 행동을 달라지게 하는 바이러스로는 광견병 바이러스가 있다. 광견병 바이러스는 감염된 개의 침에 침투하기 때문에 그 바이러스에 감염된 개가 닥치는 대로 사람을 물어서 새로운 피해자가 많이 생긴다. 그러나 물리적인 운동을 가장 많이 하는 병원균으로는 십이지장충과 주혈흡충이 단연 으뜸이다. 이들의 유충은 감염자의 배설물 속에 섞여 있다가 물이나 토양을 통해 새로운 숙주의 피부에 적극적으로 파고들기 때문이다.

따라서 인간의 관점에서 보면, 성기의 염증, 설사와 기침은 '질병의 증상'이다. 하지만 병원균의 관점에서 보면, 병원균을 퍼뜨리기 위한 영리한 진화 전략이다. 이런 이유에서 '우리를 아프게 하는 것'이 병원균한테는 이득이 된다. 그러나 병원균이 숙주를 죽이며 겉보기에는 자멸하는 것 같은 전략을 사용하는 이유는 무엇일까?

병원균의 관점에서 해석하면, 숙주의 사망은 세균이 효과적으로 퍼지기 위해 숙주에게 일으킨 증상의 뜻하지 않은 부작용일 뿐이다(그렇다고 이 부작용이 우리에게 위안이 되지는 않는다!). 그렇다. 콜레라 환자는 치료를 받지 않으면 하루에 몇 리터의 설사를 쏟아내고 결국에는 사망할 수 있다. 하지만 적어도 환자가 살아 있는 동안에는 다음 피해자를 감염시킬 기회가 있다. 그리하여 각 감염자가 평균적으로 한 명 이상의 새로운 피해자를 감염시킨다면, 처음 숙주가 죽더라도 콜레라균은 퍼질 수 있다.

병원균이 이득을 얻는지를 객관적으로 따져보는 작업은 여기서 그치고, 이번에는 우리 인간의 이기적인 욕심을 중심에 두고 살펴보자. 우리가 건강하게 살기 위해서는 병원균을 죽이는 게 최선이다. 우리가 감염되었을 때 공통적으로 나타나는 증상은 '발열'이다. 따라서 우리는 발열을 '질병의 증상'으로 규정하는 경향이 있으며, 열은 필연적인 현상일 뿐 어떤 기능도 하지 않는다고 생각하는 듯하다. 그러나 체온 조절은 유전자의 지배를 받기 때문에 우연히 일어나는 게 아니다. 우리 몸보다 열에 민감한 세균들이 있다. 그런 병원균이 우리 몸에 침입할 때, 우리는 체온을 끌어올려 그 병원균을 태워 죽이려 한다.

우리가 감염되었을 때 보이는 또 하나의 공통된 반응은 면역 체계를 동원하는 것이다. 혈구를 비롯한 여러 세포가 외부에서 침입한 세균을 능동적으로 찾아내 죽인다. 우리 몸은 특정한 세균에 감염되었다가 치유되면, 그 세균에 감염되는 걸 방지하는 항체를 점진적으로 형성하기 때문에 그 세균에 다시 감염될 가능성이 낮아진다. 경험을 통해 모두가 알고 있듯이, 독감과 일반 감기 같은 병에 대한 저항력은 일시적인 것에 불과해서 그 병에 다시 걸릴 수 있다. 하지만 다른 질병, 예컨대 홍역과 볼거리, 풍진, 백일해, 지금은 박멸된 천연두 등에 대해서는 한 번의 감염으로 항체가 형성되어 평생 동안 면역력이 생긴다. 죽거나 약화된 세균을 접종함으로써 해당 질병을 실제로 앓지 않고도 항체 형성을 유도하려는 것이 백신의 원리이다.

안타깝게도 몇몇 영리한 세균은 우리의 면역 반응에 무너지고 있지만은 않는다. 우리 항체가 인식하는 항원antigen의 분자구조에 변화를 주는 식으로 우리를 속이려고 한다. 예컨대 독감은 끊임없이 진화하고 새롭게 변이가 일어나며 다른 구조의 항원으로 탈바꿈한다. 따라서 2년 전 독감에 걸린 사람이 올해 유행하는 변이 독감에 다시 걸린 이유를 설명할 수 있다. 말라리아와 수면병은 항원을 신속히 바꾸는 능력에서 으뜸인데, 이것을 뛰어넘는 최고의 변덕쟁이는 에이즈이다. 에이즈는 환자의 몸에 안착한 뒤에도 끊임없이 진화하며 새로운 항원을 만들어내고, 결국에는 환자의 면역 체계를 무력하게 만든다.

우리가 세균의 침입에 대해 가장 느릿하게 보이는 반응은 자연선택을 통한 것으로, 한 세대에서 다음 세대로 넘어가며 유전자 등장 빈도가 달라지는 경우이다. 거의 모든 질병에 대해 유전적으로 다른 사람보다 저항력이 강한 사람이 있다는 건 이미 입증된 사실이다. 어떤 병이 유행할 때, 그 병과 관련된 세균에 저항하는 유전자를 지닌 사람은 그러지 않은 사람보다 살아남을 가능성이 높다. 그 결과, 역사적으로 특정한 병원체에 자주 노출된 집단은 그 병원체에 저항하는 유전자를 보유한 개체의 비율이 높아질 수밖에 없다. 안타깝게도 그 유전자를 갖지 못한 사람은 살아남아 자신의 유전자를 자식에게 전해줄 가능성이 낮기 때문이다.

'설마!'라고 생각할 사람이 있을지도 모르겠다. 이런 진화 반응은 유전적으로 죽을 가능성이 있는 개체에게는 아무런 도움도 되지 않는 것이다. 하지만 집단 전체는 그 병원체를 더 효과적으로 이겨내게 되었다는 뜻이다. 이런 유전자 변화를 통한 방어의 예로 겸상적혈구 유전자sickle-cell gene, 테이삭스 유전자Tay-Sachs gene, 낭포성섬유증 유전자cystic fibrosis gene가 (상당한 대가를 치렀지만) 각각 아프리카계 흑인, 아슈케나지 유대인, 북유럽인에게 말라리아, 결핵, 박테리아성 설사에 대한 저항력을 키워준 경우를 들 수 있다.

요컨대 벌새의 경우에서 보듯이, 우리와 대부분의 종은 상호작용을 하지만 상대를 '아프게' 하지는 않는다. 따라서 우리와 벌새는 상대에 대한 방어력을 키우는 쪽으로 진화할 필요가 없었다. 벌새가 우리한테 기대어 자손을 퍼뜨리지도 않고, 우리 몸뚱이를 먹이로 삼지도 않기 때문에 평화로운 관계를 지속할 수 있었다. 벌새는 자신의 날개를 사용해 꽃의 꿀과 벌레를 찾아내 먹으면서 살아가는 쪽으로 진화했다.

그러나 세균은 우리 체내의 영양분을 먹고 사는 쪽으로 진화했다. 또 세균한테는 날개가 없어 첫 감염자가 죽거나 저항하면 새로운 피해자의 몸으로 옮겨갈 방법이 없다. 따라서 많은 세균이 잠재적 피해자들에게 옮겨가려고 이런저런 속임수를 찾아냈고, 그런 속임수 대부분이 '질병의 증상'으로 나타난다. 우리 인간 역시 거기에 맞서는 대응책을 만들어냈고, 병원균은 우리 대응책을 무력화하려는 방향으로 다시 진화했다. 이렇게 우리와 병원체는 끝없는 진화 경쟁을 벌이고 있다. 이런 상황에서는 어느 쪽에게나 패배의 대가는 죽음이며, 자연선택이 심판 역할을 맡는다. 이제 그 경쟁의 형태가 전격전인지 게릴라전인지를 알아보자.

가령 누군가 어떤 지역에서 유행하는 특정한 감염병의 발병 건수를 헤아리며, 그 수치가 시간이 흐름에 따라 어떻게 변하는지를 관찰한다고 해보자. 그 결과는 질병에 따라 크게 다르기 마련이다. 말라리아와 십이지장충병 등의 경우에는 새로운 사례가 감염 지역에서 수시로 나타난다. 하지만 이른바 전염병은 오랫동안 한 건의 사례도 없다가 갑자기 봇물처럼 쏟아지고, 다시 얼마 후에는 한동안 잠잠해진다.

이런 전염병 중에서 인플루엔자, 즉 독감은 대부분의 미국인에게 낯익다. 유난히 독감이 기승을 부리며 미국인을 괴롭힌 해가 적지 않기 때문이다(물론 독감 바이러스 입장에서는 기막히게 멋진 해였겠지만 말이다). 콜레라의 경우에는 그 간격이 무척 길다. 20세기 들어 신세계에서 처음으로 콜레라가 유행을 떨친 시기는 1991년이었고, 페루에서 일어났다. 오늘날에도 독감과 콜레라가 유행하면 신문 1면을 장식하지만, 현대 의학이 발달하기 전에 전염병은 훨씬 더 무서운 질병이었다. 인류 역사에서 단일한 전염병으로 가장 큰 파장을 남긴 사건은 제1차 세계대전이 끝날 즈음 독감이 2,100만 명의 목숨을 앗아간 일이었다. 1346년부터 1352년까지 창궐한 흑사병으로 유럽 인구의 4분의 1이 죽었고, 일부 도시에서는 인구의 70퍼센트까지 사망했다. 캐나다 퍼시픽 철도Canadian Pacific Railway를 건설하던 1880년대 초, 백인 및 그들의 병원균과 한 번도 접촉한 적 없는 서스캐처원Saskatchewan주의 아메리카 원주민은 결핵에 걸려, 매년 9퍼센트라는 믿기지 않는 비율로 죽었다.

꾸준히 조금씩 나타나지 않고, 전염병의 형태로 우리를 급습하는 감염병엔 공통된 특징이 있다. 첫째, 한 감염자로부터 주변의 건강한 사람들에게 신속하면서도 효율적으로 확산되며 인구 전체가 단기간에 노출된다. 둘째, 증세가 갑자기 나타나고 빠르게 진행되는 '급성'이기 때문에 환자가 단기간에 죽거나 완벽하게 회복한다. 셋째, 운 좋게 회복한 사람의 체내에 항체가 형성된다. 그런 사람은 오랫동안, 때로는 평생 그 병에 다시 걸리지 않는 면역력을 갖는다. 끝으로, 그런 감염병은 인간에게만 제한적으로 발생하는 경향을 띤다. 따라서 그런 병을 일으키는 세균은 땅속이나 다른 동물의 체내에서 살지 않는다. 요즘 미국인들이 소아기 급성 유행병이라고 생각하는 홍역과 풍진, 볼거리, 백일해, 천연두 등에서 이 네 가지 특징이 모두 나타난다.

이와 같은 특징을 갖췄을 때 어떤 질병이 유행하는 이유를 쉽게 이해할 수 있다. 질병의 유행을 단순화하면 다음과 같다. 세균이 신속히 확산하고 증상이 빠르게 진행된다는 것은 집단에 속한 모든 개체가 빠른 속도로 감염되고, 곧이어 죽거나 회복해 면역력을 갖는다는 뜻이다. 따라서 살아 있는 사람 중 감염된 적이 없는 사람은 한 명도 없다. 그러나 세균은 살아 있는 사람의 체내에서만 생존할 수 있기 때문에, 새로 태어나는 아기들이 그 질병에 취약한 연령이 될 때까지, 혹은 외부에서 들어온 감염자가 새로운 유행을 일으킬 때까지 자취를 감춘다.

그런 질병이 전염병으로 발전하는 과정을 명확히 보여주는 전형적인 사례로 페로제도Faeroe Islands라고 일컫는 북대서양의 외딴섬들에서 발병한 홍역을 들 수 있다. 1781년에 홍역이 크게 유행하며 페로제도를 덮쳤다가 자취를 감추었는데, 1846년 홍역에 감염된 목수가 덴마크에서 출항한 배를 타고 섬에 도착하면서 다시 유행하기 시작했다. 3개월 만에 페로제도의 거의 모든 주민(7,782명)이 홍역에 걸려 죽거나 회복했고, 홍역 바이러스는 또다시 소멸해 다음 유행 때까지 자취를 감추었다. 여러 연구 결과에 따르면, 홍역은 이제 50만 명 이하의 집단에서는 사라진 듯하다. 그 이상의 인구가 있어야만 집단 내에서 지역을 옮겨 다닐 수 있기 때문이다. 처음으로 감염된 지역에 아기가 많이 태어나 다시 돌아갈 수 있을 때까지 다른 지역에서 사라지지 않고 있으려면 그 이상의 인구가 있어야 한다는 뜻이다.

페로제도를 덮친 홍역에 적용되는 원칙은, 세계 곳곳에서 갑자기 닥치며 이제 우리에게 익숙해진 감염병들에도 똑같이 적용된다. 홍역의 위세가 어떤 곳에서 약해질 무렵, 감염에 취약한 아이들이 다른 곳에서 충분히 많이 태어나야 하듯이, 감염병이 그 존재를 계속 유지하려면 인구가 충분히 많고 밀집도가 상당히 높은 집단이 필요하다. 이런 이유에서 홍역 및 그와 유사한 질병은 '군중 질병crowd disease'으로도 알려져 있다.

군중 질병이 수렵·채집민이나 화전민으로 이뤄진 소규모 무리에서 유지될 수 없었던 건 당연하다. 아마존강 유역의 원주민과 태평양 섬 사람들에게 닥친 비극에서 확인할 수 있듯이, 외부 방문객 한 명이 가져온 전염병에 소부족은 거의 전체가 멸살될 수 있다. 그 전염병을 일으키는 세균에 대한 항체를 지닌 사람이 한 명도 없을 테니 말이다. 예컨대 1902년 겨울, 포경선 액티브호의 한 선원이 옮긴 이질이 유행하는 바람에, 캐나다 북극권의 사우샘프턴섬에서 고립되어 살던 소부족 새들러미우트 이누이트Sadlermiut Innuit 56명 중 51명이 목숨을 잃었다. 게다가 홍역을 비롯해 '소아 질환'은 어린아이보다 성인이 감염될 경우 치사율이 더 높고, 소부족에서는 모든 성인이 소아 질환에 취약하다(반면 현대 미국인의 대부분은 어렸을 때 홍역에 걸리거나 백신을 접종하기 때문에 어른이 된 뒤에는 홍역에 거의 걸리지 않는다). 이질은 소부족의 구성원을 거의 죽인 뒤에야 잠잠해졌다. 소부족은 인구가 적으므로 외부에서 들어온 전염병이 지속될 수 없을 뿐만 아니라, 방문객에게 전염시킬 수 있는 그들의 고유한 전염병도 진화시킬 수 없다.

그렇다고 소규모 인구 집단이 모든 감염병으로부터 자유롭다는 뜻은 아니다. 소규모 집단에도 감염병이 있지만 특정한 유형의 감염병이 있을 뿐이다. 동물이나 토양에서 살아가는 세균이 일으키는 질병이 여기에 속한다. 그런 질병은 좀처럼 소멸하지 않고, 언제라도 사람을 감염시킬 수 있다. 예컨대 황열병 바이러스는 아프리카의 야생 원숭이가 옮긴다. 따라서 그 바이러스는 언제라도 아프리카의 시골 사람들을 감염시킬 수 있다. 결국 아프리카에서 노예로 팔려 대서양을 건넌 흑인들이 신세계로 황열병 바이러스를 가져왔고, 그 바이러스가 신세계의 원숭이와 그곳 사람들을 감염시키며 황열병이 퍼진 셈이다.

소규모 인구 집단에 존재하는 또 다른 감염병은 한센병과 매종yaws(열대 피부병의 일종—옮긴이) 같은 만성질환이다. 그런 질병에 걸린 환자가 사망하는 데는 오랜 시간이 걸리기 때문에, 환자는 감염원으로 살아가며 소부족의 구성원을 감염시킨다. 예컨대 내가 1960년대에 방문해 연구했던 뉴기니 고원지대 카리무이분지에는 수천 명의 부족민이 고립된 채 살아갔는데, 그곳 사람들은 세계에서 가장 높은 한센병 발병률(약 40퍼센트!)에 시달렸다. 끝으로, 소규모 인구 집단은 치명적이지 않아서 우리가 면역력을 굳이 키우지 않는 감염병에도 취약하다. 따라서 이런 감염병은 회복한 후 다시 걸릴 수 있다. 십이지장충을 비롯해 많은 기생충에서 유발되는 질병이 여기에 속한다.

고립된 소규모 인구 집단에서 전형적으로 나타나는 이런 유형의 질병은 인류 역사에서 가장 오래된 질병인 게 분명하다. 진화의 역사에서 총인구가 얼마 되지 않고 곳곳에 흩어져 살던 초기의 수백만 년 동안에도 진화하며 존속해온 질병이기 때문이다. 이런 질병은 우리의 가장 가까운 야생 친척, 즉 아프리카 대형 유인원에게도 발병하거나 그 친척들이 걸리는 질병과 유사하다. 한편 군중 질병은 앞에서 언급했듯이, 과밀한 대규모 인구 집단이 생긴 뒤에야 나타났을 것이다. 그런 인구 집단은 농업을 시작한 시기, 즉 약 1만 년 전에 형성되기 시작했고, 수천 년 전 도시가 탄생하면서 그 속도가 빨라졌다. 우리에게 친숙한 감염병들이 처음으로 나타난 시기는 놀랍게도 최근이다. 예컨대 천연두는 기원전 1600년경(이집트 미라의 마맛자국에서 추론한 시기), 볼거리는 기원전 400년, 한센병은 기원전 200년, 소아마비가 처음 유행한 때는 기원후 1840년, 에이즈는 1959년이었다.

농업의 시작이 왜 군중 감염병의 진화를 자극했을까? 지금까지 알려진 한 가지 이유는 농업이 수렵·채집보다 평균적으로 10배에서 100배에 해당하는 사람을 먹여 살릴 수 있기 때문이다. 게다가 수렵·채집에 의존하는 생활을 하면 근거지를 자주 옮기며, 세균과 기생충 유충으로 가득한 배설물 더미를 떠난다. 그러나 농경민은 정착해서 살기 때문에 오물과 함께 지낸다. 따라서 세균이 한 사람의 인체에서 다른 사람이 마시는 물까지 수월하게 옮겨갈 수 있다.

농경민이 자신의 똥과 오줌을 모아 밭에 거름으로 살포하면, 그 분변에 숨어 있던 박테리아와 기생충이 밭에서 일하는 사람들의 몸에 훨씬 쉽게 파고들 수 있다. 관개농업과 물고기 양식은 주혈흡충증schistosomiasis을 옮기는 달팽이에게, 또 우리가 배설물 섞인 물속을 헤치고 다니는 것은 피부를 뚫고 들어오는 흡충류에게 최적의 생존 조건을 제공한다. 정주해서 살아가는 농경민은 자신의 배설물뿐 아니라, 농경민이 저장해둔 식량을 먹으려고 찾아와 질병을 옮기는 설치류에 둘러싸여 지내기 마련이다. 아프리카 농경민이 숲을 베어내고 일군 개간지도 말라리아를 옮기는 모기들에게는 최상의 번식지이다.

따라서 농경의 시작이 세균들에게 증식할 절호의 기회였다면, 도시의 발생은 더 큰 기회였다. 한층 과밀해진 인구 집단이 훨씬 열악한 위생 조건하에 모여 살았기 때문이다. 20세기 초가 되어서야 유럽의 도시 인구는 마침내 외부 인구 유입 없이 유지될 수 있었다. 그 전까지는 건강한 농경민이 농촌에서 도시로 끊임없이 유입되며, 군중 질병으로 인해 죽어가는 도시 거주민의 빈자리를 채워주었다. 세계 무역로의 개척도 세균들에게는 또 다른 기회였다. 따라서 로마 시대에는 유럽인과 아시아인, 북아프리카인이 뒤섞인 그곳이 세균들에게 거대한 번식지가 되었다. 이때 '안토니누스의 역병Plague of Antoninus'이라고 불리는 천연두가 로마를 덮쳤고, 기원후 165~180년에 로마 시민 수백만 명의 목숨을 앗아갔다.

비슷하게 림프절 페스트, '유스티아누스의 역병Plague of Justianus'이라고 불리는 흑사병이 유럽에 처음 나타났다(기원후 542~543). 그러나 페스트가 유럽을 본격적으로 뒤흔들기 시작한 때는 1346년이었다. 중국과의 육상 무역로가 새로 열리면서 전염병이 만연하던 중앙아시아 지역들에서 유럽까지 유라시아의 동서 축을 따라 벼룩으로 들끓는 모피가 빠르게 전해진 것이다. 오늘날에는 제트기가 있어서, 가장 오래 걸리는 대륙 간 비행시간이 인간에게 감염되는 질병의 존속 기간보다 더 짧다. 1991년에는 아르헨티나 항공사의 한 항공기가 페루 리마에 기착해서는 콜레라에 걸린 승객 수십 명을 태웠고, 같은 날 리마에서 4,800킬로미터나 떨어진 로스앤젤레스에 그들을 내려놓았다. 세계 여행을 즐기는 미국인이 폭발적으로 증가하고, 미국에 입국하는 사람도 엄청나게 늘었다. 따라서 미국인이 전에는 멀리 떨어진 국가들에서 이국적인 질병을 일으키는 원인이라고 생각하며 거들떠보지도 않았던 세균들이 미국으로 모여들기 시작함으로써 이제 미국은 그런 세균들의 용광로로 변해가고 있다.

따라서 인구가 충분히 많아지고 집중되자, 인간에게만 국한된 군중 질병이 마침내 진화해서 살아남을 수 있는 단계에 역사상 처음으로 도달했다. 그러나 이런 결론에는 모순이 있다. 군중 질병은 군중이 형성되기 전에는 존재 자체가 불가능했기 때문이다! 오히려 그 질병들이 새로운 질병으로 진화한 게 분명했다. 그럼 그 새로운 질병들은 어디에서 생겨났을까?

질병을 일으키는 세균에 대한 분자 연구에서 최근 몇 가지 증거가 나왔다. 인간에게만 국한된 질병을 일으키는 많은 세균을 대상으로 분자생물학자들은 이제 각 세균의 가장 가까운 친척을 알아낼 수 있다. 또 그 친척이 군중 감염병을 일으키는 매개체이지만, 우리가 옆에 두고 함께 살아가는 가축과 반려동물에 국한해 질병을 일으킨다는 것도 밝혀졌다! 어떤 질병이 유행하려면 동물의 경우에도 밀집한 다수의 개체 수가 필요하고, 그 질병이 아무 동물이나 무차별적으로 괴롭히지는 않는다. 전염병은 사회적 동물들이 감염에 필요한 대규모 집단을 이루었을 때 주로 발생한다. 따라서 우리가 소와 돼지 같은 사회적 동물을 가축화했을 때, 그것들은 이미 이런저런 전염병에 감염된 상태였을 테고, 각 전염병과 관련한 세균이 우리 몸에 침입할 기회를 호시탐탐 엿보았을 것이다.

예컨대 홍역 바이러스는 우역牛疫을 일으키는 바이러스와 가장 관계가 밀접하다. 우역은 소를 비롯해 되새김질하는 많은 포유동물에게서 발병하는 위험한 전염병이지만, 인간에게 영향을 미치지는 않는다. 반면 홍역은 소에게 영향을 주지 않는다. 그럼에도 홍역 바이러스와 우역 바이러스가 무척 유사하다는 사실에서, 우역 바이러스가 소에게서 인간에게 옮겨간 뒤 인간의 체내에서 적응하려고 본래의 속성을 바꿔 홍역 바이러스로 진화한 것이라는 추정이 가능하다. 많은 가난한 농경민이 소의 똥과 오줌, 상처와 피 옆에서 살았고, 소의 숨소리를 들으며 잠을 잤다는 사실을 고려하면, 이런 바이러스의 전이는 조금도 놀랍지 않다. 소와 인간의 밀접한 관계는 우리가 소를 가축화한 이후 9,000년 동안 줄곧 이어졌다. 9,000년이면 우역 바이러스가

표 11.1 우리가 동물 친구들에게 받은 치명적 선물

인간 질병	가장 밀접한 관계에 있는 병원체를 보유한 동물
홍역	소(우역)
결핵	소
천연두	소(우두), 혹은 관련된 수두 바이러스를 보유한 다른 가축
독감	돼지, 오리
백일해	돼지, 개
열대열말라리아	조류(닭과 오리?)

가까이 있는 우리를 찾아내기에 충분한 시간이다. 표 11.1에서 볼 수 있듯이, 지금 우리에게 친숙한 다른 감염병들도 거슬러 올라가면, 우리와 가까운 동물 친구들의 질병과 관련이 있다.

우리는 사랑하는 동물들과 물리적으로 가까이 지내며, 그들의 몸에 기생하는 세균의 침입을 끊임없이 받는다. 그 침입자들은 자연선택에 의해 걸러지고, 소수만이 인간 질병으로 자리를 굳히는 데 성공한다. 현재의 질병들을 간략히 추적해보면, 동물의 질병에서 인간의 질병으로 진화하는 데 네 단계를 거쳤음을 알 수 있다.

첫 번째 단계는 반려동물과 가축이 우리에게 곧바로 전염시키는 수십 종류의 질병에서 확인할 수 있다. 고양이가 할퀴거나 문 상처로 인해 발생하는 묘소병cat-scratch disease, 개가 옮기는 렙토스피라증leptospirosis, 닭과 앵무새가 옮기는 앵무병psittacosis, 소가 매개체인 브루셀라증brucellosis이 대표적인 예이다. 물론 야생동물에게서 질병을

얻기도 한다. 사냥꾼이 야생 토끼의 껍질을 벗길 때 감염될 수 있는 야생토끼병tularemia이 그중 하나이다. 이런 세균은 아직 인간의 병원체로 진화하는 초기 단계에 있다. 그래서 인간에게서 인간으로 직접 옮겨가지 못하고, 우리 인간이 동물에게서 전염되는 경우도 흔하지 않다.

두 번째 단계에서는 원래 동물에게만 국한되었던 병원체가 사람들 사이를 직접 옮겨 다니며 전염병을 유발하는 수준까지 진화한다. 하지만 이런 전염병은 여러 이유에서 곧 소멸한다. 예컨대 현대 의학으로 치료하거나, 주변의 모든 사람이 감염되어 면역력을 갖거나 사망하면 자취를 감춘다. 구체적인 예를 들어보자. 지금은 오뇽뇽열이라고 부르지만, 당시는 정체를 알 수 없었던 열병이 1959년에 동아프리카에서 발생해 수백만 명의 아프리카인을 감염시켰다. 이 열병은 원숭이에 기생하는 바이러스가 원인이고, 모기를 통해 사람에게 옮겨진 것으로 추정되었다. 하지만 환자들이 금세 회복하고 재감염되지 않는 면역력을 획득했기 때문에 그 새로운 질병은 금방 자취를 감추었다. 미국에서는 1942년 여름에 포트브래그열Fort Bragg fever이라는 이름의 새로운 렙토스피라성 질병이 발병했다가 금세 사라졌다.

다른 이유로 사라진 치명적 질병으로는 뉴기니의 쿠루병이 있다. 쿠루병은 식인 풍습을 통해 전염되었는데, 느릿하게 활동하는 바이러스가 원인인 그 병에서 한 명도 회복한 전례가 없다. 쿠루병은 2만 명에 달하던 뉴기니의 포레족을 전멸 위기로 몰아갔지만, 뉴기니를 신탁통치하던 오스트레일리아 정부가 1959년에 식인 풍습을 금지하면서 전염 경로가 막혔다. 의학 연보를 보면, 오늘날 알려진 질병과는 전혀 다르지만, 한때 무시무시한 전염병으로 걷잡을 수 없이 퍼지다가, 나타났을 때만큼이나 신비롭게 종적을 감춘 질병들에 대한 설명으로 가득하다. 1485년부터 1552년까지 유럽인을 공포로 몰아넣었던 영국 발한병English sweating sickness, 18세기와 19세기에 프랑스를 휩쓴 피카르디 발한병Picardy sweat은 현대 의학이 원인균을 찾아내는 방법론을 강구하기 훨씬 전에 사라진 많은 전염성 질병 중 두 가지 사례에 불과하다.

인간을 괴롭히는 주요 질병의 진화 과정에서 세 번째 단계는 원래 동물의 병원체였던 것이 인간의 체내에 자리를 잡은 뒤 (아직?) 소멸되지 않아, 향후 인간을 죽이는 주요 질병으로 발전할지 불확실한 경우이다. 라사열Lassa fever에서 알 수 있듯 그 미래는 무척 불투명하다. 설치류의 바이러스가 옮기는 라사열은 1969년에 나이지리아에서 처음으로 관찰되었다. 전염력이 무척 강한 치명적인 질병이어서, 환자가 한 명만 나와도 병원 전체를 폐쇄할 정도였다. 한편 생쥐와 사슴이 옮기는 진드기한테 물릴 때 우리 몸에 침투하는 스피로헤타spirochaeta라는 미생물이 일으키는 라임병Lyme disease은 우리 몸에 더 확실히 자리를 잡았다. 미국에서 라임병 환자를 처음 관찰한 사례는 1962년으로 비교적 최근이다. 하지만 라임병은 이미 미국의 여러 곳에서 급속히 확산하며 전염병 수준에 이르렀다. 원숭이 바이러스가 원인으로, 1959년경 처음 인간에게서 확인된 에이즈의 미래는 (바이러스의 관점에서 보면) 그야말로 탄탄대로이다.

동물의 질병에서 인간의 질병으로 진화하는 마지막 단계는 인간에게만 국한되는 주요 전염병으로 오랫동안 고착화하는 것이다. 이런 질병은 동물에게서 인간에게로 넘어오는 진화 경쟁에서 살아남은 생존자라고 할 수 있는데, 무수히 많은 병원체가 그런 시도를 했지만 대부분 실패했다.

결국 이런 진화는 동물만의 질병이 인간만의 질병으로 변화한 것이다. 그렇다면 진화의 네 단계에서 실제로 어떤 일이 벌어지는 것일까? 한 가지 분명한 변화는 중간 매개체가 달라지는 것이다. 즉, 전염 매개체로 절지동물에 의존하는 세균이 새로운 숙주로 옮겨가려면, 새로운 절지동물을 찾아야만 할 수도 있다. 예컨대 발진티푸스는 처음에 쥐벼룩을 통해 쥐들 사이에 전염되었고, 나중에 발진티푸스를 쥐에게서 사람에게 옮기는 데도 한동안은 쥐벼룩으로 충분했다. 하지만 발진티푸스 병원균은 사람들 사이를 곧장 옮겨 다니는 데는 사람 몸에 기생하는 이가 훨씬 더 효과적인 매개체라는 걸 발견했다. 요즘 미국에서는 이가 거의 박멸되었기 때문에, 발진티푸스는 사람에게 접근하는 새로운 경로를 찾아냈다. 먼저 북아메리카 동부의 날다람쥐를 감염시킨 후, 그 날다람쥐가 보금자리로 삼은 헛간 더그매(지붕과 천장 사이의 공간—옮긴이)를 통해 사람에게 옮기기 시작한 것이다.

요약하면 질병들은 지금도 진화 중이고, 병원균들은 자연선택을 통해 새로운 숙주와 매개체에 적응한다. 그러나 소와 비교할 때, 우리 몸은 면역 방어 체계와 배설물, 몸의 화학적 작용, 몸에 기생하는 벌레 등에서 완전히 다르다. 인체라는 새로운 환경에서, 병원균은 생존하고 번식하기 위한 새로운 방법을 강구해야 한다. 의사와 수의사는 몇몇 흥미로운 사례에서, 세균이 그런 새로운 방법을 찾아 진화하는 걸 실제로 관찰할 수 있었다.

가장 충실히 연구된 사례는 점액종myxomatosis이 오스트레일리아 토끼들한테 발병한 때를 추적한 것이다. 이 점액종 바이러스는 원래 브라질의 한 야생종 토끼에게만 존재했는데, 다른 종인 유럽 집토끼들 사이에 유행하면서 치명적이라는 사실이 밝혀졌다. 따라서 19세기에 분별없이 들여온 유럽산 토끼 때문에 몸살을 앓던 오스트레일리아는 1950년에 녀석들을 박멸하기 위해 그 바이러스를 의도적으로 도입했다. 첫해에 점액종 바이러스에 감염된 토끼 99.8퍼센트가 죽어 오스트레일리아 농부들은 만족스러운 결과를 얻었다. 그러나 이듬해에는 치사율이 90퍼센트로 떨어졌고, 결국에는 25퍼센트까지 추락하며 오스트레일리아에서 토끼를 완전히 박멸하겠다는 농부들의 희망은 물거품이 되었다. 무엇이 문제였을까? 점액종 바이러스는 자신에게 이로운 방향으로 진화했고, 점액종 바이러스에게 유리한 방향이 토끼를 박멸하려는 우리의 목표와 달랐다는 게 문제였다. 달리 말하면, 점액종 바이러스는 토끼를 더 적게 죽이고, 치명적으로 감염된 토끼도 오랫동안 살다가 죽는 걸 허용하는 쪽으로 진화했다. 그 때문에 지독히 악성이던 원래의 점액종 바이러스보다 덜 치명적인 바이러스가 더 많은 토끼에게 퍼졌다.

인간에게서 비슷한 사례를 찾으려면, 매독의 놀라운 진화를 생각해보면 된다. 오늘날 우리가 매독에 대해 즉각적으로 떠올리는 두 가지 생각은 생식기의 염증이라는 것과 매우 느릿하게 진행되어서 환자가 치료를 받지 않아도 오랜 시간이 지난 뒤에야 사망한다는 것이다. 하지만 매독이 1495년에 유럽에서 처음 명확히 기록되었을 때는 매독에 걸리면 대체로 고름집이 머리부터 무릎까지 온몸을 뒤덮었고, 얼굴에서 살점이 떨어져 나갔으며, 환자는 수개월 내에 사망했다고 되어 있다. 그러나 1546년경 매독은 오늘날 우리에게 널리 알려진 증상이 나타나는 질병으로 진화했다. 점액종 바이러스와 마찬가지로, 매독균도 환자를 더 오랫동안 살려두는 쪽으로 진화함으로써 자신의 후손을 더 많은 환자에게 퍼뜨릴 수 있었다.

인류 역사에서 치명적인 세균의 중요성은 유럽의 신세계 정복 그리고 뒤이은 신세계의 인구 감소에서 명확히 드러난다. 아메리카 원주민은 전쟁터에서 유럽인의 총과 칼에 죽는 경우보다 유라시아의 병원균에 감염되어 병석에서 누운 채 죽는 경우가 훨씬 더 많았다. 그 병원균에 대부분의 원주민과 그들의 지도자가 쓰러졌을 뿐만 아니라 생존자들의 사기마저 떨어져 원주민의 저항은 약해질 수밖에 없었다. 예컨대 1519년에 에르난 코르테스는 600명의 스페인 병사를 이끌고 멕시코 해안에 상륙한 뒤, 수백만 명의 인구를 거느린 호전적인 아즈텍제국의 정복에 나섰다. 코르테스는 아즈텍제국의 수도 테노치티틀란으로 진격했고, 군사력의 3분의 2만 잃은 채 빠져나와 해안 지역까지 무사히 후퇴할 수 있었다. 이는 스페인의 군사적 우위와 아즈텍의 순박함이 이뤄낸 결과였다. 그러나 코르테스가 다시 공격했을 때 아즈텍은 더는 순박하게 대응하지 않고 치열하게 싸웠다. 스페인에 결정적으로 승리를 안겨준 것은 천연두였다. 천연두에 감염된 노예 하나가 스페인령 쿠바에서 1520년에 멕시코로 들어온 후 천연두가 폭발적으로 확산했기 때문이다. 천연두가 유행하며 아즈텍 인구의 거의 절반이 죽었다. 쿠이틀라우악 황제마저도 천연두로 사망했다. 누구도 스페인을 꺾을 수 없다는 걸 알려주려는 듯 아즈텍인은 죽이고 스페인인은 살려주는 미스터리 같은 그 질병에, 아즈텍 생존자들은 사기가 크게 꺾였다. 그리하여 처음에는 2,000만 명에 육박하던 멕시코 인구가 1618년경에는 약 160만 명으로 곤두박질쳤다.

프란시스코 피사로가 1531년에 168명을 데리고 페루 해안에 상륙해, 인구 수백만 명의 잉카제국을 정복하기 위해 나섰을 때도 비슷하게 음울한 행운이 뒤따랐다. 피사로에게는 행운이었지만 잉카인에게는 불운이었던 천연두가 1526년경 육로로 들어와 많은 잉카인을 죽인 뒤였다. 이때 우아이나 카파크 황제와 황태자마저 천연두로 목숨을 잃었다. 3장에서 살펴보았듯 왕위가 공석이 되자 잉카는 우아이나 카파크의 다른 두 아들, 즉 아타우알파와 우아스카르가 벌인 내전에 휩쓸렸고, 피사로는 그 기회를 이용해 분열된 잉카를 정복했다.

1492년 당시 신세계에서 인구가 가장 많았던 곳을 생각하면, 흔히 아즈텍제국과 잉카제국만이 머릿속에 떠오른다. 오늘날 미국에서 가장 기름진 농토가 있는 미시시피강 유역에 많은 인구를 가진 사회가 존재했었다는 걸 잊고 있기 때문이다. 하지만 북아메리카의 경우에는 사회의 몰락에 콩키스타도르, 즉 정복자들이 아무런 역할도 하지 못했다. 콩키스타도르가 정복에 나서기 전 유라시아의 병원균들이 먼저 퍼지며 이미 그 사회는 몰락했다. 1540년에 에르난도 데 소토가 첫 콩키스타도르로서 미국 남동부 지역을 행진할 때 많은 원주민 마을을 지났다. 하지만 주민들이 모두 이런저런 전염병으로 죽은 탓에 2년 전 버려진 곳들이었다. 그 전염병은 해안 지역을 방문한 스페인인에게 감염된 해안 지역 인디언들이 퍼뜨린 것이었다. 스페인의 세균이 스페인인보다 먼저 내륙에 파고들었던 것이다.

그래도 소토는 미시시피강 하류 양쪽에서 과밀한 인구의 인디언 마을을 적잖게 발견할 수 있었다. 그의 탐험이 끝나고 오랜 시간이 지난 뒤 유럽인이 다시 미시시피강 유역을 찾았을 때, 유라시아 세균들은 이미 북아메리카에 뿌리를 내린 상태에서 계속 확산하고 있었다. 따라서 유럽인이 미시시피강 하류에 다시 나타날 즈음, 즉 프랑스 이주민이 그곳에 발을 들여놓은 1600년대 말, 인디언의 큰 마을들은 거의 사라지고 없었다. 그 인디언들이 남긴 유물이 바로 미시시피강 유역에서 볼 수 있는 거대한 무덤 유적지이다. 최근에야 우리는 콜럼버스가 신세계에 도착하기 전에는 그 거대한 무덤을 만든 많은 사회가 대체로 온전했지만, 1492년부터 유럽인이 미시시피강 유역을 조직적으로 탐험하기 시작하면서 (십중팔구 유럽인이 옮긴 질병 때문에) 붕괴했다는 걸 알게 되었다.

내가 어렸을 때 미국 초등학생들은 북아메리카에 약 100만 명의 인디언밖에 없었다고 배웠다. 그처럼 낮은 수치는 백인이 거의 빈 대륙이나 다름없는 곳을 정복했다는 걸 정당화하는 데 유용했다. 하지만 고고학적 발굴 결과와 북아메리카 해안에 상륙한 초기 유럽인 탐험가들이 남긴 기록을 정밀하게 분석해보면, 인디언 수가 2,000만 명에 가까웠던 것으로 보인다. 따라서 신세계 전체적으로 보면, 콜럼버스가 도착하고 한두 세기가 지난 뒤 인디언 인구가 거의 95퍼센트까지 줄어들었을 것이라는 추정이 가능하다.

그 많은 인디언을 죽인 주범은 구세계의 병원균들이었다. 인디언은 그 병원균들에 한 번도 노출된 적이 없어 면역력이나 저항성 유전자를 갖지 못했다. 천연두와 홍역, 독감, 발진티푸스가 죽음의 사신 1위 자리를 두고 다투었다. 그 전염병들로도 충분하지 않았던 듯 디프테리아와 말라리아, 볼거리, 백일해, 페스트, 결핵, 황열까지 곧장 뒤따라왔다. 백인들은 병원균에 의한 붕괴 현장을 직접 목격한 무수히 많은 사례를 기록으로 남겼다. 일례로 그레이트플레인스에서 매우 정교하고 복잡한 문화를 일구었던 만단족Mandan 인디언에게 1837년에 천연두가 덮쳤다. 세인트루이스에서 미주리강을 타고 올라온 증기선이 천연두의 발원지였다. 그 때문에 만단족의 한 마을은 2,000명이던 인구가 몇 주 만에 40명으로 급감했다.

구세계에 기원을 둔 많은 주요 감염병이 신세계에서 뿌리를 내리는 동안 남북아메리카에서 유럽으로 건너간 치명적인 질병은 단 하나도 없었던 듯하다. 유일한 예외가 있다면 매독일 수도 있겠지만, 매독의 기원지에 대해서는 아직도 논란이 많다. 많고 과밀한 인구가 군중 감염병의 진화에 필요한 전제 조건이란 사실을 기억하면, 이런 일방적인 병원균 교환은 놀랍기만 하다. 콜럼버스 이전의 신세계 인구에 대한 최근의 재평가가 맞는다면, 유라시아의 당시 인구보다 크게 적은 게 아니었다. 테노치티틀란 같은 신세계 도시들은 당시 세계에서 가장 인구가 많은 도시에 속했다. 그런데 왜 테노치티틀란에서는 스페인 사람들에게 치명타를 안길 수 있는 무시무시한 병원균들이 진화하지 않았을까?

우선적으로 생각해볼 수 있는 요인 중 하나는 구세계보다 신세계에서 과밀한 인구가 약간 늦게 형성되기 시작했다는 것이다. 아메리카 대륙에서 인구가 가장 과밀했던 세 지역, 즉 안데스 지역과 메소아메리카, 미시시피강 유역이 하나의 거대한 세균 번식장으로 발전할 만큼 주기적으로 신속하게 교역하지 못한 것도 또 다른 요인일 수 있다. 이런 점에서 아메리카 대륙은 유럽, 북아프리카, 인도, 중국이 로마 시대에 서로 연결되었던 것과 달랐다. 하지만 이런 요인만으로는 신세계에서 치명적인 군중 전염병이 끝내 진화하지 못한 이유를 설명할 수 없다(1,000년 전에 사망한 한 페루 인디언의 미라에서 결핵 DNA를 발견했다는 보고가 있었지만, 이때 사용한 확인 방법으로는 인간 결핵과, 그와 밀접한 관계가 있지만 야생동물한테 만연한 병원균을 구분할 수 없었다).

오히려 우리가 잠시 숨을 고르고 아주 간단한 질문을 제기할 때, 치명적인 군중 전염병이 남북아메리카에서 생겨나지 못한 주된 이유가 명백해지는 듯하다. 군중 질병은 어떤 세균에서 진화한 것일까? 앞에서 살펴보았듯이, 유라시아의 군중 질병은 가축화한 동물의 질병에서 진화했다. 유라시아에는 그렇게 가축화한 동물이 많았지만, 남북아메리카에는 5종밖에 없었다. 멕시코와 미국 남서부에서 칠면조, 안데스 지역에서 라마·알파카와 기니피그, 남아메리카의 열대지역에서 머스코비오리, 남북아메리카 전역에서는 개가 가축화되었다.

하지만 앞에서 확인했듯이, 신세계에서 그처럼 가축이 턱없이 적었던 이유는 애초에 가축화할 만한 야생동물이 얼마 없었기 때문이다. 남북아메리카에서는 대형 야생 포유동물의 약 80퍼센트가 마지막 빙하기가 끝났을 때, 즉 1만 3,000년 전에 멸종했다. 그 결과 아메리카 원주민에게 남은 소수의 가축도 소와 돼지에 비교하면 군중 질병의 발원지가 될 가능성이 낮았다. 머스코비오리와 칠면조는 크게 무리 지어 살지 않고, 어린 양처럼 안으며 신체 접촉을 자주 하고 싶은 동물종도 아니다. 기니피그는 샤가스병Chagas' disease과 리슈마니아증leishmaniasis 같은 트리파노소마계 감염병을 우리 걱정거리 목록에 더하는 데 기여했을 수 있지만 확실하지는 않다. 무엇보다 놀라운 것은 라마와 알파카로부터 유래한 인간 질병이 없다는 사실이다. 라마와 알파카는 유라시아의 가축과 비견할 만한 안데스 지역의 가축으로 여겨지기 때문이다. 하지만 라마가 인간을 괴롭히는 병원체의 근원이 되기에는 네 가지 문제가 있었다. (1) 라마는 양과 염소, 돼지보다 더 소규모로 키워졌다. (2) 라마는 안데스산맥 너머까지 전해지지 않았기 때문에 전체 개체 수가 유라시아 가축군에 비하면 턱없이 적었다. (3) 지금도 그렇지만 당시에도 라마 젖을 마시지 않았다. 따라서 라마 젖을 통해 감염될 가능성이 없었다. (4) 라마는 실내에서 키우지 않고, 사람들과 가까이 지내지도 않는다. 반면 뉴기니 고원지대에서는 성인 여성이 새끼 돼지한테 젖을 먹인다. 게다가 소는 물론이고 돼지도 농경민의 오두막 안에서 함께 지내는 경우가 많다.

동물에서 기원한 질병의 역사적 중요성은 구세계와 신세계가 충돌했던 사례에서만 찾아볼 수 있는 게 아니다. 유라시아 병원균은 신세계뿐 아니라 다른 지역에서도 원주민을 대량으로 죽이는 데 핵심적 역할을 했다. 태평양의 도서 주민, 오스트레일리아 원주민, 남아프리카의 코이산족(호텐토트족과 부시먼족)도 유라시아 병원균의 공격에 큰 피해를 입었다. 유라시아 병원균에 한 번도 노출된 적 없는 종족들의 누적 사망률은 50~100퍼센트에 이르렀다. 예컨대 히스파니올라섬의 인디언 인구는 콜럼버스가 도착한 1492년에 약 800만 명이었지만, 1535년에는 놀랍게도 0이 되었다. 피지의 한 군장이 1875년에 오스트레일리아를 방문하고 돌아올 때 같이 건너온 홍역은 그 당시 살아있던 피지인의 약 4분의 1을 죽였다(이때는 1791년에 유럽인이 처음 방문하면서 시작된 전염병으로 대부분의 피지인이 죽은 뒤였다). 하와이에는 매독과 임질, 결핵, 독감이 1779년 제임스 쿡James Cook(1728~1779) 선장과 함께 들어왔다. 1804년에는 장티푸스가 크게 유행했고, 그 밖에 '작은' 전염병이 줄을 이었다. 그 결과 1779년에 50만 명에 달하던 하와이 인구가 1853년에는 8만 4,000명으로 줄었다. 게다가 1854년에는 천연두가 하와이를 강타해 약 1만 명이 목숨을 잃었다. 이런 사례는 얼마든지 더 열거할 수 있다.

하지만 병원균이 유라시아에 유리하게만 작용한 것은 아니었다. 신세계와 오스트레일리아에는 유럽인을 기다리는 유행성 풍토병이 없었지만, 아시아의 열대지역과 아프리카, 인도네시아, 뉴기니에는 그런 풍토병이 있었던 게 분명하다. 구세계의 열대지역 전역에서는 말라리아, 동남아시아 열대지역에서는 콜레라, 아프리카 열대지역에서는 황열이 치명적인 열대성 질병이었고, 지금도 그렇다. 그 질병들은 유럽인이 열대권을 식민지화하는 데 가장 큰 걸림돌이었다. 이 때문에 유럽 국가들이 신세계를 분할하고 400년 가까이 지난 뒤에야 아프리카의 대부분과 뉴기니를 분할해 식민지로 만들 수 있었다. 더구나 말라리아와 황열이 유럽의 화물선을 통해 남북아메리카에 전해진 뒤에는 신세계 열대지역을 식민지화하는 데도 주된 장애물이 되었다. 두 질병이 파나마운하를 건설하려던 프랑스의 시도를 중단시키고, 결국 성공하기는 했지만 미국의 노력마저 거의 중단시킬 뻔했던 잘 알려진 사례도 있다.

이 모든 사실을 유념해서 병원균의 역할에 대한 균형감을 되찾고, 얄리의 질문에 대답해보도록 하자. 유럽인이 대부분의 비유럽계 종족들보다 무기와 기술, 정치조직에서 큰 이점을 누렸다는 건 의심의 여지가 없다. 그러나 소수의 유럽인 이주자가 남북아메리카를 비롯해 세계 여러 지역에서 수적으로 훨씬 많았던 원주민을 밀어낼 수 있었던 이유를 그런 이점만으로 완전히 설명하기에는 한계가 있다. 유럽이 다른 대륙들에 건넨 사악한 선물, 즉 유라시아인이 가축과 오랫동안 친근하게 지내는 과정에서 진화한 병원균이 없었다면 그런 식의 정복은 불가능했을지도 모른다.

12장 청사진과 차용한 문자

BLUEPRINTS AND BORROWED LETTERS

왜 일부 사회에서만 문자가 발명되거나 받아들여졌는가?

왜 일부 종족만 문자를 발명할 수 있었을까? 문자를 독자적으로 고안하거나, 자세한 청사진 혹은 막연한 아이디어를 통해 문자를 차용하고 개선한 사회는 중앙집권적인 정치조직 및 계층화된 계급을 지닌 사회였다. 이후 문자는 비슷한 경제력과 정치조직을 지닌 다른 사회로 교역과 정복, 종교를 통해 전파됐다.

19세기 작가들은 역사를 야만에서 문명으로의 전환이라고 해석하는 경향이 있었다. 이러한 전환을 구분 짓는 핵심적인 특징으로는 농업과 야금술, 복잡한 장비, 중앙집권적 정부, 문자가 있었다. 그중 문자는 예부터 전통적으로 가장 제한적인 지역에만 있었다. 실제로 이슬람이 세력 확대에 나서고 유럽이 식민지 개척에 나서기 전까지 오스트레일리아, 태평양의 섬들, 적도 주변의 아프리카, 메소아메리카의 일부 지역을 제외한 신세계 전역에는 문자가 없었다. 이렇게 문자가 제한적인 지역에만 존재했기 때문에 스스로 문명화했다고 자부하던 종족들은 일관되게 자신들을 '미개인'이나 '야만인'과 가장 명확하게 구분해주는 특징으로 문자를 꼽았다.

아는 것이 힘이다. 따라서 문자는 근대사회에 힘을 가져다주었다. 문자가 있으면, 아득히 멀리 떨어진 곳에서도 지식을 더 정확하고 더 자세하게 더 많이 전달할 수 있기 때문이다. 또 문자가 있었다면 먼 옛날부터 지식의 전달이 가능했을 것이다. 물론 잉카족을 비롯한 몇몇 종족은 문자 없이도 제국을 그럭저럭 지배했고, 훈족에 맞선 로마 군대가 깨우쳤듯이 '문명인'이 '야만인'에게 항상 승리를 거두는 것도 아니다. 그러나 유럽이 남북아메리카, 시베리아와 오스트레일리아를 정복한 사건은 역사적으로 가장 최근에 일어난 전형적인 결과를 명확히 보여주는 예이다.

근대에 들어 문자는 무기와 세균, 중앙집권적 정치조직과 더불어 정복의 도구였다. 군주와 상인은 식민지를 개척할 선단을 조직할 때, 그와 관련된 지시를 문자로 전달했다. 선단은 이전의 원정을 토대로 작성한 지도와 함께 문자로 남긴 항해 기록지를 참고해서 항로를 결정했다. 이전 원정에 대한 문자 기록은 풍요롭고 비옥한 땅이 정복자를 기다리고 있다는 식으로 묘사함으로써 새로운 원정을 자극했다. 또한 문자 기록은 미래의 탐험가들에게 어떤 조건을 각오해야 하는지 알려주고, 철저하게 준비하는 데도 도움을 주었다. 그렇게 세운 제국을 통치하는 데도 문자의 도움을 받았다. 문자 없는 사회에서는 모든 유형의 정보를 온갖 수단을 이용해서 전달했다. 하지만 문자가 있으면 한결 쉽고 더 자세하게, 더 정확하고 더 설득력 있게 전달할 수 있었다.

문자에 이런 강력한 가치가 있음에도 어떤 종족은 문자를 개발한 반면, 그러지 않은 종족도 있었던 이유는 무엇일까? 예컨대 전통적인 수렵·채집민이 문자를 만들지도 않고, 채택하지도 않은 이유가 무엇일까? 섬나라 중에서 크레타섬의 미노스 문명에는 문자가 있었는데, 폴리네시아의 통가제도에는 문자가 없었던 이유는 무엇일까? 문자는 인류 역사에서 몇 번이나, 어떤 환경에서, 어떤 용도로 만들어졌을까? 문자를 고안해낸 종족들 사이에서도 그 시기가 크게 다른 이유는 무엇일까? 오늘날 일본인과 스칸디나비아인은 거의 모두가 글을 읽고 쓸 줄 아는 반면, 대부분의 이라크인은 그렇지 않다. 그런데 어떻게 문자가 이라크에서 거의 4,000년이나 먼저 생겨났을까?

문자가 기원지에서 퍼져나간 형태도 중요한 문제를 제기한다. 예컨대 비옥한 초승달 지역의 문자는 에티오피아와 아라비아에 전해졌지만, 멕시코의 문자는 안데스 지역으로 전해지지 못한 이유가 무엇일까? 문자 체계는 원래 모습 그대로 다른 곳으로 퍼졌을까, 아니면 기존의 다른 문자 체계를 보고 자극을 받은 이웃 종족이 자체적인 새로운 문자 체계를 개발한 것일까? 그런데 어떤 언어에 잘 들어맞는 문자 체계를 맞닥뜨렸을 때, 그것과 다른 언어를 위한 문자 체계는 어떤 식으로 만들었을까? 인간 문화의 다른 측면들, 예컨대 과학기술과 종교와 식량 생산의 기원 및 확산에 대해 이해하려고 시도할 때도 우리는 유사한 문제에 직면한다. 특히 문자와 관련 있는 이런 문제에 관심을 가진 역사학자는 바로 그 문자로 기록된 자료를 통해 자세한 답을 얻는 이점을 누릴 수 있다. 따라서 문자에 내재한 중요성 때문뿐만 아니라, 문자가 제공하는 문화사에 대한 일반적인 식견을 얻기 위해서라도 문자의 발달 과정을 추적해보려 한다.

문자 체계의 기저를 이루는 세 가지 기본 전략은 (1) 하나의 기본적인 소리, (2) 온전한 음절, (3) 온전한 단어로, 하나의 문자 기호로 표시되는 말 단위의 크기에 따라 달라진다. 오늘날 대부분의 언어에서 사용하는 첫 번째 전략은 알파벳이다. 이상적인 상황이면, 알파벳은 '음소phoneme'라고 일컫는 언어의 기본적인 소리에 '문자letter'라고 일컫는 하나의 기호만을 부여할 것이기 때문이다. 대부분의 알파벳은 20~30개의 문자만으로 이루어지고, 대부분의 언어에서 수적으로 알파벳을 구성하는 문자보다 음소가 더 많다. 예컨대 영어에는 26개의 문자밖에 없지만, 음소는 약 40개이다. 따라서 영어를 비롯해 알파벳을 문자로 사용하는 언어는 하나의 문자에 여러 음소를 할당할 수밖에 없다. 또 영어의 sh와 th처럼 둘 이상의 문자를 결합해 음소를 표현해야 하는 경우도 있다(두 소리는 차례로 러시아어와 그리스어 알파벳 체계에서 하나의 문자로 표현된다).

두 번째 전략에서는 이른바 '표어문자logogram'를 사용한다. 표어문자에서는 문자로 쓰인 기호 하나가 온전한 단어 하나를 뜻한다. 중국 문자 체계의 많은 기호와 일본 문자 체계에서 큰 부분을 차지하는 한자가 표어문자에 해당한다. 알파벳 문자 체계가 널리 확산되기 전에는 표어문자를 많이 사용하는 문자 체계가 더 흔했다. 이집트의 상형문자, 마야의 그림문자, 수메르의 설형문자가 여기에 속했다.

세 번째 전략은 이 책을 읽는 대부분의 독자에게는 생소하겠지만, 음절 하나에 하나의 기호를 대응하는 방법이다. 그러나 엄격히 말하면, '음절문자syllabary'라고 일컫는 이런 문자 체계는 fa-mi-ly에서 보듯이 하나의 자음에 하나의 모음이 따라붙는 음절에 대해서만 별개의 기호를 부여하고, 다른 유형의 음절을 표기할 때는 기존의 기호들을 다양하게 조합하는 기법을 동원한다. 음절문자는 고대에 흔했고, 그리스의 미케네 문명에서 사용한 선형문자 B(Linear B)가 대표적인 예이다. 오늘날에도 몇몇 선형문자가 존재하는데, 그중 가장 중요한 문자는 일본인이 전보와 은행 거래 내역서, 시각장애인을 위한 문서 등에 사용하는 가나假名 음절문자이다.

나는 의도적으로, 이 세 가지 접근 방식을 문자 체계가 아닌 전략이라고 표현했다. 현실적으로 어떤 문자 체계도 하나의 전략만을 사용하지 않기 때문이다. 중국 문자 체계도 전적으로 표어문자는 아니고, 영어 문자 체계도 순전히 알파벳, 즉 음소문자가 아니다. 모든 알파벳 문자 체계가 그렇듯 영어도 많은 표어문자를 사용한다. 숫자, $, %, + 등이 대표적인 예이다. 달리 말하면, 음성적 요소로 이루어지지 않고 하나의 온전한 단어를 대신하는 자의적 기호는 표어문자라고 할 수 있다. 음절문자인 선형문자 B에도 많은 표어문자가 있었다. 물론 표어문자인 이집트 상형문자에도 많은 음절 기호와 함께 각각의 자음에 해당하는 개별 문자로 이루어진 실질적인 알파벳도 있었다.

완전히 새로운 문자 체계를 만들어내려면, 다른 문자를 차용해 적절히 개조하는 것과는 비교가 안 될 정도로 어려울 수밖에 없다. 최초의 필경사들은 지금 우리가 당연하게 여기는 기본 원칙들을 정해야 했다. 예컨대 연속적으로 이어지는 발화發話를 최소 말 단위로 분해하는 방법을 알아내야 했다. 이 단계에서는 그 최소 단위가 단어이든 음절이든 음소이든 상관없었다. 또 필경사들은 음량, 음의 높낮이, 말하는 속도, 강조, 구절의 길이, 발음 등 개개인의 차이에 구애받지 않고 동일한 소리나 말 단위를 인식해내는 방법도 익혀야 했다. 문자 체계를 만들려면 그런 차이를 완전히 무시하고, 소리를 기호에 표시하는 방법을 고안해내야 했다.

최초의 필경사들은 문자 체계를 어떻게 만들어야 하는지 참고할 만한 선례가 전혀 없었지만, 어떻게든 그 문제를 모두 풀어냈다. 그 작업이 엄청나게 힘들고 어렵다는 것을 뒷받침하듯, 인류 역사에서 완전히 자체적으로 고유한 문자를 만든 민족은 극소수에 불과했다. 문자를 독자적으로 개발한 것이 분명한 두 민족은 기원전 3000년보다 조금 앞선 메소포타미아의 수메르인, 기원전 600년 이전의 멕시코 인디언이다(그림 12.1 참조). 기원전 3000년경의 이집트 문자와 기원전 1300년 이전의 중국 문자도 독자적으로 만들어진 것으로 추정된

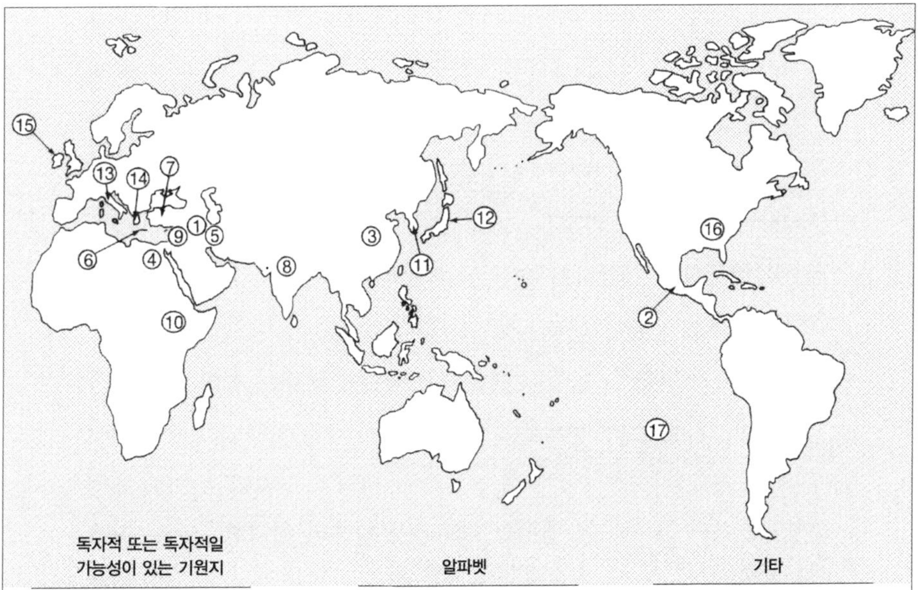

독자적 또는 독자적일 가능성이 있는 기원지

1. 수메르
2. 메소아메리카
3. 중국(?)
4. 이집트(?)

알파벳

9. 서西셈어, 페니키아어
10. 에티오피아어
11. 한국(한글)
13. 이탈리아(라틴어, 에트루리아어)
14. 그리스
15. 아일랜드(오검문자)

기타

5. 원형 엘람어
7. 히타이트어
8. 인더스강 유역
17. 이스터섬

음절문자

6. 크레타(선형문자 A와 B)
12. 일본(가나)
16. 체로키

그림 12.1 본문에서 언급한 문자를 만든 지역. 중국과 이집트 뒤에 덧붙인 물음표는 두 지역의 문자 체계가 완전히 독자적으로 개발된 것인지, 아니면 다른 곳에서 먼저 개발된 문자 체계에서 자극을 받았는지 분명하지 않음을 뜻한다. 위의 표에서 '기타'는 알파벳문자도 아니고 음절문자도 아니며, 먼저 만들어진 문자의 영향을 받아 개발된 것으로 추정되는 문자를 가리킨다.

다. 그 이후로 문자를 개발한 다른 모든 종족은 기존 문자 체계를 차용하거나 적절히 고쳐 사용한 정도였고, 어떤 형태로든 기존 문자 체계에서 영감을 받았다.

인류 역사에서 가장 오래된 문자 체계, 즉 수메르의 설형문자가 독자적으로 개발된 과정은 비교적 자세히 추적할 수 있다(그림 12.1 참조). 설형문자를 완성하기 수천 년 전부터, 비옥한 초승달 지역 곳곳에서 마을을 형성하고 농경에 종사하던 사람들은 양의 수와 곡물량을 기록하기 위한 목적으로, 단순하고 다양한 형태의 점토 표식을 사용해왔다. 기원전 3000년을 앞두고 수 세기 동안 회계 기법과 서식과 기호가 급속도로 발달하며 최초의 문자 체계로 이어졌다. 이때 일어난 기술혁신 중 하나는 평평한 점토판을 일종의 편리한 종이로 사용한 것이다. 처음에는 점토판에 뾰족한 도구로 어떤 표식을 긁어 파는 수준이었다. 하지만 그 도구가 점차 갈대 펜으로 바뀌며 점토판에 표식을 깔끔하게 남길 수 있었다. 서식으로는 요즘에도 그 필요성을 보편적으로 인정받는 관습을 점차 받아들였다. 달리 말하면, 글을 가로나 세로로 일정하게 썼고(수메르어는 요즘의 유럽어처럼 가로로 썼다), 행을 일정한 방향으로 읽었으며(수메르어는 요즘의 유럽어처럼 왼쪽에서 오른쪽으로 읽었다), 그 행을 점토판 아래가 아닌 위에서부터 읽었다.

그러나 실질적으로 거의 모든 문자 체계에 내재하던 기본적인 문제를 해결하기 위한 중대한 변화가 일어났다. 발음과는 상관없이 개념이나 단어만을 표시하는 수준을 넘어, 실제 소리를 표시하는 시각적 부호를 고안해내는 문제였다. 이 문제를 해결하기 위한 초기 단계의 흔적은 주로 지금의 바그다드에서 남동쪽으로 320킬로미터쯤 떨어진 유프라테스강 유역에 있던 수메르의 옛 도시 우루크 유적지에서 나온 수천 개의 점토판에서 찾을 수 있다. 수메르문자에서 초기에 사용된 기호는 지칭하는 대상을 쉽게 알아볼 수 있는 그림이었다. 예컨대 새나 물고기를 묘사한 그림이다. 당연한 말이겠지만, 그렇게 그림으로 표현한 기호는 주로 숫자와, 시각적인 대상을 가리키는 명사로 이루어졌다. 그런 기호를 사용한 텍스트는 전보식 문장처럼 문법적 요소를 제외한 회계 기록에 불과했다. 이 같은 기호 형태가 점차 추상적으로 변했다. 특히 뾰족한 도구가 갈대 펜으로 바뀐 뒤 그런 현상이 뚜렷해졌다. 새로운 의미를 만들어내기 위해 과거의 기호를 결합해 새로운 기호를 만들었다. 예컨대 '먹다'를 뜻하는 기호를 만들기 위해 '머리'를 뜻하는 기호와 '빵'을 뜻하는 기호를 결합했다.

최초의 수메르 문자 체계는 비음성적 표어문자들로 이루어졌다. 다시 말하면, 수메르어의 명확한 소리에 근거한 문자 체계가 아니어서, 그 문자 체계를 다른 언어에 적용했더라면 똑같은 의미를 지닌 단어가 완전히 다른 소리로 발음될 수 있었을 것이다. 숫자 4가 영어에서 '포four', 러시아어에서 '치트이레четыре', 핀란드어에서 '넬리야neljä', 인도네시아어에서 '엄빳empat'으로 발음되는 것과 같다. 아마도 문자의 역사에서 가장 중요한 변화 단계라면, 수메르인이 음성 표기법을 도입한 것일 수 있다. 처음에는 그림으로 쉽게 표현되지 않는 추상명사를, 동일한 발음을 지니고 그림으로 표현 가능한 명사로 표기하는 수준이었다. 예컨대 '화살'은 금방 알아볼 수 있는 그림으로 그리기 쉽고, '삶'은 금방 알아볼 수 있는 그림으로 그리는 게 쉽지 않다. 그러나 둘은 수메르어에서 똑같이 '티ti'로 발음된다. 따라서 화살 그림은 '화살'과 '삶'을 모두 뜻하게 되었다. 그로 인한 모호성은 '기호 식별자determinative'라고 부르는 묵음 기호를 덧붙여, 지시 대상이 속하는 명사의 범주를 나타내는 방법으로 해결했다. 언어학자들은 이런 결정적인 혁신을 '레부스 원리rebus principle'(의미와 상관없이 순전히 소리만을 고려해서 기존의 기호로 새로운 단어를 만드는 방법—옮긴이)라고 부른다. 이 원리는 오늘날에도 말장난에서 흔히 눈에 띈다.

수메르인은 이런 음성 표기법을 생각해내자마자, 추상명사를 표기하는 것에만 그 방법을 사용하는 데 그치지 않았다. 문법적 어미로 쓰이는 문자나 음절을 표기하는 데도 이 방법을 사용했다. 예컨대 영어에서 흔히 사용하는 음절 -tion은 어떻게 그림으로 그려야 할지 난감하지만, 똑같은 발음을 지닌 동사 shun을 표현하는 그림은 그럭저럭 그릴 수 있다. 발음대로 해석되는 기호도 긴 단어의 '철자를 분해'하는 데 쓰이며, 그림 하나가 하나의 음절에 해당하는 소리를 묘사하는 식으로 일련의 그림을 그릴 수 있었다. 마치 영어 사용자가 단어 believe를 '꿀벌 그림(bee) + 나뭇잎 그림(leaf)'으로 표기하는 것과 같다. 음성 기호 덕분에 필경사들도 tooth(치아), speech(말), speaker(화자) 등 한 벌의 관련 단어에 동일한 그림 기호를 사용하면서도 발음대로 해석되는 기호를 덧붙여(예컨대 two, each, peak에 해당하는 기호를 선택함으로써) 모호성을 해결할 수 있었다.

따라서 수메르 문자 체계는 세 가지 유형의 기호가 복잡하게 뒤섞였다. 첫째는 온전한 단어나 명사 하나를 가리키는 표어문자이고, 둘째는 음절과 문자, 문법적 요소나 단어의 일부를 나타내는 데 실질적으로 쓰이는 음성 기호이고, 셋째는 발음되지 않지만 모호성을 해결하는 데 쓰인 기호 식별자였다. 그렇지만 수메르 문자 체계에서 음성 기호는 완전한 음절문자나 알파벳이라고 하기에는 한참 부족했다. 예컨대 일부 음절에는 문자 기호가 없고, 동일한 기호가 다르게 발음

그림 12.2 수메르 설형문자에서 파생한 바빌로니아 설형문자.

되는 경우도 있고, 하나의 기호가 단어·음절·문자로 다양하게 읽히기도 했다.

수메르의 설형문자 이외에 인류 역사에서 독자적으로 문자를 만든 또 하나의 확실한 사례는 메소아메리카의 아메리카 원주민 사회, 즉 멕시코 남부에서 찾을 수 있다. 메소아메리카의 문자 체계는 구세계의 문자 체계와 관계없이 독자적으로 생겨난 것으로 여겨진다. 옛 스칸디나비아인들이 문자를 보유한 구세계와, 신세계 사회를 차례로 접촉했다는 확실한 증거가 없기 때문이다. 게다가 메소아메리카 문자 기호의 형태는 구세계의 문자 형태와 완전히 달랐다. 지금까지 약 12종의 메소아메리카 문자 체계가 밝혀졌고, 그것 모두가 혹은 대부분이 서로 관련이 있는 것으로 보인다(예컨대 수 체계와 역법에서). 하지만 아직까지는 대개 부분적으로만 해독되었을 뿐이다. 현재까지 알려진 바에 따르면, 최초의 메소아메리카 문자는 기원전 600년경 멕시코 남부의 사포텍 지역에서 나온 것이다. 그러나 가장 많이 해독된 문자는 마야 저지대의 것으로, 지금까지 알려진 가장 오래된 문헌 기록의 연대는 기원후 292년이다.

마야문자는 독자적으로 탄생하고 기호의 형태도 독특하지만, 그 조직 원리는 수메르 문자 체계 및 수메르문자에서 영감을 받아 만든 서유라시아의 다른 문자 체계들과 기본적으로 유사하다. 수메르문자가 그렇듯이, 마야문자도 표어문자와 음성 기호를 둘 다 사용했다. 추상적인 단어를 표기한 표어문자는 대체로 레부스 원리를 바탕으로 만들어졌다. 달리 말하면, 추상적인 단어는 유사하게 발음되지만 그림으로 쉽게 묘사할 수 있는, 다른 뜻을 지닌 다른 단어에 해당하는 기호로 표기했다. 일본의 가나와 그리스 미케네 문명의 선형문자 B에서 음절문자를 나타내는 기호처럼, 마야문자에서도 음성 기호는 주로 단자음과 단모음으로 구성된 음절(예: ta, te, ti, to, tu)을 나타내는 기호였다. 초기 셈어의 알파벳문자처럼, 마야문자의 음절 기호도 그 음절로 발음이 시작되는 대상을 뜻하는 그림에서 파생했다(예컨대 마야문자에서 음절 기호 ne는 꼬리를 닮은 모양이고, 그 이유는 마야어에서 꼬리를 뜻하는 단어가 neh이기 때문이다).

메소아메리카 문자 체계와 고대 서유라시아 문자 체계가 이처럼 유사하다는 사실은, 인간의 창의성에도 근원적인 보편성이 있다는 증거이다. 수메르어와 메소아메리카어는 서로 특별한 관계가 없지만, 언어를 문자화할 때 기본적으로 유사한 문제에 부딪혔다. 수메르인이 기원전 3000년 이전에 고안해낸 해결책은 지구 반대편에서, 기원전 600년 이전에 메소아메리카의 초기 인디언들이 그대로 다시 고안해냈다.

뒤에서 살펴볼 이집트와 중국과 이스터섬의 문자는 예외일 가능성이 있지만, 그 밖의 모든 문자 체계는 장소와 시기를 막론하고 수메르 문자나 초기 메소아메리카 문자를 변경하거나, 적어도 둘 중 하나로부터 영향을 받아 만든 듯하다. 독자적으로 만든 문자가 이처럼 극소수에 불과했던 이유는, 앞에서 언급했듯 문자를 고안해내는 게 극도로 어렵기 때문이다. 또 다른 이유가 있다면, 문자를 독자적으로 창안할 기회가 수메르나 초기 메소아메리카 문자와 그들부터 파생된 언어들에 의해 애초부터 사라졌기 때문이다.

우리도 알다시피, 수메르문자가 개발되는 데는 적어도 수백 년, 어쩌면 수천 년이 걸렸을 수 있다. 뒤에서 살펴보겠지만 문자를 개발하기 위해서는 선결 조건을 갖추어야 했고, 그 선결 조건은 사회가 문자를 필요하다고 생각하는가, 사회가 문자의 개발에 필요한 전문 필경사를 뒷받침할 여력이 있는가 등을 결정하는 요인들로 이루어졌다. 수메르 사회와 초기 멕시코 사회 이외에도 고대 인도, 크레타, 에티오피아 등 많은 사회에서 이런 선결 조건이 갖추어졌다. 하지만 수메르인과 초기 멕시코인이 각각 구세계와 신세계에서 그런 선결 조건을 가장 먼저 갖춘 것은 그저 우연이었다. 수메르와 초기 멕시코에서 문자를 발명하자, 문자의 구조와 원리가 신속히 다른 사회로 퍼져나갔다. 덕분에 그 사회들은 문자를 독자적으로 고안해 실험하는 수백 년, 혹은 수천 년의 시간을 아낄 수 있었다. 달리 말하면, 독자적인 실험을 시도할 가능성이 애초부터 배제되었다.

문자는 두 가지 대조적인 방법 중 하나로 확산했다. 기술과 아이디어가 다른 곳에 전해지는 과정도 별반 다르지 않았다. 가령 누군가가 무엇인가를 발명해 사용한다고 해보자. 장래의 사용자, 즉 당신이라면 그 누군가가 이미 제대로 작동하는 것을 만들어내 사용하고 있다는 걸 아는 상태에서 당신이 쓸 비슷한 것을 어떻게 설계하겠는가?

발명의 확산은 극과 극의 형태를 띤다. 한쪽 끝에는 '청사진 복제blueprint copying'가 있다. 이미 존재하는 것의 자세한 청사진을 그대로 모방하거나 수정하는 방법을 뜻한다. 반대편 끝에는 '아이디어 전파idea diffusion'가 있다. 기본 개념만을 받아들이고 세부 사항은 다시 만들어내는 방법을 가리킨다. 당신도 뭔가를 가질 수 있다는 걸 알게 되면 그것을 직접 만들어보고 싶은 자극을 받을 것이다. 그러나 당신이 궁극적으로 찾아낸 구체적인 해결책은 첫 발명가의 그것과 유사할 수도 있고, 그렇지 않을 수도 있다.

최근의 예를 들어보자. 러시아가 원자폭탄을 제조하는 데 청사진 복제와 아이디어 전파 중 어느 것이 더 큰 몫을 했는지에 대해 역사학자들 간에 논쟁이 이어지고 있다. 러시아의 원자폭탄 제조는 미국이 이미 만들어낸 원자폭탄의 청사진을 스파이가 훔쳐내 러시아에 전달한 게 결정적 역할을 했을까? 아니면 미국의 원자폭탄이 히로시마에

그림 12.3 17세기 초 인도아대륙에서 발견된, 라자스탄 혹은 구자라트의 학교를 그린 그림. 이 그림에 쓰인 문자는 대부분의 인도 현대 문자와 마찬가지로, 고대 인도의 브라흐미문자에서 파생했다. 한편 브라흐미문자는 기원전 7세기경 아람문자에서 파생한 것으로 추정된다. 인도 문자들은 아람문자의 알파벳 원리를 받아들였지만, 아람문자의 전반적인 틀을 모방하는 청사진 복제를 사용하지 않고, 문자의 형태와 배열 및 모음 용례를 독자적으로 고안해냈다.

서 보인 위력을 목격한 스탈린이 그 유용성을 확신했고, 그때부터 러시아 과학자들이 미국 원자폭탄의 세부 내용을 거의 모르는 상태에서 황급히 원자폭탄의 원리를 독자적으로 만들어낸 것일까? 바퀴와 피라미드, 화약의 개발 과정에 대해서도 유사한 질문을 제기할 수 있다. 이제부터는 청사진 복제와 아이디어 전파가 문자 체계의 확산에 어떻게 기여했는지 살펴보기로 하자.

오늘날 언어학자들은 문자가 없는 언어를 위한 문자 체계를 설계할 때 청사진 복제 방법을 사용한다. 그렇게 맞춤식으로 만든 문자 체계는 대체로 기존의 음소문자를 약간 조정하는 형태를 띠지만, 음절문자로 설계되는 경우도 간혹 있다. 예컨대 선교사 언어학자들은 로마자를 기본으로 삼아, 뉴기니와 아메리카에서 원주민이 사용하는 수백여 개의 언어를 문자화하고 있다. 튀르키예가 튀르키예어를 표기하려고 1928년에 채택한 문자 체계는 정부에서 고용한 언어학자들이 로마자를 조정해 만든 것이었다. 또한 러시아 정부가 러시아의 많은 부족 언어를 표기할 문자를 만들기 위해 고용한 언어학자들이 고안해낸 키릴문자의 문자 체계는 알파벳을 수정해 만든 것이었다.

드물긴 해도 먼 과거에 개인이 청사진 복제를 통해 문자 체계를 고안해낸 사례가 있었다. 예컨대 오늘날 러시아에서 사용하는 키릴문자는 9세기에 슬라브어 사용권에 파견된 그리스인 선교사 성聖 키릴이 그리스문자와 히브리문자를 적절히 뒤섞어 만든 문자에서 파생한 것이다. (영어가 속한) 게르만어계의 언어로 쓰인 최초의 문헌은 울필라스 주교가 창안한 고딕 문자로 쓰인 것이다. 울필라스 주교는 기원후 4세기에 현재의 불가리아로 파견되어 서고트족과 함께 살았던 선교사이다. 성 키릴이 고안한 문자 체계와 마찬가지로, 울필라스의 문자 체계도 기존의 여러 언어에서 차용한 문자가 뒤죽박죽 섞여 있었다. 구체적으로 말하면, 약 20개는 그리스문자, 약 5개는 로마문자, 그리고 2개는 룬문자에서 차용하지 않았다면 울필라스가 직접 만들어낸 것으로 이루어진 문자 체계였다. 하지만 과거에 쓰인 유명한 문자는 누가 만들어냈는지 전혀 알려지지 않은 경우가 훨씬 더 많다. 그래도 과거에 새롭게 나타난 문자 체계를 예전부터 존재하던 문자 체계와 비교하고, 문자 형태를 통해 기존의 어떤 문자 체계를 표본으로 삼았는지 추론해내는 건 가능하다. 이런 이유에서, 우리는 그리스 미케네 문명 시대의 음절문자인 선형문자 B가 크레타섬의 미노스 문명에서 사용하던 음절문자인 선형문자 A를 기원전 1400년경에 받아들여 수정한 것이라고 확신할 수 있다.

어떤 언어에서 쓰이는 기존 문자 체계를 청사진으로 사용해 다른 언어의 문자 체계를 만든 사례는 무수히 많다. 하지만 어떤 경우에도 두 언어의 소리 구조가 완벽하게 일치하지는 않기 때문에 약간의 문제가 발생하기 마련이다. 어떤 문자나 기호의 출발어에서 나타내는 소리가 도착어에 존재하지 않는다면, 그 문자는 쓰이지 않을 수도 있다. 예컨대 유럽의 많은 언어에서 b, c, f, g, w, x, z라는 문자로 표현되는 소리가 핀란드어에는 없다. 따라서 핀란드는 로마자를 받아들이면서도 그 문자들을 제외한 채 고유한 문자 체계를 만들었다. 물론 출발어에는 없고 도착어에만 존재하는 '새로운' 소리를 표시하기 위해 새로운 형태의 문자를 고안해내야 했던 반대의 경우도 있었다. 이 문제는 다양한 방식으로 해결되었다. 첫째, 둘 이상의 문자를 임의적으로 결합하는 방법이 있었다. 예컨대 영어에서 th로 표현하는 소리를 그리스문자와 룬문자의 문자 체계에서는 하나의 문자로 표기한다. 둘째, 기존의 문자에 작은 식별 표식을 더하는 방법이 있었다. 스페인어의 파형 부호(ñ), 독일어의 움라우트(ö), 폴란드어와 튀르키예어의 몇몇 문자에 더해지는 부호가 대표적인 예이다. 셋째, 출발어에는 있지만 도착어에서는 쓰지 않은 문자를 임의적으로 사용하는 방법도 있었다. 현대 체코어에서 ts라는 소리를 표기하기 위해 로마자 c를 재활용한 경우가 여기에 속한다. 끝으로, 완전히 새로운 문자를 만들어내는 방법이 있었다. 유럽의 중세 사람들이 j, u, w를 새로운 문자로 만든 경우가 대표적인 예이다.

로마자 자체는 오랫동안 이어진 청사진 복제의 최종적 산물이었다. 인류 역사에서 알파벳은 단 한 번 나타났다. 기원전 2000년에서 기원전 1000년, 현대 시리아부터 시나이반도까지의 지역에서 셈어를 사용하던 사람들이 만들어낸 게 전부였다. 과거에 많은 언어에서 쓰였고, 지금도 존재하는 많은 언어에서 사용하는 알파벳은 모두 조상어인 셈어의 알파벳에서 궁극적으로 파생한 것이다. 아일랜드의 오검 문자를 비롯한 몇몇 언어는 아이디어만을 받아들이고 세부적인 사항은 새롭게 만들었지만, 그 외에는 대부분이 문자 형태를 그대로 모방하고 수정해서 사용했다.

문자의 표기에 단자음 기호만을 사용한 것은 알파벳 문자 체계를 다른 문자 체계와 차별화한 세 가지 중대한 혁신 중 첫 번째에 불과했다. 두 번째 혁신은 문자의 순서를 고정하고, 기억하기 쉬운 이름을 붙임으로써 사용자가 알파벳을 암기하는 걸 지원한 것이다. 영어 알파벳의 명칭은 '에이(a)' '비(bee)' '시(cee)' '디(dee)' 등에서 보듯이 대체로 무의미한 단음절이다. 그러나 셈어계의 경우, 셈어로 붙인 알파벳 명칭에는 의미가 있었다. 물론 친숙한 대상을 가리키는 단어이기는 했다(알레프aleph=황소, 베스beth=집, 기멜gimmel=낙타, 달레스daleth=문 등). 이런 셈어식 단어는 그 단어가 가리키는 자음과 '두음서법적acrophonical'으로 관련이 있었다. 다시 말하면, 어떤 대상을 칭하는 단어의 첫 문자는 그 대상의 이름을 따서 붙인 문자이기도 했다(위의 예에서 차례로 a, b, g, d 등). 게다가 셈어계 문자의 초기 형태는 많은 경우, 그 대상에 해당하는 그림인 것처럼 보인다. 이런 특징이 결합하며, 셈어계 알파벳 문자의 형태와 명칭 및 순서는 기억하기에 쉬웠다. 영어 알파벳을 비롯해 요즘의 많은 알파벳은 3,000년이 지난 지금도 처음의 순서를 약간 수정한 것에 불과하다. 그리스어의 경우에는 문자의 원래 이름(알파, 베타, 감마, 델타 등)까지도 거의 그대로 쓰인다. 많은 독자가 이미 눈치챘겠지만, 사소한 변화라면 셈어와 그리스어의 g가 라틴어와 영어에서 c가 되었고, 로마인이 새로운 g를 현재의 자리에 만들어냈다는 것이다.

현재의 알파벳 문자 체계에 이르는 과정에서 마지막 세 번째 혁신은 모음을 허용한 것이었다. 셈어에서 알파벳 문자 체계를 사용한 초기에 이미 자음 문자 위에 점이나 선 혹은 낫표를 덧붙임으로써, 아니면 특정한 모음을 가리키는 작은 문자를 덧붙이는 방식으로 모음을 표기하는 실험적 방법이 시작되었다. 기원전 8세기에는 그리스인이 자음에 사용하던 유형과 똑같은 문자로 모든 모음을 가장 먼저 체계적으로 표기하기 시작했다. 그리스인은 페니키아어 알파벳에서 원래 그리스어에는 없던 자음에 사용하던 다섯 개의 문자를 임의적으로 끌어와 모음에 해당하는 문자의 형태 α, ε, η, ι, o를 만들어냈다.

이런 초기 셈어 알파벳문자는 한 계통에서 청사진 복제와 점진적 수정을 겪으며, 초기 아라비아문자를 거쳐 현대 에티오피아 알파벳문자로 변해갔다. 그보다 훨씬 중요한 계통은 페르시아제국의 공식 문서에 쓰인 아람문자를 거쳐, 현대 아랍어와 히브리어, 인도어 및 동남아시아 언어들의 알파벳 문자 체계로 변해간 경우이다. 그러나 유럽인과 미국인에게 가장 친숙한 계통은 페니키아문자를 거쳐 기원전 8세기에 그리스문자, 곧이어 같은 세기에 에트루리아문자로 이어졌고, 다음 세기에는 라틴문자로 바뀌었다. 그 라틴문자를 약간 수정한 알파벳문자가 이 책을 인쇄하는 데 쓰인 문자이다. 알파벳은 단순성과 정확성을 겸비한 잠재적 이점 덕분에 현재는 세계 대부분 지역에서 채택되었다.

청사진 복제와 점진적 수정은 기술을 전달하는 가장 간단한 방법이지만, 때로는 이 방법을 사용할 수 없는 때가 있다. 청사진이 비밀로 감추어지거나, 해당 기술에 대한 기본 지식이 없어 청사진을 읽어내지 못하는 경우이다. 또 멀리 떨어진 어딘가에서 만든 발명품에 대한 소문은 들리지만 자세한 내용은 전해지지 않는 경우, 즉 누가 어떤 방법을 사용했는지는 몰라도 이런저런 최종적인 성과를 이루어냈다는 기본적인 아이디어만 전해지는 경우가 있을 수 있다. 하지만 이 정도만 알아도, 이른바 아이디어 전파를 통해 그런 결과에 이르는 고유한 경로를 직접 만들어야겠다는 자극을 받을 수 있다.

문자의 역사에서 아이디어 전파를 통해 문자가 만들어진 가장 인상적인 예는 1820년경 아칸소주에서 세쿼이아Sequoyah(1770~1843)라는 체로키족 인디언이 체로키어를 표기할 목적으로 창제한 음절문자이다. 세쿼이아는 백인들이 종이에 어떤 부호를 끼적이는 걸 눈여겨보았고, 그런 부호를 사용해 긴 말을 기록해두면 똑같이 되풀이할 수 있다는 이점이 있음을 알게 되었다. 하지만 1820년 전에는 대부분의 체로키족이 그랬듯이, 세쿼이아 역시 문맹인 데다 영어를 읽지도 쓰지도 못했기 때문에 그 부호들을 어떻게 사용하는지 전혀 몰랐다. 대장장이였던 세쿼이아는 고객의 외상을 추적하는 데 도움이 되는 회계 시스템을 자기 나름대로 만들어가기 시작했다. 그는 각 고객을 그림으로, 외상 액수를 다양한 크기의 원과 선으로 표현했다.

1810년경 세쿼이아는 내친김에 체로키어를 표기하는 문자 체계를 만들어보기로 결심했다. 다시 그림을 그리는 것으로 시작했지만, 그림으로 소리를 표현하는 건 너무 복잡하고 예술적으로도 까다로워 포기하고 말았다. 다음에는 각 단어에 개별 기호를 부여하는 방법을 시도했다. 하지만 수천 개의 기호를 만든 뒤에도 더 많은 기호를 만들어야 했기 때문에 그 방법도 만족스럽지 않았다.

마침내 세쿼이아는 단어를 구성하는 소리 조각의 수가 얼마 되지 않으며, 그 소리 조각들이 많은 단어에서 반복된다는 것을 깨달았다(우리는 이 소리 조각을 음절이라고 부른다). 세쿼이아는 처음에 200개의 음절 기호를 고안해냈지만 점차 85개로 줄였다. 그 대부분이 단자음과 단모음의 결합체였다.

그 기호들의 출처 중 한 곳은 영어 알파벳문자였다. 세쿼이아는 한 학교 교사에게서 받은 영어 철자책의 문자를 그대로 사용했다. 그가 고안한 체로키어 음절 기호 중 약 24개가 영어 알파벳을 그대로 옮긴 것이었는데, 그 뜻은 완전히 달랐다. 하기야 영어를 전혀 모르는

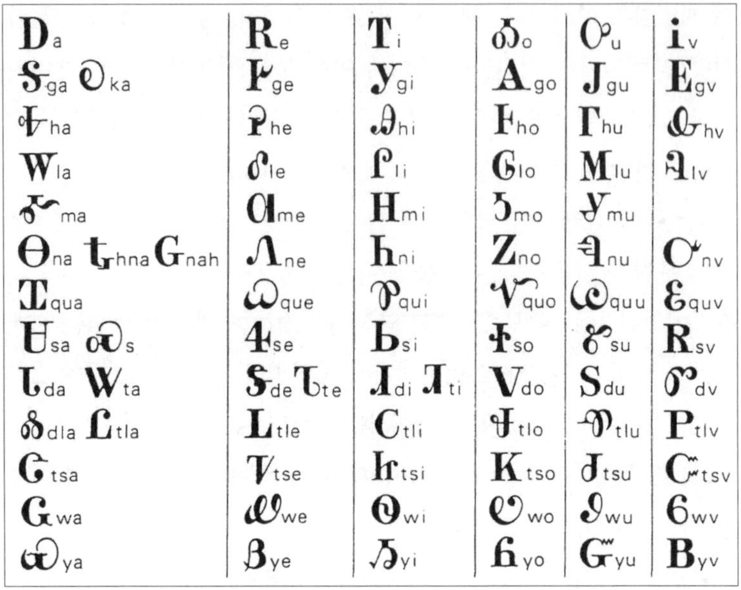

그림 12.4 세쿼이아가 체로키어의 음절을 표기하기 위해 고안한 기호.

세쿼이아가 그 뜻을 어떻게 알 수 있었겠는가. 예컨대 그는 D, R, b, h로 체로키어 음절 '아(a)' '에(e)' '시(si)' '니(ni)'를 차례로 표기했다. 숫자 4를 차용해서는 음절 '세(se)'를 표기했다. 또 영어 문자를 수정해 다른 기호를 만들어내기도 했다. 예컨대 Ᏻ, Ꮜ, Ꮎ라는 기호로는 음절 '유(yu)' '사(sa)' '나(na)'를 차례로 표기했다. 한편 '호(ho)' '리(li)' '누(nu)'를 차례로 표기하는 데 사용한 Ᏺ, Ꮅ, Ꮻ는 완전히 창작해낸 기호였다. 세쿼이아의 음절문자는 체로키어 소리를 표기하는 데 꼭 들어맞고 배우기도 쉽다는 이유로 전문 언어학자들에게 극찬을 받았다. 실제로 체로키족은 거의 100퍼센트가 단기간에 그 음절문자를 익혔을 뿐만 아니라, 세쿼이아의 기호를 활자로 만들고 인쇄기를 구입해 책과 신문을 발행하기 시작했다.

지금까지도 체로키어 문자 체계는 아이디어 전파를 통해 생겨난 문자로서는 가장 확실히 증명된 사례 중 하나이다. 우리는 세쿼이아가 종이와 다른 필기구, 문자 체계라는 아이디어, 별개의 부호를 조합해 사용하는 아이디어, 수십 종류의 부호 형태를 받아들였음을 알고 있다. 그는 영어를 읽지도 쓰지도 못했기 때문에 주변에 존재하는 글로부터 문자의 세부적인 구조는 물론이고 문자의 원리조차 습득하지 못했다. 알파벳에 둘러싸여 지냈지만 알파벳이 음소문자라는 걸 몰랐기 때문에 그는 독자적으로 음절문자를 만들어냈다. 그렇다고 3,500년 전에 크레타섬의 미노스 문명이 이미 음절문자를 만든 적이 있음을 알았던 것도 아니다.

아이디어 전파는 고대에도 많은 문자 체계를 낳았고, 세쿼이아의 예는 그 과정에 대한 한 가지 모델일 수 있다. 1446년에 한국의 세종대왕이 한국어를 표기하기 위해 창제한 한글이란 문자는 정사각형을 띤 중국 한자와, 몽골문자나 티베트 불교식 문자의 알파벳 원리에서 영향을 받은 게 분명했다. 하지만 세종대왕은 한글 자체字體의 형태와 한글에만 존재하는 몇몇 고유한 특성을 만들어냈다. 예컨대 자음과 모음이 결합된 음절을 사각형 안에 표시하고, 모음이나 자음의 형태를 표기하기 위해서는 관련된 문자의 형태를 이용했으며, 자음의 형태는 그 자음을 발음할 때 입술과 혀가 놓이는 위치를 본뜬 것이었다. 기원후 4세기경 브리튼섬 일부와 아일랜드에서 사용한 오검문자 역시 (유럽 대륙에서 쓰이던 알파벳으로부터) 알파벳 원리를 받아들였지만, 다섯 손가락을 사용한 수신호手信號에 근거해서 고유한 문자 형태를 고안해 낸 듯하다.

한글과 오검문자는 고립 상태에서 독자적으로 발명된 문자가 아니라, 아이디어 전파에서 영향을 받은 게 확실하다. 두 사회는 이미 문자를 보유한 사회와 긴밀하게 접촉하며 지냈을 뿐만 아니라, 어떤 외국 문자에서 영감을 받았는지도 명확하기 때문이다. 반면 수메르의 설형문자와 메소아메리카의 초기 문자가 자체적으로 창안되었다고 확신할 수 있는 이유는, 그 문자들이 처음 나타났을 때 양쪽 반구半球에 그곳 사람들에게 영감을 줄 만한 문자가 전혀 존재하지 않았기 때문이다. 한편 이스터섬, 중국, 이집트에서 탄생한 문자의 기원에 대해서는 여전히 논란이 분분하다.

태평양의 이스터섬에 살던 폴리네시아인에게는 고유한 문자가 있었고, 그 문자로 쓰인 최초의 기록은 기껏해야 1851년까지 거슬러 올라갈 뿐이다. 달리 말하면, 1722년에 유럽인이 이스터섬에 상륙하고도 한참이 지난 뒤였다. 유럽인이 도착하기 전 문자가 이스터섬에서 독자적으로 생겨났을 가능성도 있지만, 이를 뒷받침할 만한 증거는 없다. 그러니 가장 간단한 해석은 사실을 액면 그대로 받아들여, 스페인 원정대가 1770년 이스터섬 사람들에게 건넨 병합 선언 문서를 보고, 그들도 문자를 만들어야겠다는 자극을 받았을 것이라고 추정하는 것이다.

중국 문자는 기원전 1300년경 처음 생긴 것으로 입증되었지만, 그 이전부터 존재했을 가능성도 다분하다. 중국 문자도 고유한 형태의 기호를 사용하고 특유의 원칙을 따르기 때문에, 대부분의 학자가 중국 문자를 독자적으로 생겨났을 것이라고 추정한다. 문자는 기원

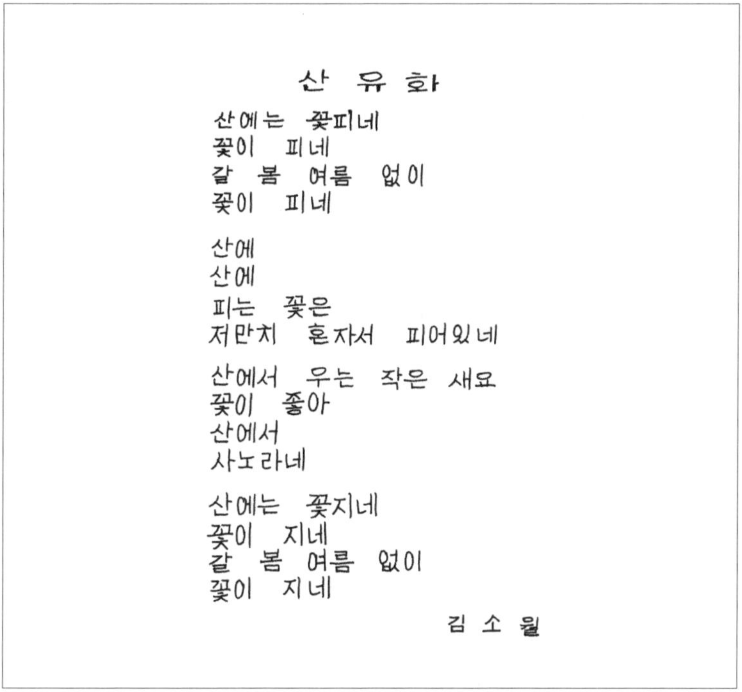
산 유 화

산에는 꽃피네
꽃이 피네
갈 봄 여름 없이
꽃이 피네

산에
산에
피는 꽃은
저만치 혼자서 피어있네

산에서 우는 작은 새요
꽃이 좋아
산에서
사노라네

산에는 꽃지네
꽃이 지네
갈 봄 여름 없이
꽃이 지네

김 소 월

그림 12.5 김소월의 시 〈산유화〉. 한글이라는 문자 체계의 탁월함을 잘 보여준다. 하나의 사각형이 하나의 음절을 나타내지만, 사각형 내의 각 기호는 하나의 문자에 해당한다.

전 3000년 이전, 고대 중국 도시로부터 서쪽으로 6,400킬로미터쯤 떨어진 수메르에서 처음 생겨났고, 기원전 2200년쯤에는 서쪽으로 4,200킬로미터쯤 떨어진 인더스강 유역에서 나타났지만, 인더스강 유역과 중국 사이 어디에도 그 옛날에 존재했던 것으로 알려진 문자 체계는 없다. 따라서 최초의 중국 필경사들이 다른 문자 체계를 알았고, 거기에서 영향을 받았을 것이라고 추정할 만한 증거는 없다.

고대 문자 체계 중 가장 유명한 이집트 상형문자도 독자적으로

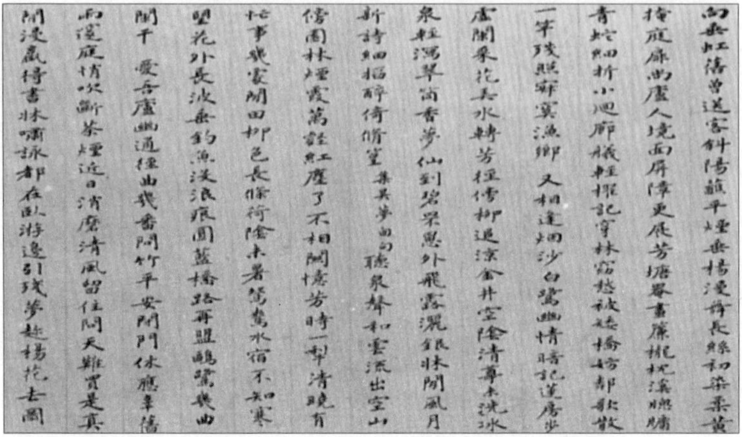

그림 12.6 중국 문자. 서예가 오력吳歷(1632~1718)이 1679년 두루마리에 쓴 글씨.

창안된 문자로 추정하는 게 일반적이지만, 아이디어 전파의 산물이라는 대안적 해석이 중국 문자의 경우보다 더 설득력 있게 받아들여진다. 상형문자는 기원전 3000년경 거의 완성된 형태로 느닷없이 나타났다. 또 이집트는 수메르에서 서쪽으로 겨우 1,300킬로미터밖에 떨어지지 않은 곳에 위치했고, 둘 사이에는 서로 교역하며 접촉했다는 흔적도 있었다. 나는 상형문자의 점진적 발전 과정을 보여주는 증거가 전혀 남아 있지 않다는 게 미심쩍다. 이집트의 건조한 기후라면 문자의 실험 과정을 처음부터 빠짐없이 보존하는 데 유리했을 테고, 이집트와 기후가 비슷하게 건조한 수메르에는 기원전 3000년 이전부터 적어도 수 세기 동안 설형문자가 어떻게 발전했는지 보여주는 증거가 많이 남아 있기 때문이다. 이란과 크레타섬, 튀르키예(차례로 원형 엘람어 문자, 크레타의 그림문자, 히타이트 상형문자)에서 쓰인 문자 체계도 미심쩍기는 마찬가지이다. 이들 문자는 수메르문자와 이집트 상형문자 이

그림 12.7 이집트 상형문자. 엔티우니 공주의 장례와 관련한 파피루스.

후에 나타났지만 독자적으로 고안된 것처럼 보인다. 그러나 그 문자 체계들이 이집트와 수메르에서 차용하지 않은 독특한 형태의 기호를 사용했더라도, 그걸 만들 때 관계한 사람들이 이웃한 교역 상대의 문자를 몰랐을 가능성은 거의 없다.

인류는 문자 없이 수백만 년을 지냈다. 그런데 지중해와 근동에 존재하던 모든 사회가 공교롭게도 수 세기 사이에 문자라는 개념을 독자적으로 떠올렸다는 건 기막힌 우연의 일치가 아닐 수 없다. 따라서 세쿼이아가 음절문자를 만든 경우처럼, 그 우연을 설명할 수 있는 해석 중 하나는 아이디어 전파인 듯하다.

달리 말하면, 이집트와 그 밖의 지역들은 수메르를 통해 문자라는 개념과 더불어 문자 체계의 원리도 부분적으로 알게 된 이후 각자의 언어에 적합한 몇몇 원리를 새롭게 고안해내고, 고유한 형태의 문자를 독자적으로 만들어냈을 것이다.

이제 이번 장을 시작하며 제기한 주된 질문으로 돌아가 보자. 왜 문자가 일부 사회에서는 만들어지거나 전해졌는데, 다른 많은 사회에서는 그러지 못했을까? 초기 문자 체계의 역할과 용도 및 사용자가 제한적이었다는 사실에 중점을 두고, 이 문제에 접근해보자.

초기 문자는 불완전하거나 모호하거나 복잡했고, 때로는 그 세 가지 특징을 모두 보였다. 예컨대 가장 오래된 수메르 설형문자로는 정상적인 산문을 작성할 수 없었다. 어휘가 이름과 숫자, 측량 단위, 헤아릴 수 있는 사물을 칭하는 단어, 소수의 수식어로 제한적이었기 때문에 전보처럼 압축해서 쓸 수밖에 없었다. 구체적인 예를 들면, 미국 법원 서기가 "우리는 존에게 정부에 빚진 살진 양 27마리를 갚으라고 명령한다"라고 써야할 때, 영어에 그렇게 표현하는 데 필요한 단어와 문법이 없어 "존 27 살진 양"이라고만 쓰는 것과 같다. 후기 수메르 설형문자는 산문을 쓸 수 있는 수준에 올랐지만, 앞에서 언급했듯이 문자 체계는 여전히 표어문자와 음성 기호, 발음되지 않는 식별 부호 등 수백 가지의 기호가 무분별하게 뒤섞인 상태였다. 그리스의 미케네 문명에서 사용한 선형문자 B는 약 90가지 기호로 이루어진 음절문자에 약간의 그림문자를 더해 조금이나마 간단해졌지만, 그런 장점이 무색할 정도로 상당히 모호했다. 예컨대 선형문자 B에서는 자음이 단어 끝에서는 무조건 생략되었고, 몇몇 관련된 자음에는 똑같은 기호를 사용했다. 구체적으로 말하면, l과 r, p와 b와 ph, g와 k와 kh에 각각 동일한 기호가 쓰였다. 오늘날 일본 토박이가 l과 r을 구분하지 않은 채 영어로 말하면 미국인으로서는 헷갈릴 수밖에 없다. 내가 방금 언급한 자음들을 하나의 기호로 통일하면 어떤 혼란이 닥칠지 상상해보라! 그렇게 하면 rap, lap, lab, laugh의 철자가 똑같아질 것이다.

문자가 만들어진 초기에는 극소수만이 글을 쓰고 배웠다는 것도 논의의 범위를 좁혀주는 한 가지 요인이다. 왕궁과 신전에 고용된 전문적인 필경사만이 문자를 알았다. 예컨대 그리스 미케네 문명에서 왕궁에 고용된 소수의 관료 이외에 그리스인이 선형문자 B를 사용했거나 이해했다는 흔적은 전혀 나타나지 않는다. 선형문자 B를 쓴 필경사들의 필적은 제각각 달랐을 것이기 때문에, 크노소스 궁전과 필로스 궁전에서 발굴된 선형문자 B로 쓰인 모든 문서로 판단할 때 각 궁전에서 활동한 필경사는 각각 75명과 40명에 불과했다.

초기 문자는 이렇게 전보문처럼 투박하고 모호했기 때문에, 그 용도가 사용자 수만큼이나 제한적이었다. 따라서 수메르인이 기원전 3000년에 남긴 문서를 보고, 그들이 어떻게 생각하고 느꼈는지 알아보려는 사람이 있다면 실망할 수밖에 없다. 수메르의 초기 문서는 대부분 왕궁과 신전에서 일하던 관료들이 무미건조하게 남긴 회계 장부이기 때문이다. 수메르의 옛 도시 우루크에서 발굴된, 지금까지 알려진 가장 오래된 수메르 기록 보관소에 저장된 점토판의 약 90퍼센트는 납입 물품, 일꾼과 배급량, 분배한 농산물 등에 대한 사무 기록이었다. 나중에 수메르어가 표어문자를 넘어 표음문자로 발전한 뒤에야 수메르인은 산문으로 선전문과 신화 같은 이야기를 쓰기 시작했다.

그리스의 미케네 문명은 이런 선전문과 신화를 쓰는 단계까지 이르지 못했다. 크노소스 궁전에서 발굴된 선형문자 B가 쓰인 점토판도 3분의 1이 양과 양털에 대한 회계 기록이었고, 필로스 궁전에서 발굴된 문서 자료에는 아마에 대한 기록이 압도적으로 많았다. 선형문자 B는 본질적으로 너무 모호해서, 왕궁의 회계 장부를 기록하는 데 제한적으로 쓰였지만 맥락과 단어 선택이 한정적이었던 만큼 해석은 명료했다. 선형문자 B가 문학에 사용되었다는 흔적은 전혀 남아 있지 않다. 《일리아드》와 《오디세이아》는 문맹인 음유 시인들이 역시 문맹인 군중을 위해 지어 전한 것이고, 그로부터 수백 년이 지나 그리스 알파벳이 만들어진 뒤에야 문자로 옮겨졌다.

이집트, 메소아메리카, 중국의 문자도 초기에는 제한적으로 사용되었다. 초기 이집트 상형문자는 종교와 국가의 선전 및 관료의 회계에 주로 쓰였다. 초기 마야문자로 쓰인 기록도 선전, 왕의 탄생, 즉위, 승리, 성직자의 천문 관측이 거의 전부였다. 중국에서 가장 오래된 문헌은 상商나라 말기의 것인데, 국사國事에 대한 종교적 예언이 이른바 갑골甲骨에 새겨져 있었다. 간단한 예를 들면 이렇다. "왕께서 불에 구워 갈라진 뼈의 균열을 보시고 그 의미를 '그 아이가 환한 낮에 태어난다면 크게 상서로울 것이다'라고 해석하셨다."

오늘날의 우리는 초기 문자 체계를 갖춘 사회에서 그런 모호함을 인정한 이유가 궁금할 수밖에 없다. 문자가 소수의 필경사에게만 국한되었고, 제한적인 목적으로 쓰인 이유도 거기에 있었다. 그러나 이런 의문을 제기하는 것 자체가 일반 대중의 문해력에 대한 고대의 관점과 현재의 기대치 사이에 존재하는 간극을 여실히 보여준다. 초기 문자는 '의도적'으로 제한된 영역에서 사용되며, 조금이나마 명확한 문자 체계를 만들어야겠다는 의욕을 꺾는 데 결정적 역할을 했다. 고대 수메르의 국왕과 성직자들은 전문 필경사가 세금을 부과하는 데 필요한 양의 수를 기록하는 데 문자가 사용되길 바랐을 뿐, 일반 대중이 시를 짓고 음모를 꾸미는 데 사용되는 걸 바라지 않았다. 인류학자 클로드 레비스트로스Claude Lévi-Strauss가 말했듯이, 고대 세계에서 문자의 주요 기능은 "타인의 예속을 용이하게 하는 것"이었다. 일반 대중이 문자를 개인적으로 사용한 것은 문자 체계가 간단해지고 표현력도 풍부해진 한참 뒤였다.

예컨대 기원전 1200년경 미케네 문명이 몰락하면서 선형문자 B도 사라졌고, 그리스는 다시 문자 이전의 시대로 되돌아갔다. 기원전 8세기에 다시 문자가 등장했을 때, 그 새로운 그리스문자는 문자 체계뿐 아니라 용도와 사용자까지 완전히 달랐다. 새로운 문자 체계는 표어문자가 뒤섞인 모호한 음절문자가 아니라, 페니키아어의 자음 알파벳을 차용하고 자체적으로 고안한 모음을 더해 개선한 알파벳문자였다. 따라서 필경사만 해독할 수 있고 왕국에서만 사용하던 양의 목록표와 달리 그리스 알파벳문자는 탄생과 동시에 시와 해학을 전달하는 도구가 되었고, 일반 가정집에서도 얼마든지 읽을 수 있었다. 예컨대 현재까지 알려진 가장 오래된 그리스 알파벳문자는 기원전 740년경 아테네의 포도주 항아리에 끼적거린 것으로, 춤 경연 대회를 알리는 시구詩句이다. "가장 유연하게 춤을 추는 사람이 이 항아리를 부상으로 받을 것이다." 다른 예로는 술잔에 새긴 '장단단육보격長短短六步格'의 삼행시이다. "나는 네스토르의 감미로운 술잔이로다. 이 술잔으로 마시는 사람은 누구라도, 아름다운 아프로디테의 욕망에 사로잡히리라." 에트루리아 알파벳과 로마자로 쓰인 가장 오래된 예도 술잔과 포도주 항아리에 새긴 구절에서 찾을 수 있다. 이처럼 쉽게 배울 수 있고 개인적 커뮤니케이션 도구로 쓰인 알파벳문자는 나중에야 공적이고 관료적인 목적으로 사용되기 시작했다. 따라서 알파벳문자 용도의 확산 순서는 표어문자와 음절문자로 이루어진 초기 문자 체계와 정반대였다.

초기 문자 체계의 용도 및 사용자가 제한적이었다는 사실을 토대로 문자가 인류의 진화 과정에서 뒤늦게야 나타난 이유를 설명할 수 있다. 문자를 독자적으로 고안했거나 그랬을 가능성이 큰 사회(수메르, 멕시코, 중국, 이집트), 또 그렇게 고안한 문자를 일찌감치 받아들여 수정하고 개선한 사회(크레타, 이란, 튀르키예, 인더스강 유역, 마야 지역)는 복잡하고 중앙집권적 정치조직 및 계층화한 계급을 지닌 사회였다. 이런 사회조직과 식량 생산의 관계는 뒤에서 살펴보기로 하자. 초기 문자는 그런 정치조직의 필요성(기록 보존과 왕권의 선전)에 부응했다. 문자 사용자는 전업 관료였고, 전업 관료는 식량을 생산하는 농경민이 재배하고 비축한 잉여 식량의 지원을 받았다. 한편 문자가 수렵·채집사회에서 발달하거나 채택된 사례는 없었다. 수렵·채집사회에는 초기 문자를 제도적으로 사용할 곳이 없었고, 필경사를 먹여 살리는 데 필요한 잉여 식량을 생산할 만한 사회·농업적 메커니즘도 없었기 때문이다.

따라서 식량 생산 및 그것을 채택한 이후 수천 년 동안 이어진 사회의 진화는, 인간에게 전염병을 일으키는 세균의 진화만큼이나 문자의 진화에도 반드시 필요한 조건이었다. 문자는 비옥한 초승달 지역과 멕시코에서만 독자적으로 생겨났다. 중국도 이 범주에 포함될 개연성이 크기는 하다. 그 지역들은 각 반구에서 식량 생산이 처음으로 나타난 곳이었다. 문자는 그렇게 극소수의 사회에서 창안된 이후, 비슷한 경제력과 정치조직을 지닌 다른 사회로 교역과 정복, 종교를 통해 전해졌다.

결국 식량 생산은 문자를 개발하거나 초기에 채택하기 위한 필요조건이었지만 충분조건은 아니었다. 이번 장을 시작할 때 나는 복잡한 정치조직을 지니고 식량을 생산하는 사회임에도 근대 이전에 문자를 개발하거나 채택하지 못한 사례가 있다고 말했다. 복잡한 사회는 문자가 필수적이라고 생각하는 우리 현대인에게는 이런 사례가 무척 당혹스럽지만, 1520년 당시 세계에서 가장 큰 제국 중 하나이던 남아메리카의 잉카제국에도 문자가 없었다. 원형原型 해양 제국이던 통가와 18세기 말의 하와이, 이슬람이 들어오기 전 열대 인근의 아프리카와 사하라 이남 서아프리카에 존재했던 국가와 군장사회, 북아메리카에서 미시시피강과 그 지류를 중심으로 크게 번성했던 사회에도 문자가 없었다. 이 모든 사회가 문자를 보유하는 데 필요한 선결 조건을 충족했음에도 문자가 없었던 이유는 어디에 있었을까?

문자를 보유한 대다수 사회는 그 문자를 독자적으로 창안하지 않고, 이웃으로부터 차용하거나 영감을 받아 개발했다는 사실을 이쯤에서 기억할 필요가 있다. 위에서 언급한 문자가 없는 사회는 수메르와 멕시코와 중국보다 식량 생산도 늦게 시작한 곳들이다(이 문장에서 유일하게 불확실한 부분은 멕시코와 훗날 잉카제국이 들어선 안데스 지역 중에서, 어느 쪽의 식량 생산이 더 빨랐는지 모른다는 것뿐이다). 충분한 시간이 있었다면, 문자가 없는 사회도 결국에는 독자적으로 문자를 만들어냈을지 모른다. 또 그런 사회가 수메르와 멕시코와 중국에 조금이라도 더 가까이 위치했더라면, 인도와 마야 및 대부분의 다른 사회가 그랬듯이, 그 중심지로부터 문자 자체나 문자 관련 아이디어를 받아들였을지도 모른다. 하지만 그 사회들은 문자가 처음 생겨난 중심지로부터 너무 멀리 떨어져 있어, 근대까지 문자를 갖지 못했다.

고립성 또한 확산의 장애물이었다는 건 하와이와 통가에서 가장 명확히 드러난다. 두 제도는 문자를 보유한 가장 가까운 사회와 적어도 6,400킬로미터 떨어져 있었다. 그러나 문자가 없는 다른 모든 사회에서 확인할 수 있듯이, 인간에게 직선거리는 고립의 정도를 판단하는 척도로 적절하지 않다. 안데스 지역, 서아프리카의 왕국들, 미시시피강 하구는 각각 멕시코와 북아프리카와 멕시코에서 기껏해야 1,900킬로미터, 2,400킬로미터, 1,100킬로미터 떨어져 있었을 뿐이다. 이 정도는 알파벳이 창안된 후 2,000년 동안 지중해 동부 해안의 고향땅에서부터 아일랜드와 에티오피아와 동남아시아까지 이동한 거리에 비하면 상당히 짧은 편이다. 그러나 직선거리가 짧아도 생태적 장벽과 바다가 끼어 있으면 인간의 발걸음은 느려질 수밖에 없다. 문자가 있던 북아프리카 국가들과 문자가 없던 서아프리카 국가들 사이에는 농업과 도시 형성에 부적합한 사하라사막이 가로놓여 있었다. 이와 비슷하게 멕시코 북부의 사막이 멕시코 남부의 도시와 미시시피강 유역의 군장사회를 갈라놓고 있었다. 멕시코 남부와 안데스 지역이 교역하려면 바다를 항해하거나, 육로를 선택해야 했다. 하지만 육로를 선택하면 비좁고 숲이 우거져 끝내 도시를 이루지 못한 다리엔 지협Isthmus of Darien(혹은 파나마지협)을 지나야 했다. 따라서 안데스 지역, 서아프리카, 미시시피강 유역은 문자를 보유한 사회로부터 실질적으로 고립되어 있었다.

그렇다고 문자가 없던 사회가 '완전히' 고립된 상태에 있었다는 뜻은 아니다. 서아프리카는 궁극적으로 사하라사막을 넘어 비옥한 초승달 지역으로부터 가축을 받아들였고, 나중에는 아랍문자를 비롯해 이슬람의 영향을 받았다. 옥수수는 멕시코에서 안데스 지역으로 전해졌고, 늦긴 했지만 여하튼 멕시코에서 미시시피강 유역으로도 전해졌다. 그러나 10장에서 이미 살펴보았듯 아프리카와 남북아메리카에서는 남북을 종단하는 중심축과 생태적 장벽이 작물과 가축의 확산을 방해했다. 문자의 역사를 살펴보면, 인간의 발명품이 확산되는 데도 지리와 생태가 유사하게 영향을 미친다는 사실이 뚜렷이 드러난다.

13장 필요의 어머니

NECESSITY'S MOTHER

과학기술은 왜 대륙마다 다른 속도로 발전했는가?

'필요는 발명의 어머니'라는 통념과 달리 발명과 필요의 역할은 뒤바뀌기도 했다. 또한 기술은 더 많은 기술을 낳기 때문에 발명 자체만큼이나 발명의 확산도 중요했다. 그런 점에서 식량 생산 시작 시기, 사회의 면적과 인구 규모뿐 아니라 기술의 확산을 방해하는 지리적·생태적 장벽 또한 과학기술의 발전에 큰 영향을 미쳤다.

1908년 7월 3일, 크레타섬의 파이스토스에서 고대 미노스 문명 시대의 궁전을 발굴하던 고고학자들은 기술의 역사에서 주목할 만한 물건 하나를 우연히 발견했다. 처음에 그 물건은 그다지 눈에 띄지 않았다. 작고 납작한 데다 색칠도 되지 않은, 단단하게 구운 그 점토 원반의 직경은 16.5센티미터였다. 자세히 조사한 끝에, 양면을 뒤덮은 기호들이 문자라는 것을 밝혀냈다. 문자는 원반의 테두리부터 중심까지 시계 방향으로 그려진 다섯 겹의 나선형 곡선을 따라 쓰여 있었다. 총 241개의 기호 혹은 문자를 몇 개씩 묶어 뚜렷한 수직선으로 깔끔하게 나누어놓았는데, 그 각각의 묶음은 아마도 단어인 듯싶었다. 테두리에서부터 시작해 중심까지 소용돌이 모양으로 이어진 나선을 따라 문자를 원반의 공간에 빠짐없이 채운 것으로 보건대, 이 문자를 남긴 사람은 신중한 계획하에 원반을 제작한 게 분명했다.

그 원반은 출토된 이후 줄곧 문자를 연구하는 역사학자들에게 미스터리였다. 45개의 각기 다른 기호는 알파벳이 아니라 음절 기호인 듯하지만, 아직도 명확하게 해독되지 않고 있다. 기호의 형태는 지금까지 알려진 문자 체계와도 다르다. 게다가 이 원반이 발견되고 89년이 지나도록, 이 이상한 문자가 쓰인 다른 유물은 아직까지 한 조각도 발견되지 않았다. 따라서 이 원반에 쓰인 문자가 크레타 문명의 고유한 문자였는지, 아니면 외부에서 크레타섬에 들어온 것인지도 분명하지 않다.

그림 13.1 양면에 문자를 새긴 파이스토스 원반의 한쪽 면.

기술 관련 역사학자들에게 파이스토스 원반은 더 큰 미스터리이다. 추정 제작 연대가 기원전 1700년이 맞는다면, 이 원반이 세계 최초의 인쇄물이 되기 때문이다. 크레타섬에서 나중에 선형문자 A와 선형문자 B가 사용되었는데, 이 문자로 쓰인 모든 문서는 손으로 새긴 것이다. 하지만 이 원반은 돋을새김한 도장을 부드러운 점토에 눌러 찍은 뒤 불에 구워 단단하게 만들어 완성한 것이었다. 따라서 이것을 제작한 사람은 원반에 쓰인 기호 하나하나에 해당하는 도장 45개를 한 벌로 갖고 있었던 게 분명하다. 이런 도장을 만들려면 엄청나게 힘들었을 것이므로, 이 원반 하나에만 인쇄하려고 도장을 제작하지는 않았을 것이다. 이 도장을 사용한 사람은 많은 글을 써야 하는 직업인이었을 것으로 추정된다. 이런 도장을 갖고 있으면, 복잡한 기호가 반복해서 나올 때마다 일일이 손으로 쓰는 것보다 훨씬 더 신속하고 깔끔하게 사본을 만들어낼 수 있었을 것이다.

파이스토스 원반에서 인쇄술에 관한 인류의 노력을 엿볼 수 있다. 그 이후의 인쇄에서도 조각한 활자 따위를 사용한 건 비슷했다. 하지만 잉크를 사용해 활자를 종이에 찍어낸 것은 완전히 다른 수준이었다. 중국에서는 2,500년 후, 중세 유럽에서는 3,100년 후에야 그 다음 단계가 나타났다. 왜 크레타섬을 비롯해 고대 지중해의 다른 지역에서는 파이스토스 원반의 앞선 기술을 폭넓게 채택하지 못했을까? 이런 인쇄 기법이 기원전 1700년경 크레타섬에서만 발명되고, 메소아메리카와 멕시코 등 고대 문자를 가진 다른 중심지에서 다른 시대에 발명되지 않은 이유는 무엇일까? 그 이후 잉크와 압착 개념이 더해지면서 인쇄기를 발명하는 데 수천 년이 걸린 이유는 또 무엇일까? 이런 질문에도 답해야 하기 때문에 파이스토스 원반은 역사학자들에게 쉽지 않은 문제이다. 모든 발명품이 파이스토스 원반만큼 특이하고 종잡을 수 없다면, 기술의 역사를 일반화하려는 노력은 불행한 결말을 피할 수 없을 것이다.

과학기술로 무기와 운송 수단을 만들면, 어떤 종족에게는 영토를 확장하고 이웃 종족을 정복하는 직접적인 도구가 된다. 이런 점에서 과학기술은 역사의 큰 흐름을 주도하는 요인이다. 그러나 아메리카 원주민이나 사하라 이남 아프리카인보다 유라시아인이 화기火器,

바다를 항해하는 배, 철제 장비 등을 먼저 발명한 이유는 무엇이었을까? 이러한 차이는 인쇄기부터 유리와 증기기관까지 다른 중요한 기술 발전으로도 확대된다. 왜 이런 모든 발명품이 모두 유라시아에서 만들어졌을까? 뉴기니와 오스트레일리아에 각각 세계 최대 구리 및 철광석 광산이 있는데도 뉴기니인과 오스트레일리아 원주민은 유라시아와 대부분의 아프리카에서 수천 년 전에 폐기한 돌연장을 1800년에도 여전히 사용하고 있었다. 그 이유는 대체 무엇일까? 이런 사실들을 보면 창의력과 지능 면에서 유라시아인이 다른 종족들보다 우수하다고 가정하는 이유를 이해할 수 있다.

그러나 인간의 신경생물학에서 과학기술이 대륙별로 차이 나는 이유를 설명할 만한 근거를 찾을 수 없다면, 그러한 차이를 무엇으로 설명해야 할까? 대안적 설명이 있는데, 바로 발명의 영웅론이다. 다시말해 요하네스 구텐베르크, 제임스 와트, 토머스 에디슨, 라이트형제 등 소수의 천재가 과학기술을 발전시킨 경우가 압도적으로 많았다는 것이다. 그들은 모두 유럽인이거나, 미국으로 이민 간 유럽인의 후손이었다. 아르키메데스를 비롯한 고대의 몇몇 천재도 마찬가지였다. 그런 천재가 태즈메이니아와 나미비아에서 태어났더라도 똑같이 천재성을 발휘할 수 있었을까? 정말 과학기술의 역사는 소수의 발명가가 우연히 태어난 탄생지에 의해 결정되었던 것일까?

하지만 개인의 창의성이 아니라 사회 전체가 혁신을 받아들이는 수용성이 문제라는 대안적 견해도 있다. 끔찍할 정도로 보수적이고 내부 지향적이며, 변화에 적대적인 사회가 있기는 하다. 많은 서구인이 제3세계 사람들을 도우려 애쓰다가 결국에는 실망하고 돌아서며 그런 인상을 받았다. 제3세계 사람들도 개인적으로는 더할 나위 없이 똑똑하지만, 그들이 속한 사회에 문제가 있는 듯하다. 오스트레일리아 북동부의 원주민이 교역 상대이던 토러스해협 제도 사람들이 활과 화살을 사용하는 걸 분명히 보았을 텐데도 그것들을 도입하지 않은 이유를 달리 어떻게 설명할 수 있겠는가? 한 대륙에 존재하는 사회가 전부 지독히 보수적이어서, 과학기술이 느릿하게 발전했던 것이라고 설명할 수 있을까? 이번 장에서 마침내 우리는 이 책의 핵심 문제, 즉 "왜 과학기술이 대륙마다 다른 속도로 발전했을까?"라는 질문에 답할 것이다.

이 문제에 대한 논의는 "필요는 발명의 어머니"라는 말에 담긴 통념에서 시작해보려 한다. 이 말은 사회에 충족되지 않은 욕구가 있을 때, 혹은 어떤 과학적 도구가 불만족스럽거나 제한적이라고 폭넓게 인식될 때 발명이 이뤄진다는 뜻이다. 장래의 발명가들은 돈이나 명예를 얻을 수 있다는 가능성에 동기를 가지고 사회에 필요한 것을 찾아내 그 부족한 부분을 채우려고 애쓴다. 그 결과, 어떤 발명가가 기존의 불만족스러운 기술보다 우수한 해결책을 마침내 찾아내고, 그 해결책이 사회의 가치관 및 다른 기술들과 부합하면 사회는 그것을 받아들인다.

상당수의 발명이 '필요는 발명의 어머니'라는 이런 통념과 맞아떨어진다. 1942년 제2차 세계대전이 한창이던 때, 미국 정부는 나치 독일보다 먼저 원자폭탄을 제조하는 데 필요한 과학기술을 정립하겠다며 맨해튼계획Manhattan Project을 수립했다. 그 계획은 20억 달러(현재 가치로는 200억 달러 이상)를 투자한 끝에 3년 만에 성공을 거두었다. 다른 예로는 미국 남부에서 재배한 목화를 다듬는 힘든 수작업을 대체하기 위해 엘리 휘트니Eli Whitney(1765~ 1825)가 1794년에 발명한 조면기, 영국 탄광에서 물을 퍼 올리는 문제를 해결하기 위해 제임스 와트James Watt(1736~1819)가 1769년에 발명한 증기기관이 있다.

이렇게 널리 알려진 예들 때문에 우리는 다른 주요한 발명들도 필요에 부응해서 만들어진 것이라고 지레짐작한다. 하지만 실제로는 호기심 많은 사람들이 만지작거리다가 대부분의 발명품이 나오는 것이지, 그들이 발명하려는 물건에 대한 수요가 처음부터 있어서 발명한 게 아니다. 어떤 물건을 발명하면 발명가는 그걸 적용할 곳을 찾아내야 한다. 그리고 그걸 상당 기간 사용한 후에야 소비자는 그 물건이 '필요한 것'이라고 느낀다. 하지만 어떤 한 가지 목적에서 고안한 물건이 예상치 못하게 다른 곳에 더 자주 사용되기도 한다. 놀랍겠지만, 항공기와 자동차부터 내연기관과 전구를 거쳐 축음기와 트랜지스터에 이르기까지 발명품의 새로운 용도를 찾는 과정에서 현대 과학기술의 주된 돌파구를 찾는 경우가 많았다. 따라서 '필요가 발명의 어머니'인 게 아니라, '발명이 필요의 어머니'인 경우가 많다.

대표적인 예가 토머스 에디슨Thomas Edison(1847~1931)이 발명한 축음기이다. 축음기는 가장 위대한 현대 발명가가 만든 가장 독창적인 발명품이라고 할 수 있다. 에디슨은 1877년 최초의 축음기를 만들었을 때, 이것의 용도 열 가지를 제시하는 글을 발표했다. 거기에는 죽어가는 사람의 마지막 유언을 보존하는 용도, 책을 녹음해서 시각장애인에게 들려주는 용도, 시계의 시간을 알려주는 용도, 철자법을 가르치는 용도 등이 있었다. 음악의 재생 용도는 에디슨이 언급한 목록에서 순위가 높지 않았다. 수년 뒤, 에디슨은 축음기에 상업적 가치가 없다고 조수에게 하소연하기도 했다. 그러나 다시 몇 년이 지난 뒤, 에디슨은 마음을 고쳐먹고 축음기 판매 사업을 시작했다. 하지만 이번에는 사무용 구술 녹음기라는 용도를 강조했다. 몇몇 기업가가 축음기를 이용해 동전을 넣으면 유행하는 음악이 나오는 주크박스를 만들자, 에디슨은 사무용으로 진지하게 사용하지 않고 축음기의 품격을 떨어뜨린다며 반대했다. 그로부터 약 20년이 지난 뒤에야 에디슨은 축음기의 주된 용도가 음악을 녹음하고 재생하기라는 걸 마지못해 인정했다.

자동차도 오늘날에는 그 용도가 분명해 보이는 발명품이다. 하지만 자동차는 수요가 있어서 발명한 게 아니었다. 1876년에 니콜라우스 오토Nikolaus Otto(1832~1891)가 최초의 가스엔진을 제작했는데, 당시 증기기관을 이용한 철도가 근 6,000년 동안 인간의 육로 교통을 담당하던 말을 점차 대체하고 있었다. 그렇다고 말의 유용성이 떨어지거나 철도에 대한 불만이 있었던 것도 아니었다.

오토의 엔진은 출력이 약한 데다 크기도 2.1미터에 달해 무척 무거웠다. 그 때문에 말보다 나은 운송 도구로 여겨지지 않았다. 그 이후 꾸준한 개선으로 고틀리프 다임러Gottlieb Daimler(1834~1900)가 1885년 자전거에 엔진을 설치해 오토바이를 만들었고, 1896년에는 최초의 트럭을 제작했다.

1905년에도 자동차는 여전히 비쌌고, 부자를 위한 믿을 수 없는 장난감에 불과했다. 제1차 세계대전이 시작되기 전까지 말과 철도에 대한 대중의 만족도는 여전히 높았다. 그러나 제1차 세계대전이 계속되는 동안 군부는 트럭의 필요성을 절감했다. 전쟁이 끝난 뒤, 트럭 제조 회사와 군부는 집중적인 로비로 대중에게 트럭의 필요성을 알렸고, 마침내 트럭이 선진 공업국에서 마차를 대신하기 시작했다. 그러나 미국의 손꼽히는 대도시에서도 완전한 전환에는 50년이 걸렸다.

발명가들이 대중의 수요가 없을 때도 끊임없이 개선을 위해 노력해야 하는 이유는, 어떤 발명품이든 초기에는 유용성을 따지기 민망할 정도로 성능이 형편없기 때문이다. 카메라와 타자기, 텔레비전도 처음에는 2.1미터에 달하던 오토의 가스엔진만큼이나 끔찍했다. 이 때문에 발명가는 자신이 만든 끔찍한 원형原型에 맞는 적합한 용도가 있을지, 그것이 더 많은 시간과 비용을 투자해 성능을 개선할 만큼 가치가 있을지 판단하기 어렵다. 미국은 매년 약 7만 건의 특허를 내주지만, 그중 극히 일부만이 상업적 생산 단계에 이른다. 궁극적인 용도를 찾아낸 위대한 발명품 하나 뒤에는 그렇지 못한 발명품이 헤아리기 힘들 정도로 많다는 뜻이다. 그리고 발명품이 애초에 필요했던 분야가 아니라 전혀 예측하지 못한 부분에서 더 큰 가치를 갖는 경우도 있다. 제임스 와트는 원래 탄광에서 물을 퍼 올리려고 증기기관을 발명했다. 하지만 증기기관은 곧 방적 공장에 동력을 공급하는 용도로 쓰였고, 그 뒤에는 기관차와 기선의 동력 장치로 사용되며 훨씬 유익한 역할을 해냈다.

따라서 우리가 논의의 출발점으로 삼았던 발명에 대한 일반적 통념에 따르면 발명과 필요의 역할이 뒤바뀔 수 있고, 와트와 에디슨 같은 드문 천재들의 중요성이 과장될 수 있다. 게다가 특허법이 이런 '발명 영웅론'을 부추긴다. 특허 신청자가 자신이 제출한 발명품이 새로운 것이란 걸 증명해야 하기 때문이다. 그래서 발명가는 돈을 벌기 위해

서라도 과거의 것을 깎아내리거나 무시할 수밖에 없다. 변리사의 관점에서 이상적인 발명이란 전례가 없는 독창적인 발명이다. 아테나 여신이 제우스의 이마에서 완전한 모습으로 태어났듯이 말이다.

그러나 현실은 많이 다르다. 최근에 발명된 게 분명해 보이는 유명한 발명품이라도 "X가 Y를 발명했다"고 주장하기까지 그 뒤에는 알려지지 않은 발명가들이 많이 있었다. 예컨대 우리는 "제임스 와트가 1769년에 증기기관을 발명했고", 찻주전자의 주둥이에서 증기가 나오는 걸 보고 영감을 얻었다는 말을 귀에 딱지가 앉도록 들었다. 이 멋진 이야기에 찬물을 끼얹는 격이지만, 진실은 와트가 토머스 뉴커먼Thomas Newcomen의 증기기관을 수리하던 중 아이디어를 얻어 새로운 증기기관을 만들어냈다는 것이다. 실제로 와트가 수리하던 증기기관은 뉴커먼이 57년 전에 만든 것이었고, 당시 영국에서만 100대 이상의 증기기관이 이미 제작되어 있었다. 한편, 뉴커먼의 증기기관은 영국인 토머스 세이버리Thomas Savery가 1698년에 특허를 얻은 증기기관을 개량해 만든 것이고, 세이버리의 증기기관은 프랑스인 드니 파팽Denis Papin이 1680년경 설계했지만 제작하지는 못한 증기기관을 구체화해서 만든 것이었다. 파팽 이전에도 네덜란드 과학자 크리스티안 하위헌스Christiaan Huygens를 비롯한 여러 과학자의 아이디어가 있었다. 물론 뉴커먼이 세이버리의 증기기관을 크게 개선했듯이, 제임스 와트가 분리된 증기 응축기와 복동 실린더double-acting cylinder를 도입함으로써 뉴커먼의 증기기관을 크게 개선했음을 부정하는 것은 아니다.

충분한 자료가 남아 있는 현대의 발명에 대해서는 비슷한 이야기를 할 수 있다. 어떤 장치의 발명가로 인정받는 영웅은 대개 과거에 이미 비슷한 목표를 추구하며 설계도를 완성해 견본을 제작하거나, (뉴커먼의 증기기관처럼) 상업적으로 성공한 제품까지 내놓았던 발명가들의 것을 개량해낸 사람이었다. 예컨대 토머스 에디슨의 유명한 '발명품'으로 1879년 10월 21일의 밤을 밝혔던 백열전구는 1841~1878년 동안 다른 발명가들이 특허를 출원한 백열전구들을 개선한 것이었다. 오빌 라이트Orville Wright와 윌버 라이트Wilbur Wright 형제의 유인 동력 비행기도 마찬가지였다. 라이트형제 이전에 오토 릴리엔탈Otto Lilienthal의 유인 무동력 글라이더, 새뮤얼 랭글리Samuel Langley의 무인 동력 비행기가 있었다. 새뮤얼 모스Samuel Morse의 전신 이전에는 조지프 헨리Joseph Henry, 윌리엄 쿡William Cooke, 찰스 휘트스톤Charles Wheatstone의 전신이 있었고, 엘리 휘트니의 단섬유 육지면용 조면기는 수천 년 전부터 사용되던 장섬유 해도면 조면기를 개량한 것이었다.

그렇다고 와트와 에디슨, 라이트형제, 모스, 휘트니가 큰 개선을 이루어냈고, 그 결과 상업적 성공을 거두거나 제품을 향상시켰다는 걸 부정하는 것은 아니다. 그 장치의 최종 발명가로 인정받는 발명가의 공헌이 없었다면, 최종적으로 채택된 발명품의 형태는 약간 달라졌을 것이다. 그러나 우리가 이 책에서 제기하는 질문은 "어떤 위대한 발명가가 특정한 시대에 특정한 장소에서 태어나지 않았다면 큰 틀에서 세계의 역사는 크게 달라졌을까?"라는 것이다. 답은 명백하다. 특정한 시기에 특정한 장소에서 태어났다는 조건만으로 위대한 발명가가 된 사람은 없었다. 두루 인정받는 유명한 발명가에게는 예외 없이 유능한 선임자와 후임자가 있었고, 그 발명가는 사회가 어떤 물건을 사용할 만한 역량을 가졌을 때 그 물건을 개량한 발명품을 내놓았을 뿐이다. 뒤에서 살펴보겠지만, 파이스토스 원반에 사용한 도장을 만들어낸 영웅의 비극은 당시의 사회가 대대적으로 활용할 수 없는 것을 고안해냈다는 데 있었다.

지금까지 제시한 예들은 현대 기술에 속하고, 그 발명들에 대한 역사는 비교적 잘 알려져 있다. 그러한 예를 통해 내가 내린 두 가지 결론은 (1) 기술은 하나의 영웅적 행위가 아니라 누적된 발전의 결과이고, (2) 어떤 예측된 필요를 채우기 위해 발명되는 것이 아니라 발명 후에 대부분 용도를 찾는다는 것이다. 이런 결론은 증거 자료가 없는 고대 기술의 역사에 더 효과적으로 적용할 수 있다. 빙하기의 수렵·채집민도 화덕에서 불에 타고 남은 모래와 석회석 잔유물을 보았을 것이다. 하지만 표면에 유리질 유약을 바른 최초의 장식품(기원전 4000년경), 이집트와 메소포타미아에서 유리만으로 처음 제작한 단독 장식품(기원전 2500년경)부터 최초의 유리그릇(기원전 1500년경)을 거쳐 로마의 유리창(기원후 100년경)까지 뜻밖의 재밌는 발견이 이렇게 길게 이어질 거라고는 전혀 예측하지 못했을 것이다.

유리질 유약이 처음에 어떻게 개발되었는지 지금까지도 알려진 게 전혀 없다. 하지만 오늘날 과학기술적 측면에서 '원시적'인 종족, 예컨대 내가 함께 일하는 뉴기니인을 관찰함으로써 선사시대에 발명이 어떻게 이루어졌는지 추론해볼 수 있다. 앞에서 언급했듯이, 뉴기니인은 수백 종에 달하는 토종 식물과 토종 동물에 대해 식용 여부, 의약적 가치 및 기타 용도 등을 속속들이 알고 있다. 그들은 주변에서 눈에 띄는 수십 종의 암석에 대해서도 단단한 정도와 색깔, 두드리거나 쪼갤 때 나타나는 반응, 다양한 용도를 나에게 말해주었다. 그런 모든 지식은 순전히 관찰과 시행착오를 통해 얻은 것이다. 나는 연구를 위해 마을에서 멀리 떨어진 지역까지 그들을 데려갈 때마다 그런 '발명' 과정이 어떻게 이뤄지는지 지켜본다. 그들은 숲에서 낯선 것을 보면 예외 없이 집어 들어 만지작대고, 유용하다고 생각되면 집으로 가져간다. 내가 야영지를 떠날 때도 똑같은 과정을 목격할 수 있다. 그 지역 사람들이 몰려와 야영지에 남은 것을 뒤적거린다. 그들은 내가 버린 물건을 만지작거리며, 그 물건이 뉴기니 사회에 유용한 것인지 알아내려 애쓴다. 버려진 깡통은 쓰임새를 쉽게 짐작해 흔히 그릇으로 재사용한다. 다른 물건들은 처음의 제작 용도와 전혀 다른 목적으로 사용해보기도 한다. 어떻게 하면 노란 2B 연필이 귓불이나 코 중격을 뚫은 구멍에 끼우는 장신구처럼 보일까? 저 깨진 유리 조각은 칼로 사용할 수 있을 만큼 날카롭고 단단할까? 유레카! 바로 그거야!

고대인이 구할 수 있는 원료는 돌과 나무, 뼈와 가죽, 섬유와 점토, 모래와 석회석, 광물 등 자연물이었고, 모든 게 무척 다양한 형태로 존재했다. 그 자연물로 작업하는 과정에서 고대인들은 특정한 종류의 돌과 나무, 뼈를 도구로 만들고, 특정한 점토로 토기와 벽돌 만드는 방법을 조금씩 터득해갔다. 또 모래, 석회석과 다른 '흙'을 섞어 유리를 만드는 방법도 알아냈다. 구리와 황금 같은 부드러운 금속을 가공하고, 광석에서 금속을 추출하는 방법을 알아내 결국에는 청동과 철 같은 단단한 금속을 다루는 방법까지도 알아냈다.

그런 과정에서 겪는 시행착오의 역사를 화약과 휘발유의 개발 과정에서도 엿볼 수 있다. 송진을 함유한 통나무가 모닥불 속에서 딱딱 소리를 내면 쳐다보게 되듯이, 가연성을 띤 자연물은 필연적으로 눈에 띄기 마련이다. 기원전 2000년경 메소포타미아 사람들은 천연 아스팔트를 함유한 돌을 가열해 석유를 추출했다. 고대 그리스인은 석유와 역청, 송진과 황, 생석회를 다양하게 배합하면, 투석기와 화살을 발사해 목표물을 불사르는 무기를 만들어낼 수 있다는 걸 알았다. 중세 이슬람의 연금술사들은 알코올과 향수를 만들기 위해 개발한 증류법을 활용해서 석유를 성분에 따라 분별증류 했고, 그렇게 증류한 일부 성분에 훨씬 강력한 화력이 있다는 걸 확인했다. 그 성분은 수류탄, 로켓탄, 수뢰에 적용되어 이슬람군이 십자군을 최종적으로 물리치는 데 핵심 역할을 했다. 그즈음 중국도 황, 숯과 초석을 특정 비율로 혼합하면 폭발력이 커진다는 걸 시행착오를 통해 알게 되었고, 그 혼합물은 훗날 화약으로 알려졌다. 이슬람 세계에서 기원후 1100년경에 쓰인 한 화학 논문에는 화약을 제조하는 일곱 가지 방법이 소개되어 있고, 1280년의 논문에는 목적에 따라 적합한 것으로 입증된 70가지(로켓용, 대포용 등) 넘는 화약 제조법이 실려 있다.

중세 이후에는 19세기의 화학자들이 석유를 증류하면서, 중간 유분溜分이 등잔의 연료로 적합하다는 걸 알아냈다. 당시 화학자들은 가장 휘발성 강한 성분(휘발유)을 불필요한 폐기물로 생각해 버렸지만, 나중에 휘발유가 내연기관에 이상적인 연료라는 게 밝혀졌다. 오늘날 현대 문명을 떠받치는 연료인 휘발유가 한때 아직 적합한 용도를 찾지 못한 발명품에 불과했다는 걸 누가 기억할까?

발명가가 어떤 새로운 과학기술의 용도를 찾아내면, 다음 단계는 사회를 설득해 그 과학기술을 채택하도록 유도하는 것이다. 어떤 장치가 무엇인가를 더 효과적으로 더 빠르게, 더 강력하게 해낸다고 해서,

사회가 그 장치를 자동적으로 받아들이는 것은 아니다. 그런 장치를 전혀 채택하지 않았거나 오랜 실랑이 끝에 받아들인 사례가 무수히 많다. 유명한 사례로는 1971년 미국 의회가 초음속 교통수단을 개발하려는 프로젝트에 자금 지원을 거부한 일, 효율적으로 설계된 타자기 자판을 세계가 지속적으로 거부한 일, 영국이 오랫동안 망설이다 마지못해 전기 조명을 채택한 일 등이 있다. 사회가 새로운 발명을 적극 수용하게 하려면 어떻게 해야 할까?

한 사회 내에서 여러 발명이 어떻게 수용되는지를 비교하는 것으로 시작해보자. 지금까지의 연구에 따르면, 적어도 네 가지 요인이 수용 여부에 영향을 미친다.

첫 번째이자 가장 확실한 요인은 기존 장치와 비교할 때 예상되는 경제적 이점이다. 바퀴는 현대 산업사회에서 무척 유용하지만, 과거 몇몇 사회에서는 꼭 그렇지도 않았다. 예컨대 고대 멕시코 원주민은 차축을 설치한 탈것을 발명했지만 장난감용이었지 운송용이 아니었다. 그런 선택을 지금 우리는 믿을 수 없겠지만, 고대 멕시코에 바퀴 달린 운송 도구를 끌 만한 가축이 없어 인간 짐꾼보다 나을 게 없었다는 사실을 고려하면 당시의 선택이 충분히 납득될 것이다.

둘째 요인은 사회적 가치와 권위이다. 이 둘은 경제적 이득보다 더 중요할 수 있다. 오늘날 많은 사람이 내구성이 비슷한데도 일반 청바지보다 돈을 배로 지불하면서도 유명 디자이너의 청바지를 구입한다. 일본이 효율적인 알파벳문자나 일본어 음절문자인 가나보다, 끔찍하도록 복잡한 간지(한자) 문자 체계를 우선적으로 계속 사용하는 이유도 간지에 부여한 권위가 상당하기 때문이다.

셋째 요인은 기득권과의 양립 가능성이다. 자판으로 입력하는 거의 모든 문서가 그렇듯 이 책도 쿼티QWERTY 자판을 사용했다. '쿼티'는 자판 가장 윗줄에 있는 왼쪽 여섯 문자를 따서 붙인 이름이다. 믿기지 않겠지만, 1873년에 고안된 이 자판의 배열은 그야말로 반反공학의 승리라 할 수 있다. 달리 말하면, 타이피스트의 타이핑 속도를 늦추려고 온갖 비뚤어진 속임수를 동원한 자판이다. 가장 자주 쓰는 문자들을 자판의 각 줄에 두루 흩어놓으면서 주로 왼쪽에 몬 것이다. 따라서 오른손잡이는 상대적으로 서툰 왼손을 사용해야 한다. 이렇게 겉보기에도 비생산적으로 자판을 배열한 이유가 무엇일까? 1873년의 타자기로 인접한 글쇠들을 빠르게 연속해서 치면 활자대가 뒤엉켰고, 이 때문에 제조 회사는 타이피스트의 타자 속도를 어떻게든 늦추어야만 했다. 그러다가 타자기의 성능을 개선해 활자대가 뒤엉키는 문제를 해결했다. 1932년 효율적으로 재배치한 자판을 시험한 결과에 따르면, 타자 속도가 배로 빨라졌고 타이핑하는 데 드는 힘도 95퍼센트나 줄었다. 그러나 그때는 쿼티 자판이 확고히 자리 잡은 뒤였다. 쿼티 자판에 익숙한 타이피스트와 타자 강사, 타자기와 컴퓨터 판매원, 제조업자 등 수억 명에 달하는 기득권층이 자판의 효율성을 높이려는 움직임을 60년이 지난 지금까지도 철저히 막고 있다.

쿼티 자판 이야기는 그냥 재밌게 듣고 넘길 수 있지만, 경제적으로 훨씬 심각한 결과를 남긴 경우도 많았다. 트랜지스터는 원래 미국에서 발명되고 특허도 미국에 있다. 그런데 지금 미국이 일본과의 무역에서 상당한 적자를 볼 정도로, 일본이 트랜지스터 관련 가전제품 시장을 장악한 이유가 무엇일까? 진공관 제품을 대량생산 하던 미국의 가전 산업계가 자신들의 제품과 경쟁하는 걸 꺼릴 때, 일본의 소니가 웨스턴 일렉트릭Western Electric으로부터 트랜지스터 사용권을 사들였기 때문이다. 또 한참 전에 미국과 독일의 도시에서는 전기로 가로등을 교체했는데, 영국의 도시에서는 1920년대까지 가스등을 사용한 이유는 무엇일까? 영국의 지방정부들이 가스 조명에 막대한 돈을 투자했기 때문에 경쟁 관계에 있는 전기 조명 회사들을 어떻게든 견제했던 것이다.

새로운 과학기술의 수용 여부에 영향을 미치는 마지막 요인은 편이성으로, 그 기술의 장점을 얼마나 쉽게 확인할 수 있느냐이다. 총포가 유럽 대부분의 지역에 아직 전해지지 않았던 1340년, 영국의 더비 백작과 솔즈베리 백작이 스페인을 방문하던 중 타리파 전투를 목격했다. 그 전투에서 아랍군은 스페인군을 상대로 대포를 사용했고, 두 백작은 그 위력에 깊은 인상을 받아 대포를 영국군에 소개했다. 영국군은 이를 적극 받아들였고, 6년 뒤 크레시 전투에서 프랑스군을 상대로 대포를 사용했다.

따라서 바퀴와 디자이너 청바지, 쿼티 자판을 통해 한 사회가 모든 발명품을 똑같은 정도로 수용하지 않는 다양한 이유를 알 수 있다. 아울러 어떤 발명품에 대한 수용 역시 동시대에도 각 사회에 따라 크게 다르다. 우리는 습관적으로, 제3세계는 서구화된 산업사회보다 혁신을 수용하는 데 덜 적극적이라고 일반화한다. 그러나 산업화한 세계에서도 지역에 따라 혁신을 수용하는 정도가 다르다. 이런 차이가 대륙 간에도 존재한다면, 과학기술의 발달 속도가 대륙 간에 다른 이유도 설명할 수 있을 것이다. 예컨대 오스트레일리아의 모든 원주민 사회가 어떤 이유로든 변화에 획일적으로 저항했다면, 금속연장이 다른 모든 대륙에서 사용되는데 그들은 여전히 돌연장을 사용한 이유를 설명할 수 있다. 그렇다면 사회마다 변화를 수용하는 정도가 다른 이유는 무엇일까?

과학기술의 역사를 연구하는 학자들이 그 이유로 제시한 요인을 정리하면 적어도 14가지가 된다. 그중 하나가 긴 기대수명이다. 긴 기대수명 덕분에 장래의 발명가는 과학기술 관련 지식을 축적하는 데 필요한 시간뿐 아니라, 보상이 늦고 시간도 오래 걸리는 개발 계획을 안심하고 시작할 기회를 얻을 수 있기 때문이다. 따라서 현대 의학 덕분에 크게 늘어난 기대수명이 최근의 발명 속도를 가속화하는 데 일조했다고 볼 수 있다.

다음으로 사회조직 및 경제와 관련된 다섯 가지 요인을 살펴보자. (1) 고대에는 값싼 노예 노동력을 언제라도 구할 수 있어 혁신을 추구할 필요가 없었지만, 지금은 임금이 높은 데다 노동력을 구하기도 어려워 과학기술에서 해결책을 찾으려 한다. 예컨대 이민 정책이 변하면 값싼 멕시코 계절노동자가 캘리포니아 농장에서 일하기 어려워질 것이란 전망에 즉각적인 자극을 받아서 기계로 수확할 수 있는 다양한 토마토 품종이 개발되었다. (2) 현대 서구 사회에서는 발명가의 지적 소유권을 보호하는 특허법과 재산권법이 혁신을 보상해주지만, 현대 중국에는 그런 보호 장치가 없어 혁신 의지를 독려하기 힘들다. (3) 현대 산업사회는 기술 교육을 받을 수 있는 기회를 폭넓게 제공하지만, 중세 이슬람 사회와 지금의 콩고민주공화국은 그러지 못한다. (4) 현대 자본주의 사회에서는 과학기술의 개발에 자본을 투자하면 잠재적 보상을 기대할 수 있지만, 고대 로마에서는 불가능했다. (5) 미국 사회는 개인주의가 발달해서 성공한 발명가는 자신을 위해 수익금을 쓸 수 있다. 하지만 뉴기니처럼 가족 간 유대가 강한 사회에서는 누군가 돈을 벌기 시작하면 10여 명의 친척이 도움과 지원을 기대하며 모여든다.

이번에 제시하는 네 가지 설명은 경제적이고 조직적이기보다는 이념적이다. (1) 위험을 각오하는 행동은 혁신을 위한 노력에 필수적이다. 이런 태도의 보편성은 사회에 따라 다르다. (2) 과학적 사고방식은 르네상스 이후 유럽 사회의 고유한 특징이 되었고, 결국 현대 과학기술에서 유럽이 우월한 위치를 차지하는 데 크게 기여했다. (3) 다양한 생각뿐 아니라 이단자까지 포용하는 관용은 혁신을 이끄는 반면, (중국이 고대 중국의 고전을 강조하는 것처럼) 전통을 고집하는 세계관은 혁신을 억누른다. (4) 종교와 혁신의 관계는 무척 다양하다. 유대교와 기독교의 일부 교파는 과학기술의 혁신과 얼마든지 양립할 수 있다고 알려져 있지만, 이슬람교와 힌두교, 브라만교의 일부 교파는 혁신과 전혀 화합하지 않는 듯하다.

지금까지 제시한 열 가지 요인은 모두 그럴듯하게 들린다. 그러나 어떤 요인도 지리적 위치와 필연적인 관계에 있지는 않다. 특허권·자본주의·종교가 과학기술의 발달을 이끈다면, 중세 이후의 유럽과 달리 같은 시대의 중국과 인도는 왜 그러한 요인들을 도입하지 않았을까?

열 가지 요인이 과학기술에 미치는 영향은 적어도 명확하다. 반면 나머지 네 가지 요인—전쟁, 중앙집권적 정부, 기후, 자원—이 미치는 영향은 일관되지 않은 듯하다. 달리 말하면, 때로는 과학기술의 발달을 촉진하지만, 때로는 과학기술의 발달을 저해한다. (1) 인류 역사에서 전쟁은 과학기술의 혁신을 주도한 주된 요인인 경우가 많았다. 예컨대 제2차 세계대전 동안에는 핵무기에, 제1차 세계대전 때는 항공기와 트럭에 대대적으로 투자하며 과학기술의 새로운 장을 열었다. 그러나 전쟁은 과학기술을 크게 후퇴시키기도 한다. (2) 강한 중앙집권적 정부는 19세기 말 독일과 일본에서 과학기술을 발전시켰지만, 1500년 이후 중국은 과학기술을 탄압하다 못해 짓밟았다. (3) 많은 북유럽인의 추정대로라면 과학기술 없이는 생존이 불가능한 혹독한 기후권에서는 과학기술이 발달하지만, 옷이 필요 없고 바나나가 나무에서 때맞춰 떨어지는 온화한 기후권에서는 과학기술이 발달할 이유가 사라진다. 그러나 온화한 환경에서는 생존을 위해 투쟁하지 않아도 되기 때문에 혁신에 매진할 수 있다는 정반대의 해석도 있다. (4) 과학기술이 환경 자원의 풍요나 결핍에 영향을 받는지에 대한 논쟁도 있다. 어떤 자원이 풍부하면, 그 자원을 사용하기 위해 발명을 하게 된다. 비가 많이 내리고 강도 많은 북유럽에서 물방아 관련 기술이 발달한 현상을 그 예로 들 수 있다. 그러나 북유럽보다 비가 훨씬 많이 내리는 뉴기니에서 그런 기술이 더 빨리 발전하지 못했는데, 그 이유는 무엇일까? 한편 영국이 숲의 파괴로 말미암아 석탄 관련 기술을 초기에 선도할 수 있었다는 의견이 있다. 그렇다면 왜 숲의 파괴가 중국에도 똑같은 영향을 주지 못했을까?

이렇게 하나하나 따지다 보면 새로운 과학기술을 수용하는 정도가 사회에 따라 다른 이유를 끝없이 제시할 수 있을 것이다. 게다가 이렇게 근접 요인에 매달리는 설명으로는 그 뒤에 감추어진 궁극 요인을 파고들지 못한다. 이는 역사의 흐름을 이해하려는 우리의 노력이 실패한 것처럼 보일 수 있다. 언젠가부터 과학기술이 역사를 끌어가는 가장 강력한 힘 중 하나가 되었다는 건 누구도 부인할 수 없게 되었다. 하지만 나는 과학기술의 혁신에 독자적으로 영향을 주는 다양한 요인이 역사의 큰 틀을 이해하는 걸 방해하기는커녕 실제로는 용이하게 해준다는 걸 이제부터 증명하려 한다.

이 책의 목적에서 벗어나지 않으려면, 앞에서 길게 나열한 요인들에 대해 다음과 같은 의문을 제기해야 한다. 그 요인들이 대륙마다 체계적으로 달랐는가? 그 때문에 과학기술이 대륙마다 다르게 발전했는가? 대부분의 일반인이야 명시적으로나 암묵적으로 '그렇다'라고 대답하겠지만, 역사학자 중에도 그렇게 생각하는 사람이 많다. 예컨대 사람들은 오스트레일리아 원주민에 대해 과학기술의 발달이 더딜 수밖에 없는 이념적 특징을 가진 집단으로 여긴다. 지금도 그렇지만 과거에도 그들은 보수적이었고, 세상이 창조되던 꿈의 시대, 즉 상상에서나 가능한 세계에 살며 현재를 개선하는 실질적인 방법에 전혀 관심을 두지 않았다. 또 아프리카 연구자로 손꼽히는 한 역사학자는 아프리카인이 내부 지향적이고, 유럽인처럼 외연을 확장하려는 욕망이 없다고 평가했다.

그러나 이런 주장은 모두 순전히 추측에 근거한 것이다. 유럽과 아프리카, 두 대륙에서 유사한 사회·경제적 환경에 있는 많은 사회를 연구한 뒤 두 대륙에 사는 사람들 사이에 체계적인 이념적 차이가 있다는 걸 증명한 사례는 지금까지 없었다. "과학기술의 차이가 존재하기 때문에 그와 관련한 이념적 차이가 있을 것이다"라는 일반적 추론만 존재할 뿐이다.

하지만 실제로 나는 뉴기니를 방문할 때마다, 그곳 원주민 사회들의 지배적인 세계관이 서로 크게 다르다는 걸 확인한다. 산업화된 유럽과 미국이 그렇듯이, 전통적인 뉴기니에도 새로운 것에 저항하는 보수적인 사회와 새로운 것을 선택적으로 받아들이는 혁신적 사회가 나란히 공존하고 있다. 따라서 서구의 과학기술을 과감히 받아들인 사회가 지금은 그러한 서구의 도구를 활용해 보수적인 이웃들보다 훨씬 앞서 나가고 있다.

예를 들어 설명해보자. 1930년대에 동뉴기니의 고원지대에 처음 발을 들여놓은 유럽인은 그동안 외부인을 접촉한 적이 없는 석기시대 부족을 '발견했다'. 그중 침부족Chimbu은 서구의 과학기술을 받아들이는 데 유난히 적극적이었다. 그들은 백인 정착자들이 커피를 심는 걸 보고는 환금작물로 커피를 재배하기 시작했다. 1964년에 나는 50세의 침부족 남자를 만난 적이 있다. 그는 돌연장을 사용하던 사회에서 태어나 글을 읽을 줄 몰랐고, 하체만을 가리는 전통적인 풀잎 치마를 입었다. 하지만 커피를 재배해 현찰 10만 달러로 제재소를 사들였고, 커피와 목재를 시장까지 운송하는 트럭도 여러 대 구입했다. 반면 내 작업을 8년 동안 도와준 고원지대의 이웃 다리비족Daribi은 유난히 보수적이어서 서구의 과학기술에 관심을 두지 않았다. 헬리콥터가 다리비족의 영토에 처음 착륙했을 때 그들은 헬리콥터를 잠깐 살펴보더니 각자 하던 일로 되돌아갔다. 침부족이었다면 교환하자면서 협상을 시작했을 것이다. 그 결과, 지금 침부족은 다리비족의 영역까지 파고들어 땅을 인수한 뒤 농장을 경영하고 있고, 다리비족은 그들의 일꾼으로 전락하고 말았다.

다른 모든 대륙에도 외래문화에 무척 개방적이어서 이질적인 생활 방식과 과학기술을 선택적으로 수용해 자신들의 사회에 성공적으로 정착시킨 원주민이 있었다. 나이지리아에서는 이보족Ibo이 뉴기니의 침부족만큼이나 모험적이었다. 오늘날 미국에서 가장 인구가 많은 원주민 부족은 나바호족인데, 유럽인이 북아메리카에 첫발을 내디뎠을 때 그들은 수백 개 부족 중 하나에 불과했다. 그러나 나바호족은 융통성이 있어 혁신에 선택적으로 대응했다. 그들은 직물을 가공할 때 서구의 염료를 사용했고, 은 세공사와 목장 경영자가 되었으며, 이제는 전통적인 마을에 계속 거주하며 트럭을 운전하고 다닌다.

보수적인 것으로 알려진 오스트레일리아 원주민 사회 중에도 새로운 것에 개방적인 사회가 있었다. 그러나 유럽에서 수만 년 전에 폐기되었고, 오스트레일리아 본토 대부분 지역에서도 다른 연장으로 대체되어 더는 쓰이지 않는 돌연장을 태즈메이니아 원주민은 계속 사용했다. 한편 남동부에는 어업에 종사하며 수로와 둑을 건설하고, 고정식 어망을 설치해 수산자원을 관리하는 정교한 기법을 고안해낸 원주민 집단이 있었다.

따라서 새로운 것을 발명하고 수용하는 자세는 같은 대륙이라고 해도 사회마다 다르고, 같은 사회 내에서도 시간의 흐름에 따라 변한다. 오늘날 중동의 이슬람 사회는 상대적으로 보수적이고, 과학기술에서도 선두를 달리고 있지 않다. 그러나 중세에는 그 지역의 이슬람 사회가 과학기술에서 앞서고 혁신에도 개방적이었다. 문해율 역시 당시 유럽보다 훨씬 높았다. 오늘날 우리에게 알려진 많은 그리스 고전이 아랍어 번역본을 통해 전해졌을 만큼 고전 그리스 문명의 유산도 완전히 받아들였다. 중세 이슬람 사회는 풍차, 조수를 이용한 물방아, 삼각법, 대형 삼각돛을 발명하거나 정교하게 다듬었고, 야금술, 기계공학 및 화학공학, 관개 방법 등 여러 분야에서 큰 진전을 이루어냈다. 중국에서 종이와 화약을 도입해 유럽에 전하기도 했다. 중세 시대에 과학기술은 주로 이슬람에서 유럽으로 전해졌지, 오늘날처럼 유럽에서 이슬람으로 전해진 경우는 거의 없었다. 1500년 이후에 그 흐름이 바뀐 것이다.

중국의 혁신도 시간의 흐름에 따라 변동이 심했다. 1450년경까지 중국은 과학기술에서 유럽보다 훨씬 더 앞섰으며, 중세 이슬람도 넘어섰다. 중국이 발명한 대표적인 것으로는 수로의 갑문, 주철, 깊은 구멍을 뚫는 기계, 효율적인 마구, 화약과 연, 자석 나침반, 활자와 종이, 자기瓷器, (파이스토스 원반을 제외할 경우) 인쇄술, 뱃고물의 방향타, 손수레가 있다. 이후 중국은 혁신성을 상실했다. 그 이유에 대해서는 에필로그에서 짐작해보려 한다. 우리는 현재 서유럽 및 서유럽을 토대로 하는 북아메리카가 과학기술의 혁신에서 세계를 주도하고 있다고 생각하지만, 중세 시대 말까지 서유럽은 구세계의 어떤 '문명 발상지'보다 과학기술에서 뒤처져 있었다.

따라서 어떤 대륙의 사회는 혁신적인 성향을 띤 반면, 어떤 대륙의 사회는 보수적인 성향을 띤다고 하는 추정은 맞지 않다. 어떤 대륙에서나 또 어떤 시대에나 혁신적인 사회와 보수적인 사회가 공존한다. 게다가 혁신을 수용하는 자세는 같은 지역에서도 시대에 따라 변화를 거듭한다.

나아가서 한 사회의 혁신성이 여러 독립적 요인에 의해 결정된다고 하면 이런 결론은 충분히 예측할 만하다. 이 모든 요인을 자세히 모르면, 혁신성을 예측할 수도 없다. 따라서 사회과학자들은 수용성이 이슬람, 중국, 유럽에서 각각 달라진 구체적인 이유, 또 침부족, 이보족, 나바호족이 이웃한 다른 부족보다 새로운 과학기술을 더 적극적으로 수용한 구체적인 이유가 무엇이었는지에 대해 지금도 논쟁을 계속 벌이고 있다. 하지만 역사를 큰 틀에서 연구하는 학자들에게, 그 이유가 무엇인지는 중요하지 않다. 혁신성에 영향을 미치는 요인이 많아지면 역설적으로 역사학자의 과제는 더 쉬워진다. 그런 조건에서는 혁신성에 대한 사회의 변동이 필수적인 확률변수random variable로 변하기 때문이다. 달리 말해 상당히 넓은 지역, 예컨대 대륙 전체로 보면 어떤 시대에나 상당한 비율로 일부 사회가 혁신성을 지니고 있다는 뜻이다.

혁신은 실제로 어디에서 시작되는 것일까? 완전히 고립되어 있던 과거의 일부 사회를 제외하고 나머지 사회 모두에서, 새로운 기술은 대부분 해당 지역에서 발명되지 않았고 다른 사회에서 발명한 것을 차용했다. 독자적으로 발명하거나 차용한 기술의 상대적 중요성은 주로 두 가지 요인의 영향을 받는다. 하나는 그 특정한 기술을 발명하는 용이성이고, 다른 하나는 그 특정한 사회와 다른 사회들의 근접성이다.

자연에 널린 재료를 다루는 과정에서 비교적 수월하게 탄생한 발명이 적지 않다. 인류 역사에서 이런 발명품은 여러 지역에서 여러 시기에 독자적으로 시도된 경우가 많다. 대표적인 예가 적어도 아홉 곳에서 독자적으로 시작한 식물의 작물화인데, 이에 대해서는 이미 길게 다루었다. 다른 예로는 토기가 있다. 아마도 토기는 흔한 자연 재료인 점토를 말리거나 가열할 때 나타나는 특성을 면밀히 관찰해 탄생했을 것이다. 토기는 일본에서는 약 1만 4,000년 전, 비옥한 초승달 지역과 중국에서는 약 1만 년 전, 아마존강 유역과 아프리카의 사헬 지역, 미국 남동부, 멕시코에서는 그 이후에 나타났다.

훨씬 더 까다로운 발명품의 예로는 문자가 있다. 문자는 자연에 존재하는 재료를 관찰하는 것만으로 생겨나는 게 아니기 때문이다. 12장에서 살펴보았듯이, 문자의 독자적 기원지는 극소수에 불과하고, 알파벳은 세계 역사에서 단 한 번만 창안된 게 분명하다. 그 밖에 어려운 발명품으로는 수차水車, 맷돌, 톱니바퀴, 자석 나침반과 풍차, 암상暗箱, camera obscura이 있다. 이런 기술은 구세계에서도 한두 곳에서만 발명되었고, 신세계에서는 전혀 발명되지 않았다.

이런 복잡한 발명품은 대체로 차용해서 습득할 수 있었다. 물론 독자적으로도 발명할 수 있겠지만, 복잡한 발명품은 차용해야 더 빨리 확산되기 때문이다. 바퀴가 대표적인 예이다. 바퀴는 기원전 3400년경 흑해 부근에서 처음으로 등장했는데, 수 세기 만에 유럽과 아시아 거의 전역으로 퍼졌다. 구세계의 초기 바퀴들은 한결같이 독특한 모양으로 되어 있다. 둥근 테와 바큇살을 사용하지 않고, 석 장의 널빤지를 단단히 붙인 뒤 둥글게 깎아 원판으로 만들었다. 한편 아메리카 원주민 사회의 바퀴 모양은 멕시코의 도자기 그릇에 그려진 것이 유일한 자료인데, 그 형태가 한 덩어리로 되어 있는 것을 볼 수 있다. 따라서 이곳에서도 바퀴를 독자적으로 발명했을 것이라는 추정이 가능하다. 신세계가 구세계의 여러 문명 발상지와 분리되어 있었다는 증거들이 존재하므로 이러한 추정도 가능한 것이다.

인류는 바퀴 없이 700만 년을 살았다. 그런데 특이한 모양으로 된 똑같은 바퀴가 수 세기 만에 구세계 곳곳에서 반복적으로 나타난 걸 누구도 우연이라고 생각하지는 않을 것이다. 오히려 바퀴의 유용성 때문에, 어느 한 곳에서 발명된 이후 구세계에서 동서 방향으로 급속히 확산되었을 것이라는 추론이 더 합리적이다. 그 외 고대 서아시아에서 발명되어 구세계의 동서 지역으로 확산된 복잡한 도구로는 자물쇠, 도르래, 맷돌, 풍차 그리고 알파벳이 있다. 신세계에서 확산된 과학기술로는 야금술이 있다. 야금술은 안데스 지역에서 파나마를 거쳐 메소아메리카로 전해졌다.

정말 유용한 발명품이 어떤 사회에서 불쑥 나타나면, 둘 중 한 가지 방법으로 확산되는 경향이 있다. 하나는 다른 사회가 그 발명품을 보거나 알게 되어 적극적으로 수용해 채택하는 방법이다. 다른 하나는 그 발명품이 없는 사회가 그것을 발명한 사회에 비해 불리할 수밖에 없으므로 그 발명품을 확산시키는 것이다. 점점 더 불리해지면 발명품이 없는 사회가 결국 뒤처지고 흡수되기 때문이다. 뉴질랜드의 마오리 부족에게 전해진 머스킷 총은 비교적 간단한 예이다. 응가푸히족Ngapuhi은 1818년경 유럽 상인들에게 머스킷 총을 사들였다. 그 이후 15년 동안 뉴질랜드는 이른바 '머스킷 전쟁Musket Wars'으로 몸살을 앓았다. 머스킷 총이 없는 부족은 서둘러 그걸 구입하거나, 이미 머스킷 총으로 무장한 부족에게 예속되었다. 그 결과, 머스킷 총이라는 기술이 1833년경에는 뉴질랜드 전역으로 퍼졌고, 살아남은 마오리 부족민은 누구나 머스킷 총을 마련했다.

한 사회가 어떤 기술을 이미 발명한 사회에서 그 기술을 받아들일 때, 그 채택 과정은 다양한 맥락에서 이루어질 수 있다. 예를 들면 평화로운 거래(1954년 미국이 일본에 트랜지스터 사용권을 넘긴 사례), 스파이 활동(552년 동남아시아에서 중동으로 누에를 밀반출한 사례), 이주(1685년 칼뱅파 신교도인 위그노 20만 명이 프랑스에서 추방되면서 프랑스의 유리와 의류 제조 기법이 유럽 전역으로 확산한 사례), 전쟁 등이 있다. 특히 중국의 종이 제지 기술은 전쟁을 통해 이슬람 세계로 전해졌다. 아랍 군대가 751년 중앙아시아 탈라스강 전투에서 중국 군대를 물리쳤는데, 전쟁 포로 중에서 몇몇 제지공을 발견해 사마르칸트로 데려간 뒤로 종이를 제작할 수 있었다.

12장에서 우리는 문화가 자세한 청사진이나 막연한 아이디어만으로 확산될 수 있다는 걸 알았다. 물론 그 막연한 아이디어가 더 자세한 걸 알고 싶어 하는 욕망을 자극해야 한다는 전제가 있어야 한다. 12장에서는 문자의 확산에 필요한 청사진 복제와 아이디어 전파라는 두 가지 대안을 살펴보았는데, 이 두 가지 대안은 과학기술의 확산에도 적용된다. 앞 단락에서 청사진 복제와 관련한 사례를 언급했는데, 중국의 자기 제작 기법이 유럽에 전해진 것은 오랜 시간이 걸린 아이디어 전파 사례에 해당한다. 입자가 고운 진흙으로 구운 반투명한 도기陶器, 즉 자기는 7세기경 중국에서 발명되었다. 자기가 14세기에 실크로드를 통해 유럽에 전해지기 시작했지만, 그 제작 방법까지는 전해지지 않았다. 여하튼 자기는 유럽에서 큰 찬사를 받았고, 그걸 모방해 만들어보려는 시도가 수차례 있었지만 번번이 실패했다. 독일 연금술사 요한 뵈트거Johann Böttger(1682~1719)가 여러 광물과 찰흙을 혼합하고 가공하는 지루한 실험을 거듭한 끝에 마침내 1707년 해결책을 찾아냈고, 지금은 널리 알려진 마이센 자기 공장을 세웠다. 프랑스와 영국도 나중에 독자적인 실험을 통해 세브르 자기, 웨지우드 자기, 스포드 자기를 만들었다. 이렇게 유럽의 도공들은 자기 제작 기법을 독자적으로 다시 발명해야 했지만, 갖고 싶은 물건을 눈앞에서 보고 자극을 받은 까닭에 그런 의욕을 불태울 수 있었다.

지리적 위치에 따라 사회마다 전파를 통해 다른 사회로부터 과학기술을 받아들이는 용이성이 다르다. 근대 역사에서 가장 고립된 종족은 태즈메이니아섬의 원주민이었다. 그들은 그 자체로 고립된 대륙인 오스트레일리아에서도 160킬로미터쯤 떨어진 섬에 살면서 바다를 오가는 배 없이 지냈다. 태즈메이니아 원주민은 1만 년 동안 다른 사회와 접촉하지 않아, 자체적으로 발명한 것 이외에 다른 도구가 없었다. 지리적으로도 인도네시아열도가 아시아 본토를 가로막고 있어, 오스트레일리아와 뉴기니는 아시아의 발명품을 드문드문 조금씩 받아들일 수밖에 없었다. 전파를 통해 발명품을 가장 쉽게 받아들일 수 있는 사회는 대체로 주요 대륙 내에 위치하고 있었다. 이런 사회에서 과학기술이 가장 신속하게 발달했다. 당연한 말이겠지만, 자체적으로 발명한 것과 다른 사회에서 도입한 발명품이 함께 축적되었기 때문이다. 예컨대 중세 이슬람은 유라시아 중앙에 위치한 덕분에 고대 그리스의 학문을 물려받고, 또 인도와 중국으로부터 새로운 발명까지 획득할 수 있었다.

전파의 중요성과 그 전파를 가능하게 해주는 지리적 위치의 중요성은 강력한 기술을 포기한 이유가 다른 요인으로는 이해되지 않는 사회들에서 찾을 수 있다. 유용한 기술은 일단 개발되면, 더 나은 기술이 나올 때까지 필연적으로 유지된다는 게 일반적인 상식이다. 현실 세계에서도 과학기술이 낳은 도구를 계속 사용하며 유지하는데, 여기에는 많은 돌발적 요인이 작용한다. 어느 사회에서 사회운동이나 유행이 일어나면, 경제적으로 쓸모없는 것이 일시적으로 소중해지고, 쓸모 있는 것이 일시적으로 가치를 상실하기도 한다. 지구상의 모든 사회가 밀접하게 연결된 오늘날에는 중요한 도구가 실질적으로 폐기될 만큼 어떤 현상이 한 사회에서 유행하는 일은 상상조차 할 수 없다. 한 사회가 어떤 강력한 도구를 일시적으로 외면하더라도, 그 도구가 이웃한 사회에서 계속 사용되는 걸 본다면 전파를 통해 그 도구를 다시 받아들일 수밖에 없을 것이다(그러지 않으면 이웃 사회에 정복되는 운명에 처할 것이다). 그러나 그런 유행이 고립된 사회에서는 오랫동안 지속될 수 있다.

이와 관련한 유명한 사례로 일본이 총을 포기한 것을 들 수 있다. 1543년에 포르투갈 모험가 둘이 화승총(원시적인 총)으로 무장한 채 중국 화물선을 타고 일본에 상륙했다. 이때 총기도 함께 들어왔다. 일본인들은 그 신무기에 깊은 인상을 받아 자체적으로 총을 제작하기 시작했고, 총기 관련 과학기술도 크게 향상되었다. 그리하여 1600년쯤에는 세계 어느 국가보다 좋은 총기를 더 많이 보유할 수 있었다.

그러나 일본에는 총기의 수용을 방해하는 요인도 있었다. 사무라이라는 다수의 무인 계급에게는 칼이 그들의 상징이자 예술품이었고, 하층 계급을 예속시키는 수단이었다. 게다가 그때까지 일본의 전쟁에는 사무라이 전사들 간에 이뤄지는 일대일 결투가 있었다. 두 사무라이가 널찍한 들판에 마주 보고 서서 의례적인 인사를 주고받은 뒤 우아하게 싸우는 걸 자랑스럽게 여겼다. 하지만 인정사정없이 총을 쏘아대는 무지한 병사들 앞에서, 그런 행동은 죽음을 자초하는 짓이었다. 게다가 총기는 외국의 발명품이어서 1600년 이후 일본에서 많은 외국의 문물이 그랬듯 점차 경멸의 대상이 되었다. 따라서 사무라이가 지배하는 정부는 총기 생산을 몇몇 도시로 제한하기 시작했다. 곧이어 총기를 생산하려면 반드시 정부의 허가를 받도록 했으며, 그다음에는 정부를 위해 총기를 생산하는 경우에만 허가를 내주었다. 급기야 정부가 총기 주문을 줄이자, 제대로 작동하는 총기가 일본에서 거의 사라지는 지경에 이르렀다.

당시 유럽에도 총기를 경멸하며 총의 이용을 제한하려던 군주가 적지 않았다. 그러나 유럽에서는 그런 조치가 결코 성공하지 못했다. 총기를 멀리하겠다고 선언한 국가들이 총기 보유 국가들의 공격을 받고 속수무책으로 짓밟혔기 때문이다. 일본은 인구가 많고 고립된 섬나라라는 이유로 총기라는 강력한 군사 기술을 거부하고도 한동안 무사할 수 있었다. 하지만 1853년에 매슈 페리Matthew Perry(1794~1858) 제독이 대포로 무장한 미국 함대를 이끌고 일본을 압박하자 고립이라는 안전망이 사라지며 일본은 총기 제작을 다시 시작해야 한다는 걸 절감했다.

일본이 총기를 거부하고 중국이 해양 선박과 기계식 시계, 수력 방적기를 포기한 것은 고립 내지 반고립 사회에서 기술의 퇴행을 보여주는 역사적 사례로 꼽힌다. 선사시대에도 기술이 뒷걸음질한 사례는 있었다. 대표적인 예가 태즈메이니아 원주민의 경우이다. 그들은 뼈로 만든 어획용 도구까지 포기하며 근대 세계에서 가장 단순한 기술을 보유한 사회가 되었다(15장 참조). 오스트레일리아 원주민도 활과 화살을 채택했다가 후에 다시 포기했을 수 있다. 토러스해협 제도의 원주민은 카누를 포기했고, 가우아섬 원주민은 카누를 포기했다가 나중에 다시 받아들였다. 폴리네시아 전역에서는 토기를 포기했다. 대부분의 폴리네시아인과 다수의 멜라네시아인은 활과 화살을 전쟁에서 사용하지 않았다. 폴라 이누이트Polar Inuit는 활과 화살, 카약을 잃었고, 도싯 이누이트Dorset Inuit는 활과 화살, 활비비(활같이 굽은 나무에 시위를 메우고, 그 시위에 송곳 자루를 건 다음 당기고 밀고 해서 구멍을 뚫는 송곳—옮긴이),

개를 잃었다.

이런 사례는 언뜻 보기에 이해가 되지 않지만, 기술의 역사에서 지리와 전파의 역할을 잘 보여준다. 전파가 없으면, 외부로부터 기술을 습득하는 경우가 줄어들고, 기존 기술을 잃을 가능성은 증가한다.

기술은 더 많은 기술을 낳기 때문에, 발명품의 확산이 발명 자체보다 더 중요할 수 있다. 과학기술의 역사는 '자가 촉매 과정autocatalytic process'이라고 일컫는 현상의 전형적인 예이다. 자가 촉매 과정은 과정 자체가 촉매 작용을 하며 반응 속도가 점차 증가하는 현상을 가리킨다. 산업혁명 이후로 과학기술의 폭발적 증가는 오늘날 우리에게 무척 인상적이지만, 후기 구석기시대에 비하면 청동기시대의 발전은 눈부실 정도였고, 중세 시대의 발전도 청동기시대의 발전만큼이나 인상적이었다.

과학기술이 자가 촉매의 특성을 보이는 이유는 상대적으로 간단한 문제가 앞서 해결되어야 발전하기 때문이다. 예컨대 석기시대 농경민은 철을 추출하고 가공하는 일을 바로 하지 못했다. 철을 추출하고 가공하려면, 높은 온도로 철광석을 녹이는 용광로가 필요하기 때문이다. 한편 철광석에서 철을 골라내는 야금술은, 열을 가하지 않고 단단한 것으로 두드려서 모양을 낼 수 있을 정도로 부드럽고 순수한 금속(예: 구리와 황금)을 자연에서 얻어 수천 년 동안 만지작거린 경험을 기초로 발달했다. 또 단순한 가마를 수천 년 동안 개량하고 발달시킨 덕분에 도기를 만들 수 있었고, 나중에는 구리광에서 구리를 추출하고, 철만큼이나 높은 온도가 필요하지 않은 구리 합금(청동)을 가공해낼 수 있었다. 비옥한 초승달 지역과 중국, 두 곳 모두에서 철제 물건은 약 2,000년 동안 청동을 가공하고 개발한 경험을 한 뒤에야 흔해졌다. 신세계가 청동 인공물을 겨우 만들기 시작하고 철제 물건은 아직 만들 엄두조차 내지 못할 때 유럽인이 들이닥치는 바람에 신세계의 독자적인 생활 방식이 중단되었다.

다음으로, 과학기술이 자가 촉매 역할을 하는 이유는 새로운 과학기술과 재료가 결합하며 다른 새로운 과학기술을 만들어낼 수 있기 때문이다. 예컨대 기원전 1700년 미지의 인쇄공이 파이스토스 원반을 인쇄했을 때는 별다른 변화가 일어나지 않다가 기원후 1455년 요하네스 구텐베르크Johannes Gutenberg(1397~1468)가 《성경》을 인쇄한 뒤에 중세 유럽에서 인쇄가 폭발적으로 확산된 이유는 무엇일까? 파이스토스 원반을 제작한 사람과 달리 중세 유럽의 인쇄공들은 여섯 분야의 과학기술—종이, 활자, 야금술, 압착기, 잉크, 문자—의 향상된 결과를 모두 누릴 수 있었기 때문이라고 부분적으로 설명할 수 있다. 과학기술의 발달이 낳은 여섯 가지 도구 중 활자 개념과 종이는 중국에서 유럽에 전해졌다. 구텐베르크는 활자의 크기가 일정하지 않다는 치명적 문제를 해결하기 위해 금형金型으로 활자를 만들어내는 방법을 개발해냈다. 그런 활자 주조는 문자를 찍는 장치를 만들기 위한 강철, 금형으로 사용할 황동 합금이나 청동 합금(나중에는 강철로 대체), 본을 뜨는 데 필요한 납, 활자에 필요한 주석·아연·납의 합금 등을 만들어낼 수 있는 다양한 방면의 야금술이 발달했기에 가능했다. 구텐베르크의 인쇄기는 포도주와 올리브유를 짜내는 데 사용하던 나사 압착기를 활용한 것이고, 잉크는 기존 잉크에 기름을 섞어 개선한 것이었다. 중세 유럽이 문자의 역사에서 근 3,000년 동안 발전시켜 사용하던 알파벳문자도, 수천 개의 기호가 필요하던 중국 문자와 달리 수십 개의 문자만을 금형으로 제작하면 되었기 때문에 활자로 인쇄하는데 적합했다.

구텐베르크와 비교할 때 파이스토스 원반을 제작한 사람이 인쇄를 위해 동원할 수 있는 여섯 가지 도구와 관련된 과학기술의 수준은 대단히 낮았다. 글을 새긴 원반을 제작하는 데 사용한 것은 점토였다. 점토는 부피와 무게에서 종이보다 크고 무겁다. 기원후 1455년의 독일에 비교하면 야금술과 잉크, 압착기를 개발하기에 기원전 1700년의 크레타섬은 원시적이었다. 따라서 원반은 금속 틀에 맞춰 넣은 주형된 활자로 찍지 못하고 개별 활자에 일일이 손으로 잉크를 묻혀 눌러 찍어내야 했다. 또 구텐베르크가 사용한 로마문자인 알파벳에 비해 원반에 사용된 음절문자는 더 많은 기호로 이루어졌고 형태가 복잡했다. 따라서 과학기술적인 면에서 구텐베르크의 인쇄기에 비교하면 파이스토스 원반은 몹시 어설프기 짝이 없고, 손으로 쓰는 것보다 크게 나을 것도 없었다. 이런 과학기술적인 결함 외에도 파이스토스 원반은 왕궁과 신전에서 일하는 필경사만이 문자를 아는 시대에 인쇄되었다. 따라서 그 원반 제작자가 만든 아름다운 인쇄판을 원하는 수요가 거의 없어, 인쇄판을 만드는 데 필요한 많은 기호를 제작하기 위한 투자가 잘 이루어지지 않았다. 반면 중세 유럽에는 잠재적인 대규모 인쇄 시장이 있어서 구텐베르크에게 돈을 빌려줄 투자자를 많이 모을 수 있었다.

인류의 과학기술은 250만 년 전에 처음 사용한 돌연장으로 시작해서, 내가 1992년부터 써온 레이저 프린터를 밀어내고 이 책의 원고를 인쇄하는 데 사용한 1996년의 레이저 프린터까지 꾸준히 발달했다. 처음엔 발전 속도가 감지하기 힘들 정도로 느렸다. 따라서 돌연장에서 눈에 띄는 변화도 없이, 또 다른 재료로 이런저런 인공물을 만들었다는 증거도 없이 수십만 년의 시간이 흘렀다. 반면 오늘날에는 매일 뉴스에 보도될 정도로 과학기술이 빠른 속도로 발전한다.

이렇게 조금씩 빨라진 과학기술의 기나긴 역사에서 특히 중요한 두 번의 도약에 주목할 필요가 있다. 5만~10만 년 전 우리 몸의 유전자 변화로 첫 도약이 일어났다. 다시 말하면, 우리 몸의 해부학적 구조가 지금과 같은 조음調音이나 뇌기능, 혹은 둘 모두를 허용하는 방향으로 진화했기 때문에 뼈로 만든 연장, 단일한 용도의 돌연장, 복합적인 도구를 만들 수 있었다. 두 번째 도약은 정착 생활을 채택하면서 일어났다. 정착 생활의 시기는 지역마다 달랐다. 어떤 지역의 사람들은 1만 3,000년 전에 시작한 반면, 어떤 지역의 사람들은 오늘날까지 정착하지 않고 살아가고 있다. 대부분의 경우, 정착 생활의 채택은 식량 생산과 밀접한 관계가 있었다. 식량을 안정적으로 생산하려면 작물과 과수원, 저장한 잉여 식량이 가까이 있어야 했기 때문이다.

정착 생활을 시작하면서 사람들이 휴대할 수 없는 물건을 축적할 수 있었고, 이런 변화는 과학기술의 역사에서 결정적 전환점이 되었다. 떠돌아다니는 수렵·채집민의 과학기술적 도구는 휴대할 수 있는 것이어야 했다. 가령 당신이 번질나게 옮겨 다니지만 짐을 싣는 가축이나 운송 도구가 없다면, 아이와 무기 외에는 크기가 작고 꼭 필요한 물건만 추려 짐을 최소화할 것이다. 임시 거처를 옮기면서 번거롭게 토기와 인쇄기까지 갖고 다니지는 않을 것이다. 이런 실질적인 어려움을 통해 과학기술적인 도구가 상당히 일찍이 출현하고도 발전이 지체된 이유를 설명할 수 있다. 예컨대 지금까지 가장 오래된 도자기류는 2만 7,000년 전 옛 체코슬로바키아 지역에서 제작된 불에 구운 점토 조각상인데, 이는 불에 구운 최초의 점토 그릇(1만 4,000년 전의 일본)보다 훨씬 앞선다.

체코슬로바키아의 같은 지역에서 동일한 시대에 무엇인가를 짜고 엮어서 만들었다는 최초의 증거도 나왔다. 이 증거를 제외하면 지금까지 알려진 가장 오래된 바구니는 약 1만 3,000년 전의 것이고, 가장 오래된 직물은 약 9,000년 전의 것이다. 이렇게 시작은 빨랐지만 사람들이 정착 생활을 시작하며 토기와 베틀을 갖고 다니는 부담에서 벗어난 뒤에야 도예와 직조 기술이 도약할 수 있었다.

식량 생산으로 정착 생활이 가능해지고, 그에 따라 소유물을 축적할 수 있었다. 그러나 식량 생산은 다른 이유로도 과학기술의 역사에서 결정적 전환점이 되었다. 인류의 진화사에서 처음으로, 식량을 생산하는 농민에게 의존하며 자체적으로는 식량을 생산하지 않는 전문가들로 이루어진 사회, 즉 경제적으로 특화된 사회가 형성될 수 있었다. 그러나 2부에서 살펴보았듯이, 식량 생산의 시작 시기는 대륙마다 달랐다. 게다가 이 장에서 알아본 것처럼 과학기술이 어떤 지역에서 생겨나고 유지되느냐는 그 지역의 발명품뿐 아니라 다른 곳에서 생겨난 과학기술의 전파 가능성에도 영향을 받는다. 이 때문에 과학기술은 대륙 내에서나 다른 대륙으로의 확산을 막는 지리적·생태적 장벽이 적은 대륙에서 가장 신속하게 발달했다. 끝으로, 어떤 대륙이나 사회든지 과학기술적 도구를 발명하고 받아들일 기회는 한 번만 있는 것이 아니었다. 각 사회는 여러 이유로 혁신성이 크게 달랐기 때문이다. 따라서 다른 조건이 모두 똑같을 때, 과학기술은 면적이 넓고 생산적인 지역에서 가장 빨리 발달한다. 인구가 많으면 잠재적 발명가가 많고, 면적이 넓으면 그 안에 치열하게 경쟁하는 사회도 많기 때문이다.

식량 생산 시작 시기, 확산을 방해하는 장벽, 인구 규모라는 세 가지 요인에 따라 과학기술이 어떻게 대륙 간에 다르게 발전했는지 간략하게 요약해보자. (실질적으로 북아프리카를 포함하는) 유라시아는 세계에서 가장 넓은 대륙이고, 따라서 그 안에서 경쟁하는 사회도 가장 많다. 과거에도 유라시아는 식량 생산을 가장 일찍 시작한 중심지 두 곳—비옥한 초승달 지역과 중국—이 포함된 대륙이었다. 중심축이 동서를 가로지르기 때문에, 어떤 발명을 한 곳에서 채택하면 비슷한 위도상의 기후가 유사한 사회들에 비교적 신속히 확산될 수 있었다. 유라시아를 남북으로 종단하는 폭은 남북아메리카의 비좁은 파나마 지협과 대비된다. 여기에는 남북아메리카와 아프리카의 중심축을 종단하는 혹독한 생태적 장벽이 없다. 따라서 유라시아에는 과학기술의 확산을 방해하는 지리적·생태적 장벽이 다른 대륙들보다 적었다. 이런 요인이 전부 복합된 덕분에 유라시아는 홍적세 이후에 과학기술이 가장 먼저 발전하기 시작했고, 그 결과 과학기술적 도구를 가장 많이 보유하게 되었다.

요즘엔 북아메리카와 남아메리카를 분리된 대륙으로 보는 게 관례이지만, 이 지역은 수백만 년 전부터 이어져 있었던 데다 역사적으로 유사한 문제를 보여왔기 때문에 이를 하나로 보고 유라시아와 비교해도 무방할 것이다. 남북아메리카는 세계에서 두 번째로 큰 땅덩어리이지만, 유라시아보다는 상당히 작다. 하지만 남북아메리카는 지리와 생태 면에서 지역별로 큰 차이가 있다. 폭이 65킬로미터에 불과한 파나마지협이 남북아메리카를 지리적으로 나눈다면, 파나마지협의 다리엔 우림과 멕시코 북부의 사막지대는 생태학적 경계 역할을 한다. 멕시코 북부의 사막이 메소아메리카의 선진 사회를 북아메리카 사회와 갈라놓았다면, 파나마지협은 메소아메리카의 선진 사회를 안데스 지역과 아마존강 유역의 사회와 갈라놓았다. 게다가 남북아메리카의 주된 축은 남북 방향이어서, 대부분의 확산이 동일한 위도권에서 일어나지 않고 위도와 기후라는 장애와 싸워야 한다. 예컨대 바퀴는 메소아메리카에서 발명되었고, 라마는 기원전 3000년쯤에 안데스 중부에서 가축화되었다. 그러나 5,000년 후에도 남북아메리카에서는 짐을 싣는 가축과 바퀴를 같이 사용하지 못했다. 그런데 메소아메리카의 마야 사회와 잉카제국의 북쪽 경계 사이 거리는 1,900킬로미터에 불과했다. 바퀴와 말을 공유한 프랑스와 중국 사이의 거리인 9,600킬로미터에 비하면 무척 짧았다. 내 생각에는 결국 이런 요인들로 인해 과학기술에서 남북아메리카가 유라시아에 뒤처진 듯하다.

사하라 이남 아프리카는 세계에서 세 번째로 면적이 크지만, 남북아메리카에 비하면 상당히 작다. 인류 역사를 볼 때 매번 이 지역에서 남북아메리카보다 유라시아에 접근하는 것이 더 쉬웠다. 그러나 사하라사막은 지금도 그 남쪽 지역을 유라시아, 심지어 북아프리카와도 떼어놓는 거대한 생태적 장벽이다. 아프리카를 남북으로 종단하는 중심축은 유라시아와 사하라 이남 아프리카 사이에서, 심지어 사하라 이남 아프리카 내에서도 과학기술의 확산을 가로막는 장애물이었다. 예컨대 토기와 철 야금술이 서유럽에 전해질 즈음에는 사하라사막 이남의 사헬 지역(적도 북쪽)에서도 독자적으로 생겨나거나 전해졌다. 하

표 13.1 대륙별 인구수

대륙	1990년 인구	면적(제곱킬로미터)
유라시아와 북아프리카	4,120,000,000	62,700,000
유라시아	4,000,000,000	55,700,000
북아프리카	120,000,000	7,000,000
북아메리카와 남아메리카	736,000,000	42,500,000
사하라 이남 아프리카	535,000,000	23,600,000
오스트레일리아	18,000,000	7,800,000

지만 토기가 아프리카 남단에 전해진 때는 기원후 1년이었고, 야금술은 유럽인이 바닷길로 전해줄 때까지 육로로는 남단까지 확산되지 못했다.

끝으로, 오스트레일리아는 가장 면적이 작은 대륙이다. 강수량이 극히 적어 대부분의 지역에서 생산성이 낮다. 따라서 오스트레일리아는 인구 규모라는 역량도 다른 대륙들보다 턱없이 낮다. 오스트레일리아는 가장 외따로 떨어진 대륙이기도 하다. 게다가 식량 생산을 독자적으로 시작하지도 못했다. 이런 요인이 복합적으로 작용해 오스트레일리아는 근대까지도 금속연장을 갖지 못한 유일한 대륙으로 남았다.

표 13.1은 이런 요인을 면적과 현대의 인구수로 수치화해 대륙별로 비교한 것이다. 식량 생산을 시작하기 직전의 대륙별 인구수는 알려진 바가 없지만, 오늘날 식량을 생산하는 지역이 1만 년 전의 수렵·채집민에게도 대체로 생산량이 많은 지역이었을 것이기 때문에 인구수도 분명히 지금과 대동소이했을 것이다. 인구의 차이는 뚜렷하

다. (북아프리카를 포함할 때) 유라시아의 인구는 남북아메리카의 6배, 아프리카의 8배에 육박하고, 오스트레일리아보다는 무려 230배나 많다! 인구가 더 많다는 것은 곧 발명가와 경쟁하는 사회가 더 많다는 뜻이다. 표 13.1의 수치만으로도 유라시아에서 총과 쇠가 처음으로 만들어진 이유가 충분히 설명된다.

과학기술은 자가 촉매 역할을 하기 때문에 면적과 인구, 확산의 용이성, 식량 생산 시작 시기가 과학기술의 발전에 점점 더 큰 영향을 미쳤다. 따라서 유라시아는 처음에도 상당히 유리한 위치에 있었지만, 구성원들의 지적인 능력보다 지리적 이점 덕분에 1492년쯤에는 크게 앞섰다. 내가 알고 지내는 뉴기니인 중에도 에디슨 같은 잠재력을 보유한 사람이 있다. 그러나 그들은 자신이 처한 상황에서 화급한 과학기술적 문제를 해결하는 데 그 창의력을 발휘했다. 달리 말하면, 축음기를 발명하는 문제보다 어떤 외래 문물도 없이 뉴기니 정글에서 살아남는 문제에 몰두했다.

14장 평등주의에서 도둑 정치로

FROM EGALITARIANISM TO KLEPTOCRACY

국가와 종교는 어떻게 생겨났는가?

인류 역사의 주된 흐름은 무리사회에서 부족사회, 군장사회, 국가까지, 작고 평등한 사회적 단위가 크고 계층화된 사회적 단위로 바뀐 것이다. 식량 생산을 시작해 인구가 많아질수록 중앙에 더 많은 권력이 집중되었고, 경제는 전문화되었으며, 종교가 그 권력을 합리화했다. 이렇게 중앙집권화한 정부는 정복 전쟁을 수행하는 데 효율적이었다.

1979년 무렵 내가 선교사 친구들과 함께 습지로 가득한 뉴기니의 외딴 분지 위를 날고 있을 때, 몇 킬로미터씩 떨어져 덜렁 외롭게 들어서 있는 오두막 몇 채가 눈에 들어왔다. 그때 조종사는 우리 아래로 드넓게 펼쳐진 습지대 어딘가에서 얼마 전 인도네시아 악어 사냥꾼들이 뉴기니 유랑민 집단을 우연히 마주쳤다는 이야기를 꺼냈다. 양쪽 모두가 소스라치게 놀랐고, 인도네시아 사냥꾼들이 총을 쏘아 서너 명의 유랑민을 죽이는 것으로 그들의 만남은 끝이 났다고 설명했다.

내 선교사 친구들은 그 유랑민이 파유족Fayu이라고 불리는 미접촉 부족일 거라고 추측했다. 파유족은 그들을 무서워하는 이웃 부족, 즉 전에는 유랑민이었지만 기독교 전도를 받은 키리키리족Kirikiri의 설명을 통해서만 외부 세계에 알려졌을 뿐이었다. 외부인과 뉴기니 원주민 부족의 첫 접촉에는 항상 잠재적 위험이 있지만, 이런 식의 첫 만남은 더욱 위험했다. 그럼에도 내 친구 더그는 파유족과 우호적인 관계를 맺기 위해 헬리콥터를 타고 그 지역에 들어갔다. 더그는 다행히 살았지만 겁에 질린 채 돌아와서는 다음과 같은 놀라운 이야기를 전했다.

지금까지 밝혀진 바로는, 파유족은 평소 가족 단위로 습지대 곳곳에 흩어져 살다가 매년 한두 번씩 모여 신부 교환 협상을 한다. 더그가 방문한 때는 수십 명의 파유족이 그 모임을 여는 시기였다. 우리에게 수십 명은 평소에 모이는 적은 인원에 불과하지만, 파유족에게 그 정도의 모임은 매우 드물고 위험천만하기도 했다. 살인자가 피해자의 친척을 마주할 가능성이 높았기 때문이다. 실제로 그때 한 파유족 남자가 자기 아버지를 살해한 사내를 발견했다. 그 아들은 손도끼를 치켜들고 살인자를 향해 달려갔지만, 만류하는 친구들과 몸싸움을 하며 땅바닥에 나뒹굴었다. 그때 살인자도 땅바닥에 엎어진 아들을 향해 도끼를 들고 달려가려 했지만, 역시 친구들이 붙잡았다. 두 사람은 그렇게 붙잡힌 채 화를 내며 소리를 질렀고, 충분히 진정된 뒤에야 풀려났다. 그 밖에도 많은 사람이 서로 욕을 해댔고, 분노와 불만에 부들부들 떨며 손도끼로 땅바닥을 내리쳤다. 모임이 계속되는 며칠 동안 그런 긴장이 이어졌고, 더그는 자신이 그곳을 떠날 때까지 아무런 폭력 사태도 일어나지 않게 해달라고 기도했다.

파유족은 400명 정도의 수렵·채집민으로 이루어져 있다. 그리고 네 개 씨족으로 나뉘어 수백 제곱킬로미터에 달하는 지역을 떠돌며 살아간다. 그들이 직접 설명한 바에 따르면, 전에는 2,000명 정도였는데 서로 싸우며 죽인 결과 인구가 크게 줄었다. 파유족에게는 우리가 당연히 여기는 것, 즉 심각한 분쟁을 평화적으로 해결하기 위한 사회·정치적 메커니즘이 없었다. 더그의 방문을 계기로 한 무리의 파유족이 자신들과 함께 살아갈 대담한 부부 선교사를 초대했다. 선교사 부부가 그곳에서 살기 시작한 지 어느덧 12년이 흘렀고, 그들의 설득에 파유족도 폭력을 조금씩 포기했다. 파유족은 그렇게 현대 세계로 끌려 나오며 불확실한 미래를 직면하게 되었다.

전에는 외부와 접촉한 적이 없던 뉴기니와 아마존강 유역의 많은 원주민 집단이 이처럼 선교사들의 중재로 현대 세계에 편입되었다. 선교사에 이어 교사와 의사, 관리, 군인이 뒤따랐다. 따라서 역사가 기록되기 시작한 이후로 평화적이었든 무력을 동원했든 정부와 종교의 확산은 (파유족의 경우처럼) 밀접한 관계가 있었다. 무력을 동원한 경우에는 정부가 정복을 도모하고, 종교는 그 행위를 합리화하는 역할을 맡았다. 유랑민과 부족민이 조직적인 정부와 종교의 침략을 간혹 물리친 경우도 있었지만, 지난 1만 3,000년 동안 대체로 유랑민과 부족민이 패배했다.

마지막 빙하기가 끝날 즈음, 세계 인구 대부분은 현재의 파유족과 유사한 사회에서 살았다. 그보다 복잡한 사회를 이루고 살던 종족은 단 하나도 없었다. 기원후 1500년만 해도 관료가 운영하고 법이 지배하는 '국가'라는 경계로 나눠진 땅은 세계 육지의 20퍼센트를 넘지 않았다. 하지만 오늘날에는 남극을 제외하고 모든 육지가 국가 단위로 나뉘어 있다. 중앙집권적 정부와 조직화된 종교를 일찍부터 갖춘 사회의 후손들이 결국 현대 세계를 지배했다. 그리하여 정부와 종교의 결합은 병원균과 문자, 과학기술과 더불어 역사의 큰 틀을 결정하는 네 가지 주된 근접 요인 중 하나로 기능했다. 그렇다면 정부와 종교는 어떻게 생겨났을까?

파유족 무리band와 현대 국가state는 인간 사회라는 스펙트럼에서 양 끝에 존재한다. 현대 미국 사회와 파유족은 전문화된 경찰력, 도시와 화폐, 빈부의 구분을 비롯해 많은 정치·경제·사회적 제도의 유무에서 다르다. 이런 모든 제도는 한꺼번에 생겨났을까, 아니면 차례로 생겨났을까? 조직화 수준이 다른 현대사회들을 비교하고, 과거 사회들에 대한 문서 기록이나 고고학적 증거를 분석함으로써, 또 한 사회에서 제도가 시간의 흐름에 따라 어떻게 변하는지 관찰함으로써 이 질문에 대한 답을 추론해볼 수 있다.

인간 사회의 다양성을 설명해보려 애쓰는 문화인류학자는 인간 사회를 대체로 여섯 가지 범주로 구분한다. 그러나 진화와 발달 등 연속성을 띠는 것을, 음악 양식이나 생애 주기, 인간 사회 등을 기준으로 여러 단계로 규정하려는 시도는 두 가지 이유에서 불완전할 수밖에 없다. 첫째, 각 단계는 앞 단계에서 발전하는 것이므로 두 단계를 구분하는 경계선은 필연적으로 임의적일 수밖에 없기 때문이다. 예컨대 19세 남자는 청소년인가, 젊은 성인인가? 둘째, 발달 순서가 일정하지 않아 동일한 단계로 분류된 많은 사례가 필연적으로 이질적일 수밖에 없기 때문이다. 예컨대 요하네스 브람스Johannes Brahms(1833~1897)와 프란츠 리스트Franz Liszt(1811~1886)는 오늘날 자신들이 낭만주의 시대의 작곡가로 똑같이 분류된다는 걸 알면 무덤 안에서도 통곡할 것이다. 하지만 이런 결함을 유념한다면, 임의적으로 구분한 단계도 음악과 인간 사회의 다양성을 논의하는 데 유용한 기준이 될 수 있다. 이런 관점에서 무리사회, 부족사회, 군장사회와 국가(표 14.1 참조)라는 네 범주로만 단순하게 분류한 기준으로 인간 사회를 설명해보려 한다.

무리는 가장 작은 사회로, 보통 5~80명으로 이루어지며, 구성원 대부분 또는 모두가 혈연이나 결혼으로 맺어진 가까운 친척이다. 따라서 하나의 무리는 하나의 대가족이나, 밀접한 관계에 있는 몇 개의 대가족으로 이루어져 있다. 오늘날 자주적으로 살아가는 무리사회는 뉴기니와 아마존강 유역에서도 가장 외진 곳에만 존재한다. 그러나 현대 이전에는 다른 곳에도 많은 무리사회가 있었다. 그들은 최근에야 국가의 통제를 받거나 국가에 동화되었고, 아니면 절멸했다. 대표적인 예가 아프리카 피그미족, 남아프리카에서 수렵·채집으로 살아가던 산족(일명 부시먼족), 오스트레일리아 원주민, 이누이트(에스키모), 남아메리카 남단의 티에라델푸에고Tierra del Fuego와 북아메리카 북부의 수림대처럼 자원이 척박한 지역에 살던 인디언이다. 현대의 모든 무리사회는 정착해서 식량을 생산하지 않았고, 과거에도 그랬지만 지금 역시 떠돌아다니는 수렵·채집민이다. 우리 인간은 4만 년 전까지 모두 무리사회에서 살았고, 1만 1,000년 전에도 대부분이 무리사회에서 살았던 것으로 추정된다.

무리사회에는 오늘날 우리가 당연하게 생각하는 많은 사회적 제도가 없다. 하나의 항구적인 거주 기반도 없다. 무리사회의 땅은 구성원 모두가 함께 사용하고, 개인이나 하위 집단에 분할되지 않는다. 경제의 전문화는 연령과 성별로 구분될 뿐 다른 기준은 적용되지 않는다. 예컨대 신체 건강한 사람은 누구나 식량을 구하기 위해 돌아다녀야 한다. 무리사회 내에서, 또 무리사회들 간에 일어난 갈등을 해결하기 위한 법과 경찰, 협약 등 공식적인 제도가 없다. 무리사회의 조직은 흔히 '평등주의적'이라는 말로 표현된다. 따라서 무리사회에는 상층계급과 하층계급의 공식적인 계층이 없고, 공식적인 지도자와 세습적인 지도자도 없으며, 정보와 의사 결정의 독점도 없다. 그러나 '평등주의'라는 용어를 사용한다고 해서 모든 구성원이 똑같은 권위를 갖고, 의사 결정에 똑같은 정도로 기여한다는 뜻으로 해석해서는 안 된다. 그저 '리더십'이 비공식적으로 존재하며 개인적 인격과 힘, 지능, 전투력 같은 자질이 있어야 그걸 얻을 수 있다는 뜻이다.

나는 뉴기니의 저지대 습지에서 무리사회를 경험한 적이 있다.

표 14.1 사회 유형

	무리사회	부족사회	군장사회	국가
구성원				
구성원 수	수십	수백	수천	5만 이상
정착 형태	유랑	정착: 한 마을	정착: 하나 이상의 마을	정착: 많은 마을과 도시
관계의 근간	혈연	혈연에 기초한 씨족	계급과 거주지	계급과 거주지
민족과 언어의 수	1개	1개	1개	1개 이상
정부				
의사 결정, 리더십	평등주의	평등주의 혹은 빅맨	중앙정부, 세습	중앙정부
관료제	없음	없음	없음 혹은 한두 단계	다단계
권력과 정보의 독점	없음	없음	있음	있음
갈등 해결	비공식	비공식	중앙정부	법, 판사
정착지의 위계	없음	없음	없음 → 최고 마을	수도
종교				
도둑 정치의 정당화 수단?	아님	아님	맞음	맞음 → 아님
경제				
식량 생산	없음	없음 → 있음	있음 → 집약적	집약적
노동의 분업	없음	없음	없음 → 있음	있음
교환	상호 교환	상호 교환	재분배(공물)	재분배(세금)
토지 관리권	무리	씨족	군장	다수
사회				
계층화	없음	없음	있음, 혈족이 기준	있음, 혈족이 기준 아님
노예제	없음	없음	소규모	대규모
지배계급을 위한 사치품	없음	없음	있음	있음
공공 건축물	없음	없음	없음 → 있음	있음
구성원의 문해력	없음	없음	없음	부분

화살표는 동일한 유형의 사회가 덜 복잡한 상태에서 더 복잡한 상태로 발전할 때 속성이 변한다는 걸 나타낸다.

레이크스 대평원이라고 알려진 지역으로 파유족이 사는 곳이다. 지금도 그곳에서는 몇 명의 성인, 그들에게 의존하는 어린아이들과 노인들로 이루어진 대가족을 만날 수 있다. 그들은 개울을 따라 임시로 조악하게 지은 오두막에서 살며, 카누를 이용하거나 걸어서 돌아다닌다. 뉴기니에서는 물론이고 세계 다른 지역에서도 사람들 대부분이 정착해 대규모 사회를 이루며 살아가는데, 레이크스 대평원 사람들은 여전히 무리 지어 떠돌아다니는 삶을 사는 이유가 대체 무엇일까? 이 질문에 답하자면, 그곳에는 많은 사람이 함께 살아갈 만큼 자원이 몰려 있지 않고, (선교사들이 작물을 전해줄 때까지) 생산적인 농경이 가능할 정도의 토종 식물도 없었기 때문이다. 파유족의 주식은 사고야자이다. 사고야자나무가 다 크면 줄기의 속심에서 전분을 얻을 수 있다. 그런데 어떤 지역에서 다 자란 사고야자나무를 전부 베어내면 다른 지역으로 이동할 수밖에 없기 때문에 파유족은 떠돌아다닌다. 또 질병(특히 말라리아), 습지에서 구할 수 있는 원재료의 부족(연장을 만드는 데 필요한 돌까지 교환으로 구해야 한다), 습지에서 생산할 수 있는 식량의 제한된 양 때문에 파유족의 구성원 수는 낮게 유지된다. 파유족 이외에 다른 무리사회가 최근까지 살았던 지역들도 기존의 과학기술적 도구를 만드는 데 필요한 자원이 제한된 경우가 일반적이다.

우리와 가장 가까운 동물 친척, 즉 아프리카의 고릴라와 침팬지, 보노보도 무리 지어 살아간다. 우리 인간도 처음에는 예외 없이 무리 지어 살았던 것으로 추정된다. 그러다가 식량 생산 기술이 향상되자 자원이 풍부한 지역에서 수렵·채집민이 항구적인 거주지를 지어 정착했다. 무리사회는 지난 수백만 년 동안 진행된 진화의 역사로부터 우리가 물려받은 정치·경제·사회적인 조직이다. 무리사회를 뛰어넘는 발전은 기껏해야 수만 년 전에 시작되었을 뿐이다.

인간이 무리사회를 넘어 맞이한 첫 단계는 '부족사회'이다. 부족사회는 규모가 더 크고(무리사회의 구성원 수가 수십 명이라면 부족사회는 대개 수백 명이다), 대체로 일정한 곳에서 정착 생활을 한다는 점에서 무리와 다르다. 하지만 일부 부족사회는 물론이고 군장사회조차 계절에 따라 이동하는 유목민으로 이루어진 경우가 없지는 않다.

부족사회의 예로는 뉴기니의 고원지대 사람들이 있다. 식민지 정부가 들어서기 전까지 그곳의 정치 단위는 마을 하나이거나, 긴밀하게 관련된 마을들의 집합체였다. 이렇게 정치적으로 정의한 '부족'은 언어학자와 문화인류학자가 정의하는 부족—언어와 문화를 공유하는 집단—보다 훨씬 작은 규모인 경우가 많다. 예컨대 1941년 나는 포레족으로 알려진 고원지대 사람들과 함께 지내며 일했는데, 언어와 문화를 기준으로 하면 당시 포레족은 1만 2,000명에 달했다. 그들은 서로 소통 가능한 두 종류의 방언을 사용했으며, 각각 수백 명으로 이루어진 65개의 마을에서 살았다. 그러나 포레어를 사용하는 마을들 사이에 정치적 통일성이 전혀 없었다. 각각의 마을은 이웃한 마을과 전쟁을 벌이거나 동맹을 맺는 등 변덕스러운 상황에 끊임없이 노출됐고, 이웃 마을이 포레족인지 포레어를 사용하는지는 전혀 개의치 않았다.

최근까지 독립적인 상태를 유지했지만 이제는 국가 조직에 여러 형태로 종속된 부족사회가 여전히 뉴기니와 멜라네시아, 아마존강 유역의 많은 지역에 남아 있다. 과거에도 비슷한 부족사회가 있었다는 것은 고고학적 증거로 추론이 가능하다. 부족사회의 정착 규모는 상당히 컸지만, 뒤에서 살펴볼 군장사회의 고고학적 특징은 부족사회에서 찾아볼 수 없다. 고고학적 증거에 따르면, 부족 형태의 조직은 비옥한 초승달 지역에서는 약 1만 3,000년 전에, 다른 지역에서는 그보다 나중에야 나타나기 시작한 듯하다. 정착 생활을 위한 선결 조건은 식량 생산, 아니면 좁은 지역에서 사냥하고 채집할 수 있을 정도로 자원이 집중된 생산성이 높은 환경이다. 따라서 기후가 변하고 때맞춰 과학기술까지 발전하며 야생 곡물을 넉넉히 수확할 수 있게 되자 정착 생활, 말하자면 부족사회가 비옥한 초승달 지역에서 급증하기 시작했다.

부족사회는 일정한 거주지에서 생활하고 구성원 수가 더 많다는 점 외에 결혼 상대를 교환함으로써 하나 이상의 공인된 친족 집단, 즉 씨족clan으로 이루어진다는 점에서도 무리사회와 다르다. 땅은 부족 전체가 아니라, 한 특정 씨족이 소유한다. 하지만 부족민의 수는 여전히 적어서 모두가 서로 이름과 관계를 알 수 있을 정도이다.

다른 유형의 인간 집단에서도 '수백'이라는 수는 모두가 서로 알고 지낼 수 있는 집단 규모의 상한선인 듯하다. 예컨대 우리의 국가사회에서도 어떤 학교의 학생 수가 수백 명에 그친다면 그 학교 교장은 모든 학생의 이름을 알 수 있지만, 수천 명에 이르면 불가능하다. 구성원이 수백 명인 사회가 부족 조직에서 군장 조직으로 변해가는 이유 중 하나는, 규모가 커질수록 모르는 사람 사이의 갈등을 해결하는 문제가 점점 어려워지기 때문이다. 부족사회에서는 거의 모두가 혈연이나 결혼으로 맺어진 친인척 관계에 있기 때문에 갈등 해결이라는 잠재적 문제가 희석된다. 그런 유대 관계가 모든 부족원을 하나로 묶어주기 때문에 규모가 큰 사회에서 갈등 해결을 위해 사용하는 정치나 법 같은 제도가 불필요하다. 예를 들면 말다툼하는 두 사람에게 그들이 공유하는 많은 친척이 다툼을 끝내고 화해하라는 압력을 가할 것이기 때문이다. 전통적인 뉴기니 사회에서는 한 뉴기니인이 마을과 멀리 떨어진 곳에서 생면부지의 뉴기니인을 우연히 마주쳤는데, 상대방도 자기 마을에서 멀리 떨어진 곳에 있다면, 그 둘은 각자의 친척에 대해 길게 나열하기 시작한다. 둘 사이에 어떤 관계가 있는지 이야기하며 서로 죽이려고 싸우지 말아야 할 이유를 찾는 것이다.

무리사회와 부족사회 사이에는 지금까지 나열한 차이가 있지만 유사한 점도 많다. 부족사회의 통치 체제는 여전히 비공식적이고 '평등주의적'이다. 정보도 구성원 모두가 공유하고, 의사 결정도 집단적으로 이루어진다. 뉴기니 고원지대에서 나는 마을 회의를 적잖게 지켜보았다. 회의에는 모든 성인이 참석했다. 그들은 땅바닥에 앉아 각자의 의견을 말했고, 어느 한 사람이 '의장'을 맡아 회의를 주재하는 것 같지는 않았다. 고원지대의 많은 마을에는 '빅맨'으로 알려진 사람이 있다. 빅맨은 그 마을에서 가장 영향력이 큰 사람이지만, 누군가가 반드시 채워야 하는 공식적인 직책이 아니며 권한도 제한적이다. 빅맨에게는 독단적으로 결정할 권한도 없고, 혼자만 아는 외교적 비밀도 없다. 집단의 의사 결정에 영향을 미칠 수 있을 뿐이다. 빅맨은 개인적 자질로 그 지위를 획득하며 세습되지 않는다.

무리사회처럼 부족사회의 사회체제도 '평등주의적'이다. 달리 말하면, 차등적인 가문이나 계급이 없다. 지위가 세습되지도 않는다. 전통적인 부족사회와 무리사회에서는 자기만의 노력으로 다른 구성원보다 월등하게 부자가 될 수도 없다. 개개인이 다수에게 마땅히 갚아야 할 의무와 채무가 있기 때문이다. 따라서 외부인이 마을의 모든 성인을 겉모습만으로 판단해서 빅맨이 누구인지 짐작하는 건 불가능하다. 빅맨도 형태가 같은 오두막에 살고, 똑같은 옷을 입거나 장신구로 치장하고, 다른 사람들처럼 발가벗고 지내기 때문이다.

무리사회처럼 부족사회에도 관료제와 경찰력, 세금이 없다. 부족사회의 경제는 개인이나 가족 간 상호 교환에 기반한다. 중앙의 권력체에 바치는 조공에 따른 재분배도 없다. 경제의 전문화도 거의 이루어지지 않았다. 특수한 분야에 전업으로 종사하는 전문가도 아직 없고, 신체 건장한 성인이면 누구나 식량을 재배하거나 먹을 것을 채집하고 사냥하는 데 참여해야 한다. 빅맨도 예외가 아니다. 언젠가 나는 솔로몬제도의 한 섬에서 채마밭 옆을 지나던 중 멀리서 땅을 파던 한 남자가 내게 손을 흔드는 걸 보았다. 그가 내 친구 팔레타우라는 걸 알고는 깜짝 놀랐다. 팔레타우는 솔로몬제도에서 가장 유명한 나무 조각가로, 독창성이 남다른 예술가였다. 그런데도 자신이 먹을 고구마를 직접 재배하는 일에서 벗어나지 못했다. 부족사회에는 이처럼 경제 전문가가 따로 없지만, 노예한테 맡겨야 할 만큼 특별히 천한 일도 없기 때문에 노예도 없다.

카를 바흐Carl Philipp Emanuel Bach(1714~1788)부터 프란츠 슈베르트Franz Schubert(1797~1828)까지 이어지는 고전파 작곡가들이 바로크 시대에서 시작해 낭만주의 시대로 끝나는 스펙트럼에서 큰 부분을 차지하듯이, 부족사회도 한쪽 끝으로는 무리사회, 반대쪽 끝으로는 군장사회에 살짝 발을 걸치고 있다. 특히 부족사회에서 축제를 위해 도살한 돼지의 고기를 분배하는 빅맨의 역할은, 군장사회에서 식량과 물품—여기에서는 공물—을 거둔 뒤 재분배하는 군장의 역할과 엇

비슷하다. 마찬가지로 공공 건축물의 유무는 부족사회와 군장사회를 구분하는 기준 중 하나이지만, 뉴기니의 큰 마을들에서, 특히 세픽강 주변에서 흔히 눈에 띄는 '하우스 탐부란haus tamburan'으로 알려진 성소는 군장사회에서 나타나는 신전의 예고편이라 할 수 있다.

오늘날에도 소수의 무리사회와 부족사회가 국가의 통제를 벗어나 외지고 생태학적으로 주변적인 곳에 존속하고 있지만, 완전히 독립적인 군장사회는 20세기 초에 사라졌다. 군장사회는 국가가 우선적으로 탐낼 만한 땅을 차지한 경우가 많았기 때문이다. 하지만 1492년까지도 군장사회는 미국 동부 일대, 남아메리카와 중앙아메리카에서 국가에 흡수되지 않았지만 생산성이 높은 지역, 폴리네시아 전역에 널리 퍼져 있었다. 뒤에서 다시 다루겠지만, 고고학적 증거에 따르면 군장사회는 비옥한 초승달 지역에서는 기원전 5500년경, 메소아메리카와 안데스 지역에서는 기원전 1000년경에 처음 생겨난 듯하다. 이제부터 현대 유럽 및 아메리카의 국가들과 무척 다르고, 무리사회 및 단순한 부족사회와도 상당히 다른 군장사회만의 독특한 특징에 대해 살펴보자.

인구 규모에서 군장사회는 부족사회보다 상당히 커서 수천 명에서 수만 명에 이르렀다. 그 정도 규모의 군장사회에 속한 사람들은 혈연이나 결혼으로 맺어진 가까운 관계도 아니고, 이름도 서로 몰랐기 때문에 내부 갈등이 일어날 가능성이 다분했다. 약 7,500년 전 군장사회가 나타나면서, 사람들은 낯선 이를 마주쳤을 때 꼭 죽여야 할 필요가 없다는 걸 역사상 처음으로 배워야 했다.

그 문제를 해결하는 방법 중 하나는 한 사람, 즉 군장이 무력 사용 권리를 독점적으로 행사하는 것이었다. 부족사회의 빅맨과 달리 군장은 세습되는 공식적인 지위를 누렸다. 군장사회에서 마을 회의는 권한이 나뉜 무정부 상태에서 열리는 회의가 아니었다. 또 군장은 권력을 항구적으로 장악한 권위체여서 모든 중대한 결정을 내렸으며, (이웃 사회의 군장이 사적으로 협박하는 게 무엇이고, 신들이 어느 정도의 수확을 약속했는지 등에 대한) 중요한 정보를 독점했다. 빅맨과 달리 군장은 눈에 띄는 뚜렷한 특징 때문에 멀리에서도 알아볼 수 있었다. 예컨대 서남태평양 레넬섬의 군장은 커다란 부채형 날개를 등에 달고 다녔다. 일반인이 군장을 만날 때는 의례적으로 존경심을 표해야 했다. 예를 들어, 하와이에서는 평민이 군장을 만나면 고개를 숙이고 엎드려야 했다. 군장의 명령은 관료를 통해 한두 단계를 거쳐 전해지기도 했다. 다수의 관료는 등급이 낮았지만 그들 자신도 군장이었다. 하지만 국가의 관료와 달리, 군장사회의 관료는 전문적인 역할보다 일반적인 역할을 했다. 폴리네시아의 하와이에서는 '코노히키konohiki'라 일컫던 관리들이 공물을 거두고, 관개시설을 감독하고, 군장을 위한 노역자를 모집하는 역할을 구분 없이 해냈다. 반면 국가 사회에서는 세금 징수관, 지역별 물 관리자, 징병관을 각각 따로 두었다.

좁은 지역에 많은 인구가 모여 사는 군장사회에는 식량이 대량으로 필요했다. 대부분의 경우에는 농경으로, 특별히 풍요로운 일부 지역에서는 수렵·채집으로 식량을 확보했다. 예컨대 태평양 북서부 해안 지역의 인디언들, 즉 콰키우틀족Kwakiutl, 누트카족Nootka, 틀링깃족Tlingit은 농경에 종사하지 않고 가축도 기르지 않았지만 여러 마을로 이루어진 군장사회에서 살았다. 강과 바다에 연어와 넙치가 무척 풍부한 덕분이었다. 평민 계급에 속한 사람들이 생산한 잉여 식량이 군장과 그 가족, 관리, 전문가를 먹여 살렸다. 전문가는 카누와 자귀, 타구 등을 만드는 공예가, 새를 잡거나 문신을 새기는 기술자였다.

사치품, 즉 특별히 제작한 공예품이나 장거리 교역을 통해 구한 희귀한 물건 등은 군장을 위해 우선적으로 사용되었다. 예컨대 하와이의 군장들은 깃털 망토를 입었고, 그중에는 수만 개의 깃털로 이루어져 제작하는 데만 여러 세대가 걸리는 것도 있었다(물론 망토를 제작하는 것도 평민의 몫이었다). 이렇게 사치품이 군장에게 집중되었기 때문에 고고학적으로 군장사회를 파악하는 게 가능하다. 이전 시대의 무덤들은 별다른 차이가 없지만, 군장의 무덤에는 평민의 무덤보다 호화로운 물건을 훨씬 많이 매장했기 때문이다. 고대의 복잡한 군장사회는 정교한 공공 건축물의 잔해(예: 신전), 차별적인 마을 규모 면에서 부족사회의 마을과 구분된다. 예컨대 최고 군장이 거주하던 마을은 다른 마을들에 비해 규모도 크고, 행정을 위한 건물과 인공물도 많았다.

부족사회처럼 군장사회에서도 다수의 세습 가문이 한 지역에 모여 살았다. 하지만 부족사회에서 가문은 동등한 계급의 씨족이었지만, 군장사회에서 군장 가문에 속한 구성원은 세습적 특권을 누렸다. 실제로 군장사회는 세습 군장 계급과 평민 계급으로 나뉘었다. 하와이의 경우에는 군장 계급이 여덟 단계의 가문들로 다시 나뉘었고, 각 가문의 결혼은 흔히 같은 계층에 속한 가문과 이루어졌다. 게다가 군장에게는 특별한 능력을 지닌 공예가뿐 아니라 천한 일을 대신할 하인도 필요했다. 따라서 군장사회는 노예들에게 맡길 일이 많았다는 점에서도 부족사회와 달랐다. 노예는 주로 다른 사회를 습격해 사로잡은 포로로 충당했다.

경제적인 면에서 군장사회의 가장 뚜렷한 특징은, 무리사회와 부족사회의 특징인 상호 교환에만 의존하던 관계에서 벗어났다는 점이다. 상호 교환에 기반한 경제에서, A는 B에게 선물할 때 B가 어느 미래에 그에 상응하는 가치를 지닌 선물을 자신에게 줄 것이라고 기대한다. 현대 국가에서도 생일과 축제일에 이런 행동의 잔재를 엿볼 수 있는데, 우리 시대에 상품 유통의 대부분은 수요·공급의 법칙에 따라 돈으로 사고파는 형태로 이뤄진다. 군장사회는 상호 교환을 계속 유지했고, 화폐도 없고 매매도 없었지만 '재분배 경제redistributive economy'라는 새로운 교환 방법을 추가했다. 간단한 예로, 군장이 수확기에 전체 농민에게 밀을 거둔 뒤 모두를 위한 잔치를 베풀어 빵을 먹이거나, 밀을 저장해두고 다음 수확기 때까지 조금씩 다시 나눠주는 방법을 들 수 있다. 평민들에게서 받은 물품의 상당량을 재분배하지 않고 보관했다가, 군장의 혈족이나 기능인들에게 나눠주기도 했다. 이는 재분배를 위한 공물로, 군장사회에서 처음으로 나타난 세금의 초기 형태였다. 군장은 평민들에게 물품뿐 아니라, 공공사업에 필요한 노동력도 요구했다. 그런 공공사업은 평민들의 이익을 위한 경우(예: 모두를 먹이는 데 도움을 주는 관개시설)도 있었지만, 주로 군장을 위한 사업(예: 호화로운 무덤)이었다.

지금까지 우리는 모든 군장사회가 똑같다는 것을 전제로 하고 일반론적 관점에서 군장사회에 대해 논했다. 하지만 각 군장사회에는 큰 편차가 있었다. 규모가 큰 군장사회에서 군장의 권력은 대단히 막강했고, 군장 가문들 사이에도 서열이 있었다. 군장과 평민을 구분하는 경계 역시 한층 명확했다. 또 군장이 더 많은 공물을 거두었고, 관료층도 더 두터웠으며, 공공 건축물도 더 웅장했다. 예컨대 폴리네시아의 작은 섬에 있던 한 군장사회는 군장이란 지위를 세습했다는 걸 제외하면, 한 명의 빅맨이 있는 부족사회와 실질적으로 다를 바가 없었다. 또 군장의 오두막도 여느 오두막과 다르지 않았다. 관료도 없고 공공사업도 없었다. 군장은 평민에게 받은 물품을 거의 그대로 평민에게 재분배하고, 땅은 공동체가 관리했다. 그러나 하와이, 타히티, 통가 등 폴리네시아에서도 큰 섬들의 군장은 장신구만으로도 한눈에 알아볼 수 있을 정도였고, 노동력을 대대적으로 동원해 공공 건축물을 세웠다. 또 군장이 대부분의 공물을 차지하고, 모든 땅을 통제하며 관리했다. 이렇게 위계적인 가문이 있는 사회에서도 단계적인 차이가 있었다. 요컨대 하나의 자율적인 마을 자체가 하나의 정치 단위인 경우, 최고 군장을 둔 가장 큰 마을이 하위 군장을 둔 작은 마을들을 다스리고 통제하는 경우 등 다양한 사회가 있었다.

지금까지 살펴본 바에 따르면, 중앙에 권력이 집중되고 평등하지 않은 모든 사회에 근본적으로 존재하는 딜레마를 군장사회도 직면했을 게 분명하다. 좋게 보면, 중앙집권적 사회는 개인적 차원에서는 엄두를 낼 수 없을 정도로 비용이 많은 드는 서비스를 제공함으로써 구성원에게 도움이 될 수 있다. 그러나 최악의 경우에는 순자산을 평민에게서 상류층에게로 이전하며 도둑 정치의 앞잡이 역할을 뻔뻔하게 해낸다. 전자의 고결한 기능과 후자의 이기적 기능은 밀접히 연결되어 있지만, 정부에 따라 특별히 강조하는 기능이 다르기 때문에 별개의 것으로 보일 뿐이다. 부패한 도둑 정치인과 현명한 정치인의 차이, 악덕 자본가와 진실한 사회사업가의 차이는 생산자에게 얻어낸 공물의 몇 퍼센트를 지배계급이 차지하게 두고 재분배하는 공물 중 몇 퍼센트를 대중과 평민을 위해 쓰느냐 하는 것에 있다. 예컨대 콩고민주공화국의 모부투(1930~1997, 1965년부터 1997년까지 집권—옮긴이) 대통령은 지나치게 많은 공물(수십억 달러에 상당하는 공물)을 거두고도 눈곱만큼만 재분배한 까닭에 도둑 정치인이라는 평가를 받는다(콩고민주공화국에는 제대로 기능하는 전화 시스템조차 없었다). 반면 조지 워싱턴은 세금으로 거둔 돈을 폭넓은 지지를 얻은 사업에 투자하며 대통령으로서 전혀 부를 축재하지 않았기 때문에 훌륭한 정치가로 평가받는다. 물론 조지 워싱턴은 애초에 부잣집에서 태어났고, 지금도 뉴기니보다 미국에서 부가 훨씬 더 불평등하게 분배되고 있다는 점은 알아야 한다.

따라서 군장사회든 국가든 계급화된 사회와 관련해서는 "왜 평민은 자신이 힘들게 노동해 얻은 결실을 도둑 정치인이 가져가는 걸 묵인하는 걸까?"라는 의문을 당연히 제기해야 한다. 플라톤부터 마르크스에 이르기까지 많은 정치 이론가가 던진 이 질문은 오늘날에도 선거 때마다 유권자들이 다시 꺼내서 묻는다. 도둑 정치는 대중의 지지를 받지 못하면, 탄압받던 평민의 손에 전복되거나 훔친 열매를 더 많이 돌려주겠다고 약속하며 대중의 지지를 끌어내려는 거만한 예비 도둑 정치인들로 대체된다. 예컨대 하와이의 역사에서는 억압적인 군장에 저항한 반란이 끊이지 않았고, 대체로 반란 주동자는 억압을 줄이겠다고 약속한 군장의 동생들이었다. 그런 반란이 옛 하와이에 남긴 상처가 지금의 우리에게는 하찮게 보일 수 있다. 하지만 이 같은 다툼으로 현대 세계가 겪는 큰 고통을 생각해보면 그렇지도 않다.

지배계급이 평민보다 더 안락한 삶을 살면서도 대중의 지지를 얻으려면 어떻게 해야 할까? 인류 역사에서 도둑 정치인은 언제나 네 가지 방법을 동시에 사용해왔다.

(1) 민중에게서는 무기를 빼앗고, 지배계급은 무장한다. 요즘처럼 첨단 무기를 사용하는 시대에는 이 방법을 쓰기가 더 쉬워졌다. 옛날에는 창과 몽둥이를 집에서도 쉽게 만들 수 있었지만, 첨단 무기는 산업화한 공장에서만 생산하므로 지배계급이 쉽게 독점할 수 있기 때문이다.

(2) 민중에게 인기를 얻는 방향으로 공물 대부분을 재분배하며 민중을 행복하게 해준다. 이 원칙은 하와이의 군장들에게 유효했던 것만큼이나 오늘날의 미국 정치인들에게도 유효하다.

(3) 무력을 독점적으로 사용해 공공질서를 유지하고 폭력을 억제함으로써 민중의 행복감을 높여준다. 이 방법은 분권적 사회보다 중앙집권적 사회가 사용하기에 더 좋지만 지금까지 제대로 평가받지 못한 면이 있다. 과거 인류학자들은 무리사회와 부족사회를 온유하고 비폭력적이란 이유로 이상화했다. 물론 25명이 무리 지어 사는 사회를 3년 동안 관찰하며 연구하는 동안 학자들이 한 건의 살인도 목격하지 못했다는 건 사실이다. 하지만 여남은 명의 성인과 여남은 명의 아이로 이루어진 무리사회에서는 살인이 아니더라도 일상적인 이유로 죽을 수 있는데 3년 안에 성인들 사이에 살인까지 일어났다면 그 사회는 지속될 수 없을 것이다. 무리사회와 부족사회에 대한 장기적이고 한층 광범위한 연구에서 밝혀진 바에 따르면, 살인이 사망의 주된 원인이다. 내 경험을 예로 들어보자. 내가 우연히 뉴기니의 이야우족Iyau 마을을 방문했을 때, 한 여성 인류학자가 이야우족 여성들에게 삶에 대한 이야기를 듣겠다고 찾아왔다. 이야우족 여성들은 남편 이름에 대한 질문을 받자, 폭력 사태로 죽음을 맞은 서너 명의 남편 이

름을 차례로 나열했다. 전형적인 대답은 이랬다. "첫 남편은 엘로피족Elopi에게 습격을 받아 죽었고, 두 번째 남편은 나를 탐한 남자가 죽였어요. 그리고 그 남자가 세 번째 남편이 됐지요. 그 남편은 두 번째 남편의 동생이 복수를 하겠다며 죽였고요." 이런 우여곡절을 겪는 것은 온유하다고 알려진 부족민에게는 흔한 일이었다. 이는 부족사회가 점점 커지면서 중앙집권적 사회로 변해가는 계기로 작용했다.

(4) 도둑 정치인이 대중의 지지를 얻는 마지막 방법은 도둑 정치를 정당화하는 종교나 이데올로기를 구축하는 것이다. 현대사회에 국교가 있듯이, 무리사회와 부족사회에도 이미 초자연적 신앙이 있었다. 그러나 무리사회와 부족사회에서 초자연적 신앙은 중앙 권력과 부의 이전을 정당화하거나, 아무런 관련도 없는 개인들의 관계를 평화롭게 유지하는 역할까지 해내지는 못했다. 초자연적 신앙은 그런 기능이 제도화한 뒤에야 종교라 일컫는 것으로 바뀌었다. 이런 면에서는 하와이의 군장들이 전형적인 모습을 보였다. 자신을 신격화하고 신의 자손이라거나, 적어도 신과 직접적으로 통한다고 주장했기 때문이다. 군장들은 자신이 구성원을 대신해 신들에게 탄원하고, 비와 풍년, 풍어豐漁를 기원하는 주문을 암송함으로써 구성원들에게 도움을 주는 존재라고 주장했다.

군장사회의 특징을 꼽자면, 군장의 권위에 힘을 실어주는 이데올로기가 있었다는 것이다. 그 이데올로기는 제도화된 종교의 예고편이라고 할 수 있다. 군장이 정치 지도자와 성직자 역할을 겸하는 경우도 있었지만, 군장의 권위를 이데올로기적으로 뒷받침하는 도둑 정치인이라고 할 수 있는 성직자 집단을 지원하는 역할에 그치는 경우도 있었다. 따라서 군장사회에서는 징수한 공물을 공식적인 종교의 중심지

역할을 하는 신전과, 군장의 힘을 시각적으로 보여주는 공공건물을 짓는 데 대거 투입했다.

제도화된 종교는 도둑 정치인에게 부가 이전되는 걸 정당화하는 역할 외에, 중앙집권적 사회에 두 가지 중요한 이점을 안겨주었다. 첫째, 이데올로기와 종교를 공유하면 친족이 아니더라도 유대감이 형성되기 때문에 아무런 관계가 없는 개인들이 서로 살상하지 않고 함께 살아갈 수 있다. 둘째, 이데올로기와 종교 때문에 생득적 이기심을 버리고 타인을 위해 자신의 삶을 희생하겠다는 동기가 생길 수 있다. 군인으로서 전쟁터에서 싸우며 목숨을 잃은 일부 개인의 희생 덕분에, 사회 전체가 더 효과적으로 다른 사회를 정복하거나 다른 사회의 공격을 견뎌낼 수 있다.

오늘날 우리에게 가장 익숙한 정치·경제·사회적 제도는 남극을 제외하고 모든 육지를 지배하는 국가라는 제도이다. 많은 초기 국가와 모든 근대 국가에서 지배층은 당연히 글을 읽고 쓸 줄 알았다. 많은 근대 국가에서는 일반 대중도 글을 알았다. 사라진 국가들은 대체로 뚜렷한 고고학적 특징을 남겼다. 규격화된 형태의 신전, 적어도 네 등급으로 나뉘는 정착지 규모, 수만 킬로미터의 면적에서 발견되는 토기의 양식이 대표적인 예이다. 이런 고고학적 증거를 통해, 국가가 메소포타미아에서는 기원전 3700년경, 메소아메리카에서는 기원전 300년경, 안데스 지역과 중국, 동남아시아에서는 약 2,000년 전, 서아프리카에서는 약 1,000년 전에 나타났다는 게 밝혀졌다. 근대에도 군장사회에서 국가로 성장하는 현상을 자주 관찰할 수 있었다. 따라서 지금 우리는 과거의 군장사회와 부족사회, 무리사회보다 과거의 국가 및 국가의 형성 과정에 대해 훨씬 더 많은 것을 알고 있다.

초기 국가는 다수의 마을로 이루어진 큰 군장사회의 많은 특징을 그대로 유지했다. 이는 무리사회에서 부족사회로, 다시 군장사회로 규모가 커지는 현상과 관련이 있다. 군장사회의 인구는 수천 명에서 수만 명에 불과하지만, 대부분의 현대 국가는 인구가 100만 명을 넘어서고, 중국의 경우는 10억 명을 웃돈다. 최고 군장이 거주하는 곳은 국가의 수도가 되었고, 수도를 제외한 인구 밀집 지역은 군장사회에는 없던 도시가 되었다. 대규모 공공사업이 진행되고, 지배자를 위한 궁전이 있고, 공물이나 세금을 통한 자본 축적이 일어나고, 식량 생산자가 아닌 사람들이 밀집되어 있다는 측면에서 도시는 마을과 다르다.

초기 국가에는 최고 군장처럼 세습적인 지도자가 있었는데, 그들은 왕에 상응하는 지위를 누리며 정보를 독점하고 의사 결정을 독단적으로 내리며 권력을 훨씬 더 강력하게 행사했다. 오늘날 민주국가에서도 중요한 정보는 소수에게만 허용되기 때문에 그들이 정부 내에서 정보의 흐름을 통제하며, 결과적으로는 의사 결정에도 영향을 미친다. 예컨대 1962년에 쿠바 미사일 위기가 닥쳤을 때, 케네디 대통령은 5억 명이 피해를 입을 수도 있는 핵전쟁의 가능성에 대한 정보와 논의를 그가 직접 임명한 10명의 국가안전보장회의 집행위원으로 국한했다. 심지어 최종 결정을 내릴 때는 대통령 자신과 각료 3인 등 총 4인으로 협의 인원을 더욱 좁혔다.

중앙 통제는 군장사회보다 국가에서 더 광범위하게 영향을 미치고, (세금으로 명칭이 바뀐) 공물을 통한 재분배도 더 광범위하게 이루어진다. 경제의 전문화는 극단으로 치달아 오늘날에는 농민조차 자급자족을 하지 못하게 되었다. 따라서 중앙정부의 붕괴가 사회에 미치는 영향은 그야말로 재앙에 가깝다. 407~411년 로마의 군대와 관리가 영국을 떠나고 로마 화폐도 사용하지 못하게 되자 영국은 파국적 상황을 맞이했다. 메소포타미아에서는 국가 형성 초기부터 경제를 중앙에서 통제했다. 식량 생산은 네 부문의 전문가 집단(곡물 농경민, 목축민, 어민, 원예 종사자)이 맡았다. 국가는 이들의 생산물을 거둬들인 뒤 각 집단에게 생활필수품과 연장 및 그들이 생산한 식량 이외의 먹을거리를 나눠주었다. 국가는 곡물 농경민에게 씨앗과 쟁기 끄는 가축을 제공했고, 목축민에게서 짐승의 털을 거둬들인 다음 장거리 교역을 통해 금속 등 필수적인 원재료와 교환했다. 그리고 농경민에게 필요한 관개시설을 유지하는 데 동원된 노동자에게는 식량을 주는 것으로 품삯을 지불했다.

대부분의 초기 국가는 군장사회보다 훨씬 큰 규모로 노예제도를 도입했다. 군장사회가 패배한 적한테 더 관대했기 때문이 아니라, 국가에서는 경제가 더 전문화되고 대량생산과 공공사업이 자주 이루어져 노예 노동력이 더 많이 필요했기 때문이다. 게다가 국가 사이의 전쟁 규모도 커져서 더 많은 포로를 획득할 수 있었다.

군장사회에서는 행정 조직이 한두 단계에 불과했지만, 국가에서는 요즘의 정부 조직도처럼 크게 늘어났다. 관료의 수직적 계층화가 심화되는 동시에 수평적인 전문화도 이루어졌다. 하와이의 한 지역에서는 '코노히키'가 모든 행정을 담당했지만, 국가에서는 중앙 및 지방 정부가 물 관리와 세금 징수, 징병 등을 위한 부서를 별도로 두었고, 각 부서도 고유한 방식으로 계층화되었다. 따라서 관료 조직은 작은 국가조차 큰 군장사회보다 복잡했다. 예컨대 서아프리카에서 한때 국가로 존재했던 마라디Maradi의 중앙 행정 기관에는 130개가 넘는 직책이 있었다.

국가 내에서 일어나는 내부 갈등은 흔히 법과 사법제도, 경찰에 의해 형식과 절차에 따라 해결되었다. 법은 거의 성문화되었는데, 잉카제국처럼 눈에 띄는 예외도 있지만, 많은 국가의 지배계급이 글을 알았기 때문이다. 메소포타미아와 메소아메리카 모두에서 최초의 국가 형성 시기는 문자가 생겨난 시기와 일치했다. 반면 군장사회 초기에는 국가가 형성되기 훨씬 전이어서 아직 문자가 없었다.

초기 국가에는 국교와 표준화된 신전이 있었다. 초기에는 많은 왕이 신적인 존재로 여겨져 무수히 많은 특별 대우를 받았다. 예컨대 아즈텍과 잉카의 황제들은 가마를 타고 다녔다. 특히 잉카 황제의 가마가 지나갈 때는 하인들이 앞서가며 길을 깨끗하게 쓸었다. 일본어에는 황제에게 말할 때에만 사용하는, '당신'에 해당하는 특별한 대명사가 있다. 초기에는 왕이 곧 국교의 수장이었다. 그렇지 않은 경우에는 고위 성직자를 따로 두었다. 메소포타미아에서 신전은 종교 중심지였을 뿐만 아니라, 경제적 재분배와 문자, 공예 기술의 중심지이기도 했다.

국가의 이런 특징은 부족사회부터 군장사회까지 이어진 발전이 극대화되어 나타난 것이다. 하지만 국가는 여러 측면에서 군장사회와 뚜렷이 달랐다. 가장 근본적이고 뚜렷한 차이라면, 국가는 정치 노선과 영토의 경계를 기반으로 형성된 반면, 무리사회와 부족사회, 단순한 군장사회는 혈연을 기반으로 형성되었다는 점이다. 게다가 무리사회와 부족사회는 전부 다, 군장사회는 대체로 하나의 민족 집단과 하나의 언어 집단으로 이루어졌다. 하지만 국가, 특히 주변 국가를 합병하거나 정복함으로써 형성된 제국은 흔히 다민족으로 이루어지고 여러 언어를 사용했다. 군장사회와 달리 국가에서는 관료도 친족 관계를 기준으로 선발하지 않았고, 적어도 부분적으로는 교육과 능력에 근거해 전문가로 선발했다. 대부분의 현대 국가를 포함해 나중에 세워진 국가에서는 지도자 지위를 세습하지 않았고, 많은 국가가 군장사회 때부터 공식적으로 이어지던 세습 계급까지 완전히 포기했다.

지난 1만 3,000년간 인류 역사를 이끈 주된 흐름은, 작고 덜 복잡한 사회적 단위가 크고 더 복잡한 사회적 단위로 바뀌었다는 것이다. 물론 장기적으로 볼 때 일반적인 흐름이 그랬다는 것이고, 그 기간에도 양쪽 방향으로 이동이 많이 일어났다. 큰 단위가 되기 위해 1,000회의 합병이 있었다면, 작은 단위가 되는 999회의 반대 흐름이 있었다. 요즘 우리는 일간신문을 통해 큰 단위(예: 구소련, 유고슬라비아, 체코슬로바키아)도 작은 단위로 해체될 수 있다는 걸 알고 있다. 2,000년 전에는 알렉산드로스의 마케도니아왕국이 그랬다. 더 복잡한 단위가 덜 복잡한 단위를 항상 정복하는 게 아니다. 로마제국과 중국이 이른바 '야만족'과 몽골 군장사회의 침략을 받아 무너졌듯 그 반대의 경우도 있을 수 있다. 그러나 장기적으로 보면, 크고 복잡한 사회가 결국에는 국가를 이룬다.

국가와 더 단순한 단위가 충돌할 때 국가가 매번 승리하는 이유 중 하나는 국가가 무기류를 비롯한 과학기술에서 언제나 우위를 지키고 인구도 많기 때문이다. 군장사회와 국가가 승리하는 이유는 두 가지가 더 있다. 첫째, 결정권이 중앙정부에 집중되어 있으면 군사력과 자원을 집중적으로 사용하는 데 유리하다. 둘째, 많은 국가에서 종교를 공식적으로 인정하며 애국심을 고취하는 까닭에 병사들이 기꺼이 목숨을 걸고 싸운다.

국가를 위해 자발적으로 희생해야 한다는 것은 현대 국가에서도 학교와 교회, 정부를 통해 우리 머릿속에 깊이 각인된다. 그래서 우리는 이러한 희생정신이 인류 역사에서 유례가 없는 현상이라는 걸 잊은 채 살아간다. 어떤 국가에는 국가를 위해 필요할 경우 죽음을 각오하라고 국민을 독려하는 구호가 있다. 영국에는 "왕과 조국을 위하여", 스페인에는 "신과 스페인을 위하여"라는 구호가 있었다. 16세기 아즈텍 전사들도 감정에 호소하는 비슷한 구호에 동기부여를 받곤 했다. "생명을 주신 그분(아즈텍제국의 수호신 우이칠로포치틀리)에게는 전쟁터에서 맞는 죽음만큼 아름다운 죽음이 없도다. 저 멀리에서 그 죽음이 보이면 내 가슴이 그 죽음을 뜨겁게 갈망하노라!"

이런 정서를 갖는다는 것은 무리사회와 부족사회에서는 생각조차 할 수 없는 일이었다. 내 뉴기니 친구들이 과거에 치른 부족 전쟁에 대해 나에게 이야기할 때, 거기에는 부족을 사랑하는 마음이나 자살 공격 등 죽음의 위험을 감수하는 군사적 행위가 조금도 없었다. 습격은 언제나 매복으로 하거나 월등한 힘이 있어야 했고, 마을을 위해 죽는 일이 없도록 위험을 어떻게든 최소화했다. 이런 정신 자세 때문에, 국가 사회와 비교할 때 부족사회가 군사적으로 선택할 수 있는 것은 크게 제한되었다. 당연한 말이겠지만, 애국심에 불타는 종교적 광신도가 진짜 위험한 이유는 다른 적을 섬멸하거나 없애겠다며 자신의 목숨을 기꺼이 내던지기 때문이다. 광신도의 죽음 자체가 무서운 것은 아니다. 전쟁에서의 극단적인 광신적 행위, 예컨대 역사에 기록된 것처럼 기독교도와 이슬람교도를 정복 전쟁에 나서게끔 부추긴 유형의 광신은 군장사회, 특히 6,000년 전 국가가 등장하기 전까지는 지구상에 알려지지 않았을 가능성이 크다.

권력이 누구에게도 집중되지 않고 친족에 기반한 작은 사회가, 대부분의 구성원이 서로 밀접한 관계도 없고 중앙에 권력이 집중된 대규모 사회로 발전하려면 어떤 과정을 거쳐야 할까? 지금까지는 무리사회에서 국가로 발전하는 과정에 대해 살펴보았으므로, 이제부터는 사회가 어떤 이유로 이런 변화를 겪는지 알아보기로 하자.

인류 역사를 보면 독자적으로 형성된 국가가 많았다. 문화인류학자들의 표현을 빌리면 '때 묻지 않은 상태', 다시 말해 주변에 기존 국가가 없는 상태에서 생겨난 국가들이다. 때 묻지 않은 국가는 오스트레일리아와 북아메리카를 제외하고 다른 대륙에서는 적어도 한 번, 어쩌면 여러 차례 나타났다. 메소포타미아, 북중국, 나일강 유역과 인더스강 유역, 메소아메리카, 안데스 지역, 서아프리카에서는 선사시대에 이미 국가가 형성되었다. 유럽 국가와 접촉했던 마다가스카르, 하와이, 타히티섬, 아프리카 여러 지역의 원주민 국가들은 지난 300년 사이에 군장사회에서 탄생했다. 앞에서 언급한 지역들 외에 북아메리카 남동부, 태평양 북서부 해안 지역, 아마존강 유역, 폴리네시아, 사하라 이남 아프리카에서도 때 묻지 않은 상태로 많은 군장사회가 탄생했다. 복잡한 사회가 탄생한 이들 지역을 연구하며 사회 발전 과정을 이해하는 데 필요한 많은 자료를 확보할 수 있었다.

국가의 기원을 다룬 많은 이론 중에서 가장 단순한 이론은 국가의 기원과 관련해 굳이 해결해야 할 문제 따위는 없다고 주장한다. 예컨대 아리스토텔레스는 국가를 자연스러운 상태의 인간 사회라고 생각하며, 어떤 설명도 필요하지 않다고 말했다. 아리스토텔레스가 이렇게 잘못 생각한 이유는 충분히 납득이 간다. 그가 생전에 접촉했을 법한 사회, 즉 기원전 4세기의 그리스는 모두 국가였기 때문이다. 하지만 지금 우리는 1492년에도 세계의 많은 지역에 군장사회나 부족사회, 무리사회가 있었다는 걸 알고 있다. 따라서 국가가 어떻게 형성되는지에 대한 설명이 필요하다.

이번에는 우리에게 가장 많이 알려진 이론을 살펴보자. 프랑스 철학자 장 자크 루소는 국가가 사회계약으로 형성된다고 생각했다. 사회계약은 사람들이 개인적 이익을 계산할 때 도달하는 합리적인 결정이며, 그런 합리적인 결정을 따르면 단순한 사회보다 국가에서 살아가는 게 더 낫다는 결론에 이르기 때문에 단순한 사회를 자발적으로 멀리하게 된다는 것이다. 그러나 많은 관찰과 역사 기록에 따르면, 사람들이 이렇게 냉정하게 앞날을 내다보며 영묘한 분위기에서 국가를 형성한 경우는 단 한 번도 없다. 작은 사회 단위가 자주권을 자발적으로 포기하며 더 큰 사회 단위에 합병되지는 않는다. 합병은 정복을 통해서만, 즉 외부의 압력과 협박을 통해서만 이루어진다.

일부 역사학자와 경제학자에게 여전히 호응을 얻는 이론도 있다. 메소포타미아와 북중국, 멕시코에서 국가가 나타날 즈음 대규모 관개시설이 건설되기 시작했다는 사실에 기반을 둔 이론으로, 관개와 물 관리를 다루는 복잡한 대규모 시설을 건설하고 관리하려면 중앙집권적 관료 조직이 필요했을 것이라고 주장한다. 이 이론은 시차를 두고 관찰할 수 있는 개략적인 상관관계를 인과관계로 보는 것이다. 메소포타미아와 북중국, 멕시코는 대규모 관개시설의 이점을 예측한 듯하지만, 그곳에서 수천 킬로미터 떨어진 지역, 아니 지구상 어느 곳에도 그런 관개시설로 추정할 만한 것이 전혀 없던 시기도 있었다. 이렇게 앞날을 내다본 사람들이 비효율적인 작은 군장사회를 합병해, 대규모 관개시설의 이점을 누릴 수 있는 큰 국가를 세우기로 결정했을 것이란 게 이 이론이 주장하는 내용이다.

하지만 국가의 형성 과정을 물 관리의 필요성으로 설명하려는 이 '수리론水理論'은 사회계약론과 똑같은 반론에 부딪힌다. 더 구체적으로 말하면, 수리론은 복잡한 사회로 진화하는 과정에서 최종 단계에 해당할 뿐이다. 수리론은 대규모 관개시설의 조성이 어렴풋하게나마 가능해지기 전까지 수천 년 동안 무리사회에서 부족사회, 다시 군장사회로의 변화를 이끈 요인에 대해서는 전혀 언급하지 않는다. 역사 연대와 고고학적 연대를 자세히 분석해보아도, 관개시설이 국가 형성의 디딤돌이었다는 이론을 뒷받침하는 근거는 찾을 수 없다. 메소포타미아와 북중국, 멕시코, 마다가스카르에는 국가 형성 이전에 소규모 관개시설이 이미 존재했다. 대규모 관개시설은 국가의 출현과 동시에 건설되기는커녕 한참 뒤에야 건설되기 시작했다. 메소아메리카의 마야 문명 지역과 안데스 지역에 세워진 국가들의 관개시설은 대체로 지역 공동체가 자체적으로 건설해 유지할 수 있을 정도로 소규모였다. 따라서 복잡한 물 관리 시스템을 도입한 지역에서도 그러한 시설은 국가 형성의 이차적 요인이었을 뿐이며, 국가는 다른 여러 이유로 형성된 게 분명하다.

내 생각에 국가 형성의 이유를 정확히 찾으려면, 일부 국가에서 확인할 수 있는 관개시설과의 상관관계에 매달리지 말고, 더 폭넓은 타당성이 있는 명확한 사실에 눈을 돌려야 한다. 구체적으로 말하면, 해당 지역의 인구 규모가 사회의 복잡성을 예측할 수 있는 가장 강력한 지표이다. 앞에서 줄곧 살펴보았듯 무리사회의 인구는 수십 명, 부족사회는 수백 명, 군장사회는 수천 명에서 수만 명까지였고, 국가는 일반적으로 5만 명을 넘었다. 인구 규모와 사회 유형(무리사회, 부족사회 등) 사이에서 이런 개략적인 상관관계를 볼 수 있고, 어떤 유형에서나 인구와 사회의 복잡성에 관해 뚜렷한 경향 하나를 확인할 수 있다. 예를 들면, 인구가 많은 군장사회일수록 중앙에 더 많은 권력이 집중되고 계층화가 심화되며 더 복잡한 구조가 된다는 것이다.

이러한 상관관계를 통해서 인구 규모와 인구밀도, 즉 인구 압력population pressure이 복잡한 사회의 형성과 '어떤' 관련이 있을 거라는 추정이 가능하다. 그러나 이런 상관관계만으론 인구라는 변수가 최종적으로 복잡한 사회를 만드는 인과관계의 사슬에서 어떤 기능을 하는지 정확히 알 수 없다. 그 인과관계의 사슬을 찾아내기 위해, 어떻게 인구가 많아지고 밀도가 높아졌는지를 먼저 살펴보기로 하자. 그런 뒤에야 인구는 많지만 단순한 구조를 지닌 사회가 왜 존속하지 못했는지를 추적할 수 있을 것이다. 이런 기초적인 정보를 파악해야 "어떻게 인구가 증가할수록 단순했던 사회가 복잡해지는가?"라는 질문으로 마침내 돌아갈 수 있다.

앞에서 살펴보았듯 인구가 많거나 과밀한 사회는 식량을 인위적으로 생산하는 지역, 아니면 수렵·채집으로도 지탱할 수 있을 만큼 예외적으로 생산성이 높은 지역에 있어야 유지될 수 있다. 생산성 높은 수렵·채집사회가 조직적인 면에서 군장사회의 수준에 도달한 경우는 적잖게 있지만, 국가의 수준까지 이른 사례는 전혀 없었다. 앞에서 언급했듯이 인구 규모와 사회의 복잡성 사이에 상관관계가 존재하느냐는 논쟁처럼, 식량 생산과 인구 변수, 사회의 복잡성 사이에 인과관계가 존재하느냐 하는 문제는 결국 '닭이 먼저냐 달걀이 먼저냐'라는 식의 지루한 논쟁으로 이어졌다. 집약적인 식량 생산으로 인구가 증가하고, 결국에는 복잡한 사회가 되었을까? 아니면 여러 요인과 복잡한 사회가 원인으로 작용해 어떻게든 식량 생산의 집약화로 이어졌을까?

질문을 '이것이냐, 아니면 저것이냐' 하는 식으로 던지면, 핵심을 놓치게 된다. 집약적인 식량 생산과 복잡한 사회는 자가 촉매 작용으로 서로 자극하는 관계에 있기 마련이다. 달리 말해 인구가 증가하면 사회가 복잡해지고, 사회가 복잡해지면 다시 집약적인 식량 생산으로 이어지고, 그리하여 인구가 증가한다(이런 변화에 관계하는 메커니즘에 대해서는 뒤에서 살펴보기로 하자). 중앙집권화를 이룬 복잡한 사회만이 관개시설 건설을 비롯해 공공사업을 시행하고, 더 좋은 농기구를 만드는 데 필요한 금속 수입 등 장거리 교역을 실시하며, 다양하게 전문화된 경제 분야의 활동을 조직할 수 있다(예컨대 농경민이 생산한 곡물로 목축민을 먹이고, 목축민은 가축을 농경민에게 전해주어 쟁기 끄는 동물로 사용하게 해준다). 중앙집권적 사회에는 이런 역량이 있었기에 집약적인 식량 생산이 가능했고, 그 결과 인구가 증가할 수 있었다.

게다가 식량을 생산하면서 복잡한 사회는 세 가지 고유한 특징을 갖게 되었다. 첫째, 식량 생산에 투입되는 노동량은 계절적으로 변동이 심하다. 따라서 수확한 곡물의 저장이 끝나면, 중앙 정치권력은 농경민의 노동력을 활용해서 국력을 과시하는 공공건물(예: 이집트의 피라미드)을 짓고, 더 많은 사람을 먹여 살리기 위한 공공사업(예: 하와이의 관개시설이나 양어장)을 펼치며, 더 큰 정치 단위를 구축하기 위해 정복 전쟁에 나설 수 있었다.

둘째, 식량 생산을 체계적으로 조직화하면 잉여 식량을 생산할 수 있다. 잉여 식량이 있을 때, 경제 분야의 전문화와 사회 계층화가 가능하다. 군장과 관료를 포함한 상류층, 필경사와 공예가 등 식량 생산에 참여하지 않는 전문가, 식량을 생산하는 동시에 농한기에 공공건물의 건설에 동원되는 농경민 등 복잡한 사회의 모든 계층을 먹여 살리려면 잉여 식량의 생산이 필수적이다.

셋째, 사람들은 식량 생산을 통해 정착된 삶을 시작할 수 있었다. 거꾸로 말하면, 식량을 생산하려면 정착 생활을 채택할 수밖에 없었다. 그런데 정착 생활은 상당한 재물을 축적하고, 도구와 기능을 정교하게 다듬고, 공공건물을 세우기 위한 선결 조건이다. 이처럼 일정한 주거지는 복잡한 사회에서 중요하다. 선교사와 정부 관리들이 뉴기니와 아마존강 유역에서 한 번도 외부인과 접촉한 적 없는 떠돌이 부족이나 무리를 처음 만날 때마다 보편적으로 두 가지 당면 목표를 세우는 이유도 여기에 있다. 첫 번째 목표는 그 유랑민을 설득해 폭력과 다툼을 포기하고 평화롭게 지내도록 유도하는 것이다. 달리 말하면, 선교사나 정부 관리를 죽이지 않도록, 또 서로 살상하지 않도록 유랑민을 설득하는 것이다. 두 번째 목표는 유랑민을 설득해 마을에 정착하도록 유도하는 것이다. 그래야 선교사와 정부 관리가 그들을 쉽게 찾아내 의료와 학교 같은 기본적인 복지를 제공하며 그들을 개종시키고 통제할 수 있기 때문이다.

따라서 식량 생산은 인구 증가로 연결되며, 복잡한 사회를 '가능케' 하는 데 많은 역할을 한다. 그러나 식량 생산과 많은 인구라는 조건이 갖추어진다고 해서 복잡한 사회가 '필연적으로' 형성되는 건 아니다. 실증적 관찰에 따르면, 무리사회나 부족사회는 수십만 명으로 이루어진 조직을 지탱하는 데 적합하지 않다. 그렇다면 현존하는 대규모 사회가 예외 없이 복잡한 중앙집권적 조직이 되는 이유는 무엇일까? 여기에는 적어도 네 가지 명백한 이유가 있다.

첫째, 아무런 관계도 없는 생면부지의 사람들 사이에는 갈등이란 문제가 생기기 때문이다. 사회를 구성하는 인원수가 증가하면 이 문제는 폭발적으로 증가한다. 20명으로 구성된 무리사회에서 양자 관계는 190건에 불과하다(20×19÷2). 그러나 2,000명으로 이루어진 무리에서는 양자 관계가 199만 9,000건이나 된다. 이 각각의 양자 관계는 잠재적으로 살인을 부르는 다툼으로 발전할 수 있다. 무리사회와 부족사회에서 살인은 대부분 보복 살인을 시도하는 행위로 이어진다. 이렇게 살인과 보복 살인이 꼬리를 물고 끝없이 되풀이되며 사회가 불안해진다.

무리사회에서는 각 구성원이 밀접한 관계에 있어 다툼이 벌어지면 양쪽 당사자 모두와 관련된 사람들이 중재에 나선다. 부족사회에서는 아직 많은 사람이 서로 가까운 친인척이고, 모두가 적어도 이름은 아는 사이이기 때문에 공통된 친척과 친구가 다툼을 중재하고 나선다. 그러나 서로를 어떻게든 알 수 있는 범위인 '수백 명'이란 문턱을 넘어서는 순간, 아무런 관계도 없는 양자 관계의 수가 증가한다. 따라서 생면부지의 사람들이 싸울 때 그들의 싸움을 말릴 공통된 친구나 친척은 그만큼 적어진다. 대다수 구경꾼은 한쪽만의 친구이거나 친척으로, 자기 쪽만을 일방적으로 편든다. 그 결과 두 사람의 다툼이 큰 싸움으로 번질 수 있다. 따라서 대규모 사회가 갈등 해결을 구성원에게 계속 맡겨두면 언젠가 폭발할 것이다. 이 때문에 수천 명으로 구성된 사회는 무력을 독점하며 갈등을 해결하는 중앙집권적 권위체를 만들어야 존속할 수 있다.

둘째, 인구가 증가하면 공동으로 의사 결정을 내리는 게 더욱더 불가능해지기 때문이다. 모든 성인이 참여하는 의사 결정은 뉴기니의 작은 마을에서는 지금도 가능하다. 새로운 소식과 정보가 모든 구성원에게 신속히 전달되고, 마을 전체 모임에서 모두가 개개인의 의견을 경청할 수 있으며, 의견을 제시하고 싶은 사람은 차별 없이 발언 기회를 얻을 수 있다. 그러나 공동체의 규모가 커지면 공동의 의사 결정에 필요한 선결 조건을 충족하는 게 불가능해진다. 지금처럼 마이크와 확성기를 갖춘 시대에도 수천 명으로 구성된 집단에서는 단체 회의가 쟁점을 해결하는 방법이 아님을 모두가 알고 있다. 따라서 대규모 사회가 효과적으로 결정을 내리려면 조직화와 중앙집권화가 필요하다.

셋째, 경제적 요인 때문이다. 어떤 사회에나 구성원 사이에 물품을 주고받는 수단이 필요하다. 각 구성원은 어떤 날에는 필수적인 물품을 많이 얻고, 어떤 날에는 적게 얻을 수 있다. 또 사람마다 능력이 제각각이기 때문에 개인적 차원에서 보면, 어떤 필수품은 항상 넘치는 데 반해 어떤 필수품은 부족하기 마련이다. 소수의 구성원으로 이루어진 소규모 사회에서는 개인과 개인, 혹은 가족과 가족 사이에 필요한 물품을 직접 교환함으로써 문제를 해결할 수 있다. 그러나 대규모 사회에서 당사자끼리의 직접적 갈등 해결 방식이 비효과적인 것과 마찬가지로 직접적인 경제적 교환도 비효과적이다. 대규모 사회에서는 상호 교환 외에 재분배 경제를 도입해야만 경제가 제대로 기능할 수 있다. 어떤 사람이 필요 이상으로 보유한 물품을 중앙정부로 이전해야만, 중앙정부는 그 물품을 부족한 사람에게 재분배할 수 있기 때문이다.

대규모 사회에 복잡한 조직이 반드시 필요한 네 번째 이유는 인구밀도와 관계가 있다. 수렵·채집민으로 이루어진 소규모 무리사회와 비교할 때, 식량을 생산하는 대규모 사회는 인구도 많고 밀도도 높다. 수십 명의 사냥꾼으로 이뤄진 무리사회는 널찍한 영토가 있어 자신들에게 필요한 자원 대부분을 그 안에서 구할 수 있다. 그 밖의 필요한 물품은 이웃한 무리사회와 교역해서 얻고, 교역은 무리 간 전쟁이 멈춘 사이에 주로 이루어진다. 인구밀도가 증가하면 수십 명 규모의 무리사회에 적합하던 영토가 줄어든 것과 다를 바 없어, 생존에 필요한 물품을 밖에서 더 많이 구해야 한다. 예컨대 네덜란드의 면적은 4만 1,000제곱킬로미터이고 인구는 대략 1,600만 명이다. 그런데 그 땅을 80만 개로 분할해 0.05제곱킬로미터 안에서 20명의 무리가 자급자족하며 살아가고, 일시적인 휴전 때마다 경계지로 달려가 이웃 무리하고 물품과 신부를 교환하며 살아가는 건 불가능하다. 이런 공간적 조건을 고려하면, 인구가 과밀한 지역에는 복잡하게 조직화한 대규모 사회가 들어설 수밖에 없다.

따라서 갈등 해결과 의사 결정, 경제적 요인, 공간적 요인을 고려하면, 대규모 사회는 중앙집권화 방향으로 귀결된다. 그러나 권력이 집중되면, 그 권력을 쥐고 정보에 접근해 결정을 독점하고 물품을 재분배하는 사람들이 자신과 측근에게 보상을 몰아줄 가능성을 피할 수 없다. 현재의 인간 집단을 잘 아는 사람에게 이런 현상은 당연해 보일 뿐이다. 초기 사회가 발달함에 따라 중앙집권적 권력을 획득한 사람들이 점차 지배계급으로 굳어졌다. 어쩌면 그 지배계급의 조상은 과거 마을에서 동등한 지위에 있던 여러 씨족 중 하나로, 나머지 씨족보다 '좀 더 평등했던' 씨족이었을 수 있다.

앞에서 언급한 네 가지 이유는 대규모 사회가 무리사회의 조직으로는 제대로 기능할 수 없고, 권력자가 부를 독점하는 정치체제가 될 수밖에 없는 현상을 잘 설명해준다. 그러나 작고 단순한 사회들이 실제로 어떻게 크고 복잡한 사회로 진화하거나 합병되는지에 대한 의문이 아직 남아 있다. 합병, 중앙에 맡겨진 갈등 해결, 의사 결정, 재분배 경제, 약탈적 종교는 루소의 사회계약을 통해 자동적으로 생겨나는 게 아니다. 그럼 합병을 부추기는 것은 무엇일까?

이 질문에 대한 대답은 진화적 추론evolutionary reasoning과 부분적으로 관계가 있다. 나는 이 장을 시작할 때, 동일한 범주로 분류되는 사회들이 모두 똑같지는 않다고 말했다. 인간은 개인으로나 집단으로나 무한히 다양하기 때문이다. 예컨대 여러 무리사회나 부족사회가 있다면, 빅맨 중에서도 유난히 카리스마 있고 강력해 보이며 결정을 내리는 데도 능수능란한 사람이 있기 마련이다. 대규모 부족사회 중에서도 상대적으로 강한 빅맨이 있어 권력이 더 집중된 부족사회가 그렇지 못한 부족사회보다 유리한 위치를 차지하곤 한다. 파유족처럼 갈등을 해결하는 데 미숙한 부족사회는 다시 여러 무리로 분열되고, 제대로 통치되지 않는 군장사회는 더 작은 군장사회나 부족사회로 쪼개진다. 갈등을 효과적으로 해결하고 건전한 결정을 내리며 경제적 재분배를 조화롭게 해내는 사회는, 과학기술적으로 더 나은 도구를 개발하는 동시에 군사력을 강화함으로써 더 넓고 더 생산적인 땅을 점령하고 주변의 자주적인 작은 사회들을 하나씩 정복할 수 있다.

따라서 동일한 수준의 복잡한 사회들이 서로 경쟁할수록 조건이 충족된다면 더 높은 수준의 복잡한 사회로 발전한다. 한 부족사회가 다른 부족사회를 정복하거나 합병해서 군장사회 규모에 이르고, 그런 군장사회가 다른 군장사회를 정복하거나 합병해서 국가 규모에 이르고, 그 국가가 다른 국가를 정복하거나 합병하면 제국이 된다. 더 일반화해서 말하면, 큰 단위는 규모가 커서 생기는 문제를 해결할 수 있는 경우에만, 오로지 그런 경우에만 작은 단위보다 유리한 위치에 있을 수 있다. 규모가 커서 생기는 문제로는 지도층을 향해 불평불만을 품은 자들의 지속적인 위협, 도둑 정치 체계에 대한 평민들의 분노, 경제 통합과 관련해 지속적으로 발생하는 문제 등이 있다.

작은 단위가 큰 단위로 합쳐진 사례는 역사적 문헌이나 고고학적 유물로 종종 입증된다. 루소의 주장과 달리, 아무런 위협도 받지 않는 사회가 순전히 구성원의 행복을 증진할 목적으로 합병을 결정한 사례는 전혀 없었다. 큰 사회의 리더가 그렇듯이, 작은 사회의 리더도 자신의 자주권과 특권을 지키려고 애쓴다. 그러므로 합병은 주로 두 방향으로 일어나는데, 하나는 외부 세력의 위협이고, 다른 하나는 물리적인 정복이다. 이러한 합병 사례는 무수히 많다.

외부 세력의 위협에 의한 합병의 예는 미국 남동부에서 결성된 '체로키족연맹'이다. 체로키족은 원래 20~30개의 독립적인 군장사회로 나뉘어 있었고, 각 사회에 대략 400명이 살아가고 있었다. 그러나 백인 정착자들이 늘어나자, 체로키족과 백인 간 충돌도 자연스레 증가했다. 체로키족 한 명이 백인 정착자와 상인을 약탈하거나 공격하더라도 백인은 그 많은 체로키족 군장사회에서 범인을 찾아낼 수 없었다. 그래서 군사력을 동원하거나 교역을 중단하며 체로키족에게 무차별적으로 보복을 했다. 그에 대응하기 위해 체로키족 군장사회는 18세기에 하나의 연맹을 결성했다. 처음에는 상대적으로 큰 군장사회들이 1730년에 모여 모이토이Moytoy라는 군장을 총지도자로 선출했고, 1741년에는 그의 아들이 그 지위를 물려받았다. 그 지도자들의 우선적 임무는 백인을 공격한 체로키족 인디언을 처벌하고 백인 정부와 협상하는 것이었다. 1758년경 체로키족은 연례 회의를 열어 의사 결정 과정을 정례화했다. 그 연례 회의는 과거의 마을 회의를 본뜬 것이었고, 에코타라는 마을에서 주로 모인 까닭에 에코타는 실질적인 '수도'가 되었다. 또 12장에서 살펴보았듯이, 체로키족은 문자를 갖게 되자 성문 헌법을 채택했다.

따라서 체로키족연맹은 정복에 의해 결성된 게 아니라, 독립적이던 작은 단위들이 강력한 외부 세력의 위협에 맞서 합병한 사례였다. 미국의 모든 역사 교과서에서 설명하는 국가의 탄생 과정도 대동소이하다. 백인이 미국에 세운 식민지 중 하나(조지아)가 체로키 국가의 결성을 앞당겼듯이, 백인 식민지들도 강력한 외부 세력, 즉 영국 군주국의 위협을 받자 자체적으로 국가를 결성할 수밖에 없었다. 미국에 세워진 식민지들도 처음에는 체로키족 군장사회처럼 자주권을 누렸다.

그래서 1781년의 '연합규약Articles of Confederation'은 각 식민지에 지나친 자율권을 보장했기 때문에 그 규약을 통한 합병은 효과가 없었다. 1786년의 셰이스 반란Shays' Rebellion과 해결되지 않은 전쟁 채권 등 더 많은 위협을 겪은 뒤에야 식민지들은 자주권을 포기하지 않으려던 과거의 고집을 꺾고, 1787년에 제정된 현재의 강력한 연방 헌법을 채택하게 되었다. 독일에서 자치권을 향유하던 공국들이 19세기에 통일 독일을 이루어내던 과정도 어렵기는 마찬가지였다. 1848년의 프랑크푸르트 국민의회Frankfurter Nationalversammlung, 1850년의 독일연방Deutscher Bund, 1866년의 북독일연방Norddeutscher Bund 등 세 차례의 시도가 모두 실패했다. 그러나 1870년 프랑스가 선전포고를 하며 위협을 가하자 그제야 공국의 군주들은 대부분의 자주권을 독일제국의 중앙정부에 양도했고, 1871년 통일된 독일제국이 탄생했다.

외부 세력의 위협에 따른 합병 이외에 복잡한 사회가 형성되는 또 하나의 방법은 정복이다. 관련 증거가 잘 갖추어진 사례로 아프리카 동남부에서 줄루왕국이 탄생한 과정을 들 수 있다. 처음 백인 정착자들의 눈에 띄었을 때 줄루족은 수십 개의 작은 군장사회로 나뉘어 있었다. 1700년대 말 내내 인구 압력이 커지자, 군장 국가들 간 다툼도 점점 치열해졌다. 이들 사회는 공통적으로 중앙집권적 권력 구조를 강구한다는 문제점을 안고 있었고, 이를 가장 성공적으로 해결한 군장은 딩기스와요Dingiswayo(1780~1817)였다. 1807년경 경쟁자를 제거하고 음테트와Mtetwa의 군장 지위에 오른 딩기스와요는 마을마다 젊은이들을 징집했다. 그리고 마을 단위가 아니라 연령별로 부대에 배치함으로써 한층 강력한 중앙집권적 군사 조직을 만들었다. 또한 딩기스와요는 다른 군장사회를 정복하더라도 학살을 삼가고 패배한 군장의 가족을 살려두었다. 그리고 자신이 정복한 군장의 친척 중 자신에게 협력하겠다고 밝힌 사람을 군장 자리에 앉힘으로써 강력한 중앙집권적 정치조직을 구축했다. 또한 분쟁에 대한 판결 방법을 확대해 중앙집권적인 갈등 해결책도 정비했다. 이런 식으로 딩기스와요는 30개의 줄루족 군장사회를 정복해 통합할 수 있었다. 그의 계승자들은 사법 체계와 경찰력, 의례를 보완함으로써 줄루왕국을 더욱 강력한 국가로 키워갔다.

정복으로 형성된 줄루왕국과 같은 사례는 얼마든지 나열할 수 있다. 18~19세기에는 유럽인이 원주민의 군장사회가 국가로 확대되는 과정을 목격하기도 했다. 그중엔 폴리네시아의 하와이와 타히티, 마다가스카르의 메리나왕국, 남아프리카의 줄루왕국 외에 레소토와 스와지를 비롯한 여러 왕국, 서아프리카의 아샨티제국, 우간다의 안콜레와 부간다 왕국이 있었다. 아즈텍제국과 잉카제국은 유럽인이 들어온 15세기 이전에 정복으로 형성되었지만, 초기 스페인 정착자들이 인디언에게 듣고 남긴 기록이 있어 그 형성 과정에 대해서는 꽤 알려진 편이다. 로마제국의 형성 과정이나 알렉산드로스가 마케도니아왕국을 확대한 과정은 당대의 고전 작가들이 자세히 기록했다.

위의 모든 사례에서 확인할 수 있듯이, 전쟁이나 전쟁 위협이 대부분의 합병에서 핵심 역할을 했다. 그러나 전쟁은 인류 역사에서 상수常數였고, 완전한 무리사회 사이에서도 마찬가지였다. 그렇다면 전쟁이 1만 3,000년 전부터 사회를 합병하는 원인으로 작용하기 시작한 이유는 무엇일까? 이미 앞에서 결론지은 것처럼 복잡한 사회의 형성은 인구 압박과 어떤 식으로든 관계가 있다. 따라서 인구 압력과 전쟁 결과 사이의 관련성을 살펴볼 필요가 있다. 인구가 조밀할 때는 전

사진 17 남아메리카 북부 열대지역의 오야나족 남자. 사진 17~20은 남아메리카 원주민의 모습이다.

사진 18 남아메리카 북부 열대지역의 야노마모족 소녀.

사진 19 남아메리카 남단 티에라델푸에고섬의 원주민 남자.

사진 20 페루의 케추아족 남자.

사진 21 서유럽(스페인) 남자. 사진 21~24는 인도유럽어를 사용하는 사람, 즉 유라시아의 서쪽 절반에 거주하는 사람들이다.

사진 22 서유럽 남자. 샤를 드 골 프랑스 대통령.

사진 23 스칸디나비아 여인(스웨덴 출신 미국 여배우 잉그리드 버그먼과 그녀의 딸).

사진 24 서아시아의 아르메니아 남자.

사진 25 중앙아시아의 아프가니스탄 군인들.

사진 26 남아프리카 보츠와나의 칼라하리사막에 사는 코이산족 여인.

사진 27 남아프리카 보츠와나의 칼라하리사막에 사는 코이산족 남자.

사진 28 적도 아프리카 이투리 숲에 사는 피그미족 소녀.

사진 29 적도 아프리카 이투리 숲에 사는 피그미족들.

사진 30 나일사하라어를 사용하는 동아프리카인. 수단의 누에르족 남자.

사진 31 아프리카아시아어를 사용하는 동아프리카인. 1966년 올림픽 남자 1만 미터 경주에서 케냐의 폴 터갓을 물리치고 우승한 에티오피아의 하일레 게브르셀라시에.

사진 32 비非반투어군 니제르콩고어를 사용하는 동아프리카인. 수단의 잔데족 여인.

사진 33 반투어군 니제르콩고어 사용자. 남아프리카공화국의 넬슨 만델라 대통령.

쟁이 사회를 합병하는 원인이 되지만, 인구가 조밀하지 않을 때는 그렇지 않은 이유는 무엇일까? 그것은 패한 쪽의 운명이 인구밀도에 따라 결정되기 때문인데, 그들의 운명엔 세 가지 가능성이 있다.

수렵·채집민 무리가 점유한 지역이 흔히 그렇듯 인구밀도가 매우 낮은 곳에서는 패한 쪽의 생존자들이 적으로부터 멀리 이동하면 그만이다. 뉴기니와 아마존강 유역에서 떠돌아다니는 무리사회들 사이에서 일어난 전쟁의 결과가 대체로 이랬다.

식량을 생산하는 부족사회가 점유한 지역처럼 인구밀도가 적당한 곳에서는 패한 쪽의 생존자들이 피신해서 살아갈 만큼 널찍한 빈 공간이 없다. 게다가 집약적으로 식량을 생산하지 않는 부족사회는 노예한테 맡길 만한 일거리가 없는 데다 많은 공물을 바칠 수 있을 만큼 충분한 잉여 식량을 생산하지도 않는다. 따라서 승리한 쪽은 결혼할 여자 외에 다른 생존자는 데려갈 필요가 없다. 그러다 보니 패한 쪽의 남자는 죽임을 당하고, 그들의 영토는 승리한 쪽이 차지한다.

한편 국가나 군장사회가 점유한 지역처럼 인구밀도가 높은 곳에서는 패한 쪽이 달아날 공간이 전혀 없다. 그러나 승리한 쪽은 패한 쪽을 살려두고 다음 두 가지 방법으로 이용할 수 있다. 첫째, 군장사회와 국가 사회는 경제적으로 전문화되었기 때문에, 성경 시대에 흔히 그랬듯이 패한 쪽을 노예로 이용할 수 있다. 둘째, 승리한 쪽이 패한 쪽을 그대로 내버려두고, 그 대신 정치적 독립성을 박탈하고 식량이나 물품 등의 공물을 주기적으로 바치게 함으로써 패한 쪽을 합병하는 방법이다. 국가나 군장사회는 대체로 집약적으로 식량을 생산하며 많은 잉여 식량을 수확할 수 있기 때문에 이 방법이 가능하다. 역사가 기록된 이후로 국가나 제국이 세워지는 과정에서 치른 전쟁은 거의 언제나 이렇게 끝났다. 예컨대 스페인의 콩키스타도르는 멕시코의 원주민에게서 공물을 거둘 수 있기를 바랐고, 특히 아즈텍제국이 받던 공물 목록에 지대한 관심을 가졌다. 아즈텍제국이 피지배 종족들에게 매년 거둔 공물로는 옥수수 7,000톤, 강낭콩 4,000톤, 비름 낟알 4,000톤, 면직물 200만 장, 엄청난 양의 코코아콩, 전투복과 방패, 깃털 머리 장식, 호박琥珀 등이 있었다.

식량 생산과 사회들 간의 경쟁 및 확산이 정복의 궁극 원인이었다면, 병원균과 문자, 과학기술, 중앙집권적 조직은 정복의 근접 요인이었다. 지금까지 살펴본 바와 같이, 이 둘 사이에는 세부적인 면에서는 다르지만 인구가 과밀한 대규모 사회와 정착 생활이란 공통점을 가진 인과관계의 사슬이 있었다. 궁극 원인의 발달 시기가 대륙마다 달랐기 때문에 근접 요인이 각 대륙에 미친 영향도 달랐다. 또 근접 요인은 서로 관련되며 함께 발생하는 경향이 있지만, 그 관련성이 엄격히 지켜진 것은 아니었다. 예컨대 잉카인은 제국을 세웠지만 잉카제국에는 문자가 없었고, 아즈텍제국에는 전염병이 거의 없었지만 문자가 있었다. 딩기스와요의 줄루왕국에서 보듯이, 근접 요인은 각각 역사의 흐름에 어느 정도 독자적으로 영향을 미쳤다. 수십 개의 군장사회 중 음테트와는 과학기술, 문자, 병원균이라는 면에서 다른 군장사회보다 이점을 누리지 못했지만 다른 군장사회들을 꺾는 데 성공했다. 음테트와는 통치 조직과 이데올로기 면에서 이점을 누렸다. 그리고 그 결과 탄생한 줄루왕국은 거의 한 세기 동안 아프리카 대륙의 한 부분을 지배할 수 있었다.

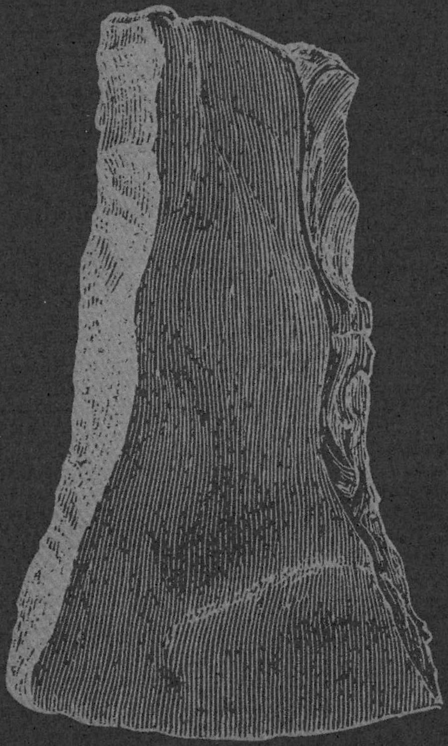

4부

여섯 지역에 대한 구체적인 분석

AROUND THE WORLD IN SIX CHAPTERS

JARED DIAMOND

15장 얄리의 종족

YALI'S PEOPLE

오스트레일리아와 뉴기니는 무엇이 달랐는가?

하나의 대륙이었던 오스트레일리아와 뉴기니의 사회가 각기 다른 속도로 발전한 이유는 무엇일까? 뉴기니인이 오스트레일리아 원주민보다 '선진적'이었음에도 왜 유라시아인 수준만큼은 발전하지 못했을까? 두 지역 간의 비교, 두 지역과 유라시아 대륙 간의 비교 연구를 통해 환경의 차이가 문화 발전에 얼마나 영향을 미쳤는지 알 수 있다.

내가 아내 마리와 함께 오스트레일리아에서 휴가를 보내던 어느 해 여름, 우리는 메닌디라는 작은 도시 근처의 사막에 있는, 원주민이 남긴 암벽화가 잘 보존된 유적지를 방문하기로 결정했다. 나는 오스트레일리아 사막이 건조한 데다 여름에 특히 뜨겁기로 악명이 자자하다는 걸 익히 알고 있었지만, 캘리포니아의 사막 지역과 뉴기니의 사바나에서 뜨겁고 건조한 기후에 맞서며 오랫동안 작업한 경험이 있었다. 따라서 우리가 관광객으로서 오스트레일리아에서 맞닥뜨리는 소소한 어려움은 얼마든지 해결할 수 있을 거라고 생각했다. 마리와 나는 식수를 넉넉히 챙기고 정오쯤에 수 킬로미터가량 떨어진 암벽화를 향해 걷기 시작했다.

관리소부터는 오르막길이었고, 하늘에는 구름 한 점 없었다. 게다가 사방이 탁 트인 데다 그늘진 곳도 전혀 없었다. 그 뜨겁고 건조한 공기를 들이마시자 핀란드식 사우나에 앉아 숨을 쉬는 것 같은 느낌이 들었다. 마침내 암벽화가 있는 절벽 앞에 도착했을 때는 식수가 한 방울도 남아 있지 않았다. 그와 함께 암벽화에 대한 흥미도 잃었기 때문에 우리는 천천히 규칙적으로 호흡하며 계속 오르막길을 올랐다. 얼마 뒤 내 눈에 꼬리치레임이 분명한 새 한 마리가 보였다. 그때까지 알려진 꼬리치레 종류에 비하면 엄청나게 몸집이 큰 녀석이었다. 그제야 나는 내가 난생처음 더위를 먹어 헛것을 보고 있다는 걸 깨달았다. 마리와 나는 곧장 되돌아가는 게 낫겠다는 결정을 내렸다.

우리는 대화마저 멈춘 채 각자의 숨소리에 귀를 기울이며 걸었다. 다음 지형지물까지의 거리를 계산하며 걷는 데에만 집중했다. 나의 입과 혀는 바싹 말랐고, 마리의 얼굴은 벌겋게 달아올랐다. 마침내 에어컨 시설을 갖춘 관리소에 도착한 우리는 냉수기 옆 의자에 축 늘어져 앉았다. 냉수기에 남은 2리터 정도의 물을 몽땅 마시고도 관리자에게 물을 한 통 더 부탁했다. 나는 육체와 정신이 모두 탈진한 상태에서 그 암벽화를 그린 원주민들에 대해 생각해보았다. 그들은 냉방장치를 갖춘 피신처도 없이 저 뜨거운 사막에서 평생을 보내며 어떻게 식량과 식수를 구했을까?

오스트레일리아 백인들에게 메닌디는 한 세기 전 그 사막의 건조한 열기 때문에 지독히도 고생한 백인 두 사람이 베이스캠프를 꾸렸던 곳으로 유명하다. 아일랜드 경찰 로버트 버크Robert Burke(1821~1861)와 잉글랜드 천문학자 윌리엄 윌스William Wills(1834~1861)는 오스트레일리아를 남북으로 종단한 최초의 유럽 탐험대를 이끈 비운의 대장들이었다. 버크와 윌스는 낙타 여섯 마리에 3개월 치의 넉넉한 식량을 싣고 출발했지만, 메닌디 북쪽의 사막을 지나는 동안 식량이 바닥나고 말았다. 그들은 연이어 세 차례나 원주민을 만나 구조를 받았다. 그 사막을 본거지로 살아가던 원주민은 마주칠 때마다 물고기와 양치류 튀김, 불에 구운 살진 쥐를 유럽 탐험가들에게 가져와 권했다. 그러나 그때 어리석게도 버크가 한 원주민에게 권총을 쏘았고, 총소리에 원주민이 전부 부리나케 달아났다. 버크와 윌스는 사냥하기에 적합한 총기를 갖고 있어 원주민보다 훨씬 이점이 많았다. 하지만 원주민이 떠난 지 한 달도 안 되어 굶주림을 견디지 못하고 쓰러져 죽고 말았다.

버크와 윌스가 맞은 비극적 운명도 그렇지만, 나 자신이 아내와 함께 메닌디에서 겪은 호된 경험을 통해서도 오스트레일리아에서 인간 사회를 세우는 일이 정말 어렵다는 걸 실감할 수 있었다. 오스트레일리아는 여느 대륙과 확연히 다르다. 오스트레일리아와 다른 대륙의 차이에 비하면, 유라시아와 아프리카, 남북아메리카의 차이는 사소할 정도이다. 오스트레일리아는 비교하기가 무색할 정도로 건조하고 면적이 작다. 땅도 평평한 데다 척박하고, 기후 예측이 어려우며, 생물학적으로도 메마른 대륙이다. 게다가 오스트레일리아는 유럽인이 가장 마지막으로 찾아간 대륙이었다. 그때까지 오스트레일리아에는 가장 독특한 인간 사회가 존재했고, 인구수도 가장 적었다.

따라서 오스트레일리아는 각 대륙에 형성된 사회들의 차이에 대한 이론을 검증하는 데 중대한 시금석 역할을 한다. 오스트레일리아는 환경도 가장 독특했지만, 그곳에 형성된 인간 사회도 가장 독특했다. 전자가 후자의 원인이었을까? 달리 말하면, 환경이 인간 사회의 특성에 영향을 미쳤을까? 그랬다면 어떤 영향을 주었을까? 오스트레일리아는 우리가 2부와 3부에서 얻은 교훈을 바탕으로 세계 일주 여행을 한다면, 논리적으로 생각할 때 가장 먼저 찾아가야 할 대륙이다. 이제부터 대륙마다 다른 역사를 차근차근 살펴보자.

일반인에게 오스트레일리아 원주민 사회의 가장 두드러진 특징에 대해 묻는다면, 대부분이 외견상의 '후진성backwardness'이라고 대답할 것이다. 오스트레일리아는 근대에 이르러서도 모든 원주민이 이른바 문명의 특징—예컨대 농경, 목축, 금속, 활과 화살, 크고 튼튼한 건물,

정착촌, 문자, 군장사회나 국가—을 향유하지 못한 채 살았던 유일한 대륙이다. 오스트레일리아 원주민은 유목 혹은 반유목 수렵·채집민으로 무리사회를 이루고, 임시 피신처나 간단하게 지은 오두막에서 살며, 여전히 돌연장에 의존했다. 지난 1만 3,000년 동안 다른 대륙들과 비교할 때 오스트레일리아에서는 문화적 변화가 거의 없었다. 오스트레일리아 원주민에 대한 유럽인의 지배적 견해는 초기 프랑스 탐험가가 남긴 글, 즉 "그들은 세계에서 가장 불쌍한 사람들이고, 야만적인 들짐승에 가장 가까운 인간이다"로 일찌감치 정형화되었다.

하지만 4만 년 전만 해도 오스트레일리아 원주민 사회는 유럽을 비롯한 다른 대륙의 사회들보다 출발이 훨씬 빨라 유리한 위치에 있었다. 지금까지 알려진 바에 따르면, 오스트레일리아 원주민은 돌연장의 가장자리를 날카롭게 다듬어 사용한 시기가 빠른 편이었다. 또한 손잡이가 달린 돌연장(즉 손잡이에 끼운 돌도끼)과 수상 기구를 세계에서 가장 먼저 개발한 사람들도 오스트레일리아 원주민이었다. 지금까지 알려진 가장 오래된 암벽화 중 일부도 오스트레일리아에 있다. 해부학적 현생인류도 서유럽보다 오스트레일리아에 먼저 정착했을 것이다. 그런데 이렇게 먼저 출발하고도 결국에는 오스트레일리아가 유럽인에게 정복당한 이유는 무엇일까?

이 질문에는 또 다른 질문이 내재해 있다. 홍적세의 빙하기에는 대량의 바닷물이 대륙 빙하continental ice sheet 안에 갇혀 있어 해수면이 지금보다 훨씬 낮았다. 따라서 오늘날 오스트레일리아와 뉴기니를 가르는 아라푸라해海가 당시에는 저지대의 마른땅이었다. 그러다 지금으로부터 8,000~1만 2,000년 전 사이에 대륙 빙하가 녹으면서 해수면이 올라가자 그 저지대가 바다에 잠겼다. 그 결과로 과거의 대오스

그림 15.1 동남아시아부터 오스트레일리아와 뉴기니까지 아우르는 지역의 지도. 실선은 현재의 해안선을 가리키고, 점선은 해수면이 지금보다 아래로 내려갔던 때, 다시 말하면 아시아 대륙붕과 대오스트레일리아 대륙붕의 가장자리까지 내려갔던 홍적세 동안의 해안선을 가리킨다. 당시 뉴기니와 오스트레일리아는 하나로 합해져 대오스트레일리아를 이루었고, 보르네오섬·자바섬·수마트라섬·타이완은 아시아 본토의 일부였다.

트레일리아Greater Australia가 지금처럼 오스트레일리아와 뉴기니로 나뉘었다(그림 15.1 참조).

이전에 하나였던 두 땅덩어리에 형성된 인간 사회는 근대에 들어 무척 달라졌다. 오스트레일리아 원주민에 대해 방금 언급한 내용과는 달리, 얄리의 종족을 비롯한 뉴기니인 대부분이 농경민이자 돼지를 키우는 양돈가였다. 그들은 마을에 정착해 살았고, 무리사회를 벗어나 정치적으로 조직화된 부족사회를 이루었다. 뉴기니인은 모두가 활과 화살로 무장했고, 다수가 토기를 사용했다. 또 오스트레일리아 원주민과 비교할 때 뉴기니인에게는 훨씬 크고 튼튼한 거주지, 바다를 항해하기에 적합한 배가 있었다. 집에서 사용하는 도구도 다양했다. 수렵·채집을 포기하고 식량 생산을 채택한 결과, 뉴기니는 오스트레일리아보다 평균적으로 인구밀도가 훨씬 더 높았다. 정확히 말하면, 뉴기니의 면적은 오스트레일리아의 10분의 1에 불과하지만 원주민 인구는 서너 배나 많았다.

홍적세의 대오스트레일리아에서 떨어져 나온 더 큰 땅덩어리에 형성된 인간 사회는 근대까지도 여전히 '후진성'을 벗어나지 못한 반면, 더 작은 땅덩어리에 형성된 인간 사회는 훨씬 빠른 속도로 '발전'한 이유가 무엇일까? 뉴기니와 오스트레일리아를 가르는 토러스해협은 폭이 145킬로미터에 불과하다. 그런데 뉴기니에서 일어난 혁신적 변화가 오스트레일리아에 전해지지 못한 이유는 무엇일까? 문화인류학적 관점에서 보면, 오스트레일리아와 뉴기니 사이의 지리적 거리는 145킬로미터도 되지 않는다. 토러스해협에는 활과 화살을 사용하며 문화적으로 뉴기니인에 가까운 농경민이 거주하는 섬이 도처에 있었다. 가장 큰 섬은 오스트레일리아에서 겨우 16킬로미터 떨어져 있다.

그 섬사람들은 뉴기니뿐 아니라 오스트레일리아 원주민과도 활발히 교역했다. 폭이 겨우 16킬로미터인 잔잔한 해협을 사이에 두고 카누를 이용해 자주 오가면서도 그처럼 서로 다른 두 세계가 어떻게 공존할 수 있었을까?

오스트레일리아 원주민과 비교할 때 뉴기니인은 문화적으로 '선진적'이었다. 그러나 현대인의 기준에서 보면 뉴기니인도 '후진적'이다. 유럽인이 뉴기니를 식민지로 개척하기 시작한 19세기 말까지도 뉴기니인은 전부 글을 몰랐고, 돌연장을 이용해 살았으며, 정치적으로 국가나 (극소수의 예외를 제외하면) 군장사회로 조직화되지도 못했다. 당시 뉴기니인이 오스트레일리아 원주민보다 월등히 앞섰다는 걸 인정하더라도 유라시아인과 아프리카인, 아메리카 원주민 수준까지 발전하지 못한 이유는 무엇일까? 따라서 얄리의 종족과 그들의 오스트레일리아 사촌은 수수께끼 안에 또 하나의 수수께끼를 제기하는 셈이다.

오스트레일리아 원주민 사회의 문화적 '후진성'에 대한 설명을 요청받으면, 많은 오스트레일리아 백인이 "원주민에게 결함이 있는 것 아니겠느냐"는 식으로 간단히 대답한다. 안면 구조와 피부색에서 원주민은 유럽인과 분명히 달라 보인다. 게다가 19세기 말의 몇몇 뛰어난 작가들은 오스트레일리아 원주민을 유인원과 인간 사이의 잃어버린 고리missing link라고 생각하기도 했다. 오스트레일리아 원주민은 4만 년 넘게 문자가 없는 수렵·채집민으로 살았다. 하지만 영국의 백인 이주자들은 그 대륙에 발을 들여놓은 지 수십 년 만에 문자를 사용하고 식량을 생산하는 산업민주주의를 정착시켰다. 원주민에게 결함이 있었던 게 아니라면, 그런 변화를 어떻게 설명할 수 있을까? 더구나 오스트레일리아에는 세계 최대 철 및 알루미늄 광상이 있을 뿐만 아니라 구리와 주석, 납, 아연의 매장량도 상당하다. 그런데 왜 오스트레일리아 원주민은 금속연장을 모른 채 석기시대를 살았던 것일까?

둘을 비교하는 것은 인간 사회의 발전 과정을 엿볼 수 있는 완벽한 대조 실험controlled experiment인 듯하다. 대륙은 똑같았고, 사람만이 달랐다. 그러므로 오스트레일리아 원주민 사회와 유럽인이 오스트레일리아에 이주해 세운 사회가 달랐던 이유를 설명하려면, 두 사회를 구성한 사람들이 달랐다는 사실을 언급할 수밖에 없다. 이런 인종차별적 결론을 뒷받침하는 논리는 그런대로 설득력이 있어 보인다. 하지만 우리는 그런 논리에 지극히 단순한 오류가 있다는 걸 이제부터 입증하려고 한다.

그 논리를 점검하는 첫 단계로, 각 민족의 기원을 알아보자. 오스트레일리아와 뉴기니에는 모두 적어도 4만 년 전부터 사람이 살았고, 4만 년 전이면 두 지역이 여전히 대오스트레일리아로 합쳐진 때였다. 지도(그림 15.1 참조)를 보면, 그 정착민들은 가장 가까운 대륙, 즉 동남아시아에서 출발해 섬들을 차례로 건너며 인도네시아열도를 지나 들어온 게 분명하다. 이런 결론은 오스트레일리아인과 뉴기니인과 아시아인을 대상으로 조사한 유전자 관계, 그리고 필리핀과 말레이반도 및 미얀마에서 좀 떨어진 안다만제도Andaman Islands에 외모가 약간 닮은 사람들이 지금도 적잖게 존재한다는 사실로도 뒷받침된다.

정착민들은 대오스트레일리아 해안에 도착한 즉시 대륙 전체로 신속히 퍼져나가며 가장 멀리 떨어진 내지內地와 환경적으로 가장 척박한 곳까지 차지했다. 오스트레일리아 남서부 외진 곳에서 발견된 화석과 돌연장으로 4만 년 전에도 그들이 존재했음을 알 수 있다. 3만 5,000년 전에는 오스트레일리아 남동부 오지와 태즈메이니아, 즉 정착민이 상륙한 곳으로 추정되는 오스트레일리아 서부나 뉴기니(인도네시아와 아시아에서 가장 가까운 곳)에서 가장 멀리 떨어진 곳에도, 또 3만 년 전쯤에는 서늘한 뉴기니 고원지대에도 사람이 살기 시작했다. 이 지역은 모두 서쪽의 상륙 지점에서 육로로 진입할 수 있었을 것이다. 하지만 뉴기니 동쪽에 위치한 비스마르크제도와 솔로몬제도에는 3만 5,000년 이전에 사람들이 정착했고, 그곳으로 들어가려면 수십 킬로미터의 바닷길을 다시 건너야 했다. 두 지역에서의 정착과 확산은 4만 년 전부터 3만 년 전까지 진행된 것으로 보이지만, 실제로는 훨씬 더 신속하게 이뤄졌을 수 있다. 방사성탄소연대측정법의 실험 오차 내에서 그 정도의 연대 차이는 별 차이가 아니기 때문이다.

사람들이 오스트레일리아와 뉴기니에 처음으로 정착하기 시작한 홍적세 시대에 아시아 대륙은 보르네오섬과 자바섬, 발리섬을 포함한 동쪽으로 뻗어 있어, 현재의 동남아시아 경계보다 오스트레일리아와 뉴기니에 1,600킬로미터쯤 더 가까웠다. 하지만 홍적세 시대에도 보르네오섬이나 발리섬에서 대오스트레일리아까지 가려면, 최대 80킬로미터까지 적어도 여덟 곳의 해협을 건너야 했다. 4만 년 전에는 이런 항해가 대나무를 엮은 뗏목으로 이뤄졌을 가능성이 크다. 대나무 뗏목은 과학기술적으로 저급하지만, 지금도 남중국 해안 지역에서 사용할 정도로 항해에 적합한 수상 기구이다. 하지만 그런 항해가 어려웠던 것은 분명하다. 4만 년 전에 처음 인간이 상륙한 이후로도 계속해서 수만 년 동안 아시아에서 대오스트레일리아로 이주했다는 걸 명확히 입증해주는 고고학적 기록이 없기 때문이다. 다음 단계의 확고한 증거는 수천 년 전의 것에 불과하다. 뉴기니에서 발견되는 아시아에 기원을 둔 돼지, 오스트레일리아에서 발견되는 아시아에 기원을 둔 개가 그것이다.

따라서 오스트레일리아와 뉴기니의 인간 사회는 그 기반인 아시아 사회와 상당히 격리된 상태에서 생겨났다. 이런 격리는 오늘날 쓰이는 언어에도 그대로 반영되었다. 수천 년 동안 고립되었기 때문인지, 오늘날 오스트레일리아 원주민이 쓰는 언어나 뉴기니의 주요 집단들이 쓰는 언어(이른바 파푸아어군)는 아시아에서 사용하는 어떤 언어와도 명확한 관계를 보이지 않는다.

이런 고립의 결과는 유전자와 체질인류학physical anthropology에서도 확인된다. 유전자 연구에 따르면, 오스트레일리아 원주민과 뉴기니 고원지대 사람은 다른 대륙보다 현대 아시아인에 더 가깝지만, 그 관계가 밀접하지는 않다. 뼈대와 외모에서도 오스트레일리아 원주민과 뉴기니인은 대부분의 동남아시아인과 뚜렷이 다르다. 오스트레일리아 원주민이나 뉴기니인의 사진을 인도네시아인이나 중국인의 사진과 비교해보면 그 차이가 명확히 드러난다. 이런 차이가 생겨난 부분적인 이유를 들자면, 대오스트레일리아에 처음으로 정착한 아시아인이 고향을 떠나지 않은 사촌들과 오랜 시간 동안 떨어져 살며, 그 대부분의 기간 동안 유전자 교환이 제한적으로 일어났기 때문일 것이다. 그러나 더 중요한 이유를 생각해보면, 대오스트레일리아 정착민의 뿌리인 원래의 동남아시아인이 중국에서 내려온 다른 계통의 아시아인들로 대폭 대체되었기 때문일 수 있다.

오스트레일리아 원주민과 뉴기니인은 유전자와 외모 그리고 언어에서도 서로 갈라졌다. 예컨대 (유전적으로 결정되는) 인간 혈액형 중에서, 이른바 ABO식 혈액형 중 B형과 MNS식 혈액형 중 S형은 세계 대부분 지역과 뉴기니에서 거의 같은 빈도로 나타나지만, 오스트레일리아에서는 실질적으로 나타나지 않는다. 또 대부분의 뉴기니인은 심한 곱슬머리이지만, 오스트레일리아 원주민은 대체로 직모이거나 크게 굴곡진 머리칼이다. 오스트레일리아 원주민 언어와 뉴기니의 파푸아어군은 토러스해협을 사이에 두고 일부 어휘를 주고받았을 뿐 아시아에서 사용하는 언어들과도 아무런 관계가 없다.

오스트레일리아 원주민과 뉴기니인 사이에서 확인되는 이런 모든 차이는 확실히 다른 환경에 오랫동안 격리된 결과이다. 약 1만 년 전 아라푸라해에 바닷물이 채워지면서 오스트레일리아와 뉴기니가 최종적으로 갈라진 이후, 유전자 교환은 토러스해협의 여러 섬을 통한 미미한 접촉으로 제한되었다. 따라서 두 지역의 원주민은 각자의 환경에 적응해야 했다. 남뉴기니 해안 지역의 사바나와 맹그로브숲은 북오스트레일리아의 생태 환경과 상당히 유사하지만, 그 밖에 양쪽의 서식지는 거의 모든 면에서 크게 다르다.

다른 측면을 몇 가지 살펴보자. 뉴기니는 거의 전체가 적도 선상에 위치하지만, 오스트레일리아는 적도 부근에서 온대지역으로 남위 40도까지 내려간다. 뉴기니는 산이 많은 데다 지형의 높낮이가 극심해서 해발 5,000미터에 이르는 고원지대가 있고, 봉우리가 빙하로 덮인 산들도 있다. 반면 오스트레일리아는 94퍼센트의 땅이 해발 600미터를 넘지 않는다. 따라서 지대가 대체로 낮고 평평하다. 또 뉴기니는 세계에서 가장 습한 지역 중 하나이지만, 오스트레일리아는 가장 건조한 지역 중 하나이다. 뉴기니는 대부분의 지역에서 연평균 강수량이 2,500밀리미터를 넘고, 고원지대에는 연평균 5,000밀리미터 넘는 비가 내린다. 반면 오스트레일리아에는 연평균 강수량이 500밀리미터를 넘는 지역이 드물다. 뉴기니는 적도권에 있어 기후가 계절별로나 연도별로 그다지 변하지 않지만, 오스트레일리아의 기후는 계절별로 크게 다르고, 다른 대륙에 비해 연도별 변화도 상당히 크다. 따라서 뉴기니에는 항상 물이 찰랑거리는 큰 강이 곳곳을 흐르지만, 오스트레일리아에는 영구 하천이 주로 동부에 모여 있다. 오스트레일리아에서 가장 큰 수계水系, 즉 머리강과 달링강 수계도 가뭄이 극심할 때는 몇 달 동안 흐름이 끊긴다. 끝으로 뉴기니는 대부분의 지대가 빽빽한 우림으로 뒤덮여 있지만, 오스트레일리아는 대부분의 지대가 사막이거나 나무가 많지 않고 건조한 삼림지대일 뿐이다.

화산 활동, 진퇴를 반복하며 고원지대를 깎아내는 빙하, 엄청난 양의 토사를 저지대로 실어 나르는 계곡물 덕분에 뉴기니는 젊고 기름진 토양으로 덮여 있다. 반면 오스트레일리아에는 화산 활동이 거의 없는 데다 높은 산과 빙하도 없어, 어떤 대륙보다 토양이 척박하고 영양분이 부족하다. 뉴기니는 면적이 오스트레일리아의 10분의 1에 불과하지만, 적도권에 위치해 강수량이 훨씬 더 많고 고도 차이가 크며 토양도 비옥하기 때문에 포유류와 조류의 종 수는 오스트레일리아에 버금간다. 이런 환경의 차이가 두 지역에 영향을 미치며 전혀 다른 문화가 잉태되는 결과로 이어졌다. 이제부터 그 차이에 대해 살펴보자.

대오스트레일리아에서 식량 생산을 가장 먼저 집약적으로 시작하고 인구밀도가 가장 높은 지역은 뉴기니의 고원지대 골짜기, 정확히 말하면 해발고도 1,200~2,700미터 사이에 위치한 곳이었다. 고고학적 발굴 작업을 통해 발견된 복잡한 배수 시설은 최고最古 9,000년 전까지 거슬러 올라가고, 6,000년 전쯤에는 한층 광범위해졌다. 게다가 상대적으로 건조한 지역에서는 토양의 수분을 보존하기 위해 고안한 계단식 밭까지 발굴되었다. 그 배수 시설은 오늘날 고원지대에서 습지를 채마밭으로 이용하려고 물을 빼낼 때 쓰는 시설과 유사하다. 꽃가루 분석pollen analysis 결과를 보면, 약 5,000년 전에도 고원지대 골짜기에서는 경작을 위해 숲을 파괴하는 벌채가 폭넓게 이뤄졌음을 알 수 있다.

오늘날 고원지대에서 생산되는 주요 작물은 토란, 바나나, 참마, 사탕수수, 먹을 수 있는 나물류와 엽채류 외에 최근 도입된 고구마이다. 토란과 바나나, 참마는 동남아시아가 원산지이다. 여하튼 그곳에서 작물화된 게 분명하기 때문에, 과거에는 고구마를 제외하고 뉴기니 고원지대에서 재배하는 작물은 아시아로부터 전해졌을 것이라고 추정되었다. 하지만 사탕수수와 엽채류와 나물류의 야생 원종이 뉴기니 자생종이고, 뉴기니에서 재배되는 바나나 품종의 야생 원종도 아시아가 아니라 뉴기니에 있으며, 토란과 몇몇 참마는 아시아뿐 아니라 뉴기니도 원산지라는 사실이 최종적으로 밝혀졌다. 뉴기니 농업이 실제로 아시아에서 기원했다면, 아시아로부터 전해진 게 분명한 작물을 고원지대에서 재배했을 것이라고 예상할 수 있지만, 실제로는 그런 작물이 하나도 없다. 그 때문에 뉴기니 고원지대에서는 그곳에 자생하던 야생식물종을 작물화함으로써 독자적인 농경이 시작되었다는 주장이 요즘에는 정설로 받아들여진다.

그렇다면 뉴기니도 비옥한 초승달 지역과 중국을 비롯한 몇몇 지역과 더불어 식물을 독자적으로 작물화하며 식량 생산을 시작한 중심지인 셈이다. 고원지대에서 6,000년 전에 실제로 작물을 재배했다는 흔적은 고고학적으로 찾을 수 없다. 하지만 요즘 고원지대에서 재배되는 주요 작물이 (예외적인 경우를 제외하면) 고고학적으로 눈에 띄는 잔존물을 남기지 않는다는 사실을 고려하면, 그런 결과는 그다지 놀랍지 않다. 따라서 현재 고원지대에서 재배되는 작물 중 일부가 당시에도 재배된 원조 작물이었을 가능성이 크다. 특히 그 형태가 보존된 고대의 배수 시설이 요즘 토란을 재배하는 데 쓰는 배수 시설과 유사하다는 점에서 이런 추론은 힘을 얻는다.

초기 유럽 탐험가들의 목격담에 따르면, 뉴기니 고원지대의 농경에서 외부로부터 전해진 게 분명한 세 가지는 닭과 돼지와 고구마이다. 닭과 돼지는 동남아시아에서 가축화되었고, 오스트로네시아인에 의해 약 3,600년 전에 뉴기니를 비롯한 태평양의 섬들에 전해졌다(돼지가 닭보다 먼저 전해진 것으로 보인다). 오스트로네시아인은 남중국에 기원을 둔 사람들로, 그들에 대해서는 17장에서 더 자세히 살펴보기로 하자. 고구마는 원산지가 남아메리카인데, 스페인 사람들이 필리핀에 먼저 전해주었고, 뉴기니에는 그 뒤에, 즉 지금으로부터 수 세기 전에야 전해졌다. 고구마는 뉴기니에서 본격적으로 재배되자마자 토란을 따라잡으며 고원지대의 주된 작물로 올라섰다. 고구마가 재배 기간이 짧은 데다 단위면적당 생산량도 많고, 척박한 토양에서도 잘 자라기 때문이다.

뉴기니의 고원지대에서는 수천 년 전에 농경이 시작되면서 인구가 크게 증가했을 것이다. 대형 유대류로 이루어진 거대 동물상이 뉴기니에서 멸종한 이후, 고원지대에는 먹을 것이 없어 수렵·채집민의 인구밀도가 무척 낮았을 것이기 때문이다. 하지만 수 세기 전에 고구마가 전래되며 인구가 다시 한번 폭발적으로 늘어났다. 1930년대에 고원지대 위를 처음으로 비행하던 유럽인은 발아래의 풍경이 네덜란드와 비슷한 걸 보고는 깜짝 놀랐다. 널찍한 골짜기에는 숲이 완전히 사라지고 곳곳에 마을이 들어서 있었다. 그리고 집약적 식량 생산을 위한 배수 시설과 울타리를 갖춘 밭들이 빼곡했다. 그런 풍경에서 돌연장을 사용하던 고원지대 농경민의 인구밀도가 얼마나 높았는지 짐작할 수 있었다.

가파른 지형과 항상 하늘을 가리는 구름, 말라리아, 비교적 고도가 낮은 지역을 위협하는 가뭄으로 뉴기니 고원지대의 농업은 해발 1,200미터 이상인 지역에서 이뤄졌다. 따라서 뉴기니 고원지대는 집약적인 농경 인구가 하늘로 밀려 올라가 구름바다 아래에 둘러싸인 채 살아가는 하나의 섬이라고 할 수 있다. 해안과 강변에 거주하는 저지대 뉴기니인은 물고기에 크게 의존하며 정착해 살아가지만, 그곳에서 멀리 떨어진 건조한 지역의 뉴기니인은 화전을 일궈 재배한 바나나와 참마로 근근이 살아가며 수렵과 채집으로 먹을 것을 보충하기 때문에 인구밀도가 낮다. 한편 저지대 습지의 거주자들은 수렵·채집민으로 떠돌며 살아가고, 야생 사고야자의 속심을 주식으로 삼는다. 사고야자는 생산성이 무척 높은 데다 속심에 전분이 풍부해서, 노동시간당 얻는 칼로리가 밭일보다 세 배나 많다. 따라서 뉴기니 습지는 농경으로 얻는 이익이 수렵·채집으로 얻는 이익에 미치지 못하기 때문에 사람들이 수렵·채집으로 계속 살아가는 환경의 명확한 사례이다.

지금도 저지대 습지에서 사고야자를 먹으며 살아가는 사람들은 떠돌아다니며 수렵·채집으로 살아가는 무리사회의 조직을 고스란히 보여준다. 물론 과거에는 모든 뉴기니인이 무리사회의 일원이었다. 그러나 13장과 14장에서 다룬 갖가지 이유로, 농경민과 어민은 좀 더 복잡한 과학기술을 개발해냈고, 복잡한 사회와 정치조직을 만들어갔다. 그들은 항구적인 마을에서 살며, 흔히 빅맨이 이끄는 부족사회의 구성원이 되었다. 그들 중 일부는 정교하게 장식된 웅장한 공공 건축물을 짓기도 했다. 그들이 목각상과 가면의 형태로 남긴 위대한 예술품은 현재 세계 곳곳의 박물관에 소중히 보관되어 있다.

그리하여 뉴기니는 대오스트레일리아에서 가장 선진적인 과학기술과 정치·사회적인 조직 및 예술을 갖춘 지역이 되었다. 하지만 현재 미국이나 유럽 도시민의 관점에서 보면, 뉴기니는 '선진적'이라기보다 여전히 '원시적'이다. 그럼 뉴기니인이 금속연장을 개발하지 못한 채 계속 돌연장을 사용하고, 문자 없이 지내며 군장사회와 국가를 조직화하지 못한 이유는 어디에 있을까? 지금까지 밝혀진 바에 따르면, 뉴기니에는 그런 변화를 방해하는 몇몇 생물학적이고 지리적인 요인이 있었다.

첫째, 식량 생산을 뉴기니에서 독자적으로 시작했더라도 8장에서 보았듯이 곡물에는 단백질이 부족하다. 더구나 뉴기니인의 주식은 단백질 함량이 적은 근채根菜 작물이었고, 가축화된 동물종(돼지와 닭)도 뉴기니인의 단백질 섭취를 보충하기에는 턱없이 부족했다. 또 돼지와 닭에 마구를 채워 쟁기를 끌게 할 수도 없어, 고원지대 사람들은 인간의 근력 이외에 다른 동력원을 갖지 못했고, 훗날 유럽의 침략자들을 물리칠 만한 전염병을 진화시키지도 못했다.

둘째, 식량 생산 지역이 제한적이었다는 것도 고원지대의 인구 증가를 억제한 요인이었다. 뉴기니의 고원지대에는 와기Wahgi 골짜기와 발리엠Baliem 골짜기 같은 과밀한 인구를 먹여 살릴 수 있는 널찍한 골짜기가 많지 않다. 또 뉴기니에서는 해발 1,200~2,700미터의 중간 산지만이 집약적 식량 생산에 적합하다는 사실도 뉴기니의 발전적 변화를 가로막은 지리적 요인이었다. 2,700미터를 넘는 고산지대에서는 식량 생산이 전혀 이루어지지 않았고, 300~1,200미터의 비탈면에서도 식량이 거의 생산되지 않았다. 저지대에서는 인구밀도가 낮은 화전 농업만이 가능했다. 그래서 고도에 따라 다른 종류의 식량을 집중적으로 생산하는 집단 간의 대대적인 식량 교환이 이루어지지 못했다. 반면 안데스, 알프스, 히말라야 지역에서는 이런 식의 식량 교환이 이루어지며 인구가 늘어나고 모든 고도에서 균형 잡힌 식사를 향유할 수 있었을 뿐만 아니라, 지역적으로 경제와 정치의 통합을 앞당기는 데도 기여했다.

이와 같은 이유로 유럽 식민 정부가 서양 의학을 도입하고 부족 간 전쟁을 종식할 때까지 과거 뉴기니의 인구는 100만 명을 넘긴 적이 없었다. 5장에서 우리는 농업 시작의 중심지로 대략 아홉 곳을 꼽았다. 그중에서 뉴기니는 인구가 현저하게 가장 적었다. 인구가 100만 명에 불과했기 때문에 뉴기니에서는 중국, 비옥한 초승달 지역, 안데스, 메소아메리카처럼 인구가 수천만 명인 곳에서 생겨난 과학기술과 문자 및 정치체제를 갖출 수 없었다.

뉴기니의 인구는 그 수도 전체적으로 적지만, 지형의 높낮이가 심하기 때문에 수천 곳에 조금씩 흩어져 살아간다. 저지대 대부분은 습지이고, 고원지대에는 가파른 산마루와 좁은 협곡이 이어진다. 게다가 저지대뿐 아니라 고원지대도 울창한 밀림으로 뒤덮여 있다. 따라서 나는 뉴기니인을 현장 조수로 고용해 생물학적 탐사를 실시할 때마다 기존 숲길을 이용하더라도 하루에 5킬로미터를 이동하면 썩 괜찮은 성과라고 생각했다. 과거 뉴기니의 고원지대에는 평생 동안 집에서 15킬로미터 이상을 벗어나지 못한 사람이 태반이었다.

이런 지형적 요인에 무리사회 혹은 마을 간 관계를 특징짓는 간헐적인 전쟁까지 더해지며, 전통적인 뉴기니는 언어와 문화와 정치까지도 작은 단위로 쪼개졌다. 뉴기니는 세계에서 언어 밀집도가 가장 높은 곳이다. 현재 세계에서 사용하는 6,000종의 언어 중 무려 1,000종이 텍사스보다 조금 넓은 면적의 땅에 모여 있고, 영어와 중국어의 차이만큼이나 서로 다른 수십 개의 어족과 고립어로 나뉜다. 뉴기니에 존재하는 언어 중 거의 절반이 사용자가 500명을 넘지 않는다. 가장 많이 쓰는 언어도 사용자가 고작 10만 명에 불과하다. 과거에는 이들이 정치적으로 수백 개의 마을로 쪼개져 다른 언어를 사용하는 종족과 싸울 때만큼이나 서로 치열하게 다퉜다. 이런 초소형 사회는 그 자체로 너무 작아 군장과 공예 전문가를 부양할 수 없었고 야금술과 문자를 개발할 수도 없었다.

인구가 작은 단위로 쪼개진 데다 지리적으로 고립되어 다른 곳으로부터 과학기술과 아이디어를 원활하게 받아들이지 못한 것도 뉴기니의 발전을 가로막은 요인이었다. 뉴기니 주변의 세 이웃은 모두 바다로 가로막혀 있었다. 더구나 수천 년 전까지 세 이웃 모두 과학기술과 식량 생산에서 뉴기니(특히 뉴기니의 고원지대)에 훨씬 뒤처진 상태였다.

세 이웃 중 하나, 특히 오스트레일리아 원주민은 근대까지도 수렵·채집민으로 살아서 뉴기니인에게 없는 것을 구하는 데 아무런 도움을 주지 못했다. 두 번째 이웃은 동쪽에 위치한 비스마르크제도와 솔로몬제도의 훨씬 작은 섬들이었다. 마지막 이웃은 인도네시아 동쪽의 섬들이었다. 그러나 이 섬들도 인간이 정착한 이후로 대부분의 기간 동안 수렵·채집민이 점유했기 때문에 문화적으로 뒤떨어졌다. 인간이 뉴기니에 약 4만 년 전 처음으로 정착한 이후부터 기원전 1600년경 오스트로네시아 확장이 시작될 때까지 인도네시아를 통해 뉴기니에 들어왔다고 여겨지는 물품이 하나도 없는 실정이다.

오스트로네시아 확장이 시작되면서 인도네시아에도 아시아의 식량 생산자들이 들어왔다. 그들에게는 가축뿐 아니라 뉴기니 못지않게 정교한 농경술과 과학기술이 있었다. 게다가 아시아에서 뉴기니까지 내려온 것에서도 알 수 있듯이 한층 뛰어난 항해 능력도 갖추고 있었다. 오스트로네시아인은 뉴기니 서쪽과 북쪽과 동쪽에 위치한 섬들을 비롯해 뉴기니 서쪽 끝 및 북쪽 해안과 남동쪽 해안에도 정착했다. 오스트로네시아인은 토기와 닭을 뉴기니에 전했고, 이때 개와 돼지도 들어온 것으로 보인다(오래전 고고학계에서는 뉴기니 고원지대에서 나온 돼지 뼈를 기원전 4000년 이전의 것이라고 주장했지만, 아직까지 사실 여부가 확인되지는 않았다). 적어도 지난 1,000년 동안 뉴기니는 과학기술적으로 한층 선진적이던 자바섬 및 중국과 교역으로 연결되었다. 뉴기니는 극락조 깃털과 향로를 수출한 반면, 동남아시아로부터는 동선Dong Son(북베트남의 홍강 삼각주 유역에서 발달한 문화—옮긴이) 청동 북과 중국 자기를 비롯한 사치품을 수입했다.

시간이 더 있었다면 오스트로네시아 확장은 뉴기니에 더 큰 영향을 주었을 것이다. 또 뉴기니 서부는 인도네시아 동부의 술탄에게 결국 정치적으로 통합되었을 테고, 금속연장이 인도네시아 동부를 통해 뉴기니 전체에 전해졌을지도 모른다. 그러나 1511년 무렵 포르투갈인이 말루쿠제도에 들어와서는 인도네시아의 독자적인 발전 방향을 끊어냈기 때문에 그런 일은 벌어지지 않았다. 얼마 뒤 유럽인이 뉴기니에 들어갔을 때, 그곳 사람들은 여전히 무리사회, 즉 철저히 독립적인 작은 마을에 살며 돌연장을 사용하고 있었다.

따라서 대오스트레일리아의 반쪽, 즉 뉴기니에서 축산과 농경이 시작되고 발달하는 동안 오스트레일리아에서는 어떤 것도 발전하지 않았다. 빙하기에는 뉴기니보다 오스트레일리아에 디프로토돈(소와 코뿔소에 상응하는 유대 동물), 자이언트캥거루, 자이언트웜뱃 등 대형 유대 동물이 훨씬 더 많았다. 그러나 인간이 오스트레일리아에 정착하기 시작하면서 몰아친 멸종(혹은 절멸)의 파도에, 가축화할 만한 유대 동물 후보가 모두 사라지고 말았다. 그 결과, 뉴기니에서 그랬듯이 오스트레일리아에도 가축화할 만한 토종 포유동물이 전혀 남지 않았다. 오스트레일리아가 외부로부터 받아들인 유일한 포유동물 가축은 개였다. 개는 아시아로부터 기원전 1500년경에 (십중팔구 오스트로네시아인의 카누를 타고) 들어와서 오스트레일리아의 야생에 자리를 잡고 살아가며 딩고가 되었다. 오스트레일리아 원주민은 딩고를 사로잡아 반려견과 경비견으로 길들였고, 심지어 살아 있는 담요로 애용하기도 했다. 여기에서 몹시 추운 밤을 뜻하는 '다섯 마리의 개와 함께하는 밤five-dog night'이라는 표현이 생겨나기도 했다. 그러나 오스트레일리아 원주민은 폴리네시아인과 달리 딩고, 즉 개를 식용으로 사용하지 않았고, 뉴기니인처럼 야생동물을 사냥하는 데 도움을 받는 용도로도 사용하지 않았다.

오스트레일리아는 애당초 농업이 성공할 가능성이 없는 땅이었다. 오스트레일리아는 가장 건조하고 토양도 가장 척박한 대륙이기 때문이다. 게다가 세계 대부분 지역은 계절의 순환이 상당히 규칙적이지만, '엘니뇨 남방 진동El Niño–Southern Oscillation'이란 불규칙한 순환이 대륙 대부분의 기후에 큰 영향을 준다는 점에서도 오스트레일리아는 여느 대륙들과 다르다. 예측할 수 없는 심각한 가뭄이 몇 년 동안 계속되고, 그 중간에도 예측할 수 없는 폭우가 뜬금없이 쏟아져 홍수를 일으킨다. 유라시아에 기원을 둔 작물을 재배하고 수확물을 운반할 트럭과 도로를 갖춘 오늘날에도 오스트레일리아에서 식량 생산은 여전히 위험한 사업이다. 가축이 다행스레 수년 동안 증가하더라도 가뭄이 닥치면 떼죽음을 당한다. 먼 옛날 오스트레일리아 원주민이 농경을 시작했다면, 이와 유사한 순환의 고리를 벗어나지 못해 많은 사람이 옆에서 죽어가는 걸 지켜봐야 했을 것이다. 요컨대 좋은 시절에 마을에 정착해서 작물을 재배하며 자식을 낳았더라도 가뭄이 닥쳐 흉작이 계속되면 많은 인구가 굶주림에 시달리며 덧없이 죽어갔을 것이다.

오스트레일리아에서 농경의 시작과 발전을 가로막은 또 하나의 주된 요인은 작물화할 만한 야생식물의 부족이었다. 현대 유럽의 식물유전학자들도 오스트레일리아의 야생식물상에서 마카다미아를 제외하고는 어떤 작물도 개발해내지 못했다. 소중한 곡물로 성장할 잠재력을 지닌 식물, 즉 낟알이 무거운 56종의 야생 볏과 식물 중에서 오스트레일리아 토종은 2종밖에 없으며, 그마저도 순위가 거의 바닥에 가깝다(다른 곳에서 자생하는 가장 큰 낟알의 무게는 무려 40밀리그램인 데 반해 오스트레일리아에서 자생하는 그 종은 13밀리그램에 불과하다). 그렇다고 오스트레일리아에 작물화할 만한 야생식물이 전혀 없었다거나, 오스트레일리아 원주민이 절대로 토종 식물을 작물화해 식량 생산을 시작하지는 못했을 것이라는 뜻은 아니다. 참마와 토란, 칡 같은 식물은 지금 뉴기니 남부에서 재배하지만, 오스트레일리아 북부의 야생에서 자라기도 한다. 게다가 원주민이 과거 그곳에서 채집을 하기도 했다. 뒤에서 살펴보겠지만, 오스트레일리아에서 기후적으로 가장 양호한 지역에 살던 원주민은 결국에는 식량 생산을 시작했을 법한 방향으로 진화하고 있었다. 그러나 오스트레일리아에서 자발적으로 식량 생산을 시작했더라도 가축화할 만한 동물이 없고 작물화할 만한 식물도 부족한 데다 척박한 토양과 까다로운 기후 때문에 식량 생산은 제한적이었을 것이다.

엘니뇨 남방 진동의 영향으로 오스트레일리아에서는 자원 확보 가능성을 예측하는 게 불가능했다. 이런 점에서 방랑 생활, 수렵·채집민의 생활 방식, 주거지와 소유물에 대한 최소 투자는 그런 환경에 합리적으로 적응한 결과였다. 지역 조건이 악화하면, 원주민은 조건이 일시적으로라도 더 나은 곳으로 이주했다. 그들은 수확량이 기대에 못 미칠 수 있는 몇몇 종류의 작물에만 의존하지 않고, 다양한 종류의 야생 식량에 기반한 경제를 구축함으로써 위험을 최소화했다. 그처럼 다양한 야생 식량이 한꺼번에 흉작을 맞을 가능성은 거의 없을 테니 말이다. 따라서 자원 부족 때문에 주기적으로 많은 사람이 굶어 죽으며 인구가 등락을 거듭하는 쪽보다, 오스트레일리아 원주민은 인구수를 적게 유지하며 풍작인 때는 넉넉한 식량을 즐기고, 흉작인 때도 배를 곯지 않는 생활 방식을 선택했다.

오스트레일리아 원주민이 식량 생산을 대신해 선택한 방법을 '불쏘시개 농법firestick farming'이라고 한다. 원주민은 주변 풍경을 조정하고 관리하며, 경작과 축산에 의존하지 않고도 식량으로 사용할 식물과 동물을 증산했다. 특히 원주민은 주기적으로 주변 지대를 일부러 태웠다. 이런 의도적인 방화에는 목적이 몇 가지 있었다. 예컨대 불에 쫓겨 나온 짐승을 즉시 사로잡아 먹을 수 있었고, 빽빽한 잡목 숲을 태워 널찍한 초원지대를 만들 수 있었다. 그런 초원지대는 오스트레일리아의 최상급 사냥감, 즉 캥거루에게는 이상적인 서식지였고, 원주민이 돌아다니기에도 편했다. 또한 불은 캥거루에게 필요한 새로운 풀과 원주민의 식량이던 양치식물의 생장을 촉진했다.

오늘날 우리는 오스트레일리아 원주민을 '사막에 사는 사람'이라고 생각하지만, 과거 대부분의 원주민은 그렇지 않았다. 지역별 인구밀도는 강수량에 따라 달랐고(육상에서 식량으로 쓰이는 야생식물과 야생동물의 생산량은 강수량에 영향을 받기 때문이다), 또 바다와 강과 호수에서 나오는 수산 식량의 양에 따라서도 달랐다. 오스트레일리아에서 원주민의 인구밀도가 가장 높은 지역은 습하고 생산성이 좋은 곳이었다. 예컨대 남동부의 머리강과 달링강이 합쳐지는 분지, 동부와 북부의 해안 지역, 남서부 끝부분이었다. 근대에 오스트레일리아에 정착한 유럽인도 이 지역들에 가장 많이 모여 살았다. 지금 우리가 원주민을 '사막에 사는 사람'이라고 생각하는 이유는 간단하다. 유럽인이 환경적으로 가장 살기 좋은 곳에서 거주하던 원주민을 모두 죽이거나 몰아내, 유럽인이 원하지 않는 지역에 거주하던 원주민만이 무사히 살아남았기 때문이다.

지난 5,000년 동안 이렇게 생산성이 높은 지역 중 일부에서는 원주민이 식량을 집중적으로 채집했고, 그 결과 인구밀도가 높아졌다. 오스트레일리아 동부에서는 사방에 널려 있고 전분이 많지만 독성이 강한 소철류 씨앗에서 독성을 걸러내거나 발효시켜 먹는 기법이 개발되었다. 또 오스트레일리아 남동부에서는 원주민이 언젠가부터 여름이면 고원지대에 올라가 더위를 피하기 시작했고, 소철류 열매와 참마뿐만 아니라 철 따라 이동하며 한꺼번에 모여 동면하는 보공나방까지 식량으로 삼았다. 보공나방은 불에 구우면 군밤 맛이 난다. 식량을 집중적으로 채집하기 위해 개발한 또 다른 방법으로는, 습지의 수위가 계절성 강우에 따라 달라지는 머리강과 달링강 분지에서 이뤄진 민물장어 양식이 있었다. 오스트레일리아 원주민은 2.5킬로미터에 달하는 정교한 수로를 설치해두고, 장어들이 습지를 옮겨 다닐 수 있게 했다. 그리고 어살을 정교하게 세우거나 막다른 수로에 통발을 놓는 방법, 또는 수로를 돌담으로 막고 돌담 사이에 그물을 설치하는 방법으로 장어를 잡았다. 또 습지에는 수심에 따라 여러 곳에 통발을 놓아 수위가 변하더라도 효과를 발휘하도록 했다. 이런 '양식장'을 처음 세울 때는 노동력이 많이 들었겠지만, 그 이후에는 많은 사람을 먹여 살렸다. 19세기에 유럽인은 10여 가구가 살아가는 마을에서 장어 양식장을 발견하기도 했다. 고고학적 발굴 작업에서는 146채의 돌집이 있는 마을을 발견하기도 했다. 적어도 계절에 따라 그 마을에 거주한 사람이 수백 명에 이르렀음을 알 수 있는 유적이다.

오스트레일리아의 동부와 북부에서는 야생 기장의 씨를 수확해 식량으로 삼기도 했다. 야생 기장은 중국이 초기 농경 시대에 주식으로 삼았던 기장과 동일한 속屬에 속하는 것이었다. 기장은 돌칼로 수확해 낟가리로 쌓았고, 타작해서 낟알로 거두었다. 그렇게 거둔 낟알은 가죽 부대나 나무 그릇에 보관하고, 나중에 먹을 때 맷돌에 갈았다. 그 과정에서 여러 가지 연장이 쓰였다. 추수용 돌칼과 맷돌은 비옥한 초승달 지역에서 야생 볏과 식물의 씨를 처리하기 위해 독자적으로 고안해낸 연장들과 비슷했다. 오스트레일리아 원주민이 식량을 얻기 위해 사용한 모든 방법 중에서 기장 수확법은 작물 생산으로 진화할 가능성이 가장 컸다.

지난 5,000년 동안 식량을 집중적으로 얻기 위해 노력하는 과정에서 새로운 형태의 연장도 개발되었다. 돌날과 돌촉은 크기가 작아졌지만, 연장의 무게를 기준으로 할 때 과거의 큼직한 돌연장보다 날카로운 면의 길이가 길어졌다. 돌의 양쪽을 날카롭게 다듬은 손도끼가 처음에는 오스트레일리아에 지엽적으로만 존재했는데, 얼마 지나지 않아 널리 퍼졌다. 조개껍데기로 만든 낚싯바늘은 약 1,000년 전부터 나타나기 시작했다.

왜 오스트레일리아는 금속연장과 문자를 만들지 못했고, 정치적으로 복잡한 사회로 발전하지도 못했을까? 주된 이유는 원주민이 수렵·채집에 머물렀기 때문이다. 12~14장에서 살펴보았듯, 이런 발전은 식량을 생산해서 인구가 많고 경제적으로 분화된 사회에서만 가능했다. 더구나 오스트레일리아는 건조한 데다 토양이 척박했고, 기후도 변덕스럽기 그지없어 수렵·채집민의 인구도 수십만 명을 넘지 않았다. 고대 중국이나 메소아메리카의 수천만 명에 달하던 인구와 비교하면,

오스트레일리아에는 잠재적 발명가도, 혁신을 과감히 채택해 실험할 만한 사회도 적을 수밖에 없었다는 뜻이다. 그 수십만 명이 긴밀히 교역하는 사회들로 조직화된 것도 아니었다. 오스트레일리아는 생태학적으로 사막이라는 바다에 둘러싸인 생산적인 '섬'들과 다를 바 없었다. 사막에는 당연히 사람이 거의 살지 않았지만, 각각의 섬에도 대륙 전체 인구의 극히 일부만이 살았다. 게다가 섬과 섬 사이의 거리가 상당해서 교역은 제한적이었다. 상대적으로 습하고 생산적이던 동부 지역에서도 사회들 간의 교환은 활발히 이루어지지 않았다. 북동부에 위치한 퀸즐랜드의 열대우림부터 남동부에 위치한 빅토리아의 온대우림까지의 거리가 3,000킬로미터가 넘어 그런 교환을 방해했다. 3,000킬로미터는 로스앤젤레스에서 알래스카까지의 거리로, 지리적으로나 생태학적으로 무척 먼 거리이다.

오스트레일리아에서 과학기술이 지역적으로 때로는 대륙 전체에서 퇴보한 이유는 인구 중심지가 고립된 데다 상대적으로 인구수도 적었기 때문일 것이다. 오스트레일리아를 대표하는 무기, 즉 부메랑은 북동부의 케이프요크반도에서도 버림을 받았고, 남서부의 원주민은 유럽인을 만날 때까지 조개류를 먹지 않았다. 약 5,000년 전의 고고학적 유적지에서 나오는 작은 돌촉의 쓰임새는 아직도 오리무중이다. 세계 다른 곳에서 화살에 사용하던 돌촉 및 미늘과 미심쩍을 정도로 비슷하기 때문에, 쉽게 생각해서 창촉과 미늘로 썼을 거라고 추정하면 그만이지만, 그 작은 돌촉을 정말 그렇게 사용했다면, 활과 화살이 근대 뉴기니에는 존재했지만 오스트레일리아에는 존재하지 않았던 미스터리가 더욱더 복잡해질 수 있다. 어쩌면 활과 화살을 실제로 한동안 채택했지만 그 이후에 오스트레일리아 대륙 전체에서 포기했던 것일까? 이런 모든 예는 일본에서 총기를, 대부분의 폴리네시아에서 활과 화살 및 토기를, 그 밖에 고립된 사회들에서 이런저런 과학기술적 도구를 포기한 사례를 떠오르게 한다(13장 참조).

오스트레일리아에서 과학기술을 상실한 가장 극단적 사례는 본토의 남동부 해안으로부터 210킬로미터쯤 떨어진 태즈메이니아섬에서 일어났다. 해수면이 낮았던 홍적세 시대에, 현재의 태즈메이니아섬과 오스트레일리아 본토 사이의 얕은 배스해협Bass Strait은 마른땅이었고, 태즈메이니아에 거주하던 사람들은 드넓은 오스트레일리아 대륙 곳곳으로 꾸준히 퍼져나가던 인구의 일부였다. 약 1만 년 전 배스해협이 마침내 물에 잠겼다. 그리고 태즈메이니아 사람과 본토 오스트레일리아 사람에게는 배스해협을 건널 수상 도구가 없어 두 집단은 완전히 단절되고 말았다. 그 이후 태즈메이니아에 살던 4,000명의 수렵·채집민은 지상의 어떤 종족과도 접촉하지 못한 채 공상과학 소설에나 있을 법한 고립 상태에서 살았다.

마침내 1642년에 유럽인이 만난 태즈메이니아인의 물질문화는 근대 세계의 어느 종족에게도 없는 가장 단순한 것이었다. 본토의 원주민과 마찬가지로, 그들도 금속연장이 없는 수렵·채집민이었다. 그러나 본토에는 널리 퍼진 많은 과학기술과 인공물도 그들에게는 없었다. 예컨대 미늘 달린 창, 뼈로 만든 여러 형태의 연장, 부메랑, 날카롭고 매끄럽게 다듬은 돌연장, 손잡이 달린 돌연장, 갈고리와 그물, 여러 갈래로 갈라진 창, 덫과 통발도 없었다. 물고기를 잡아먹거나 바느질을 하거나 불을 지피지도 못했다. 이런 기술 중 일부는 태즈메이니아가 고립된 후에야 본토에 전해졌거나 발명된 것으로 추정된다. 극소수에 불과하던 태즈메이니아 인구로는 이런 기술을 독자적으로 발명할 수 없었을 것이기 때문이다. 한편 태즈메이니아가 오스트레일리아 본토의 일부였을 때 전해졌지만, 그 이후 고립된 상태에서 잃어버린 과학기술적 도구도 있었다. 예컨대 고고학적 발굴 작업에서 입증되었듯이, 태즈메이니아에서는 낚시 행위, 송곳과 바늘, 뼈로 만든 그 밖의 도구가 기원전 1500년경에 사라졌다. 또 태즈메이니아 주변의 세 섬(플린더스섬, 캥거루섬, 킹섬)은 해수면이 상승하기 전에는 인구가 대략 200~400명이었지만, 약 1만 년 전 해수면 상승으로 오스트레일리아와 태즈메이니아로부터 떨어져 나간 뒤에는 인구가 완전히 소멸했다.

따라서 태즈메이니아와 그 세 섬은 극단적 형태를 띠긴 했지만, 세계 역사에서 결코 간과할 수 없는 중대한 결론을 잘 보여준다. 수백 명에 불과한 인구는 완전히 고립된 상태에서 무한히 생존할 수 없었다는 결론이다. 4,000명의 인구는 1만 년 동안 생존할 수 있었지만, 문화적 손실이 상당하고 발명 능력도 크게 떨어져 지극히 단순한 물질문화만 남았다. 오스트레일리아 본토의 수렵·채집민은 30만 명으로 태즈메이니아와 비교하면 상당히 많은 수였고 고립의 정도도 덜했다. 하지만 다른 대륙과 비교하면 가장 적은 인구에 가장 고립된 상태였다. 오스트레일리아 본토에서 과학기술이 퇴보했다는 증거와 태즈메이니아의 사례에서 짐작할 수 있듯이, 다른 대륙의 인구수와 비교할 때 턱없이 적었던 오스트레일리아 원주민 수는 고립과 인구 규모가 과학기술의 발전 및 유지에 미치는 영향에서 부분적으로 비롯된 듯하다. 다만 태즈메이니아에도 똑같은 영향을 미쳤지만 더 극단적인 형태로 나타났다는 사실이 다를 뿐이다. 달리 말하면, 가장 큰 대륙(유라시아)과 그보다 작은 대륙들(아프리카, 북아메리카, 남아메리카) 사이에서 확인할 수 있는 과학기술의 차이도 똑같은 이유에서 기인한 것일 수 있다.

왜 더 발달한 과학기술이 이웃인 인도네시아와 뉴기니에서 오스트레일리아로 전해지지 않았을까? 인도네시아와 오스트레일리아 북서부 사이에는 바다가 있었고, 두 지역은 생태학적으로 무척 달랐다. 게다가 인도네시아 자체도 수천 년 전까지는 문화적으로나 과학기술적으로 후미진 벽지였다. 오스트레일리아에 처음으로 사람이 정착한 4만 년 전부터 딩고가 등장한 기원전 1500년까지, 인도네시아에서 오스트레일리아로 어떤 새로운 과학기술적 도구나 문물이 전해졌다는 증거는 없다.

남중국에서 시작된 오스트로네시아 확장이 한창일 때 딩고는 인도네시아를 거쳐 오스트레일리아에 전해졌다. 오스트로네시아인은 인도네시아의 모든 섬에 성공적으로 정착했다. 물론 오스트레일리아에서 가장 가까운 두 섬, 즉 티모르섬과 타님바르제도도 예외가 아니었다(오늘날의 오스트레일리아에서 차례로 440킬로미터, 330킬로미터 거리에 있다). 오스트로네시아인은 태평양을 종횡으로 누비며 확장하는 동안 그보다 훨씬 먼 바닷길을 항해했을 것이기 때문에, 그들이 오스트레일리아에 반복적으로 들어왔음을 증명해줄 딩고의 흔적이 없더라도 그렇게 추정하는 게 터무니없지는 않다. 역사시대에는 인도네시아 술라웨시섬(셀레베스섬)에 있는 마카사르 지역에서 출발한 카누들이 매년 오스트레일리아 북서부를 찾아왔는데, 이는 1907년에 오스트레일리아 정부가 중단시킬 때까지 계속되었다. 고고학적 증거에 따르면, 이 같은 방문은 기원후 1000년경부터 시작된 것으로 추정하지만 그 이전이었을 가능성도 다분하다. 방문의 주된 목적은 마카사르에서 중국으로 수출하던 해삼을 구하기 위함이었다. 불가사리의 친척인 해삼은 당시 정력제로 알려졌으며 국의 재료로도 귀하게 쓰였다.

당연한 말이겠지만, 마카사르 사람들이 연례적으로 방문하며 시작된 교역은 오스트레일리아 북서부에 많은 흔적을 남겼다. 마카사르 사람들은 해안 지역의 야영지에 타마린드나무tamarind tree를 심고, 원주민 여자들과 관계를 맺어 아기를 낳았다. 옷감과 금속연장, 토기, 유리를 교역물로 넘겼지만, 원주민은 그 물건들을 직접 만드는 법을 배우지 않았다. 마카사르 사람들로부터 몇몇 단어와 약간의 의례를 차용하고, 나무줄기 안을 파낸 통나무배로 항해하거나 담뱃대로 담배 피우는 법을 배우는 것으로 만족했다.

그러나 오스트레일리아 사회의 기본적 특성을 바꿔놓을 정도로 영향을 미친 것은 없었다. 마카사르 사람들의 방문이 남긴 결과보다 그들의 방문에도 불구하고 일어나지 않은 변화가 더 중요하다. 마카사르 사람들은 오스트레일리아에 정착해 살지 않았다. 그 이유는 오스트레일리아 북서부 지역이 인도네시아를 마주 보고 있지만 너무 건조해 농경에 적합하지 않아서였을 것이다. 인도네시아가 오스트레일리아 북동부의 열대우림과 사바나를 마주 보고 있었다면 마카사르 사람들은 그곳에 정착했을 것이다. 하지만 그들이 그렇게 멀리까지 항해했다는 증거는 어디에도 없다. 이로 미루어 마카사르 사람들은 소수만이 일시적으로 방문했을 뿐 내륙까지 들어가지 않았고, 그 때문에 오스트레일리아에서 그들과 접촉한 사람은 해안 지역에 거주하던 소수의 무리에 불과했던 것을 알 수 있다. 그 소수의 오스트레일리아

인도 마카사르 문화와 과학기술의 극히 일부만을 보았을 뿐 드넓게 펼쳐진 논밭과 돼지, 마을과 작업장 등 마카사르 사회 전체를 보지는 못했다. 오스트레일리아인은 당시에도 여전히 떠돌아다니는 수렵·채집민이었으므로 자신들의 생활 방식과 양립할 수 있는 관례와 물건만을 마카사르로부터 받아들였다. 예컨대 통나무배와 담뱃대는 괜찮았지만, 대장간과 돼지는 그들의 생활 방식에 맞지 않았다.

오스트레일리아가 인도네시아의 영향에 저항한 것보다 뉴기니의 영향을 견뎌낸 것이 더욱더 놀랍다. 토러스해협으로 알려진 좁은 바닷길을 사이에 두고, 뉴기니 언어를 쓰며 돼지를 키우고 활과 화살 및 토기를 지닌 뉴기니 농경민과, 오스트레일리아 언어를 쓰며 돼지와 토기 및 활과 화살도 없는 오스트레일리아 수렵·채집민이 마주보고 있었다. 게다가 토러스해협은 바닷물만 있는 장벽이 아니라, 곳곳에 섬이 있고 가장 큰 섬(무랄루그섬)은 오스트레일리아 해안에서 고작 16킬로미터 떨어졌을 뿐이다. 오스트레일리아와 그 섬들, 또 그 섬들과 뉴기니 사이에는 교역을 위한 주기적인 왕래도 있었다. 더구나 많은 원주민 여성이 무랄루그섬으로 시집을 갔다. 따라서 그 섬에서 채마밭, 활과 화살을 보았을 것이다. 그런데 어떻게 뉴기니의 그런 특징이 오스트레일리아에 전해지지 않았을까?

토러스해협이 이렇게 문화적 장벽으로 기능했다는 걸 놀랍게 받아들이는 이유는, 우리가 집약적으로 농사를 짓고 돼지를 키우는 완전한 뉴기니 사회를 머릿속에 그리기 때문이다. 그러나 이런 상상은 잘못된 것이다. 케이프요크의 원주민은 뉴기니 본토인을 실제로 본 적이 전혀 없었다. 정확히 말하면, 뉴기니와 뉴기니에서 가장 가까운 섬들 사이에, 그다음 그 섬들과 토러스해협 중간쯤에 있는 마부이아그섬 사이에, 그다음 마부이아그섬과 토러스해협에서 더 아래쪽에 위치한 바두섬 사이에, 그리고 바두섬과 무랄루그섬 사이에 교역이 이뤄진 다음에야 최종적으로 무랄루그섬과 케이프요크 사이에 교역이 이루어졌다.

뉴기니 사회의 특징은 이런 섬들을 건너는 동안 약화했다. 섬들에는 돼지가 드물거나 없었다. 토러스해협을 마주한 뉴기니 남쪽 저지대에서는 뉴기니 고원지대의 집약적 농업이 시행되지 않았다. 해산물, 사냥과 채집에 크게 의존했기 때문에 화전 농법 정도만 이루어졌다. 이런 화전 농법조차 그 중요성이 뉴기니 남쪽에서 섬들을 거쳐 오스트레일리아까지 내려가는 동안 줄어들었다. 오스트레일리아에서 가장 가까운 무랄루그섬도 건조해서 농경에 적합하지 않았기 때문에 주로 해산물, 야생 참마, 맹그로브 열매로 연명하는 소수만이 살았다.

결국 토러스해협을 사이에 두고 이뤄진 뉴기니와 오스트레일리아의 접촉은 어린아이의 전화 놀이와 비슷했다. 어린아이들이 둥그렇게 둘러앉아 단어 하나를 전달하는 놀이 말이다. 첫 아이가 옆 아이에게 어떤 단어를 귀엣말로 속삭이면, 그 아이가 방금 들었다고 생각하는 단어를 다시 옆 아이에게 귀엣말로 속삭이는 과정이 계속된다. 이 놀이에서, 마지막 아이가 첫 아이한테 전달한 단어는 처음 단어와 조금도 비슷하지 않은 경우가 많다. 이런 식으로, 토러스해협에 있는 섬들을 따라 이루어진 교역은 뉴기니 사회와 완전히 다른 것을 케이프요크의 원주민에게 최종적으로 전하는 전화 놀이와 같았다. 또 무랄루그 사람과 케이프요크 원주민의 관계가 섬사람들이 스승처럼 전해주는 문화를 원주민이 열심히 받아들이는 끝없는 사랑의 관계였을 거라고 생각해서도 안 된다. 오히려 그들은 사람 사냥을 하거나 여자를 사로잡아 아내로 삼기 위해 전쟁과 교역을 번갈아 반복하던 관계였다.

뉴기니 문화가 먼 거리와 전쟁으로 희석되었지만, 오스트레일리아에 그럭저럭 영향을 미치기는 했다. 뉴기니인과의 결혼으로, 직모가 아닌 꼬불꼬불한 머리칼 같은 뉴기니인의 신체적 특징이 케이프요크반도에 전해졌다. 또 케이프요크에서 사용하던 네 가지 언어에는 오스트레일리아 원주민 언어에 없는 음소들이 있었고, 이런 현상은 뉴기니 언어의 영향이었던 것으로 추정한다. 뉴기니에서 전해진 가장 중요한 도구로는 조개껍데기로 만든 낚싯바늘과 아우트리거 outrigger(배의 측면에 다는 안전장치—옮긴이)를 부착한 카누가 있었다. 그 낚싯바늘은 오스트레일리아 내륙까지 깊숙이 전해졌고, 아우트리거를 부착한 카누는 케이프요크반도 전역에 퍼졌다. 뉴기니의 북, 의례용 가면, 장례 기둥, 담뱃대도 케이프요크에 도입되었다. 그러나 케이프요크의 원주민은 농업을 채택하지 않았다. 그들이 무랄루그섬에서 본 농업이 그다지 인상적이지 않았던 것도 적잖은 이유였을 것이다. 그들은 돼지를 받아들이지도 않았다. 무랄루그섬과 주변 섬들에 돼지가 극소수였거나 전혀 없기도 했겠지만, 농사를 짓지 않고는 돼지를 먹일 수 없었던 게 그 이유였을 것이다. 또한 활과 화살도 채택하지 않고 창과 투창기에 만족하고 살았다.

오스트레일리아는 땅이 넓으며 뉴기니도 마찬가지이다. 그러나 두 큰 땅덩어리의 접촉은 토러스해협의 일부 섬사람과 케이프요크의 일부 원주민에게 국한되었다. 더구나 섬사람들의 문화는 크게 희석된 뉴기니 문화였다. 따라서 어떤 이유에서든 케이프요크 원주민이 활과 화살보다 창을 계속 사용하고 그들이 보았던 희석된 뉴기니 문화의 다른 특징도 받아들이지 않기로 결정함으로써, 뉴기니 문화의 특징이 오스트레일리아의 다른 지역까지 전해질 기회가 원천적으로 차단되었다. 그 결과, 조개껍데기로 만든 낚싯바늘을 제외하고는 뉴기니의 어떤 도구도 오스트레일리아 내륙까지 전해지지 못했다. 뉴기니의 시원한 고원지대에 살던 수십만 명의 농경민이 오스트레일리아 남동부의 시원한 고원지대에 거주하던 원주민을 긴밀히 접촉했더라면, 뉴기니의 문화와 집약적인 식량 생산이 대대적으로 오스트레일리아에 전해졌을지도 모른다. 그러나 뉴기니 고원지대는 오스트레일리아 고원지대에서 3,200킬로미터나 떨어져 있고, 생태계의 풍경도 무척 다르다. 따라서 오스트레일리아 원주민에게 뉴기니 고원지대의 생활을 관찰한 뒤 채택 여부를 결정할 기회가 주어졌다면, 뉴기니 고원지대가 그들에겐 그저 달나라처럼 보였을지도 모른다.

요컨대 오스트레일리아 원주민이 석기시대의 뉴기니 농경민 및 철기시대의 인도네시아 농경민과 교역하면서도 석기시대와 마찬가지로 유목민으로 수렵·채집 생활을 계속한 현상은 얼핏 생각하면 그들의 지독히 완고한 성향을 반영하는 듯하다. 그러나 더 면밀히 분석해보면, 그런 현상은 문화와 과학기술의 전달에는 어떤 경우에나 지리적 조건이 영향을 미친다는 걸 입증할 뿐이다.

끝으로 이제부터는 석기시대에 머물러 있던 뉴기니와 오스트레일리아의 사회가 철기시대를 사는 유럽인을 만났을 때의 상황을 생각해보자. 한 포르투갈 항해사가 1526년에 뉴기니를 '발견'했고, 네덜란드는 1828년에 뉴기니의 서쪽 절반을 차지했으며, 영국과 독일은 1884년에 동쪽 절반을 각각 나누어 가졌다. 이렇게 뉴기니에 첫발을 내디딘 유럽인은 해안 지역에 정착했고, 내륙까지 파고드는 데는 오랜 시간이 걸렸다. 그러나 1960년쯤에는 유럽 국가들이 대부분의 뉴기니인을 정치적으로 통제하는 상황이었다.

뉴기니가 유럽을 식민지로 삼지 못하고 그 반대가 되었던 이유는 자명하다. 유럽인에게는 바다를 항해해 뉴기니까지 갈 수 있는 배와 나침반이 있었고, 뉴기니를 지배하는 데 유용한 지도를 제작하고 지침서와 행정 서류를 작성하는 데 필요한 문자와 인쇄기가 있었다. 또 선원과 군대와 관리를 조직할 정치제도가 있었고, 활과 화살 및 몽둥이로 저항하는 뉴기니인을 쉽게 제압할 총기도 있었다. 하지만 유럽 정착민의 수는 항상 무척 적었고, 지금도 뉴기니에는 여전히 원주민이 압도적으로 많다. 이런 인구 분포는 오스트레일리아, 남북아메리카, 남아프리카의 상황과 뚜렷이 대비된다. 그곳들에는 유럽 정착민이 지속적으로 유입되었고, 많은 지역에서 유럽 정착민이 원주민을 대체했기 때문이다. 그렇다면 왜 뉴기니는 달랐을까?

주된 요인은 1880년대까지 뉴기니 저지대에 정착하려던 유럽인의 시도를 번번이 꺾어놓은 말라리아 및 열대성 질병이었다. 그러나 열대성 질병은 어떤 것도 급속히 확산하는 군중 질병이 아니었다(11장 참조). 비록 실패로 끝났지만 가장 야심 찬 저지대 정착 계획은 1880년경 프랑스의 레Rays 후작이 뉴기니와 가까운 뉴아일랜드섬에서 시행한 것이었다. 이 계획은 1,000명의 정착민 중 930명이 죽음을 맞으며 3년 만에 끝나고 말았다. 오늘날에는 의학적 치료가 가능하지만, 미국과 유럽을 떠나 뉴기니에 정착하려던 내 친구 중 여러 명이 말라리아와 간염 및 갖가지 풍토병 때문에 그곳을 떠나야 했다. 나 자신도 뉴기니에서 연구를 수행하다가 말라리아와 이질을 앓았다.

유럽인은 뉴기니 저지대의 병원균에 쓰러졌는데, 유라시아 병원균이 뉴기니인을 똑같이 쓰러뜨리지 못한 이유는 무엇일까? 물론 적잖은 뉴기니인이 감염되었지만, 오스트레일리아와 남북아메리카의 원주민처럼 속절없이 대규모로 죽어가지는 않았다. 뉴기니인에게 행운이라면 행운이었던 것은, 유럽인이 1880년대가 되어서야 뉴기니에 항구적으로 정착하기 시작했고, 그 시기에는 공중위생이 천연두를 비롯해 유럽 감염병을 어느 정도 통제할 정도로 발달했다는 점이었다. 더구나 오스트로네시아 확장으로 인도네시아 정착민과 상인이 이미 3,500년 전부터 뉴기니에 꾸준히 유입되고 있었다. 아시아 본토의 감염병이 인도네시아에 확고히 뿌리를 내리면서 뉴기니인은 오스트레일리아 원주민보다 유라시아 병원균에 오랫동안 노출되어 그에 대한 저항력도 키운 상태였다.

뉴기니에서 유럽인이 혹독한 건강 문제로 고통을 받지 않은 유일한 지역은 고원지대, 정확히 말하면 말라리아의 고도 상한보다 높은 지역이다. 그러나 고원지대는 이미 뉴기니인이 조밀하게 차지하고 있었고, 유럽인이 그곳까지 진출한 때는 1930년대 이후였다. 유럽이 식민지 개척에 나섰던 초기와 달리, 그즈음 오스트레일리아와 네덜란드 식민 정부는 원주민을 대대적으로 학살하거나 몰아내면서까지 백인 정착민을 위해 땅을 마련해주지는 않았다.

뉴기니에 정착하려던 유럽인에게 마지막으로 남은 장애물은 유럽의 작물과 가축 및 생계 방식이 뉴기니의 환경과 기후에 적합하지 않다는 것이었다. 지금은 아메리카 열대지역의 작물, 예컨대 호박과 옥수수와 토마토를 도입해 소량으로 재배하고, 차와 커피를 파푸아뉴기니의 고원지대에서 플랜테이션 형태로 재배하지만, 유럽의 주된 작물, 즉 밀과 보리와 완두콩은 아직도 뿌리를 내리지 못했다. 소와 염소를 소량으로 사육하지만, 이런 동물도 유럽인과 마찬가지로 열대성 질병 때문에 어려움을 겪는다. 따라서 뉴기니의 식량 생산에서는 뉴기니인이 수천 년 동안 조금씩 다듬어온 농경법과 작물이 여전히 지배적이다.

질병, 험준한 지형, 생계 수단 등과 같은 문제 때문에 유럽인은 뉴기니인이 점유하고 지배하던 뉴기니 동쪽(현재 독립국인 파푸아뉴기니)을 떠날 수밖에 없었다. 그렇지만 이 지역의 뉴기니인은 공식 언어로 영어를 사용하고, 알파벳으로 글을 쓰며, 영국의 제도를 본뜬 민주 체제하에서 생활하고, 해외에서 제작한 총기를 사용한다. 뉴기니 서쪽 지역이 맞은 결과는 달랐다. 인도네시아가 1963년에 네덜란드로부터 그 지역을 양도받아 이리안자야Irian Jaya('아름다운 자야'라는 뜻—옮긴이)로 개칭했다. 이 주州는 현재 인도네시아가 자국에 이익이 되는 방향으로 다스리고 있다. 지방 인구는 아직도 뉴기니인이 압도적으로 많지만, 도시 인구는 이주 정책을 장려한 정부 정책 때문에 인도네시아인이 많다. 인도네시아인은 뉴기니인과 마찬가지로 말라리아를 비롯한 열대성 질병에 오랫동안 노출되었기 때문에 유럽인처럼 병원균이라는 강력한 장벽에 시달리지 않았다. 또 인도네시아에서는 벌써부터 바나나와 고구마를 비롯해 뉴기니의 주요 작물을 재배하고 있어, 뉴기니에서 유럽인보다 더 잘 견디며 살아가고 있다. 이리안자야에서 인도네시아 정부의 전폭적인 지원 아래 진행 중인 변화는 3,500년 전 뉴기니에 도착하기 시작한 오스트로네시아 확장의 연장이라고 할 수 있다. 그렇다면 뉴기니의 인도네시아인은 현대판 오스트로네시아인인 셈이다.

오스트레일리아 원주민이 유럽을 식민지로 만들지 못하고 유럽인이 오스트레일리아를 식민지로 만들었던 이유도 방금 뉴기니의 경우에서 보았던 이유와 똑같다. 하지만 뉴기니인과 오스트레일리아 원주민의 운명은 무척 달랐다. 오늘날 오스트레일리아에는 2,000만 명에 달하는 비원주민이 살며, 그들이 사회의 지배계층을 이루고 있다. 대부분이 유럽계 후손이지만, 오스트레일리아가 1973년에 백호주의 정책을 포기한 이후로 아시아계의 유입이 계속 증가하고 있다. 원주민 인구는 유럽인이 처음 정착했을 때 30만 명가량이었지만, 1921년에는 최저 6만 명으로 줄어 80퍼센트나 감소했다. 게다가 오늘날 원주민은 오스트레일리아 사회에서 하층계급을 이루며, 다수가 선교지 또는 정부 보호구역에서 살아가거나, 그렇지 않으면 백인들의 목장에서 가축을 돌보는 일꾼으로 일한다. 왜 오스트레일리아 원주민은 뉴기니인보다 더 불운한 운명을 맞았을까?

근본적인 이유는 오스트레일리아가 적어도 일부 지역은 유럽인이 식량을 생산하고 정착하기에 적합한 데 있다. 물론 원주민을 몰아내는 데는 유럽의 총과 균과 쇠가 상당한 역할을 했다. 앞에서는 오스트레일리아의 기후와 토양이 제기하는 어려움을 강조했지만, 비옥하고 생산적인 지역에서는 유럽의 농경법을 적용할 수 있다. 현재 오스트레일리아 온대기후권에서 주로 재배하는 작물은 유라시아 온대기후권의 주된 작물, 즉 밀(오스트레일리아의 주요 작물), 보리와 귀리, 사과와 포도이다. 그 밖에도 아프리카 사헬 지역이 원산지인 수수와 목화, 안데스 지역이 원산지인 감자가 있다. 북동부의 열대지역(퀸즐랜드)은 비옥한 초승달 지역에 기원을 둔 작물이 자라기에 최적인 위치에 있다. 따라서 이곳에서 농경을 시작한 유럽인은 뉴기니로부터 사탕수수, 동남아시아 열대지역으로부터 바나나와 감귤류, 남아메리카 열대지역으로부터 땅콩을 들여왔다. 가축으로는 유라시아의 양을 도입함으로써 농업에 적합하지 않은 건조한 지역에서도 식량, 즉 양고기를 생산할 수 있었다. 상대적으로 습한 지역에서는 작물을 재배하는 동시에 유라시아의 소도 길렀다.

결국 기후가 비슷한 지역에서 작물화한 식물과 가축화한 동물이 오스트레일리아에 도입된 이후에야 식량 생산을 본격적으로 시작할 수 있었다. 작물화와 가축화가 이뤄진 곳이 오스트레일리아에서 너무 멀었기 때문에, 바다를 횡단하는 항해술이 발달한 뒤 그런 전달이 가능해졌다. 뉴기니와 달리, 오스트레일리아 대부분 지역에는 유럽인의 접근을 방해할 만큼 심각한 풍토병이 없었다. 북부의 열대지역만 말라리아를 비롯한 열대성 질병 때문에 유럽인이 19세기에 정착 시도를 포기할 수밖에 없었다. 하지만 20세기에는 의학의 발달에 힘입어 결국 정착하는 데 성공했다.

물론 오스트레일리아 원주민도 유럽인의 식량 생산을 방해하는 요인이었다. 잠재적으로 가장 생산적인 농지와 목축지를 이미 원주민이 차지하고 있었기 때문이다. 원주민은 당시에도 수렵·채집을 하며, 그런 곳에 가장 조밀하게 모여 살았다. 유럽 정착민은 두 가지 수단을 동원해 원주민의 수를 크게 줄였다. 하나는 총기를 이용한 살상이었다. 이 방법은 유럽인이 1930년대 뉴기니 고원지대에 들어갔을 때보다 18세기 말과 19세기에 그런대로 용인할 수 있는 수단으로 여겨졌다. 마지막으로 행한 대규모 학살은 1928년에 앨리스스프링스Alice Springs에서 벌어졌고, 이때 31명의 원주민이 학살당했다. 다른 하나는 유럽인이 가져온 병원균이었다. 안타깝게도 오스트레일리아 원주민에게는 이 병원균에 대한 면역력을 획득하거나 유전 저항을 키울 기회가 없었다. 1788년에 첫 유럽 정착민들이 시드니에 상륙하고 1년이 지나지 않아, 전염병으로 죽은 원주민의 시신이 흔한 구경거리가 되었다. 기록에 따르면, 원주민을 죽음으로 몰아간 주된 질병은 천연두와 독감, 홍역, 장티푸스, 발진티푸스, 수두, 백일해, 결핵, 매독이었다.

이 두 가지 요인 때문에 유럽식 식량 생산에 적합한 모든 지역에서 자주적으로 살아가던 원주민 사회가 지워졌다. 어떻게든 무사히 살아남은 원주민 사회는 유럽인에게 쓸모가 없는 북부와 서부에 있던 사회였다. 유럽인이 정착을 시작하고 한 세기가 지나지 않아 4만 년 동안 지속해온 원주민의 전통문화가 거의 사라지고 말았다.

이제 내가 이 장을 시작하며 제기한 질문으로 돌아가 보자. 오스트레일리아 원주민에게 결함이 있었다고 가정하지 않는다면, 원주민이 4만 년 동안이나 문자도 없이 수렵·채집민으로 떠돌아다니며 살던 대륙에 영국 이주자들이 발을 들여놓은 지 수십 년 만에 문자를 사용하고 식량을 생산하는 산업민주주의를 정착시킨 사실을 어떻게 설명할 수 있을까? 둘에 대한 비교는 인간 사회의 발전 과정을 엿볼 수 있는 완벽한 대조 실험으로, 결국 인종차별적 결론을 우리에게 강요하는 게 아닐까?

이 문제에 대한 해답은 비교적 단순하다. 백인 영국 이주자들은 문자를 사용하고 식량을 생산하는 산업민주주의를 오스트레일리아에서 만든 게 아니었다. 그들은 그 모든 것, 즉 가축과 온갖 종류의 작물(마카다미아 제외), 야금술과 관련한 지식, 증기기관, 총과 알파벳, 정치제도, 심지어 병원균까지 오스트레일리아 밖에서 가져왔다. 그 모든 것은 유라시아 환경에서 1만 년 동안 숙성된 결과물이었다. 1788년 시드니에 상륙한 정착민은 지리적 우연으로 그것들을 물려받은 사람들이었다. 유럽인은 오스트레일리아와 뉴기니에서 살아남는 법을 배운 적이 없었다. 따라서 로버트 버크와 윌리엄 윌스는 글을 쓸 정도로 똑똑했지만, 원주민이 살아가던 오스트레일리아 사막 지역에서 살아남을 정도로 똑똑하지는 않았다.

오스트레일리아에서 사회를 일궈낸 사람들은 그 대륙의 원주민이었다. 물론 그들이 만들어낸 사회는 문자가 있고 식량을 생산하는 산업민주주의 사회가 아니었다. 그 이유는 오스트레일리아의 환경적 특징에 있었다.

16장 어떻게 중국은 중국이 되었을까?

HOW CHINA BECAME CHINESE

중국 문화는 어떻게 동아시아로 확산되었는가?

중국은 면적이 넓고 생태계가 다양해서 지역적으로 여러 언어와 문화가 형성되었다. 그런데 중국에 존재했던 수많은 언어는 어떻게 동일하거나 유사한 몇 가지 언어로 줄어들었을까? 중국은 문화·정치적으로 일찍 통일을 이룩했고 농경, 문자, 기술 등 혁신적 문물을 다른 지역으로 확산시켰다. 이러한 '중국화' 과정은 동아시아 전체의 역사를 풀어가는 열쇠이다.

이민, 소수 집단 우대 정책, 다언어주의, 다민족주의 등 내가 사는 캘리포니아주는 과거에 이런 논쟁적인 정책을 앞장서서 주창했지만, 이제는 그런 정책의 역풍을 가장 먼저 맞고 있는 듯하다. 내 아들들이 다니는 로스앤젤레스 공립학교의 교실을 잠깐만 들여다봐도, 아이들의 피부색에 대한 추상적 토론이 조금은 구체화된다. 그 아이들이 각자 집에서 쓰는 언어를 모두 합하면 80종이 넘고, 이제는 영어를 사용하는 백인이 소수 집단에 속한다. 내 아이들의 친구들에게 물어보면, 한결같이 부모나 조부모 중 적어도 한쪽은 미국 밖에서 태어났다. 하기야 내 아이들의 조부모 네 사람 중 셋도 미국 태생이 아니다. 그러나 이민은 수천 년 동안 북아메리카 대륙을 지배하던 다양성이 회복되고 있음을 보여줄 뿐이다. 유럽인이 정착하기 전까지 미국 본토는 수백여 개의 원주민 부족과 언어의 고향이었고, 단일한 정부의 지배하에 들어간 것은 100년 전에 불과하다.

이런 점에서 미국은 철저히 '정상적'인 국가이다. 세계적으로 인구가 많은 상위 6개국 중 한 곳을 제외하고 5개국은 최근에야 정치적 통일을 이루었고, 지금도 여전히 수백 개의 언어와 종족이 뒤섞여 살아가는 도가니나 다름없다. 예컨대 러시아는 한때 모스크바를 중심으로 한 작은 슬라브족 국가였지만, 1582년부터 우랄산맥을 넘어 영토를 확장하기 시작했다. 그때부터 19세기까지 러시아는 수십여 개의 비슬라브계 민족을 합병했는데, 그중 많은 민족이 지금도 자신들의 언어와 문화적 정체성을 유지하고 있다. 미국의 역사가 북아메리카 대륙이 어떻게 미국화했는지에 대한 이야기이듯이, 러시아의 역사는 러시아가 어떻게 러시아화했는지에 대한 이야기이다. 인도와 인도네시아와 브라질도 최근에야 형성된 정치적 창조물(인도의 경우에는 재창조물)이며, 각각 약 850개, 670개, 210개의 언어가 공존한다.

최근의 이런 도가니화 규칙에서 벗어난 대표적인 예외는 세계에서 인구가 가장 많은 국가, 즉 중국이다. 오늘날 중국은 정치·문화·언어적으로 하나인 것처럼 보인다. 적어도 보통 사람에게는 그렇게 보인다. 정치적으로는 이미 기원전 221년에 통일되었고, 그 이후로 거의 언제나 그 상태를 유지했다. 문자를 만든 뒤로 중국은 줄곧 하나의 문자 체계만을 사용한 반면, 현대 유럽에서는 수십여 개의 변형된 알파벳 체계가 쓰인다. 중국은 12억 명의 인구 중에서 8억 명 이상이 만다린어를 사용한다. 따라서 만다린어는 세계에서 가장 많은 사람의 모국어인 셈이다. 나머지 3억 명이 사용하는 7종의 언어는 스페인어가 이탈리아어와 유사한 것만큼이나 만다린어와 (그리고 서로 각각의 언어와) 유사하다. 따라서 중국은 도가니가 아닐 뿐만 아니라, 중국이 어떻게 중국화했는지를 묻는 것 자체가 우습게 여겨진다. 중국은 역사를 기록하기 시작한 때부터 거의 언제나 중국이었다.

우리는 이렇게 외견상 통일된 중국을 너무도 당연시하기 때문에 '하나의 중국'이 얼마나 놀라운 착각인지를 잊고 지낸다. 유전자 때문에도 우리는 그런 통일을 애초부터 기대할 수 없다. 세계의 모든 민족을 인종적으로 분류할 때 중국인은 모두 이른바 '몽골인종Mongoloid'으로 뭉뚱그려진다. 하지만 이 범주에는 유럽에서 스웨덴인과 이탈리아인과 아일랜드인 사이의 차이보다 훨씬 큰 차이가 감추어져 있다. 특히 북중국인과 남중국인은 유전적으로나 외형적으로 상당히 다르다. 북중국인은 티베트인·네팔인과 비슷한 반면, 남중국인은 베트남인·필리핀인과 유사하다. 내 중국 친구들은 외모만 보고서도 북중국인과 남중국인을 어렵지 않게 구분해낸다. 북중국인은 상대적으로 체구가 더 크고, 피부색이 더 밝으며 콧날이 오뚝한 반면, 눈은 작고 이른바 몽고주름epicanthic fold(눈구석주름—옮긴이) 때문에 '눈초리가 치켜 올라간 것'처럼 보인다.

북중국과 남중국은 환경과 기후도 다르다. 북쪽은 상대적으로 건조하고 춥지만, 남쪽은 더 습하고 더 덥다. 이렇게 다른 환경에서 비롯된 유전자 차이로 짐작해보건대, 북중국인과 남중국인이 오랫동안 서로 적당히 단절된 상태에서 살았던 게 분명하다. 그런데 어떻게 그들은 결국 동일하거나 아주 유사한 언어와 문화를 갖게 되었을까?

인간이 오랫동안 정착한 지역에서는 한결같이 언어가 다양하다는 사실에 비추어보면, 중국의 언어가 거의 통일되어 있다는 것 역시 수수께끼이다. 예컨대 뉴기니는 면적이 중국의 10분의 1에 미치지 못하고, 인간이 처음 정착한 것은 약 4만 년 전에 불과하다. 그런데도 15장에서 살펴보았듯 뉴기니에서 쓰이는 언어는 1,000종에 달하고, 중국에서 쓰이는 여덟 가지 주요 언어 간 차이보다 훨씬 큰 차이를 보이는 수십 개의 언어군으로 나뉜다. 서유럽에서는 인도유럽어족이 들어온 이후, 고작 6,000~8,000년 사이에 약 40종의 언어를 만들거나 다른 곳으로부터 습득했다. 그중에는 영어와 핀란드어와 러시아어처럼 확연히 다른 언어들도 있다. 그런데 화석 증거에 따르면, 중국에서 인간이 살기 시작한 것은 50만 년이 넘었다. 그 오랜 기간 동안 중국에서 생겨났을 게 분명한 수만 종의 뚜렷이 다른 언어들에 어떤 일이 벌어진 걸까?

이러한 모순으로 미루어보건대, 인구가 많은 국가들이 여전히 그런 것처럼 중국도 과거에는 다양했을 것이라는 추정이 가능하다. 단지 중국이 훨씬 더 일찍 통일을 이뤘다는 점에서만 다를 뿐이다. '중국화' 과정에서 드넓은 지역이 먼 옛날 극단적으로 동질화되었다. 이로 인해 동남아시아 열대지역에 새로운 인구가 유입되었고, 일본과 한국, 심지어 인도도 크나큰 영향을 받았다. 따라서 중국의 역사는 동아시아 전체의 역사를 풀어가는 열쇠라고 할 수 있다. 이 장에서는 중국이 어떻게 중국화했는지 이야기해보려고 한다.

중국의 자세한 언어 지도로 편하게 시작해보자(그림 16.1 참조). 중국을 단일체로 생각하는 데 익숙한 우리는 이 지도를 얼핏 보기만 해도 눈이 번쩍 뜨인다. 정확히 말하면, 중국에는 1,100만 명부터 8억 명까지 사용하는 8종의 '큰' 언어—만다린어와 7종의 가까운 친척 언어(이 8종의 언어를 뭉뚱그려 간단히 '중국어'라고 부른다)—외에 130종이 넘는 '작은' 언어가 있다. '작은' 언어 중 다수는 사용자가 수천 명에 불과하다. 크고 작은 걸 막론하고 이 모든 언어는 네 종류의 어족으로 나뉘고, 네 어족은 분포 밀도가 매우 다르다.

한쪽 끝을 차지한 만다린어와 그 친척 언어들은 중국티베트어족 중 중국어파에 속하고, 북중국부터 남중국까지 쭉 분포되어 있다. 북쪽의 만주에서부터 남쪽의 통킹만까지 걸을 때 어디에서나 만다린어나 그 친척 언어를 모국어로 사용하는 사람을 만날 수 있다는 뜻이다. 다른 세 어족의 분포는 여기저기 분산되어 있어 중국어와 다른 어족의 언어를 사용하는 사람들의 '바다'에 둘러싸인 '섬'과 같다.

먀오야오어족Miao-Yao languages(일명 몽멘어족)의 분포는 유난히 파편적이다. 600만 명이 사용하고, 대략 다섯 종류의 어군으로 나뉜다. 구체적으로 말하면, 붉은 먀오어파와 흰 먀오어파(일명 줄무늬 먀오어파), 검은 먀오어파와 초록 먀오어파(일명 푸른 먀오어파) 등 색깔 이름으로 구분한 먀오어파와 야오어파가 그것이다. 먀오야오어를 사용하는 사람들은 수십 곳의 작은 소수 민족 거주지에서 살아간다. 그들의 거주지는 남중국부터 태국까지 이어지는 130만 제곱킬로미터의 땅에 뿔뿔이 흩어져서 다른 언어를 사용하는 사람들에게 완전히 에워싸인 형국이다. 먀오어를 사용하는 10만 명이 넘는 베트남 난민이 미국으로 이주하면서, 먀오어도 함께 미국으로 건너갔다. 먀오어는 현재 미국에서 몽어Hmong로 더 많이 알려져 있다.

파편적으로 분포하는 또 다른 어족은 오스트로아시아어족Austroasiatic languages이다. 이 어족에 속한 언어로 가장 널리 쓰이는 것은 베트남어와 캄보디아어이다. 6,000만 명의 사용자가 동쪽의 베트남에서부터 남쪽으로는 말레이반도까지, 서쪽으로는 북인도까지 흩어져 있다. 중국과 동남아시아에서 사용하는 마지막이자 네 번째 어족은 타이카다이어족Tai-Kadai languages이다. 태국어와 라오어도 이 어족에 속한다. 따라서 5,000만 명의 사용자가 남중국에서부터 남쪽으로 태국 남부까지, 서쪽으로 미얀마까지 분포해 있다(그림 16.1 참조).

당연한 말이겠지만, 먀오야오어족의 언어 사용자들이 과거 헬리콥터를 타고 아시아 곳곳에 뚝뚝 떨어졌기 때문에 지금처럼 뿔뿔이 분포된 것은 아니다. 오히려 한때는 거의 연속적인 형태로 분포했지만, 다른 어족의 언어 사용자들이 세력을 확대하며 먀오야오어족 언어 사용자들에게 모국어를 포기하도록 유도한 결과 지금처럼 파편적인 분포를 보이는 것이라고 추정할 수 있다. 실제로 이런 언어 사용 분포의 파편화 과정은 지난 2,500년 동안 집중적으로 일어났고, 역사적 기록으로도 이를 입증할 수 있다. 현재 태국어와 라오어와 미얀마어 사용자들의 조상은 모두 역사시대에 남중국과 그 인접 지역에서 남쪽으로 현재의 위치까지 잇달아 내려오며, 먼저 이주해서 정착해 살아가던 사람들을 밀어냈다. 중국어파 사용자들은 다른 종족 집단을 원시적이고 열등하다며 업신여기고, 그들을 쫓아내거나 모국어를 포기하게 만드는 데 적극적이었다. 기원전 1100년부터 기원전 221년까지 중국을 지배한 주周나라의 역사 기록에는 중국어를 사용한 국가들이 그러지 않은 지역 대부분을 정복하고 흡수하는 과정이 쓰여 있다.

갖가지 추론 방법을 사용하면, 수천 년 전의 동아시아 언어 지도를 재구성할 수 있다. 첫째, 지난 수천 년 동안 역사적으로 알려진 언어의 확장 과정을 거꾸로 되밟는 방법이다. 둘째, 현재 하나의 언어나 그와 관련된 언어군을 연속된 넓은 지역에서 사용하고 있다면, 그 언어군이 최근에 지리적으로 확장된 것이라고 추론할 수 있다. 달리 말하면, 그 언어군이 많은 언어로 분화할 만큼 충분한 시간이 흐르지 않았다는 뜻이다. 끝으로, 지금도 하나의 어족에 속한 매우 많은 언어를 사용하는 지역은 그 어족의 과거 중심지에서 가까운 것으로 추론할 수 있다.

이런 세 가지 추론법을 사용해 언어 시계를 뒤로 돌리면, 북중국에는 원래 중국어와 중국티베트어족 언어를 사용하는 사람들이 살았고, 남중국에는 먀오야오어족·오스트로아시아어족·타이카다이어족

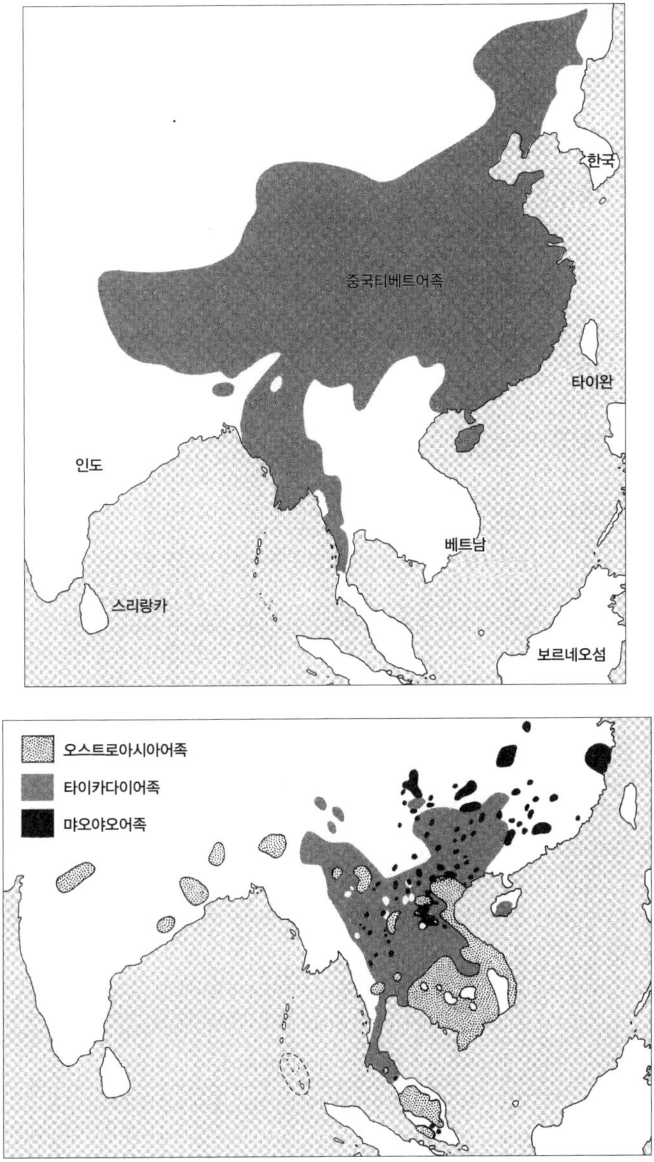

그림 16.1 중국과 동남아시아에 분포한 4개 어족.

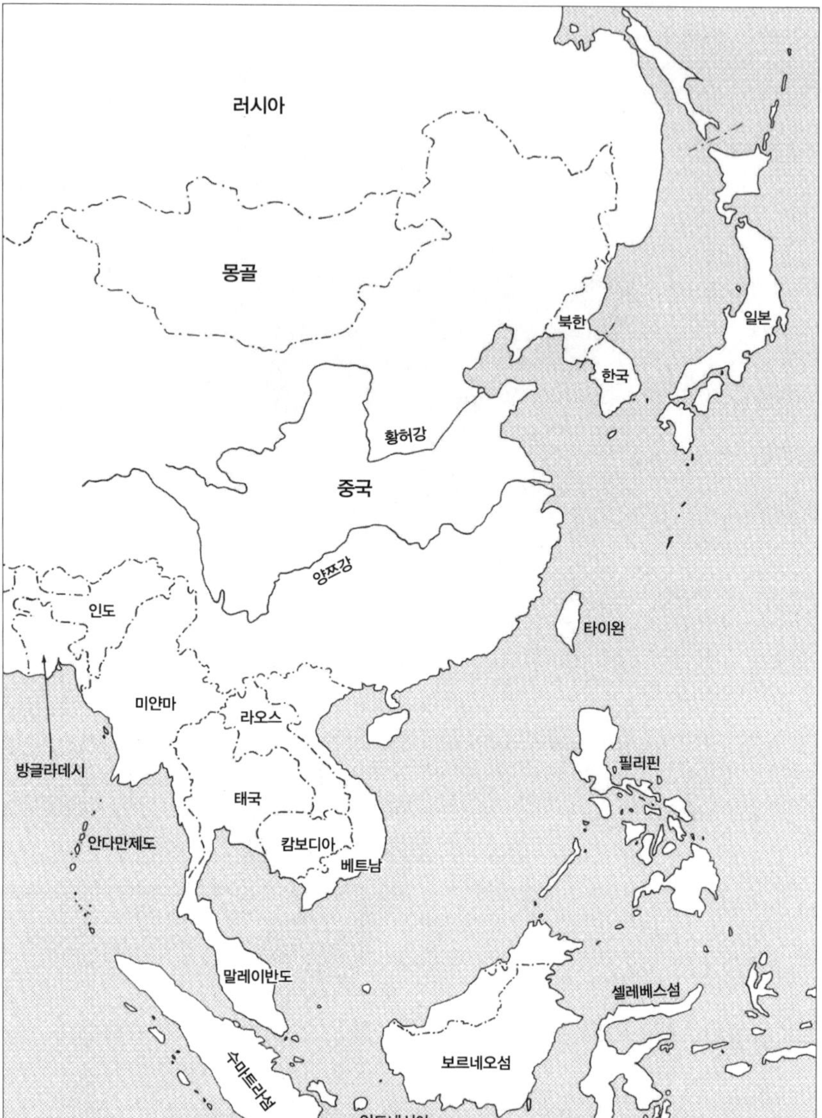

그림 16.2 동아시아와 동남아시아의 현재 국경. 그림 16.1에 표시된 어족들의 분포를 이해하기 위한 지도.

언어를 사용하는 사람들이 곳곳에서 살았으며, 시간이 흐름에 따라 중국티베트어족 언어 사용자가 남중국에서도 다른 어족 언어 사용자를 거의 대체한 것으로 결론지을 수 있다. 중국 이남의 동남아시아 열대지역, 즉 태국과 미얀마, 라오스와 캄보디아, 베트남, 말레이반도에서는 훨씬 더 극적인 언어 변화가 있었던 게 분명하다. 그곳에서 지금 사용하는 언어는 모두 외부, 주로 남중국으로부터, 일부는 인도네시아로부터 최근에 유입된 듯하기 때문에 원래 사용하던 언어들이 지금은 완전히 소멸한 게 확실하다. 그리고 오늘날 먀오야오어족 언어가 겨우 살아남은 것으로 미루어, 과거 남중국에서는 먀오야오어족·오스트로아시아어족·타이카다이어족 이외에 다른 어족의 언어도 사용되었지만 그중 지금까지 살아남은 언어는 전혀 없다고 추측할 수 있다. 뒤에서 살펴보겠지만, (필리핀과 폴리네시아에서 사용하는 모든 언어가 속한) 오스트로네시아어족 언어는 중국 본토에서는 사라졌지만, 태평양 섬들에 전파되어 그곳에서 살아남은 덕분에 지금까지 알려지게 되었는지도 모른다.

동아시아에서 일어난 이런 언어 교체는 유럽어, 특히 영어와 스페인어가 신세계에 확산된 현상을 떠올리게 한다. 신세계에서도 그 이전에는 1,000종이 넘는 아메리카 원주민 언어가 사용되었다. 최근의 역사에서 밝혀졌듯이, 영어가 원주민의 귀에 음악처럼 아름답게 들려서 북아메리카 원주민 언어를 교체한 것은 아니었다. 언어의 교체와 더불어, 영어를 사용하는 이민자들이 전쟁과 살해 및 질병으로 대부분의 원주민을 죽였고, 살아남은 원주민은 새로운 다수 언어인 영어를 채택하라는 압력을 받았다. 이런 언어 교체의 직접적 원인은 과학기술과 정치조직에서 유럽 침략자가 아메리카 원주민보다 유리한 위치에 있었다는 것이며, 그 이점은 식량 생산을 먼저 시작한 데서 궁극적으로 기인했다. 오스트레일리아에서 원주민 언어가 영어로 교체되고, 아프리카 적도 이남에서 쓰이던 피그미어와 코이산어가 반투어로 교체된 것도 근본적으로 동일한 과정을 거쳤다.

따라서 동아시아의 언어 격변과 관련해 당연히 이런 의문이 제기된다. 중국티베트어족 언어 사용자들이 북중국에서 남중국으로 확산하고, 오스트로아시아어족을 비롯해 남중국에서 다른 어족의 언어를 사용하던 사람들이 남쪽으로 동남아시아까지 확산할 수 있었던 이유는 무엇일까? 이 질문의 답을 찾으려면, 고고학으로 눈을 돌려 과학기술과 정치조직 그리고 농경에서 어떤 아시아인이 다른 아시아인보다 우위에 있었다는 증거를 찾아야 한다.

세계 모든 곳이 그렇듯 인류 역사에 대한 동아시아의 고고학적 기록에서도 다듬어지지 않은 뗀석기를 사용하고 토기가 없는 수렵·채집민의 흔적만이 드러난다. 동아시아에서 과거와 다른 흔적이 처음으로 발견되는 곳은 중국이다. 작물의 잔해, 가축의 뼈, 토기와 다듬어진 간석기(신석기)가 기원전 7500년경에 나타났다. 이 연대는 비옥한 초승달 지역에서 신석기시대와 식량 생산이 시작되고 1,000년쯤 지난 때이다. 그러나 그 이전의 중국에 대해서는 고고학적으로 거의 알려진 게 없기 때문에 중국에서 식량 생산을 비옥한 초승달 지역과 같은 시대에 혹은 조금 전이나 뒤에 시작했는지를 현재로서는 결론지을 수 없다. 다만 중국이 세계에서 가장 먼저 식물의 작물화와 동물의 가축화를 시작한 중심지 중 한 곳이었다고 말할 수 있다.

엄밀히 말하면, 중국에는 독자적으로 식량 생산을 시작한 중심지가 둘 내지 그 이상 있었을 수도 있다. 앞에서 언급했듯 건조하고 서늘한 북중국과 따뜻하고 습한 남중국은 생태계가 다르다. 아울러 해안 저지대와 내륙 고지대는 같은 위도에 있어도 생태계에 차이가 있다. 이처럼 환경이 다른 곳에서는 자생하는 야생식물도 다르기 마련이다. 따라서 중국의 여러 곳에서 농경을 시작했다면, 농민들이 이용할 수 있는 야생식물도 달랐을 것이다. 실제로 북중국에서 가장 일찍 재배한 것으로 확인된 작물은 가뭄에 잘 견디는 기장 2종이었고, 남중국에서는 쌀이었다. 남쪽과 북쪽에서 식물의 작물화가 별개로 진행되었을 가능성을 보여주는 대목이다.

중국 최초로 작물의 증거가 발견된 유적지에서는 가축화한 돼지와 개와 닭의 뼈도 나왔다. 그 이후로도 중국에서는 다양한 작물화와 가축화를 시도했다. 가축으로는 (쟁기를 끄는) 물소가 가장 중요했고, 누에와 오리와 거위도 있었다. 나중에 작물화한 것으로 우리에게 친숙한 중국 작물은 콩, 삼, 차, 감귤류, 살구, 복숭아, 배 등이다. 게다가 유라시아의 동서 축을 따라 중국의 가축과 작물이 고대에 서쪽으로 전해졌듯이, 서아시아의 작물과 가축도 동쪽으로 확산하며 중국에 전해져 중요한 위치를 차지했다. 특히 고대 중국의 경제에 중대한 영향을 미친 서쪽의 산물로는 밀과 보리, 소와 말 그리고 (그보다 덜 중요했지만) 양과 염소도 있었다.

세계 모든 곳이 그랬듯 중국에서도 식량 생산은 '문명'의 다른 특징들로 서서히 이어졌다(11~14장 참조). 중국의 눈부신 청동 야금술 전통은 기원전 3000~기원전 2000년 사이에 시작되었고, 기원전 500년경에는 세계 어느 곳보다 훨씬 앞서 최초로 주철을 생산할 만큼 발달했다. 그 이후로는 13장에서 언급했듯 중국의 발명품이 1,500년 동안 외부로 전해졌다. 그 대표적인 예가 종이와 나침반, 손수레, 화약이었다. 역시 기원전 3000~기원전 2000년 사이에 요새화된 도시가 생겨났다. 아무런 장식도 없는 무덤과 호화롭게 장식한 무덤이 있었던 것으로 보아 계급의 차이도 나타나기 시작했음을 알 수 있다. 지배자가 평민의 노동력을 대규모로 동원하는 계층화된 사회가 나타났다는 것은 거대한 성벽과 웅장한 왕궁, 무엇보다 북중국과 남중국을 잇는 대운하(1,600킬로미터가 넘는 세계에서 가장 긴 운하)로 증명된다. 문자는 기원전 2000~기원전 1000년 사이의 흔적부터 보존되어 있지만 그 이전에 생겨난 것으로 추정한다. 도시와 국가의 형성에 대한 고고학적 증거는 기원전 2000년경의 하夏나라까지 거슬러 올라가는 중국 초기 왕조들이 남긴 문서를 통해 알 수 있다.

식량 생산의 부정적 부산물, 즉 감염병과 관련해서는 구세계에서 기원한 주된 질병이 구세계의 어디에서 시작되었는지 특정할 수 없다. 하지만 로마 시대와 중세 시대에 쓰인 유럽의 문서에는 흑사병과 어쩌면 천연두도 동쪽에서 들어왔을 거라고 기록되어 있다. 따라서 이런 감염병과 관련한 병원균은 중국이나 동아시아가 기원일 수 있다. (돼지에서 기원한) 독감도 중국에서 시작되었을 가능성이 더 크다. 돼지는 중국에서 일찍이 가축화해 무척 중요한 위치를 차지했기 때문이다.

중국은 면적이 넓고 생태계도 다양해서 지역적으로 다른 많은 문화가 형성되었고, 그 문화들은 토기와 공예품의 양식에 따라 고고학적으로 구분이 가능하다. 이런 지역 문화들은 기원전 4000~기원전 3000년 사이에 지리적으로 확장하면서 서로 교류하고 경쟁하며, 때로는 하나로 합쳐지기도 했다. 생태적으로 다양한 지역들이 작물과 가축을 교환하며 중국의 식량 생산이 풍요로워졌듯이, 문화적으로 다양한 지역들이 교류하기 시작하며 중국의 문화와 과학기술도 풍요로워졌다. 또한 호전적인 군장사회들이 치열하게 경쟁하면서, 더 크고 중앙집권적인 국가가 형성되었다(14장 참조).

중국은 남북으로 지형 차이가 있어 작물 확산이 지체되었지만, 그러한 지형 차이가 남북아메리카와 아프리카의 경우처럼 큰 장벽은 아니었다. 중국은 남북 간 거리가 더 짧은 데다 멕시코 북부와 아프리카처럼 사막이 중간을 가로지르지도 않고, 중앙아메리카처럼 좁은 지협이 중간에 있는 것도 아니기 때문이다. 한편 중국은 동서로 흐르는 긴 강들(북쪽에는 황허강, 남쪽에는 양쯔강)이 있어, 해안 지역과 내륙 사이에 작물과 과학기술의 확산이 용이했다. 게다가 동서로 널찍하게 뻗은 지형은 상대적으로 완만하고 두 강이 운하로 연결됨으로써 남북 간에 교환도 쉬웠다. 이 모든 지리적 요인 덕분에 중국은 문화적으로나 정치적으로 일찌감치 통일을 이룩할 수 있었다. 반면 서유럽의 경우에는 면적은 비슷하지만 지형의 높낮이가 천차만별이고 유럽 전체를 관통하는 강도 없어, 오늘날까지도 문화·정치적으로 통합하는 게 쉽지 않다.

중국에서는 적잖은 문물, 특히 제련술과 쌀농사 방법이 남쪽에서 북쪽으로 전해졌다. 그러나 확산의 주된 방향은 북쪽에서 남쪽으로였다. 이런 흐름은 문자의 경우 가장 뚜렷이 드러난다. 서유라시아에서는 수메르의 설형문자, 이집트의 상형문자, 히타이트문자, 미노스 문명의 문자, 셈족의 알파벳문자 등 많은 초기 문자가 탄생한 반면, 중국에서는 하나의 잘 정리된 문자 체계만을 사용했다. 이것은 북중국에서 완성 및 확산되었으며, 새롭게 생겨나는 문자를 선제적으로 차단하거나 대체하면서 오늘날까지 중국에서 사용하는 문자로 발전했다. 그 밖에 남쪽으로 확산한 북중국 사회의 주된 특징으로는 청동과 관련된 기술, 중국티베트어족에 속한 언어들, 국가 형성 등을 들 수 있다. 중국의 첫 세 왕조, 즉 하나라와 상나라와 주나라는 모두 북중국에서 기원전 2000~기원전 1000년 사이에 건국되었다.

기원전 1000~0년에 쓰인 문헌에서 볼 수 있듯 중국인은 (오늘날에도 많은 중국인이 그렇지만) 이미 당시에도 이민족인 '오랑캐'보다 자신들이 문화적으로 우월하다고 생각하는 경향이 있었고, 북중국인은 남중국인까지 오랑캐로 보았다. 예컨대 주나라 말기의 한 작가는 중국 내 다른 종족들을 이렇게 표현했다. "다섯 지역—중원, 서융西戎, 동이東夷와 그 주변의 야만적인 부족사회—의 종족들에게는 결코 고칠 수 없는 여러 본성이 있다. 동쪽에 있는 부족들은 동이라고 하며, 머리칼을 묶지 않고 몸에는 문신이 있다. 그들 중에는 불에 익히지 않은 채 날것을 먹는 부족도 있다." 계속해서 그 작가는 남쪽과 서쪽과 북쪽에 있는 미개한 부족도 똑같이 야만적인 관습을 탐닉한다고 지적하며, 안짱다리와 이마의 문신, 겉옷을 대신하는 짐승 가죽, 동굴 거주를 예로 들었다. 물론 곡물을 먹지 않고, 음식을 날것으로 섭취하는 것도 야만적인 관습으로 보았다.

북중국의 주나라를 본뜬 국가 형태는 남중국으로 확산해 기원전 221년 진秦나라 시대에 중국은 마침내 정치적으로 통일을 이루었다. 같은 시기에 문화적 통일도 가속화했다. 그 결과, 문자가 없는 '오랑캐'들은 문자를 보유한 '문명화한' 중국 국가들에 흡수되거나 그들을 모방했다. 문화적 통일은 때로 흉포하게 진행되기도 했다. 예컨대 진시황은 과거에 쓰인 모든 역사서를 쓸모없는 것이라고 비판하며 전부 불태우라고 명령했다. 그 때문에 초기 중국의 역사와 문헌을 파악하는 데 필요한 자료가 대거 소실되었다. 이런 가혹한 조치로 북중국의 중국티베트어족이 중국 전체에 퍼질 수 있었지만, 먀오야오어족과 다른 어족들은 크게 위축되어 지금처럼 파편적으로 분포하는 결과를 맞아야 했다.

동아시아에서, 중국은 식량 생산과 과학기술, 문자, 국가 형성에서 이웃 지역보다 빨랐다. 중국의 혁신적 문물은 다른 지역의 발전에도 큰 영향을 미쳤다. 예컨대 기원전 4000~기원전 3000년까지 열대 동남아시아 대부분 지역에는 몸돌에서 쪼갠 돌 조각과 조약돌로 만든 돌연장을 사용하는 수렵·채집민이 살고 있었다. 베트남에 있는 호아빈 유적의 이름을 따서 이 시대를 호아빈 문화라고 하는데, 이후 중국에서 기원한 작물, 신석기시대의 도구, 정착 생활, 남중국의 것과 유사한 토기가 동남아시아 열대지역에 전해졌다. 이때 남중국의 어족도 함께 전해졌을 가능성이 크다. 미얀마인과 라오스인과 태국인이 남중국에서부터 남쪽으로 내려오며 동남아시아 열대지역의 중국화가 완료되었다. 현재 그 지역에 거주하는 종족들은 남중국인 친척들로부터 최근 갈라져 나온 사람들이다.

중국이 얼마나 강력하게 밀어붙였던지, 동남아시아 열대지역에 살던 원주민은 자신들의 흔적을 지금 그곳에 거주하는 사람들에게 거의 남기지 못했다. 지금까지 살아남은 세 무리의 수렵·채집민—말레이반도의 세망 네그리토족Semang Negritos, 안다만제도의 섬사람들, 스리랑카의 베도이드 네그리토족Veddoid Negritos—으로 보건대, 동남아시아 열대지역 원주민은 요즘의 뉴기니인처럼 검은 피부에 곱슬머리였을 것으로 추정한다. 요컨대 피부색이 옅고 머리칼이 곧은 남중국인이나, 그들의 후손인 요즘의 동남아시아인과 달랐다. 결국 지금까지 살아남은 동남아시아의 네그리토족은 뉴기니에 처음으로 정착한 사람들의 마지막 생존자일지도 모른다. 세망 네그리토족은 이웃한 농경민과 교역하면서도 수렵·채집 생활 방식을 고수했지만, 그 농경민에게서 오스트로아시아어족에 속한 언어 하나를 받아들였다. 뒤에서 살펴보겠지만, 필리핀의 네그리토족과 아프리카의 피그미족도 수렵·채집으로 살아가며 교역하던 농경민에게서 언어를 받아들였다. 외따로 떨어진 안다만제도에서만 남중국 어족과 관련 없는 언어들이 끈질기게 존속해, 지금은 절멸된 동남아시아 어족들에 속했을 수백 종에 달하는 언어의 마지막 흔적으로 남았다.

한국과 일본도 중국의 영향을 크게 받았지만, 동남아시아 열대지역과 달리 지리적으로 외떨어진 덕분에 본래의 언어와 외모, 유전적 차별성을 잃지 않았다. 한국과 일본은 중국으로부터 기원전 2000~기원전 1000년에 쌀, 기원전 1000~0년에는 청동 야금술, 기원후 0~1000년에는 문자를 도입했다. 중국은 그 밖에도 서아시아의 밀과 보리를 한국과 일본에 전했다.

중국이 동아시아 문명의 형성에 중대한 역할을 한 것은 분명하지만, 그 역할을 과장해서는 안 된다. 동아시아의 모든 선진 문화가 중국에서 비롯된 것도 아니고, 한국인과 일본인과 열대 동남아시아인이 창의력이라고는 없어서 기여한 바가 전혀 없는 야만인이었던 것도 아니다. 고대 일본인은 세계에서 가장 먼저 토기를 제작한 종족 중 하나였고, 식량을 생산하기 훨씬 전부터 풍부한 해산물을 바탕으로 마을을 이루며 정착해 살아가던 수렵·채집민이었다. 또 일본과 한국과 열대 동남아시아에서는 독자적으로 몇몇 식물을 가장 먼저 작물화하기도 했다.

그러나 중국의 역할이 막강했던 것은 사실이다. 예컨대 중국 문화의 위상은 지금도 일본과 한국에서 상당하다. 그 때문에 일본은 중국 문자가 일본말을 표기하는 데 적잖은 결함이 있음에도 그걸 포기할 생각조차 하지 않고 있으며, 한국은 쓰기 불편한 중국 문자를 멋지고 고유한 한글로 최근에야 교체하기 시작했다. 일본과 한국에서 지금도 굳건히 버티고 있는 중국 문자, 즉 한자는 거의 1만 년 전 중국에서 시작된 작물화와 가축화가 20세기까지 이어진 생생한 유산이라고 할 수 있다. 동아시아 최초의 농경민이 이루어낸 업적 덕분에 중국은 중국화했고, 태국에서 이스터섬(17장 참조)에 이르는 사람들은 중국의 사촌이 되었다.

17장 폴리네시아로 빠르게

SPEEDBOAT TO POLYNESIA

동아시아 종족과 태평양 종족이 충돌한 결과는?

아시아에서 태평양으로의 인구 이동을 뜻하는 '오스트로네시아 확장'은 지난 6,000년 동안 가장 규모가 큰 인구 이동이었다. 남중국에 뿌리를 둔 오스트로네시아인이 인도네시아의 수렵·채집사회와 뉴기니의 농경사회로 진출한 결과는 각기 달랐다. 이는 식량 생산이 인구 이동에서 어떤 역할을 하는지 극명하게 보여준다.

나에게 태평양 섬의 역사는 인도네시아 친구 세 명과 함께 인도네시아령 뉴기니의 주도州都 자야푸라에서 산책을 하다가 한 상점에 들어갔을 때 일어난 사건으로 요약할 수 있다. 내 친구들의 이름은 각각 아크마드, 위오르, 사우아카리였고, 그 상점 주인의 이름은 핑와였다. 아크마드는 인도네시아 정부 관리로 우두머리 역할을 했다. 당시 나는 인도네시아 정부의 용역을 받아 생태 조사를 하던 중이었고, 위오르와 사우아카리는 그 지역에서 고용한 조수였기 때문이다. 그러나 아크마드는 그때까지 뉴기니 산악지대의 숲을 방문한 적이 없어 무엇을 준비해야 하는지 전혀 몰랐고, 그 결과는 그야말로 한 편의 희극이었다.

내 친구들과 함께 상점에 들어갔을 때 핑와는 중국어 신문을 읽고 있었다. 그는 위오르와 사우아카리를 보고도 신문을 계속 읽었지만, 아크마드를 보자 신문을 카운터 아래로 얼른 감추었다. 잠시 뒤 아크마드가 도끼를 집어 들자 위오르와 사우아카리가 낄낄대고 웃었다. 아크마드가 도끼를 거꾸로 쥐고 있었기 때문이다. 위오르와 사우아카리는 아크마드에게 도끼를 올바로 쥐고 날을 살펴보는 법을 가르쳐주었다. 그때 아크마드와 사우아카리가 문득 위오르의 맨발을 내려다보았다. 위오르는 평생 신발을 신은 적이 없어서 발가락 사이가 벌어져 있었다. 사우아카리는 상점에서 폭이 가장 넓은 신발을 골라 위오르의 발에 대보았다. 하지만 너무 좁았다. 그걸 보고는 아크마드와 사우아카리뿐 아니라 핑와도 크게 웃었다. 이번엔 아크마드가 플라스틱 빗을 집어 들고는 곧고 굵은 머리칼을 빗질했다. 그러고는 위오르의 촘촘하게 돌돌 말린 머리칼을 힐끗 보더니 그 빗을 위오르에게 넘겨주었다. 빗은 위오르의 머리칼에 박혀 꼼짝도 하지 않았다. 위오르가 빗을 힘껏 밀자 이내 부러졌다. 모두가 웃었다. 위오르도 따라 웃었다. 그러곤 아크마드에게 쌀을 넉넉히 사야 할 거라고 응수했다. 그러면서 뉴기니 산악 마을에서는 고구마를 제외하고는 식량을 구입할 수 없어 아크마드는 배탈이 나기 십상일 거라고 덧붙였다. 다시 더 큰 웃음이 터졌다.

그렇게 모두가 겉으로는 웃었지만, 나는 웃음 뒤에 감추어진 긴장감을 감지할 수 있었다. 아크마드는 자바인, 핑와는 중국인, 위오르는 뉴기니 고원지대 사람, 사우아카리는 뉴기니 북쪽 해안의 저지대 출신이었다. 자바인이 인도네시아 정부에서 다수를 차지했고, 인도네시아 정부는 1960년대에 서뉴기니를 합병할 때 저항 세력을 폭탄과 기관총을 사용해 진압했었다. 그 때문인지 나중에 아크마드는 나 혼자서 위오르와 사우아카리를 데리고 숲의 현황을 조사해달라며 자신은 마을에 남겠다고 했다. 그는 뉴기니인의 머리칼과 달리 곧고 굵은 자기 머리칼을 가리키며, 이런 머리칼을 지닌 사람이 군대의 지원을 받지 않는다는 걸 뉴기니인이 알면 무조건 죽일 거라고 설명했다.

한편 핑와가 신문을 감춘 이유는 중국 문자로 쓰인 문서의 수입이 인도네시아령 뉴기니에서는 명목상 불법이었기 때문이다. 인도네시아에는 중국계 상인이 많다. 경제를 지배하는 중국인과 정치를 지배하는 자바인 사이에 잠재된 서로에 대한 두려움이 1966년 유혈 사태를 촉발했고, 그때 자바인은 수십만 명의 중국인을 학살했다. 위오르와 사우아카리는 뉴기니인이라는 공통점 때문에 대부분의 뉴기니인처럼 자바인의 독재에 분개했지만, 서로 상대 집단을 경멸하기도 했다. 이를테면 고원지대 사람은 저지대 사람들을 사고야자나 먹는 나약한 열쭝이라고 무시했고, 저지대 사람은 고원지대 사람들을 꼬불거리는 머리칼에 머리가 커 보이는 오만한 원시인이라고 무시했다. 내가 위오르와 사우아카리만 데리고 숲에 들어가 야영을 하고 며칠 지나지 않아, 그들은 도끼를 치켜들고 서로 싸우기 직전까지 치닫기도 했다.

아크마드, 위오르, 사우아카리, 핑와가 대표하는 집단 간 긴장 관계는 세계에서 네 번째로 인구가 많은 인도네시아의 정치 상황에서 가장 두드러진 특징이다. 이런 긴장 관계의 뿌리를 추적하면 수천 년 전까지 거슬러 올라간다. 우리는 해외로의 인구 이동을 생각할 때, 콜럼버스가 아메리카 대륙을 발견한 이후의 이동에 초점을 맞추고, 역사시대에 유럽인이 비유럽인을 대체한 현상에만 주목하는 경향이 있다. 그러나 콜럼버스 훨씬 이전에도 대대적인 해외 이주가 있었다. 정확히 말하면, 선사시대에도 비유럽계 사람들이 역시 비유럽계 사람들을 대체한 경우가 있었다. 위오르와 아크마드와 사우아카리는 선사시대에 아시아 본토에서 태평양으로, 즉 해외로 대거 이주한 종족들의 후손이다. 위오르가 속한 고원지대 사람들은 4만 년 전쯤 아시아에서 뉴기니로 건너온 첫 번째 이주 물결의 후손일 가능성이 크다. 아크마드의 조상들은 남중국 해안 지역으로부터 약 4,000년 전 자바섬에 최종적으로 정착하며, 위오르의 조상과 관련된 사람들을 그곳에서 완전히 몰아냈다. 사우아카리의 조상들 역시 남중국 해안지대를 출발한 이주 물결의 일부였고, 약 3,600년 전 뉴기니에 첫발을 내디뎠다. 한편 핑와의 조상들은 지금도 중국을 차지하고 있다.

아크마드와 사우아카리의 조상들이 각각 자바섬과 뉴기니로 내려온 인구 이동을 '오스트로네시아 확장'이라고 부른다. 이는 지난 6,000년 동안의 역사에서 가장 큰 규모의 인구 이동에 속한다. 그 한 갈래가 태평양에서도 가장 외딴섬들로 이주해 신석기시대에 가장 뛰어난 항해자였던 폴리네시아인이 되었다. 오스트로네시아어족에 속한 언어들은 마다가스카르부터 이스터섬에 이르기까지 지구 폭의 절반이 넘는 지역에서 지금도 모국어로 쓰인다. 빙하기가 끝난 이후의 인구 이동을 다루는 이 책에서는 오스트로네시아 확장이 중심적인 위치를 차지하므로, 가장 중요한 현상의 하나로 설명할 필요가 있다. 남중국에 뿌리를 둔 오스트로네시아인이 자바섬을 비롯해 인도네시아 전역에 정착하며 그곳의 원주민을 대체한 반면, 인도네시아인이 중국으로 이주해 중국인을 대체하지 못한 이유는 무엇일까? 오스트로네시아인이 인도네시아 전역을 차지한 뒤 뉴기니 저지대의 좁은 해안 지역 너머까지 점령하지 못한 이유, 위오르의 조상들을 뉴기니 고원지대에서 완전히 몰아내지 못한 이유는 무엇일까? 끝으로, 중국 이민자들의 후손은 어떤 과정을 거쳐 폴리네시아인이 되었을까?

오늘날 자바섬을 비롯해 인도네시아 섬들(동쪽 끝에 위치한 섬들은 제외)에 거주하는 사람과 필리핀인은 상당히 동질적이다. 외모와 유전자에서 그곳 주민은 남중국인과 유사하고, 열대 동남아시아인, 특히 말레이반도 사람과는 훨씬 더 유사하다. 그들의 언어도 똑같은 정도로 동질적이다. 필리핀과 인도네시아 중서부에서는 374종의 언어가 쓰

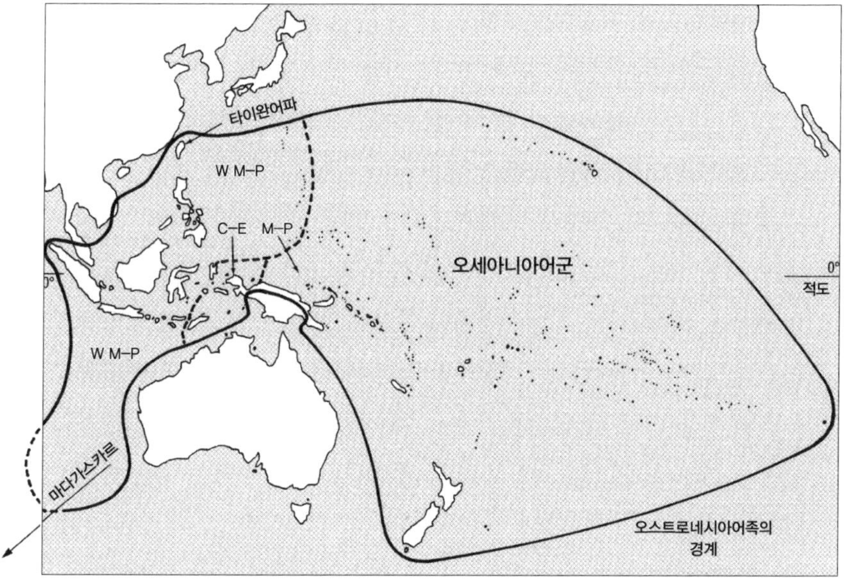

그림 17.1 오스트로네시아어족의 분포. 오스트로네시아어족은 네 종류의 어파로 나뉜다. 그중 셋은 타이완에서만, 나머지 하나인 말레이폴리네시아어파는 폭넓게 사용된다. 말레이폴리네시아어파는 다시 두 종류의 하위 어파, 즉 서말레이폴리네시아어파(W M-P)와 중·동말레이폴리네시아어파(C-E M-P)로 나뉜다. 또 중·동말레이폴리네시아어파는 다시 네 종류의 하위 어군으로 나뉜다. 하나는 동쪽으로 널리 퍼진 오세아니아어군이고, 나머지 세 어군은 할마헤라섬, 인도네시아 동부 인근의 섬들, 뉴기니 서단 등 훨씬 좁은 지역에 국한되었다.

이고, 모든 언어가 서로 밀접한 관계에 있다. 요컨대 똑같이 오스트로네시아어족의 하위 어파, 즉 서말레이폴리네시아어파Western Malayo-Polynesian languages에 속한다. 현재 아시아 본토에서 오스트로네시아어족은 말레이반도와 (수마트라섬과 보르네오섬 서쪽 끝에 있는 인도네시아 섬들로부터 가까운) 베트남과 캄보디아에서도 고립된 일부 지역에만 남아 있고 다른 곳에서는 전혀 사용하지 않는다(그림 17.1 참조). 오스트로네시아어족의 몇몇 단어는 영어에도 차용되었다. 가령 '타부taboo'(금기)와 '타투tatoo'(문신)는 폴리네시아어에서, '분독스boondocks'(벽지)는 필리핀의 타갈로그어에서, '아목amok'(살상욕을 수반하는 정신착란)과 '바티크batik'(밀랍 염색)와 '오랑우탄orangutan'은 말레이어에서 차용한 단어들이다.

인도네시아와 필리핀이 유전자와 언어에서 동질적이란 사실은 중국에서 하나의 언어가 지배적으로 쓰인다는 사실만큼이나 놀랍다. 유명한 자바직립원인(호모에렉투스) 화석이 입증하듯 인류는 적어도 100만 년 전부터 서인도네시아에서 살았다. 100만 년이면 인간이 유전자적으로나 언어적으로 다양해지고, 다른 열대지역 사람들처럼 검은 피부색을 가질 만큼 열대기후에 적응하는 데 충분한 시간이어야 하지만, 이상하게도 인도네시아인과 필리핀인의 피부색은 옅은 밤색에 가깝다.

인도네시아인과 필리핀인이 피부색과 유전자 이외에 다른 외형적 특징에서는 열대 동남아시아인 및 남중국인과 무척 유사하다는 것도 놀랍다. 지도를 보면, 약 4만 년 전에 인도네시아는 인류가 뉴기니와 오스트레일리아에 도달할 수 있는 유일한 통로였다는 게 분명하다. 따라서 순진하게 생각하면, 현대 인도네시아인은 현대 뉴기니인 및 오스트레일리아인과 비슷해야 한다. 실제로 필리핀과 서인도네시아 지역에 뉴기니인을 닮은 사람들이 있기는 해도 소수에 불과하다. 필리핀 산악 지역에서 살아가는 네그리토족이 특히 뉴기니인을 닮았다. 16장에서 동남아시아 열대지역에 대해 다룰 때 뉴기니인을 닮았다고 언급한 세 무리의 수렵·채집민도 마찬가지이지만, 필리핀 네그리토족도 위오르의 조상으로 뉴기니로 들어오지 않고 필리핀에 남은 사람들의 후손일 수 있다. 필리핀 네그리토족도 이웃들처럼 오스트로네시아어족에 속한 언어를 사용한다는 점에서, (말레이시아의 세망 네

그리토족과 아프리카의 피그미족처럼) 자신들의 본래 언어를 상실한 게 분명하다.

이 모든 사실에 비추어보면, 오스트로네시아어족의 언어를 사용하는 열대 동남아시아인이나 남중국인이 나중에야 필리핀과 인도네시아 전역에 퍼져나가며 필리핀 네그리토족을 제외하고 모든 섬사람을 대체함과 동시에 원래의 언어들까지 대체한 게 분명한 듯하다. 게다가 이 사건은 정착민들이 검은 피부, 별개의 어족, 차별적이고 다양한 유전자를 갖는 방향으로 진화하지 못할 만큼 가까운 시간 내에 일어난 게 확실하다. 물론 그들의 언어 수는 중국 본토에서 지배적으로 사용하는 8종의 언어보다는 훨씬 많지만 다양하지는 않다. 필리핀과 인도네시아에 많은 유사한 언어가 확산했다는 사실은, 중국과 달리 그곳의 섬들이 정치적·문화적으로 통일된 적이 없다는 걸 반영할 뿐이다.

언어 분포를 세밀히 분석하면, 이렇게 가정한 오스트로네시아 확장 경로를 파악하는 소중한 단서를 얻을 수 있다. 오스트로네시아어족은 네 종류의 어파로 분류되며, 모두 959종의 언어로 이루어졌다. 그러나 네 어파 중 하나인 말레이폴리네시아어파에만 945종의 언어가 있고, 이것이 오스트로네시아어족의 언어를 사용하는 지리적 분포의 거의 전체를 차지한다. 인도유럽어를 사용하는 유럽인이 해외로 뻗어나가기 전에는 오스트로네시아어족이 세계에서 가장 널리 분포된 어족이었다. 달리 말하면, 말레이폴리네시아어파가 오스트로네시아어족으로부터 얼마 전에야 분화했고, 오스트로네시아어족의 본향으로부터 멀리까지 퍼져나가며 많은 지역 언어를 낳았지만, 언어적으로 큰 차이를 만들어내기에는 시간이 턱없이 부족했기 때문에 그 모든 언어가 아직도 밀접한 관계를 맺고 있는 것으로 해석할 수 있다. 따라서 오스트로네시아어족의 본향을 찾아내려면, 말레이폴리네시아어파가 아니라 나머지 세 어파로 눈을 돌려야 한다. 말레이폴리네시아어파에 속한 하위 어군들 사이의 차이보다, 세 어파와 말레이폴리네시아어파 사이의 차이, 또 세 어파 간 차이가 더 크기 때문이다.

지금까지 밝혀진 바에 따르면, 나머지 세 어파의 분포는 일치하며 말레이폴리네시아어파의 분포에 비해 무척 좁다. 세 어파의 사용자는 남중국 본토로부터 140킬로미터밖에 떨어지지 않은 타이완의 원주민에 국한된다. 본토의 중국인이 지난 1,000년 전부터 대거 들어와 정착하기 전까지 타이완에는 원주민밖에 없었다. 1945년 이후, 특히 중국 국민당이 공산당에 패배한 1949년 이후에는 더 많은 본토인이 들어왔다. 따라서 지금은 원주민이 타이완 인구의 2퍼센트에 불과하다. 오스트로네시아어족을 구성하는 네 어파 중 세 어파가 타이완에 몰려 있다는 사실에서, 오스트로네시아어족 언어를 수천 년 전부터 사용했던 본향, 따라서 그 어족이 가장 오래전부터 분화한 본향은 타이완이라는 결론을 내릴 수 있다. 더구나 타이완은 현재 오스트로네시아어족 언어를 사용하는 영역 내에 있기도 하다. 따라서 마다가스카르에서 사용하는 언어부터 이스터섬에서 사용하는 언어까지, 오스트로네시아어족에 속한 모든 언어는 타이완으로부터 시작된 인구 이동에서 비롯했을 것이다.

이제 우리는 고고학적 증거로 눈을 돌릴 수 있다. 고대 마을 유적의 잔해에 뼈와 토기 같은 화석화된 단어는 남아 있지 않지만, 언어와 관련된 사람과 문물이 이동한 흔적은 남아 있다. 세계 다른 모든 곳이 그렇듯 현재 오스트로네시아어족 언어를 사용하는 영역—타이완, 필리핀, 인도네시아, 태평양의 많은 섬—의 원주민은 토기, 간석기, 가축과 작물이 없는 수렵·채집민이었다(이런 일반화에서 유일하게 벗어난 예외는 한적하게 떨어진 섬, 예컨대 마다가스카르, 멜라네시아 동부, 폴리네시아, 미크로네시아 등이다. 이런 섬들에는 수렵·채집민도 들어가지 않아 오스트로네시아 확장 이전에는 인간의 발길이 닿지 않았다). 오스트로네시아 영역 내에서 새로운 문물에 대한 고고학적 증거가 처음으로 나타나는 곳은 언제나 타이완이다. 기원전 4000~기원전 3000년경 간석기와 독특한 양식의 장식 토기(이른바 대분갱大坌坑 토기)가 타이완과 그 맞은편에 있는 남중국 해안지대에 나타났다. 이 토기 양식은 더 일찍 시작한 남중국 본토에서 전해진 것이었다. 그 이후 시대의 유적지에서 발견된 쌀과 기장의 흔적은 타이완에서 농경이 행해진 증거로 여겨진다.

타이완과 남중국 해안의 대분갱 유적지는 물고기 뼈와 연체동물 껍데기뿐 아니라, 통나무배를 깎아내는 데 알맞은 자귀와 그물 봉돌로 가득하다. 물론 신석기시대에 타이완으로 들어온 첫 사람들은 심해에서 물고기를 잡고, 타이완과 중국 해안을 가르는 타이완해협을 시시때때로 항해할 수 있는 수상 기구도 갖추었을 것이다. 따라서 타이완해협은 본토 중국인이 태평양까지 뻗어나가기 전에 항해 능력을 쌓는 훈련장으로 쓰였을 수 있다.

타이완의 대분갱 문화를 훗날의 태평양 섬 문화와 이어주는 독특한 유형의 인공물은 '나무껍질 두드리개bark beater'이다. 이것은 섬유질이 많은 특정한 나무 종류의 껍질을 두드려 밧줄과 그물과 옷을 만드는 데 사용한 돌연장이다. 태평양의 섬사람들은 털을 얻을 가축과 섬유를 얻을 작물을 구할 수 있는 범위를 벗어나면서 직물로 짠 옷을 구하지 못하게 되자, 나무껍질을 두드려 만든 '천'에 의존해 옷을 지을 수밖에 없었다. 1930년대까지 전통을 유지하던 폴리네시아 렌넬섬의 주민들은 서구화로 섬이 조용해지는 부수적 효과가 있었다고 나에게 말해주었다. 달리 말하면, 매일 사방에서 새벽부터 땅거미가 내린 뒤까지 나무껍질을 두드리던 소리가 사라졌다는 뜻이었다.

대분갱 문화가 타이완에 전해지고 1,000년 남짓 지난 뒤의 고고학적 증거에 따르면, 그 문화에서 파생된 게 분명한 여러 문화가 타이완에서부터 멀리까지 퍼져나가 현대 오스트로네시아 영역을 채워갔다(그림 17.2 참조). 그 증거로는 간석기와 토기, 가축으로 기른 돼지의 뼈, 작물의 잔해가 있다. 예컨대 타이완에서 발견된 대분갱 장식 토기 대신 장식 없는 민무늬 토기와 붉은 토기가 필리핀 및 인도네시아 셀레베스섬과 티모르섬의 유적지에서 나왔다. 토기와 돌연장 그리고 작물과 가축이라는 문화 '패키지'는 필리핀에서는 기원전 3000년경, 인도네시아의 셀레베스섬과 티모르섬 및 보르네오섬 북부에서는 기원전 2500년경, 자바섬과 수마트라섬에서는 기원전 2000년경, 뉴기니 지역에서는 기원전 1600년경에 나타났다. 뒤에서 다시 살펴보겠지만, 뉴기니 지역에서부터는 확장 속도가 무척 빨라진 듯하다. 문화 '패키지'를 지닌 사람들이 솔로몬제도를 넘어 전에는 아무도 살지 않던 태평양 섬들까지 동쪽으로 달려갔기 때문이다. 확장의 마지막 단계는 기원후 1,000년 동안 진행되었고, 폴리네시아와 미크로네시아에서 사람이 살 수 있는 모든 섬에 정착하는 걸로 마무리되었다. 놀랍게도 오스트로네시아 확장은 서쪽으로도 인도양을 넘어 아프리카 동부 해안까지 뻗어가며 마다가스카르에 정착하는 걸로 끝났다.

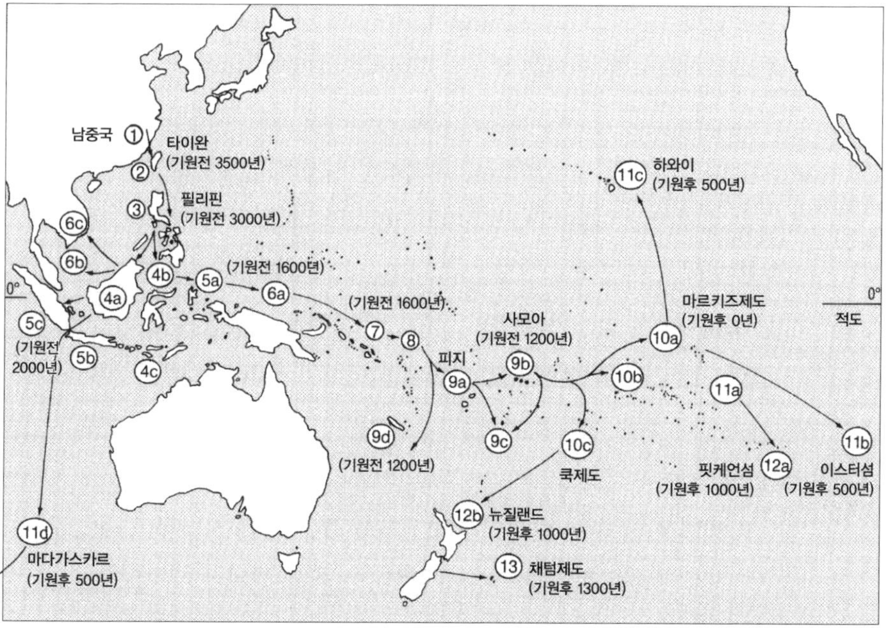

그림 17.2 오스트로네시아 확장 경로와 각 지역에 도달한 대략적인 시기. 4a=보르네오섬, 4b=셀레베스섬, 4c=티모르섬(기원전 2500년경), 5a=할마헤라섬(기원전 1600년경), 5b=자바섬, 5c=수마트라섬(기원전 2000년경), 6a=비스마르크제도(기원전 1600년경), 6b=말레이반도, 6c=베트남(기원전 1000년경), 7=솔로몬제도(기원전 1600년경), 8=산타크루즈제도, 9c=통가제도, 9d=누벨칼레도니섬(기원전 1200년경), 10b=소시에테제도, 10c=쿡제도, 11a=투아모투제도(기원후 1년경).

오스트로네시아 확장이 적어도 뉴기니 해안 지역에 이를 때까지는 섬을 오가는 항해에 아우트리거를 이중으로 설치한 카누가 쓰였을 가능성이 크다. 이런 형태의 카누는 오늘날에도 인도네시아 전역에서 널리 사용되고 있다. 이 같은 카누는 세계 전역의 내륙 수로변에 사는 전통 부족이 주로 이용하는 단순한 마상이dugout를 보다 크게 발전시킨 것이다. 마상이는 영어 이름에 함축된 대로, 단단한 나무줄기의 안쪽을 자귀로 '파내고dug out' 양쪽 끝을 다듬은 것에 불과하다. 마상이 바닥은 원래의 나무줄기처럼 둥글기 때문에, 무게 분배가 조금이라도 틀어지면 마상이가 무거운 쪽으로 기운다. 따라서 뉴기니에서 뉴기니인이 노를 젓는 마상이를 타고 강을 거슬러 올라갈 때마다 나는 두려움에 떨었다. 내가 조금이라도 움직이면 마상이가 뒤집혀 내 쌍안경이 물에 빠지고 나는 악어 밥이 될 것만 같았다. 뉴기니인은 잔잔한 호수와 강에서 마상이를 타고 노를 저을 때는 그럭저럭 편안해 보이지만, 바다에서는 파도가 조금만 일어도 마상이를 이용할 수 없다. 따라서 오스트로네시아인이 인도네시아 너머까지 팽창할 때뿐만 아니라, 타이완에 처음 이주할 때에도 마상이를 안정시키는 장치가 필수적이었을 것이다.

그 해법은 선체 양쪽에 약간의 간격을 두고 짧은 통나무(아우트리거) 두 개를 나란히 묶어놓는 방법이었다. 그리고 선체와 아우트리거에 수직으로 길쭉한 막대기를 얹어 단단히 묶었다. 그러면 선체가 한쪽으로 기울 때마다 그쪽에 있는 아우트리거에 부력이 작용해 마상이가 뒤집히는 게 사실상 불가능해진다. 좌우 양쪽에 아우트리거를 설치한 카누는 중국 본토로부터 오스트로네시아 확장을 촉발한 과학기술의 돌파구였을 수 있다.

고고학적 증거와 언어학적 증거가 두 가지 면에서 놀랍도록 일치한다. 수천 년 전에 신석기 문화를 타이완과 필리핀과 인도네시아에 전해준 사람들이 오스트로네시아어족 언어를 사용했고, 현재 그 섬들에서 살아가며 오스트로네시아어족 언어를 사용하는 사람들의 조상이었다는 추론을 뒷받침해주는 일치가 아닐 수 없다. 첫째, 두 분야의 증거는 모두 타이완 정착이 남중국 해안을 떠난 확장의 첫 단계였다는 것, 그리고 타이완을 떠나 필리핀과 인도네시아에 정착한 것이 다음 단계였다는 걸 명백히 보여준다. 만약 확장이 열대 동남아시아의 말레이반도에서 시작해 가장 가까운 인도네시아의 수마트라섬으로, 이어서 인도네시아의 다른 섬들로, 그리고 필리핀과 타이완에서 끝나는 것으로 진행되었다면, 우리는 말레이반도와 수마트라섬의 현대어에서 오스트로네시아어족의 가장 심한 편차(즉 시간이 가장 오래되었음을 반영하는 현상)를 확인할 수 있었을 것이다. 또한 타이완과 필리핀에서 사용하는 언어들은 서로 갈라진 지 오랜 시간이 지나지 않았기 때문에 모두 하나의 어파에 속할 것이다. 그러나 가장 심한 편차는 타이완에서 찾을 수 있다. 말레이반도와 수마트라섬에서 사용하는 언어들은 동일한 하위 어군에 속한다. 아울러 그 하위 어군은 서말레이폴리네시아 하위 어파에서 나중에 갈라져 나온 것이고, 서말레이폴리네시아 하위 어파는 말레이폴리네시아어파에서 그보다 먼저 갈라져 나온 것이다. 이런 언어적 관계는 말레이반도 정착이 역사적으로 가까운 과거에 일어났고, 타이완과 필리핀과 인도네시아 정착보다 앞서는 게 아니라 나중이었다는 고고학적 증거와 완벽하게 일치한다.

고고학적 증거와 언어학적 증거의 두 번째 일치는 고대 오스트로네시아인이 사용하던 문화적 '패키지'와 관련이 있다. 고고학은 토기, 돼지 뼈와 물고기 뼈 등의 형태로 문화의 직접적 증거를 제시한다. 그러나 문자로 기록되지 않은 언어의 과거 형태는 오리무중일 수밖에 없다. 따라서 현대어만을 연구할 수 있는 언어학자가 6,000년 전 타이완에 살았던 오스트로네시아인에게 돼지가 있었는지를 어떻게 알아낼 수 있는지 궁금한 사람이 적지 않을 것이다. 그 해법은 사라진 고대 언어, 즉 조어祖語, protolanguage에서 파생된 현대어의 어휘를 비교함으로써 조어의 어휘를 복원하는 데 있다.

예를 들어 설명해보자. 아일랜드부터 인도까지 분포된 인도유럽어족의 많은 언어에서 '양sheep'을 뜻하는 단어는 상당히 유사해서 avis(리투아니아어), avis(산스크리트어), ovis(라틴어), oveja(스페인어), ovtsa(러시아어), owis(그리스어), oi(아일랜드어) 등이 있다. 영어의 sheep은 완전히 다른 근원에서 파생한 게 분명하지만, '암양'을 뜻하는 ewe에는 원래의 뿌리가 남아 있다. 인도유럽어족에 속한 현대어들이 역사적 과정에서 겪은 소리의 변화를 비교해보면, 약 6,000년 전에 사용된 인도유럽어족의 조어에서는 그 형태가 owis였을 것으로 추정된다. 문자로 남지 않은 이 고대 조어를 '원시 인도유럽어Proto-Indo-European language'라고 한다.

물론 6,000년 전 원시 인도유럽어를 사용한 사람들에게 양이 있었다는 건 고고학적 증거로도 확인이 가능하다. 거의 2,000개에 달하는 어휘를 유사한 방식으로 복원할 수 있다. '염소' '말馬' '바퀴' '형제' '눈目'이 대표적인 예이다. 그러나 원시 인도유럽어에서 '총'에 해당하는 단어를 복원할 수는 없다. 그래서인지 영어 gun, 프랑스어 fusil, 러시아어 ruzhyo 등에서 보듯이 인도유럽어족에 속한 현대어는 총에 대해 제각각 다른 어원을 사용한다. 이런 차이는 조금도 놀랍지 않다. 총은 발명한 지 1,000년도 되지 않아 6,000년 전의 사람들은 그 개념 자체를 몰랐을 것이기 때문이다. 따라서 '총'을 뜻하는 공통된 어원을 물려받지 못했기에, 총을 최종적으로 발명했을 때 인도유럽어족에 속한 언어들은 그에 해당하는 단어를 제각각 자체적으로 만들거나 차용해야 했다.

똑같은 방법으로 타이완과 필리핀, 인도네시아와 폴리네시아의 현대어를 비교하면 먼 과거에 사용한 오스트로네시아 조어를 복원할 수 있다. 그렇게 복원한 오스트로네시아 조어에 '둘' '새' '귀' '머릿니'를 뜻하는 단어가 있다는 건 조금도 놀랍지 않다. 물론 오스트로네시아 조어 사용자도 2까지 셀 수 있었고, 새를 알았으며, 귀와 머릿니가 있었다. 그렇게 복원한 오스트로네시아 조어에 '돼지' '개' '쌀'에 해당하는 단어가 있었다는 건 무척 흥미롭다. 그것이 원형 오스트로네시아 문화의 일부였다는 뜻이기 때문이다. 또 복원된 오스트로네시아 조어는 '아우트리거 카누' '항해' '대왕조개' '문어' '통발' '바다거북' 등 해양 경제와 관련된 단어들로 가득하다. 원형 오스트로네시아인이 언제 어디에서 살았든 그들의 문화와 관련된 이런 언어학적 증거는 약 6,000년 전 타이완에 살며 토기를 만들고, 식량을 생산하고, 바다 지향적이던 사람들과 관련된 고고학적 증거와 완벽하게 일치한다.

똑같은 과정을 말레이폴리네시아 조어, 즉 오스트로네시아인이 타이완을 떠난 이후 사용한 조어를 재구성하는 데도 적용할 수 있다. 말레이폴리네시아 조어에는 토란, 빵나무, 바나나, 참마, 코코넛 등 열대작물에 해당하는 단어가 많지만, 이런 단어들이 오스트로네시아 조어에서는 하나도 복원되지 않는다. 따라서 언어학적 증거에서, 오스트로네시아인이 타이완을 떠난 뒤 많은 열대작물이 오스트로네시아 문화에 더해졌다는 추정이 가능하다. 이런 추정은 고고학적 증거로도 뒷받침된다. 고고학적 증거에 따르면, 농경민은 북위 23도쯤에 위치한 타이완을 떠나 적도 부근의 열대지역까지 남쪽으로 이동함에 따라, 열대성 뿌리 작물과 나무 열매에 점차 의존하게 되었고, 내친김에 그 식물들을 열대의 태평양까지 가져갔다.

오스트로네시아어를 사용하는 농경민이 남중국을 떠나 타이완을 거쳐 필리핀과 서인도네시아에 도착해 그곳의 수렵·채집민을 얼마나 철저하게 대체했기에, 그 원주민의 유전자와 언어 흔적이 거의 혹은 전혀 남아 있지 않을까? 그 이유는 유럽인이 지난 두 세기 동안 오스트레일리아 원주민을 대체하거나 절멸시켰던 이유, 또 남중국인이 그 이전에 열대 동남아시아인을 대체했던 이유와 흡사하다. 조밀한 인구, 우월한 도구와 무기, 더 발달한 수상 기구와 항해 능력, 또 농경민에게는 저항력이 있고 수렵·채집민에게는 없는 전염병 등이 그 이유였다. 그 때문에 아시아 본토에서 오스트로네시아어를 사용하는 농경민도 비슷한 이유로 말레이반도의 수렵·채집민을 대체할 수 있었다. 요컨대 오스트로아시아어를 사용하는 농경민이 북쪽(태국)에서 들어와 말레이반도에 정착한 시기에, 오스트로네시아인도 남쪽과 동쪽(인도네시아의 수마트라섬과 보르네오섬)에서 밀려들어 말레이반도에 정착한 것이다. 한편 남베트남과 캄보디아에 어렵사리 정착한 오스트로네시아인은 두 국가에서 현재 소수 언어인 참어Chamic language를 사용하는 참족의 조상이 되었다.

하지만 오스트로네시아 농경민은 동남아시아 본토까지 깊이 파고들지는 않았다. 오스트로아시아계 농경민과 타이카다이계 농경민이 이미 그곳에서 과거의 수렵·채집민을 대체한 뒤였던 데다, 오스트로네시아 농경민이 오스트로아시아계 농경민과 타이카다이계 농경민보다 우위에 있는 게 없었기 때문이다. 오스트로네시아어족 언어를 사용하는 사람들의 기원이 남중국 해안이었다는 우리의 추론이 맞더라도, 오늘날 오스트로네시아어족 언어는 중국 본토 어디에서도 사용되지 않는다. 아마도 중국티베트어족 언어 사용자들의 대대적인 남하로 인해 수백여 개의 중국어가 사라질 때, 그 어족의 언어들도 덩달아 없어졌기 때문일 것이다. 그러나 오스트로네시아어족에 가장 가까운 어족은 타이카다이어족, 오스트로아시아어족, 먀오야오어족이다. 따라서 중국에서 오스트로네시아어족은 중국 왕조들의 학살을 견뎌내지 못했을지 모르지만, 그들의 자매 언어와 사촌 언어는 살아남았다.

지금까지 우리는 남중국 해안으로부터 타이완과 필리핀을 거쳐 인도네시아 서부와 중부까지 4,000킬로미터를 내달린 오스트로네시아 확장의 초기 단계를 추적했다. 그렇게 확장하는 동안 오스트로네시아인이 그 섬들의 해안부터 내륙까지, 또 저지대부터 산악지대까지 사람이 살기에 적합한 모든 지역을 차지했다. 돼지 뼈와 붉게 칠한 민무늬 토기 같은 고고학적 증거를 고려하면, 오스트로네시아인은 기원전 1500년쯤 인도네시아 동쪽에 위치한 할마헤라섬에 도착한 것으로 보인다. 할마헤라섬은 산이 많은 큰 섬 뉴기니의 서쪽 끝에서 320킬로미터도 떨어져 있지 않다. 그러면 오스트로네시아인은 똑같이 산이 많은 셀레베스섬과 보르네오섬, 자바섬, 수마트라섬에서 그랬듯이 뉴기니에서도 신속하게 퍼져나갔을까?

그렇지 않았다. 이는 현대 뉴기니인의 얼굴을 힐끗 보아도 분명하고, 뉴기니인의 유전자에 대한 자세한 연구로도 확인된 사실이다. 내 친구 위오르를 비롯해 뉴기니 고원지대 사람들은 검은 피부와 빽빽하게 꼬불거리는 머리칼, 얼굴 형태에서 인도네시아인·필리핀인·남중국인과 분명히 다르다. 뉴기니 내륙과 남부 해안의 저지대 사람은 키가 더 크다는 걸 제외하면 고원지대 사람과 대체로 닮았다. 유전학자들은 뉴기니 고원지대 사람들에게서 채취한 혈액에서 오스트로네시아인의 고유한 유전자 표지gene markers를 찾아내지 못했다.

그러나 뉴기니 북쪽과 동쪽 해안 사람들, 또 뉴기니에서 각각 북쪽과 동쪽에 위치한 비스마르크제도와 솔로몬제도 사람들은 상황이 더 복잡하다. 외모에서 그들은 위오르 같은 고원지대 사람과 아크마드 같은 인도네시아인의 중간쯤에 있지만, 위오르 쪽에 더 가깝다. 예컨대 북쪽 해안 출신인 내 친구 사우아카리는 아크마드의 곧은 머리칼과 위오르의 곱슬한 머리칼의 중간 정도로 굴곡진 머리칼을 갖고 있다. 피부색은 위오르보다 약간 옅지만 아크마드보다는 짙다. 일반적으로 말하면, 비스마르크제도 및 솔로몬제도 사람들과 뉴기니 북부 해안 사람들은 15퍼센트만 오스트로네시아인이고, 85퍼센트는 뉴기니 고원지대 사람들과 비슷하다. 따라서 오스트로네시아인이 뉴기니 지역에 도달한 건 분명하지만 내륙까지 깊이 파고들지는 않아 북부 해안과 주변 섬에 예부터 살던 사람들에 의해 유전자가 희석되고 말았다.

현대 언어의 상황도 세세한 부분에서만 다를 뿐 똑같다. 15장에서 설명했듯 뉴기니에서 사용하는 대부분의 언어, 즉 파푸아어군은 세계 어느 곳의 어족과도 관계가 없다. 뉴기니 산악지대, 뉴기니 남서부와 남중부 해안을 포함한 저지대, 북부 내륙에서 사용하는 언어는 예외 없이 파푸아어군에 속한다. 그러나 북부와 남동부 해안에 인접한 지역에서는 오스트로네시아어족의 언어를 사용한다. 비스마르크제도와 솔로몬제도에서 사용하는 언어 대부분은 오스트로네시아어족에 속하고, 파푸아어군은 외따로 떨어진 몇몇 섬에서만 사용한다.

비스마르크제도와 솔로몬제도 및 북뉴기니 해안에서 사용하는 오스트로네시아 언어는 오세아니아어군이라고 부르는데, 할마헤라섬과 뉴기니의 서단에서 사용하는 언어들과 관련이 있다. 오스트로네시아 확장 과정을 요약한 지도에서 살펴보았듯이, 뉴기니 지역에서 오스트로네시아 언어를 사용하는 사람들이 할마헤라섬을 통해 들어왔다는 것도 이런 언어적 관계를 재확인해준다. 오스트로네시아어족과 파푸아어군을 자세히 분석하고, 그 언어들이 뉴기니 북부에 분포된 상황을 살펴보면, 외부 침입자인 오스트로네시아인과 파푸아어를 사용하던 원주민이 오랫동안 교류했다는 것도 확인할 수 있다. 그 지역의 오스트로네시아어족과 파푸아어군은 서로 어휘와 문법에 엄청난 영향을 주고받아, 어떤 언어가 원래 오스트로네시아어였는데 파푸아어의 영향을 받은 것인지, 아니면 그 반대인지를 판단하기가 무척 어렵다. 북부 해안이나 주변 섬들에서 이곳저곳을 돌아다니다 보면, 한 마을은 오스트로네시아어족의 어떤 언어를 사용하고, 다음 마을은 파푸아어군에 속한 언어를 사용하고, 또 다음 마을은 오스트로네시아어족의 다른 언어를 사용하는 경우가 많다. 이렇게 언어적 경계를 지나더라도 사람들의 유전적 차이는 없다.

이 모든 것을 근거로 할 때, 침입자 오스트로네시아인의 후손과 원래 뉴기니에 살던 원주민의 후손은 북뉴기니 해안과 주변 섬에서 수천 년 동안 서로 교역하고 결혼하며, 상대의 유전자와 언어를 주고받았다는 추정이 가능하다. 이런 오랜 접촉으로 오스트로네시아인의 유전자보다 오스트로네시아어족의 언어가 더 효과적으로 후대에 전해져, 비스마르크제도와 솔로몬제도 사람들은 오스트로네시아어족에 속한 언어들을 사용하지만 외모와 대부분의 유전자는 여전히 파푸아인이다. 그러나 오스트로네시아인의 유전자와 언어는 뉴기니 내륙에 파고들지 않았다. 따라서 그들이 뉴기니를 침입한 결과는 보르네오섬과 셀레베스섬 등 인도네시아의 큰 섬들을 침입한 결과와 크게 달랐다. 인도네시아의 섬들에서는 그들의 위세에 원주민의 유전자와 언어가 흔적조차 남기지 못한 채 거의 사라졌기 때문이다. 이제부터 고고학적 증거로 눈을 돌려, 뉴기니에서 정확히 어떤 일이 있었는지 살펴보기로 하자.

기원전 1600년경 오스트로네시아 확장의 고고학적 특징, 즉 돼지와 닭과 개, 붉게 칠한 민무늬 토기, 매끄럽게 다듬은 돌과 대왕조개 껍데기로 만든 자귀 등이 뉴기니 지역에 나타남과 거의 동시에 할마헤라섬에도 나타났다. 그러나 오스트로네시아인이 필리핀과 인도네시아에 먼저 정착한 뒤 그곳에 들어왔다는 걸 보여주는 두 가지 뚜렷한 특징이 있다.

첫째는 토기의 무늬에서 찾을 수 있는 특징이다. 토기에 새겨진 무늬는 경제적 가치가 없는 미학적 특징이지만, 고고학자에게는 초기 오스트로네시아 유적지를 즉시 알아볼 수 있게끔 해주는 기준이다. 필리핀과 인도네시아에서 발견되는 대부분의 초기 오스트로네시아 토기에는 아무런 장식이 없지만, 뉴기니 지역의 토기에는 수평의 띠 모양으로 배열해 섬세하게 장식한 기하학적 무늬가 있다. 그러나 인도네시아의 초기 오스트로네시아 토기의 특징이라고 할 수 있는 붉은 칠과 그릇 형태는 뉴기니에서도 그대로 유지되었다. 뉴기니 지역에 정착한 오스트로네시아인이 토기에 그려 넣은 '문신' 아이디어는 나무껍질 옷감과 몸의 문신에 이미 사용하던 기하학적 무늬에서 영감을 받은 게 거의 분명하다. 이런 토기 양식은 그 무늬를 사용한 라피타Lapita

라는 고고학적 유적지의 이름을 따서 '라피타 토기'라고 부른다.

뉴기니 지역에서 초기 오스트로네시아 유적지가 갖는 또 하나의 뚜렷한 특징은 유적지 자체의 분포로, 앞의 특징보다 훨씬 더 중요하다. 필리핀과 인도네시아의 초기 오스트로네시아 유적지는 가장 오래된 것으로 알려진 것도 루손섬·보르네오섬·셀레베스섬 등 큰 섬에 있는 반면, 뉴기니 지역에서 라피타 토기가 나온 유적지는 외딴섬 주변을 에워싼 작은 섬들에 실질적으로 국한되어 있다. 지금까지 라피타 토기는 뉴기니 북부 해안에서는 단 한 곳 아이타페Aitape 유적지에서, 솔로몬제도에서는 두 곳에서 발견되었다. 뉴기니 지역의 라피타 유적지는 대부분 비스마르크제도에 있다. 정확히 말하면, 비교적 큰 섬의 해안에서 좀 떨어진 작은 섬들, 가끔은 큰 섬의 해안 지역에 있다. (뒤에서 살펴보겠지만) 라피타 토기를 만든 사람들은 수천 킬로미터의 바닷길을 항해할 수 있었다. 따라서 그들이 비스마르크제도에서 수 킬로미터밖에 떨어지지 않은 상대적으로 큰 섬이나, 수십 킬로미터 떨어진 뉴기니에 들어가 마을을 세우지 않은 이유는 그곳까지 갈 능력이 없었기 때문은 아니었던 게 분명하다.

라피타 사람들이 기본적으로 무엇을 먹고 살았는지는 라피타 유적지에서 고고학자들이 발굴한 쓰레기를 통해 재구성할 수 있다. 그들은 물고기와 쇠돌고래, 바다거북과 상어, 조개류 등 해산물에 크게 의존했다. 돼지와 닭과 개를 길렀고, 코코넛을 비롯해 다양한 견과류를 먹었다. 또 토란과 참마 같은 오스트로네시아계 뿌리 작물도 먹었겠지만, 그런 작물의 증거를 찾아내기는 어렵다. 쓰레기 더미에서 수천 년을 견뎌낼 가능성은 부드러운 뿌리보다 단단한 견과류 껍질이 훨씬 더 높기 때문이다.

당연한 말이겠지만, 라피타 토기를 만든 사람들이 오스트로네시아어를 사용했음을 직접적으로 증명하는 건 불가능하다. 하지만 이런 추론이 거의 확실하다고 말해주는 두 가지 사실이 있다. 첫째, 토기에 그려진 장식을 제외할 때, 토기 자체 그리고 토기와 관련한 문화 용품이 오스트로네시아어를 사용하는 현대사회의 조상에 해당하는 인도네시아·필리핀 유적지의 문화적 유물과 비슷하다. 둘째, 라피타 토기는 예전에 사람이 살지 않았고, 라피타 토기를 가져온 이주 물결 이후에 다시 대대적인 이주가 있었다는 증거도 없는 외딴 태평양 섬에서도 발견된다. 그곳의 현재 주민들은 오스트로네시아어를 사용한다(이에 대해서는 뒤에서 더 자세히 살펴보기로 하자). 따라서 라피타 토기는 오스트로네시아인이 뉴기니 지역에 들어갔다는 증거로 보아도 무방할 듯하다.

라피타 토기를 만든 오스트로네시아인은 큰 섬에 인접한 작은 섬들에서 무엇을 했던 것일까? 그들은 현대 도공들이 뉴기니 지역의 작은 섬들에서 얼마 전까지 살았던 방식대로 똑같이 살았을 것이다. 1972년에 나는 말라이섬에 있는 도공 마을을 방문한 적이 있었다. 말라이는 비스마르크제도에서 가장 큰 뉴브리튼섬에서 좀 떨어진 중간 크기의 움보이섬에서 조금 떨어져 있는 시아시섬 무리에 속한 작은 섬이다. 새들을 찾아 말라이섬 해안에 발을 처음 내려놓았을 때, 나는 그곳 사람들에 대해 아무것도 몰랐다. 따라서 내 눈앞에 펼쳐진 광경을 보고 깜짝 놀랄 수밖에 없었다. 그 주변에서 흔히 보던 광경, 즉 마을 사람들을 충분히 먹여 살릴 정도의 널찍한 밭 안쪽에 나지막한 오두막이 늘어서 있고, 해변에 몇 척의 카누가 놓인 작은 마을이 아니었다. 말라이섬의 대부분 지역에는 이층 목조 주택이 나란히 서 있고,

밭으로 쓰이는 땅은 전혀 보이지 않았다. 뉴기니의 맨해튼이라고 할 만큼 번화한 곳이었다. 해변에는 큰 배들이 줄지어 정박해 있었다. 나중에야 알았지만, 말라이섬 사람들은 어부이면서 각자의 능력을 살려 도공, 조각가, 상인으로 일했다. 다시 말하면, 아름답게 장식한 토기와 함지박을 만들어 카누에 싣고 더 큰 섬에 가져가 돼지와 개, 작물 등 일용품과 교환하는 방식으로 살았다. 말라이섬에는 카누를 만들 만큼 큰 나무가 없어 그에 필요한 목재도 근처 움보이섬 사람들과 교환을 통해 구했다.

유럽의 배가 들어오기 전, 뉴기니 지역에서 섬들 간 교역은 도공 전문가 집단이 독점했다. 그들은 직접 카누를 만들었고, 항법 장치 없이도 능숙하게 항해했다. 주로 앞바다의 작은 섬에서 살았지만 간혹 본토의 해안 마을에 사는 경우도 있었다. 내가 말라이섬을 방문한 1972년에는 본래의 교역망이 붕괴하거나 크게 위축된 상태였다. 유럽의 동력선 및 알루미늄 그릇과의 경쟁에서 밀린 탓도 있지만, 상인들이 익사하는 몇 번의 사고가 발생한 뒤로 오스트레일리아 식민 정부가 장거리 카누 항해를 금지했기 때문이기도 하다. 내 추측에는 라피타 도공들이 기원전 1600년 이후 오랫동안 뉴기니 지역에서 섬들 간 교역을 도맡았던 듯하다.

오스트로네시아어족이 뉴기니 북부 해안, 비스마르크제도와 솔로몬제도의 큰 섬까지 전파된 것은 주로 라피타 시대 이후였던 게 분명하다. 라피타 유적지가 비스마르크제도의 작은 섬들에 집중되어 있기 때문이다. 기원후 1년경이 되어서야 라피타 양식에서 파생한 토기들이 뉴기니 남동쪽에 있는 반도의 남쪽 지역에 나타나기 시작했다. 19세기 말에 유럽인이 뉴기니를 탐사하기 시작했을 때, 뉴기니 남쪽 해안의 나머지 지역에는 파푸아어 사용자만이 살고 있었다. 하지만 오스트로네시아어족 언어 사용자는 남동부 반도뿐 아니라, 서뉴기니 남쪽 해안에서 110~130킬로미터쯤 떨어진 아루섬과 케이섬에도 정착해 살고 있었다. 따라서 오스트로네시아인에게는 거점을 두고 인근에서부터 뉴기니 내륙과 남부 해안으로 들어가 정착할 시간적 여유가 수천 년이나 있었지만 그렇게 하지 않았다. 그들은 결국 북뉴기니 해안가에 정착하기는 했지만, 그 결과는 유전자보다 언어에서 주로 나타났다. 달리 말하면, 북부 해안 지역 사람들은 유전자적으로 여전히 본래의 뉴기니인에 가깝다. 게다가 그들 중 일부만이 멀리서 오가며 사회를 연결해주던 장거리 상인들과 소통하려고 오스트로네시아 언어를 받아들였던 것으로 보인다.

따라서 뉴기니 지역에서 오스트로네시아 확장의 결과는 인도네시아·필리핀의 경우와 정반대였다. 후자의 경우에는 원주민이 사라졌다. 십중팔구 침입자들에게 쫓겨나거나 학살당했고, 낯선 병에 걸려 죽거나 동화되었을 것이다. 반면 뉴기니 지역에서는 원주민이 거의 언제나 침입자를 막아냈다. 침입자는 두 경우 모두 오스트로네시아인이었고, 내가 앞에서 제시했듯 오스트로네시아인이 대체한 원래의 인도네시아인이 정말 뉴기니인과 관계가 있었다면 원주민도 유전자적으로 서로 유사했을 것으로 짐작된다. 그런데 왜 정반대의 결과가 빚어졌을까?

인도네시아와 뉴기니의 서로 다른 문화적 환경에 눈을 돌리면, 그 답은 자명해진다. 오스트로네시아인이 도래하기 전, 대부분의 인도네시아 땅에는 간석기조차 없는 수렵·채집민이 드문드문 살고 있었다. 반면 뉴기니 고원지대에서는 이미 수천 년 전부터 식량 생산이 이뤄졌다. 뉴기니 저지대 그리고 비스마르크제도와 솔로몬제도도 마찬가지였다. 특히 뉴기니 고원지대는 당시 세계에서 석기인石器人들이 가장 조밀하게 모여 살던 곳 중 하나였다.

오스트로네시아인은 이처럼 뉴기니에 일찌감치 정착한 사람들과의 경쟁에서 유리할 게 거의 없었다. 오스트로네시아인이 주식으로 삼은 작물 중 일부, 예컨대 토란과 참마와 바나나는 오스트로네시아인이 뉴기니에 도래하기 전 이미 그곳에서 독자적으로 작물화되었을 가능성이 크다. 뉴기니인은 오스트로네시아의 닭과 개, 특히 돼지를 그들의 식량원으로 선뜻 받아들였다. 뉴기니인에게는 이미 간석기가 있었고, 열대성 질병에 적어도 오스트로네시아인만큼이나 저항력이 있었다. 예컨대 말라리아에 저항하는 다섯 가지 유전자를 오스트로네시아인과 똑같이 보유했다. 그 유전자 중 일부 또는 전부가 뉴기니에서 독자적으로 진화했기 때문이다. 오스트로네시아인이 뉴기니에 도착하기 수만 년 전에 뉴기니인은 비스마르크제도와 솔로몬제도에 발을 들여놓았고, 오스트로네시아인이 비스마르크제도에 들어가기 1만 8,000년 전에는 그곳에서 흑요석(날카로운 연장을 만들기에 적합한 화산석) 무역이 번창했다. 뉴기니인도 그 후에는 오스트로네시아인의 이주 물결에 맞서 서쪽으로 진출해 동인도네시아에 들어가기 시작한 듯하다. 현재 할마헤라섬 북부와 티모르섬에서 사용하는 언어들은 서뉴기니의 일부 언어와 관계가 있는 전형적인 파푸아어군에 속한다.

요컨대 오스트로네시아 확장의 다양한 결과는 식량 생산이 인구 이동에 어떤 역할을 했는지 극명하게 보여주는 좋은 예이다. 오스트로네시아 식량 생산자들이 이동한 두 지역(뉴기니와 인도네시아)에는 서로 관계가 있을 법한 사람들이 이미 살고 있었다. 인도네시아에 살던 사람들은 여전히 수렵·채집민이었지만, 뉴기니에 살던 사람들은 이미 식량을 생산하며 거기에 수반되는 많은 것, 예컨대 밀집한 인구, 질병에 대한 저항력, 선진적인 과학기술 등을 갖추고 있었다. 따라서 오스트로네시아 확장은 인도네시아에 살던 사람들을 휩쓸어버렸지만, 뉴기니 지역으로 깊숙이 진출하는 데는 실패했다. 마찬가지로 오스트로아시아어와 타이카다이어를 사용하던 식량 생산자들도 열대 동남아시아에서 크게 발을 붙이지 못했다.

지금까지 우리는 오스트로네시아인이 인도네시아를 거쳐 뉴기니와 열대 동남아시아 해변까지 확장된 과정을 살펴보았다. 19장에서는 오스트로네시아인이 인도양을 거쳐 마다가스카르까지 진출한 과정을 추적해보려고 한다. 한편 15장에서는 생태학적 난제 때문에 오스트로네시아인이 오스트레일리아 북부와 서부에 정착하지 못했음을 확인했다. 라피타 도공들이 솔로몬제도를 넘어 동쪽으로 태평양 깊숙이, 즉 그때까지 인간의 발길이 전혀 닿지 않았던 섬들의 세계로 항해함으로써 또 한 차례 오스트로네시아 확장이 시작되었다. 기원전 1200년경 라피타 토기 조각, 확장에서 항상 등장하는 삼총사(돼지와 닭과 개) 등 오스트로네시아인의 고유한 고고학적 특징이 솔로몬제도로부터 1,600킬로미터 넘게 떨어진 태평양의 섬들, 즉 피지제도·사모아제도·통가제도에서 나타났다. 서력기원이 시작된 초기에는 (이상하게도 토기를 제외하고) 그와 똑같은 특징이 소시에테제도와 마르키즈제도를 비롯해 동폴리네시아의 섬들에도 나타났다. 오스트로네시아인은 다시 카누를 타고 북쪽으로는 하와이까지, 동쪽으로는 핏케언섬과 이스터섬, 남서쪽으로는 뉴질랜드까지 먼 길을 항해했다. 오늘날 그 섬들의 원주민은 대부분 폴리네시아인, 즉 라피타 토기를 만들던 사람들의 직계 후손이다. 그들이 사용하는 오스트로네시아어들은 뉴기니 지역에서 쓰이는 언어들과 밀접한 관계가 있으며, 주요 작물은 토란과 참마, 바나나와 코코넛 및 빵나무를 포함한 오스트로네시아 '패키지'이다.

유럽의 이른바 '탐험가'들이 태평양에 진출하기 겨우 한 세기 전인 1400년경, 뉴질랜드 인근의 채텀제도를 정복하는 것으로 아시아인의 태평양 탐험은 마침내 마무리되었다. 아시아인의 탐험은 위오르의 조상이 인도네시아를 거쳐 뉴기니와 오스트레일리아까지 뻗어나가면서 시작되었다. 그리고 수만 년에 걸쳐 태평양에서 인간이 살 수 있는 거의 모든 섬을 차지한 뒤에야 비로소 끝났다.

세계 역사에 관심 있는 사람이라면, 동아시아와 태평양의 인간 사회에서 배울 것이 많다. 환경이 역사를 어떻게 만들어나가는지 보여주는 많은 사례가 있기 때문이다. 동아시아와 태평양에 정착한 사람들은 지리적 위치에 따라, 작물화할 수 있는 야생식물과 가축화할 수 있는 야생동물을 확보하고 다른 종족과 접촉할 가능성이 서로 달랐다. 식량 생산을 위한 전제 조건을 갖추고, 다른 지역으로부터 과학기술을 차용하기에 유리한 위치에 있던 종족이 그렇지 못한 종족을 대체하는 현상이 끝없이 되풀이되었다. 또 정착민이 단번에 다양한 환경으로 퍼져나간 경우에도 그들의 후손은 정착지의 환경 차이에 따라 다른 방향으로 발전하는 현상 역시 반복되었다.

예컨대 남중국인은 독자적으로 식량을 생산하고 과학기술을 개발했지만, 북중국으로부터 문자와 정치 구조 및 더 발달한 과학기술을 받아들였다. 그러나 남중국인은 거기에 만족하지 않고, 동남아시아 열대지역과 타이완으로 이주해 그곳의 원주민을 대대적으로 대체했다. 식량을 생산하던 남중국 정착민의 후손이나 친척 중에서 태국 북동부와 라오스의 산악 우림지대에 들어간 윰브리족은 수렵·채집민 생활로 되돌아간 반면, 윰브리족의 가까운 친척인 비엣족(윰브리어처럼 오스트로아시아어족의 하위 어파에 속하는 언어 사용)은 비옥한 홍강 삼각주를 터전으로 삼아 식량을 계속 생산했고, 금속을 기반으로 광대한 제국을 건설했다. 타이완과 인도네시아로부터 이주한 오스트로네시아 농경민 중에서는 보르네오섬 우림에 정착한 푸난족이 수렵·채집민 생활 방식으로 되돌아간 반면, 자바섬의 비옥한 화산토를 터전으로 삼은 그들의 친척은 계속해서 식량을 생산하며 인도의 영향을 받아 왕국을 세우고, 문자를 받아들이고, 보로부두르에 웅장한 불교 사원까지 세웠다. 계속 이주해서 폴리네시아에 정착한 오스트로네시아인은 동아시아의 야금술과 문자로부터 멀어진 끝에 결국 문자와 금속 없이 지내야 했다. 하지만 2장에서 살펴보았듯 폴리네시아의 정치·사회 구조 및 경제는 환경의 차이에 따라 매우 다양했다. 1,000년이 지나지 않아 동폴리네시아에 정착한 사람들은 채텀제도에서는 수렵·채집민으로 되돌아갔지만, 하와이에서는 집약적으로 식량을 생산하며 초기 단계의 국가를 세웠다.

그러다가 이윽고 유럽인이 밀려왔고, 그들은 과학기술과 여러 가지 이점을 앞세워 열대 동남아시아 대부분 지역과 태평양 섬들을 일시적으로 점령해 지배할 수 있었다. 하지만 풍토병과 식량 생산자들의 저항에 유럽인은 대부분 지역에서 유의미한 정착민을 형성할 수 없었다. 현재 그 지역 중 (가장 면적이 넓고 가장 외딴 곳에 있으며, 적도에서 가장 멀리 떨어져 있어 유럽과 비슷한 온대성 기후를 가진) 뉴질랜드와 누벨칼레도니 섬과 하와이에서만 다수의 유럽인이 살고 있을 뿐이다. 따라서 오스트레일리아 및 남북아메리카와 달리, 동아시아와 대부분의 태평양 섬에는 동아시아인과 태평양 섬사람들이 여전히 다수를 차지하고 있다.

18장 반구의 충돌

HEMISPHERES COLLIDING

유라시아와 아메리카의 역사적 궤적은 왜 달라졌는가?

식량 생산, 기술 발달, 정치조직 형성, 문자 발명 등 핵심적인 문물의 발달에서 남북아메리카 대륙이 항상 유라시아 대륙에 뒤처진 이유는 무엇일까? 뒤늦은 정착과 문명의 시작, 가축화·작물화할 생물종의 부족, 문물의 확산을 가로막은 지리적·생태적 장벽, 좁거나 외진 인구 밀집 지역을 궁극 원인으로 꼽을 수 있다.

지난 1만 3,000년 동안 가장 큰 규모로 일어난 인구 교체는 구세계와 신세계의 충돌로 촉발됐다. 3장에서 살펴보았듯 당시 가장 극적이고 결정적인 순간은 소수에 불과하던 피사로의 스페인군이 잉카 황제 아타우알파를 생포한 때였다. 당시 아타우알파는 면적도 넓고 인구도 많고 풍요로우며 행정과 과학기술 면에서 가장 선진적이던 아메리카 원주민 국가의 절대군주였다. 아타우알파 생포는 유럽의 아메리카 정복을 상징적으로 압축해 보여주는 사건이기도 하다. 아타우알파의 생포를 가능케 해준 근접 요인들이, 유럽인이 아메리카의 다른 원주민 사회를 정복할 때도 똑같이 작용했기 때문이다. 이제부터는 반구半球의 충돌로 눈을 돌려, 3장에서부터 배웠던 것을 적용해보자. 여기에서 우리가 답해야 할 근본적인 질문은 이것이다. "왜 유럽인이 아메리카 원주민의 땅을 정복했고, 그 반대가 되지 못했을까?" 이 질문에 답하기 위해 1492년, 즉 콜럼버스가 남북아메리카 대륙을 '발견'한 해에 유라시아 사회와 아메리카 원주민 사회가 각각 어땠는지 비교하는 것으로 시작해보자.

먼저 식량 생산부터 비교해보자. 식량 생산이 지역별 인구 규모와 사회의 복잡성을 결정하는 주된 요인, 따라서 정복의 궁극 요인이기 때문이다. 식량 생산에서 아메리카와 유라시아의 가장 확연한 차이는 가축화한 대형 포유동물에 있었다. 9장에서 언급한 유라시아의 포유동물 13종은 동물성 단백질(육류와 젖), 털과 가죽의 주요 공급원이었다. 아울러 육지에서 사람과 물건을 운반하고 필수적인 전쟁 수단을 제공하는 동시에 (쟁기를 끌고 거름을 제공함으로써) 작물의 생산성을 높여 주었다. 중세에 들어 유라시아에서 수차와 풍차가 포유동물을 대체하기 전까지, 그 동물들은 인간의 근력을 넘어서는 '산업력'(맷돌을 돌리고 양수 장치를 작동하는 등)을 제공하는 주요 공급원이었다. 반면 남북아메리카에는 가축화할 만한 대형 포유동물이 라마·알파카밖에 없었고, 그 한 종마저 안데스 지역 및 그에 인접한 페루 해안 지역에만 서식했다. 라마는 고기, 털, 가죽을 얻고 물건을 옮기는 데 쓰였지만, 인간이 섭취 가능한 젖을 생산하지 않았고, 타고 다니기에도 적합하지 않았다. 수레나 쟁기를 끌지도 못했으며, 동력원이나 전쟁 도구로도 사용되지 않았다.

유라시아 사회와 아메리카 원주민 사회에 이렇게 큰 차이가 생긴 이유는 홍적세 말에 남북아메리카에서 대형 포유동물이 멸종(혹은 절멸?)했기 때문이다. 이런 멸종이 없었다면, 현대사도 달라졌을지 모른다. 코르테스를 비롯한 스페인의 모험가들이 후줄근한 모습으로 1519년 멕시코 해안에 상륙했을 때, 가축화한 말에 올라탄 아즈텍 기병대에게 내몰려 다시 바다로 쫓겨났을지도 모른다. 아즈텍 사람들이 천연두로 죽지 않고, 그 대신 저항력을 가진 아즈텍 사람들이 옮긴 아메리카 병원균에 스페인 사람들이 속수무책으로 죽어갔을지도 모른다. 또 가축의 힘을 활용한 아메리카 문명의 콩키스타도르가 유럽을 유린했을 수도 있다. 그러나 이런 가정의 결과는 수천 년 전 포유동물이 멸종함으로써 원천적으로 실현 가능성을 잃었다.

남북아메리카에서 대형 포유동물이 멸종함으로써 가축화할 수 있는 야생 후보종은 유라시아에서 훨씬 더 많아졌다. 대부분의 후보종은 여섯 가지 이유 중 어느 하나로 인해 가축화 가능성을 상실한다. 이 때문에 유라시아에서는 13종의 대형 포유동물만을 가축화하고, 남북아메리카에서는 단 한 종만을 가축화할 수 있었다. 그리고 동서 두 반구 모두에서 조류와 작은 포유동물도 가축화했다. 남북아메리카에서는 칠면조와 기니피그, 일부 지역에만 서식하던 머스코비오리와 그보다 폭넓게 분포한 개, 유라시아에서는 닭과 거위와 오리, 고양이와 개, 토끼와 꿀벌, 누에 등이 여기에 속했다. 그러나 대형 가축과 비교할 때 이렇게 작은 가축의 중요성은 보잘것없었다.

유라시아와 남북아메리카는 식물성 식량 생산에서도 달랐지만, 그 격차가 동물성 식량 생산만큼 크지는 않았다. 1492년경 농업은 유라시아에서 폭넓게 이뤄졌다. 유라시아에서 농작물을 생산하지 않고 가축도 키우지 않는 극소수의 수렵·채집사회로는 일본 북부의 아이누, 순록을 갖지 못한 일부 시베리아 사회, 인도와 열대 동남아시아 숲속에 거주하며 이웃한 농경민과 교역하던 소규모 수렵·채집민 무리가 있었다. 한편 중앙아시아의 목축민, 북극권에서 순록을 몰고 다니던 라프족Lapp과 사모예드족Samoyed은 가축을 길렀지만 농경에는 거의 혹은 전혀 종사하지 않았다. 이들을 제외할 때 유라시아에서는 실질적으로 모든 사회가 농업과 목축을 겸했다.

농업은 남북아메리카에도 널리 퍼졌지만, 수렵·채집민이 차지한 면적의 비율이 유라시아에서보다 남북아메리카에서 더 높았다. 남북아메리카의 경우 북아메리카 북부 전역과 남아메리카 남부 전역, 캐나다의 그레이트플레인스, 관개 농업 시설을 갖춘 미국 남서부의 좁은 지역을 제외한 북아메리카 서부 전역에서 식량을 생산하지 않았다. 놀랍겠지만, 아메리카 대륙에서 식량을 생산하지 않던 지역은 유럽인이 들어온 이후 오늘날 남북아메리카에서 가장 생산성이 높은 농경지와 목초지에 속한다. 미국 서해안, 캐나다의 밀 생산 지대, 아르헨티나의 팜파스, 칠레의 지중해성 기후대가 대표적인 예이다. 이 지역에서 과거 식량을 생산하지 않은 이유는 가축화하고 작물화할 만한 야생동물과 식물이 턱없이 부족했고, 지리적·생태적 장벽이 아메리카의 다른 지역에 존재하는 작물과 가축의 이동을 방해했기 때문이다. 결국 유럽인이 농경에 적합한 가축과 작물을 도입한 뒤에야 유럽 정착민 덕분에, 또 어떤 경우에는 아메리카 원주민의 땀으로 그 지역이 생산적인 땅으로 변모했다. 예컨대 그레이트플레인스의 일부 지역과 미국 서부 및 아르헨티나 팜파스를 터전으로 삼은 원주민 사회는 말을 다루는 탁월한 솜씨로, 어떤 경우에는 소와 양을 기르는 목축으로 유명해졌다. 미국 백인들은 '아메리칸인디언'이란 단어에서, 말을 타고 평원을 치달리는 전사나 양 떼를 기르고 천을 짜는 나바호족을 주로 떠올리는데, 이런 이미지의 토대는 1492년 이후에야 만들어졌다. 이것만으로도 남북아메리카 대륙의 많은 지역에서 식량 생산을 하지 못한 이유가 가축화 및 작물화의 부재 때문이었다는 게 증명된다.

남북아메리카에서 원주민이 그럭저럭 농경을 행한 지역도 유라시아에 비교하면 다섯 가지 점에서 크게 불리했다. (1) 유라시아에는 단백질이 풍부한 곡물이 다양하게 분포했지만, 아메리카 원주민은 단백질이 부족한 옥수수에 크게 의존해야 했다. (2) 씨를 하나씩 손으로 심었지만 유라시아에서는 씨를 한 움큼씩 집어 흩뿌렸다. (3) 손으로 밭을 갈았지만, 유라시아에서는 가축을 이용해 쟁기로 밭을 갈았다. 그 때문에 한 사람이 훨씬 넓은 면적을 경작하고, (북아메리카의 그레이트 플레인스처럼) 비옥하지만 토양이 단단해서 손으로 갈기 어려운 땅에서도 경작을 할 수 있었다. (4) 토양의 비옥도를 높일 수 있는 두엄이 부족했다. (5) 인간의 근력만을 이용해야 했지만, 유라시아에서는 타작하고 곡물을 빻는 데뿐 아니라 관개시설을 만드는 데도 가축의 힘을 이용할 수 있었다. 이런 차이에서 짐작할 수 있듯 1492년 당시 유라시아 농업은 아메리카 원주민 농업보다 인시당人時當(한 사람이 한 시간 동안 해내는 일의 양—옮긴이) 평균적으로 더 많은 칼로리와 단백질을 생산할 수 있었을 것이다.

식량 생산에서의 이런 차이가 유라시아 사회와 아메리카 원주민 사회의 차이를 낳은 궁극 원인이기도 했다. 정복의 근접 원인도 여기서 비롯되었는데, 가장 중요한 것으로는 병원균과 과학기술, 정치조직, 문자를 들 수 있다. 이 중 식량 생산의 차이와 가장 직접적으로 관련된 것은 병원균이었다. 인구가 밀집한 유라시아 사회에 주기적으로 닥쳐 많은 유라시아인이 면역력이나 유전적 저항력을 키웠던 감염병에는 천연두와 홍역, 독감, 흑사병, 결핵, 장티푸스, 콜레라, 말라리아 등 인류 역사상 가장 치명적인 전염병이 모두 포함되었다. 이런 음산한 목록에 비해, 콜럼버스 이전 아메리카 원주민 사회에서 생겨난 게 분명한 군중 감염병은 비매독성 트레포네마가 유일했다(11장에서 설명했듯 매독이 처음 생겨난 곳이 유라시아인지 아메리카인지는 아직 불분명하다. 또 콜럼버스 이전에 인간 결핵이 남북아메리카에 존재했다는 주장 역시 아직 불분명하다).

해로운 병원균이 이처럼 대륙 간에 큰 차이를 빚은 이유는 역설적이게도 유용한 가축 수의 차이에 있었다. 밀집된 인간 사회에서 감염병을 일으키는 병원균의 대부분은 가축에게 감염병을 일으키는 병원균에서 진화한 것이었다. 식량 생산자들은 약 1만 년 전부터 그런 가축과 매일 밀접하게 접촉했다. 게다가 유라시아에는 가축화한 많은 동물종이 있어 그런 병원균이 많이 생겨났다. 하지만 남북아메리카에는 가축화한 동물이 거의 없어 그와 관련된 병원균도 거의 없었다. 아메리카 원주민 사회에서 치명적인 병원균이 크게 진화하지 못한 또 다른 이유로는, 전염병의 온상이라고 할 수 있는 마을이 남북아메리카에서는 유라시아보다 수천 년이나 늦게 형성되었다는 점을 꼽을 수 있다. 또 흑사병과 독감, 나아가 천연두가 아시아에서 유럽으로 옮겨갔듯, 신세계에서 신속하고 상당히 큰 규모로 도시 사회를 이루어낸 세 지역(안데스, 메소아메리카, 미국 남동부)이 서로 교역한 적이 없었던 것도 이유일 수 있다. 결과적으로, 유럽인이 아메리카의 열대지역에 정착하는 데 큰 걸림돌이 되었으며 파나마운하를 건설하는 데도 가장 큰 장애물이 되었던 감염병, 예컨대 말라리아와 황열병까지도 아메리카 풍토병이 아니라 유럽인이 구세계 열대지역에서 남북아메리카로 가져온 감염병이었다.

유럽인의 남북아메리카 정복을 가능케 해준 근접 요인으로 병원균에 버금가는 것은 과학기술적 측면에서 드러난 차이였다. 그러한 차이는 조밀한 인구에 경제가 전문화되고 정치적으로 중앙집권화된 사회, 또 식량 생산에 의존하며 서로 경쟁하면서도 교류하는 사회의 역사가 유라시아에서 훨씬 더 길었다는 사실에서 비롯되었다. 과학기술에 대해서는 다섯 분야에서 두드러진 차이를 찾아낼 수 있다.

첫째, 금속(처음에는 구리, 다음에는 청동, 마지막으로 철)은 1492년 당시 유라시아의 모든 복잡한 사회에서 도구로 사용되었다. 한편 안데스 지역을 비롯해 남북아메리카 여러 지역에서는 구리와 은, 황금과 합금을 장식용으로 사용했다. 또한 모든 아메리카 원주민 사회에서는 돌과 목재와 뼈가 여전히 도구의 주된 재료였다. 다만 구리로 만든 도구를 매우 제한된 지역에서 사용하기는 했다.

둘째, 군사 과학기술이 아메리카에 비해 유라시아에서 훨씬 더 강력했다. 유럽의 무기는 강철로 만든 칼과 창과 단검이었고, 여기에 소형 화기와 대포가 더해졌다. 몸을 감싸는 갑옷과 투구는 단단한 철판이나 쇠사슬을 엮어 만들었다. 반면 아메리카 원주민은 강철 대신 돌이나 나무로 만든 몽둥이와 도끼(안데스 지역에서는 간혹 구리로도 만들었다), 투석기, 활과 화살이 무기였고, 누비 갑옷을 입었다. 따라서 몸을 보호하는 효과가 크게 떨어졌고, 무기의 위력도 비교할 바가 아니었다. 게다가 아메리카 원주민 군대에는 말에 견줄 만한 동물이 없었다. 그래서 아메리카 원주민 사회가 말을 채택할 때까지 유럽인은 말을 이용한 공격과 빠른 이동으로 큰 이점을 누렸다.

셋째, 유라시아 사회는 기계를 움직이는 동력원에서도 크나큰 이점이 있었다. 인간의 근력에 보탬을 주며 가장 먼저 이루어진 발전은 소·말·당나귀 같은 동물을 사용해 쟁기를 끄는 것이었다. 나중에는 곡물을 갈고, 물을 끌어올리고, 밭에 물을 대고 빼는 데도 그런 동물의 힘을 이용했다. 수차는 로마 시대에 처음 등장했는데, 중세 시대에 조수와 바람의 힘을 이용해 바퀴를 돌리는 장치와 더불어 급격히 증가했다. 톱니바퀴 장치에 연결된 수력 기관이나 풍력 기관은 곡물을 갈고 물을 옮기는 데뿐만 아니라, 무엇인가를 만들어내기 위한 목적으로도 쓰였다. 예컨대 사탕수수를 압착하고, 용광로의 풀무에 동력을 공급하고, 광석을 연마하고, 종이를 제작하고, 돌을 매끄럽게 다듬고, 기름을 짜고, 소금을 생산하고, 천을 직조하고, 목재를 켜는 데 쓰였다. 흔히 18세기 잉글랜드에서 증기력을 이용함으로써 산업혁명이 시작된 것으로 편의상 정의하곤 하는데, 사실 산업혁명은 수력과 풍력을 이용한 중세 시대에 유럽의 많은 지역에서 이미 시작되었다. 1492년 당시 유라시아에서 축력·수력·풍력을 이용해 하던 모든 작업을 남북아메리카에서는 인간의 근력으로만 해냈다.

넷째, 유라시아에서는 바퀴가 동력의 전환에 쓰이기 훨씬 전부터 동물이 끄는 탈것뿐 아니라 인간이 끄는 손수레까지 대부분의 육상 운송 수단에서 빼놓을 수 없는 부속품이었다. 이렇게 바퀴를 이용함으로써 한두 사람이 순전히 인간의 근력만을 사용하는 경우보다 훨씬 더 무거운 것을 운반할 수 있었다. 바퀴는 유라시아에서 토기를 만들고 시계를 제작하는 데도 응용되었다. 하지만 남북아메리카에서는 바퀴를 이런 용도로 사용하지 못했다. 다만 멕시코에서 도자기 장난감의 형태로 바퀴의 존재를 확인할 수 있을 뿐이다.

과학기술의 차이에서 마지막으로 언급해야 할 분야는 해상 운송이다. 유라시아에서는 많은 사회가 대형 범선을 개발했고, 그중에는 맞바람을 안고 항해하며 바다를 건너는 범선도 있었다. 또 육분의, 자기 나침반, 선미재船尾材, 대포를 갖춘 배도 있었다. 배기량과 속도, 기동성과 내항성에서 유라시아의 범선은 신세계에서 가장 발전한 사회, 즉 안데스 지역과 메소아메리카의 사회가 교역하는 데 사용하던 뗏목을 월등히 앞섰다. 그 뗏목들은 태평양 연안을 따라 순풍을 타고 항해했다. 따라서 피사로의 범선은 페루로 향한 첫 번째 항해에서 그런 뗏목을 쉽게 추적해 나포할 수 있었다.

병원균과 과학기술 외에 유라시아와 아메리카 원주민 사회는 정치조직에서도 서로 달랐다. 중세 말이나 르네상스 시대에 대부분의 유라시아 사회는 조직화된 국가의 통치하에 있었다. 특히 합스부르크제국, 오스만제국, 중국 내 통일 국가, 인도의 무굴제국, 13세기에 전성기를 맞은 몽골제국은 주변 국가들을 정복함으로써 여러 언어가 뒤섞인 복합 국가로 성장했다. 이런 이유에서 그런 국가를 일반적으로 제국empire이라고 부른다. 유라시아의 많은 국가와 제국에는 국교가 있어, 나라를 통합하고, 정치 지도자를 합법화하고, 타민족을 응징하는 전쟁을 합리화하는 수단으로 쓰였다. 한편 유라시아에서 부족사회와 무리사회는 북극권의 순록 목축민, 시베리아의 수렵·채집민, 인도아대륙과 열대 동남아시아의 수렵·채집민에게서나 찾을 수 있었다.

남북아메리카에는 아즈텍과 잉카 두 제국이 있었다. 두 제국은 면적, 인구, 여러 언어 사용, 공식적인 국교를 갖추고, 작은 국가들을 정복해 형성되었다는 점에서 유라시아의 제국과 비슷했다. 남북아메리카에서 공공사업이나 전쟁을 치르는 데 필요한 자원을 유라시아 국가의 규모만큼 동원할 수 있는 정치 단위는 두 제국이 전부였다. 반면 유라시아에서는 7개국(스페인, 포르투갈, 잉글랜드, 프랑스, 네덜란드, 스웨덴, 덴마크)이 1492~1666년 아메리카 대륙에 식민지를 건설할 정도의 자원을 보유하고 있었다. 남북아메리카에는 남아메리카 열대지역, 아즈텍 치하의 메소아메리카, 미국 남동부에 많은 군장사회가 있었고, 그중 일부는 실질적으로 작은 국가나 다름없었다. 그러나 나머지 지역은 조직화 면에서 부족사회나 무리사회의 수준을 넘어서지 못했다.

끝으로 생각해봐야 할 근접 요인은 문자이다. 대부분의 유라시아 국가에는 글을 읽고 쓰는 관료가 있었으며, 그런 관리를 제외하고도 상당한 비율의 일반 대중이 글을 알았다. 문자는 정치적 행정과 경제적 교환을 쉽게 해주고, 탐험과 정복을 자극하고 유도하며, 정보와 인간 경험을 멀리 떨어진 지역과 시대까지 확대하는 역할로도 유라시아 사회에 기운을 북돋워주었다. 반면 남북아메리카에서 문자는 메소아메리카의 한 좁은 지역에서, 그것도 지배계급 사이에서만 쓰였다. 잉카제국은 '키푸quipu'라고 일컫는 매듭에 바탕을 둔 기억 및 회계 장치를 고안했다. 하지만 결승문자結繩文字라고 번역되는 키푸는 자세한 정보를 전달하는 도구로서 문자 수준에는 이르지 못했다.

이처럼 콜럼버스 시대에 유라시아 사회는 식량 생산, 병원균, 과학기술(무기 포함), 정치조직, 문자에서 아메리카 원주민 사회보다 큰 이점을 누렸다. 이런 이점이 콜럼버스 이후의 충돌에서 결과를 좌우하는 주된 요인으로 작용했다. 그러나 1492년 당시, 이런 차이는 남북아메리카에서 적어도 1만 3,000년 동안 이어졌고, 유라시아에서는 더 오랜 시간 지속된 역사적 궤적의 한 장면에 불과했다. 특히 아메리카 원주민에게 1492년은 독자적인 삶의 종식을 뜻하는 순간이기도 했다. 이제부터 두 궤적의 초기 단계를 추적해보자.

표 18.1은 두 반구의 주된 '본향'(유라시아에서는 비옥한 초승달 지역과 중국, 남북아메리카에서는 안데스 지역과 아마존강 유역 및 메소아메리카)에서 중대한 문물이 나타난 대략적인 연대를 요약한 것이다. 또한 신세계에서 작

은 본향이라고 할 만한 미국 동부와, 본향은 아니지만 새로운 문물이 비옥한 초승달 지역으로부터 얼마나 빨리 확산했는지를 명확히 보여주는 예로 자주 거론되는 잉글랜드에서 그런 문물이 나타난 역사적 연대를 덧붙였다.

표 18.1은 극도로 복잡한 역사를 몇 개의 그럴듯해 보이는 연대로 요약하고 있어, 역사를 웬만큼 아는 학자라면 경악하지 않을 수 없을 것이다. 하지만 이 표에서 채택한 모든 연대는 역사라는 연속체에서 임의적인 점들에 꼬리표를 붙이려는 시도에 불과하다. 예컨대 일부 고고학자가 최초의 금속 도구를 발견한 연대보다, 상당한 비율의 도구를 금속으로 만든 때가 더 중요하다. 그러나 금속연장이 얼마나 흔해져야 '폭넓게 확산했다'라고 평가할 수 있을까? 동일한 문물이 나타나는 시기는 동일한 본향에서도 지역에 따라 다르다. 예컨대 안데스 지역 내에서도 토기는 페루(기원전 1800년)보다 에콰도르 해안(기원전 3100년)에서 1,300년이나 빨리 나타난다. 군장사회가 시작된 연대 등 몇몇 경우는 고고학적 기록으로 추론하는 게 토기와 금속연장 같은 인공물의 경우보다 어렵다. 표 18.1에 나오는 몇몇 연대, 특히 아메리카 대륙에서의 식량 생산 시작 연대는 여전히 무척 불확실하다. 하지만 이 표가 단순화한 것임을 염두에 둔다면 두 대륙의 역사적 궤적을 비교하는 데 유용할 것이다.

이 표에 따르면, 식량 생산은 남북아메리카보다 유라시아에서 약 5,000년 일찍 인간에게 먹거리의 상당 부분을 제공하기 시작했다. 하지만 한 가지 단서를 언급해야 한다. 유라시아의 식량 생산 시기에 대해서는 의심의 여지가 없지만, 남북아메리카에서 농경을 시작한 시기에 대해서는 아직 논란이 많다는 것이다. 특히 고고학자들은 멕시코

표 18.1 유라시아와 남북아메리카의 역사적 궤적

대략적인 채택 연대	유라시아		
	비옥한 초승달 지역	중국	잉글랜드
식물의 작물화	기원전 8500년	기원전 7500년 이전	기원전 3500년
동물의 가축화	기원전 8000년	기원전 7500년 이전	기원전 3500년
토기	기원전 7000년	기원전 7500년 이전	기원전 3500년
마을	기원전 9000년	기원전 7500년 이전	기원전 3000년
군장사회	기원전 5500년	기원전 4000년	기원전 2500년
금속연장 또는 인공물 (구리, 청동)의 광범위한 확산	기원전 4000년	기원전 2000년	기원전 2000년
국가	기원전 3700년	기원전 2000년	기원후 500년
문자	기원전 3200년	기원전 1300년 이전	기원후 43년
철제연장의 광범위한 확산	기원전 900년	기원전 500년	기원전 650년

의 콕스카틀란 동굴, 페루의 기타레로 동굴을 비롯한 몇몇 유적지에서 나온 작물화한 식물의 흔적을 언급하며, 이를 표 18.1에서 제시한 연대보다 훨씬 빨리 작물화가 이루어진 증거라고 주장한다. 이런 주장은 현재 여러 가지 이유에서 재평가받고 있다. 최근 작물 잔해를 대상으로 직접 방사성탄소 연대를 측정해보니 종전보다 나중의 것으로 판명된 사례가 적지 않았다. 종전보다 더 오래된 연대는 식물 잔해와 동시대의 것으로 추정되는 숯의 연대를 측정한 것인데, 실제로는 동시대의 것이 아닌 경우도 얼마든지 가능하다. 또한 그 식물 잔해가 작

남북아메리카			
안데스 지역	아마존강 유역	메소아메리카	미국 동부
기원전 3000년 이전	기원전 3000년	기원전 3000년 이전	기원전 2500년
기원전 3500년	?	기원전 500년	–
기원전 3100~ 기원전 1800년	기원전 6000년	기원전 1500년	기원전 2500년
기원전 3100~ 기원전 1800년	기원전 6000년	기원전 1500년	기원전 500년
기원전 1500년 이전	기원후 1년	기원전 1500년	기원전 200년
기원후 1000년	–	–	–
기원후 1년	–	기원전 300년	–
–	–	기원전 600년	–
–	–	–	–

이 표는 세 곳의 유라시아 지역과 네 곳의 남북아메리카 지역에서 중대한 변화가 폭넓게 확산한 대략적인 연대를 표기한 것이다. 동물의 가축화와 관련한 연대에서 개는 고려하지 않았다. 개는 유라시아와 남북아메리카 모두에서 식량 생산에 이용한 동물보다 더 일찍 가축화했기 때문이다. 군장사회에 대한 연대는 매장과 건축물 및 정착 형태 같은 고고학적 증거를 근거로 추론한 것이다. 이 표는 복잡한 역사적 사실을 크게 단순화한 것이므로, 중요한 단서에 대해서는 본문을 참조하기 바란다.

물이었는지, 아니면 채집한 야생식물에 불과한 것이었는지도 불확실하다. 하지만 식물의 작물화가 남북아메리카에서 표 18.1의 시기보다 빨리 시작되었더라도, 농업으로 인간에게 필요한 칼로리와 정착 생활의 기반을 제공한 시기는 남북아메리카가 유라시아보다 훨씬 늦었던 게 분명하다.

5장과 10장에서 살펴보았듯 각 반구에서 식량 생산이 처음 시작되어 '본향' 역할을 한 곳은 상대적으로 좁은 몇몇 지역에 불과하며, 그곳에서부터 식량 생산이 퍼져나갔다. 그 본향이 유라시아에서는 비옥한 초승달 지역과 중국, 남북아메리카에서는 안데스 지역과 아마존강 유역, 메소아메리카와 미국 동부였다. 핵심적인 문물의 확산 속도는 유럽의 경우 상당히 정확하게 파악된 상태이다. 물론 유럽에서 활동하는 고고학자가 많기 때문이다. 표 18.1의 잉글랜드 사례에서 보듯이 식량 생산과 마을 생활이 비옥한 초승달 지역으로부터 도달하는 데는 오랜 시간(5,000년)이 걸렸지만, 그 이후 잉글랜드가 군장사회와 국가, 문자, 특히 금속연장을 채택하는 데 걸린 시차는 점점 짧아졌다. 처음에 구리와 청동으로 만든 금속연장이 전달되는 데는 2,000년, 나중에 철제연장이 폭넓게 확산하는 데는 250년밖에 걸리지 않았다. 물론 떠돌아다니는 수렵·채집민이 정착해 살아가는 농경민으로부터 식량 생산을 '차용'하는 것보다(혹은 아예 농경사회에 의해 대체되는 것보다), 이미 정착 생활을 시작한 농경민으로 이루어진 사회가 다른 농경사회로부터 야금술을 '차용'하는 게 훨씬 더 쉬웠을 것이다.

모든 핵심적인 문물의 궤적이 유라시아보다 남북아메리카에서 항상 뒤처졌던 이유는 무엇일까? 네 가지 유형의 이유를 제시할 수 있다. (1) 뒤늦은 시작, (2) 가축화하고 작물화하기에 적합한 야생동물과 야생식물의 부족, (3) 확산을 가로막은 장벽, (4) 인구 밀집 지역이 상대적으로 좁았거나 외졌을 가능성이다.

유라시아에서 모든 게 먼저 시작된 이유는 자명하다. 인간은 유라시아에 약 100만 년 전부터 살았다. 달리 말하면, 인간이 남북아메리카에 살았던 기간보다 훨씬 길다. 1장에서 살펴본 고고학적 증거에 따르면, 인간은 기원전 12000년경에야 알래스카를 거쳐 아메리카에 들어갔고, 기원전 11000년보다 수 세기 전에 클로비스 문화의 수렵인이 캐나다의 빙상氷床을 넘어 남쪽으로 퍼져나갔다. 그리고 기원전 10000년쯤에는 남아메리카 남단에 도달했다. 그 이전부터 남북아메리카에 사람이 거주했다는 주장도 있는데, 논쟁적인 이런 주장이 설령 맞더라도 클로비스 문화 이전 사람들은 무슨 이유에선지 분포 지역이 매우 드물었다. 또한 홍적세에 수렵·채집민 사회로 크게 확산되지도 않았다. 그러나 그 시기에 구세계에서는 인구가 증가하고, 과학기술과 예술이 발전했다. 클로비스 문화에 뿌리를 둔 수렵·채집민이 남아메리카 남단에 도달하고 겨우 1,500년이 지났을 때 비옥한 초승달 지역에서는 식량 생산을 이미 시작하고 있었다.

이처럼 유라시아가 일찍 출발한 데서 비롯된 결과는 남북아메리카의 상황에도 적용해볼 만하다. 첫째, 기원전 11000년 이후 아메리카 대륙이 사람들로 채워지는 데 정말 그렇게 오랜 시간이 걸렸을까? 사실에 가까운 수치를 생각해내더라도, 그 수치만으로 남북아메리카가 식량을 생산하는 마을을 형성하는 데 5,000년이나 뒤처진 이유를 설명하기에는 턱없이 부족하다. 1장의 계산에서 보았듯이, 100명의 선구적인 아메리카 원주민이 캐나다 국경을 넘어 미국으로 내려와서 연간 1퍼센트의 비율로 인구가 증가했더라도 남북아메리카를 수렵·채집민으로 채우는 데는 1,000년이 걸리지 않았을 것이다. 또 그 개척자들이 매달 1.5킬로미터씩만 남쪽으로 내려갔더라도 캐나다 국경을 넘고 700년 후에는 남아메리카 남단에 도착했을 것이다. 이렇게 가정한 인구 증가와 이동 속도는, 과거 사람이 살지 않거나 드문드문 살던 땅에 인간이 정착하는 데 걸린 실제 속도에 비하면 무척 낮게 잡은 것이다. 따라서 남북아메리카는 첫 정착민이 도착하고 수 세기 안에 수렵·채집민으로 완전히 채워졌을 것으로 추정된다.

둘째, 최초의 아메리카 원주민이 새롭게 맞닥뜨린 식물종과 동물종 및 암석을 파악하는 데 많은 시간이 필요했기 때문에 5,000년이나 뒤처졌을까? 과거에 경험한 적 없던 환경인 뉴기니와 폴리네시아에 들어간 수렵·채집민과 농경민—예컨대 뉴질랜드에 정착한 마오리족이나 뉴기니의 카리무이분지에 정착한 투다웨족Tudawhe처럼—의 경우로 유추한다면, 그들이 최적의 암석을 찾아내고 유용한 동식물과 해로운 동식물을 구분하는 방법을 배우는 데는 100년의 시간도 채 걸리지 않았을 것으로 추정된다.

셋째, 지역적으로 적합한 과학기술을 개발하는 데도 유라시아가 앞섰을까? 비옥한 초승달 지역과 중국의 초기 농경민은 행동 면에서 현생인류이던 호모사피엔스가 그 지역에서 자원을 이용하기 위해 수만 년 전부터 개발해온 과학기술을 물려받은 계승자였다. 예컨대 돌낫, 지하 저장고 등은 비옥한 초승달 지역의 수렵·채집민이 야생 곡물을 먹거리로 삼기 위해 꾸준히 발전시킨 과학기술적 도구였다. 따라서 비옥한 초승달 지역에서 곡물을 재배한 초기 농경민도 이런 도구를 이용할 수 있었다. 반면 남북아메리카의 초기 정착민이 가져간 도구와 장비는 시베리아 북극권의 툰드라에 적합한 것이었다. 그들은 새로운 서식지에 적합한 장비를 맨손으로 발명해내야 했다. 따라서 과학기술의 격차는 아메리카 원주민 사회의 발전이 늦어진 주된 요인이었을 수 있다.

그러나 남북아메리카의 발전을 가로막은 가장 명백한 요인은 가축화할 만한 야생동물과 작물화할 만한 야생식물 문제에 있었다. 6장에 살펴보았듯 수렵·채집민이 식량 생산을 채택한 이유는 먼 후손이 향유할 잠재적 이익을 기대해서가 아니라, 식량을 인위적으로 생산함으로써 수렵·채집보다 더 나은 삶을 기대했기 때문이다. 그러나 비옥한 초승달 지역 및 중국과 달리 남북아메리카에서는 초기에 식량 생산이 수렵·채집보다 경쟁력이 떨어졌다. 남북아메리카에 가축화할 만한 야생 포유동물이 실질적으로 존재하지 않은 게 큰 원인이었다. 따라서 아메리카의 초기 농경민은 야생동물에서 동물성 단백질을 얻어야 했기 때문에 수렵·채집의 삶을 완전히 포기하지 못했다. 반면 비옥한 초승달 지역과 중국에서는 식물의 작물화가 일어난 후에 곧이어 동물의 가축화가 뒤따랐다. 따라서 수렵·채집을 신속히 대체하는 식량 생산 '패키지'를 완성할 수 있었다. 게다가 가축이 두엄을 제공하고, 결국에는 쟁기를 끄는 역할까지 해냈기 때문에 유라시아 농업은 한층 더 경쟁력을 갖추었다.

남북아메리카에 분포한 야생식물의 특징 때문에도 그곳 원주민의 식량 생산은 경쟁력을 갖출 수 없었다. 이런 결론은 미국 동부에서 가장 명확하게 드러난다. 미국 동부에서는 작물화한 식물이 6종에 미치지 못했다. 더구나 씨 작은 곡물이 다수였고, 씨 큰 곡물과 콩류, 섬유작물은 전혀 없었다. 과일나무와 견과류 나무도 없었다. 이는 메소아메리카의 주곡이자 남북아메리카의 다른 지역에서도 지배적인 작물이 된 옥수수도 마찬가지였다. 비옥한 초승달 지역에서는 야생 밀과 야생 보리가 크게 변하지 않고도 수 세기 만에 작물로 진화한 반면, 멕시코와 중앙아메리카에 서식하는 볏과 식물 야생 테오신티는 옥수수로 진화하는 데 수천 년이 걸렸을 것으로 추정된다. 씨알을 만들어내고, 그 씨알을 감싸고 있는 단단한 껍질을 없애는 과정, 그리고 속대의 크기를 늘리기 위한 에너지의 양뿐만 아니라 번식 생태 자체에도 극적인 변화가 필요했기 때문이다.

따라서 아메리카에서 식물의 작물화가 실제로는 더 늦었을 거라는 최근의 견해를 받아들이더라도, 메소아메리카와 안데스 내륙 및 미국 동부에서 작물화가 시작된 시기(기원전 3000~기원전 2500년)와 완전히 정착한 마을이 폭넓게 확산한 시기(기원전 1800~기원전 500년) 사이에는 1,500~2,000년의 간격이 있었을 것이다. 오랫동안 아메리카 원주민에게 농경은 수렵·채집으로 얻은 식량을 보충하는 작은 수단에 불과했고, 적은 인구에게만 유용한 것이었다. 남북아메리카에서 식물의 작물화가 더 일찍 시작되었다는 전통적인 연대를 인정하면, 식량 생산을 시작하고 정착형 마을을 형성하기까지 1,500~2,000년이 아니라 5,000년이 걸렸을 것이다. 반면 유라시아의 경우에는 대부분의 지역에서 시간적으로 마을 형성이 식량 생산의 시작과 밀접한 관계가 있다(두 반구의 일부 지역, 예컨대 구세계의 일본과 비옥한 초승달 지역, 신세계의 에콰도르 해안과 아마존강 유역에서는 농업을 채택하기 전에도 마을을 형성할 수 있을 만큼 수렵·채집의 생산성이 높았다). 신세계에 지역적으로 구할 수 있는 작물과 가축 후보종에 한계가 있었다는 것은, 남북아메리카 내에서든 유라시아로부터든 외부에서 작물과 가축이 전해진 뒤에야 원주민 사회가 변하기 시작한 현상으로 입증할 수 있다. 옥수수가 미국 동부와 아마존 지역에 전해지며 미친 영향, 또 라마가 안데스 지역 남쪽에서 가축화한 뒤 북부에 전해지고, 남북아메리카의 많은 지역에 말이 등장한 게 대표적인 사례이다.

유라시아가 더 빨리 출발했고 야생동물종과 야생식물종의 분포에서도 유리한 위치에 있었지만, 지리적·생태적 요인 때문에 남북아메리카보다 유라시아에서 가축과 작물, 아이디어와 과학기술 및 사람이 더 쉽게 퍼져나갈 수 있었던 것도 그곳의 발전을 앞당겼다. 남북아메리카의 중심축은 남북 방향이지만 유라시아의 중심축은 동서 방향이다. 따라서 무엇인가가 확산할 때 위도의 변화를 겪지 않아, 그와 관련한 환경적 변수도 고려할 필요가 없다. 유라시아의 동서 폭은 대체로 비슷하지만, 신세계는 그 폭이 중앙아메리카 전체에서, 특히 파나마에서 크게 줄어든다. 게다가 남북아메리카에는 식량 생산이나 과밀한 인구에 부적합한 지역이 곳곳에 산재해 있었다. 이런 생태적 장벽으로는 메소아메리카를 안데스 지역과 아마존강 유역으로부터 갈라놓은 파나마지협의 우림, 메소아메리카를 미국 남서부와 남동부로부터 갈라놓은 멕시코 북부의 사막, 미국 남서부와 남동부 사이의 텍사스 건조 지대, 식량 생산에 더할 나위 없이 적합했던 미국 태평양 해안 지역을 가로막은 사막과 높은 산맥이 있었다. 그 결과 신세계 중심지이던 메소아메리카와 미국 동부, 안데스 지역과 아마존강 유역 사이에 가축과 문자 및 정치조직이 교환되지 못했고, 작물과 과학기술의 확산도 느리거나 제한되었다.

이런 생태적 장벽이 남북아메리카에 미친 구체적 영향과 그 결과에 대해서도 언급해둘 만한 것이 적지 않다. 식량 생산은 미국 남서부와 미시시피강 유역으로부터 현재 미국의 곡창지대인 캘리포니아와 오리건으로 확산한 적이 없었다. 두 곳의 아메리카 원주민 사회는 야생에 가축화하고 작물화하기에 적합한 동물과 식물이 없었기 때문에 수렵·채집민으로 계속 지내야 했다. 안데스 산악 지역의 라마와 기니피그·감자는 멕시코 고원지대에 전해지지 않아, 메소아메리카와 북아메리카에서 가축화한 포유동물은 개밖에 없었다. 한편 미국 동부에서 작물화한 해바라기는 메소아메리카에 전해지지 못했고, 메소아메리카에서 가축화한 칠면조는 남아메리카와 미국 동부까지 확산하지 못했다. 메소아메리카의 옥수수와 강낭콩이 멕시코 농지에서 미국 동부의 농지까지 1,100킬로미터를 이동하는 데 각각 3,000년과 4,000년이 걸렸다. 미국 동부에 옥수수가 들어오고도 북아메리카 기후에서 더 생산적인 변종을 개발해 미시시피 문화의 탄생에 기여하는 데는 7세기의 시간이 더 필요했다. 옥수수와 강낭콩과 호박이 메소아메리카로부터 미국 남서부까지 확산하는 데는 수천 년이 걸렸을 수 있다. 비옥한 초승달 지역에서 개발된 작물은 동서로 상당히 신속하게 확산해 다른 곳에서 동일한 종이나 밀접한 관련 종을 독자적으로 작물화하는 걸 선제적으로 차단할 수 있었지만, 남북아메리카의 경우에는 지리적·생태적 장벽 때문에 여러 곳에서 유사한 작물화를 시도할 수밖에 없었다.

환경적 장벽이 작물과 가축의 확산에 미친 영향은 다른 요인이 인간 사회에 미친 영향만큼이나 두드러진다. 궁극적으로 지중해 동부에 기원을 둔 알파벳은 잉글랜드부터 인도네시아까지 유라시아의 모든 복잡 사회에 전해졌다. 중국 문자 체계에서 파생한 문자가 위세를 떨치던 동아시아 지역만이 예외였다. 반면 신세계의 유일한 문자 체계, 즉 메소아메리카에서 사용하던 문자 체계는 안데스 지역과 미국 동부의 복잡 사회에 전혀 전달되지 않았다. 하지만 어떻게든 전해졌더라면 그 사회들이 십중팔구 채택했을 것이다. 메소아메리카에서 장난감 부품으로 발명한 바퀴는 안데스 지역에 전해지지 않았기 때문에 그곳의 가축화한 라마와 만나지 못해 신세계의 운송 도구로 발전하지 못했다. 구세계는 동쪽부터 서쪽까지의 거리가 마케도니아왕국과 로마제국이 4,800킬로미터였고, 몽골제국은 9,600킬로미터였다. 그러나 메소아메리카의 제국과 국가들은 북쪽으로 1,100킬로미터쯤 떨어진 미국 동부의 군장사회, 또 남쪽으로 1,900킬로미터쯤 떨어진 안데스 지역의 제국 및 국가들과 아무런 정치적 관계도 맺지 않았다. 어쩌면 서로 그런 사회가 존재한다는 소문조차 듣지 못했을 수 있다.

유라시아에 비해 남북아메리카의 지리적 편차가 크다는 건 언어 분포에서도 드러난다. 언어학자들은 유라시아에서 쓰이는 거의 모든 언어를 대략 12개의 어족으로 분류하는 데 동의한다. 각각의 어족은 수백 개의 동족어로 이루어져 있다. 예컨대 인도유럽어족은 영어뿐 아니라 프랑스어와 러시아어, 그리스어와 힌디어를 포함해 약 144종의 언어를 포함한다. 또 상당수 어족이 널찍하게 연결된 지역에서 사용된다. 인도유럽어족의 경우에는 유럽 대부분을 차지하고, 동쪽으로 서아시아를 지나 인도까지 이어진다. 언어학적·역사학적·고고학적 증거는 각 어족이 널찍하게 연결된 지역에 분포하는 이유를 분명하게 보여준다. 요컨대 조어가 역사적으로 확장된 뒤 지역적으로 차별화되며 하나의 동족어를 형성했기 때문이다(표 18.2 참조). 대부분의 이런 확장은 조어를 말하던 사람들이 식량을 생산하는 사회에 속해 수렵·채집민보다 여러 면에서 유리했기 때문에 가능했던 것으로 여겨진다. 16장과 17장에서 우리는 중국티베트어족과 오스트로네시아어족 등 여러 동아시아 어족이 역사적으로 확장된 과정을 살펴보았다. 기원후 1000년 이후에 일어난 주요한 확장으로는 인도유럽어가 유럽에서

표 18.2 구세계의 언어 확장

추론 연대	어족 혹은 언어	확장 방향	궁극적 원동력
기원전 6000년 혹은 기원전 4000년	인도유럽어족	우크라이나 혹은 아나톨리아 → 유럽, 중앙아시아, 인도	식량 생산 혹은 말 기반 목축
기원전 6000~ 기원전 2000년	엘람드라비다어족	이란 → 인도	식량 생산
기원전 4000년~ 현재	중국티베트어족	티베트 고원, 북중국 → 남중국, 열대 동남아시아	식량 생산
기원전 3000~ 기원전 1000년	오스트로네시아어족	남중국 → 인도네시아, 태평양 섬들	식량 생산
기원전 3000~ 기원후 1000년	반투어족	나이지리아와 카메룬 → 남아프리카	식량 생산
기원전 3000~ 기원후 1년	오스트로아시아어족	남중국 → 열대 동남아시아, 인도	식량 생산
기원전 1000~ 기원후 1500년	타이카다이어족, 먀오야오어족	남중국 → 열대 동남아시아	식량 생산
기원후 892년	헝가리어	우랄산맥 → 헝가리	말 기반 목축
기원후 1000~ 기원후 1300년	알타이어족 (몽골어, 튀르키예어)	아시아 초원지대 → 유럽, 튀르키예, 중국, 인도	말 기반 목축
기원후 1480~ 기원후 1638년	러시아어	유럽 쪽 러시아 → 아시아 쪽 시베리아	식량 생산

남북아메리카와 오스트레일리아로 전해진 사례, 러시아어가 동유럽에서 시베리아 전역으로 전해진 사례, 튀르키예어(알타이어족의 하나)가 중앙아시아에서 서쪽으로 튀르키예까지 전해진 사례가 있다.

북아메리카 북극권의 에스키모알류트어족Eskimo-Aleut languages, 알래스카와 캐나다 북서부와 미국 남서부에서 사용하는 나데네어족Na-Dene languages을 제외할 때, 남북아메리카에는 언어학자들에게 대체로 인정받는 대대적인 언어 확장 사례가 없었다. 아메리카 원주민 언어를 전공하는 대부분의 언어학자는 에스키모알류트어족과 나데네어족을 제외하고 명확히 구분되는 대형 언어군을 제시하지 못한다. 충분한 증거를 바탕으로, 그 밖의 아메리카 원주민 언어(600~2,000종까지 다양한 의견)를 100개 남짓한 언어군이나 고립어로 분류하는 정도이다. 논란의 여지가 있지만 에스키모알류트어족과 나데네어족을 제외한 모든 원주민 언어를 하나의 어족, 즉 아메린드어족Amerind languages으로 분류하고, 그것을 다시 12개 정도의 하위 어족으로 나누었던 언어학자 조지프 그린버그Joseph Greenberg의 소수 의견이 있기는 하다.

그린버그가 말하는 하위 어족 중 일부와 다소 전통적인 언어학자들까지 인정하는 몇몇 언어군은 어느 정도 식량 생산에서 기인한 신세계 인구 확장의 유산일 수 있다. 이러한 유산에는 메소아메리카와 미국 서부의 유토아즈텍어족Uto-Aztecan languages, 메소아메리카의 오토망게어족Oto-Manguean languages, 미국 남동부의 나체즈무스코기어족Natchez-Muskogean languages, 서인도제도의 아라와크어족Arawak languages이 있다. 그러나 언어학자들이 아메리카 원주민 언어를 분류할 때 쉽게 합의하지 못하는 이러한 현상에서, 아메리카 원주민의 복잡 사회가 신세계 내에서 확장할 때 겪은 어려움을 짐작할 수 있다. 식량을 생산하던 아메리카 원주민 종족이 작물과 가축을 보유해 멀리까지 확장하며 넓은 지역에서 수렵·채집민을 신속하게 대체하는 데 성공했다면, 유라시아의 경우처럼 쉽게 구분되는 어족을 유산으로 남겼을 테고, 아메리카 원주민 언어들의 관계가 지금처럼 많은 논란을 일으키지는 않았을 것이다.

우리는 이렇게 남북아메리카 대륙을 침략한 유럽인에게 이점을 안겨준 세 가지 유형의 궁극 요인을 확인했다. 첫째는 유라시아에서 인간 정착이 훨씬 먼저 시작되었다는 것, 둘째는 유라시아에 작물화할 만한 야생식물뿐 아니라 가축화할 만한 야생동물까지 특히 많았기 때문에 식량 생산이 더 효과적이었다는 것, 셋째는 대륙 내 확산을 방해하는 지리적·생태적 장벽이 유라시아에서 더 낮았다는 것이다. 아직은 추정에 불과한 네 번째 궁극 요인은 몇 가지 문물을 남북아메리카에서 발명하지 못했다는 수수께끼 같은 현상으로 파악할 수 있다. 안데스의 복잡 사회는 시간적으로 메소아메리카의 복잡 사회와 엇비슷하게 형성되었다. 그런데 이상하게도 메소아메리카의 복잡 사회에는 문자와 바퀴가 있었는데, 안데스의 복잡 사회에서는 문자와 바퀴가 발명되지 않았다. 게다가 중국에서 그랬던 것처럼 메소아메리카에서도 바퀴를 인간이 끄는 손수레에 적용했다면 유용하게 쓰였겠지만, 장난감에만 사용하다가 결국에는 사라졌다. 이런 수수께끼는 태즈메이니아와 오스트레일리아, 일본, 폴리네시아의 섬들, 북아메리카 북극권 등 작고 고립된 사회에서 당연히 발명되어야 할 것이 발명되지 않고, 존재하던 것까지 사라져버린 현상을 떠올리게 한다. 물론 전체적으로 보면 남북아메리카는 결코 작은 땅이 아니다. 둘을 합한 면적은 유라시아의 76퍼센트에 달하고, 아마 1492년 당시의 인구도 유라시아에 크게 뒤지지 않았을 것이다. 그러나 지금까지 살펴보았듯 남북아메리카에서는 각각의 사회가 '섬'처럼 분산되어 그 사회들을 연결해줄 끈이 미약했다. 어쩌면 아메리카 원주민 세계가 보여주는 바퀴와 문자의 역사는 진짜 섬에 존재했던 사회에서 한층 극단적인 형태로 나타난 현상의 전형일 수 있다.

아메리카 사회와 유라시아 사회는 적어도 1만 3,000년 동안 따로따로 발달하다가, 결국 1,000년 전부터 충돌하기 시작했다. 그때까지 구세계와 신세계의 인간 사회가 접촉한 경우는 베링해협을 사이에 둔 수렵·채집민이 언제나 주인공이었다.

소수의 이누이트(에스키모)가 알래스카를 떠나 베링해협을 건너 반대편 시베리아 해안에 정착한 경우를 제외하면, 아메리카 원주민이 유라시아에 정착하려는 시도는 없었다. 한편 유라시아인이 아메리카에 정착하려던 시도로 기록된 최초의 사례는 스칸디나비아인이 북극권과 그 남쪽에 정착한 경우이다(그림 18.1 참조). 그들은 노르웨이를 떠나 기원후 874년 아이슬란드에 정착했고, 986년에는 아이슬란드를 떠나 그린란드로 옮겨갔으며, 최종적으로는 1000~1350년에 그린란드를 떠나 북아메리카 북동부 해안을 반복적으로 방문했다. 스칸디나비아인이 아메리카에 남긴 고고학적 유적지는 뉴펀들랜드섬에서 발견되는 게 유일하다. 그 섬은 스칸디나비아의 여러 전설에서 '빈란드Vinland'라고 부르는 지역일 가능성이 크지만, 그 전설들에 따르면 스칸디나비아인은 그보다 더 북쪽에 위치한 래브라도와 배핀섬 해안 지역에도 상륙했다.

아이슬란드의 기후에서는 목축과 극단적으로 제한적인 농업만이 가능했지만, 면적은 스칸디나비아계 사람들이 오늘날까지 그곳에 적잖이 살고 있을 만큼 충분히 넓었다. 그러나 그린란드는 대부분 지역이 만년빙으로 덮여 있고, 기후가 그나마 좋다는 두 곳의 피오르해안도 스칸디나비아식으로 식량을 생산하기에 적합하지 않았다. 그린란드에서 스칸디나비아인의 인구는 수천 명을 넘은 적이 없었다. 그들은 노르웨이로부터 수입한 식량과 철, 래브라도 해안에서 들여온

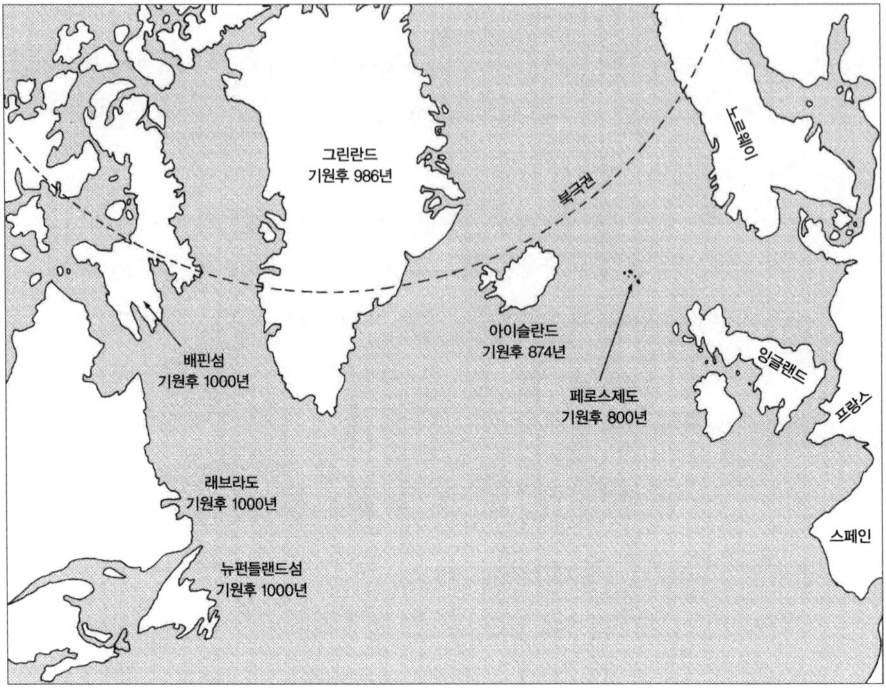

그림 18.1 스칸디나비아인들이 노르웨이부터 북대서양을 건너 퍼져나간 경로 및 각 지역에 도달한 연대(혹은 대략적인 연대).

목재에 계속 의존해야 했다. 이스터섬을 비롯해 폴리네시아의 외딴섬들과 달리 그린란드에 정착한 사회는 식량을 생산해 자급자족할 수 없었지만, 스칸디나비아인이 정착한 시기와 그 전후에 그곳에 살았던 이누이트는 수렵·채집으로 자급자족했다. 한편 아이슬란드와 노르웨이는 인구 자체가 무척 적은 데다 가난해서 그린란드의 스칸디나비아계 사람들까지 계속 지원할 수 없었다.

13세기에 소빙하기가 시작되자 북대서양 일대는 한층 더 추워졌다. 이에 그린란드에서는 식량 생산이 한계에 이르렀고, 스칸디나비아인이 노르웨이와 아이슬란드로부터 그린란드까지 항해하는 것도 이전보다 훨씬 더 힘들어졌다. 그린란드 정착민이 유럽인을 마지막으로 접촉한 것은 항로를 이탈한 아이슬란드 선박이 1410년 그곳에 도착했을 때였다. 1577년 마침내 유럽인이 다시 그린란드를 방문하기 시작했을 때, 스칸디나비아 정착촌은 15세기에 이미 아무런 기록도 남기지 않은 채 사라져 더는 존재하지 않았다.

그러나 986~1410년 당시의 스칸디나비아 선박 기술을 고려할 때 북아메리카 해안은 노르웨이에서부터 단번에 항해해서 도착할 수 있는 범위 밖에 있었다. 따라서 스칸디나비아인은 그린란드 정착촌을 출발점으로 삼았다. 그린란드에서는 폭이 320킬로미터에 불과한 데이비스해협을 건너면 바로 북아메리카였다. 하지만 한계가 분명한 그 작은 정착촌이 남북아메리카를 탐사하고 정복해서 그곳에 정착하기 위한 전진 기지로 계속 기능할 가능성은 전혀 없었다. 뉴펀들랜드섬에서 유일하게 발견된 스칸디나비아 유적지도 수십 명이 수년 동안 겨울을 지낸 거점에 불과했던 듯하다. 스칸디나비아 전설에는 스크렐링기라는 종족이 빈란드의 거점을 공격했다는 이야기가 있는데, 여기서 스크렐링기는 뉴펀들랜드섬의 원주민이거나 도싯 이누이트였을 게 분명하다.

중세 유럽에서 가장 멀리 떨어진 전초 기지였던 그린란드 정착촌의 운명은 지금까지도 고고학계의 낭만적인 미스터리이다. 그린란드에 남은 최후의 스칸디나비아인은 굶어 죽었을까, 배를 타고 섬을 떠났을까? 이누이트와 결혼했을까, 아니면 질병이나 이누이트의 화살에 쓰러졌을까? 근접 원인과 관련된 이런 의문에 대해서는 여전히 답을 구하기 어렵지만, 스칸디나비아인이 그린란드와 아메리카에 정착하는 데 실패한 궁극 원인은 아주 명확하다. 요컨대 출발점(노르웨이)과 목표점(그린란드와 뉴펀들랜드섬) 및 시기(984~1410) 문제로 인해, 식량 생산과 과학기술 그리고 정치조직이라는 유럽의 잠재적 이점을 제대로 활용하지 못했기 때문이다. 식량을 대량으로 생산하기에는 위도가 너무 높았고, 유럽에서도 상대적으로 가난한 국가로부터 지원을 받기 때문에 소수만이 철제 도구로 무장할 수 있었다. 따라서 북극권 생존 능력이 세계에서 가장 뛰어난 이누이트와 수렵·채집 원주민의 돌과 뼈 그리고 나무로 만든 연장에도 스칸디나비아인은 견뎌낼 수 없었을 것이다.

남북아메리카를 식민지로 개척하려던 유라시아의 두 번째 시도가 성공을 거둔 이유는 출발점과 목표점, 위도와 시기가 적절히 결합하면서 유럽의 잠재적 이점이 효과적으로 발휘된 덕분이었다. 노르웨이와 달리, 스페인은 부유하고 인구도 많아 탐험뿐만 아니라 정착촌까지 지원할 수 있었다. 스페인이 아메리카 대륙에 상륙한 지점은 위도상 아열대지역이어서 식량을 생산하기에 매우 적합했다. 처음에는 주로 아메리카 토종 작물에 집중했지만, 나중에는 유라시아산 가축, 특히 소와 말도 키웠다. 스페인이 대서양 너머로 식민지 개척에 나서기 시작한 것은 1492년, 즉 먼바다를 항해하는 선박 기술이 급속히 발달하던 세기가 끝날 때였다. 여기엔 구세계 사회들(이슬람, 인도, 중국, 인도네시아)이 인도양을 항해하며 갈고닦은 항해술, 돛과 선박 설계 등이 큰 역할을 했다. 따라서 스페인에서 건조하고 스페인 선원이 다루는 배는 서인도제도까지 얼마든지 항해할 수 있었다. 게다가 대서양에는 스칸디나비아인의 정착을 방해하던 그린란드 같은 장애물도 없었다. 스페인이 이렇게 신세계 개척에 나서자, 유럽의 다른 6개국도 곧바로 신세계로 향하기 시작했다.

1492년에 콜럼버스가 아메리카 대륙을 발견한 이후 유럽인이 처음으로 정착한 곳은 서인도제도였다. '발견' 당시 서인도제도의 원주민 인구는 100만 명이 넘었지만 질병, 강탈, 노예화, 전쟁, 우발적 살인 등으로 대부분의 섬에서 빠른 속도로 절멸했다. 유럽인이 아메리카 본토, 즉 파나마지협에 첫 정착지를 세운 것은 1508년경이었다. 그 후 본토의 두 제국, 즉 아즈텍제국과 잉카제국이 차례로 1519~1520년과 1532~1533년에 정복되었다. 이때 유럽인이 전파한 전염병, 특히 천연두가 두 제국의 황제뿐만 아니라 다수의 원주민을 죽음으로 몰아넣으며 결정적 역할을 했다. 또 스페인군은 수적으로 턱없이 열세였지만 압도적으로 우월한 기병騎兵의 군사적 능력을 앞세우고, 원주민 사회의 분열을 획책하는 노련한 정치력으로 두 제국의 정복을 마무리 지었다. 그 이후 16~17세기 동안 유럽은 남아메리카 북부와 중앙아메리카에 남아 있던 원주민 국가들을 차례로 정복했다.

북아메리카에서 가장 선진적인 원주민 사회는 남동부와 미시시피강 수계水系에 있었는데, 이들은 초기 유럽 탐험가들보다 앞서 들이닥친 병원균으로 인해 크게 무너졌다. 유럽인이 남북아메리카 전역으로 퍼져나갈 때, 그레이트플레인스의 만단족, 북극권의 새들러뮤트 이누이트를 비롯해 많은 원주민 사회도 질병 때문에 사라진 터라 군이 군사 행동까지 취할 필요가 없었다. 병원균만으로 쓰러지지 않을 만큼 인구가 많던 원주민 사회는 아즈텍제국과 잉카제국처럼 전면전을 통해 파멸을 맞았다. 유럽의 직업 군인들이 그들에게 협력적인 원주민 동맹의 지원을 받아 벌이는 전쟁이 점점 잦아졌다. 그 군인들은 처음에는 유럽 본국의 지원을 받았지만, 나중에는 유럽 각국이 신세계에 세운 식민 정부, 마지막으로는 식민 정부를 계승하며 유럽 본국으로부터 독립한 신新유럽 국가의 지원을 받았다.

상대적으로 작은 원주민 사회는 민간인들의 소규모 습격과 살상에 의해 다소 우발적으로 파멸되기도 했다. 예컨대 캘리포니아에서 수렵·채집으로 살아가던 원주민은 모두 합쳐 약 20만 명에 달했다. 하지만 100여 개의 소부족으로 나뉘어 뿔뿔이 흩어져 살았기 때문에 그들을 물리치는 데 굳이 전쟁까지 치를 필요가 없었다. 1848~1852년 골드러시로 수많은 이민자가 캘리포니아에 모여들 때 대부분의 소부족이 죽임을 당하거나 고향 땅에서 쫓겨났다. 일례로 캘리포니아 북부에 살던 야히족Yahi은 인구가 약 2,000명에 불과하고 화기도 없어, 무장한 백인 정착민들의 네 차례 습격에 파멸하고 말았다. 1865년 8월 6일 새벽, 17명의 정착민이 야히족 마을 한 곳을 습격한 게 처음이었다. 그리고 1866년에는 협곡에 머물던 야히족을 급습해 대대적으로 학살했고, 1867년에는 33명의 야히족을 동굴까지 추적해 죽였으며, 끝으로 1868년경에는 카우보이 4명이 약 30명의 야히족을 다른 동굴에 가둔 채 몰살시켰다. 19세기 말과 20세기 초 고무 채취가 유행처럼 번졌을 때, 아마존강 유역의 많은 원주민 무리도 민간인 정착자들에게 비슷한 방식으로 학살당했다. 정복의 마지막 단계는 1990년대에 들어서도 여전히 진행 중이다. 야노마모족Yanomamo을 비롯해 최근까지도 독자성을 유지해온 아마존강 유역의 원주민 사회가 질병에 쓰러지고, 광부들에게 죽임을 당하고, 선교사나 정부 기관에 예속되고 있다.

결국 유럽인은 식량 생산과 자신들의 생리에 적합한 온대지역에서 인구가 많은 원주민 사회를 모두 제거했다. 그리고 북아메리카에서 상당한 규모의 공동체를 유지하며 살아남은 사람들은 이제 보호구역이나 유럽식 식량 생산과 채굴에 적합하지 않다고 여겨지는 땅, 예컨대 북극권과 미국 서부의 건조 지역에서 살고 있다. 열대지역의 많은 아메리카 원주민 사회도 구세계 열대지역에서 이주한 사람들로 대체되었다. 예컨대 수리남에서는 아프리카계 흑인을 필두로 아시아계 인도인과 자바인이 원주민 사회를 대체했다.

중앙아메리카와 안데스 일부 지역의 아메리카 원주민은 원래 수적으로 많아서 전염병과 전쟁을 겪은 후에도 오늘날 다수가 여전히 원주민이거나 혼혈이다. 특히 안데스 고지대에서 그렇다. 그곳에서 유럽 쪽 유전자를 가진 여성은 생리적으로 출산에 어려움을 겪고, 지금도 안데스 토종 작물이 식량 생산에 가장 적합하다. 하지만 아메리카 원주민이 살아남은 곳에서도 본래의 문화와 언어는 구세계의 것으로 광범위하게 교체되었다. 북아메리카에는 원래 수백 종의 원주민 언어가 있었는데 그중 187종을 제외하고는 전혀 쓰이지 않는다. 지금까지 남은 187종 중에서도 149종은 노인만 사용하고 어린아이들이 더는 배우지 않으므로 죽은 언어나 다를 바 없다. 오늘날 신세계에는 약 40개국이 있는데, 모두가 인도유럽어나 크리올어creole language를 공용어로 사용한다. 원주민이 가장 많은 국가, 예컨대 페루·볼리비아·멕시코·과테말라에서도 정치계와 기업계를 이끄는 지도자들의 사진을 보면 유럽인이 압도적으로 많다. 한편 몇몇 카리브해 국가에서는 아프리카계 흑인 지도자가 많고, 가이아나에는 인도계 지도자가 많은 편이다.

아메리카 원주민 인구는 논란의 여지가 있지만 크게 줄어든 것은 사실이다. 북아메리카의 경우 추정치는 95퍼센트까지 올라간다. 그러나 현재 남북아메리카의 총인구는 1492년 당시보다 대략 10배 많다. 구세계 사람들, 즉 유럽인과 아프리카인과 아시아인이 이주한 덕분이다. 지금 남북아메리카의 인구는 오스트레일리아를 제외하고 모든 대륙에 뿌리를 둔 사람들이 뒤섞여 있다. 그리고 지난 500년 동안 일어난 인구 변동(역시 오스트레일리아를 제외하면 어떤 대륙에서보다도 대대적으로 이루어졌다)은 궁극적으로 기원전 11000년부터 기원후 1년 사이에 벌어진 여러 사건에서 비롯되었다.

19장 어떻게 아프리카는 흑인의 땅이 되었을까?

HOW AFRICA BECAME BLACK

사하라 이남 아프리카의 역사는 무엇이 달랐는가?

인간 다양성에 있어서 아프리카와 견줄 대륙은 없다. 전 세계에서 통용되는 언어 중 4분의 1은 아프리카에서만 쓰인다. 또 아프리카에는 흑인을 포함해 다섯 인종이 살고 있었다. 그런데 어떻게 흑인이 지금처럼 널리 확산했을까? 언어학적·고고학적 증거를 바탕으로 다섯 인종의 기원과 흑인의 확산 과정을 추론해본다.

아프리카에 대한 책을 아무리 많이 읽은 사람이라도 실제로 아프리카에 첫발을 내딛을 때 받는 첫인상은 무척 강렬하다. 나는 신생 독립국 나미비아의 수도 빈트후크 거리를 거닐 때 흑인 헤레로족Herero, 흑인 오밤보족Ovambo, 백인, 흑인도 백인도 아닌 나마족Nama을 보았다. 그들은 더는 교과서 속 사진이 아니라, 내 앞에서 살아 움직이는 사람들이었다. 빈트후크 외곽에서는 한때 칼라하리사막에 널리 퍼져 살았지만 지금은 소수만 남은 부시먼족이 생존을 위해 발버둥치고 있었다. 그러나 나미비아에서 나를 가장 놀라게 한 것은 한 도로 표지판이었다. 빈트후크 시내를 관통하는 간선도로의 이름 중 하나가 '괴링' 스트리트였다!

악명 높은 국가판무관이자 루프트바페Luftwaffe(공군)의 창설자 헤르만 괴링Hermann Göering(1893~1946)의 이름을 따서 도로명을 지을 정도로, 몰염치한 나치 잔당이 장악한 나라는 어디에도 없을 거라는 생각이 들었다. 그랬다! 나중에야 알았지만, 그 이름은 헤르만의 아버지 하인리히 괴링을 기리기 위해 지은 것이었다. 하인리히는 지금의 나미비아인 독일령 '남서 아프리카'의 식민지 총독을 지낸 인물이었다. 그러나 하인리히 역시 문제가 많은 사람이었다. 예컨대 유럽 정착민이 아프리카인을 상대로 벌인 가장 잔혹한 공격 중 하나로 손꼽히는 전쟁, 즉 1904년에 독일이 헤레로족을 거의 절멸 상태로 몰아간 전쟁에 참여하기도 했다. 지금은 이웃한 남아프리카공화국이 세계의 주목을 더 많이 받고 있지만, 나미비아도 식민 시대의 잔재를 청산하고 다민족 국가를 건설하기 위해 안간힘을 쓰는 중이다. 이런 이유에서 나미비아는 아프리카의 과거와 현재가 불가분의 관계에 있다는 걸 분명하게 보여주는 좋은 예이다.

대부분의 미국인과 많은 유럽인에게 아프리카 원주민은 흑인이고, 하얀 피부의 아프리카인은 근래에 유입된 불법 침입자이다. 그리고 아프리카의 인종사는 유럽 식민주의와 노예무역에 대한 역사라고 생각한다. 우리가 이렇게 특정 사실에 주목하는 데는 분명한 이유가 있다. 아프리카 원주민이 과거 노예로 대거 미국에 끌려왔고, 지금 대부분의 미국인에게 친숙한 아프리카 원주민은 모두 흑인이기 때문이다. 그러나 수천 년 전쯤에는 지금의 아프리카인과 상당히 다른 사람들이 아프리카의 많은 지역을 점유했으며, 지금의 이른바 '아프리카계 흑인'도 사실상 각양각색이다. 백인 정착민이 들어오기 전에도 아프리카에는 흑인뿐 아니라, (뒤에서 살펴보겠지만) 인류를 여섯 인종으로 분류할 때 다섯 인종이 살고 있었다. 게다가 그중 세 인종은 아프리카 토박이로 아프리카에만 존재한다. 또 전 세계에서 통용되는 언어 중 4분의 1이 오로지 아프리카에서만 쓰인다. 이런 인간 다양성에서 아프리카에 견줄 대륙은 없다.

아프리카에 이렇게 많은 인종이 존재하는 이유는 지리적 조건이 다양한 데다 선사시대부터 시작된 기나긴 역사 때문이다. 아프리카는 북부 온대지역부터 남부 온대지역까지 이어진 유일한 대륙이며, 그 중간에 세계에서 가장 건조한 사막, 가장 큰 열대우림, 가장 높은 적도 산악지대가 있다. 인류는 어느 곳보다 아프리카에서 가장 오래전부터 살아왔다. 우리의 먼 조상은 약 700만 년 전 아프리카에서 태어났고, 해부학적인 현생인류 호모사피엔스도 그 이후 아프리카에서 발생했을지 모른다. 오랫동안 많은 종족이 상호작용을 해온 아프리카의 선사시대는 흥미진진하다. 예컨대 지난 5,000년 동안 벌어진 극적인 인구 이동 중 두 건—반투족 확장과 인도네시아인의 마다가스카르 이주—이 아프리카에서 일어났다. 과거의 이런 모든 상호작용은 지금도 여전히 중요하다. 누가 어디에 누구보다 먼저 도착했느냐는 세부적인 사항이 오늘날의 아프리카를 만들어가고 있기 때문이다.

그 다섯 인종은 어떻게 지금의 아프리카에 있게 되었을까? 미국인이 이제는 그 존재조차 잊고 있는 다른 네 인종보다 흑인이 널리 확산한 이유는 무엇일까? 로마제국의 확장 과정에 대해서는 문자 기록이 있지만, 아무런 문자 기록도 남기지 않은 아프리카의 과거로부터 이 질문들에 대한 답을 끌어내려면 어떻게 해야 할까? 아프리카의 선사시대는 하나의 거대한 수수께끼이고, 아직 부분적으로만 해결되었을 뿐이다. 아프리카의 선사시대도 앞 장에서 살펴보았던 남북아메리카의 선사시대와 놀랍도록 유사하다. 하지만 그 유사함은 지금까지 거의 주목받지 못했다.

1000년경 이미 아프리카에 살던 다섯 인종은 일반인이 흔히 흑인, 백인, 아프리카 피그미족, 코이산족, 아시아인으로 느슨하게 지칭하는 사람들이다. 그림 19.1은 그들의 분포 지역을 표시한 것이다. 그리고 14장에 실린 사진들에서 볼 수 있듯 그들은 피부색, 머리칼의 형태와 색깔, 얼굴 모양에서 확연히 다르다. 흑인은 과거 아프리카에만 있었고, 피그미족과 코이산족은 지금도 아프리카에만 있다. 반면 백인과 아시아인은 아프리카보다 그 밖의 지역에서 훨씬 더 많이 살고 있다. 이 다섯 인종은 인류를 크게 분류할 때, 오스트레일리아 원주민과 그 친척을 제외한 모든 인종을 포함한다고 할 수 있다.

이쯤에서 "인류를 명확한 기준도 없이 '인종'으로 분류하며 인간을 정형화하지 말라!"고 항의하고 싶은 독자가 많을 것이다. 그렇다. 이른바 주요 인종 집단도 내부적으로 무척 다양하다는 걸 나 역시 인정한다. 줄루족, 소말리족, 이보족처럼 서로 다른 사람들을 '흑인'이라는 하나의 이름으로 뭉뚱그리는 것은 그들 사이의 차이를 무시하는 짓이다. 또 아프리카의 이집트인과 베르베르인을 하나로 묶고, 여기에 유럽의 스웨덴인을 더해 '백인'이라는 하나의 이름으로 뭉뚱그리는 것 역시 큰 차이를 무시하는 짓이다. 게다가 흑인과 백인 및 다른 주요 인종 간 구분도 임의적인 것에 불과하다. 엄격히 따지면, 각 인종이 다른 인종으로 서서히 바뀌고 있기 때문이다. 달리 말하면, 지상의 모든 인종은 오래전부터 다른 인종과 짝짓기를 해왔기 때문이다. 뒤에서 다시 살펴보겠지만, 그럼에도 이렇게 주요 인종을 구분하는 이유는 역사를 이해하는 데 무척 유용하기 때문이다. 따라서 나는 각 인종의 명칭을 사용하되 한 문장을 쓸 때마다 위의 내용을 반복하지는 않을 생각이다.

아프리카의 다섯 인종 중에서 다수를 차지하는 흑인과 백인의 특징은 미국인과 유럽인이라면 잘 알고 있을 것이므로 굳이 외모까지 설명할 필요는 없을 것이다. 1400년경에도 흑인은 아프리카에서 가장 넓은 면적, 즉 사하라사막 남부와 그 이남의 대부분 지역을 차지했다(그림 19.1 참조). 미국의 아프리카계 흑인은 대체로 아프리카 서부 해안 지역 출신이지만, 그들과 비슷한 흑인이 전통적으로 동아프리카(북

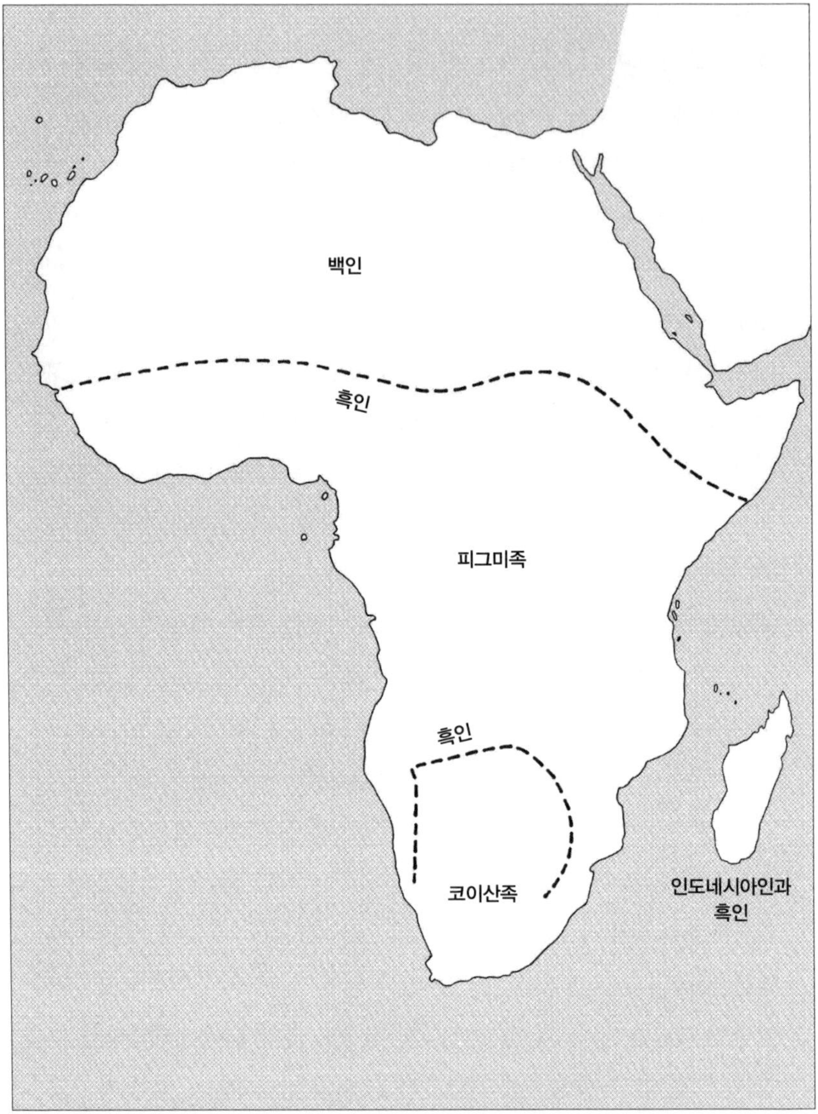

그림 19.1 아프리카의 인종(1400년경). 우리에게 익숙하지만 문제가 있는 분류법을 기준으로 아프리카인의 분포를 언급할 때 주의할 점에 대해서는 본문을 참조하기 바란다.

쪽으로는 수단까지, 남쪽으로는 남아프리카의 동남 해안까지)에도 살고 있었다. 한편 이집트인과 리비아인부터 모로코인까지 포함하는 백인은 아프리카 북부 해안 지역과 사하라 이북 지역을 차지했다. 이 북아프리카인은 푸른 눈에 금발인 스웨덴인과 헷갈릴 이유가 거의 없지만, '흑인'이라고 일컫는 남쪽 아프리카인보다 피부색이 옅고 머리칼도 곧은 편이기 때문에 사람들은 북아프리카인을 '백인'이라고 칭했다. 대부분의 아프리카계 흑인과 백인은 농경이나 목축, 혹은 둘 모두에 종사하며 먹고살았다.

반면 다른 두 인종, 즉 피그미족과 코이산족 중에는 작물 재배와 가축 사육을 하지 않는 수렵·채집민이 많다. 흑인처럼 피그미족은 피부가 검고 머리칼이 꼬불거린다. 하지만 몸집은 더 작고, 피부에 붉은색 기운이 더 많은 대신 검은빛은 적으며, 얼굴과 몸에 털이 더 많고, 이마와 눈과 치아가 더 돌출했다는 점에서 흑인과 다르다. 대체로 피그미족은 중앙아프리카 곳곳에서 수렵·채집민으로 무리 지어 살며, 이웃한 흑인 농경민과 교역하거나 그들의 농사일을 도와준다.

코이산족은 우리에게 가장 덜 알려진 인종이다. 그 이름조차 들어보지 못한 사람이 꽤 많을 것이다. 과거에는 남아프리카 거의 전역에 분포했고, 산족으로 알려진 작은 몸집의 수렵·채집민과 코이코이족으로 알려진 몸집이 큰 목축민으로 이루어졌다(호텐토트족과 부시먼족으로 더 많이 알려졌지만 지금은 코이코이족과 산족이라는 명칭을 더 선호한다). 코이코이족과 산족은 아프리카 흑인과 확연히 달라 보인다(혹은 달라 보였다). 피부가 노란빛을 띠고, 머리칼은 더 심하게 꼬불거린다. 여성은 대개 엉덩이에 지방이 많은 경향이 있는데, 그런 현상을 '둔부 지방 축적'이라고 부른다. 그중 코이코이족은 수가 크게 줄었다. 유럽 정착민이

쏜 총에 맞거나 쫓겨나거나 감염되었기 때문이다. 생존자 대부분은 유럽인과 결혼해, 남아프리카에서 '유색인Colored' 또는 '바스터Baster' 라는 이름으로 알려진 후손을 낳았다. 산족도 비슷한 정도로 총에 맞거나 쫓겨나거나 감염되었다. 그나마 남은 소수도 농경에 적합하지 않은 나미비아 사막지대에서 살아 점점 줄어드는 추세이다. 오래전에 제작되어 많은 관객을 모은 영화 〈부시맨The Gods Must Be Crazy〉에서 볼 수 있듯이 산족은 그들만의 독특한 생활 방식을 그대로 유지하고 있다.

아프리카계 백인이 주로 북부에 분포된 것은 조금도 놀랍지 않다. 외적으로 비슷한 사람들이 인근 지역, 즉 근동과 유럽에 살고 있기 때문이다. 역사 기록에서 알 수 있듯 처음부터 사람들은 유럽과 근동 그리고 북아프리카 사이를 부지런히 오갔다. 따라서 여기서는 아프리카계 백인에 대해 굳이 별도로 언급하지 않을 생각이다. 아프리카계 백인의 기원은 불가사의한 일이 아니기 때문이다. 반면 흑인과 피그미족과 코이산족에 대해서는 궁금한 게 많다. 그들의 분포에서 과거 큰 인구 변동이 있었다는 걸 짐작할 수 있기 때문이다. 예컨대 현재 20만 명의 피그미족은 1억 2,000만 명의 흑인들 사이에서 뿔뿔이 흩어져 살아간다. 이를 통해 원래 적도 삼림지대에 널리 분포해 살던 피그미족 수렵민이 흑인 농경민에 의해 쫓겨나 고립되었을 것이라는 추정이 가능하다. 남아프리카에서 코이산족이 차지한 영역은 그들의 독특한 신체 구조와 언어를 고려할 때 놀라울 정도로 좁다. 그렇다면 코이산족도 원래는 더 넓은 지역에 분포했는데, 그중 북쪽에 살던 동족들이 어떤 이유로 제거된 것일까?

마지막 수수께끼는 정말 알쏭달쏭하다. 커다란 마다가스카르는 동아프리카 해안에서 400킬로미터밖에 떨어지지 않은 곳에 있어, 어느 대륙보다 아프리카에 가깝다. 더구나 아시아 및 오스트레일리아와 그곳 사이에는 드넓은 인도양이 있다. 지금까지 확인된 바에 따르면, 마다가스카르 원주민은 두 인종이 섞여 있다. 그중 하나가 아프리카계 흑인이라는 건 놀랍지 않지만, 다른 하나는 외모만으로도 즉시 구분할 수 있는 인종, 즉 열대 동남아시아인이다. 게다가 아시아인과 흑인과 혼혈을 막론하고 마다가스카르의 모든 사람은 오스트로네시아어를 사용한다. 마다가스카르로부터 인도양을 넘어 무려 6,400킬로미터 넘게 떨어진 인도네시아 보르네오섬에서 사용하는 마아냔어Ma'anyan와 무척 유사하다. 그런데 마다가스카르에서 수천 킬로미터 이내에는 보르네오섬 사람을 약간이라도 닮은 종족이 전혀 살지 않는다.

유럽인이 마다가스카르에 처음 발을 들여놓은 1500년, 그 섬에는 오스트로네시아어를 사용하며 변형된 오스트로네시아 문화를 지닌 사람들이 이미 정착해 살고 있었다. 내 생각이지만, 단일 현상으로는 전 세계 인문지리학에서 가장 놀라운 사실인 듯하다. 이는 콜럼버스가 쿠바에 도착했을 때, 푸른 눈에 금발을 휘날리며 스웨덴어와 비슷한 언어를 사용하는 스칸디나비아인이 그 섬을 차지하고 있는 반면, 근처 북아메리카 대륙에는 아메린드어족의 언어를 사용하는 아메리카 원주민만 살고 있음을 알게 된 것과 다를 바 없다. 도대체 보르네오섬 사람들은 선사시대에 지도와 나침반도 없이 바닷길로 어떻게 마다가스카르까지 갈 수 있었을까?

마다가스카르의 경우에서 알 수 있듯 외모뿐 아니라 언어도 뿌리를 추적하는 중요한 단서가 될 수 있다. 마다가스카르 사람들을 자세히 관찰하면, 그것만으로도 그중 일부가 열대 동남아시아에서 건너왔다는 걸 알 수 있다. 하지만 열대 동남아시아 중 어느 지역에서 왔는지 알아내기는 힘들 것이다. 더구나 보르네오섬일 거라고는 짐작조차 하지 못할 것이다. 우리가 아프리카의 언어에서 (아프리카인의 얼굴에서 아직 알아내지 못한 것 중) 또 무엇을 알아낼 수 있을까?

스탠퍼드대학교의 위대한 언어학자 조지프 그린버그는 믿기지 않을 정도로 복잡한 아프리카의 언어 1,500종을 단 다섯 개의 어족으로 분류할 수 있음을 알아냈다(분포에 대해서는 그림 19.2 참조). 언어학을 따분하고 전문적인 학문이라 생각하는 독자라고 해도, 그림 19.2가 아프리카 역사를 이해하는 데 큰 도움을 준다는 걸 알면 놀라지 않을까 싶다.

그림 19.2를 그림 19.1과 비교하는 것으로 시작해보자. 어족이 해부학적으로 정의한 인종과 대략적으로 일치한다는 게 눈에 들어온다. 달리 말하면, 특정한 인종이 특정 어족에 속한 언어를 사용하는 경향이 있다. 구체적으로 살펴보면, 아프리카아시아어족 언어 사용자는 대체로 백인이나 흑인으로 분류되고, 나일사하라어족과 니제르콩고어족 언어 사용자는 흑인, 코이산어족 언어 사용자는 코이산족, 오스트로네시아어족 언어 사용자는 인도네시아인이다. 이는 각 언어가 그 사용자와 더불어 진화하는 경향이 있음을 분명하게 보여준다.

그림 19.2의 윗부분에는 첫 번째로 놀라운 사실이 감추어져 있다. 이른바 서구 문명의 우월성을 철석같이 믿는 유럽중심주의자에게는 엄청난 충격일 것이다. 우리가 지금까지 배운 바에 따르면, 서

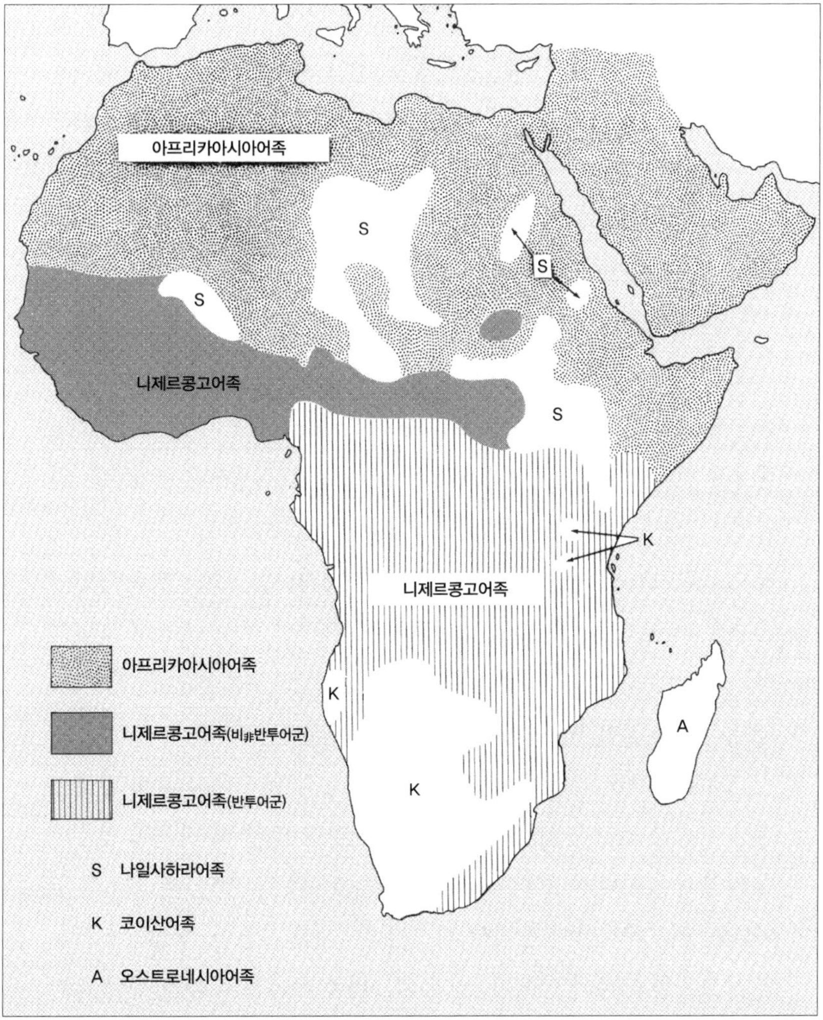

그림 19.2 아프리카의 어족 분포.

구 문명은 근동에 시작되어 유럽에서 그리스인과 로마인에 의해 찬란한 전성기를 맞았고, 세 가지 종교(기독교·유대교·이슬람교)를 낳았다. 이들 종교는 '셈어족Semitic languages'에 속해 서로 밀접한 관계가 있는 세 언어—차례로 아람어(예수와 그 사도들이 사용한 언어), 히브리어, 아랍어—사용자들에 의해 잉태되었다. 그 때문에 지금도 우리는 '셈족' 하면 즉각적으로 근동을 떠올린다.

하지만 그린버그는 셈어족이 훨씬 더 큰 어족, 즉 아프리카아시아어족의 예닐곱 갈래 중 하나에 불과하고, 나머지 갈래와 당시 살아남은 222종의 언어 모두 아프리카에서만 쓰인다는 것을 알아냈다. 셈어족 언어 자체도 주로 아프리카에서 쓰이고, 19종의 살아남은 언어 중 12종은 에티오피아에서만 제한적으로 사용한다. 이런 분포에서 아프리카아시아어족은 아프리카에서 생겨났고, 그중 한 갈래만이 근동에 퍼져나갔다는 추정이 가능하다. 따라서 서구 문명의 도덕적 기둥이라 할 수 있는《구약성경》과《신약성경》및《쿠란》을 쓴 사람들이 사용한 언어는 아프리카에서 탄생했을지도 모른다.

그림 19.2에 감추어진 또 하나 놀라운 사실은, 내가 특정 인종이 특정 어족의 언어를 사용하는 경향을 띤다고 말할 때 자세히 언급하지 않았던 것이다. 아프리카의 다섯 인종, 즉 흑인, 백인, 피그미족, 코이산족, 인도네시아인 중에서 피그미족에게만 그들이 특정하게 사용하는 고유한 어족의 언어가 없다. 피그미족 무리는 각각 이웃한 흑인 농경민과 같은 언어를 사용한다. 하지만 피그미족이 사용하는 언어를 흑인이 사용하는 같은 언어와 비교해보면, 피그미족 언어에는 독특한 발음을 가진 고유한 단어들이 있는 듯하다.

물론 피그미족만큼 독특한 인종이 아프리카 열대우림만큼 독특한 환경에 분포했다면 원래 고립된 삶을 살았을 테고, 따라서 자체 어족의 언어를 만들어냈을 게 분명하다. 하지만 오늘날 그 언어들은 사라졌고, 표 19.1에서처럼 피그미족은 현재 산산이 흩어져 살고 있다. 따라서 분포와 언어라는 단서를 결합해보면, 피그미족은 침략자인 흑인 농경민에게 고향을 빼앗겼고, 살아남은 일부가 흑인 농경민의 언어를 채택한 까닭에 원래 언어의 흔적은 몇몇 단어와 발음에만 남은 것이라고 추정할 수 있다. 말레이시아의 세망 네그리토족과 필리핀의 네그리토족도 자신들을 압박해오는 농경민으로부터 각각 오스트로아시아어와 오스트로네시아어를 채택했다는 점에서 이와 다를 바 없다.

그림 19.2에서 보듯이 이리저리 파편처럼 흩어진 나일사하라어족의 분포에서도 이 어족에 속한 언어를 사용하던 많은 사람이 아프리카아시아어족이나 니제르콩고어족의 언어를 사용하는 사람들에게 삼켜졌을 것이라는 비슷한 추정이 가능하다. 코이산어족의 분포는 훨씬 더 극심한 언어 흡수가 있었다는 걸 보여준다. 코이산어족은 흡착음을 자음으로 사용하는 것으로 유명하고, 이런 용례는 전 세계 언어에서도 찾아보기 힘들다('!쿵 부시먼!Kung Bushman'이란 명칭의 표기를 보고 어리둥절할 독자가 있을지도 모르겠다. 여기에서 느낌표(!)는 조급한 놀람을 표현한 게 아니라, 언어학자가 흡착음을 표기하는 방법일 뿐이다). 현존하는 모든 코이산어는 두 경우를 제외하고는 남아프리카에서만 사용한다. 둘 모두 흡착음을 자주 사용하는 무척 특이한 코이산어인 하자어Hadza와 산다웨어Sandawe이다. 두 언어는 코이산어를 사용하는 남아프리카에서 최소 1,600킬로미터 넘게 떨어진 탄자니아에서만 쓰인다.

한편 남아프리카에서 사용하는 코사어Xhosa를 비롯해, 니제르콩고어족에 속한 몇몇 언어에도 흡착음이 많다. 의외로 흡착음이나 코이산어 단어가 케냐 흑인들이 사용하는 아프리카아시아어족에 속한 두 언어에서도 나타난다. 케냐 흑인들은 탄자니아의 하자족과 산다웨족보다 코이산족으로부터 훨씬 멀리 떨어진 곳에서 살아간다. 따라서 이런 증거를 종합하면, 코이산족과 그들의 언어가 과거에는 지금처럼 남부에 국한되지 않고 훨씬 더 북쪽까지 퍼져 있었지만, 피그미족이 그랬듯이 흑인들에게 삼켜져 오늘날에는 언어에만 그들의 흔적이 남았다고 추정할 수 있다. 결국 살아 있는 사람의 외모만을 연구해서는 좀처럼 알아낼 수 없는 인종의 뿌리를 언어학적 증거로 추론해낸 셈이다.

이번에는 마지막까지 남겨둔 언어학의 중대한 역할에 대해 살펴보자. 그림 19.2를 다시 자세히 뜯어보면, 니제르콩고어족이 서아프리카 전역과 적도 인근에 분포되어 있지만, 그 방대한 지역 어디에서 기원했는지 추정할 만한 단서를 찾을 수는 없다. 그런데 그린버그는 아프리카 적도 인근에서 사용되는 모든 니제르콩고어가 '반투어군'이라는 하나의 어군에 속한다는 걸 알아냈다. 그 어군이 니제르콩고어족에 속한 1,032종의 언어 중 거의 절반을 차지하고, 니제르콩고어족 언어 사용자의 절반 이상인 약 2억 명이 이 언어를 사용한다. 그러나 이 500종가량의 반투어군은 서로 너무 비슷해서 한 언어에 500개의 방언이 있는 것이라는 농담이 있을 정도이다.

전체적으로 보면, 반투어는 니제르콩고어족에 속한 하나의 어군에 불과하다. 176개의 다른 어군은 대부분 서아프리카, 즉 니제르콩고어족 분포 지역의 극히 일부에서만 사용된다. 특히 가장 특징적인 반투어군 및 반투어군과 밀접한 관계에 있는 비반투어군 니제르콩고어들은 카메룬과 그에 인접한 나이지리아 동부의 아주 좁은 지역에서만 쓰인다.

니제르콩고어족이 서아프리카에서 탄생한 것은 분명하다. 반투어군은 니제르콩고어족의 한 갈래로, 그 어족의 언어를 사용하는 지역의 동쪽 끝자락, 즉 카메룬과 나이지리아에서 생겨난 뒤, 아프리카 아열대 거의 전역으로 퍼져나갔다. 반투어 조어가 500개의 파생 언어로 갈라진 것으로 보아 이런 확장이 오래전에 시작되었지만, 그 모든 파생 언어가 아직도 서로 무척 비슷한 걸 고려하면 아득한 옛날에 시작된 건 아닌 게 분명하다. 반투어 사용자뿐 아니라, 니제르콩고어족에 속한 다른 언어 사용자들도 모두 흑인이기 때문에, 체질인류학적 증거만으로는 누가 어느 방향으로 이주했는지 추론할 수 없다.

우리에게 익숙한 예, 즉 영어의 지리적 기원을 예로 들어 이런 유형의 언어학적 추론을 명확히 설명해보자. 오늘날 영어를 모국어로 사용하는 압도적 다수가 북아메리카에 살고, 나머지는 영국과 오스트레일리아 등 세계 전역에 흩어져 있다. 그런 국가들에는 저마다 고유한 영어 방언이 있다. 따라서 우리가 이런 현상 외에 언어 분포와 역사에 대해 아무것도 모른다면, 영어가 북아메리카에서 생겨났고, 해외 이주자들에 의해 영국과 오스트레일리아로 전해진 것이라고 짐작했을지도 모른다.

그러나 모든 영어 방언은 게르만어족의 한 어군에 속한다. 다른 모든 어군, 예컨대 스칸디나비아어, 독일어, 네덜란드어 등은 유럽 북서부에서만 쓰인다. 특히 서게르만어군에 속하며 영어와 가장 밀접한 관계가 있는 프리슬란트어는 네덜란드 해안과 독일 서부에서만 쓰인다. 이런 이유에서 언어학자라면, 영어가 유럽 북서부 해안 지역에서 생겨났고, 거기서 세계 전역으로 퍼져나갔다고 정확히 추론할 것이다. 실제로 역사 기록을 통해서도 5~6세기에 잉글랜드를 침략한 앵글로색슨족에 의해 영어가 그곳에서부터 잉글랜드로 전해졌다는 걸 확인할 수 있다.

똑같은 식으로 추론하면, 현재 아프리카의 넓은 지역을 차지하는 약 2억 명에 가까운 반투족의 기원이 카메룬과 나이지리아였다는 결론에 도달한다. 셈족의 기원이 북아프리카에 있고, 마다가스카르인의 기원이 동남아시아에 있다는 결론을 언어학적 증거에서 찾았듯 반투족의 기원도 언어학적 증거가 없었다면 알아내지 못했을 것이다.

앞에서 우리는 코이산어의 분포 상황과 피그미족에게 그들의 고유 언어가 없다는 사실을 통해, 피그미족과 코이산족이 과거에는 광범위한 지역에 살았지만 결국 흑인에게 삼켜졌을 것이라는 추론을 해보았다(여기서 나는 정복과 축출, 결혼, 살상, 전염병 등 각종 개입 과정에 개의치 않고, 모든 것을 아우르는 중립적인 단어 '삼키다engulfing'를 사용한다). 그리고 이번에는 니제르콩고어족의 분포로부터, 두 인종을 삼킨 흑인이 반투족이었음을 알게 되었다. 지금까지 우리는 신체적 증거와 언어학적 증거를 근거로 선사시대에 있었던 '삼키기'를 추론해보았다. 하지만 '삼키기'와 관련한 수수께끼를 아직 완전히 해결하지는 못했다. 이제부터 내가 제시하려는 더 많은 증거가 있어야만, "반투족은 어떤 이점을 누렸기에 피그미족과 코이산족을 밀어낼 수 있었을까?"와 "반투족이 피그미족과 코이산족의 고향에 도달한 건 언제쯤일까?"라는 두 가지 질문에 답할 수 있을 것이다.

반투족이 지닌 이점에 대한 의문에 답하기 위해, 지금 우리 눈으로 확인할 수 있는 증거, 즉 작물화한 식물과 가축화한 동물로부터 파생된 증거를 면밀히 조사해보자. 앞의 여러 장에서 살펴보았듯 식량 생산은 높은 인구밀도로 이어지고 병원균과 과학기술과 정치조직 등 힘을 강화해주는 요인으로 작용했기 때문에 작물과 가축에서 파생되는 증거는 무척 중요하다. 지리적 위치라는 우연으로 식량 생산을 물려받거나 시작한 종족이 지리적으로 그런 혜택을 누리지 못한 종족을 결국 삼킬 수 있었던 것이다.

유럽인이 1400년대 사하라 이남에 들어섰을 때 아프리카인이 재배하는 작물엔 다섯 가지 조합이 있었는데, 각각의 조합은 아프리카의 역사에서 중요한 의미를 갖는다. 첫 조합은 원래 북아프리카에서만 재배했지만 나중에 에티오피아 고지대까지 확대되었다. 북아프리카는 지중해성 기후를 지녀 겨울철에 강우가 집중되는 게 특징이다 (남캘리포니아도 지중해성 기후를 띤다. 그 때문에 우리 집을 비롯해 남캘리포니아의 많은 집 지하실이 겨울철이면 물에 잠긴다. 하지만 여름철이 되면 어김없이 마른다). 비옥한 초승달 지역도 농경이 시작된 곳답게 겨울에 강우가 집중되는 지중해성 기후의 특징을 띤다.

따라서 북아프리카에서 원래 재배하던 작물은 모두 겨울비에 발아해서 성장하도록 적응한 것이며, 고고학적 증거로는 약 1만 년 전 비옥한 초승달 지역에서 처음 작물화한 것으로 확인된다. 비옥한 초승달 지역의 작물은 기후가 비슷하고 지리적으로도 인접한 북아프리카에 전해져 고대 이집트 문명 탄생의 토대가 되었다. 그 작물에는 밀과 보리, 완두콩과 강낭콩, 포도 등 우리에게 익히 알려진 것도 있다. 이러한 작물이 우리 귀에 익은 이유는 자명하다. 그것들이 유럽에서

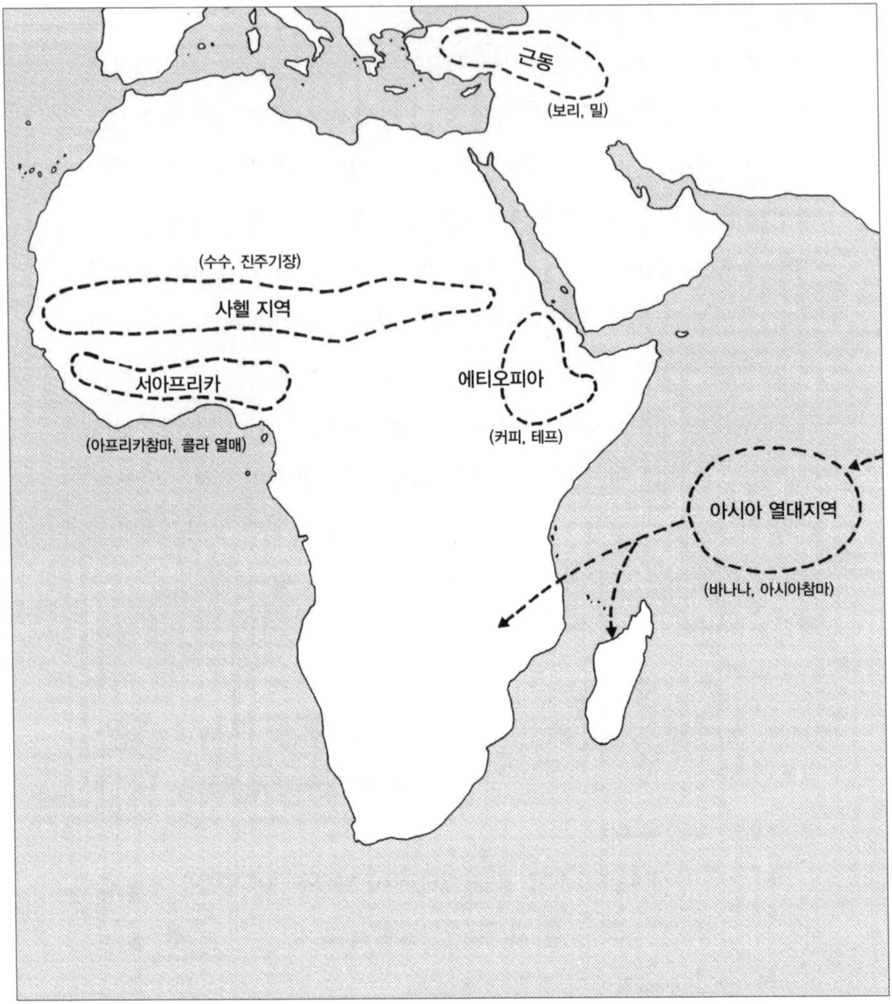

그림 19.3 아프리카에서 재배하는 작물들. 유럽 정착민이 새로운 작물을 도입하기 이전 아프리카에서 전통적으로 재배해온 작물의 발원지와 각 지역의 대표적인 작물 두 가지를 예로 들었다.

도 기후적으로 유사한 지역에 전해졌고, 그 뒤에는 아메리카와 오스트레일리아에도 전해져 세계 전역의 온대지방에서 주로 재배하는 작물이 되었기 때문이다.

아프리카에서 사하라사막을 건너 남쪽으로 여행하다가 사막 바로 아래에 있는 사헬 지역에서 비를 다시 만나면, 사헬 지역에서는 겨울보다 여름에 비가 주로 내린다는 걸 눈치챌 수 있다. 따라서 겨울비에 적응한 비옥한 초승달 지역의 작물이 어떻게든 사하라사막을 건넜더라도 여름에 많은 비가 내리는 사헬 지역에서 자라는 데 어려움을 겪었을 것이다. 그 때문에 사하라사막 이남의 두 지역에서 자생하던 야생식물이 작물화되었고, 그렇게 만들어진 두 조합의 작물은 모두 여름비와, 계절에 따라 낮의 길이 변화가 크지 않은 환경에 적응했다. 한 가지 조합은 사헬 지역을 동서로 가로질러 널리 분포하며, 십중팔구 그곳에서 작물화했을 식물로 이루어졌다. 그중에서 특히 수수와 진주기장은 사하라 이남 아프리카의 많은 지역에서 주곡이 되었다. 수수는 오늘날 미국을 비롯해 모든 대륙에서, 그것도 고온 건조한 지역에서 재배하는 귀중한 작물이다.

다른 하나의 조합은 에티오피아에서 자라던 야생 원종이 그곳의 고지대에서 작물화된 것으로 추정되는 식물들로 이루어졌다. 그 대부분이 지금도 주로 에티오피아에서만 재배되기 때문에 외부인에게는 거의 알려지지 않은 게 많다. 마약 성분이 있는 카트, 바나나와 비슷한 엔세테, 기름이 함유된 누그, 에티오피아의 국민 맥주를 양조하는 데 쓰이는 손가락기장, 에티오피아의 국민 빵을 만드는 데 쓰이며 씨가 아주 작은 테프가 대표적인 예이다. 그러나 커피에 중독된 독자라면 커피나무를 작물화하는 데 성공한 고대 에티오피아 농경민에게 감사해야 마땅하다. 커피는 원래 에티오피아에서만 재배했지만 나중에는 아라비아에서, 그리고 전 세계에서 인기를 끌며, 오늘날에는 브라질과 파푸아뉴기니 등 멀리 떨어진 국가들의 경제를 떠받치는 품목이 되었다.

또 다른 조합은 서아프리카의 다습한 기후권에서 자라던 야생식물이 원종인 작물로 이루어졌다. 아프리카벼를 포함해 일부는 지금도 실질적으로 서아프리카에서만 재배한다. 반면 아프리카참마를 비롯한 몇몇 작물은 사하라 이남 아프리카로 퍼져나갔고, 기름야자와 콜라 열매는 다른 대륙으로도 전해졌다. 코카콜라 회사가 콜라 열매의 추출물을 섞은 음료로 미국인과 전 세계인을 차례로 홀리기 전까지 서아프리카 사람들은 카페인이 함유된 콜라 열매를 일종의 환각제로 씹고 다녔다.

아프리카 작물의 마지막 조합도 습한 기후권에 적응한 것이지만, 그림 19.3에서 가장 뜻밖의 것이기도 하다. 바나나와 아시아참마와 토란은 사하라 이남 아프리카에 이미 1400년대에 널리 퍼져 있었고, 아시아벼도 동아프리카 해안 지역에서 안정적으로 재배되었다. 그러나 이 작물들의 발원지는 동남아시아 열대지역이었다. 따라서 마다가스카르에 남은 인도네시아인의 흔적에서 짐작할 수 있듯이, 선사시대에도 아프리카와 아시아를 잇는 연결 끈이 있었다는 걸 몰랐다면, 아프리카에서 이런 작물을 재배한다는 사실이 놀랍기만 할 것이다. 그렇다면 보르네오섬을 떠나 동아프리카 해안까지 항해한 오스트로네시아인이 아프리카 농경민에게 자신들의 작물을 선물로 준 뒤, 아프리카 어부들을 데리고 동쪽으로 항해해 마다가스카르에 정착한 까닭에 아프리카에는 오스트로네시아인의 흔적이 남지 않은 것일까?

아프리카 토종 작물, 즉 사헬 지역과 에티오피아와 서아프리카가 원산지인 작물이 모두 적도 북쪽에서 기원했다는 것도 놀라운 사실이다. 적도 남쪽에 기원을 둔 아프리카 토종 작물은 단 하나도 없다. 이런 현상에서, 적도 북쪽에 뿌리를 둔 니제르콩고어족 언어 사용자들이 적도 부근의 피그미족과 적도 이남의 코이산족을 몰아낼 수 있었던 이유를 짐작할 수 있다. 코이산족과 피그미족이 농경을 시작하지 못한 이유는 그들이 농경민이 되기에 부족했기 때문이 아니라, 순전히 우연하게도 아프리카 남부의 야생식물이 작물화하기에 부적합했기 때문이다. 따라서 반투족과 백인 농경민 또한 수천 년의 농경 경험을 물려받은 후손이었음에도, 아프리카 남부에 자생하던 식물을 식량용 작물로 개발해내지 못했다.

아프리카에서 가축화한 동물종은 극소수에 불과하기 때문에 작물화한 식물보다 훨씬 빨리 요약할 수 있다. 아프리카에서 가축화한 게 확실한 동물은 칠면조처럼 생긴 뿔닭guinea fowl이 유일하다. 뿔닭의 야생 조상이 지금도 아프리카에만 서식하기 때문이다. 소와 당나귀, 돼지와 개, 집고양이의 야생 조상은 북아프리카뿐 아니라 서남아시아에도 서식했기 때문에, 그 가축들을 어디에서 먼저 가축화했는지 아직 확실하지 않다. 하지만 현재까지 알려진 증거에 따르면, 당나귀와 집고양이는 이집트에서 가장 일찍 가축화한 듯하다. 최근에 확인된 증거에 따르면, 소는 북아프리카와 서남아시아 그리고 인도에서 각각 독자적으로 가축화했고, 그 세 종류의 소가 모두 지금 아프리카에서 기르는 소의 품종에 영향을 주었다. 그 밖의 포유류 가축은 다른 곳에서 가축화한 뒤 아프리카에 전해진 게 분명하다. 그 가축들의 야생 조상이 오직 유라시아에만 서식하기 때문이다. 예컨대 아프리카에서 기르는 양과 염소는 서남아시아에서, 닭은 동남아시아에서, 말은 남러시아에서 가축화한 게 분명하고, 낙타는 아라비아에서 가축화했을 가능성이 크다.

아프리카의 가축 목록에서 가장 눈에 띄는 뜻밖의 특징은 이번에도 부정적이다. 가축 목록에 아프리카의 자랑거리이자 개체 수가 많은 대형 포유동물이 단 하나도 없다는 것이다. 얼룩말과 영양, 코뿔소와 하마, 기린과 물소 등 어느 것도 가축화하지 못했다. 뒤에서 다시 살펴보겠지만, 이런 현실은 적도 이남에 작물화한 토종 식물이 전혀 없었던 것만큼이나 아프리카의 역사에 중대한 영향을 미쳤다.

지금까지 아프리카에서 재배되는 주요 작물을 간략하게 살펴보았지만, 이것만으로도 그중 일부는 아프리카 안팎 모두에서 멀리 떨어진 발원지로부터 전해졌다는 걸 충분히 확인할 수 있다. 다른 지역과 마찬가지로 아프리카에도 작물화할 수 있는 야생식물과 가축화할 수 있는 야생동물을 주변 환경에서 물려받은 '운 좋은' 종족이 있었다. 밀과 소고기를 주식으로 하던 영국 정착민이 오스트레일리아 수렵·채집 원주민을 삼켜버린 결과에 비추어볼 때, 아프리카에서도 '운 좋은' 종족이 자신들에게 허락된 이점을 활용해 그렇지 못한 이웃 종족을 삼켜버렸을 것이라고 유추해야 마땅하다. 끝으로 이제부터는 고고학적 기록으로 눈을 돌려, 누가 누구를 언제 삼켰는지 추적해보자.

아프리카에서 농경과 목축이 시작된 정확한 시기와 장소에 대해 고고학은 우리에게 무엇을 말해줄 수 있을까? 서구 문명사에 심취한 독자라면, 아프리카의 식량 생산이 파라오와 피라미드의 땅 고대 이집트

나일강 유역에서 시작되었으리라고 당연히 추정할 것이다. 여하튼 기원전 3000년경의 이집트는 아프리카에서 가장 복잡한 사회였던 게 분명하고, 세계에서 가장 먼저 문자를 사용한 중심지 중 하나였다. 하지만 아프리카에서 식량 생산과 관련한 최초의 고고학적 증거는 사하라사막에서 나왔다.

물론 오늘날 사하라사막 대부분은 무척 건조해서 풀조차 자랄 수 없다. 그러나 기원전 9000~기원전 4000년 사이에 사하라는 지금보다 습했고, 호수도 많았으며, 먹잇감으로 바글거렸다. 그 시기에 사하라사막 사람들은 소를 기르고 토기를 만들기 시작했으며, 나중에는 양과 염소도 길렀다. 이때 수수와 기장을 작물화하기 시작했을 수 있다. 사하라사막의 목축은 이집트가 서남아시아로부터 겨울 작물과 가축을 '패키지' 형태로 도입하며 식량 생산을 시작한 때로 지금까지 알려진 것 중 가장 이른 연대(기원전 5200년)보다 훨씬 앞선다. 식량 생산은 서아프리카와 에티오피아에서도 시작되었고, 기원전 2500년경에는 소를 기르는 목축민이 에티오피아로부터 현재의 경계를 넘어 케냐 북부로 들어갔다.

이런 결론은 고고학적 증거에 근거한 것이지만, 작물과 가축이 도래한 때를 추정하는 다른 방법도 있다. 현대어에서 작물이나 가축을 가리키는 단어를 비교하는 방법이다. 나이지리아 남부에서 쓰이는 니제르콩고어족에 속한 언어들에서 식물을 가리키는 단어는 세 부류로 나뉜다. 첫째는 어떤 특정한 작물을 가리키는 단어가 나이지리아 남부의 모든 언어에서 무척 비슷한 경우이다. 서아프리카의 참마, 기름야자, 콜라 열매가 이 범주에 속한다. 식물학 등을 근거로 서아프리카가 원산지이고 그곳에서 가장 먼저 작물화한 것으로 여겨지는 식물이기도 하다. 이는 서아프리카에서 가장 오래된 작물이기 때문에, 지금 나이지리아 남부에서 사용하는 모든 언어가 그것들을 가리키던 원래 단어를 그대로 물려받았다.

둘째는 남나이지리아어군의 작은 하위 어군에 속한 언어들에만 명칭이 존재하는 작물이다. 바나나와 아시아참마처럼 인도네시아가 기원으로 여겨지는 작물이기도 하다. 남나이지리아어군이 하위 어군들로 갈라지기 시작한 뒤에야 그런 작물이 나이지리아 남부에 전해진 게 분명하다. 따라서 각 하위 어군이 새로운 식물에 각각 다른 이름을 붙이거나 받아들였을 테고, 특정한 하위 어군의 현대어는 그 이름을 물려받았을 것이다. 셋째는 이름이 나이지리아 언어들에 존재하지 않고, 교역로를 통해 들어온 작물이다. 옥수수와 땅콩 같은 신세계 작물이 이 범주에 속한다. 현재까지 알려진 바에 따르면, 대서양을 왕래하는 항로가 개척(1492년)된 뒤에야 옥수수와 땅콩이 아프리카에 전해졌고, 그 이후에는 교역로를 따라 확산하며 포르투갈어를 비롯한 외국어 명칭이 붙었다.

따라서 식물학적이고 고고학적인 증거가 없더라도 언어학적 증거만으로, 서아프리카 토종 식물이 먼저 작물화했고, 이어 인도네시아 작물이 도래한 뒤 마지막으로 유럽산 작물이 들어왔을 것이라는 추론이 가능하다. 캘리포니아대학교의 역사학자 크리스토퍼 에레트Christopher Ehret는 이런 언어학적 접근법을 활용해 아프리카에서 통용되는 여러 어족 사용자들이 작물과 가축을 어떤 순서로 도입했는지 알아냈다. 비교언어학자들은 기초적인 어휘가 일정한 속도로 변하는 경향이 있다는 추정에 기반한 언어연대학glottochronology이라는 방법을 통해 작물화 시기나 작물이 도래한 시기를 대략적으로 예측한다.

작물에 대한 직접적인 고고학적 증거에 간접적인 언어학적 증거를 더하면, 수천 년 전 사하라사막에서 수수와 기장을 작물화한 사람들이 현대 나일사하라어족의 조어를 사용했다는 추론이 가능하다. 마찬가지로 서아프리카의 습한 지역에서 자생하는 식물을 처음 작물화한 사람들은 현대 니제르콩고어족의 조어를 사용했을 것이다. 끝으로, 아프리카아시아어족의 조어를 사용한 사람들은 에티오피아에 자생하는 식물을 작물화하는 데 관여했을 테고, 비옥한 초승달 지역의 작물을 북아프리카에 소개한 주역이었을 게 확실하다.

따라서 지금 아프리카에서 통용되는 언어들에 담긴 식물 이름에서 끌어낸 증거를 통해서도 수천 년 전 아프리카에서 세 가지 언어—나일사하라어족의 조어, 니제르콩고어족의 조어, 아프리카아시아어족의 조어—가 쓰였다는 걸 짐작할 수 있다. 물론 코이산어족의 조어가 사용된 흔적도 찾아낼 수 있지만, 코이산족의 조상은 식물을 작물화한 적이 없기 때문에 식물 이름이 아니라 다른 언어학적 증거를 통해야 한다. 아프리카는 오늘날에도 1,500종의 언어가 통용될 정도로 땅덩이가 넓기 때문에 수천 년 전에는 네 종류 이상의 조어가 쓰였을 것이다. 그러나 다른 모든 계통의 언어는 사라진 게 분명하다. 그 언어들을 사용하던 사람들이 원래 언어를 상실한 채 피그미족처럼 살아남았거나, 종족 자체가 사라져버렸기 때문이다.

현재 아프리카에서 통용되는 네 종류의 토착 어족(나중에 들어온 마다가스카르의 오스트로네시아어는 제외)은 어떻게 지금까지 살아남았을까? 그 언어들이 커뮤니케이션 도구로서 본질적으로 우월했기 때문에 살아남은 건 아니다. 오히려 역사의 우연이었을 가능성이 더 크다. 나일사하라어, 니제르콩고어, 아프리카아시아어를 사용하던 조상들이 공교롭게도 작물과 가축을 얻기에 적합한 지역과 시기에 살았고, 그 덕분에 인구가 증가해 다른 종족을 대체하거나 자신들의 언어를 강요할 수 있었을 것이다. 한편 코이산어 사용자가 소수임에도 지금까지 살아남은 이유는, 반투족이 농사짓기에 적합하지 않은 아프리카 남부에서 고립된 삶을 산 덕분이었다.

반투족의 확장 물결에도 코이산족이 살아남은 과정을 추적하기 전에, 선사시대 아프리카에서 일어난 또 하나의 거대한 인구 이동—오스트로네시아인의 마다가스카르 정착—에 대해 고고학이 우리에게 무엇을 말해주는지 살펴보자. 마다가스카르를 연구한 고고학자들이 지금까지 입증한 결과에 따르면, 오스트로네시아인은 늦게는 800년, 빠르게는 300년쯤 그곳에 도착했다. 그 섬에서 오스트로네시아인은 확연히 다른 동물들의 세계를 목격했다. 거대한 코끼리새, 고릴라만큼 큰 원시 영장류이던 여우원숭이, 꼬마 하마라고도 불리는 피그미하마 등 색다른 동물들이 마다가스카르에서 고립된 상태로 진화해왔기 때문이다. 오스트로네시아인은 자신들이 다른 행성에 온 것이라고 생각하며 그 동물들을 하나씩 절멸시켜나갔다. 고고학자들이 마다가스카르에서 발굴한 최초의 인간 정착지에는 철제연장, 가축과 작물의 흔적이 있었다. 따라서 정착민은 표류하다가 그 섬에 상륙한 어부가 아니라 제대로 준비하고 떠난 탐험대이기도 했다. 선사시대에 6,400킬로미터의 항해가 어떻게 가능했을까?

100년경 이집트에 살던 한 익명의 상인이 뱃사람들을 위해 남긴 항해 지침서《에리트라이해海 항해기》에서 그 답을 엿볼 수 있다. 기록에 따르면, 인도와 이집트를 동아프리카 해안 지역과 연결하는 해상 교역이 당시에도 이미 번성했다. 800년 이후 이슬람교가 동서로 확장하며 펼쳐진 인도양 무역은 동아프리카 해안 정착지에서 대량으로 출토된 토기·유리·자기 같은 중동(때로는 중국)의 물건들에서 고고학적으로 증명된다. 상인들은 순풍을 기다렸다가 동아프리카와 인도 사이의 인도양을 곧장 가로질렀다. 포르투갈의 항해사 바스쿠 다 가마Vasco da Gama(1469?~1524)는 유럽인으로는 처음으로 아프리카 남단을 지나 1498년 케냐 해안에 도착했을 때, 스와힐리족의 교역 정착촌에서 만난 한 선원을 배에 태우고 인도로 향하는 직항로를 안내받았다.

그러나 인도에서 동쪽의 인도네시아로 항해하는 해상 무역도 그 못지않게 활기찼다. 따라서 궁극적으로 마다가스카르에 정착한 오스트로네시아인은 이 동쪽 교역로를 통해 인도네시아로부터 인도에 도착했고, 다시 서쪽 교역로를 항해해 동아프리카에 도달한 후 그곳에서 아프리카인들과 힘을 합쳐 마다가스카르를 발견했을 가능성이 크다. 오스트로네시아인과 동아프리카인이 이렇게 힘을 합쳤다는 증거는 오늘날 마다가스카르에서 기본적으로 쓰이는 오스트로네시아어에서도 찾을 수 있다. 케냐 해안 지역에서 쓰이는 반투어들에서 차용한 단어들이 오스트로네시아어에 적잖게 담겨 있기 때문이다. 그러나 케냐 언어들에는 오스트로네시아어에서 차용한 단어가 전혀 없고, 오스트로네시아의 다른 흔적도 동아프리카 육지에 무척 희박하다. 아프리카 농업에서 무척 중요한 위치를 차지했던 오스트로네시아 작물을 제외하면, 인도네시아가 아프리카에 남긴 유산은 실로폰과 치터(골무로 줄을 뜯어 음을 내는 현악기의 일종—옮긴이) 등의 악기가 거의 전부이다. 따라서 오스트로네시아인이 인도와 동아프리카를 지나 마다가스카르에 들어가는 상대적으로 쉬운 길을 선택하지 않고, 다소 믿기지 않지만 인도양을 곧바로 가로질러 마다가스카르를 발견한 뒤에야 동아프리카 무역로에 끼어든 것은 아닐까 싶기도 하다. 여하튼 오스트로네시아인의 마다가스카르 정착은 아프리카에서 가장 놀라운 인구 이동으로, 이에 대한 수수께끼는 아직 다 풀리지 않았다.

아프리카의 선사시대에 뒤늦게 일어난 또 한 번의 대규모 인구 이동, 즉 '반투족 확장'에 대해 고고학은 우리에게 무엇을 말해줄 수 있을까? 현대인과 그들의 언어라는 두 가지 증거를 통해, 우리는 요즘 대다수가 생각하는 것처럼 사하라 이남 아프리카가 예부터 줄곧 흑인의 땅은 아니었다는 사실을 살펴보았다. 오히려 그 증거에 따르면, 피그미족은 한때 중앙아프리카 열대우림에 광범위하게 분포했고, 코이산족은 적도 남쪽의 아프리카에서도 더 메마른 땅에 널리 퍼져 있었던 것으로 추정된다. 고고학으로 이런 추정을 검증할 수 있을까?

피그미족의 경우에 대답은 "아직은 아니다"이다. 고고학자들이 중앙아프리카 숲에서 고대인의 유골을 아직 찾아내지 못했기 때문이다. 반면 코이산족의 경우에는 "그렇다!"이다. 코이산족의 현재 거주지 북쪽에 위치한 잠비아에서, 고고학자들이 현대 코이산족과 닮은 듯한 사람들의 유골뿐 아니라 유럽인이 들이닥칠 때까지도 코이산족이 아프리카 남부에서 여전히 만들어 사용하던 것과 비슷한 돌연장을 찾아냈기 때문이다.

반투족이 그 북쪽의 코이산족을 어떻게 밀어냈는지와 관련한 고고학적·언어학적 증거에 따르면, 고대 반투족 농경민은 일찍이 기원전 3000년경에 서아프리카 내륙 사바나를 떠나 남쪽의 다습한 해안 삼림지대로 이동하기 시작한 듯하다(그림 19.4 참조). 반투어군에 속한 모든 언어에서 아직도 널리 사용되는 단어들로 짐작해보면, 그때 이미 반투족에게는 참마처럼 다습한 기후에서 자라는 작물과 소가 있었다. 그러나 금속은 없었고, 여전히 고기잡이 및 수렵·채집에 크게 의존했다. 게다가 삼림지대로 들어간 후에는 체체파리가 옮기는 질병에 소까지 잃고 말았다. 콩고분지의 열대우림에 들어가서는 밭을 개간했고, 인구수가 늘어나자 피그미족 수렵·채집민을 '삼키기' 시작하며 그들을 더 깊은 숲으로 몰아넣었다.

기원전 1000년 직후, 반투족은 삼림지대의 동쪽 끝을 벗어나 한층 드넓게 펼쳐진 동아프리카지구대와 대호수 지방까지 진출했다. 이곳에서 그들은 아프리카아시아어와 나일사하라어를 사용하는 농경민과 목축민이 서로 뒤섞인 채 기장과 수수를 재배하고, 상대적으로 건조한 지역에서는 가축을 기르며 코이산족 수렵·채집민과 그들이 어울려 지내는 걸 목격했다. 반투족은 서아프리카 고향에서 물려받은 다습한 기후권의 작물 덕분에, 동아프리카에 먼저 들어온 사람들이 적합하지 않다고 여겨 방치한 습한 지역에서 농경을 시작할 수 있었다. 계속 이동하던 반투족은 서력기원을 수백 년쯤 남겨두고는 동아프리카 해안 지역에 이르렀다.

동아프리카에서 반투족은 나일사하라어와 아프리카아시아어를 사용하는 이웃들로부터 기장과 수수(이 작물들에 대한 나일사하라어 명칭까지)를 얻고, 소도 다시 얻었다. 또한 당시 사헬 지역에서 막 제련하기 시작한 철도 손에 넣었다. 기원전 1000년 직후 사하라 이남 아프리카에

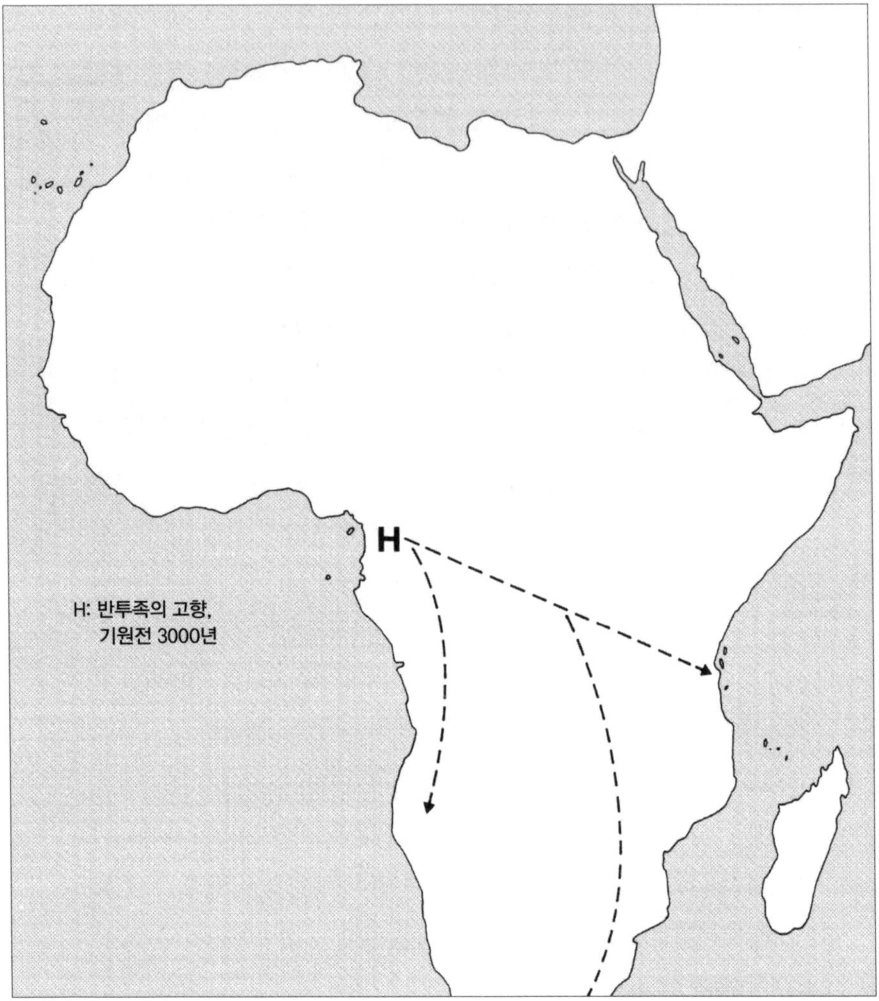

그림 19.4 반투족의 확장(기원전 3000~기원후 500년). 반투어군을 사용하는 사람들이 기원전 3000년부터 기원후 500년까지 현재 반투족 영역의 북서쪽 구석에 위치한 고향(H로 표시)을 출발해 동쪽과 남쪽으로 뻗어나간 대략적인 확장 경로이다.

서 시작된 제철 작업의 발원지가 어디인지는 아직 불확실하다. 기원전 1000년이라는 연대는 근동의 제철 기술이 북아프리카 해안 도시 카르타고에 도래한 때와 의심스러울 정도로 가깝다. 따라서 많은 역사학자가 야금술이 북쪽에서 사하라 이남 아프리카로 전해졌다고 추정하기도 한다. 한편 구리 제련은 늦게 잡아도 기원전 2000년 이후 서아프리카 사하라사막 지역과 사헬 지역에서 계속되었다. 구리 제련은 아프리카에서 독자적으로 제철 기술을 개발하는 전조였을 수 있다. 사하라 이남 아프리카 대장장이들의 철 제련법은 지중해 인근에서 사용하는 기법과 무척 달라, 아프리카에서 제철술이 독자적으로 발전했을 것이라는 가정을 뒷받침해준다. 구체적으로 말하면, 아프리카 대장장이들은 마을 공용 화덕에서 고온으로 강철 만드는 방법을 알아냈다. 이 가정이 맞는다면, 19세기 유럽과 미국의 베서머Bessemer 용광로보다 2,000년이나 앞선 것이다.

반투족은 습한 기후권의 작물에 철제 도구를 더함으로써 당시 적도 이남 아프리카에서는 누구도 따라올 수 없는 막강한 군수산업을 갖출 수 있었다. 하지만 동아프리카에서는 나일사하라어와 아프리카아시아어를 사용하며 철기를 지닌 많은 농경민과 여전히 경쟁해야 했다. 그러나 남쪽으로 3,200킬로미터쯤 떨어진 곳에는 수렵·채집으로 살아가며 철기와 작물도 없는 코이산족이 드문드문 점유한 땅이 있었다. 그로부터 수 세기가 지나지 않아, 반투족 농경민은 현재의 남아프리카공화국 동부 해안에 위치한 나탈까지 밀고 내려갔다. 선사시대에 가장 신속하게 이뤄진 인구 이동이었다.

신속하고 극적으로 진행되었음이 분명한 인구 확장을 크게 단순화해서, 앞뒤 가리지 않고 돌진하는 반투족 무리한테 코이산족이 짓

밝힌 것처럼 묘사하면 쉽기는 하다. 하지만 현실은 그렇게 단순하지 않았다. 반투족이 남하하기 수 세기 전에 아프리카 남부의 코이산족에게는 이미 양과 소가 있었다. 초기 반투족 개척자들은 수적으로 열세였을 가능성이 크다. 따라서 참마 재배에 적합한 습한 지역만 선택하고 상대적으로 건조한 지역은 건너뛰는 식으로 코이산족 목축민과 수렵·채집민에게 양보했을 것이다. 오늘날 피그미족 수렵·채집민과 반투족 농경민이 아프리카 적도권에서 그렇듯, 이때 코이산족과 반투족 농경민은 교역과 결혼으로 결합해 서로 인접한 지역에서 각각 살아갔을 것이다. 반투족은 인구가 증가하고 건조한 기후권의 곡물과 소까지 경제의 일부로 편입한 다음, 처음에 건너뛰었던 지역들을 점차 채워가기 시작했다. 여하튼 최종적인 결과는 똑같았다. 반투족 농경민은 코이산족의 옛 영토를 대부분 차지했고, 그곳에 살던 코이산족의 흔적은 비非코이산어들에 드문드문 남아 있는 흡착음, 땅속에 묻힌 채 고고학자들이 발견해주길 기다리는 돌연장과 유골, 그리고 아프리카 남부에 사는 (코이산족과 닮은) 반투족의 외모에서 겨우 찾을 수 있다.

코이산족에게 실제로 어떤 일이 있었기에 그렇게 사라진 것일까? 현재로서는 아무것도 알려진 게 없다. 확실히 말할 수 있는 것은 코이산족이 어쩌면 수만 년 동안 살았던 곳에 지금은 반투족이 살고 있다는 사실이다. 철제 무기를 든 백인 농경민이 돌연장을 사용하는 수렵·채집민, 오스트레일리아 원주민, 캘리포니아 인디언과 충돌하던 근현대의 사건들을 통해 그저 추측만 할 뿐이다. 지금 우리가 알고 있듯 그런 충돌이 있을 때마다 수렵·채집민은 신속히 제거되었다. 그들은 땅을 잃고 쫓겨났다. 남자들은 죽거나 노예가 되었고, 여자들은 끌려가야 했다. 또 남자와 여자 모두 농경민의 전염성 질병에 감염되었다. 아프리카에서 그런 질병 중 하나가 말라리아이다. 말라리아를 옮기는 모기는 농경민의 마을 주변에서 번식하기 때문에 침략자인 반투족은 말라리아에 이미 유전적 저항력을 지녔지만, 코이산족 수렵·채집민에게는 그런 저항력이 없었을 것이다.

하지만 최근의 아프리카 인구 분포를 나타낸 그림 19.1을 보면, 반투족이 모든 코이산족을 괴멸한 건 아니다. 즉 반투족의 농법에 적합하지 않은 남부에서는 코이산족이 살아남았다는 걸 확인할 수 있다. 반투족의 일원으로 가장 남쪽까지 내려간 코사족은 케이프타운에서 동쪽으로 800킬로미터쯤 떨어진 남아프리카공화국 남쪽 해안으로 흘러가는 피시강에서 멈추었다. 희망봉 자체가 농사를 짓기에 너무 건조했기 때문은 아니었다. 지금도 희망봉 지역은 남아프리카공화국의 곡창지대이다. 희망봉 지역이 겨울비가 내리는 지중해성 기후여서, 반투족의 여름비 작물에 적합하지 않았기 때문에 남하를 멈추었던 것이다. 1652년에 네덜란드인이 근동에 기원을 둔 겨울비 작물을 들고 케이프타운에 상륙할 때까지도 코사족은 피시강을 넘지 않았다. 이런 구체적인 식물지리학은 오늘날의 정치 현황에도 큰 영향을 미쳤다. 남아프리카공화국의 백인이 희망봉 일대의 코이산족을 전광석화처럼 살상하거나 감염시켜 몰아낸 뒤, 반투족보다 먼저 그 지역을 차지했기 때문에 우선권을 갖는 게 잘못은 아니라고 주장할 수 있게 된 것이 그중 하나이다. 하지만 훨씬 더 중대한 영향은 1652년에 정착한 네덜란드인이 싸워야 했던 상대가 과밀한 인구에 철기로 무장한 반투족 농경민이 아니라 희망봉 일대에 드문드문 흩어져 살던 코이산족 목축민이었다는 것이다. 그 결과 백인은 동쪽으로 세력을 확대하며, 마침내 1702년 피시강에서 코사족을 맞닥뜨렸고, 그때부터 필사적인 혈전이 시작되었다. 당시 유럽인은 희망봉의 안전 기지로부터 병력을 지원받았지만, 코사족을 진압하는 데는 아홉 차례의 전쟁과 175년이란 시간이 필요했다. 달리 말하면, 연간 평균 1.5킬로미터 이상을 전진하지 못했다는 뜻이다. 만약 희망봉에 가장 먼저 도착한 몇몇 네덜란드 선박이 그런 치열한 저항에 부딪쳤다면, 백인이 희망봉에 제대로 정착할 수 있었을까?

따라서 현대 남아프리카공화국의 문제는 적어도 부분적으로는 지리적 우연에서 비롯한 것이다. 희망봉 일대에서 살아가던 코이산족의 고향에는 작물화에 적합한 야생식물이 무척 드물었고, 반투족은 5,000년 전의 조상으로부터 여름비 작물을 물려받았다. 반면 유럽인은 거의 1만 년 전의 조상으로부터 겨울비 작물을 물려받았다. 이 모든 것이 지리적 우연이었다. 신생 독립국 나미비아의 수도에서 '괴링 스트리트'라는 도로 표지판이 나에게 나치를 떠올리게 했듯 아프리카의 과거는 아프리카의 현재에 깊이 새겨져 있다.

코이산족이 반투족을 먹지 못하고, 반투족이 코이산족을 삼킬 수 있었던 것도 그 때문이다. 이제 아프리카 선사시대에 대한 수수께끼에서 남은 문제로 넘어가 보자. 아프리카인이 유럽을 식민지로 만들지 못하고, 유럽인이 사하라 이남 아프리카를 식민지로 점령할 수 있었던 이유는 무엇일까? 아프리카는 수백만 년 동안 인류 진화의 유일한 요람이었고, 해부학적인 현생인류 호모사피엔스의 탄생지였을 가능성도 있기 때문에 그 반대가 아니었던 게 오히려 놀랍다. 아프리카는 훨씬 앞서 출발했다는 이점 이외에 기후와 서식 환경도 무척 다양하다는 이점이 있었다. 게다가 인종 다양성에서도 세계 최고였다. 1만 년 전에 지구를 방문한 외계인이라면, 유럽이 사하라 이남에 세워진 어떤 아프리카 제국의 속국이 될 거라고 예측했을 것이다.

아프리카와 유럽의 충돌 결과를 결정지은 근접 원인은 명확하다. 아메리카 원주민과 맞닥뜨렸을 때 그랬듯 유럽인은 아프리카에 진입해서도 세 종류의 이점을 누렸다. 구체적으로 말하면, 총을 비롯한 선진 과학기술, 글을 읽고 쓰는 폭넓은 능력, 탐험과 정복처럼 비용이 많은 드는 프로젝트를 지원하는 데 필요한 정치조직이 있었다. 충돌이 벌어지자 거의 즉시 이점이 명백히 드러났다. 바스쿠 다 가마는 1498년에 동아프리카 해안에 처음 도착한 뒤, 고작 4년 만에 대포로 무장한 함대를 끌고 돌아와서는 동아프리카의 가장 중요한 항구로서 짐바브웨 황금 무역을 지배하던 킬와를 양도하라고 요구했다. 그런데 왜 이런 세 가지 이점이 사하라 이남 아프리카보다 유럽에서 먼저 발전했을까?

앞에서도 언급했듯 세 가지 이점은 모두 역사적으로 식량 생산에서 비롯했다. 유라시아에 비교할 때 사하라 남쪽에서는 식량 생산이 지체되었다. 아프리카에는 가축화할 만한 토종 동물종과 작물화할 만한 토종 식물종이 부족했고, 식량을 생산하기에 적합한 면적도 훨씬 좁았다. 게다가 중심축이 남북을 관통해 식량 생산과 발명의 확산을 방해했다. 이제부터 이런 요인들이 어떻게 작용했는지 살펴보자.

첫째, 가축에 대해 먼저 알아보자. 앞에서 살펴보았듯이, 사하라 이남의 가축은 북아프리카에서 전해졌을지도 모르는 일부를 제외하면 모두 유라시아에서 들어온 것이었다. 갓 생겨난 유라시아 문명에서 가축을 활용하기 시작하고 수천 년이 지난 뒤에야 사하라 이남 아프리카에 도래했다. 우리는 지금 아프리카를 대형 야생 포유동물로 가득한 '유일한' 대륙이라고 생각하기 때문에 이런 결과가 놀라울 수도 있다. 그러나 9장에서 살펴보았듯 야생동물은 가축화되려면 유순하고 사람에게 순종적이어야 한다. 또 값싸게 사육할 수 있고, 질병에 면역력을 지니고, 갇힌 상태에서도 빠르게 성장해 번식할 수 있어야 한다. 유라시아의 소, 양, 염소, 말, 돼지는 세계에서 이런 모든 기준을 통과한 극소수 대형 야생동물종이었다. 한편 아프리카에 있던 그와 비슷한 동물, 예컨대 아프리카물소, 얼룩말, 멧돼지, 코뿔소, 하마는 당시에도 그랬지만 지금까지도 가축화하지 못했다.

물론 아프리카에 자생하는 몇몇 대형 동물을 간혹 '길들인 것'은 사실이다. 한니발이 아프리카코끼리를 길들여 로마군에 맞서 싸웠고, 고대 이집트인은 기린을 비롯한 몇몇 종을 길들였던 것으로 보인다. 그러나 그렇게 길들인 동물도 가축화되지는 않았다. 달리 말하면, 가둔 상태에서 선택적으로 교배시켜 인간에게 더 유익한 쪽으로 유전자를 바꿔갈 수 없었다. 아프리카코뿔소와 하마를 가축화했다면, 군대를 먹여 살릴 뿐만 아니라 무엇으로도 막을 수 없는 기병 부대의 일원으로서 유럽 기마 부대를 휩쓸었을 것이다. 그랬더라면 코뿔소에 올라탄 반투족 돌격 부대가 로마제국을 뒤엎을 수 있었겠지만, 그런 일은 결코 일어나지 않았다.

둘째, 식물의 경우도 사하라 이남 아프리카와 유라시아 사이에는 동물의 경우와 비슷하지만 덜 극단적인 차이가 있었다. 사헬 지역과 에티오피아, 서아프리카에서도 토종 작물을 재배했는데, 유라시아만큼 품종이 다양하지는 않았다. 작물화에 적합한 야생식물의 품종이 제한적이었기 때문에 아프리카에서는 비옥한 초승달 지역보다 수천 년이나 늦게 농업을 시작했던 듯하다.

따라서 작물화와 가축화에 관한 한 유라시아가 아프리카보다 먼저 출발했고, 품종도 다양했던 게 분명하다. 셋째 요인은 면적이다. 아프리카의 면적은 유라시아의 절반에 불과하다. 게다가 기원전 1000년 전에 농경민과 목축민이 살았던 사하라 이남과 적도 위쪽은 전체 아프리카 면적의 3분의 1을 넘지 않는다. 오늘날에도 아프리카의 전체 인구는 7억 명을 넘지 않아 40억 명에 가까운 유라시아 인구에 비하면 턱없이 적다. 다른 모든 조건이 동일할 때 더 넓은 땅과 더 많은 인구는 경쟁하는 사회가 더 많고, 발명 가능성도 더 높다는 뜻이다. 따라서 발전 속도도 더 빠를 수밖에 없다.

홍적세 이후의 발전 속도에서 아프리카가 유라시아보다 느릴 수밖에 없었던 마지막 요인은 두 대륙의 중심축이 다르다는 것이다. 남북아메리카가 그렇듯 아프리카의 중심축은 남북 방향인 반면, 유라시아의 중심축은 동서 방향이다(그림 10.1 참조). 남북 축을 따라 이동하려면 기후와 서식 환경, 강수량, 낮의 길이, 작물과 가축의 질병 등이 매우 다른 지역을 지나야 한다. 따라서 아프리카의 경우에는 어떤 지역에서 작물화 및 가축화된 식물과 동물이 다른 지역으로 이동하려면 큰 어려움을 겪어야 했다. 반면 유라시아에서는 작물과 가축이 수천 킬로미터 떨어진 곳까지 어렵지 않게 이동했다. 거리가 많이 떨어졌더라도 위도는 같아 기후와 낮의 길이가 비슷했기 때문이다.

아프리카에서 작물과 가축이 남북 축을 따라 느릿하게 이동하거나 완전히 멈춘 현상은 중대한 결과를 낳았다. 예컨대 이집트에서 주요 작물이 된 지중해성 작물은 발아하려면 겨울비가 필요하고, 계절에 따라 낮의 길이도 달라져야 한다. 따라서 그런 지중해성 작물은 수단 남쪽 아래로는 퍼져나갈 수 없었다. 수단 아래로 내려가면 여름에 비가 집중적으로 내리고, 계절의 변화에 따른 낮의 길이가 거의 혹은 전혀 변하지 않기 때문이다. 따라서 유럽 정착민이 1652년에 희망봉을 통해 이집트의 밀과 보리를 가져갈 때까지, 그 작물들은 희망봉 주변의 지중해성 기후까지 도달하지 못했고, 코이산족도 농경을 시작한 적이 없었다. 마찬가지로 계절 변화에 따라 낮의 길이가 거의 바뀌지 않는 환경과 여름비에 적응한 사헬 지역의 작물은 반투족에 의해 아프리카 남부에 전해졌지만, 희망봉에서는 제대로 자라지 못해 반투족의 농경도 더는 남쪽으로 내려가지 못했다. 바나나를 비롯한 열대 아시아 작물은 아프리카 기후에 더할 나위 없이 적합해 오늘날 아프리카 열대지역의 농경에서 가장 생산적인 작물로 입지를 굳혔지만, 육로를 통해서는 아프리카에 전해질 수 없었다. 열대 아시아 작물은 1~1000년, 즉 아시아에서 작물화하고 오랜 시간이 지난 뒤에야 전해진 듯하다. 달리 말하면, 인도양을 가로지르는 대규모 인구 이동이 있을 때까지 기다려야 했다.

아프리카의 남북 중심축은 가축의 확산도 크게 가로막았다. 아프리카 열대지역의 체체파리가 옮기는 수면병에 아프리카 토종 야생 포유동물은 저항력을 갖췄지만, 유라시아와 북아프리카에서 도입된 가축들에게 체체파리는 치명적이었다. 반투족이 체체파리가 없는 사헬 지역에서 얻은 소는 그들이 적도 숲을 통과할 때 살아남지 못했다. 말은 일찍이 기원전 1800년경 이집트에 전해졌고, 그로 인해 북아프리카의 전쟁 양상도 바뀌었다. 하지만 말은 사하라사막을 넘지 못해 기병 부대를 갖춘 서아프리카 왕국은 1~1000년이 되어서야 등장할 수 있었다. 결국 말은 체체파리의 영역을 넘어 남하하지 못했다. 소, 양,

염소도 기원전 3000~기원전 2000년 사이에 이미 세렝게티 북쪽 끝자락까지 도달했지만, 그곳을 넘어 아프리카 남부까지 전해지는 데는 무려 2,000년이 넘게 걸렸다.

아프리카에서는 인간의 과학기술도 남북 중심축을 따라 느릿하게 확산했다. 토기는 수단과 사하라사막에서 기원전 8000년경 사용한 흔적이 있지만, 희망봉 지역에는 기원후 1년에야 도달했다. 문자는 이집트에서 기원전 3000년경 탄생해 알파벳 형태로 누비아왕국의 메로에(오늘날의 수단에 있던 고대 도시—옮긴이)까지 전해졌고, 에티오피아에도 알파벳문자가 십중팔구 아라비아로부터 전해졌지만, 아프리카의 다른 지역에서 문자를 독자적으로 만든 흔적은 없다. 아프리카에서 사용하는 문자는 아랍인과 유럽인에 의해 외부로부터 전해진 것이 전부이다.

요약하면, 백인 인종차별주의자들이 추정하듯 유럽인과 아프리카인 사이에 큰 차이가 있어 유럽이 아프리카를 식민지로 정복할 수 있었던 게 아니다. 지리적 우연과 생물지리학적 우연이 겹친 결과였다. 특히 면적과 중심축 및 일련의 야생 동식물종에서 두 대륙이 확연히 달랐기 때문이다. 달리 말하면, 두 대륙이 밟은 서로 다른 역사적 궤적은 궁극적으로 '부동산real estate'의 차이에서 비롯된 결과였다.

20장 일본인은 누구인가?

WHO ARE THE JAPANESE

일본인의 조상은 어디에서 왔는가?

현대 일본인의 기원은 아이누족과 닮은 조몬인일까, 야요이 시대에 일본으로 건너간 한국인일까? 한국인과 일본인은 유전자적으로는 유사하면서 왜 언어는 유사하지 않을까? 일본인이 실제로 누구이고, 그들과 밀접한 관계에 있는 한국인으로부터 어떻게 갈라져 나왔는지 정확히 이해해야 역사에서 비롯된 반목에서도 헤어나올 수 있다.

현 세계의 열강 중 문화와 환경 면에서 가장 독특한 국민은 일본인이다. 일본어의 기원은 언어학계에서도 가장 논란이 많은 과제이다. 세계의 주요 언어 중에서 일본어처럼 다른 언어와의 관련성이 여전히 의혹에 싸인 경우는 지금껏 하나도 없었기 때문이다. 대체 일본인은 누구일까? 또 그들은 언제 어디에서 일본 땅에 들어왔고, 그 유일무이한 언어를 어떻게 만들어갔던 것일까? 이런 의문은 일본인이 자신들에 대해 갖는 생각, 즉 그들 자신의 자아상뿐 아니라, 타인의 눈에 비친 일본인의 모습을 규정하는 데도 핵심적 역할을 한다. 커져가는 세계적 위상과 때로는 해결하기 어려운 주변국과의 민감한 관계 때문에라도 일본을 끈질기게 뒤덮어온 신화를 벗겨내고 답을 찾아내는 것이 어느 때보다 중요하다.

《총, 균, 쇠》의 이전 판에서 너무 짤막하게 다룬 탓에 일본은 그 책의 지리적 분배에서 가장 큰 결함이었다. 이 책의 초판 출간 이후 일본인의 유전자와 언어 기원에 대한 새로운 정보가 쌓인 덕분에 이제 이 책의 전체적인 얼개에 일본이 얼마나 들어맞는지 검증해보고 싶은 용기를 얻었다.

위에서 제기한 의문에 대한 증거들이 여전히 상충되기 때문에 정확한 답을 찾기는 여전히 어렵다. 일본인은 외모와 유전자에서 다른 동아시아인, 특히 한국인과 무척 유사한 데다 생물학적으로도 특별하지는 않다. 일본인이 흔히 강조하듯 그들은 문화적으로나 생물학적으로나 상당히 동질적이다. 일본 북단에 위치한 섬 홋카이도에 사는 '아이누'라는 무척 다른 종족을 제외하면, 지역별로 일본인의 차이는 거의 없다는 주장이다. 이런 사실을 모두 종합하면, 일본인은 동아시아 본토로부터 비교적 나중에야 바다를 건너 원주민이던 아이누족을 밀어낸 것으로 추정된다. 그러나 이 추정이 맞는다면, 일본어는 동아시아 본토에서 쓰이는 어떤 언어와 밀접한 관계를 보여야 마땅하다고 추측할 수 있어야 한다. 앵글로색슨족이 기원후 6세기에 유럽 대륙을 떠나 잉글랜드를 점령했기 때문에 영어가 게르만어파에 속한 언어들과 밀접한 관계를 맺게 된 것과 마찬가지이다. 그러나 고대 일본에서 사용한 것으로 추정되는 언어는 일본인의 기원과 관련한 다른 모든 증거와 모순된다. 어떻게 해야 이런 모순을 해결할 수 있을까?

이에 대해서는 지금까지 네 가지 모순된 이론이 제기되었고, 나라마다 호응하는 이론은 제각각 다르다. 일본에서는 일본인이 기원전 2만 년보다 훨씬 이전에 일본에 들어온 고대 빙하기 사람들로부터 서서히 진화한 것이라는 이론이 가장 일반적이다. 중앙아시아를 떠돌던 기마 민족이 한국을 경유해 기원후 4세기에 일본을 정복했다는 이론도 일본에서는 폭넓게 인정받고 있다(따라서 일본인은 한국인과 뿌리가 전혀 다르다고 주장한다). 한편 많은 서구 고고학자와 한국인이 지지하는 이론은 일본인이 기원전 4세기경 쌀농사와 함께 한국에서 이주한 사람들의 후손이라는 것이다(이는 일본에서 보편적으로 받아들이지 않는 이론이다). 끝으로, 위의 세 이론에서 언급한 종족들이 뒤섞여서 현재의 일본인이 되었다는 견해가 있다.

다른 민족의 기원에 대해 비슷한 질문이 제기되면 냉정하게 논의할 수 있겠지만, 일본인의 기원에 대해서는 그렇지 않다. 다른 많은 비유럽계 국가와 달리, 일본이 정치적 독립성과 문화를 유지하며 19세기 말 고립에서 벗어나 산업화를 이루어낸 것은 대단한 성과였다. 오늘날 일본인이 서구의 거대한 영향에 직면해 그들의 고유한 전통을 유지할 방법을 걱정하는 건 당연한 반응일 수 있다. 그들은 자국의 언어와 문화가 세계 어디에서도 유례가 없을 정도로 유달리 복잡한 발달 과정을 거쳤기 때문에 유일무이하다고 믿고 싶어 한다. 따라서 일본어가 다른 어떤 언어와 관련이 있다고 인정하는 건 문화적 정체성을 포기하는 셈이다.

1946년까지 일본 학교에서는 712년과 720년에 쓰인 최초의 일본 연대기에 기초한 역사 속 신화를 가르쳤다. 그에 따르면, 창조신 이자나기의 왼쪽 눈에서 태어난 태양 여신 아마테라스가 손자 니니기를 일본 규슈섬에 내려보내 지상의 신과 결혼하게 했다. 니니기의 증손자 진무는 신성한 새의 도움을 받아 적들을 물리치고 기원전 660년에 일본의 첫 황제가 되었다. 기원전 660년부터 역사서에 처음 등장하는 군주들 사이의 공백을 메우기 위해 연대기는 13명의 황제를 허구로 만들어냈다.

제2차 세계대전이 끝나기 전까지, 즉 히로히토 황제가 일본 국민에게 자신은 신의 후손이 아니라고 고백하기 전까지 일본 고고학자와 역사학자는 자신의 해석을 그 신화에 맞추어야 했다. 요즘은 예전에 비해 상당히 자유롭게 해석하지만 제약이 완전히 사라진 것은 아니다. 일본에서 가장 중요한 고고학적 기념물(300~686년에 조성된 158개의 거대한 고분군으로, 고대 황제들과 그 가족의 유물이 보존되어 있는 것으로 추정된다)은 여전히 일본 궁내청 소유이다. 이 무덤들에 대한 조사는 신성을 모독하는 것이기 때문에 금지되어 있다. 만약 이 무덤들을 발굴한다면 일본 황실의 기원에 대한 바람직하지 않은 비밀이 밝혀질지도 모른다(예컨대 한국 기원설?).

미국에서는 고고학적 유물이 현재의 미국인과 관계없는 사람들, 즉 아메리카 원주민이 남긴 것이라고 인정받지만, 일본에서는 고고학적 유물이 아무리 오래된 것이라도 현재 일본인의 조상이 남긴 것이라고 여긴다. 따라서 일본에서 고고학은 천문학적인 예산을 지원받고, 세계 다른 곳에서는 상상도 할 수 없을 정도로 국민에게 큰 관심을 받는다. 일본 고고학자들은 매년 1만 곳 이상을 발굴하고, 현장 작업자를 5만 명이나 고용한다. 그 결과, 일본에서는 신석기시대의 유적을 중국 전체보다 20배나 많이 발견했다. 발굴 관련 보도가 거의 매일 텔레비전에 나오고 일본 최대 일간지 1면에 실린다. 고고학자들은 이런 보도에서, 현대 일본인의 조상이 머나먼 옛날 일본에 들어왔다는 걸 증명하기 위해, 그때 일본에 살던 사람들이 당시 다른 세계에 살던 사람들과 무척 달랐지만 지금의 일본인과는 상당히 비슷하다는 걸 강조한다. 예컨대 한 고고학자는 2,000년 전의 유적지에 대한 강연에서, 그곳에 살던 사람들이 남긴 쓰레기 구덩이에 주목하며, 오늘날 일본인이 자랑스럽게 생각하는 청결을 먼 옛날 일본인도 생활화했다는 증거라고 주장했다.

일본 고고학계가 냉정한 논의를 하기 어려운 이유는, 과거에 대한 해석이 일본인의 현재 행동에 영향을 미치기 때문이다. 동아시아 종족들 중에서 누가 누구에게 문화를 전달했을까? 또 누가 문화적으로 우월하고, 누가 미개한 야만인일까? 또 누가 어떤 땅에 대한 역사적 소유권을 주장할 수 있을까? 예컨대 일본과 한국에는 300~700년에 인적·물적 교류를 했다는 고고학적 증거가 많다. 이에 대해 일본인은 당시 일본이 한국을 정복했으며, 한국인 노예와 기능인을 일본으로 데려온 증거라고 해석한다. 반면 한국인은 한국이 일본을 정복했고, 일본 황실을 세운 사람은 한국인이었다고 주장한다.

따라서 1910년에 일본이 군대를 파견해 한국을 병합했을 때, 일본 군부 지도자들은 '고대 질서의 합당한 회복'이라며 찬사를 보냈다. 그 이후 35년 동안 일본 점령군은 한국 문화를 뿌리 뽑고, 학교에서도 한국어를 일본어로 대체하려고 애썼다. 그때 일본으로 건너가 수 세대를 살아온 한국인들은 아직도 일본 시민권을 얻기가 쉽지 않다. 또 일본에는 16세기에 한국을 침략했을 때 전리품으로 한국인 2만 명의 코를 베어 와 묻은 '코 무덤'이 있다. 따라서 일본인에 대한 혐오가 한국에 팽배하고, 한국인에 대한 경멸이 일본에 만연한 것은 조금도 놀랍지 않다.

겉보기에는 신비로운 고고학적 논쟁이 어떻게 격정적 반응을 자극하는지 보여주는 일례로, 일본의 유명한 고고학적 유물을 생각해보자. 일본에서 역사 기록 시기 이전인 5세기의 것으로, 국보로 지정된 유물이 있다. 도쿄국립박물관에 소장된 '에다후나야마 철검江田船山鐵劍'이 그것이다. 이 철검에는 은으로 상감된 문장이 한자로 쓰여 있다. 지금까지 일본에서 나온 가장 오래된 문자 기록 중 하나인데, 위대한 왕과 신하 그리고 장안張安이라는 한국인 필경사를 언급한다. 예닐곱 개의 한자가 불완전하거나 부식 또는 소실되어 정확한 의미는 추측할 수밖에 없다. 일본 학자들은 그 사라진 한자들이 8세기의 일본 연대기에 '아름다운 치아瑞齒'라고 기록된 미즈하와케瑞齒別 천황을 뜻한다고 해석했다. 하지만 1966년에 한국 역사학자 김석형은 사라진 글자 속 이름이 실제로는 백제의 개로왕蓋鹵王이고, 언급된 신하는 당시 백제가 점령하고 있던 일본의 여러 지역에 파견된 봉신封臣이라고 주장해 일본 학자들에게 큰 충격을 안겼다. 그렇다면 '고대 질서의 합당한 회복'이란 실제로 무엇일까?

오늘날 일본과 한국은 모두 경제 강국으로서 대한해협(원문에는 쓰시마해협—옮긴이)을 사이에 두고 거짓된 신화와 과거의 참극으로 오염된 렌즈를 통해 서로를 바라보고 있다. 위대한 두 민족이 공통분모를 찾아내지 못한다면, 이런 대립은 동아시아의 미래를 위해 좋을 게 없다. 그 공통분모를 찾아내려면, 일본인이 실제로 누구이고, 그들과 밀접한 관계에 있는 한국인으로부터 어떻게 갈라져 나왔는지 정확히 이해하는 작업이 반드시 필요하다.

일본의 독특한 문화를 이해하기 위한 출발점으로, 일본의 특이한 지리와 환경을 먼저 살펴보자. 얼핏 보면, 일본은 지리적으로 영국과 무척 비슷한 듯하다. 영국과 일본은 각각 유라시아 동쪽과 서쪽에 있는 큰 군도群島이다. 그러나 세세한 부분에서는 중요한 차이가 있다. 일본은 면적이 더 넓고, 대륙에서 더 멀리 떨어져 있다. 일본의 면적은 약 38만 제곱킬로미터이다. 영국의 두 배이고 캘리포니아와 엇비슷하다. 한편 영국은 프랑스 해안에서 35킬로미터밖에 떨어지지 않은 반면, 일본은 아시아 본토에서 가장 가까운 곳(한국)과는 약 180킬로미터, 러시아 본토와는 약 290킬로미터, 중국 본토와는 약 740킬로미터나 떨어져 있다.

어쩌면 이 때문에 역사적으로 일본이 아시아 본토와 휘말린 경우보다, 영국이 유럽 대륙과 휘말린 경우가 훨씬 더 잦았을 것이다. 예컨대 서기 이후 영국은 유럽 대륙으로부터 네 번의 침략을 받았지만, 일본은 한 차례도 침략을 당하지 않았다(한국이 역사가 기록되기 이전에 일본을 침략하지 않았다면 말이다). 반대로, 1066년 노르만족이 잉글랜드를 정복한 이후 영국군은 한 세기도 빼놓지 않고 유럽 대륙에서 싸움을 벌인 반면, 역사가 기록되기 이전 시대와 16세기의 마지막 10년 동안 한국을 침략한 경우를 제외하면 19세기 말까지 일본군은 아시아 본토에 발을 들여놓은 적이 없었다. 이런 지리적 조건 때문에 일본은 더 고립되었고, 그 결과 독특한 문화를 만들어갈 수 있었다.

기후를 살펴보면, 일본은 강우량이 연평균 4,000밀리미터에 달해 세계에서 가장 다습한 온대 국가이다. 게다가 유럽 대부분 지역에서 지배적인 겨울비와 달리, 일본에서는 여름에 비가 집중된다. 많은 강우량과 여름비 덕분에 일본은 온대권의 어떤 국가보다 작물의 생산성이 높다. 농지의 절반이 노동집약적이고 물이 많이 필요한 쌀농사를 짓지만, 비가 많은 산악지대에서 경사진 저지대 평야로 흐르는 강들의 수량이 풍부해서 관개에 어려움이 없고 수확량 역시 많다. 일본은 총면적의 80퍼센트가 농경에 적합하지 않는 산악지대이고, 14퍼센트만이 농지이다. 따라서 농지 면적당 인구밀도가 영국의 여덟 배에 이른다. 농지로 활용할 수 있는 면적을 기준으로 할 때 일본은 세계에서 인구밀도가 가장 높은 사회이기도 하다.

일본은 많은 강우량 덕분에 벌목 이후 숲이 빠른 속도로 회복된다. 따라서 수천 년간 과밀한 인구가 생활해왔지만, 모든 사람이 일본에서 느끼는 첫인상은 푸른 녹음이다. 지금도 국토의 70퍼센트 이상이 숲으로 덮여 있다(영국의 경우에는 10퍼센트에 불과하다). 이렇게 숲이 많다는 것을 거꾸로 해석하면, 일본에는 자연 초지나 풀밭이 없다는 뜻이다. 일본에서 예부터 식용으로 대량 사육한 유일한 동물은 돼지이다. 양과 염소는 중요한 위치를 차지한 적이 없고, 소는 쟁기와 수레를 끄는 목적으로 키웠지 애초에 식용이 아니었다. 오늘날 일본산 쇠고기는 파운드당 100달러에 팔릴 만큼 부유한 소수만이 즐기는 호사스러운 음식이다.

일본의 산림은 위도와 고도에 따라 다양하다. 남부의 낮은 고도에는 상록수, 중부에는 낙엽수, 북부의 높은 고도에는 침엽수가 많다. 선사시대 사람들에게 가장 생산적인 나무는 낙엽수였다. 낙엽수에는 식용 열매가 달리는 나무가 많기 때문이다. 호두나무, 밤나무, 마로니에나무, 도토리나무, 너도밤나무가 대표적인 예이다. 숲처럼 일본의 물도 생산성이 무척 높다. 호수와 강에 수산자원이 풍부하다. 내륙해(육지에 둘러싸인 바다—옮긴이)에는 물론이고 서쪽의 동해(원문에는 일본해—옮긴이)와 동쪽의 태평양에 연어와 송어, 참치, 정어리, 고등어, 청어, 대구 등이 바글거린다. 오늘날 일본은 세계에서 어류를 가장 많이 잡으면서도 가장 많이 수입하고 소비하는 국가이다. 일본의 강과 바다에는 조개와 굴을 비롯한 조개류, 게와 새우와 가재를 비롯한 갑각류, 먹을 수 있는 해초도 풍부하다. 뒤에서 다시 살펴보겠지만, 육지와 민물과 바다의 높은 생산성은 일본의 선사시대를 떠받치는 중요한 열쇠였다.

고고학적 증거로 눈을 돌리기 전에 생물학과 언어학, 옛 초상portrait과 역사 기록에서 취합한 증거를 통해 일본인의 기원을 추적해보자. 네 분야의 증거가 서로 모순되기 때문에 일본인의 기원을 파악하는 것은 꽤 어렵다.

남서쪽에서 북동쪽으로 기울어진 일본열도는 크게 네 섬, 즉 규슈, 시코쿠, 혼슈(가장 큰 섬), 홋카이도로 이루어졌다. 19세기 말 일본인이 대거 홋카이도로 이주하기 전까지, 그 섬과 혼슈 북부에는 역사적으로 아이누족이 주로 거주했다. 일본인이 나머지 세 섬에 거주할 때, 아이누족은 수렵·채집을 하며 제한적으로만 농경에 종사했다. 일본인은 유전자와 뼈대뿐 아니라 외모에서도 다른 동아시아인, 예컨대 북중국인과 동시베리아인, 특히 한국인과 무척 비슷하다. 내 일본인 친구와 한국인 친구들조차 얼굴만 보아서는 누가 일본인이고 한국인인지 구분하기 힘들 때가 있다고 말한다.

아이누족은 독특한 외모 때문에, 지상의 어떤 민족에 대해서보다 그 기원과 관련해 많은 글이 쏟아져나왔다. 아이누족 남자는 턱수염이 풍성하고, 몸의 털도 세계 어느 민족보다 많은 편이다. 이런 객관적 사실에 지문과 귀지의 형태 등 유전적으로 물려받는 다른 특징을 더하면, 아이누족은 어떤 이유로든 유라시아에서 동쪽으로 이주해 최종적으로 일본에 정착한 코카서스인종, 즉 백인으로 분류되기도 한다. 하지만 전체적인 유전자 구성에서 아이누족은 일본인과 한국인 그리고 오키나와인을 비롯한 동아시아인과 관계가 있다. 어쩌면 아이누족의 독특한 외모는 그들이 아시아 본토로부터 이주해서 일본열도에 고립된 뒤 자웅선택을 통해 생겨난, 상대적으로 소수인 유전자와 관계가 있는 듯하다. 독특한 외모와 수렵·채집 생활 때문에 아이누족이 일본에 원래부터 거주하던 수렵·채집민의 후손이고, 일본인은 나중에 아시아 본토에서 들어온 침략자라는 직설적인 해석도 가능하다.

그러나 이렇게 해석해서는 일본어의 독특함을 설명하기가 쉽지 않다. 모두가 인정하듯이 일본어는 세세한 면에서 세계 어떤 언어와도 밀접한 관계가 없다(프랑스어가 스페인어와 갖는 관계만큼 일본어에 가까운 언어는 없다). 일본어의 언어적 관계에 대해 무엇인가를 말할 수 있다면, 많은 학자가 생각하듯 아시아의 알타이어족에서 고립된 언어인 듯하다는 것이다. 알타이어족은 튀르키예어파, 몽골어파, 동시베리아의 퉁구스어파로 이루어진다. 한국어도 알타이어족의 한 고립어로 여겨지며, 알타이어족 내에서 일본어와 한국어는 다른 언어들보다 서로 밀접한 관계에 있는 것 같다. 하지만 일본어와 한국어의 유사성은 일반적인 문법 체계와 기본적인 어휘의 15퍼센트에 국한될 뿐이다. 프랑스어와 스페인어처럼 문법과 어휘의 세세한 부분까지 공유하지는 않는다. 만약 일본어와 한국어가 멀더라도 어떤 관계에 있는 게 맞는다면, 프랑스어와 스페인어가 갈라지기 시작한 게 2,000년에 불과하다는 걸 고려할 때, 기본적인 어휘를 15퍼센트가량 공유한다는 점에서 두 언어는 5,000년 전쯤에 갈라지기 시작했을 것이라는 추정이 가능하다. 한편 아이누어의 언어적 관계는 그야말로 수수께끼이다. 아이누어는 일본어와 어떤 특별한 관계도 없는 것 같다.

생물학과 언어학 다음으로, 일본인의 기원에 대해 말해줄 만한 세 번째 유형의 증거는 옛 초상이다. 옛 일본인의 모습이 보존된 최초의 초상은 1,500년 전경 무덤 밖에 세워진 '하니와埴輪'라는 조각상이다. 특히 눈매에서 하니와 조각상은 현대 일본인이나 한국인 등 동아시아인을 묘사한 게 분명하다. 일본인이 홋카이도 남부에서 아이누족을 대체했다면, 그 사건은 기원후 500년 이전에 있었던 게 확실하다. 일본인은 1615년 홋카이도에 교역소를 세운 후, 미국 백인이 원주민에게 했던 식으로 아이누족을 대했다. 아이누족은 정복당한 뒤 보호

구역에 갇혔고, 교역소에서 강제로 일을 해야 했다. 그들은 일본인 농경민에 의해 땅에서 쫓겨났고, 저항하면 죽임을 당했다. 마침내 일본이 1869년에 홋카이도를 합병하자 일본인 교사들은 아이누 문화와 언어를 말살하기로 결의했다. 그 결과 오늘날 아이누어는 실질적으로 소멸했고, 순혈 아이누족은 남아 있지 않을 가능성이 크다.

일본에 대한 초기 문서 기록은 중국 연대기에서 찾을 수 있다. 한자가 한국과 일본에 전해지기 훨씬 전부터 중국에서는 문자를 사용했기 때문이다. 기원전 108~기원후 313년에 중국은 지금의 북한 지역을 점령했고, 일본과 사신을 주고받았다. 기록을 보면 중국은 주변 여러 종족을 '동쪽의 오랑캐'라는 뜻에서 '동이東夷'라 칭했고, 일본은 '왜倭'라는 이름으로 표현했다. 당시 일본은 100여 개의 작은 국가로 쪼개져 서로 싸웠다. 700년 이전 일본의 명문銘文에는 한국인에 대한 기록이 극히 일부만 남아 있을 뿐이다. 포괄적인 역사서는 일본에서 712~720년, 한국에서는 그 뒤에 쓰였다. 일본과 한국 연대기의 초기 역사는 지배층을 미화하고 합법화하기 위해 명백히 조작된 이야기로 가득하다. 일본 황제는 태양 여신 아마테라스의 후손이라고 신격화한 이야기가 대표적인 예이다. 그렇지만 중국이 한국을 통해서, 또는 한국이 직접 일본에 큰 영향을 미치며 불교와 문자, 야금술과 그 밖의 공예 기술, 관료제 등을 전해준 게 분명하다는 걸 양국 역사서를 통해 충분히 확인할 수 있다. 두 나라의 역사서는 일본 속 한국인, 한국 속 일본인에 대한 이야기로 가득하지만, 똑같은 이야기를 일본 역사학자는 일본이 한국을 정복했다는 증거로, 한국 역사학자는 한국이 일본을 정복했다는 증거로 해석한다.

지금까지 살펴본 바에 따르면, 일본인의 조상이 문자를 갖기 전에 일본으로 들어간 건 분명한 듯하다. 그런데 생물학적 증거로 보면 일본인이 상당히 나중에야 일본에 정착한 듯하지만, 언어학적 증거에서는 적어도 5,000년 전에 들어간 것으로 추정된다. 이제 고고학적 증거로 눈을 돌려, 이 수수께끼를 풀어보자. 뒤에서 살펴보겠지만, 고대 일본은 세계에서 가장 특이한 사회에 속했다.

일본의 많은 지역과 동아시아의 해안은 얕은 바다에 둘러싸여 있다. 따라서 빙하기에는 그 바다가 마른땅이었을 것이다. 빙하기에는 많은 바닷물이 빙하에 갇혀 해수면이 지금보다 150미터 낮았기 때문이다. 당시 일본의 최북단 섬 홋카이도는 지금의 사할린 위쪽 러시아 본토와 지협으로 이어져 있었다. 한편 남단 섬 규슈는 대한해협 위쪽에 위치한 한국과 또 다른 지협으로 이어져 있었다. 물론 일본의 모든 섬도 서로 이어져 있었다. 오늘날 황해와 동중국해라고 불리는 널찍한 바다도 중국 본토에 붙은 육지였다. 따라서 지협이 있던 시대에 일본까지 뚜벅뚜벅 걸어간 포유동물 중에는 현재 일본에 서식하는 곰과 원숭이의 조상뿐 아니라, 배를 발명하기 훨씬 전의 고대 인류도 있을 것이라고 생각할 수 있다. 돌연장은 인간이 50만 년 전에 일본에 들어갔다는 증거이다. 일본 북부에서 발견되는 고대 돌연장은 시베리아 및 북중국의 것과 비슷하지만, 일본 남부에서 발견되는 돌연장은 한국 및 남중국의 것과 비슷하다. 이는 북쪽 지협과 남쪽 지협을 모두 사용했다는 걸 시사한다.

빙하기에 일본은 살기 좋은 곳이 아니었다. 영국과 캐나다처럼 빙하로 뒤덮이진 않았지만 여전히 춥고 건조한 땅이었다. 게다가 인간에게 먹을 만한 열매를 거의 주지 못하는 침엽수와 자작나무 숲이 드넓게 펼쳐져 있었다. 이런 환경적 결함 때문인지 빙하기 일본의 발전상은 무척 인상적이다. 약 3만 년 전 일본인은 단순히 돌을 깨거나 돌덩이에서 떨어져 나온 돌조각에 만족하지 않고, 세계에서 가장 먼저 돌을 날카롭게 갈아 사용한 인류 중 하나가 되었다. 날을 날카롭게 다듬은 간석기는 구석기시대와 신석기시대를 구분 짓는 중대한 문화적 진보로 여겨진다. 영국의 고고학 자료를 보면, 간석기는 농경이 들어온 7,000년 전에야 비로소 나타났다.

약 1만 3,000년 전 빙하가 전 세계에서 급속히 녹기 시작하자, 일본도 더 나은 방향으로 현격히 변했다. 적어도 인간의 관점에서는 더 좋아졌다. 기온과 강우량과 습도가 전체적으로 올라갔고, 식물의 생산성도 현재의 수준까지 높아졌다. 덕분에 지금도 일본 농업은 온대권 국가 중에서 현저히 높은 수준의 생산성을 자랑한다. 빙하기에는 견과류 열매가 열리는 낙엽수림이 일본 남부에만 제한적으로 서식했다. 하지만 빙하기가 끝난 후부터는 과거에 상당히 척박했던 숲의 유형이 한층 생산적인 형태로 바뀌었다. 또 해수면이 상승하면서 지협이 바닷물에 잠기고, 일본은 아시아 대륙의 일부에서 큰 군도로 변했다. 한때 평원이었던 곳도 풍요로운 얕은 바다로 바뀌었다. 그리하여 무수히 많은 섬과 만, 간석지와 강어귀가 있는 수천 킬로미터의 생산적인 해안선이 새로이 형성되고, 바다에는 어느 곳이나 해산물로 넘쳐났다.

빙하기가 끝나자 일본 역사에서 가장 극적인 두 가지 변화 중 하나가 동반되었다. 토기의 발명이 그것이다. 인류 역사상 처음으로 물이 새지 않는 그릇을 원하는 형태로 만들 수 있었다. 따라서 음식을 끓이거나 찌고 삶는 게 가능했고, 그 이전에는 먹기 어려웠던 재료까지 풍부한 식량원이 되었다. 불에 조리하면 타거나 말라버리던 엽채류 채소를 먹을 수 있었고, 조개류도 물에 넣어 삶으면 입을 쉽게 벌렸다. 또 영양분은 많지만 독성과 쓴맛을 띠는 견과류, 예컨대 도토리와 마로니에도 물에 담가두는 것만으로 독성을 제거할 수 있었다. 부드럽게 삶은 음식을 먹여 아이가 더 일찍 젖을 떼면, 산모는 분만 간격을 줄여 더 많은 아기를 낳을 수 있었다. 문자가 없는 사회에서 정보의 저장고이던 노인은 치아를 잃은 뒤에도 부드럽게 가공한 음식을 먹으며 더 오래 살 수 있었다. 토기의 발명으로 이런 중대한 변화가 뒤따르자, 인구도 폭발적으로 증가했다. 그로 말미암아 일본 인구는 몇천 명 수준에서 25만 명까지 치솟았다.

물론 일본인이 토기를 만들어낸 유일한 고대인은 아니었다. 토기는 고대 세계 여러 곳에서 여러 시기에 걸쳐 독자적으로 발명되었다. 그러나 세계에서 가장 오래된 것으로 알려진 토기는 일본에서 1만 2,700년 전에 만든 것이다. 1960년에 그 방사성탄소 연대를 발표했을 때 일본인 과학자들도 처음에는 믿지 못하겠다는 반응을 보였다. 고고학자들의 경험에 따르면, 발명은 언제나 본토에서 섬으로 전해지고, 변방의 작은 사회가 모든 세계의 혁명적 발전에 기여한 적이 없었다. 특히 일본 고고학자들은 동아시아에서 문화적 변혁의 발상지는 항상 중국이라고 여겼다. 농경, 문자, 야금술 등 중요한 모든 것에서 예외가 없었다. 그 때문인지 토기의 연대가 발표되고 40년이 지난 지금까지도 일본 고고학자들은 이른바 '탄소 14 충격carbon 14 shock'에서 헤어 나오지 못하고 있다. 다른 초기 토기는 중국과 러시아 동부(블라디보스토크 근처)에서 발견되었다. 아시아 고고학자들은 일본의 기록을 깨려고 지금도 경쟁하고 있다(얼마 전에는 중국과 러시아가 일본의 기록을 깨기 직전이라는 소문도 있었다). 그러나 일본의 토기는 비옥한 초승달 지역이나 유럽에서 나온 가장 오래된 토기보다 수천 년이나 앞서, 여전히 세계 기록을 보유 중이다.

섬사람은 우월한 대륙인으로부터 배우기 마련이라는 편견이, 기록을 깨뜨린 일본 토기가 그만한 충격을 안겨준 유일한 이유는 아니었다. 그 토기를 만든 일본인은 수렵·채집민이었던 게 분명했다. 이 가정이 맞는다면, 기존에 확립된 의견을 뒤흔들어놓기에 충분했다. 대체로 토기는 정주 사회에서 만드는 게 원칙이다. 터전을 옮길 때마다 무기와 아기에 무거운 토기까지 짊어진 채 다니고 싶은 무리가 어디 있겠는가? 따라서 수렵·채집민은 일반적으로 토기를 지니지 않는다. 세계의 다른 지역에서는 농경을 채택한 후에야 정주 생활을 시작했기 때문이다. 그러나 일본의 환경은 무척 생산성이 높아서 사람들이 수렵·채집을 하면서도 정착해서 토기를 만들 수 있는 극소수 지역 중 하나였다. 토기 덕분에 일본의 수렵·채집민은 집약적 농경이 도래하기 1만 년 전에 풍요로운 환경 자원을 활용할 수 있었다. 반면 비옥한 초승달 지역에서는 농경을 채택하고 약 1,000년이 지난 뒤에야 토기가 등장했다.

고대 일본의 토기가 오늘날의 기준에서 보면 과학기술적으로 단순한 것은 당연하다. 유약도 바르지 않았다. 녹로도 사용하지 않고 순전히 손으로 빚었다. 또 가마가 아니라 노천에서 구웠고, 불의 온도도 비교적 낮았다. 그러나 시간이 지남에 따라 토기는 믿기지 않을 정도로 다양하고, 어느 시대의 기준에도 위대한 예술품으로 평가받을 만한 형태를 띠었다. 또 완전히 마르기 전에 새끼줄을 점토 위에 굴리거나 누르는 방식으로 토기를 장식했다. 일본에서는 이를 '새끼줄 모양의 무늬'라는 뜻의 '조몬繩文'이라고 한다. 이 용어는 토기 자체뿐 아니라 그런 토기를 만든 고대 일본인, 나아가서 토기를 발명한 때부터 그것이 사라지기까지 약 1만 년의 시기를 부르는 명칭에도 사용된다.

최초의 조몬 토기는 일본 남단의 규슈에서 1만 2,700년 전에 만들어졌다. 그 이후 북쪽으로 확산해 약 9,500년 전에는 지금의 도쿄 부근에 도달했고, 7,000년 전쯤에는 북단의 홋카이도까지 전해졌다. 견과류 열매가 풍부한 낙엽수림의 북상에는 어김없이 토기의 북상이 뒤따랐다. 이를 통해 식량이 폭발적으로 증가하면서 정주 생활이 가능해졌고, 이와 더불어 토기의 수요도 늘어났음을 알 수 있다. 초기 조몬 토기의 양식은 일본 전역에서 거의 똑같다. 이런 사실은 토기가 남쪽의 한 곳에서 발명되었고, 그곳을 기점으로 퍼져나갔다는 해석에 힘을 실어주기에 충분하다. 시간이 지남에 따라, 2,400킬로미터에 달하는 일본열도에서 지역별 특색을 띤 약 열 가지 양식의 토기가 개발되었다.

조몬인은 어떻게 먹고살았을까? 그들이 수십만 곳에 달하는 고고학적 유적지에 남겨놓은 쓰레기 더미와 일본 전역에 분포한 거대한 조개무지에서 많은 증거를 찾을 수 있다. 지금까지 밝혀진 바에 따르면, 그들은 수렵·채집과 어업에 종사하며, 현대 영양학자라도 박수를 보낼 만한 무척 다양하고 균형 잡힌 식생활을 즐겼다.

주된 식량 중 하나는 견과류, 특히 밤과 호두였고, 쓴맛을 걸러낸 마로니에와 도토리도 곁들였다. 견과는 가을에 엄청난 양을 수확해서 1.8미터 폭에 1.8미터 깊이의 구덩이에 저장해두고 겨울에 먹었다.

다른 식물 식량으로는 장과류와 열매, 씨와 이파리, 새싹, 구근식물과 뿌리식물이 있었다. 고고학자들이 조몬인의 쓰레기 더미를 뒤져 찾아낸 음식물은 총 64종에 달했다.

지금처럼 당시에도 일본인은 세계에서 해산물을 가장 많이 섭취하는 민족에 속했다. 참치는 넓은 바다에서 작살로 잡았고, 오늘날에도 그렇듯이 돌고래는 얕은 곳으로 유인해서는 몽둥이나 창으로 잡았다. 물개는 해변에 올라오길 기다렸다가 죽였고, 연어는 산란기를 맞아 강으로 거슬러 올라올 때 포획했다. 무척 다양한 물고기가 그물에 잡히고, 낮게 막은 둑에 갇히고, 사슴뿔을 깎아 만든 낚싯바늘에 걸렸다. 조개와 게, 해초는 조간대(만조 때 해안선과 간조 때 해안선 사이의 부분—옮긴이)에서 채집하거나 잠수를 해서 수확했다. 따라서 조몬인의 뼈에서는 병리학자들이 '외이도골종外耳道骨腫'이라고 부르는 증상의 높은 발병률을 확인할 수 있다. 외이도골종은 귓속에서 뼈가 비정상적으로 자라는 증상을 뜻하며, 오늘날에도 잠수부에게서 흔히 나타난다.

육상동물 중에서는 멧돼지와 사슴이 가장 흔한 사냥감이었고, 산양과 곰이 뒤를 이었다. 이런 사냥감은 구덩이 함정에 빠뜨리거나 화살로 쏘거나 사냥개로 쫓아서 잡았다. 조몬 시대의 돼지 뼈는 연안의 섬들에서 발견된다. 그 섬들은 돼지가 자생하는 지역이 아니므로 조몬인이 그곳에서 돼지의 가축화를 시도했을 거라는 추측을 낳고 있다.

조몬인의 생활 방식과 관련해 가장 논란이 많은 것은 그들이 농경에 기여했을 가능성이다. 조몬인의 유적지에서는 지금도 일본에서 야생종으로 자생하지만 작물로도 재배하는 식물들의 잔해가 흔히 발견된다. 팥과 녹두와 피가 대표적이다. 조몬 시대의 잔해에는 그러한 작물과 야생 원종을 구분 짓는 형태적 특징이 명확히 남아 있지 않다. 따라서 그 잔해의 원래 식물이 야생에서 채집한 것인지 의도적으로 재배한 것인지 판단할 방법이 없다. 유적지에는 일본에서 현재 자생하지 않지만 먹을 수 있거나 유용한 가치 때문에 아시아 본토에서 건너온 게 분명한 식물종의 잔해도 있다. 메밀과 멜론, 호리병박과 삼, (양념용) 차조기 혹은 매기풀이 대표적인 예이다. 기원전 1200년경, 즉 조몬 시대가 끝나갈 무렵 쌀과 보리, 좁쌀, 기장 등 동아시아의 주곡이 나타나기 시작했다. 이런 작은 단서들을 종합하면 조몬인이 화전 농법을 시작한 듯하지만, 그렇게 우연히 행한 농경은 그들의 식생활에서 작은 부분을 차지했을 뿐이다.

그렇다고 내가 지금까지 언급한 식량 하나하나가 조몬 시대에 일본 전역에서 식량원이었다는 생각을 포기하겠다는 뜻은 아니다. 견과류가 풍부한 일본 북부에서, 견과류 저장 웅덩이는 해안에서 사냥한 물개 및 해산물과 더불어 무척 중요한 위치를 차지했다. 반면 견과류가 많지 않은 남서부에서는 조개류가 더 중요한 먹거리였다. 조몬 시대에는 지역별 식단, 심지어 개별 식단의 특징이 다양했다. 예컨대 한 끼니가 고스란히 보존된 흔적을 보면, 조몬인은 밤 가루와 호두 가루, 돼지고기와 사슴고기와 피blood, 새알을 다양한 비율로 섞어 고탄수화물 쿠키나 고단백 버거를 만들어 먹었다. 최근까지도 아이누족 수렵·채집민은 도자기 냄비를 불 위에 올려놓고 계속 끓이며 그 안에 온갖 먹을 것을 넣었다. 아이누족의 조몬인 조상도 동일한 지역에서 똑같은 것을 먹으며, 똑같은 식으로 살았을지 모른다.

앞에서 언급했듯 묵직하고 거의 1미터에 달하는 토기를 보면 조몬인은 수렵·채집을 하면서도 떠돌아다니지 않고 정주해 살았던 것으로 추정된다. 그들이 정주 생활을 했다는 증거는 무거운 돌연장, 몇 번이고 수리한 흔적이 보이는 상당한 규모의 반지하 주거지, 100여 채 이상으로 형성된 큰 마을 및 공동묘지에서도 찾을 수 있다. 오늘날의 수렵·채집민은 몇 주 단위로 터전을 옮겨 다니며, 비바람을 막을 정도로 간단한 오두막을 짓고, 소유물을 간편하게 휴대할 수 있도록 최소화하는 삶을 살고 있다. 지금까지 밝혀진 조몬인의 생활 방식과는 매우 다르다. 요컨대 조몬인은 생활 중심지로부터 멀지 않은 곳에 다양한 식량원을 구할 수 있는 숲, 강과 해안, 만과 드넓은 바다가 있어 수렵·채집에 의존하면서도 정주해 살 수 있었다.

조몬인은 수렵·채집민으로는 인구밀도가 가장 높았던 것으로 추정되는 곳에서, 특히 견과류가 풍부하고, 연어가 회귀하며, 생산성 높은 바다가 있는 일본 중부와 북부에서 살았다. 조몬 시대 일본의 총인구는 25만 명에 달했던 것 같다. 물론 현재 일본 인구에 비교하면 하찮은 정도이지만, 그들이 수렵·채집민이었다는 걸 고려하면 인상적인 수치이다. 그들에게 필적할 만한 수렵·채집민으로는 태평양 북서부 해안과 캘리포니아에 살던 아메리카 원주민을 꼽을 수 있을 것이다. 그들도 견과류가 풍부한 숲, 연어가 회귀하는 강, 생산성 높은 바다가 삶의 터전이었다는 점에서 비슷하다. 이는 인간 사회의 수렴 진화convergent evolution(계통적으로 관계없는 생물들이 외견상 서로 닮아가는 현상—옮긴이)를 뚜렷이 보여주는 예이다.

이렇게 조몬인이 가졌던 것을 강조하자면, 그들에게 없었던 것에 대해서도 명확히 해야 한다. 조몬인이 집약적인 농경을 시도하지 않은 건 분명하다(농경을 했는지조차 미심쩍다). 또 개를 제외하면 가축도 없었다(돼지가 확실히 있었는지도 미심쩍다). 금속연장과 문자와 옷감도 없었다.

조몬인의 마을과 공동묘지에는 화려하게 장식한 집이나 무덤도 없었다. 모두가 소박하고 대부분 획일적인 형태를 띠었다. 따라서 사회가 군장과 평민으로 계층화되지도 않았던 것으로 추정된다. 토기 양식이 지역적으로 달랐다는 사실은 정치의 중앙집권화와 통일을 향한 노력이 없었다는 뜻으로도 해석할 수 있다. 이런 모든 부정적 특징은 겨우 수백 킬로미터밖에 떨어지지 않은 중국 본토 및 한국의 당시 사회와 뚜렷이 대비된다. 하지만 기원전 400년 이후 대대적인 변화가 일본을 휩쓸었다.

조몬 시대의 일본이 당시 동아시아에서 독특한 특성을 띠긴 했지만, 완전히 고립된 세계는 아니었다. 토기와 흑요석(돌연장으로 적합한, 매우 단단한 화산암)의 분포에서 보듯이, 조몬 시대의 수상 기구는 도쿄에서 남쪽으로 290킬로미터나 뻗어 있는 이즈제도까지 항해할 수 있었다. 앞에서 언급한 여섯 가지 아시아 본토 작물과 마찬가지로, 토기와 흑요석과 낚싯바늘도 조몬 시대 일본이 한국·러시아·오키나와와 교역했다는 증거로 여겨진다. 그러나 조몬 시대의 일본을 연구하는 고고학자들은 중국으로부터 무엇인가를 직접 수입했다는 증거가 거의 없어 중국이 그 이후의 일본 역사에 끼친 큰 영향과 대조적이라고 말한다. 후세와 비교하자면, 조몬 시대의 일본이 외부 세계와 어떤 접촉을 했다는 것 자체가 아니라, 그러한 접촉이 조몬 사회에 별다른 영향을 주지 못했다는 사실이 무척 인상적이다. 조몬 시대의 일본은 근 1만 년이라는 시간 동안 고립 상태를 유지하며 놀라울 정도로 거의 변하지 않은 보수적인 세계의 축소판이었다. 달리 말하면, 금방이라도 무너질 것처럼 급격히 변하던 당시 세계에서도 안정을 유지한 섬이었다.

조몬 시대 일본의 특이성을 당시 관점에서 들여다보자. 일본에서 서쪽으로 수백 킬로미터 떨어진 아시아 본토의 인간 사회들은 기원전 400년에 어떤 모습이었을까? 기원전 400년이면 조몬 시대의 생활 방식이 끝나가고 있던 때였다. 당시 중국에는 부유한 지배계급과 가난한 평민으로 계층화된 왕국들이 있었다. 사람들은 성벽으로 두른 도시 안에서 살았고, 왕국들이 정치적으로 통일되며 세계에서 가장 큰 제국을 건설하기 직전이었다. 기원전 7500년경 시작된 중국의 집약적 농업은 북쪽에서는 기장, 남쪽에서는 쌀을 기반으로 삼았고, 가축으로는 돼지와 닭과 물소가 있었다. 게다가 문자는 적어도 900년 전, 금속연장은 1,500년 전부터 사용했다. 세계 최초로 무쇠를 만드는 법도 막 발명했다. 중국의 이런 발전은 한국에도 전해져 한국은 수천 년 전부터 농경에 종사하고 있었다. 구체적으로 말하면, 쌀은 기원전 2200년부터 재배했고, 금속연장은 기원전 1000년부터 사용했다.

대한해협과 동중국해 너머에서 수천 년 전부터 이런 발전이 이뤄지고 있었다는 사실을 고려할 때, 한국과 교역하면서도 문자 없이 돌연장을 사용하는 수렵·채집민이 기원전 400년에 일본을 지배했다는 건 얼핏 생각하면 놀랍기만 하다. 인류 역사에서 돌연장을 사용하고 드문드문 떨어져 살아가는 수렵·채집사회는, 금속 무기를 사용하는 군대를 보유하고 과밀한 농경 인구의 지원을 받는 중앙집권적 국가에 의해 소멸되는 운명을 맞기 일쑤였다. 그런데 어떻게 조몬 시대의 일본은 그렇게 오랫동안 생존할 수 있었을까?

이 모순된 현상을 이해하기 위해서는, 기원전 400년까지 대한해협이 부유한 농경민과 가난한 수렵·채집민을 갈라놓은 경계가 아니라, 가난한 농경민과 부유한 수렵·채집민을 갈라놓은 경계였다는 걸 기억해야 한다. 중국과 조몬 시대 일본 사이에는 직접적인 접촉이 없었다. 일본은 외부와 접촉할 때 언제나 한국을 통했다. 쌀은 따뜻한 남중국에서 작물화된 후 매우 서서히 북상해 한층 서늘한 한국에 전해졌다. 추위에 적응하는 새로운 쌀 품종을 개발하는 데 오랜 시간이 걸렸기 때문이다. 한국에서 초기 쌀농사는 질퍽한 논보다 마른 밭에서 이뤄졌고 그다지 생산적이지 않았다. 따라서 생산성 측면에서 초기 한국 농업은 조몬의 수렵·채집에 경쟁이 되지 않았다. 조몬인은 한국의 형편을 알았을 것이므로, 한국으로부터 농업을 굳이 받아들여야 할 이점을 찾지 못했을 것이다. 게다가 한국의 가난한 농경민이 자신들의 방식을 일본에 억지로 강요할 만한 우위에 있지도 않았다. 뒤에서 다시 살펴보겠지만, 그런 이점은 순식간에 극적으로 뒤집어졌다.

이미 언급했듯 규슈에서 약 1만 2,700년 전 토기를 발명했고, 그 결과 조몬인의 인구가 폭발적으로 증가했다. 이는 일본 역사를 결정적으로 뒤바꾼 두 가지 변화 중 하나였다. 다른 하나는 또 한 번의 인구 폭발을 촉발한 변화인데, 기원전 400년경 한국으로부터 새로운 생활 방식을 도입하면서 시작되었다. 이때 한국에서 사람들까지 들어왔는지는 불분명하다. 이 두 번째 변화로 인해 "일본인은 누구인가?"라는 우리의 질문이 민감해진다. 이때 조몬인이 한국에서 이주한 사람들로 교체되었을까? 다시 말하면, 이때 이주한 한국인이 현대 일본인의 조상일까? 아니면 원래의 조몬인이 일본을 계속 지배하면서 새롭고 유용한 기술을 차근차근 배운 것에 불과할까?

새로운 생활 방식은 일본 남서단의 섬 규슈 북쪽 해안에서 가장 먼저 나타났다. 규슈는 대한해협을 사이에 두고 한국과 마주 보는 곳이다. 변화의 가장 중요한 증거로는 일본에서 처음 등장한 금속연장과 철기, 논란의 여지없이 시작된 완전한 농경을 들 수 있다. 이때부터 물을 이용한 논농사를 시작하며 수로와 둑, 방죽을 갖춘 논을 만들었다. 쌀의 흔적도 고고학적 발굴에서 나왔다. 고고학자들은 이런 새로운 생활 방식을 '야요이彌生'라고 부른다. 1884년 이 시기를 특징짓는 토기가 처음으로 발견된 도쿄의 한 지역 이름을 딴 것이다. 조몬 토기와 달리 야요이 토기는 형태가 당시 한국 토기와 무척 유사하다. 새로운 야요이 문화를 특징짓는 많은 부분이 이전까지 일본에 없던 것, 요컨대 분명 한국의 것이었다. 청동으로 만든 물건, 옷감과 유리구슬, 지하에 만든 쌀 저장고, 죽은 사람의 유해를 항아리에 넣어 묻는 관습, 한국 양식의 도구와 가옥 등이 대표적인 예이다.

쌀이 야요이 시대에 가장 중요한 작물이지만, 27종의 새로운 작물도 일본에 새로이 전래되었다. 가축화한 돼지도 키웠다. 야요이의 농경민은 여름에는 관개한 논에서 쌀을 생산하고, 겨울에는 물을 뺀 마른 논에서 기장과 보리와 밀을 재배하며 이모작을 했을 것으로 추정된다. 당연한 말이겠지만, 집약적 농법에 생산성까지 높아지자 규슈에서는 곧바로 인구 폭발이 이어졌다. 따라서 조몬 시대가 야요이 시대보다 14배나 길었음에도 고고학자들은 조몬 유적보다 훨씬 많은 야요이 유적을 찾아냈다.

실질적으로 아무런 시차도 없이, 야요이 농경문화는 규슈에 인접한 시코쿠와 혼슈로 전해졌다. 도쿄 지역에는 200년도 되지 않아 전해졌고, 다시 100년 뒤에는 혼슈 북단, 즉 규슈의 야요이 문화 발상지로부터 1,600킬로미터 떨어진 곳까지 도달했다. 규슈의 초기 야요이 유적에서는 새로운 형태의 야요이 양식과 고전적인 조몬 양식, 둘 모두가 발견된다. 하지만 야요이 문화와 토기가 혼슈를 거쳐 북상함에 따라 조몬 양식은 점점 사라졌다. 조문 문화가 완전히 사라진 것은 아니다. 야요이 시대에도 농경민은 조몬 양식의 뗀석기를 계속 사용했지만, 그때 한국과 중국에서는 그런 석기를 금속 도구로 완전히 교체한 뒤였다. 야요이 시대에는 가옥도 일부는 한국식, 일부는 조몬식이었다. 특히 야요이 문화가 도쿄 북쪽의 서늘한 지역까지 전파되자, 야요이 문화와 조문 문화가 혼합된 형식이 나타났다. 그곳에서는 쌀농사의 생산성이 상대적으로 낮고, 조몬 수렵·채집민이 여전히 무척 높은 밀도로 살아갔기 때문이다. 따라서 금속으로 만든 낚싯바늘이 조몬식 형태를 띠었고, 토기는 변형된 야요이 형식으로 빚었지만 조몬식 줄무늬로 장식했다. 야요이 농경민은 혼슈의 추운 북단을 잠시 점령한 뒤, 쌀농사로는 조몬식 수렵·채집 생활 방식과 경쟁할 수 없다고 판단했는지 그 지역을 떠났다. 그 후 2,000년 동안 혼슈 북단은 변방으로 남았다. 따라서 현재 일본의 최북단 홋카이도와 그곳에서 수렵·채집으로 살아가던 아이누족은 19세기에 합병될 때까지 일본의 일부로 여겨지지도 않았다.

야요이 철제 도구는 처음에 한국으로부터 상당한 양을 수입했지만, 수 세기 뒤에는 일본에서 철을 직접 제련하고 생산하기 시작했다. 야요이 시대 일본에서 사회적 계층화의 첫 징후가 나타나기 시작한 것도 수 세기가 지난 뒤였다. 그 증거는 공동묘지에서 명확히 찾을 수 있다. 기원전 100년 이후, 갓 생겨난 지배계급의 무덤을 위한 별도 구역을 공동묘지에 조성하기 시작했고, 그런 무덤에서는 중국으로부터 수입한 사치품, 예컨대 아름다운 옥 조각품, 청동거울 등이 출토되었다. 야요이 시대에도 인구 폭발이 계속되자, 쌀농사를 짓기에 적합한 습지나 물을 쉽게 댈 수 있는 평지가 농지로 변했다. 전쟁이 점점 잦아졌다는 고고학적 증거도 뒤를 이었다. 화살촉을 대량으로 생산한 흔적, 마을을 둘러싼 방어용 해자垓子, 투석기가 몸을 관통한 유골도 발견되었다. 야요이 시대 일본의 이런 전쟁 흔적은 중국 연대기에 기록된 일본 이야기, 즉 왜국이 100여 개의 작은 정치 단위로 분열되어 서로 치열하게 싸운다는 이야기를 객관적으로 뒷받침해주는 증거이다.

고고학적 발굴과 그 이후 연대기의 짜증스러울 정도로 모호한 기록 때문에, 정치적으로 통일된 일본은 300~700년에 탄생했을 거라고 어렴풋이 짐작할 뿐이다. 300년 이전에는 지배계급의 무덤이 비교적 작았고, 지역적으로 형태도 달랐다. 하지만 300년에 들어서면서, '고분'이라고 부르는 흙무덤이 점점 커지며 일정하게 열쇠 구멍 형태를 띠었다. 그런 고분이 혼슈의 기나이, 즉 수도 인근 지역에 들어섰고, 그 이후에는 야요이 문화권이었던 규슈와 혼슈 북부 전역에서 나타났다. 왜 기나이 지역이었을까? 그곳에 일본에서 가장 비옥한 농토가 있었기 때문일 것이다. 이 지역은 오늘날 값비싼 고베 소를 사육하고, 일본이 1868년 수도를 도쿄로 옮기기 전까지 옛 도읍지였던 교토가 있던 곳이기도 하다.

길이 최대 450미터, 높이 30미터가 넘는 고분은 고대 세계에서 가장 큰 흙무덤일 것이다. 따라서 고분을 짓는 데 엄청난 노동력이 필요한데, 일본 어디에서나 고분이 똑같은 양식이라는 사실로 미루어, 그런 노동력을 동원할 수 있는 강력한 통치자가 일본을 정치적으로 통일하는 과정에 있었다는 추정이 가능하다. 지금까지 발굴된 고분들에서는 호화로운 부장물이 어김없이 나오지만, 정작 가장 큰 고분들은 일본 황가의 조상이 묻힌 곳이라는 믿음 때문에 발굴이 금지된 실정이다. 고분은 정치의 중앙집권화가 이루어졌다는 명백한 증거로, 그보다 훨씬 뒤 일본 연대기와 한국 연대기에 쓰인 '고분 시대' 황제들에 대한 이야기를 뒷받침해준다. 한국의 주장대로 한국이 일본을 정복했든, 일본의 주장대로 일본이 한국을 정복했든, 고분 시대에 한국은 일본에 큰 영향을 미쳤다. 그리하여 불교와 문자, 기마술, 도자기를 굽는 새로운 기법과 야금술이 아시아 본토로부터 한국을 거쳐 일본에 전해졌다.

712년에 신화와 정사正史가 뒤섞인 일본의 첫 연대기 《고사기古事記》가 완성되며 일본은 마침내 역사의 무대에 온전히 등장했다. 712년 당시, 일본에 살던 사람들은 의문의 여지없이 일본인이었고, 그들의 언어, 즉 고대 일본어도 의문의 여지없이 현대 일본어의 조어였다. 아키히토 황제는 712년의 첫 연대기를 쓰도록 명령한 황제의 82대 직계 후손이다. 또 그는 태양 여신 아마테라스의 4대째 손자로 전설 속 첫 황제인 진무의 125대 직계 후손으로도 여겨진다.

일본 문화는 1만 년 동안 지속된 조몬 시대보다 700년의 야요이 시대에 더 급격한 변화를 겪었다. 안정적이던 (혹은 보수적이던) 조몬 시대와 급격한 변화를 겪은 야요이 시대의 뚜렷한 차이는 일본 역사에서 가장 현저한 특징이기도 하다. 분명 기원전 400년에 기념비적 사건이 있었을 텐데, 그게 무엇일까? 또 현대 일본인의 조상은 조몬인일까, 야요이

인일까, 아니면 둘의 혼혈인일까? 일본 인구는 야요이 시대에 놀랍게도 70배나 증가했는데, 그 원인은 무엇일까? 이런 의문을 둘러싸고 일본에서는 지금도 열띤 논쟁이 벌어진다.

첫 번째 이론은 수렵·채집을 하던 조몬인이 점차 현대 일본인으로 진화했다는 가정이다. 조몬인은 이미 수천 년 전부터 마을을 이루고 정주해 살았기 때문에 농업을 쉽게 받아들일 수 있었을 것이다. 따라서 야요이 시대로 넘어갈 때 한국으로부터 추위에 강한 볍씨와 논농사 방법을 받아들인 조몬 사회는 더 많은 식량을 생산할 수 있었고, 그 덕분에 인구가 크게 증가했다는 것이다. 이 이론은 한국인 유전자가 일본인 유전자에 미친 달갑지 않은 영향을 최소화하기 때문에, 또 일본인을 적어도 지난 1만 2,000년 동안 변하지 않은 민족으로 규정하기 때문에 적잖은 일본인에게 환영받고 있다.

두 번째 이론은 앞의 이론을 좋아하는 일본인에게는 환영받지 못하는 것으로, 야요이 시대에 한국인이 대거 이주해 한국식 농사법과 문화 및 유전자를 일본에 심었다고 주장한다. 규슈는 한국보다 따뜻한 데다 습지가 많아 쌀농사를 짓기에 유리하다. 한국 농경민에게는 천국처럼 보였을 것이다. 한 추정치에 따르면 야요이 시대에 수백만 명의 이주자가 한국에서 일본으로 들어왔고, 그리하여 한국 유전자가 조몬인에게 강력하게 침투했다(야요이 시대로 넘어가기 전 조몬 시대 인구는 약 7만 5,000명이었던 것으로 추정된다). 이 가설이 맞는다면, 현대 일본인은 지난 2,000년 동안 조문 문화를 바꿔가며 고유한 문화를 발전시킨 한국인 이주자들의 후손이다.

마지막 이론은 한국으로부터 이주가 이뤄졌다는 증거는 인정하지만 그 규모가 크지는 않았다고 주장한다. 그 대신 농업 생산성이 무척 높아 소수의 이주자가 조몬 수렵·채집민보다 훨씬 빠른 속도로 자식을 낳고, 결국에는 수적으로도 앞서게 되었을 것이라는 이론이다. 예컨대 5,000명의 한국인이 규슈에 이주했고, 쌀농사 덕분에 많은 아이를 낳아 매년 1퍼센트의 비율로 인구가 증가했다고 가정해보자. 1퍼센트는 수렵·채집사회에서는 꽤 높은 수치이지만, 농경민에게는 쉽게 달성할 수 있는 수준이다(실제로 케냐는 현재 인구가 매년 4.5퍼센트씩 증가한다). 따라서 700년 후에는 5,000명의 이주자가 500만 명의 후손을 남겼을 테고, 그들이 결국 조몬인을 삼켜버렸을 것이다. 결국 두 번째 이론처럼 이 이론도 현대 일본인이 약간 변형된 한국인이라고 생각하지만, 그 결론에 도달하기 위해 대규모 이주까지 필요했던 것은 아니라고 생각한다.

세계 다른 곳에서 일어난 유사한 전환과 비교하면, 내 생각에는 두 번째나 세 번째 이론이 첫 번째 이론보다 더 타당한 듯하다. 지난 1만 2,000년 동안 농업은 중국과 비옥한 초승달 지역을 비롯해 많아야 아홉 곳에서 독자적으로 시작되었다. 달리 말하면, 1만 2,000년 전에는 지상의 모든 인류가 수렵·채집민이었다는 뜻이다. 지금은 대다수가 농경민이거나, 농경민에게서 식량을 공급받는다. 농경이 몇몇 기원지에서 확산한 이유는, 다른 곳의 수렵·채집민이 농경을 채택했기 때문이 아니다. 수렵·채집민은 대체로 보수적인 경향을 띤다. 조몬인도 기원전 1만 700년부터 기원전 400년까지는 분명히 보수적이었다. 농경민이 확산한 주된 이유는, 그들이 수렵민과 결혼하고, 더 강력한 과학기술을 개발해 수렵민을 살상하거나 농사짓기에 적합한 땅에서 쫓아냈기 때문이다. 근대에도 유럽 농경민은 북아메리카 서부의 인디언, 오스트레일리아 원주민, 남아프리카의 산족을 그런 식으로 밀어냈다. 돌연장을 사용하던 농경민도 선사시대에 유럽과 동남아시아, 인도네시아 전역에서 수렵민을 비슷하게 대체했다. 이런 선사시대의 확장에서 농경민이 수렵민을 상대로 누리던 작은 이점에 비교하면, 기원전 400년의 한국 농경민은 조몬 수렵민보다 엄청나게 큰 이점을 누렸을 것이다. 당시 한국은 이미 철제연장을 보유하고, 상당히 발전된 형태의 집약적 농업을 시행하고 있었기 때문이다.

세 이론 중 어느 것이 맞을까? 이 질문에 직접적으로 답할 수 있는 유일한 방법은, 조몬인과 야요이인의 유골과 유전자를 현대 일본인 및 아이누족의 것과 비교하는 것이다. 지금까지 많은 유골을 대상으로 조사가 이뤄졌다. 게다가 최근 들어서는 분자유전학자들이 고대인의 유골에서 DNA를 추출해 현대 일본인의 유전자와 비교하기 시작했다. 그 결과, 조몬인과 야요이인의 유골은 대체로 쉽게 구분된다는 사실이 밝혀졌다. 조몬인은 키가 더 작고, 아래팔이 상대적으로 더 길고, 아랫다리는 더 짧았다. 양미간은 더 넓고, 얼굴형은 짧은 대신 넓적했다. 또 눈두덩이, 코와 콧등이 도드라져 얼굴의 '지형도'가 매우 뚜렷했다. 반면 야요이인은 키가 대략 2.5~5센티미터가 더 크고, 양미간이 좁으며 길쭉하고 갸름한 얼굴이었다. 또 눈두덩이와 코가 납작한 편이었다. 야요이 시대의 일부 유골은 외모로 볼 때 조몬인과 비슷하지만, 그 정도 유사성은 조몬인에게서 야요이인으로의 전환을 다룬 거의 모든 이론에서 예측하는 바이다. 그러나 고분 시대에 이르러서는 아이누족을 뺀 모든 일본인의 뼈대가 동질성을 띠며 현대 일본인 및 한국인과 비슷해졌다.

이 모든 관점에서 볼 때, 조몬인의 두개골은 현대 일본인의 것과 다르고, 오히려 현대 아이누족과 더 유사하다. 그리고 야요이인의 두

개골이 현대 일본인의 것과 가장 비슷하다. 현대 일본인이 한국인을 닮은 야요이인과 아이누족을 닮은 조몬인의 혼혈로 출발했다는 가정하에 유전학자들은 두 유전자 공급원gene pool의 상대적 기여도를 계산해보았다. 그 결과에 따르면, 한국인을 닮은 야요이인의 기여가 전반적으로 우세했다. 아이누족을 닮은 조몬인의 기여는 남서부에서 가장 낮았고, 북부에서 상대적으로 높았다. 대부분의 한국인 이주자가 규슈에 먼저 도착했을 테고, 그곳에서 조몬인은 드문드문 살았을 것이기 때문이다. 한편 북부는 숲에 견과류 낙엽수가 많아 조몬인의 밀도가 가장 높았던 대신, 야요이인의 쌀농사는 그다지 성공적이지 못했다.

따라서 한국에서 넘어온 이주자가 현대 일본인의 형성에 크게 기여한 것은 분명하다. 하지만 그 원인이 대규모 이주에 있었는지, 아니면 소규모 이주였지만 높은 인구 증가율 덕분이었는지는 아직까지 확실히 말할 수 없다. 한편 아이누족은 야요이인과 현대 일본인에게 영향을 준 한국인 유전자가 섞인 고대 조몬인의 후손인 게 거의 확실하다.

한국 농경민이 쌀농사를 통해 최종적으로 조몬 시대 수렵·채집민을 압도하는 이점을 누렸다는 사실을 고려하면, 한국이 농업을 받아들이고 수천 년 동안이나 일본에 거의 접근하지 않다가 느닷없이 그런 이주를 감행한 이유에 의문을 품어야 마땅하다. 앞에서 이미 언급했듯 한국 농경은 초기에 그다지 생산적이지 않아, 부유한 수렵·채집민에 비해 모든 면에서 열세였다. 그러나 균형추가 마침내 농경민 쪽으로 기울며 야요이 시대로의 전환을 촉발했다. 여기엔 네 가지 복합적인 요인이 있었던 듯하다. (1) 밭에서 하는 비생산적인 쌀농사에서 관개 수로를 이용한 쌀농사로의 전환, (2) 추운 기후에 적응한 쌀 품종의 지속적인 개발, (3) 한국에서의 농경 인구 증가와 그에 따른 이주 압박, (4) 삽과 호미 등 논농사에 필요한 목제연장을 효과적으로 만들 수 있는 철제연장의 개발이 그것이다. 철제연장과 집약적 농업이 일본에 동시에 도래했다는 게 우연의 일치였을 가능성은 낮다.

나는 앞에서 모든 편견을 버리고, 독특하게 생긴 아이누족과 평범한 외모를 지닌 일본인이 어떻게 일본에 함께 살게 되었는지에 대한 해석을 제시했다. 이 해석을 표면적으로 받아들이면, 아이누족은 일본 원주민의 후손이고, 일본인은 나중에 일본으로 들어온 사람들의 후손이라는 추정이 가능하다. 또한 지금까지 살펴보았듯 고고학과 체질인류학 그리고 유전학에서 제시하는 증거들에서도 이런 추정이 맞는다는 걸 확인할 수 있다.

그러나 나는 많은 사람, 특히 일본인으로 하여금 다른 해석을 찾게끔 만드는 강력한 반론도 앞에서 언급했다. 일본인이 정말 한국에서 나중에 건너온 사람이라면, 일본어와 한국어가 서로 무척 유사하리라고 예상하는 것은 당연하다. 더 일반적인 차원에서 말해보자. 아이누족을 닮은 원주민이던 조몬인과 한국에서 넘어온 야요이인이 규슈에서 뒤섞인 결과 일본인이 탄생했다면, 일본어는 한국어 및 아이누어 모두와 밀접한 유사성을 보여야 마땅하다. 하지만 일본어와 아이누어 사이에는 입증할 수 있는 관계가 없고, 일본어와 한국어의 관계도 멀다. 고작 2,400년 전에 뒤섞였다면 어떻게 이처럼 다를 수 있을까? 나는 "규슈의 원주민이던 조몬인의 언어와 이주해온 야요이인의 언어가 각각 현대 아이누어 및 한국어와 그다지 유사하지 않았을 것"이라는 가정 아래 이 모순을 해결해보려고 한다.

먼저 아이누어에 대해 생각해보자. 모두가 알다시피 아이누어는 일본의 북단 홋카이도에서 아이누족이 사용했다. 따라서 홋카이도의 조몬인도 아이누어와 비슷한 언어를 썼겠지만, 규슈의 조몬인이 사용한 언어는 그렇지 않았을 게 확실하다. 규슈 남단부터 홋카이도 북단까지, 일본열도의 길이는 거의 2,400킬로미터에 달한다. 조몬 시대에는 지역별로 생존 방식이 크게 달랐고 토기 양식도 달랐다. 게다가 정치적으로 통일된 상태도 아니었다. 조몬인이 일본을 점령한 1만 년 동안 그런 상황이 지속되었다면, 언어도 크게 달라졌을 것이다. 고고학적 증거가 말해주듯이 북쪽의 조몬인과 남쪽의 조몬인이 각각 러시아와 한국으로부터 지협을 건너왔다면, 조몬인의 언어는 이미 1만 2,000년 전에도 달랐을 수 있다.

홋카이도와 혼슈 북부의 많은 지명에는 아이누어에서 강을 뜻하는 '나이ナイ'와 '펫ペッ', 곶을 뜻하는 '시리シリ'라는 단어가 들어간다. 그러나 이런 아이누식 지명을 일본 남쪽에서는 사용하지 않는다. 여기서 야요이인과 초기 일본인 개척자들이 조몬식 지명을 차용했을 것이라는 추정이 가능하다. 백인이 북아메리카 원주민의 지명을 차용한 사실에서 이런 추정은 타당성을 갖는다(매사추세츠와 미시시피 등이 대표적인 예이다). 물론 아이누어는 일본 북단의 조몬어일 뿐이었다. 한편 규슈의 조몬어는 폴리네시아어와 인도네시아어, 타이완의 원주민 언어가 속한 오스트로네시아어족과 공통된 조어에서 출발했을지도 모른다. 많은 언어학자가 지적하듯이, 이른바 개음절open syllable('히'-'로'-'히'-'토'처럼 모음으로 끝나는 음절)을 선호한다는 점에서, 일본어는 오스트로네시

아어의 영향을 조금이나마 받은 듯하다. 고대 타이완인은 뛰어난 뱃사람이었다. 남쪽과 동쪽과 서쪽으로 멀리 퍼져나간 그들의 후손 중 일부가 북쪽, 즉 규슈로 향했을 수 있다.

달리 말하면, 홋카이도의 현대 아이누어는 먼 옛날 규슈에서 사용하던 고대 조몬어의 조어가 아니다. 같은 이유로, 현대 한국어도 기원전 400년에 일본으로 이주한 한국인이 사용하던 고대 야요이어의 조어일 가능성이 낮다. 한국은 정치적으로 통일된 676년 이전에 오랫동안 세 왕국으로 나뉘어 있었다. 현대 한국어는 그중 신라어에서 파생한 것이다. 신라는 궁극적으로 승리를 거두고 한국을 통일했지만, 그 이전에는 일본과 밀접하게 접촉하던 왕국이 아니었다. 초기 한국 연대기를 보면, 세 왕국은 각기 다른 언어를 사용했다. 신라에 패망한 왕국들의 언어는 거의 알려져 있지 않다. 하지만 지금까지 보존된 극소수의 고구려 단어는 현대 한국어보다 옛 일본어와 훨씬 더 비슷하다. 삼국이 정치적으로 통일되기 전인 기원전 400년경 한국에서 사용한 언어는 무척 다양했을 수 있다. 내 생각이지만, 기원전 400년 일본으로 건너와 현대 일본어로 진화한 한국어는 현대 한국어로 진화한 신라어와 상당히 달랐을 것이다. 그렇다면 현대 일본인과 한국인이 언어보다 외모와 유전자가 더 많이 닮았다고 해서 놀랄 이유는 없다.

이런 결론은 한국과 일본이 서로 감정이 좋지 않은 상황에서는 둘 모두에게 환영받지 못할 가능성이 크다. 역사적으로 그들의 관계가 원만하지 않을 이유는 충분히 있다. 아랍인과 유대인처럼, 한국인과 일본인은 피로 맺어졌지만 역사에서 비롯된 반목에서 헤어나지 못하는 관계이다. 그러나 동아시아에서나 중동에서나 반목은 양쪽 모두에게 손해일 뿐이다. 일본인과 한국인 모두 인정하고 싶지 않겠지만, 그들은 인격 형성기를 함께한 쌍둥이 형제와 같다. 양국이 과거의 유대 관계를 회복하느냐에 따라 동아시아의 정치적 미래도 크게 달라질 것이다.

에필로그 과학으로서 인류사의 미래

THE FUTURE OF HUMAN HISTORY AS A SCIENCE

인류 역사에 대한 연구도 과학적일 수 있는가?

인간 사회의 궤적에 영향을 미치는 환경적 요인은 무수히 많고 대륙마다 그 양상도 각기 다르다. 문화적 특이성과 개인의 특이성도 역사의 흐름에 임의성을 더한다. 그러나 인류사에 대한 연구 또한 과학적일 수 있고, 그것이야말로 현대 세계가 어떻게 형성되었으며 우리의 미래는 어떻게 될지를 가르쳐줄 것이다.

얄리의 질문은 인류의 현재 상황, 즉 홍적세 이후 인류가 밟아온 역사의 핵심을 찌르는 질문이었다. 대륙들의 역사를 간략히 살펴본 지금, 이제 우리는 얄리에게 어떻게 대답해야 할까?

나라면 얄리에게 "각 대륙의 장기적인 역사에서 나타나는 큰 차이는 그 대륙에 정착한 사람들의 타고난 차이가 아니라, 환경의 차이에서 비롯된 것"이라고 말해줄 것이다. 만약 홍적세 말에 오스트레일리아와 유라시아 사람들이 서로 바뀌었다면, 지금쯤 오스트레일리아 원주민이 유라시아는 물론이고 남북아메리카와 오스트레일리아 대부분을 차지하고, 유라시아 원주민은 탄압을 받으며 오스트레일리아 곳곳에 흩어져 겨우 살아가는 신세로 전락했을 것이다. 이런 사고 실험은 상상 속에만 존재하고, 그 결과에 대한 내 주장도 증명할 수 있는 게 아니라, 무의미한 일이라고 일축될지도 모르겠다. 그러나 역사학자는 '소급 테스트retrospective test'를 통해 이와 관련한 가정들을 평가할 수 있다. 예컨대 유럽 농경민이 그린란드나 미국 그레이트플레인스에 이주했다면, 또 중국에 뿌리를 둔 농경민이 채텀제도나 보르네오섬의 우림 또는 화산토로 덮인 자바섬이나 하와이에 이주했다면 어떤 결과가 빚어졌을지 분석해볼 수 있다. 이런 테스트를 통해, 동일한 조상을 둔 사람들이 어떤 환경에 있느냐에 따라 사라지거나, 수렵·채집민으로 되돌아가거나, 혹은 복잡한 국가를 이루기도 했다는 걸 확인할 수 있다. 이를테면 오스트레일리아에서 수렵·채집으로 살아가던 원주민은 플린더스섬, 태즈메이니아섬, 오스트레일리아 남동부 등 어디로 이주하느냐에 따라, 다시 말해 어떤 환경에 처하느냐에 따라 소멸되거나, 근대 세계에서 가장 단순한 도구에 의존하는 수렵·채집민으로 되돌아가거나, 수로를 건설해 생산적인 어장을 집약적으로 관리하는 집단이 되기도 했다.

물론 인간 사회의 궤적에 영향을 미치는 환경적 요인은 무수히 많고, 대륙마다 양상은 각기 다르다. 하지만 그 다른 요인들을 빠짐없이 나열한다고 해서 얄리의 질문에 대한 대답이 되는 건 아니다. 내 생각에는 네 가지 유형의 차이가 가장 중요한 차이인 듯하다.

첫째는 작물화 및 가축화할 수 있는 야생식물종과 야생동물종의 대륙별 차이이다. 식량을 직접 생산하지 않는 전문가 집단을 먹여 살리려면 잉여 식량의 생산이 필수적이기 때문이다. 과학기술적·정치적 이점을 확보하기 이전에도 인구의 수적 우위를 통해 군사적 이점을 누리려면 식량 생산이 중요했다. 이런 두 가지 이유에서, 작은 군장사회의 수준을 넘어 경제적으로 복잡하고, 사회적으로 계층화되고, 정치적으로 중앙집권화된 사회는 예외 없이 식량 생산을 기반으로 형성되었다.

그러나 지금까지 입증했듯 대부분의 야생 동식물종은 작물화나 가축화에 적합하지 않았다. 따라서 식량 생산은 상대적으로 적은 수의 가축과 작물을 기반으로 이루어졌다. 더구나 작물화와 가축화에 적합한 야생 후보종의 수가 대륙별로 크게 달랐다. 면적의 차이도 하나의 원인이었지만, 홍적세 말에 대형 포유동물한테 닥친 멸종이 더 큰 이유였다. 유라시아와 아시아보다 오스트레일리아와 남북아메리카에서 멸종의 피해가 훨씬 더 가혹했다. 그 결과 유라시아와 비교할 때 아프리카는 생물학적으로 별다른 혜택을 누리지 못했고, 남북아메리카의 상황은 혹독했으며, 오스트레일리아는 그야말로 극악한 환경에 내몰렸다. 얄리의 고향 뉴기니는 유라시아 면적의 70분의 1에 불과한 데다 홍적세 말에 모든 토종 대형 포유동물이 멸종해 오스트레일리아의 상황과 다를 바 없었다.

각 대륙에서 가축화와 작물화는 극히 일부 지역, 즉 조건이 특별히 유리한 지역에 집중되었다. 과학기술의 혁신과 정치제도의 경우에도 대부분의 사회는 직접 발명한 것보다 훨씬 더 많은 것을 다른 사회에서 얻는다. 따라서 대륙 내에서 확산과 이주는 사회 발전에 큰 영향을 주고, 장기적으로 보면 (환경이 허락하는 한) 모든 사회는 상대의 발전을 서로 공유하는 경향을 띤다. 뉴질랜드 마오리족의 '머스킷 전쟁'은 그런 사례를 보여준 단순한 방식이라고 할 수 있다. 달리 말하면, 어떤 이점도 없는 사회는 그 이점을 보유한 사회로부터 얻거나, (그렇지 못하면) 다른 사회에 정복당하는 운명을 맞는다.

따라서 둘째 유형의 차이는 확산과 이주의 속도에 영향을 미치는 요인으로 이루어진다. 그 속도는 대륙별로 크게 달랐다. 확산과 이주의 속도가 유라시아에서 가장 빨랐던 이유는, 중심축이 동서 방향이어서 지리적·생태적 장벽이 상대적으로 낮았기 때문이다. 작물과 가축의 이동은 기후, 즉 위도에 크게 영향을 받기 때문이 이런 추론은 잘못된 것이 아니다. 그러나 혁신적 과학기술의 확산 역시 그것이 특정한 환경에서도 별다른 수정을 거치지 않고 잘 사용된다면 위도에 영향을 받는다고 추론할 수 있다. 아프리카, 특히 남북아메리카에서는 확산 속도가 상대적으로 늦었다. 두 대륙의 중심축이 남북 방향이어서 지리적·생태적 장벽이 높았기 때문이다. 전통적인 뉴기니 사회에서도 확산은 쉽지 않았다. 지형이 험하고 높은 산맥이 길게 이어져 정치적·언어적인 통일을 방해했기 때문이다.

대륙 '내'에서 확산에 영향을 미친 이런 요인과 관련해, 셋째 유형의 차이는 대륙 '간' 확산에 영향을 준 요인에서 생긴다. 대륙 간 교류가 작물과 가축 및 과학기술의 기초를 구축하는 데 도움을 줄 수 있기 때문이다. 각 대륙은 고립의 정도가 다르기 때문에 대륙 간 확산 속도도 다를 수밖에 없었다. 지난 6,000년 동안에는 유라시아에서 사하라 이남 아프리카로 확산하는 게 가장 쉬웠다. 따라서 현재 아프리카에서 사육하는 대부분의 가축종은 유라시아에서 전해진 것이다. 그러나 동서東西 반구 간 확산은 아메리카 원주민의 복잡한 사회에 아무런 도움도 주지 못했다. 저위도 지역은 너른 바다 때문에, 고위도 지역은 수렵·채집에 적합한 기후와 지리적 환경 때문에 유라시아로부터 고립되었다. 한편 원주민 시대의 오스트레일리아는 인도네시아열도라는 바다의 장벽 때문에 유라시아로부터 고립되었고, 유라시아로부터 받았다고 입증된 것은 딩고가 유일하다.

마지막으로 넷째 유형의 차이는 대륙별 면적이나 총인구의 차이에서 비롯되었다. 면적이 더 넓거나 인구가 더 많다는 것은 더 많은 잠재적 발명가, 더 경쟁적인 사회, 더 많은 혁신적 과학기술이 생겨날 수 있다는 뜻이다. 또한 새로운 혁신을 채택하고 그걸 유지하지 못하면 경쟁 관계에 있는 사회에 의해 제거당할 수 있기 때문에, 항상 혁신을 도모해야 한다는 압력을 더 많이 받기 마련이다. 아프리카의 피그미족이 그런 운명을 맞았고, 그 밖에도 많은 수렵·채집민이 그런 이유로 농경민에게 쫓겨났다. 반대로 완고하고 보수적이던 그린란드의 스칸디나비아 농경민은 이누이트 수렵·채집민에게 내몰렸다. 그린란드 환경에서는 이누이트 수렵·채집민의 생존 방식과 과학기술이 스칸디나비아인의 그것보다 월등히 나았기 때문이다. 세계 곳곳의 커다란 땅덩어리 중에서, 경쟁하는 사회의 수가 가장 많고 면적도 가장 넓은 곳은 유라시아였다. 반면 오스트레일리아와 뉴기니는 모두 상당히 작았고, 태즈메이니아는 더더욱 작았다. 남북아메리카는 면적은 작지 않았지만 지리적·생태적 장벽 때문에, 서로 제대로 연결되지 않은 서너 개의 작은 대륙으로 나뉜 것이나 다를 바 없었다.

지금까지 살펴본 네 가지 유형의 요인이 큰 환경적 차이로 발전했고, 그러한 차이는 객관적으로 계량화할 수 있으므로 논쟁의 여지가 없다. 뉴기니인이 유라시아인보다 평균적으로 더 똑똑하다는 내 주관적 인식에 이의를 제기할 수는 있겠지만, 뉴기니가 유라시아보다 면적도 좁고, 대형 동물종도 훨씬 적다는 걸 부인할 사람은 없을 것이다. 그러나 이런 환경적 차이를 언급하면, 역사학자들은 '지리적 결정론geographic determinism'이라는 딱지를 붙이며 분개한다. 지리적 결정론이라는 명칭에는 부정적 의미가 함축된 듯하다. 인간의 창의성은 아무런 쓸모가 없고, 인간은 기후와 동물상과 식물상에 조건화되는 수동적인 로봇에 불과하다고 여기는 식으로 말이다. 물론 이런 두려움은 잘못된 것이다. 인간의 창의력이 없었다면, 100만 년 전의 우리 조상이 그랬던 것처럼 오늘날 우리도 여전히 돌연장으로 날고기를 썰어 먹고 있을 것이다. 어떤 인간 사회에나 창의적인 사람이 있기 마련이다. 그 창의력을 활용하는 데 필요한 재료와 조건을 더 넉넉하게 제공하는 환경이 다를 뿐이다.

얄리의 질문에 대해, 우리는 얄리가 원했을 법한 수준보다 더 길고 복잡하게 대답해보았다. 하지만 역사학자의 눈에는 이 대답이 지나치게 짧고 단순하게 보일 수 있다. 모든 대륙에서 일어난 1만 3,000년의 역사를 몇백 쪽짜리 책에 압축하려면 그 내용을 단순화할 수밖에 없다. 하지만 압축하는 작업에는 그에 상응하는 이점이 있다. 장기적 관점에서 여러 지역을 비교하면, 한 사회를 단기적으로 연구할 때 기대할 수 없는 통찰을 얻을 수 있다.

물론 얄리의 질문이 제기하는 쟁점 중에는 아직 해결되지 않은 것도 적지 않다. 현재로서는 완전히 마무리된 이론보다, 부분적인 대답과 미래의 연구 과제를 내놓을 수 있을 뿐이다. 당장의 과제는 인류의 역사, 즉 인류사를 하나의 과학으로서, 천문학·지질학·진화생물학 등 공인된 역사과학과 대등한 수준까지 끌어올리는 데 있다. 따라서 역사학으로서 인류사의 미래를 생각해보고, 해결되지 않은 쟁점을 개략적으로 정리하며 이 책을 마무리하는 것도 괜찮을 듯하다.

이 책을 가장 정직하게 확대하는 방법은 대륙 간 격차를 벌리는 데 결정적 역할을 한 것으로 보이는 네 가지 유형의 요인을 대륙별로 계량해서, 그 차이가 어떤 역할을 했는지 더 설득력 있게 보여주는 것이다. 나는 작물화와 가축화에 필요한 원재료에 어떤 차이가 있었는지 보여주기 위해, 각 대륙에 존재한 대형 육상 포유류 초식동물과 잡식동물(표 9.2 참조), 그리고 씨가 큰 곡물(표 8.1 참조)의 총수를 구체적으로 제시했다. 따라서 강낭콩과 완두콩, 갈퀴나물처럼 씨가 큰 콩과 식물의 수를 비교해보는 것도 이 책의 내용을 확대하는 한 방법일 것이다. 게다가 나는 대형 포유동물 후보종이 결국 가축화하지 못한 요인에 대해 언급하면서도, 각 대륙에서 각각의 요인에 의해 얼마나 많은 후보종이 가축화하지 못했는지를 도표화하지는 않았다. 특히 후보종이 유라시아보다 훨씬 높은 비율로 가축화하지 못한 아프리카를 대상으로 이런 작업을 시도해보면 무척 흥미로울 것이다. 아프리카에서 후보종을 탈락시키는 데 어떤 요인이 가장 큰 역할을 했고, 아프리카 포유동물에게서 그 요인이 높은 빈도로 나타난 이유가 무엇일까? 유라시아와 남북아메리카와 아프리카에서 중심축을 따라 확산하는 속도가 달랐다고 말하면서, 내가 임의적으로 제시한 수치를 검증하기 위한 계량적 자료도 필요할 것이다.

이 책을 확대하는 또 다른 방법으로는 지리적 규모와 시간 폭을 줄이는 것이다. 예컨대 "유라시아에서도 비옥한 초승달 지역이나 중국 혹은 인도가 아니라 유럽이 아메리카와 오스트레일리아를 정복하고, 과학기술에서 주도권을 잡고, 현대 세계에서 정치·경제적으로 지배적 위치에 올라선 이유는 무엇일까?"라는 의문을 품은 독자가 있을 것이다. 기원전 8500년과 기원후 1450년 사이의 어느 시점에 살면서 미래의 역사 궤적을 예측해보려는 역사학자가 있었다면, 유럽의 최종적인 지배를 가장 가능성이 낮다고 판단했을 것이다. 유럽은 그 1만 년의 기간 동안 구세계의 세 지역 중 가장 뒤처진 땅이었기 때문이다. 기원전 8500년부터 기원전 500년 이후 그리스와 이탈리아가 차례로 탄생할 때까지, 서유라시아에서 일어난 거의 모든 주요 혁신—예컨대 동물의 가축화, 식물의 작물화, 문자와 야금술, 바퀴와 국가 등—은 비옥한 초승달 지역과 그 인근에서 일어났다. 기원후 900년경 이후 수차가 확산할 때까지, 알프스 서쪽과 북쪽의 유럽은 구세계의 과학기술과 문명에 실질적으로 어떤 기여도 하지 못했다. 오히려 동지중해, 비옥한 초승달 지역, 중국으로부터 발전의 혜택을 누리기만 했다. 기원후 1000~1450년에도 과학기술은 인도에서 북아프리카까지 이어진 이슬람 사회에서 유럽으로 주로 전해졌지, 그 반대가 아니었다. 그 시기에 중국은 과학기술에서 세계를 주도했다. 비옥한 초승달 지역만큼이나 일찍 식량 생산을 시작했기 때문이다.

그렇다면 비옥한 초승달 지역과 중국이 수천 년이나 지속되던 주도권을 뒤늦게 출발한 유럽에 빼앗긴 이유는 무엇일까? 물론 유럽의 발흥을 이끈 근접 요인들로 상인 계급의 등장, 발명품을 보호하는 특허 제도, 절대군주제와 과도한 과세의 부재, 비판적이고 경험적인 탐구열을 권장하는 그리스와 유대·기독교 전통 등을 거론할 수 있다. 하지만 이런 모든 근접 원인에 대해, 우리는 그 궁극 원인은 무엇이었는지 당연히 의문을 제기해야 한다. 달리 말하면, 이런 근접 요인이 중국이나 비옥한 초승달 지역이 아니라 유럽에서 발생한 이유는 무엇일까?

비옥한 초승달 지역의 경우에 그 답은 명확하다. 작물화하고 가축화할 수 있는 야생 동식물이 지역적으로 집중된 덕분에 마음껏 향유하던 이점을 상실한 뒤로, 비옥한 초승달 지역은 더 이상 강력한 지리적 이점을 누리지 못했다. 서쪽에서 강력한 제국들이 등장하면서 그러한 이점이 사라졌기 때문에 그 과정도 자세히 추적할 수 있다. 비옥한 초승달 지역에서는 기원전 4000~기원전 3000년에 국가들이 탄생한 이후 힘의 중심추가 줄곧 그곳에서 머물렀다. 예컨대 바빌로니아와 히타이트, 아시리아와 페르시아가 차례로 그 지역을 장악하는 동안 내내 그랬다. 그러나 그리스가 기원전 4세기 말, 알렉산드로스

대왕 시대에 그리스 동쪽부터 인도까지 모든 선진 사회를 정복하자, 마침내 힘의 균형추가 서쪽으로 이동하며 돌이킬 수 없는 첫걸음을 내디뎠다. 기원전 2세기에는 로마가 그리스를 정복하며 힘의 균형추가 더 서쪽으로 옮겨갔고, 로마제국 붕괴 후에는 다시 서유럽과 북유럽으로 이동했다.

비옥한 초승달 지역의 이러한 과거를 현재의 모습과 비교해보면, 이런 이동의 주된 요인이 무엇이었는지 금세 명확히 드러난다. 요즘의 비옥한 초승달 지역을 보면, '비옥한 초승달'과 '세계에서 처음으로 식량을 생산한 지역'이라는 표현이 어울리지 않는다. 과거의 비옥한 초승달 지역 중 많은 곳이 이제는 사막이나 반사막, 혹은 불모지로 변했다. 또 토양이 크게 침식되거나 염분이 스며들어 농사에 적합하지 않다. 오늘날 그 지역에서는 몇몇 국가가 재생 불가능한 석유라는 단일한 자원 덕분에 일시적인 부를 누리고 있으며, 그 덕분에 그곳이 자급자족조차 할 수 없는 근원적인 가난에 오랫동안 시달렸다는 사실이 감추어져 있다.

하지만 고대에 대부분의 비옥한 초승달 지역과, 그리스를 포함한 동지중해는 숲으로 뒤덮여 있었다. 삼림지대이던 그곳이 황폐한 관목대나 사막으로 바뀐 과정은 고식물학자와 고고학자들에 의해 밝혀졌다. 요컨대 농경을 위해 숲을 개간했고, 건축용 목재를 조달하기 위해 나무를 베어냈다. 또 난방을 위한 땔감으로, 회반죽을 만들기 위해서도 나무를 태웠다. 강수량이 적어서 (강수량에 비례하는) 일차 생산력 primary productivity(식물이 광합성을 통해 만들어내는 유기물의 양—옮긴이)도 낮았다. 그 때문에 초목의 재생이 파괴 속도를 따라가지 못했다. 지나치게 많은 염소를 방목한 지역에서 그런 현상이 두드러졌다. 나무와 풀이 사라지자, 침식이 진행되며 골짜기에 토사가 쌓였다. 게다가 강수량이 적은 환경에서 관개농업을 행한 탓에 토양에 염분이 축적되었다. 이런 과정은 신석기시대부터 지금까지도 계속되고 있다. 예컨대 옛 나바테아의 수도로 지금은 요르단에 위치한 페트라 인근에 마지막까지 남아 있던 숲도 제1차 세계대전 직전 오스만튀르크가 헤자즈 철로를 건설하는 동안 폐허로 변했다.

이처럼 비옥한 초승달 지역과 동지중해 사회는 불운하게도 생태학적으로 유약한 환경에서 탄생했다. 게다가 그들은 자신의 자원 기반을 파괴하며 생태학적 자살ecological suicide을 저질렀다. 이렇게 동쪽, 즉 비옥한 초승달 지역에서 생겨난 가장 오래된 사회부터 시작해 동지중해 국가들까지 빠짐없이 차례로 자멸하자, 힘의 균형추가 서쪽으로 옮겨갔다. 북유럽과 서유럽이 그런 운명을 지금까지 모면할 수 있었던 이유는 그곳 사람들이 더 지혜로웠기 때문이 아니라, 운 좋게도 강수량이 더 많아 초목이 빠르게 재생하는 튼튼한 환경에서 살았기 때문이다. 북유럽과 서유럽의 많은 지역에서는 식량 생산을 시작하고 7,000년이 지난 지금까지도 생산적인 집약 농경이 이루어지고 있다. 유럽은 작물과 과학기술 및 문자 체계를 비옥한 초승달 지역으로부터 받아들였지만, 정작 비옥한 초승달 지역은 혁신의 중심에서 점차 멀어지며 힘을 상실했다.

이렇게 비옥한 초승달 지역은 유럽보다 크게 앞섰던 이점을 잃어버렸다. 그렇다면 중국이 앞서가던 이점을 잃어버린 이유는 또 무엇일까? 중국은 여러 면에서 확고한 이점을 누려왔고, 그 때문에 중국의 추락이 놀라울 수도 있다. 중국은 비옥한 초승달 지역만큼이나 일찍이 식량 생산을 시작했고, 북중국부터 남중국까지 또 해안 지역부터 높은 티베트고원까지 생태학적으로 다양해서 많은 종류의 식물과 동물이 자생했다. 그리고 다양한 과학기술을 고안해냈고, 널찍하고 생산적인 농토를 기반으로 세계에서 가장 많은 인구를 먹여 살릴 수 있었다. 게다가 중국은 비옥한 초승달 지역보다 덜 건조하고 생태학적으로도 취약하지 않아 거의 1만 년이 지난 뒤에도 집약적인 농경을 생산적으로 이어갈 수 있었다. 하지만 오늘날에는 환경문제가 점점 악화해 유럽보다 더 심각한 실정이다.

빨리 출발한 데다 이런 이점 덕분에 중국은 중세 시대에 세계의 과학기술을 선도할 수 있었다. 중국에서 가장 먼저 개발한 과학기술로는 앞에서 언급한 주철, 나침반, 화약, 종이, 인쇄술 등을 들 수 있다. 15세기 초, 중국은 인도양을 넘어 아프리카 동부 해안까지 수백 척의 보물선 선단을 몇 번이고 파견했다. 큰 배의 경우는 길이가 120미터였고, 선원은 2만 8,000명에 달했다. 콜럼버스가 세 척의 작은 배로 좁은 대서양을 건너 아메리카 동부 해안에 도착한 것보다 수십 년이 앞선 때였다. 그런데 중국 선단은 왜 아프리카 남단의 곶을 지나 서쪽으로 계속 항해해 유럽에 들어가지 않았을까? 그때는 바스쿠 다 가마가 세 척의 작은 배를 이끌고 희망봉을 돌아 동진해서 유럽이 동아시아 식민지화의 길을 열기 전이었다. 또 왜 중국 선단은 태평양을 넘어 아메리카 서쪽 해안에 식민지를 세우지 않았을까? 간단히 말해서, 왜 중국은 뒤처졌던 유럽에 과학기술의 우위를 빼앗겼을까?

보물선 선단의 파견이 끝나는 과정에서 한 가지 단서를 찾을 수 있다. 1405~1433년까지 선단은 일곱 차례 중국을 출발했다. 그런데 세계 어디에서나 흔히 일어날 법한 일탈된 국내 정치로 인해 선단 파견이 멈추었다. 구체적으로 말하면, 중국 조정을 양분하던 두 파벌, 즉 환관 집단과 그 정적들의 치열한 권력투쟁 때문이었다. 환관들은 선단의 파견을 지원하는 쪽이었다. 따라서 반대파는 권력투쟁에서 우위를 점하자 선단 파견을 중단했고, 나아가서 조선소 자체를 해체하며 먼바다로의 항해도 금지했다. 이 사건은 1880년대에 런던 거리를 전기로 밝히려던 가로등의 발전을 억누른 입법 행위, 제1차 세계대전과 제2차 세계대전 사이에 미국이 선택한 고립주의 등 정치적 쟁점 때문에 무수히 많은 국가에서 취한 퇴행적 조치를 떠올리게 한다. 그러나 중국에는 다른 점이 있었다. 전국이 정치적으로 통일된 상태였기 때문이다. 그래서 단 한 번의 결정으로, 중국 전역에서 선단 파견이 멈추었다. 더구나 배를 만드는 조선소도 완전히 폐쇄됐다. 훗날 조선소를 다시 짓는 데 본보기로 삼을 만한 흔적조차 남기지 않은 채로 말이다. 결국 그 일시적인 결정은 되돌릴 수 없는 일이 되었고, 어리석은 짓이었다는 게 입증되었다.

이번에는 중국에서 일어난 이 사건을 정치적으로 분열된 유럽에서 탐험대가 항해를 시작했을 때 일어난 사건과 비교해보자. 크리스토퍼 콜럼버스는 이탈리아에서 태어났지만, 프랑스의 앙주 공작에게 충성을 맹세했고, 그 뒤에는 포르투갈 왕에게로 충성의 방향을 돌렸다. 그런데 포르투갈의 왕이 서쪽으로 탐험할 배를 지원해달라는 그의 요청을 거절했다. 이에 콜럼버스는 메디나 세도니아 공작에게 지원을 요청했고, 메디나 세도니아 공작이 거절하자, 다음에는 메디나 첼리 백작에게 도움을 구했다. 그러나 메디나 첼리 백작에게도 거절을 당했고, 마지막으로 스페인의 국왕과 왕비에게 지원을 요청했다. 처음에는 그들도 콜럼버스의 요청을 거절했지만, 결국에는 그의 거듭된 호소를 받아들였다. 유럽이 처음 세 지배자 중 한 명의 통치하에 있었더라면, 아메리카 대륙을 식민지화하려던 유럽의 시도는 무산되었을지도 모른다.

엄밀히 말하면 유럽이 분열되었기 때문에 콜럼버스는 다섯 차례의 시도 끝에, 유럽 군주 중 한 명을 설득하는 데 성공해 지원을 받을 수 있었다. 또 스페인이 아메리카에 식민지를 건설한 뒤, 유럽의 다른 국가들은 스페인으로 부가 흘러 들어가는 걸 보았고, 곧이어 아메리카를 식민지화하는 데 6개국이 더 뛰어들었다. 유럽의 대포, 전기 조명, 인쇄술, 소형 화기 등 무수히 많은 혁신도 마찬가지였다. 처음에는 이런저런 이유로 한결같이 유럽 일부 지역에서 무시당하거나 반대에 부딪혔지만, 한 지역에서 채택하면 곧이어 유럽 전역에 전해졌다.

분열된 유럽에서 비롯된 이런 결과는 중국의 통일이 빚어낸 결과와 뚜렷이 대비된다. 중국 조정은 먼바다로 항해하는 걸 금지한 것 외에 때때로 다른 중요한 행위의 중단을 명령하기도 했다. 예컨대 14세기에 수력을 이용한 방적기를 더 정교하게 발전시키려는 노력을 포기함으로써 산업혁명의 문턱에서 물러섰고, 한때 시계 제작에서 세계를 선도했음에도 느닷없이 기계식 시계를 실질적으로 없애버렸다. 그리하여 15세기 말 이후에는 기계 장치 및 전반적인 과학기술이 퇴조하게 되었다. 통일 국가의 이런 잠재적 유해성이 문화대혁명의 광기가 기승을 부리던 1960~1970년대 중국에 다시 불어닥쳤다. 그때 소수의 지도자, 아니 한 명의 지도자가 내린 결정에 전국의 모든 학교가 5년 동안이나 문을 닫아야 했다.

중국은 통일 국가이던 때가 많았고, 유럽은 언제나 분열된 상태였다. 두 가지 경우 모두 오래전부터 지속된 현상이다. 중국의 경우는 상대적으로 생산적인 지역들이 기원전 221년에 처음으로 정치적 통일을 이뤘다. 그 이후 중국은 거의 언제나 통일 국가를 유지해왔다. 따라서 중국은 문자가 형성된 때부터 하나의 문자 체계만을 고집했고, 하나의 지배적인 언어를 오랫동안 사용하는 등 근 2,000년 동안 문화적 통일성을 대체로 지켜왔다. 반면 유럽은 정치적 통일에 가까이 다가간 적조차 없었다. 14세기에는 1,000개의 독립된 소국小國으로 쪼개졌고, 1500년경에는 500개, 1980년대에는 25개국으로 줄어들었다. 하지만 이 글을 쓰고 있는 지금, 다시 거의 40개국으로 늘어났다. 유럽에서는 지금도 45개의 언어를 사용한다. 각각의 언어가 알파벳을 약간 변형한 문자 체계를 갖고 있으며, 문화적 다양성은 훨씬 더 다채롭다. 한때 유럽경제공동체European Economic Community, EEC를 통해 유럽 통일을 모색하려던 소박한 시도조차 계속 좌절시킨 의견 충돌은 유럽의 뿌리 깊은 분열성을 잘 보여주는 징후라고 할 수 있다.

따라서 중국이 유럽에 대해 갖고 있던 정치적·과학기술적 우위를 상실한 이유를 제대로 이해하려면, 중국의 만성적인 통일 지향성과 유럽의 만성적인 분열 지향성을 이해해야 한다. 그 답은 다시 지도에서 어렴풋이 찾을 수 있다. 유럽의 해안선은 섬에 버금갈 정도로 고립되어 보이는 다섯 개의 커다란 반도가 있어 무척 들쑥날쑥하다. 게다가 다섯 곳의 반도에는 독자적인 언어와 민족 및 정부—그리스, 이탈리아, 이베리아, 덴마크, 노르웨이·스웨덴—가 있다. 반면 중국 해안선은 무척 매끈한 편이고, 한반도만이 두드러져 보인다. 또 유럽에는 정치적 독립을 주장하고 고유한 언어와 민족성을 유지할 정도로 상당히 큰 두 섬(그레이트브리튼과 아일랜드)이 있다. 그중 그레이트브리튼은 유럽에서도 강력한 독립국일 만큼 크고, 유럽 본토와도 가깝다. 그러나 중국에서 가장 큰 두 섬, 즉 타이완과 하이난은 면적이 아일

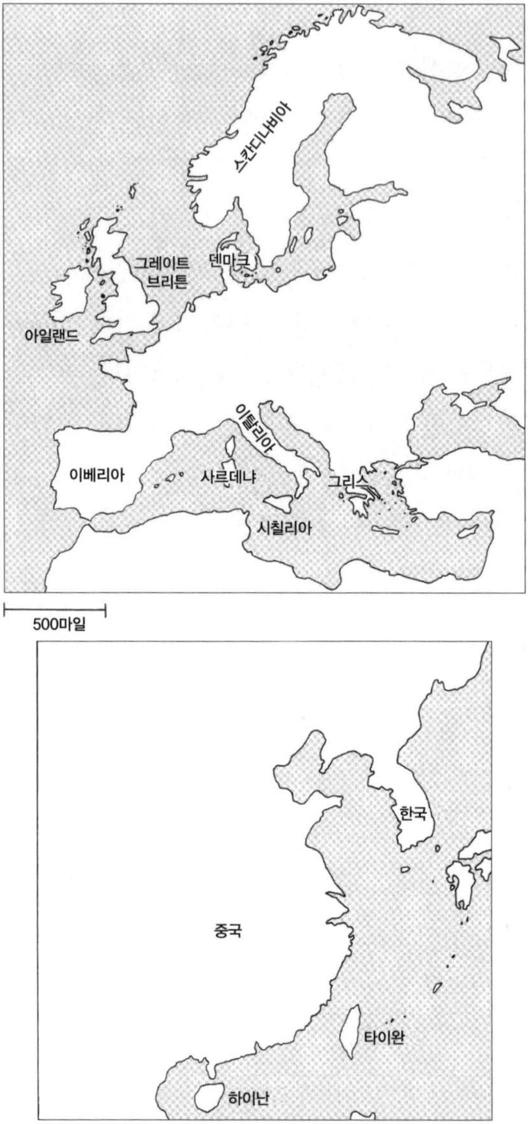

중국과 유럽의 해안선 비교. 동일한 축척으로 그린 지도. 유럽의 해안선이 훨씬 더 들쑥날쑥하다. 매우 큰 반도들과 커다란 두 섬도 눈에 띈다.

랜드의 절반에도 미치지 못한다. 또한 근래에 타이완이 부상하기 전까지 둘 모두 강력한 독립국이 아니었다. 지리적으로 떨어진 일본은 19세기까지 아시아 본토에서 정치적으로도 고립된 채 지냈다. 영국이 유럽 본토에서 고립된 정도보다 훨씬 더 심했다. 한편 유럽은 높은 산맥(알프스, 피레네, 카르파티아, 스칸디나비아) 때문에 언어적·민족적·정치적 측면에서 독립된 단위들로 나뉜 상태이지만, 중국의 경우에는 티베트고원의 동쪽 산악지대가 유럽의 산맥처럼 끔찍한 장벽은 아니다. 중국의 중원은 비옥한 충적토가 쌓인 골짜기를 가로지르는 두 개의 큰 강(양쯔강과 황허강)에 의해 동서로 연결되고, 두 강을 남북으로 잇는 연결로도 평탄하다(두 강은 결국 운하로 연결되었다). 그 때문에 중국은 일찍이 생산성이 높은 두 핵심 지역의 지배를 받았지만, 두 지역을 가르는 분리 벽이 그다지 높지 않아 결국에는 하나의 핵심 지역으로 합쳐졌다. 한편 라인강과 다뉴브강은 유럽에서 가장 길지만, 양쯔강과 황허강에 비하면 짧아서 유럽의 많은 지역을 연결하지 못한다. 중국과 달리, 유럽에는 곳곳에 흩어진 작은 핵심 지역이 많고, 오랫동안 다른 지역을 지배할 만큼 큰 지역이 하나도 없었다. 게다가 각 지역이 예부터 자주적인 독립국의 중심지였다.

기원전 221년 마침내 통일을 이룬 중국에서는 이후 어떤 독립국가도 오랫동안 지속되지 못했다. 기원전 221년 이후 분열의 시기가 몇 차례 있었지만, 항상 재통일로 귀결되었다. 그러나 유럽의 경우에는 샤를마뉴, 나폴레옹, 히틀러 같은 강력한 정복자들의 노력에도 통일은 쉽지 않았다. 로마제국조차 전성기에도 유럽 면적의 절반 이상을 지배하지 못했다.

따라서 지리적으로 연결되고 내부 장벽이 낮은 조건은 처음에 중국한테 유리하게 작용했다. 북중국과 남중국, 해안과 내륙은 통일된 중국에 각기 다른 작물과 가축, 과학기술과 문화로 기여했다. 예컨대 기장 재배, 청동연장, 문자는 북중국에서 시작된 반면, 남중국에서는 쌀을 재배하고 주철을 개발했다. 이 책 곳곳에서, 나는 내부 장벽이 낮은 곳에서 과학기술이 확산한다는 걸 강조했다. 그러나 중국의 지리적 연결성은 결국 약점이 되었다. 전제군주가 결정하면 혁신이 중단되고, 실제로 그런 사태가 반복적으로 일어났기 때문이다. 반면 유럽은 지리적으로 분열되어 수십 혹은 수백 개의 독립 소국이 서로 경쟁하며 혁신의 중심지가 되었다. 어떤 국가가 특정한 혁신을 추구하지 않더라도, 다른 국가가 그 혁신을 추구하며 이웃한 국가들에 똑같이 행동하지 않으면 정복당하거나 경제적으로 뒤처질 거라는 두려움을 안겨주었다. 유럽의 내부 장벽은 정치적 통일을 가로막기에는 충분했지만, 과학기술과 아이디어의 확산을 중단시키기에는 불충분했다. 중국의 경우처럼, 한 명의 전제군주가 유럽 전체의 연결망을 끊을 수는 없었다.

중국과 유럽의 비교에서 확인할 수 있듯이, 지리적 연결성은 과학기술의 진화에 긍정적 영향뿐 아니라 부정적 영향도 미쳤다. 따라서 장기적으로 보면, 과학기술은 연결성이 적절한 지역, 즉 연결성이 지나치게 좋지도 않고 지나치게 나쁘지도 않은 지역에서 가장 신속하게 발달한 듯하다. 중국과 유럽과 인도아대륙에서 지난 1,000년 동안 일어난 과학기술의 발전 과정은 연결성이 좋은 때와 적절한 때와 나쁜 때의 순효과를 보여주는 좋은 예이다.

당연한 말이겠지만, 유라시아의 여러 지역이 역사적으로 다른 과정을 밟은 데는 다른 요인도 작용했다. 예컨대 비옥한 초승달 지역과 중국 그리고 유럽은 말을 타고 중앙아시아 초원을 누비던 유목민에게 지속적으로 위협받는 정도가 달랐다. 그런 유목민 중 하나, 즉 몽골족은 결국 이란과 이라크의 오래된 관개시설을 파괴했지만, 아시아 유목민 중 누구도 헝가리 평원 너머로 서유럽의 삼림지대에 터전을 마련하는 데는 성공하지 못했다. 비옥한 초승달 지역이 지리적으로 중간에 위치함으로써 중국과 인도를 유럽하고 잇는 교역로를 지배한 것이나, 중국이 유라시아의 다른 선진 문명들과 멀리 떨어져 있어 대륙 내 거대한 섬과 실질적으로 다를 바 없었던 것도 환경적 요인에 포함된다. 중국의 상대적 고립은 과학기술을 채택한 뒤 배척한 현상과 특히 관계가 있어, 태즈메이니아를 비롯한 몇몇 섬에서 일어난 일을 떠올리게 한다(13장과 15장 참조). 그러나 이런 간단한 논의로도 환경적 요인이 큰 틀에서의 역사뿐 아니라 단기적으로 좁은 범위에서 본 역사에도 영향을 미친다는 걸 확인할 수 있다.

비옥한 초승달 지역과 중국의 역사는 오늘날의 현대 세계에도 유익한 교훈을 준다. 상황이 바뀌면 과거의 우위가 미래의 우위를 보장해주지 않는다는 것이다. 또 이 책에서 줄곧 사용한 지리적 추론이 현대 세계에는 무의미하지 않느냐는 의문을 품는 독자도 있을 것이다. 요즘에는 아이디어가 인터넷을 통해 순식간에 전 세계에 전해지고, 화물이 하룻밤에 다른 대륙까지 운송되기 때문이다. 완전히 새로운 규칙이 세계인의 경쟁에 적용되고 있는 것이다. 타이완, 한국, 말레이시아, 특히 일본 같은 신흥 강국이 부상하는 것도 이와 관련이 있는 듯하다.

하지만 깊이 생각해보면, 새로운 규칙이란 것도 옛 규칙의 변형에 불과하다. 그렇다. 1947년 미국의 벨연구소가 발명한 트랜지스터는 단숨에 1만 3,000킬로미터를 넘어가 일본에서 전자 산업을 키워냈다. 그러나 더 짧은 거리를 넘어가 자이르나 파라과이에서 새로운 산업을 키워내지는 못했다. 결국 오늘날 신흥 강국으로 떠오른 나라들은 수천 년 전 식량 생산을 기반으로 한 세력 중심지에 편입된 국가이거나, 그 중심지를 떠난 사람들이 이주한 국가이다. 자이르나 파라과이와 달리, 일본을 비롯한 신흥 강국은 오래전부터 문자와 금속 기계류를 사용하고 중앙집권화한 정부를 갖추어 트랜지스터를 신속히 활용할 수 있었다. 세계에서 가장 일찍 식량 생산을 시작한 두 중심지, 즉 비옥한 초승달 지역과 중국은 즉각적으로 그 뒤를 이은 후속 국가(현대 중국)나, 두 중심지에서 일찍이 영향을 받은 인접 지역에 위치한 국가(일본과 한국과 말레이시아, 유럽), 혹은 바다를 건너온 이민자들이 정착하거나 통치하는 국가(미국, 오스트레일리아, 브라질)를 통해 지금도 세계를 지배하고 있다. 사하라 이남 아프리카인, 오스트레일리아 원주민, 남북아메리카 원주민이 세계를 지배할 가능성은 여전히 어둡다. 기원전 8000년 당시의 역사가 지금도 우리를 무겁게 짓누르고 있는 셈이다.

얄리의 질문에 답하는 데 필요한 다른 요인들로, 문화적 요인과 개인의 영향도 무시할 수 없다. 문화적 요인을 먼저 살펴보면, 인간의 문화적 특성은 지역에 따라 크게 다르다. 그런 문화적 차이는 부분적으로 환경의 차이에서 비롯되는 게 분명하며, 이에 대한 사례는 이 책에서 지금까지 많이 언급했다. 그러나 지역적으로 환경과 무관하게 나타나는 문화적 요인도 매우 중요할 수 있다. 그다지 중요하지 않은 문화적 특징 하나가 사소하고 지엽적인 이유로 느닷없이 생겨나 고착화함으로써 사회 구성원에게 영향을 주며 더 중요한 문화적 선택을 하도록 유도할 수 있다. 대표적인 예로, 카오스이론이 다른 학문 분야에도 두루 적용되는 경우를 생각해보면 된다. 이런 문화적 과정은 역사를 예측하기 어렵게 만드는 요인이기도 하다.

일례로 나는 13장에서 타자기의 '쿼티 자판'을 다루었다. 경쟁 관계에 있던 많은 제품 가운데 쿼티 자판을 채택한 것은 사소하고 지엽적인 이유들이 복합된 결과였다. 구체적으로 말하면, 1860년대 미국에서 제작한 초기 타자기의 구조, 타자기의 판매 기법, 신시내티에 '속기 및 타자 학원'을 설립한 롱리라는 여인이 1882년에 내린 결정, 롱리 부인에게 타자를 배운 수제자 프랭크 맥거린이 1888년에 열린 타자 경시대회에서 쿼티 자판을 쓰지 않던 롱리 부인의 경쟁자 루이스 토브를 완파하고 승리한 사건 등이다. 그러나 미국이라는 환경에서 쿼티 자판이 다른 제품보다 유리할 게 하나도 없었다. 다른 자판을 선택할 기회가 1860~1880년대에 적잖게 있었다. 하지만 일단 결정이 내려지고 쿼티 자판이 확고히 자리를 잡자, 한 세기 뒤에는 컴퓨터 자판에도 그것을 채택했다. 지금은 먼 과거의 일로 잊혔지만, 수메르에서는 계산법으로 10진법 대신 12진법(그래서 1시간은 60분, 1일은 12시간, 1년은 12개월, 원의 내각은 360도로 정해졌다)을 채택한 반면, 메소아메리카에서는 20진법(260일의 날짜에 이름을 붙인 주기와 1년을 365일로 삼은 주기를 동시에 사용한 달력)에 기반한 계산법을 널리 사용한 데도 똑같이 사소하고 지엽적인 이유가 있었을 것이다.

타자기, 시계, 역법의 선택이 그 사회의 경쟁력에 영향을 미치지는 않았다. 하지만 그러한 선택이 영향을 미치는 상황을 머릿속에 그리는 건 그다지 어렵지 않다. 가령 미국의 쿼티 자판을 세계의 다른 곳에서 채택하지 않았다면, 예컨대 일본이나 유럽이 훨씬 더 효율적인 드보락Dvorak 자판을 채택했다면, 19세기의 그 사소한 결정이 20세기 미국 과학기술의 경쟁력에 중대한 영향을 미쳤을 수 있다.

마찬가지로 중국 어린이에 대한 한 연구는, 아이들에게 한자 쓰는 법을 전통 방식으로 가르치는 것보다 중국어 소리를 알파벳으로 표기한 것, 즉 '병음拼音'을 가르칠 때 기호가 수천 개에 달하는 한자 쓰는 법을 더 빨리 배울 거라고 주장한다. 하지만 중국어에는 의미는 다르지만 소리가 같은 단어(동음이의어)들이 많아, 그런 단어를 구분하는 데는 한자가 편리하다는 의견도 있다. 만약 그렇다면 중국어의 많은 동음이의어가 중국 사회에서 글을 쓰고 읽는 데 큰 영향을 미쳤을 수 있다. 하지만 중국이라는 환경에서 동음이의어가 많은 언어를 굳이 선택하도록 하는 요인은 없는 듯하다. 안데스 문명이 문자를 만들지 못한 수수께끼 같은 이유에도 어떤 언어적이고 문화적인 요인이 있었을까? 인도의 환경에는 과학기술 발전의 부정적 영향을 감수하면서도 엄격한 사회경제적 신분제도를 만들고 유지해야 할 어떤 요인이 있었을까? 중국의 환경에는 역사에 중대한 영향을 미칠지라도 유교 철학과 문화적 보수주의를 고집해야 할 어떤 이유가 있었을까? 전도에 힘쓰는 종교(기독교와 이슬람교)가 유럽과 서아시아에서는 식민지화와 정복의 원동력이 되었지만, 중국에서는 그렇지 못했던 이유는 무엇일까?

처음에는 환경과 아무런 관계가 없고 사소해 보이지만 결국에는 지속적이고 영향력 있는 문화적 특징으로 진화하는 특이한 문화적 현상과 관련된 문제를 잘 보여주는 구체적인 사례를 지금까지 살펴보았다. 이런 현상은 답을 구하기 힘든 의문이라는 점에서 중요한 의미가 있다. 이런 현상에 대답하려면, 주된 환경적 요인의 영향을 고려한 뒤에도 수수께끼로 남아 풀리지 않는 역사의 흐름에 관심을 집중하는 식으로 접근하는 게 최선일 수 있다.

별스러운 개인의 영향은 어떨까? 1944년 7월 20일, 히틀러 암살 시도와 베를린에서 계획된 반란이 안타깝게 실패한 사례는 현대에 일어난 비교적 널리 알려진 사건이다. 이 두 사건의 설계자는 모두 독일인이었고, 전쟁에서 승리할 수 없다고 판단한 그들은 평화를 모색하려고 했다. 당시는 독일군과 러시아군이 맞선 동부 전선이 여전히 러시아 국경 내에 있던 때였다. 히틀러는 회의실 탁자 아래 놓인 서류 가방 속 시한폭탄에 부상을 입었다. 서류 가방이 히틀러가 앉았던 의자에 조금만 더 가까이 놓였더라면 히틀러는 죽었을지도 모른다. 또 히틀러가 그때 죽었더라면, 그래서 제2차 세계대전이 그때 끝났더라면 동유럽 지도와 냉전의 방향이 크게 달라졌을 것이다.

히틀러가 독일에서 권력을 장악하기 2년 전, 1930년 여름에 일어난 교통사고는 덜 알려졌지만 훨씬 더 운명적인 사건이었다. 히틀러가 '죽음의 자리', 즉 조수석에 타고 있던 자동차가 묵직한 견인 트럭과 충돌할 뻔한 사건이었다. 트럭은 히틀러를 짓뭉개버리기 직전 브레이크를 밟았다. 히틀러의 정신 상태가 나치의 정책과 성공을 결정하는 데 끼친 정도를 고려할 때, 트럭 기사가 1초만 늦게 브레이크를 밟았더라면, 제2차 세계대전이 일어났더라도 그 양상은 상당히 달랐을 것이다.

히틀러처럼 개인의 특이한 성향으로 역사에 영향을 미친 사람을 생각해보면 알렉산드로스대왕, 로마 초대 황제 아우구스투스, 부처, 그리스도, 레닌, 마르틴 루터, 잉카의 파차쿠티 황제, 무함마드, 정복왕 윌리엄 1세, 줄루왕국의 샤카왕 등이 있다. 적절한 때에 적절한 장소에 적절한 사람이 있는 경우와 달리, 그런 특이한 사람이 사건의 흐름을 정말 어느 정도나 바꾸었을까? 한쪽 끝에는 "인간이 이 세상에서 무엇을 이루어놓았는지를 기록하는 보편적 역사는 근본적으로 이 세상에서 활동한 위인의 역사이다"라는 역사학자 토머스 칼라일Thomas Carlyle(1795~1881)이 있다. 반대편 끝에는 칼라일과 달리 정치의 내면을 오랫동안 직접 경험한 프로이센의 오토 폰 비스마르크Otto von Bismarck(1815~1898)의 견해가 있다. "정치인의 소명은 역사의 숲을 헤치며 걷는 하느님의 발소리를 듣고, 하느님이 지나갈 때 옷자락이라도 붙잡으려고 애쓰는 것이다."

문화적 특이성과 마찬가지로, 개인의 특이성도 역사의 흐름에 임의성을 더한다. 그래서 역사는 개인의 특이성은 물론이고 어떤 원인으로도 일반화해서 설명할 수 없는 것인지 모른다. 하지만 이 책의 목적에 비추어보면, 개인의 특이성은 거의 관계가 없다. '위인론'의 열렬한 지지자라도 역사의 큰 틀을 소수의 위인만으로 설명하기는 어렵다는 걸 인정할 것이기 때문이다. 가령 알렉산드로스대왕이 이미 문자와 철제 장비를 갖추고 식량을 생산하던 서유라시아 국가들의 역사 흐름에 작은 변화를 주었을지언정, 오스트레일리아에 여전히 문자도 철제 장비도 없는 수렵·채집 부족이 살던 당시 서유라시아에 문자와 철제 장비를 갖추고 식량을 생산하는 국가들이 있었다는 사실과 알렉산드로스는 아무런 관계가 없다. 그렇지만 "특이한 개인이 역사에 실제로 얼마나 폭넓게 지속적으로 영향을 미쳤을까?"라는 의문은 여전히 해결되지 않은 문제이다.

역사라는 지식 분야는 일반적으로 과학이 아니라 인문학에 더 가까운 것으로 여겨진다. 역사는 잘해야 사회과학의 하나로 분류되지만, 사회과학 중에서도 가장 비과학적인 것으로 평가받는다. 정치 분야의 연구를 흔히 '정치과학political science'이라 부르고, 노벨 경제학상은 '경제과학economic science'에 주어지는 상이다. 한편 역사학과는 대학에 존재하더라도 '역사과학과Department of Historical Science'라는 명칭이 붙는 경우는 극히 드물다. 대부분의 역사학자도 자신을 과학자라고 생각하지 않고, 공인된 과학의 방법론을 배우지도 않는다. 역사가 구체적 사실의 집합체에 불과하다는 인식은 "역사는 빌어먹을 사실의 나열에 불과하다" "역사는 거의 허풍이다" "만화경에 아무런 법칙이 없듯 역사에도 법칙은 없다" 등과 같은 표현에서도 확인할 수 있다.

역사를 연구해 어떤 일반 원칙을 도출해내는 게 행성의 궤도를 연구해 어떤 일반 원리를 찾아내는 것보다 더 어렵다는 건 누구도 부인할 수 없을 것이다. 하지만 내가 보기에 그것은 치명적인 어려움은 아니다. 천문학, 기후학, 생태학, 진화생물학, 지질학, 고생물학 등과 같이 역사를 다루지만 자연과학에 안전하게 둥지를 마련한 학문들도 비슷한 어려움을 제기한다. 과학에 대한 일반인의 인식은 안타깝게도 물리학 및 그와 비슷한 방법론을 사용하는 소수의 학문에 근거한 것이다. 또 그 분야를 연구하는 과학자는 그런 방법론이 부적절해서 다른 방법론을 모색할 수밖에 없는 분야, 예컨대 내가 연구하는 생태학과 진화생물학을 무지하게도 낮춰보는 경향이 있다. 그러나 기억하겠지만 '과학science'이라는 단어는 '지식'을 뜻하고(science는 '알다'라는 뜻의 라틴어 동사 scire와 '지식'을 뜻하는 명사 scientia에서 파생했다), 그 '지식'은 특정한 분야에 가장 적합한 방법으로 얻는 것이다. 따라서 인류 역사를 연구하는 학자들이 마주한 어려움에 나는 깊이 공감하지 않을 수 없다.

천문학 등 넓은 의미의 역사과학에는 물리학과 화학과 분자생물학처럼 역사와 무관한 과학, 즉 비역사과학에 없는 공통된 특징이 있다. 두 분야의 차이는 (1) 방법론, (2) 인과관계, (3) 예측, (4) 복잡성에서 찾을 수 있다.

물리학의 경우, 지식을 얻는 주된 방법은 실험실 실험이다. 실험실에서 연구자는 어떤 매개변수의 효과를 알고 싶을 때, 그 매개변수를 바꿔가며 실험하는 동시에 그 매개변수를 항수로 두고 대조 실험을 실시한다. 또한 다른 매개변수를 항수로 두고, 실험 조작과 대조 실험을 반복하며 충분한 자료를 확보하는 방법도 있다. 이 방법은 화학과 분자생물학에도 효과가 있어, 많은 학자의 머릿속에서는 과학과 동일시되기 때문에 실험실 실험이 곧 과학적 방법론의 요체로 여겨진다. 그러나 실험실 실험은 많은 역사과학에서 거의 아무런 역할도 하지 못한다. 실험실에서는 은하계의 형성을 중단시킬 수 없고, 허리케인과 빙하기를 만들어내거나 멈출 수도 없다. 또 일부 국립공원에서 회색곰을 실험적으로 절멸시키거나, 공룡의 진화 과정을 재연할 수도 없다. 이런 역사과학에서는 관찰과 비교 및 자연 실험natural experiment 같은 경험적 연구 등 다른 수단을 통해 지식을 얻어야 한다(자연 실험에 대해서는 뒤에서 다시 살펴보기로 하자).

역사과학은 근접 원인과 궁극 원인의 연쇄 작용에 관심을 둔다.

'궁극 원인' '목적' '기능' 개념은 물리학과 화학에서 무의미하지만, 크게는 생명체의 활동, 구체적으로는 인간 활동을 이해하기 위해 반드시 필요하다. 예컨대 어떤 진화생물학자가 북극토끼를 연구한다고 해보자. 북극토끼는 털 색깔이 여름에는 갈색으로, 겨울에는 흰색으로 바뀐다. 진화생물학자는 털 색소의 분자구조와 생합성 경로biosynthetic pathway를 분석해서, 털 색깔이 변하는 근접 원인을 찾아내는 걸로 만족하지 않는다. 가장 중요한 문제는 기능(포식자를 피하기 위한 위장?)과 궁극 원인(계절에 따라 털 색깔이 변하지 않던 조상 때부터 시작된 자연선택?)이다. 마찬가지로 유럽을 연구하는 역사학자는 유럽 전역이 전쟁에 호되게 시달린 뒤 마침내 평화를 이루어낸 해로 1815년과 1918년을 기술하는 걸로 만족하지 않는다. 1815년의 조약과 달리, 1918년의 조약 체결 후 수십 년이 지나지 않아 유럽에서 더 파괴적인 전쟁이 다시 발발한 이유를 이해하려면, 두 평화조약에 이르기까지 일련의 대조적인 사건들을 반드시 알아야 한다. 그러나 화학자들은 두 기체 분자의 충돌에 어떤 목적이나 기능을 부여하지 않고, 그 충돌의 궁극 원인을 추적하지도 않는다.

역사과학과 비역사과학의 또 다른 차이는 예측과 관련이 있다. 화학과 물리학에서 누군가가 어떤 시스템을 제대로 이해하고 있는지를 판단하는 기준은 그가 그 시스템의 미래 행동을 성공적으로 예측할 수 있느냐에 있다. 여기에서도 진화생물학과 역사가 이 기준을 통과하지 못한다는 이유로 물리학자는 두 학문을 경시하는 경향이 있다. 그러나 역사과학에서는 귀납적 설명(예컨대 6,600만 년 전 소행성이 지구와 충돌하며 공룡이 멸종했을지 모르는데 다른 많은 동물종은 멸종하지 않은 이유)을 제시할 수 있지만, 일반적으로 선험적 예측이 더 어려운 건 사실이다(미래를 예측할 만한 과거의 선례가 없다면, 어떤 종이 멸종할 것인지 어떻게 예측할 수 있겠는가). 하지만 역사학자와 역사과학자도 미래에 어떤 자료가 발견되면 과거 사건에 대해 알 수 있는 내용을 예측하고, 그 예측을 검증하기도 한다.

역사라는 시스템에 내재한 속성이 예측 시도를 복잡하게 만드는데, 이러한 속성을 설명하는 데는 여러 가지 방법이 있다. 첫째, 인간 사회와 공룡은 극단적으로 복잡한 존재여서, 그 존재를 규정하려면 서로 영향을 주고받는 엄청난 수의 독립변수가 필요하다는 설명이다. 이런 경우에는 낮은 차원에서 일어난 작은 변화가 높은 차원에서는 눈에 띄는 큰 변화로 이어질 수 있다. 대표적인 예로 1930년에 히틀러를 죽일 뻔했던 교통사고를 들 수 있다. 그때 트럭 기사가 브레이크를 급하게 밟았던 것이 제2차 세계대전에서 죽거나 다친 1억 명의 삶에 영향을 미쳤다. 대부분의 생물학자가 인정하듯이, 생물계는 결국 전적으로 본래의 물리적 속성에 의해 결정되고, 또한 양자역학의 법칙을 따른다. 하지만 생물계가 복잡하다고 말하는 이유는 그런 결정론적 인과관계가 곧바로 예측 가능성을 뜻하는 것은 아니기 때문이다. 양자역학에 대해 안다고 해서, 오스트레일리아에 새로 들어간 포식자가 왜 그렇게 많은 유대류를 절멸시켰는지, 또 제1차 세계대전에서 연합국이 왜 추축국에 승리를 거뒀는지 그 이유를 이해하는 데 도움을 주는 것은 아니다.

빙하, 성운, 허리케인, 인간 사회, 생물종, 심지어 유성번식을 하는 개체와 세포는 하나하나가 수많은 변수에 영향을 받고, 수많은 가변적인 부분으로 이루어지기 때문에 유일무이한 것이다. 반면 물리학자가 연구하는 기본입자와 동위원소, 화학자가 연구하는 분자의 경우에는 모든 개별적인 독립체가 똑같다. 따라서 물리학자와 화학자는 거시적 차원에서 보편적 결정 법칙을 만들어낼 수 있지만, 생물학자와 역사학자는 통계적 추세만을 제시할 수 있을 뿐이다. 가령 내가 지금 일하고 있는 캘리포니아대학교 부속 병원에서 앞으로 태어날 아기 1,000명 중 남아가 480명을 넘겠지만 520명보다 많지는 않을 거라고 예측하면, 그 예측은 맞을 확률이 무척 높다. 그렇지만 내게 내 아이들이 둘 다 남아일 것임을 미리 알아낼 방법은 없었다. 역사학자도 비슷해서, 어떤 부족사회가 구성원이 충분히 많고 조밀하게 살아갈 때, 또 잉여 식량을 생산할 가능성이 있을 때, 그렇지 않은 경우보다 군장사회로 발전할 가능성이 높다고 언급할 뿐이다. 그러나 지역마다 구성원이 고유한 특성을 지니고 있어 멕시코 고원지대, 과테말라와 페루, 마다가스카르에서는 군장사회가 나타났지만, 뉴기니와 솔로몬제도의 과달카날섬에서는 그러지 않았다.

역사라는 시스템이 복잡하고 예측 불가능한 이유를 밝히는 또 다른 방법은, (역사가 궁극적으로는 이미 결정되어 있더라도) 인과관계의 긴 사슬에서 해당 학문의 영역 밖에 있는 궁극 원인은 최종적인 결과와 별개의 것이라는 설명이다. 예컨대 공룡은 고전적인 역학 법칙에 따라 궤도가 완전히 결정되어 있는 소행성의 충돌로 인해 절멸했을 수 있다. 그러나 6,700만 년 전에 고생물학자가 존재했더라도 소행성은 공룡과 동떨어진 학문 분야에 속하기 때문에 그가 공룡의 임박한 멸종을 예측할 수는 없었을 것이다. 마찬가지로 1300~1500년의 소빙하기가 그린란드의 스칸디나비아인이 절멸하는 데 일조했지만, 역사학자는 물론이고 현대 기후학자라도 소빙하기의 도래를 예측하지는 못했을 것이다.

따라서 역사학자가 인간 사회의 역사에서 '원인과 결과의 관계'를 정립하는 데 겪는 어려움은 천문학자, 기후학자, 생태학자, 진화생물학자, 지질학자, 고생물학자가 직면한 어려움과 거의 비슷하다. 정도의 차이는 있지만 이 학문들에서는 반복과 대조 실험이 불가능하고, 변수가 엄청나게 많아 복잡하기 이를 데 없으며, 그 때문에 하나하나의 체계가 독특하고 고유해서 보편적인 법칙을 만들어내는 게 불가능하다. 게다가 새롭게 창발적으로 생겨날 속성과 미래 행동을 예측하기도 어렵다. 역사과학에 속한 모든 학문에서 그렇듯이, 역사에서도 예측은 광대한 공간과 긴 시간이라는 차원에서는 가능해진다. 순식간에 끝나는 수많은 작은 사건의 고유한 특징이 평균값에 수렴하기 때문이다. 내가 앞으로 태어날 신생아 1,000명의 성비는 예측할 수 있지만, 내 아이들의 성별은 예측할 수 없었듯이, 역사학자는 아메리카와 유라시아가 따로따로 발전한 1만 3,000년 이후 마침내 충돌했을 때 그 필연적인 결과에 영향을 미친 요인들을 알아낼 수 있지만, 1960년 미국 대통령 선거의 결과에 영향을 미친 결정적 요인을 알아내기는 어렵다. 1960년 10월에 텔레비전으로 중계된 한 차례의 토론에서 후보자들이 발언한 내용을 자세히 분석했더라면 케네디가 아니라 닉슨이 승리했을 수도 있겠지만, 유럽의 아메리카 원주민 정복은 그 당시 누가 무슨 말을 했든 막을 수 없었을 것이다.

인류사를 연구하는 학자는 다른 분야에 종사하는 역사과학자들의 경험에서 어떤 교훈을 얻을 수 있을까? 지금까지 유용하다고 입증된 것이 있다면, 비교방법론comparative method과 자연 실험이라고 일컫는 방법이다. 은하의 형성 과정을 연구하는 천문학자도 그렇지만, 인류 역사를 연구하는 역사학자도 통제된 실험실 실험을 통해 변수에 변화를 줄 수 없지만, 원인으로 추정되는 요인의 유무(혹은 강한 효과와 약한 효과)에 관해 다른 시스템과 비교하는 방식으로 자연 실험을 이용하는 건 가능하다. 예컨대 전염병학자는 사람들에게 실험적으로 다량의 염분을 먹일 수는 없었지만, 염분 섭취량이 이미 크게 다른 집단을 비교함으로써 다량의 염분 섭취가 미치는 영향을 확인할 수 있었다. 또 문화인류학자의 경우 실험을 위해 여러 인간 집단에 오랜 기간 다양한 자원을 제공할 수는 없지만, 자연자원의 양이 서로 다른 섬에 사는 폴리네시아인을 비교함으로써 자원의 양이 인간 사회에 미치는 장기적인 영향을 연구할 수는 있다. 인류사를 연구하는 역사학자 또한 다섯 대륙을 비교하는 수준을 넘어 다양한 자연 실험을 시도할 수 있다. 즉 상당히 고립된 환경에서도 복잡한 사회를 형성한 큰 섬, 예컨대 일본과 마다가스카르, 원주민 시대의 히스파니올라, 뉴기니와 하와이 등을 비교하고, 각 대륙에서 이들보다 작은 수백여 개의 섬과 내륙에 형성된 사회를 비교하는 작업도 재밌을 것이다.

생태학이든 인류사이든 어떤 분야에서나 자연 실험은 태생적으로 방법론에 대한 비판을 받을 수밖에 없다. 예컨대 연구 대상인 변수 이외의 변수가 더해지며 자연에 변화를 주기 때문에 혼동 효과confounding effect가 발생하고, 각 변수에서 관찰된 상관관계로부터 인과관계를 추론하는 데 따른 문제가 있다는 비판을 받는다. 이런 방법론적 문제는 역사과학의 몇몇 분야에서 자세히 다루어졌다. 특히 전염병학은 (소급적인 역사 연구를 통해) 인간 집단을 비교함으로써 인간 질병에 대해 추론하는 학문이지만, 인간 사회를 연구하는 역사학자들이 직면하는 것과 유사한 문제를 정형화된 절차를 사용해 오랫동안 성공적으로 해결해왔다. 생태학자도 많은 경우 자연 실험에 의존해야 하지만, 연구와 관련된 생태적 변수를 조정하는 직접 실험이 비도덕적이고 불법적이고 불가능한 경우가 많아 오래전부터 자연 실험의 문제점에 많은 관심을 기울여왔다. 한편 진화생물학자는 진화 과정이 밝혀진 다양한 동식물을 비교해서 결론을 끌어내기 위해 한층 더 정교한 방법론을 얼마 전부터 개발해왔다.

요약하면, 인류사를 이해하는 것이, 지나온 역사가 중요하지 않고 개별적인 변수도 상대적으로 적은 과학 분야의 문제를 이해하는 것보다 훨씬 더 어렵다는 걸 나도 인정한다. 그렇지만 이미 여러 분야에서 역사적인 문제를 성공적으로 분석하는 방법론을 찾아냈다. 그 결과, 공룡과 성운과 빙하의 역사를 다루는 학문이 인문학보다는 과학에 속한다는 게 이제는 일반화되었다. 그러나 역사를 깊이 들여다봄으로써 더 많은 통찰을 얻을 수 있는 분야는 공룡보다 인간의 행태이기 마련이다. 따라서 나는 인간 사회에 대한 역사적 연구도 공룡에 대한 연구만큼이나 과학적일 수 있으리라고, 아울러 그것이 현대 세계가 어떻게 형성되었고 우리의 미래는 어떻게 될지 가르쳐줄 것이기 때문에 지금의 우리 사회에도 유익하리라고 확신한다.

2017년 후기

《총, 균, 쇠》의 관점에서 본 부유한 국가와 가난한 국가

경제학의 주된 관심사 중 하나는 국가의 빈부를 결정하는 요인이다. 다른 국가에 비해 월등히 부유한 국가가 있다. 미국과 노르웨이처럼 세계에서 가장 부유한 국가는 일인당 연평균 소득이 탄자니아와 예멘 같은 최빈국보다 400배까지 높다. 왜 어떤 국가는 부유한 반면, 어떤 국가는 가난할까?

국부national wealth의 차이에 대한 이런 질문은 단순히 학계에서만 관심사로 다루어야 할 문제가 아니다. 이는 국가 정책과 밀접한 관련이 있는 문제이기도 하다. 우리가 이 질문에 대한 해답을 어떻게든 찾아낼 수 있다면, 가난한 국가는 그 해답을 적극적으로 활용해 부유한 국가로 거듭날 수 있을 것이다. 게다가 부유한 국가도 그 해답을 활용하면, 가난한 국가를 위한 해외 원조 프로그램을 더욱 효과적으로 설계할 수 있을 것이다(적어도 원조라는 이름으로 시행되는 프로그램에 의한 의도치 않은 폐해를 줄일 수 있을 것이다).

이렇게 냉혹한 삶의 현실에 인간적인 얼굴을 더하기 위해, 내가 개인적으로 경험하고 깊은 인상을 받은 이야기를 바탕으로 국부의 차이에 대한 이야기를 시작해보려고 한다. 12년 전, 나는 네덜란드에서 며칠을 보낸 뒤 장시간 비행기를 타고 날아가 아프리카 잠비아에 들른 적이 있다. 처음 네덜란드를 방문한 외계의 방문객이 있다면, 십중팔구 "정말 불행한 땅이로군! 어디를 보나 불리한 환경뿐이야!"라고 말할 수밖에 없을 것이다. 또 외계인은 네덜란드에서는 겨울이 지겹도록 길고 여름은 상대적으로 짧아 농부들이 1년에 한 번밖에 수확하지 못한다는 사실도 알아냈을 것이다. 네덜란드에는 값비싼 광물이 매장되어 있지도 않다. 게다가 땅은 해수면보다 낮고 평평해서 댐을 쌓아 수력발전을 하지도 못한다. 따라서 석유와 석탄을 수입해 대부분의 에너지를 만들어야 하고, 더욱이 독일과 국경을 맞대고 있는 지리적 불운까지 이겨내야 한다. 실제로 영토가 네덜란드보다 훨씬 넓은 독일은 강력한 군대를 보유해 1940년에 네덜란드를 침략한 적도 있었다. 네덜란드 국토의 3분의 1은 해수면보다 낮아 언제라도 바닷물에 침수될 위험이 있다. 따라서 외계의 방문객이 네덜란드가 무척 가난한 국가일 거라고 추측한다고 해도 큰 잘못은 아니다.

앞서 말했듯 나는 네덜란드에서 며칠을 보낸 뒤 잠비아로 향했다. 잠비아는 남아프리카에 위치한 국가이다. 그 외계의 방문객은 우주를 떠돌아다니며 아프리카 국가들이 가난한 편이란 소문을 들었을 수 있겠지만, 아프리카의 많은 국가와 비교할 때 잠비아의 확연한 이점에 깊은 인상을 받았을 것이다. 외계인은 네덜란드와 비교하더라도 잠비아가 월등히 유리하다고 생각했을 것이다. 네덜란드와 달리, 잠비아는 에너지를 생산하기 위해 석유나 석탄을 수입할 필요가 없다. 또 잠베지강을 가로지르는 거대한 댐들이 생산하는 수력에너지로 잠비아에서 소비하는 모든 에너지를 감당할 수 있다. 게다가 그 댐들에서 생산하는 전기가 너무 많아 이웃 국가들에 수출하기도 한다. 네덜란드와 달리, 잠비아에는 구리를 비롯해 광물이 무척 풍부하다. 또 기후가 따뜻해서 농부들이 1년에 여러 번 수확할 수도 있다. 1년에 한 번밖에 수확하지 못하는 네덜란드와 사뭇 다르다. 게다가 아프리카의 다른 많은 국가와 달리, 잠비아는 평화롭고 안정된 민주국가이다. 부족들이 서로 싸우지 않아 내란을 겪은 적이 없고, 이웃 국가와 전쟁을 벌인 적도 없다. 네덜란드와 달리 외국의 침략을 당한 적도 없다. 잠비아에서는 자유선거를 실시한다. 또 잠비아 사람들은 근면하고 교육을 중요하게 생각한다.

이런 잠비아의 일인당 연평균 소득이 얼마쯤 될지 짐작해보라. 네덜란드보다 높을 것 같은가, 낮을 것 같은가, 아니면 비슷할 것 같은가? 네덜란드의 평균 소득이 잠비아보다 많다면, 몇 배쯤 높을까? 두 배? 다섯 배? 열 배?

놀랍겠지만, 네덜란드의 일인당 연평균 소득은 잠비아보다 33배나 높다! 네덜란드의 일인당 연평균 소득은 약 4만 8,940달러인 반면, 잠비아의 일인당 연평균 소득은 1,500달러에 불과하다. 우리 외계인 방문객에게 이런 차이는 이해되지도, 믿기지도 않을 것이다. 잠비아가 거의 모든 면에서 유리하고 네덜란드는 거의 모든 면에서 불리한 데도 네덜란드가 잠비아보다 훨씬 부유한 이유는 대체 무엇일까? 이런 차이는 네덜란드인과 잠비아인의 삶에도 중대한 영향을 미치는 게 분명하다. 예컨대 대부분의 네덜란드인은 안락한 삶을 누리며 좋은 교육과 의료 서비스를 받지만, 대부분의 잠비아인은 그러지 못한다. 평균수명에서도 잠비아인(41세)은 네덜란드인(78세)의 절반 수준에 불과하다.

따라서 천연자원과 동기부여로도 어떤 국가를 부유하게 만들기에 충분하지 않다면, 무엇이 있어야 할까?

적잖은 경제학자가 주장하듯 국부는 인간의 제도, 즉 법과 행동 규범, 사회 운영 원리, 정부 및 경제 등과 밀접한 관계가 있다. 인간이 만든 일부 제도는 시민에게 뭔가를 생산하도록 동기를 부여하고, 그렇게 함으로써 국부의 증대를 유도하는 데 매우 효과적이다. 반대로 시민의 의욕을 떨어뜨리는 해악적인 제도도 있고, 그런 요인은 국가를 빈곤의 나락으로 떨어뜨리기 마련이다.

제도의 중요성을 가장 설득력 있게 입증하는 사례는 서로 인접해서 자연환경이 무척 유사하거나, 과거에는 한 나라였지만 지금은 분할되어 상당히 다른 제도 아래서 국부가 크게 달라진 나라들이다. 가장 흔히 인용되는 세 가지 사례를 소개하면, 첫째로 지금은 제1세계의 생활수준을 넉넉하게 누리는 한국과 달리 극단적으로 낙후한 북한이 있다. 둘째로는 옛 서독의 풍요와 달리, 베를린장벽이 무너지고 25년이 지난 오늘날까지도 어느 정도 지속되는 옛 동독의 낮은 경제수준을 들 수 있다. 마지막으로는 카리브해의 히스파니올라섬이다. 그 섬의 서쪽을 차지한 아이티는 서반구에서 가장 가난한 국가인 반면, 동쪽을 차지한 도미니카공화국은 잘사는 국가라고 말할 수는 없어도 아이티보다 여섯 배나 부유하다.

이런 비교 결과는 제도의 차이가 국부의 차이를 낳을 수 있다는 분명한 증거이다. 다시 말하면, 지리적 차이가 없더라도 제도의 차이가 국부의 차이로 나타날 수 있다는 뜻이다. 경제학자들은 이런 사례를 일반화해서 제도가 '어떤 국가는 부유하고 어떤 국가는 가난한 이유'를 설명해주는 주된 요인이라고 결론짓는다(뒤에서 살펴보겠지만 이는 지나친 일반화이다).

경제학자들은 이른바 '좋은 제도good institution'라는 것에 대해 자주 언급한다. 경제학자들의 관점에서, '좋은 제도'는 국민 개개인에게 뭔가를 생산하고자 하는 의욕을 자극함으로써 국부의 증강을 유도하는 경제·사회·정치적 제도를 뜻한다. 경제학자들은 적어도 열두 가지 좋은 제도를 찾아냈다. 여기에서는 좋은 제도를 그 중요성에 상관없이 생각나는 대로 나열해보려고 한다. (1) 인플레이션 관리, (2) 교육 기회, (3) 정부의 효율성, (4) 계약의 집행, (5) 무역 장벽의 철폐, (6) 금융자본의 투자를 유인하며 기회를 부여하는 제도, (7) 부패 척결, (8) 낮은 살인 빈도, (9) 변동환율제, (10) 개인 재산권 보호, (11) 법의 지배, 즉 법치, (12) 자본의 원활한 흐름이 그것이다.

경제학자들이 강조하는 이런 좋은 제도가 '어떤 국가는 부유하고 어떤 국가는 가난한 이유'를 설명하는 데 큰 몫을 차지한다는 것은 부인할 수 없는 사실이다. 노르웨이처럼 좋은 제도를 갖춘 국가들은 부유해질 가능성이 크지만, 나이지리아처럼 이런 제도를 갖추지 못한 국가들은 가난해질 여지가 크다.

그러나 많은 경제학자가 이런 사실을 지적하는 데 만족하지 않고 더 나아가면서, 복잡한 시스템을 설명하려는 학자들이 흔히 범하는 실수의 함정에 빠진다. 달리 말하면, 부분적인 결과만을 설명하는 한 가지 요인만 거론하며, 그 요인이 모든 결과를 설명한다고 주장한다. 경제학자들이 좋은 제도의 유무가 국가 간 빈부 격차를 설명해주는 결정적 요인이라고 너무도 강력하게 주장하기 때문에, 많은 정부 및 비정부기구가 이런 해석에 근거해 정책과 해외 원조, 차관과 지원의 내용을 결정한다.

하지만 좋은 제도에 근거한 설명도 완전하지는 않다는 인식이 점점 늘어나고 있으며, 경제학자들도 불완전하다는 걸 인정하는 분위기이다. 물론 좋은 제도에 근거한 설명이 틀렸다는 것은 아니다. 이 설명이 많은 부분에서 옳다는 것은 부인할 수 없는 사실이다. 두 가지 점에서 완전하지 않을 뿐이다.

첫째, 좋은 제도 외에 다른 요인, 특히 지리적 요인도 국부를 결정하는 데 중요한 역할을 한다. 두 가지 유형의 지리적 요인을 직접 찾아내는 즐거움을 맛보고 싶다면, 아프리카 지도를 보라. 아프리카 본토에만 48개국이 있다. 그 국가들을 두 가지 유형으로 나누어보자. 먼저, 한쪽에는 온대지역에 있는 10개국을 놓자. 북쪽에는 지중해를 따라 온대지역에 위치한 5개국(알제리, 이집트, 리비아, 모로코, 튀니지), 남쪽에는 아프리카 남단의 온대지역에 위치한 5개국(보츠와나, 레소토, 나미비아, 남아프리카공화국, 스와질란드)이 있다. 그리고 다른 한쪽에는 아프리카 열대지역을 중심으로 나머지 38개국을 놓자. 두 가지 유형 모두에서 16개의 내륙국(국토가 바다에 접하지 않거나 바다에서부터 항해해 들어올 수 있는 강이 없는 국가)에 별표를 해보자. 그중 3개국(보츠와나, 레소토, 스와질란드)은 남쪽 온대지역에 있고, 13개국(부르키나파소, 부룬디, 중앙아프리카공화국, 차드, 에티오피아, 말라위, 말리, 니제르, 르완다, 남수단, 우간다, 잠비아, 짐바브웨)은 열대지역에 위치한다. 이번에는 국부를 평가하는 데 흔히 쓰이는 지표, 예컨대 일인당 연평균 소득, 일인당 국내총생산, 보정 여부와 상관없이 구매력지수 등을 온라인에서 찾아 두 가지 유형에 속한 국가들을 비교해보라. 무엇이 눈에 띄는가?

다음과 같은 결론을 어렵지 않게 끌어낼 수 있을 것이다. 열대권에 위치한 38개국 중 37개국이 온대권의 10개국 모두보다 가난하다! 가봉만이 온대권의 중간 국가와 비교할 만하다. 열대권과 온대권 모두에서, 해양국이 내륙국보다 평균 50퍼센트가량 더 부유하다. 왜 지리적 조건이 국부에 이처럼 큰 영향을 미칠까?

열대지역에는 경제 발전에 도움이 되지 않는 두 가지 특징이 있다. 하나는 열대권에 사는 사람이나 열대지역에서 휴가를 보낸 적이 있는 독자라면 누구나 인정할 만한 특징이다. 온대지역보다 열대지역에서 병에 걸릴 가능성이 더 높다. 말라리아와 뎅기열 같은 열대성 전염병이나 열대성 기생충 때문이다. 따라서 온대권보다 열대권에 사는 사람이 병에 걸려 일을 못 하는 시간이 더 길다. 또 열대권 사람이 평균적으로 더 일찍 사망한다. 열대라는 지리적 조건은 사람뿐 아니라 국가 경제에도 불리하다. 열대지역은 토양이 비옥하지 않은 데다 식물종과 동물종에 피해를 주는 질병도 더 많아 농업 생산성이 낮은 것도 경제 발전을 방해하는 또 하나의 요인이다.

달리 말하면, 아프리카의 경제 지도는 두 장의 얇은 빵 조각 사이에 두툼한 패티를 넣은 햄버거와 같다. 여기서 두툼한 패티는 열대지역의 가난한 국가들을 가리키고, 두 장의 얄팍한 빵 조각은 온대지역의 '더 부유한'(적어도 덜 가난한) 10개국을 가리킨다. 내륙국의 불리한 점도 어렵지 않게 생각해낼 수 있다. 해안 항구까지 육로로 운송하면 바다나 널찍한 강을 이용하는 경우보다 운임이 약 일곱 배나 비싸다. 따라서 내륙국은 화물을 운송하는 데 바다에 접한 국가보다 더 많은 비용을 써야 한다. 멀리 떨어진 지역에 많은 물건을 수출하고, 또 멀리 떨어진 지역에서 많은 물건을 수입해야 하는 국가의 경우 운송비는 특히 중요하게 고려해야 할 문제이다. 잠비아가 대표적인 예이다.

이쯤에서 궁금증이 생겼다면, 다른 대륙의 국가들을 직접 비교해보라. 이때 배가 다닐 수 있는 널찍한 강의 존재 여부를 고려하는 걸 잊어서는 안 된다(예컨대 스위스와 파라과이는 얼핏 지도로만 보아서는 내륙국이다.

그러나 배가 다닐 수 있는 라인강과 파라나강을 통해 대서양까지 연결된다는 점에서 내륙국이 아니다). 남아메리카에서 남쪽의 온대지역에 위치한 3개국(아르헨티나, 칠레, 우루과이)은 열대권에 위치한 9개국보다 부유하다. 남아메리카에서 가장 가난한 볼리비아는 유일한 내륙국이기도 하다. 지리의 이런 영향은 좋은 제도나 나쁜 제도의 효과를 훌쩍 넘어선다. 예컨대 아프리카와 남아메리카에서 온대권에 위치하며 상대적으로 부유한 국가들이 반드시 좋은 제도를 갖춘 것은 아니다. 아르헨티나, 이집트, 리비아, 알제리를 생각해보라. 아르헨티나는 지리적으로 운 좋게 온대권에 위치하고, 밀과 소가 무럭무럭 자라는 널찍한 팜파스가 있어, 정부가 아무리 나쁘더라도 가난한 국가로 전락하지는 않는다. 물론 좋은 정부까지 갖추었다면 훨씬 더 부유한 국가가 되었겠지만, 지금도 아르헨티나는 남아메리카에서 평균 소득이 가장 높은 국가이다.

좋은 제도에 근거한 국부의 설명이 불완전하다고 생각하는 또 하나의 중요한 이유는, 그 설명에 좋은 제도의 근원에 대한 언급이 전혀 없다는 것이다. 왜 어떤 나라에서는 좋은 제도를 운영하는데, 어떤 나라에서는 그러지 못할까? 예컨대 잠비아보다 네덜란드가 국가의 성장을 촉진하는 제도를 더 효과적으로 구축할 수 있었던 이유는 무엇일까? 네덜란드가 좋은 제도를 갖춘 반면, 잠비아는 그러지 못한 것이 순전히 우연일까? 그 확률이 똑같았다면, 잠비아가 더 나은 제도를 갖춘 국가가 될 수 있었을까? 좋은 제도가 어떤 곳에서나 무작위로 생겨날 수 있는 것이라면, 아직 좋은 제도를 갖추지 못한 국가에 그것을 전해주기가 그렇게 어려운 이유는 무엇일까? 현재 부유한 국가는 서유럽과 북아메리카에, 가난한 국가는 아프리카와 남아메리카에 몰려 있는데, 부유한 국가와 가난한 국가가 모든 대륙에 골고루 흩어져 있지 않은 이유는 또 무엇일까?

달리 말하면, 좋은 제도만을 강조하는 일반적 해석은 흔히 근접 원인(혹은 종속변수)이라고 일컫는 것과 궁극 원인(혹은 독립변수)을 혼동하고 있다. 근접 원인과 궁극 원인은 어떻게 다른 것일까? 파경 위기를 맞은 결혼 이야기를 예로 들어 둘의 차이를 명확히 설명해보자.

내 아내 마리는 임상심리학자인데, 파경 위기를 맞아 상담하러 오는 부부가 종종 있다고 한다. 그런 경우 마리는 먼저 남편이나 부인, 여하튼 한쪽에 결혼이 파경 위기를 맞은 이유가 뭐라고 생각하는지 묻는다. 가령 남자가 "집사람이 내 뺨을 때렸습니다! 남편한테 그런 짓을 하다니! 남편의 뺨을 때리는 여자와 함께 살고 싶지 않습니다!"라고 대답했다고 하자.

그럼 마리는 부인을 돌아보며 "남편의 뺨을 때린 게 사실인가요?"라고 묻는다. 그 부인이 "맞습니다. 남편의 뺨을 때렸습니다"라고 대답하면, 마리는 다시 "그럼 이혼하려고 남편의 뺨을 때린 건가요?"라고 묻는다. 부인은 "아뇨. 그건 우리가 이혼하려는 진짜 이유가 아니에요. 내가 남편의 뺨을 때린 데는 다른 이유가 있어요. 남편이 다른 여자들과 바람을 피운 게 한두 번이 아니거든요. 항상 딴 여자에게 기웃거리는 남자하고는 함께 살고 싶지 않아요"라고 대답한다. 만약 부인이 냉정한 논리학자였다면 "내가 남편의 뺨을 때린 것은 우리 파경의 근접 원인에 불과하고, 우리 파경의 궁극 원인은 남편의 불륜입니다"라고 자신의 입장을 설명했을 것이다.

그러나 마리는 모든 아내가 남편의 뺨을 때리지는 않듯이 모든 남편이 바람을 피우지는 않는다는 걸 알고 있다. 그래서 그 남편이 바람을 피운 데는 십중팔구 어떤 이유가 있을 거라고 생각한다.

그 이유를 알아내려고 마리는 남편을 돌아보며 묻는다. "다른 여자들과 불륜을 저질렀다는 게 사실인가요?" 남편이 "맞습니다"라고 대답하면, 마리는 다시 "그런데 다른 여자들과 바람을 피운 이유가 뭔가요?"라고 묻는다. 남편은 "집사람이 점점 차갑게 변해서 나한테 사랑이나 애정을 표현하지 않고, 내 말을 듣는 척도 하지 않기 때문입니다. 나도 사랑과 애정과 관심을 원하는 보통 남자입니다. 그래서 다른 여자들과 바람을 피웠던 겁니다. 사랑과 애정과 관심을 받고 싶어서요. 남녀를 떠나 정상적인 사람이라면 사랑과 관심을 원하는 게 당연한 것 아닌가요?"라고 대답한다. 만약 남편이 냉정한 논리학자였다면 "아내가 내 뺨을 때린 것은 우리 파경의 근접 원인에 불과합니다. 내 불륜은 인과관계의 사슬에서 2차 근접 원인에 불과하고, 우리 파경의 궁극 원인은 아닙니다. 우리 파경의 궁극 원인은 아내의 냉담함입니다"라고 대답했을 것이다.

치료를 위한 상담을 계속한다면 마리는 부인이 냉담하게 변한 궁극 원인을 추적할 것이다. 남편의 다른 행동이나, 부인이 어렸을 때 부모에게 받은 대우 등에서 궁극 원인을 찾을지도 모른다. 하지만 이런 부부를 상대로 한 심리요법을 더 깊이 추적하지 않더라도 "근접 원인을 확인하는 데 만족하지 말고 궁극 원인에 대해 물어야 한다"라는 내 의견은 충분히 입증된다. 결혼을 해서 남편이나 아내가 있는 심리치료사라면, 남편의 뺨을 때린 사건을 파경 원인이라고 생각하며 부부의 위기를 해결하지는 않을 것이다. 그런 식으로 문제를 해결한다면, 설령 그 이후에 부인이 남편의 뺨을 때리지 않더라도 그 부부의 문제는 여전히 계속될 것이다. 부부 사이의 다른 문제, 즉 궁극적인 문제는 전혀 변하지 않았기 때문이다. 마찬가지로 경제학자 역시 노르웨이 정치인은 대체로 정직하기 때문에 그 나라가 부유하고, 나이지리아 정치인은 부패하기 때문에 그 나라가 가난하다고 말하는 것으로 만족하지 못한다. 나이지리아 정치인에게 제발 정직해지라고 호소해서 부패가 종식되면 그 나라가 부유해질 거라고 생각할 사람은 어디에도 없을 것이다. 살인과 부패, 재산권의 경시, 계약의 묵살 등 나쁜 제도가 나이지리아에는 만연한 반면, 노르웨이에는 그렇지 않은 궁극적인 이유를 알아내야 한다.

달리 말하면, 좋은 제도의 근원에 대해 물어야 한다. 좋은 제도를 하늘에서 뚝 떨어진 선물로 생각해서는 안 된다. '좋은' 제도의 근원을 알아내려면, 좋은 제도이든 나쁜 제도이든 인간 사회에 존재하는 '복잡한' 제도들의 역사적 기원에 의문을 품어야 한다.

좋은 제도의 궁극적 기원을 알아내기 위해 인류 역사에서 1만 3,000년 전으로 돌아가 보자. 1만 3,000년 전이면 마지막 빙하기가 끝날 때이다. 당시 인류는 지구 어디에서나 수렵·채집민으로 살았지 농경민이나 목축민으로 살지 않았다. 현재의 미국처럼 인구가 많은 국가 수준의 사회와 비교할 때, 수렵·채집사회의 정치·경제·사회적 제도는 상대적으로 단순했다. 또 수렵·채집사회는 상대적으로 인구밀도가 낮았다. 제곱마일당 인구밀도가 현대 농경사회에 비하면 턱없이 낮았다. 수렵·채집사회는 잉여 식량을 거의 생산하지 않아 미래를 위해 저장할 것이 거의 혹은 전혀 없었다. 대부분의 경우, 그들은 매일 밖으로 나가 사냥하고 채집한 것을 그날 소비했다. 반면 현대 농경사회는 식량을 비축해두고, 그렇게 저장한 식량을 몇 주, 때로는 몇 년까지 유지했다. 수렵·채집민은 주로 유목민이었다. 달리 말하면, 일정한 거처에서 살지 않고 매일 혹은 몇 주 단위로 옮겨 다녔다. 안정된 식량 공급을 위해 계절의 변화에 따라 이동했다. 또 수렵·채집사회에는 화폐도 없고 왕도 없었다. 주식시장, 소득세, 구리나 강철로 만든 도구, 자동차도 없었다. 물론 원자폭탄도 없었다.

이 모든 것은 복잡한 제도와 그 제도의 대표적 산물이다. 이런 복잡한 제도가 때로는 좋을 수도 나쁠 수도 있다. 하지만 어떤 사회에 복잡한 제도가 전혀 없다면, 그 사회를 부유하게 만들어줄 좋은 복잡한 제도도 없을 것이다.

그런데 지난 1만 3,000년 동안 이 복잡한 제도가 모두 어떻게 생겨난 것일까? 역사학과 고고학 등 여러 학문의 연구에서 밝혀졌듯 복잡한 제도의 발전은 궁극적으로 인구밀도가 높은 정주 사회의 발전과 밀접한 관계가 있다. 한편 정주 사회는 농업의 출현으로 잉여 식량(예컨대 밀과 치즈와 감자)을 생산해 저장할 수 있었기 때문에 가능했다. 따라서 복잡한 제도의 최종적 궁극 원인은 대체로 농업이며, 그다음 궁극 원인으로는 저장할 수 있는 잉여 식량을 확보해 인구밀도가 높아진 정주 사회를 꼽을 수 있을 것이다. 이런 잉여 식량은 왕족과 은행가, 작가, 교수 등 식량을 생산하지 않는 특수 계급을 먹여 살리는 데 쓰였다. 따라서 농업이 등장한 덕분에 현대사회의 모든 제조업이 발전할 수 있었다. 구체적으로 말하면, 군장사회와 국가, 왕족과 관료 집단, 중앙집권적 정부, 교육받은 시민, 발명가, 시장경제와 상인, 금속 연장, 씨족에 대한 충성을 넘어선 국가에 대한 충성, 법률에 의한 정부의 통치, 대학과 저술 등이 농업 덕분에 생겨날 수 있었다. 수렵·채집사회에서는 오늘날 우리가 당연시하는 이런 제도 중 어떤 것도 발달한 적이 없었다.

그러나 농업이 복잡한 제도의 궁극 원인이라면, 왜 농업이 세계 전역에서 생겨나고 발전하지 않았을까? 그랬더라면 세계 전역에서 복잡한 제도가 발전할 수 있었을까? 왜 나이지리아는 노르웨이처럼 생산적인 농업과 제도를 발전시키지 못했을까?

이 질문은 내가 이 책 4~10장에서 집중적으로 다루었던 문제이다. 작물화할 수 있는 야생식물종과 가축화할 수 있는 야생동물종이 세계 전역에 균일하게 분포하지 않고, 농경이 약 아홉 곳에서 독자적으로 시작되었다는 데 그 답이 있다. 발원지에서부터 다른 지역으로 농경이 확산했지만, 그 속도는 남북 축보다 동서 축에서 더 빨랐다. 국가 탄생에 따른 복잡한 제도의 역사는 지역마다 다르며, 그 차이는 농업의 역사와 맞물린다. 예컨대 그리스와 중국의 경우 국가의 통치가 4,000년 전에 시작되었지만, 뉴기니의 일부 지역에서는 30년 전에야 시작되었다.

해외 원조를 제공하는 것만으로는 수천 년 동안 지속해온 삶을 한 세대 만에 뒤바꾸기 어렵다. 네덜란드는 농업의 역사가 7,500년에 이르지만 잠비아는 2,000년에 불과하다. 또 네덜란드는 2,000년 전부터 문자를 사용했지만 잠비아는 130년 전에야 문자를 도입했다. 네덜란드에는 독립된 중앙정부가 500년 동안 존재했지만 잠비아에는 40년 전에야 중앙정부라는 것이 생겼다. 기나긴 농업의 역사와 그 농업으로 인해 가능해진 복잡한 제도가 오늘날 네덜란드가 잠비아보다 부유해진 이유의 절반이라면, 나머지 절반은 네덜란드가 온대지역의 해안가에 위치한 반면 잠비아는 열대 내륙국이라는 데 있다.

농업과 농업에서 비롯된 중앙정부의 역사가 긴 국가들이 그렇지 않은 국가보다 일인당 평균 소득이 더 높다. 경제학자들이 다른 변수들을 조정한 경우에도 마찬가지이다. 따라서 농업의 역사가 국가의 빈부에 큰 영향을 미치는 게 분명하다. 국가 간 평균 소득 차이에서 '설명된 분산explained variance'의 절반 정도를 농업의 역사로 간주할 수 있다. 근대까지 소득이 낮았던 나라를 비교하더라도 일본과 중국과 말레이시아처럼 일찍부터 중앙정부가 존재했던 국가들이 잠비아와 뉴기니처럼 중앙정부의 역사가 짧은 국가들보다 현대에 들어 경제성장률이 더 높았다. 중앙정부의 역사가 짧기 때문인지 천연자원이 풍부한 국가 중에도 경제성장이 더딘 나라가 적지 않지만, 중앙정부의 역사가 긴 국가는 경제성장 속도가 상대적으로 더 빠르다.

이런 일반적인 추세는 미국 외교관들이 잘못 제시한 예측으로도 설명할 수 있다. 1960년대에 한국과 가나와 필리핀은 모두 가난한 나라였다. 미국 외교관들은 셋 중 어느 나라가 부유해지고 어느 나라가 빈곤의 수렁에서 벗어나지 못할지 예측하며 서로 내기하곤 했다. 외교관의 대부분이 필리핀과 가나가 크게 도약할 것이라고 예측했다. 필리핀과 가나는 따뜻한 열대지역에 위치해 식량을 재배하기 쉬운 데다 천연자원도 많기 때문이라는 이유를 들었다. 반면 한국은 추운 데다 천연자원도 별로 없어, 겉보기에는 부국으로 발전할 조건을 전혀 갖추지 못했다.

하지만 60년이 지난 지금, 한국은 제1세계의 경제 수준에 올라선 반면 가나와 필리핀은 여전히 가난하다. 그 이유는 무엇일까? 한국이 중국에 인접해 있으며 온대지역이라는 게 많은 이유 중 하나이다.

중국은 세계에서 농경과 문자, 금속연장과 중앙정부가 세계에서 가장 일찍 발달한 지역 중 하나였다. 한국은 일찍이 중국에서 그것들을 습득했고, 700년경에는 단일 중앙정부로 통일되었다. 따라서 한국은 오래전부터 복잡한 제도를 경험했다. 현재 북한의 억압적인 정부는 그런 역사적 이점을 헛되이 날려버렸지만 한국은 달랐다. 한국은 40년에 가까운 일본의 지배에서 해방된 후로도 1950년대에 여전히 가난했다. 하지만 제도적 측면에서 부국의 조건을 갖추고 있었다. 그 이점을 활용하기 위해 독립과 군사적 안보 및 미국의 해외 원조가 필요했을 뿐이다. 반면 필리핀은 뒤늦게야 중국에서 농업을 습득했고, 가나의 농업 생산성은 보잘것없었으며 가축도 거의 없었다. 게다가 가나와 필리핀은 독자적인 문자를 개발하지 못했고 강력한 중앙정부도 없었다. 유럽이 근대에 식민 지배를 시작한 후에야 문자가 들어오고 중앙정부가 확립되었다. 따라서 필리핀과 가나는 천연자원이 풍부했지만, 한국을 신속하게 부유한 국가로 올라서게 만든 원동력인 복잡한 제도, 인적 자본, 문화적 환경이라는 오랜 역사가 부족했다.

요약하면, 다른 국가에 비해 상대적으로 부유한 국가가 있으며, 그 이유는 다양하고 복잡하다. 이 중대한 질문에 간단히 대답하고 싶다면, 우리 지구만큼이나 복잡한 생명체가 살아가는 행성을 우주에서 찾아내야 할 것이다.

그 이유는 크게 두 범주로 나뉜다. 내가 여기에서 다룬 것으로, 하나는 제도적 요인이고, 다른 하나는 지리적 요인이다. 이른바 천연자원의 저주, 식민화와 관련된 '성쇠의 반전', 환경의 악화도 무시할 수 없는 요인이다. 그러나 두 가지 주된 이유가 서로 완전히 무관하지는 않다. 좋은 제도는 지리적 요인과 아무 관계 없이 하늘에서 뚝 떨어지지 않는다. 좋은 제도도 그 나름의 역사가 있으며, 이는 농업의 역사와 적잖은 관계가 있다. 농업의 등장 덕분에 중앙정부와 시장 같은 복잡한 제도가 발달할 수 있었기 때문이다. 물론 복잡한 제도라고 무조건 좋은 것은 아니다. 좋은 것만큼이나 나쁜 복잡한 제도도 있을 수 있다. 오늘날에는 북한, 수십 년 전에는 나치 독일이 나쁜 복잡한 제도의 대표적인 예이다. 하지만 어떤 지역에서든 복잡한 제도가 먼저 생겨나야 경제학자들이 찬양하는 좋은 복잡한 제도가 발전할 수 있는 듯하다.

끝으로 1688년 잉글랜드의 명예혁명을 예로 제시하며, 좋은 제도의 기원에 대한 이 글을 마무리하려고 한다. 국가의 빈부 차이를 제도적 요인으로 설명하기를 좋아하는 경제학자들이 명예혁명을 일종의 지표로 자주 언급하기 때문이다. 잉글랜드를 포함해 영국이 얼마 전까지 세계 최대 부국이었고, 산업혁명을 일으킨 첫 국가였다는 것은 사실이다. 명예혁명으로 제임스 2세가 왕위에서 물러나고 윌리엄 3세가 즉위했다. 그리고 왕권이 약해진 대신 의회의 힘이 강해졌다. 그로 말미암아 경제성장에 유리한 제도적 개선이 이루어졌다. 이 명예혁명에서 비롯된 제도들이 '원인'으로 작용해 영국이 부국이 되었던 것일까? 그렇다면 피를 흘리지 않은 명예로운 혁명과 부가 영국의 무릎에 떨어진 건 순전히 행운이었을까? 명예로운 혁명이 영국이 아닌 잠비아에서 일어났다면, 지금쯤 잠비아가 부유한 나라가 되고 영국은 가난한 나라가 되었을까?

그렇지 않다. 영국이 근대에 부국으로 부상한 원인이 명예혁명에 있다고 강조한다면, 근접 원인에만 초점을 맞추고 궁극 원인을 무시하는 덫에 빠진 것과 같다. 예컨대 심리치료사가 파경 위기를 맞은 부부를 상담하며, 부인이 남편을 어떻게 때렸는지에 대해서만 파고드는 꼴이다. 1688년에 잠비아는 명예로운 혁명이 일어날 조건을 갖추고 있지 못했다. 달리 말하면, 왕을 쫓아내고 의회가 권력을 강화하는 결과로 발전할 만한 궁극 원인이 없었다. 농업이 영국에는 5,000년 전에 들어왔지만, 잠비아에는 2,000년 전에야 전해졌기 때문이다. 현재의 영국 영토 대부분은 기원후 80년 로마제국하에서 정치적으로 통일된 반면, 잠비아 영토는 1890년대에야 대영제국에 의해 통일되었다. 또 영국은 600년경부터 자체 왕을 섬겼고, 1300년에 의회를 설립했다. 하지만 잠비아는 독자적으로 그 어떤 제도도 갖추지 못했다. 영국은 온대지역에 위치한 데다 한때 빙하로 덮인 비옥한 토양 덕분에 농업 생산성이 높은 반면, 잠비아는 척박한 토양에다 열대지역에 위치했기 때문에 농업 생산성이 낮았다. 지리적이고 역사적인 조건에서 유사한 이점을 갖춘 유럽 국가들과 비교할 때, 영국은 섬나라여서 대륙 국가들보다 군사적 침략에 덜 노출되어 상비군을 둘 필요가 없었고, 다른 대륙을 침략해 식민지를 건설하기에 이상적인 대서양을 마주한 추가적인 이점까지 누렸다. 반면 잠비아는 내륙국이어서 해상 교역을 시도하거나 식민지를 둔 적이 없었다. 영국은 높은 농업 생산성과 신세계로부터 거두어들인 작물 그리고 정치적 통일을 기반으로, 만성적인 기아의 위험을 척결한 세계 최초의 국가이기도 했다.

지리와 역사에서 유리하게 작용한 궁극 원인을 배경으로 영국은 세계적 부국에 올라섰고, 명예혁명은 그 과정의 후기 단계에서 중요한 역할을 한 근접 원인이었을 뿐이다. 이런 결론은 지도만 충실히 보아도 지리가 역사에 미치는 지대한 영향을 이해하고, 현대 세계에서 국가의 빈부를 결정하는 궁극 원인을 이해하는 데 도움이 된다.

사려 깊은 제안을 해준 루이스 퍼터먼에게 감사의 말을 전하고 싶다. 이 후기는 내가 〈뉴욕 리뷰 오브 북스〉에 기고한 글과 내 책《나와 세계》의 두 장을 참고해 쓴 것이다.

감사의 글

이 책을 쓰는 데 많은 사람의 도움을 받았다고 밝힐 수 있는 것도 나에게 크나큰 즐거움이다. 록스버리 라틴스쿨의 선생님들은 나에게 역사의 매력을 가르쳐주었다. 내가 뉴기니 친구들과 함께한 경험을 자주 언급하듯이 그들에게도 큰 빚을 졌다. 또 많은 과학자 친구와 동료들은 각자의 분야를 끈기 있게 설명해주고 내 원고를 꼼꼼히 읽어주었다. 그들 덕분에 많은 오류를 바로잡을 수 있었다. 특히 피터 벨우드와 켄트 플래너리, 패트릭 커치 그리고 내 아내 마리 코헨은 원고를 처음부터 끝까지 정독해주었다. 찰스 하이저 주니어, 데이비드 케이틀리, 브루스 스미스, 리처드 야넬, 대니얼 조허리는 각자 서너 개 장씩 읽어주었다. 이 책의 일부는 기사 형식으로 〈디스커버〉와 〈내추럴 히스토리〉에 실었던 것이다. 내셔널지오그래픽협회, 세계야생동물기금, 캘리포니아대학교로부터 지원을 받아 태평양 섬들에서 현장 연구를 진행할 수 있었다. 에이전트 존 브록만과 캐틴카 맷슨, 연구 조교이자 비서 로리 이버슨과 로리 로젠, 삽화가 엘런 모데키와 일한 것도 나에게는 큰 행운이었다. 물론 W. W. 노턴출판사의 도널드 램, 조너선케이프출판사의 닐 벨턴과 빌 설킨, 피셔출판사의 빌리 쾨흘러, 〈디스커버〉의 마크 자블루도프와 마크 휠러와 폴리 셜먼, 〈내추럴 히스토리〉의 엘런 골든손과 앨런 턴스가 내 전담 편집자인 것도 나에게는 행운이었다.

옮긴이의 글

《총, 균, 쇠》는 재레드 다이아몬드라는 이름을 우리나라 독자에게 널리 각인시킨 그의 대표작이다. 이 책의 전반적인 골격은 간단하다. "왜 역사는 대륙에 따라 다르게 전개되었는가?"라는 질문에 대한 대답이다. 구체적으로 말하면, "유럽인과 아시아인을 학살하고 예속하거나 절멸한 쪽이 아메리카 원주민, 아프리카인, 오스트레일리아 원주민이 아닌 이유는 무엇일까?"라는 생뚱맞은 질문에 대답하기 위해 쓰였다.

그 답은 '총, 균, 쇠', 즉 이 책의 제목에 있다. 하지만 이렇게 대답하는 데 그친다면 "영국이 근대에 부국으로 부상한 원인은 명예혁명에 있다고 강조하는 것과 같다"고, 즉 절름발이 대답이라고 저자는 말한다. 여기서 이 책의 중요한 개념이 등장한다. 바로 '근접 원인'과 '궁극 원인'이다. '총, 균, 쇠'는 위의 질문에 대한 근접 원인에 불과하다. 위의 질문에 더 정확히 대답하려면 '총, 균, 쇠'가 유라시아에서 먼저 발달한 이유를 알아야 한다. 달리 말하면 '궁극 원인'을 찾아 나서야 한다. 다이아몬드의 대답에 따르면, 궁극 원인은 식량 생산, 즉 농경의 출발점에 있다. 결국 이 책에는 식량 생산이라는 궁극 원인에서부터 '총, 균, 쇠'에 이르는 근접 원인까지 인과관계의 사슬에 있는 구체적인 내용이 담겨 있다. 그 사슬을 풀어내는 과정에서, 누구도 흉내 낼 수 없는 저자의 박식함이 유감없이 드러난다.

이 책에서 흥미로운 점은, 대륙을 우리가 흔히 알고 있는 것처럼 구분하지 않는다는 것이다. 땅덩어리, 즉 땅의 연결성으로 구분하기 때문에 유럽과 아시아가 유라시아로, 북아메리카와 남아메리카가 남북아메리카로 합해진다. 여기에 아프리카와 오스트레일리아가 더해지며 4대륙으로 나뉜다. 그런 구분에 그치지 않고, 확산과 관련해 위도와 중심축 개념을 도입하는 것도 흥미롭고 설득력 있게 와닿는다.

궁극 원인의 분석에서 밝혀지는 것은 지리적 우연이다. 저자는 결국 역사가 대륙에 따라 다르게 전개된 이유는, 각 대륙을 선점한 원주민의 생물학적 차이, 즉 지적 능력의 차이에 있는 게 아니라, 지리적 차이에 있다는 걸 증명한다. 인종차별적인 해석을 완전히 뒤집는 것이다.

어떤 책에서나 배울 게 있다. 이 책에서 우리 사회가 배울 점이 있다면, 어떤 문제의 원인을 근접 원인과 궁극 원인으로 나누어 분석하는 방식이다. 우리는 이 둘을 뒤섞어 생각하거나, 근접 원인에 매몰되는 경우가 많다. 어떤 문제를 근접 원인과 궁극 원인으로 구분할 때, 그 사이에 존재하는 인과관계의 사슬을 추적하기가 한결 쉬울 것이다.

충주에서

강주헌

재레드 다이아몬드의 《총, 균, 쇠》가 출간된 지 25년이 흘렀다. 《제3의 침팬지》 제하의 전작을 잇는 작품이자, 다음 작품인 《문명의 붕괴》로 이어진다. 이른바 다이아몬드 삼부작의 핵심이다.

세 권의 책을 통해 다이아몬드가 무엇을 말하고 싶었는지 짐작할 수 있다. 인류의 과거와 현재, 미래에 관한 빅 히스토리다. 동서고금을 막론하고 누구나 관심을 가지는 주제다. 우리는 어디에서 시작했고, 어디에 있으며, 어디로 가고 있는가? 왜 어떤 사회는 성공했고, 어떤 사회는 실패했으며, 어떤 사회는 아예 사라져버렸는가?

《총, 균, 쇠》는 주로 구석기 시대와 그 이전을 다룬 전작 《제3의 침팬지》에 이어 신석기 이후의 역사를 다룬다. 《제3의 침팬지》에서 인간과 침팬지의 공통 조상에서 갈라진 인류의 보편적 형질을 다루었다면, 《총, 균, 쇠》에서는 높은 동질성을 지닌 인류가 왜 여러 지역에서 서로 다른 궤적을 그리며 발전했는지 논의한다. 그리고 《문명의 붕괴》에서 이러한 여러 요인이 일으킬 미래의 모습에 대해 예측하고 있다. 만약 세 책 중에 하나만 읽어야 한다면 분명 《총, 균, 쇠》이다. 완성도가 높을 뿐 아니라 독창적 통찰이 돋보이는 작품이다. 물론 가장 유명하기도 하다.

인턴 시절에 이 책을 처음 접했다. 곧바로 다이아몬드의 팬이 되었다. 당시에는 우리 사회에 관한 자조적 분위기가 만연해 있었다. 한국 영화는 스크린쿼터제를 통해서만 겨우 명맥을 유지한다고들 했다. 애국심을 덧입혀야만 겨우 관객을 모았다. 일본 대중문화는 아예 수입을 금지했다. 그러나 온통 표절이 넘쳐났다. 우리 문화에 관한 열등감, 그리고 반동으로 나타나는 국수주의가 사회 전반에 교차했다.

원래부터 어떤 민족은 다른 민족보다 열등한 것일까? 그래서 미개하고 조악한 문화, 불안정하고 부패한 사회밖에는 허락되지 않는 것일까? 주변 문화의 화려한 성취를 부러운 눈으로 바라보며, 경쟁력이 없는 자국 문화를 애써 '보호'해야만 하는 것일까? 왜 우리는 일본의 식민지가 되었을까? 왜 그 반대는 아니었을까? 해방 후 반세기가 지나도록 여전히 '문화' 식민지가 되지 않을까 걱정하는 이유는 타고난 우열 때문일까?

인류가 세계 여러 곳에 흩어져 살게 된 지는 불과 7만 년에 지나지 않는다. 집단 간의 유전적 차이는 종잇장보다도 얇다. 생물학적 차이로 사회와 문화의 우열을 가리는 것은 도덕적으로도 옳지 못하지만, 무엇보다 과학적 사실이 아니다. 이 책 20장에서 언급한 것처럼 일본인의 상당수는 한국에서 건너간 도래인의 후손일 가능성이 높다. 다양한 문화도 전수했다. 타고난 유전적 · 문화적 우열이 있을 수 없다.

이 책의 핵심 논지는 이렇다. 인간 사회의 차별적 발전은 동식물의 순화 가능성 및 유라시아의 독특한 지리적 이점에 기인한다는 것이다. 사실 물리적 환경과 생태적 조건 등에 따른 인간-환경-생물 공동체가 그에 대응하는 문화를 빚어낸다는 문화생태학Cultural Ecology은 이미 1950년대 중반에 정립된 인류학 이론이다. 그러나 다이아몬드는 기존 문화생태학의 연구에 크게 개의치 않고(심지어 인용도 거의 하지 않는다), 방대한 생물지리학적 지식을 동원해 다양한 사회의 역사적 흥망성쇠를 독특한 시각으로 새롭게 펼쳐나간다.

이러한 유물론적 접근은 한때 사회과학의 가장 중요한 토대였음에도 불구하고, 지금은 과거의 영광을 잃은 지 오래다. 문화에 관한 생태적 설명을 언급하면, 자칫 유치한 물질주의나 섣부른 환경 결정론으로 매도되곤 한다. 다이아몬드가 이를 모를 리 없다. 책의 서두에서부터 예상되는 비판에 대해 거듭 양해를 구하고는, '그럼에도 불구하고' 핵심 논지를 능숙하게 펼쳐나간다.

특히 동식물의 순화 가능성에 따른 농업 도입의 시기적 차이에서 더 나아가, 그로 인한 인수 공통 감염병의 뜻하지 않은 결과에 관한 혜안이 놀랍다. 코로나19 팬데믹을 겪은 후에야 생생하게 와닿는 주장이다. 노동집약적 농업의 도입은 필연적으로 높은 인구밀도를 가진 도시를 유발한다. 이는 다시 밀도의존성 전파에 의존하는 치명적 감염병의 유행을 부른다. 이로 인해 최초의 정주 집단은 괴멸적 피해를 수없이 입었을 것이다. 그러나 높은 농업 생산량에 힘입어 순식간에 인구가 회복되었고, 각종 '균'에 저항성을 가진 새로운 세대가 나타났다는 것이다.

그러면 '총'과 '쇠'는 어떨까? 간혹 나타나는 혁신은 흔히 저항에 부딪혀 사라져버린다. 그러나 인구가 많으면 혁신도 많다. 일부는 살아남는다. 만약 혁신이 널리 퍼질 수 있는 지리적 조건이라면, 모처럼 일궈낸 혁신이 계속 유지될 가능성이 높아질 것이다. 문자 언어가 그랬고, 총과 쇠가 그랬다. 인구는 계속 증가했고, 사회는 점점 불평등한 중층사회로 바뀌었고, 분업화된 사회는 문자 언어와 제철 기술을 계속 발전시켰으며, 급기야는 총으로 무장했다. 그것이 바로 유럽 사회였다.

하지만 이러한 주장의 한계도 분명하다. 첫째, 환경의 중요성이 지나치게 강조된다. 환경적 조건은 인간이라는 '매개체'를 통해서 문화로 나타나기 때문에, 인간적 요인을 무시해서는 곤란하다. 저자는 한글도 아이디어의 전파에 의해 만들어진 인공물이라고 주장하지만, 아무리 생각해도 세종대왕이라는 '개인적' 요인을 소거하면 지금까지도 발명되었을 것 같지 않다. 둘째, 최근 수백 년 사이에 유럽이 세계의 주도 세력으로 부상한 이유에 관한 설명은 다소 궁색하다. 문화 변동은 시간 단위가 짧아질수록 필연적 원인을 찾기 어렵다. 지난 수천 년간의 인류사적 변화는 분명 생물지리학적 요인이 크게 작용했을 수 있지만, 수백 년간의 문화 변동은 사회 · 역사적 특수성이 더 중요하게 작용했을 것이다. 미국인은 4억 정이 넘는 총을 가지고 있는데, 이는 전 세계 민간 총기의 40퍼센트가 넘는 수이다. 그 이유를 북아메리카 대륙의 지리적 환경에서 찾을 수는 없다. 사회적 제도와 문화적 관습이 주된 원인이다.

물론 이 책은 생물지리학적 요인과 경로의존성 누적 발전의 과정으로 인류사를 통찰한 책이다. 함흥냉면을 다룬 책에 '물론 평양냉면도 맛있다는 것을 인정합니다만'이라고 굳이 덧붙여야만 한다면 좀 이상한 일이다. 하지만 이 책의 인지도를 생각하면, 그래야 한다. 전 세계 대학교에서 널리 읽히는 책이다. 심지어 중 · 고등학생도 많이 읽는다. 상당수의 일반인에게는 평생 접한 단 하나의 인류학 도서일 수도 있다. 만약 함흥냉면에 관한 책이 25년간 수십 개 언어로 번역되어 수백만 부가 팔리고 앞으로도 계속 그럴 것 같다면, 분명 평양냉

면에 관해 다뤄야 하고 함흥냉면의 단점도 언급해야 한다. 그래서 저자는 서문과 프롤로그에서부터 시작해 본문 곳곳에, 그리고 에필로그에서도 반복해서 주장의 한계를 설명한다. 그것으로도 부족했는지 2017년 후기에서 사회적 제도의 중요성에 관해 다시금 강조했다.

인간 사회의 여러 속성은 단일 요인으로 설명할 수 없다. 진화, 생태, 문화 등 여러 요인이 기나긴 시간 동안 거대한 환경과 만나면서 빚어진 최종 결과물이다. 쌀밥을 맛있게 먹고 있는 한국인을 보자. 탄수화물 섭취를 위한 녹말 분해 효소의 진화를 논할 수도 있고, 벼가 잘 자라는 우리나라의 생태적 환경을 이야기할 수도 있고, 오랜 세월 빚어진 밥 문화를 말할 수도 있다. 어느 하나를 이야기한다고 해서, 다른 하나를 경시하는 것은 아니다.

이 책의 가장 중요한 가치는 바로 인종이나 민족 간의 타고난 우열이라는 지긋지긋한 생물학적 편견을 일소했다는 점이다. 이 책의 초판이 번역된 지 겨우 25년이 흘렀다. 그동안 한국의 사회·문화적 위상은 놀랍도록 달라졌다. 문화 식민지로 전락한다는 걱정은 이제 찾아보기 어렵다. 반대로 한국의 문화가 만방으로 전파되고 있다. 우리가 어려웠던 이유는 '열등한 유전자' 때문이 아니었다. 마찬가지로 지금 잘 나가는 이유도 '우월한 유전자' 덕분은 아니다.

이런 고상한 가치 말고도, 이 책이 주는 현실적 가치는 바로 즐거움이다. 사실 선사시대를 다룬 '재미없는' 책은 이전에도 많았다. 학문의 경계를 종횡무진 넘나들면서도 논리적 짜임새를 촘촘히 지켜나가는 다이아몬드의 독특한 글쓰기에 수많은 독자가 반했다. 그 덕분에 인류학이라는 낯선 학문에 관한 대중적 관심도 높아졌다. 고마운 일이다. 지금 다시 읽어도 여전히 재미있다.

이미 고전의 반열에 오른 재레드 다이아몬드의 대표 저작《총, 균, 쇠》를 통해 거대한 인류사를 되짚어나가는 지적 즐거움을 만끽하기 바란다.

박한선
서울대학교 인류학과 교수

참고문헌

여기에서 소개하는 참고문헌은 더 많은 걸 알고 싶은 독자를 위한 것이다. 따라서 독자의 특별한 관심을 끌 만한 핵심적인 책과 논문 이외에 과거의 문헌을 광범위하게 소개하는 최근의 출판물을 언급하는 방법을 택했다. 특히 이탤릭체로 쓰인 학술지의 경우에는 호수號數, 시작하는 쪽수와 끝나는 쪽수, 발행 연도(괄호)를 차례로 밝혔다.

프롤로그

이 책에서 언급한 대부분의 내용과 관련된 참고문헌으로는 인간 유전자 빈도를 광범위하게 다룬 *The History and Geography of Human Genes*, by L. Luca Cavalli-Sforza, Paolo Menozzi, and Alberto Piazza(Princeton: Princeton University Press, 1994)가 있다. 이 두툼한 책은 각 대륙의 지리와 생태와 환경을 개략적으로 다룬 뒤 선사시대와 역사시대, 언어와 체질인류학, 문화를 차례로 설명하고 있어 모든 인류에 대한 모든 것의 역사라고 할 만하다. L. Luca Cavalli-Sforza and Francisco Cavalli-Sforza, *The Great Human Diasporas*(Reading, Mass.: Addison-Wesley, 1995)도 유사한 내용을 다루고 있지만, 전문가보다 일반 독자를 위해 쓰인 책이다.

일반 독자가 편하게 접근할 수 있는 또 다른 문헌으로는 다섯 권으로 이뤄진 *The Illustrated History of Humankind*, ed. Göran Burenhult(San Francisco: HarperCollins, 1993–94)가 있다. 이 시리즈를 구성하는 각 권의 제목을 차례로 소

개하면, *The First Humans, People of the Stone Age, Old World Civilizations, New World and Pacific Civilizations, Traditional Peoples Today*이다.

케임브리지대학교 출판부는 특정 지역이나 시대를 다룬 역사를 여러 시리즈로 발간했다(발행 연도는 각기 다르다). 그중 하나가 *The Cambridge History of [X]*로, 여기서 X는 아프리카, 고대 아시아 내륙, 중국, 인도, 이란, 이슬람, 일본, 라틴아메리카, 폴란드, 동남아시아를 대신한다. 또 다른 시리즈로는 *The Cambridge Encyclopedia of [X]*이며, 여기서 X는 아프리카, 중국, 일본, 라틴아메리카와 카리브제도, 러시아와 구소련, 오스트레일리아, 중동과 북아프리카, 인도와 파키스탄 및 인접 국가들을 대신한다. 그 밖에도 *The Cambridge Ancient History, The Cambridge Medieval History, The Cambridge Modern History, The Cambridge Economic History of Europe, The Cambridge Economic History of India* 등의 시리즈가 있다.

세계 언어에 대해 백과사전에 버금갈 정도로 다룬 세 권의 책을 소개하면, Barbara Grimes, *Ethnologue: Languages of the World*, 13th ed.(Dallas: Summer Institute of Linguistics, 1996), Merritt Ruhlen, *A Guide to the World's Languages*(Stanford: Stanford University Press, 1987), 그리고 C. F. Voegelin and F. M. Voegelin, *Classification and Index of the World's Languages*(New York: Elsevier, 1977)가 있다.

방대한 비교 역사서로는 Arnold Toynbee, *A Study of History*, 12 vols.(London: Oxford University Press, 1934–54)가 단연코 으뜸이다. William McNeill, *The Rise of the West*(Chicago: University of Chicago Press, 1991)는 유라시아, 특히 서유라시아 문명을 다룬 발군의 역사서이다. 같은 저자의 *A World History*(New York: Oxford University Press, 1979)는 제목과 달리, 서유라시아 문명을 중점적으로 다루고, V. Gordon Childe, *What Happened in History*, rev. ed.(Baltimore: Penguin Books, 1954)도 마찬가지이다. 서유라시아에 중점을 둔 또 다른 비교 역사서, *The Evolution of Man and Society*(New York: Simon and Schuster, 1969)를 쓴 저자 C. D. Darlington은 생물학자로, 각 대륙의 역사가 작물화 및 가축화와 어떤 관련이

있는지 밝혀냈다. Alfred Crosby가 쓴 두 권의 책, *European overseas expansion with emphasis on its accompanying plants, animals, and germs: The Columbian Exchange: Biological Consequences of 1492*(Westport, Conn.: Greenwood, 1972)와 *Ecological Imperialism: The Biological Expansion of Europe, 900-1900*(Cambridge: Cambridge University Press, 1986)은 유럽이 해외로 진출할 때 식물과 동물 및 병원균도 동반했다는 사실을 강조한 탁월한 연구서이다. Marvin Harris, *Cannibals and Kings: The Origins of Cultures*(New York: Vintage Books, 1978)와 Marshall Sahlins and Elman Service, eds., *Evolution and Culture*(Ann Arbor: University of Michigan Press, 1960)는 문화인류학자의 시각에서 접근한 비교 역사서이다. Ellen Semple, *Influences of Geographic Environment*(New York: Holt, 1911)는 지리적 조건이 인간 사회에 미친 영향을 연구한 고전적인 저서이다. 다른 중요한 역사 연구서들은 '에필로그'에서 소개한다. 내가 쓴 *The Third Chimpanzee*(New York: HarperCollins, 1992), 특히 유라시아와 남북아메리카를 비교 연구한 14장은 내 머릿속에서 이 책의 출발점이 되었다.

인간 집단의 지능 차이에 대한 토론에 새롭게 뛰어들었지만 가장 유명하면서 악명을 떨친 연구로는 Richard Herrnstein and Charles Murray, *The Bell Curve: Intelligence and Class Structure in American Life*(New York: Free Press, 1994)가 있다.

1장

초기 인류의 진화를 다룬 탁월한 책으로는 Richard Klein, *The Human Career* (Chicago: University of Chicago Press, 1989), Roger Lewin, *Bones of Contention* (New York: Simon and Schuster, 1989), Paul Mellars and Chris Stringer, eds., *The Human Revolution: Behavioural and Biological Perspectives on the Origins of*

Modern Humans(Edinburgh: Edinburgh University Press, 1989), Richard Leakey and Roger Lewin, *Origins Reconsidered*(New York: Doubleday, 1992), D. Tab Rasmussen, ed., *The Origin and Evolution of Humans and Humanness*(Boston: Jones and Bartlett, 1993), Matthew Nitecki and Doris Nitecki, eds., *Origins of Anatomically Modern Humans*(New York: Plenum, 1994)와 Chris Stringer and Robin McKie, *African Exodus*(London: Jonathan Cape, 1996)가 있다. 네안데르탈인을 집중적으로 다룬 대중서로 세 권을 꼽으면 Christopher Stringer and Clive Gamble, *In Search of the Neanderthals*(New York: Thames and Hudson, 1993), Erik Trinkaus and Pat Shipman, *The Neandertals*(New York: Knopf, 1993)와 Ian Tattersall, *The Last Neanderthal*(New York: Macmillan, 1995)이 많이 읽힌다.

인간 기원에 대한 유전학적 증거를 주제로 다룬 연구로는 앞서 프롤로그에서 언급한 L. Luca Cavalli-Sforza가 편집한 두 권의 책과 내 책, *The Third Chimpanzee*의 1장이 읽을 만하다. 유전자 증거에 대한 최근 연구를 다룬 전문적인 논문으로는 J. L. Mountain and L. L. Cavalli-Sforza, "Inference of human evolution through cladistic analysis of nuclear DNA restriction polymorphism," *Proceedings of the National Academy of Sciences* 91:6515–19(1994)와 D. B. Goldstein et al., "Genetic absolute dating based on microsatellites and the origin of modern humans," *ibid*. 92:6723–27(1995)을 추천한다.

오스트레일리아와 뉴기니, 비스마르크제도와 솔로몬제도에 인류가 정착하고, 대형 동물이 멸종한 사태를 다룬 문헌으로는 15장의 참고문헌에서 자세히 언급할 것이다. 특히 Tim Flannery, *The Future Eaters*(New York: Braziller, 1995)에서는 관련 주제를 명쾌하고 평이한 용어로 다루며, 오스트레일리아에서 멸종한 대형 포유동물이 비교적 최근까지 생존했었다는 주장에 문제가 있는 이유를 설명한다.

대형 동물이 홍적세 말과 근대에 멸종한 사건에 대한 교과사적 문헌은 Paul Martin and Richard Klein, eds., *Quaternary Extinctions*(Tucson: University of

Arizona Press, 1984)이고, 최근에 보완된 정보를 담은 논문으로는 Richard Klein, "The impact of early people on the environment: The case of large mammal extinctions," pp. 13–34 in J. E. Jacobsen and J. Firor, *Human Impact on the Environment*(Boulder, Colo.: Westview Press, 1992)와 Anthony Stuart, "Mammalian extinctions in the Late Pleistocene of Northern Eurasia and North America," *Biological Reviews* 66:453–62(1991)가 있다. David Steadman은 자신의 논문, "Prehistoric extinctions of Pacific island birds: Biodiversity meets zooarchaeology," *Science* 267:1123–31(1995)에서, 태평양 섬들에 인간이 정착하며 멸종의 파도가 몰려왔다는 최근의 증거들을 요약해 보여주었다.

남북아메리카에 인간이 정착하고, 그로 인해 대형 포유동물이 멸종된 사건을 다룬 대중서로는 Brian Fagan, *The Great Journey: The Peopling of Ancient America*(New York: Thames and Hudson, 1987)와 내 책 *The Third Chimpanzee*의 18장이 있으며, 두 책 모두에서 관련된 많은 문헌을 소개한다. Ronald Carlisle, ed., *Americans before Columbus: Ice-Age Origins*(Pittsburgh: University of Pittsburgh, 1988)에는 J. M. Adovasio와 그의 동료들이 메도크로프트 유적지에서 찾아낸 클로비스 시대 이전의 증거에 대해 쓴 논문이 실려 있다. 클로비스 시대와 그 이전의 지층에서 발견된 유적에 대한 전문가 C. Vance Haynes, Jr.의 논문으로는 "Contributions of radiocarbon dating to the geochronology of the peopling of the New World," pp. 354–74 in R. E. Taylor, A. Long, and R. S. Kra, eds., *Radiocarbon after Four Decades*(New York: Springer, 1992)와 "Clovis-Folson geochronology and climate change," pp. 219–36 in Olga Soffer and N. D. Praslov, eds., *From Kostenki to Clovis: Upper Paleolithic Paleo-Indian Adaptations*(New York: Plenum, 1993)가 있다. 페드라 푸라다 유적이 클로비스 시대 이전의 것이라고 주장하는 논문으로는 N. Guidon and G. Delibrias, "Carbon-14 dates point to man in the Americas 32,000 years ago," *Nature* 321:769–71(1986)과 David Meltzer et al., "On a Pleistocene human occupation at Pedra Furada, Brazil," *Antiquity* 68:695-714(1994)가 있다. 클로비스 이전에 대한 논쟁과 관련해 주목할 만한 다른 문헌으로는 T. D. Dillehay et al., "Earliest hunters and gatherers of South America," *Journal of World Prehistory* 6:145-204(1992), T. D. Dillehay, *Monte Verde: A Late Pleistocene Site in Chile*(Washington, D.C.: Smithsonian Institution Press, 1989), T. D. Dillehay and D. J. Meltzer, eds., *The First Americans: Search and Research*(Boca Raton: CRC Press, 1991), Thomas Lynch, "Glacial-age man in South America?—a critical review," *American Antiquity* 55:12-36(1990), John Hoffecker et al., "The colonization of Beringia and the peopling of the New World," *Science* 259:46-53(1993)과 A. C. Roosevelt et al., "Paleoindian cave dwellers in the Amazon: The peopling of the Americas," *Science* 272:373-84(1996)가 있다.

2장

Patrick Kirch, *The Evolution of the Polynesian Chiefdoms*(Cambridge: Cambridge University Press, 1984)와 같은 저자의 *The Wet and the Dry*(Chicago: University of Chicago Press, 1994)는 폴리네시아 섬들에서 발견되는 문화적 차이를 명확히 다룬 발군의 저작이다. Peter Bellwood, *The Polynesians*, rev. ed.(London: Thames and Hudson, 1987)의 많은 부분도 이 문제를 다루고 있다. 폴리네시아 섬들을 구체적으로 연구한 주목할 만한 책으로는, 채텀제도를 다룬 Michael King, *Moriori*(Auckland: Penguin, 1989), 하와이를 중점적으로 다룬 Patrick Kirch, *Feathered Gods and Fishhooks*(Honolulu: University of Hawaii Press, 1985), 역시 하와이를 다룬 Patrick Kirch and Marshall Sahlins, *Anahulu*(Chicago: University of Chicago Press, 1992),

이스터섬을 다룬 Jo Anne Van Tilburg, *Easter Island*(Washington, D.C.: Smithsonian Institution Press, 1994)와 Paul Bahn and John Flenley, *Easter Island, Earth Island*(London: Thames and Hudson, 1992)가 있다.

3장

피사로가 아타우알파를 생포한 사건에 대한 내 설명은 프란시스코 피사로의 두 동생, 에르난도 피사로, 피사로의 동료이던 미구엘 데 에스테테, 크리스토발 데 메나, 루이스 데 아르세, 프란시스코 데 세레스 등의 목격담을 종합한 것이다. 에르난도 피사로, 미구엘 데 에스테테, 프란시스코 데 세레스의 목격담은 Clements Markham, *Reports on the Discovery of Peru, Hakluyt Society*, 1st ser., vol. 47(New York, 1872)로 번역되었다. 페드로 피사로의 목격담은 *Philip Means, Relation of the Discovery and Conquest of the Kingdoms of Peru*(New York: Cortés Society, 1921)로 번역되었다. 크리스토발 데 메나의 목격담을 번역한 책은 Joseph Sinclair, *The Conquest of Peru, as Recorded by a Member of the Pizarro Expedition*(New York, 1929)이다. 루이스 데 아르세의 목격담은 *Boletín de la Real Academia de Historia*(Madrid) 102:327–84(1933)로 재출간되었다. John Hemming의 탁월한 연구서, *The Conquest of the Incas*(San Diego: Harcourt Brace Jovanovich, 1970)에서는 아타우알파 생포와 잉카제국 정복의 전 과정을 자세히 다루고, 광범위한 참고문헌도 소개한다. 잉카제국의 정복 과정을 다룬 19세기의 저작, William H. Prescott, *History of the Conquest of Peru*(New York, 1847)는 지금도 읽을 만하며, 역사서의 고전으로 손꼽힌다. 아즈텍제국의 스페인 정복을 다룬 19세기와 현대의 저작으로는 Hugh Thomas, *Conquest: Montezuma, Cortés, and the Fall of Old Mexico*(New York: Simon and Schuster, 1993)와 William Prescott, *History of the Conquest of Mexico*(New

York, 1843)가 있다. 아즈텍제국의 정복 과정을 직접 목격한 당사자들이 쓴 목격담으로는 코르테스가 쓴 것(Hernando Cortés, *Five Letters of Cortés to the Emperor* [New York: Norton, 1969])과 코스테스의 동료들이 쓴 목격담(Patricia de Fuentes, ed., *The Conquistadors*[Norman: University of Oklahoma Press, 1993])이 있다.

4~10장

이 일곱 개 장에서는 식량 생산을 다루었다. 이에 대한 참고문헌은 중복되는 경우가 많기 때문에 한꺼번에 모아놓으려고 한다. 식량 생산이 수렵·채집민의 생활 방식으로부터 어떻게 진화했는지를 다룬 다섯 권의 중요한 저작은 한결같이 탁월하고, 확인된 사실로 채워졌다. Kent Flannery, "The origins of agriculture," *Annual Reviews of Anthropology* 2:271－310(1973); Jack Harlan, *Crops and Man*, 2nd ed.(Madison, Wis.: American Society of Agronomy, 1992); Richard MacNeish, *The Origins of Agriculture and Settled Life*(Norman: University of Oklahoma Press, 1992); David Rindos, *The Origins of Agriculture: An Evolutionary Perspective*(San Diego: Academic Press, 1984); and Bruce Smith, *The Emergence of Agriculture*(New York: Scientific American Library, 1995). 오래전에 발표되었지만, 식량 생산을 전반적으로 다룬 주목할 만한 문헌으로는 여러 저자가 함께 쓴 두 권, Peter Ucko and G. W. Dimbleby, eds., *The Domestication and Exploitation of Plants and Animals*(Chicago: Aldine, 1969)와 Charles Reed, ed., *Origins of Agriculture*(The Hague: Mouton, 1977)가 있다. Carl Sauer, *Agricultural Origins and Dispersals*(New York: American Geographical Society, 1952)는 구세계와 신세계의 식량 생산을 비교한 고전이며, Erich Isaac, *Geography of Domestication*(Englewood Cliffs, N. J.: Prentice-Hall, 1970)에서는 작물화와 가축화가 언제 어디에서 어떻게 이루어졌는

지를 다루었다.

식물의 작물화를 집중적으로 다룬 문헌으로 Daniel Zohary and Maria Hopf, *Domestication of Plants in the Old World*, 2nd ed.(Oxford: Oxford University Press, 1993)가 단연코 발군의 저서로, 세계 곳곳에서 가능한 작물화를 아주 자세히 다루었다. 특히 고고학적이고 유전학적인 증거를 근거로, 서유라시아에서 재배된 중요한 작물들 하나하나에 대한 작물화 과정과 그 이후의 확산 과정을 설명한다.

식물의 작물화에 대해 여러 저자가 함께 쓴 중요한 문헌으로는 C. Wesley Cowan and Patty Jo Watson, eds., *The Origins of Agriculture*(Washington, D.C.: Smithsonian Institution Press, 1992), David Harris and Gordon Hillman, eds., *Foraging and Farming: The Evolution of Plant Exploitation*(London: Unwin Hyman, 1989)과 C. Barigozzi, ed., *The Origin and Domestication of Cultivated Plants*(Amsterdam: Elsevier, 1986)가 있다. 식물의 작물화를 다룬 두 권의 매력적인 대중서를 꼽는다면, Charles Heiser, Jr., *Seed to Civilization: The Story of Food*, 3rd ed.(Cambridge: Harvard University Press, 1990)와 같은 저자의 *Of Plants and People*(Norman: University of Oklahoma Press, 1985)가 있다. J. Smartt and N. W. Simmonds, ed., *Evolution of Crop Plants*, 2nd ed.(London: Longman, 1995)는 세계의 모든 주요 작물뿐 아니라 다수의 부수적인 작물에 대한 정보를 요약한 교과서라고 할 수 있다. 인간의 손길이 닿은 야생 작물에서 자연스레 일어나는 진화 과정을 다룬 세 편의 탁월한 논문으로는 Mark Blumler and Roger Byrne, "The ecological genetics of domestication and the origins of agriculture," *Current Anthropology* 32:23－54(1991); Charles Heiser, Jr., "Aspects of unconscious selection and the evolution of domesticated plants," *Euphytica* 37:77－81(1988); Daniel Zohary, "Modes of evolution in plants under domestication," in W. F. Grant, ed., *Plant Biosystematics*(Montreal: Academic Press, 1984)가 있다. Mark Blumler, "Independent inventionism and recent genetic evidence on plant domestication," *Economic Botany* 46:98-111(1992)에서는 동일한 야생식물종이 한 곳에서 작물화된 뒤 전해진 것이 아니라, 여러 곳에서 작물화가 진행되었다는 증거를 검토한다.

동물의 가축화와 관련해 일반적인 관심사를 다룬 저작으로는 세계 야생 포유동물에 대한 백과사전적인 참고서, Ronald Nowak, ed., *Walker's Mammals of the World*, 5th ed.(Baltimore: Johns Hopkins University Press, 1991)가 있다. Juliet Clutton-Brock, *Domesticated Animals from Early Times*(London: British Museum [Natural History], 1981)는 가축화된 모든 포유동물을 탁월하게 요약한 책이다, I. L. Mason, ed., *Evolution of Domesticated Animals*(London: Longman, 1984)는 여러 저자가 각각 중요한 가축을 하나씩 다룬 책이며, Simon Davis, *The Archaeology of Animals*(New Haven: Yale University Press, 1987)는 고고학 유적지에서 발견된 포유동물의 뼈로부터 알아낼 수 있는 것을 훌륭하게 설명한 연구서이다. Juliet Clutton-Brock, ed., *The Walking Larder*(London: Unwin-Hyman, 1989)에는 인간이 세계 곳곳에서 동물을 어떻게 가축화해서 몰고 다니고, 어떻게 사냥했는지를 다룬 31편의 논문이 실려 있다. 가축화된 동물에 대해 독일어로 쓰인 포괄적인 책으로는 Wolf Herre and Manfred Röhrs, *Haustiere zoologisch gesehen*(Stuttgart: Fischer, 1990)이 있다. Stephen Budiansky, *The Covenant of the Wild*(New York: William Morrow, 1992)는 인간과 동물의 관계로부터 어떻게 자연스레 가축화가 진행되었는지를 설명한 대중서이다. 가축화된 동물이 쟁기질과 운송에 어떻게 사용되었고, 털과 젖의 제공 과정을 다룬 중요한 논문으로는 Andrew Sheratt, "Plough and pastoralism: Aspects of the secondary products revolution," pp. 261-305 in Ian Hodder et al., eds., *Pattern of the Past*(Cambridge: Cambridge University Press, 1981)가 있다.

특정한 지역의 식량 생산을 설명한 문헌으로는 로마의 농사법을 자세히 다룬 작은 백과사전이라고 할 수 있는 Pliny, *Natural History*, vols. 17-19(Loeb Classical

Library edition[Cambridge: Harvard University Press, 1961]판으로 라틴어와 영어를 병기함), 비옥한 초승달 지역에서부터 서쪽으로 유럽까지 식량 생산의 확산 과정을 분석한 Albert Ammerman and L. L. Cavalli-Sforza, *The Neolithic Transition and the Genetics of Populations in Europe*(Princeton: Princeton University Press, 1984), 유럽의 식량 생산을 다룬 Graeme Barker, *Prehistoric Farming in Europe*(Cambridge: Cambridge University Press, 1985), and Alasdair Whittle, *Neolithic Europe: A Survey*(Cambridge: Cambridge University Press, 1985), 동지중해 연안 지역의 농경을 다룬 Donald Henry, *From Foraging to Agriculture: The Levant at the End of the Ice Age*(Philadelphia: University of Pennsylvania Press, 1989), 뉴기니의 식량 생산을 다룬 D. E. Yen, "Domestication: Lessons from New Guinea," pp. 558–69 in Andrew Pawley, ed., *Man and a Half*(Auckland: Polynesian Society, 1991), 당나라 시대에 중국으로 들어간 동물과 식물 등을 추적한 Edward Schafer, *The Golden Peaches of Samarkand*(Berkeley: University of California Press, 1963)가 있다.

특정한 지역에서 어떤 식물이 작물화되었는지에 대한 연구는 다음과 같다. 유럽과 비옥한 초승달 지역의 경우에는 Willem van Zeist et al., eds., *Progress in Old World Palaeoethnobotany*(Rotterdam: Balkema, 1991)와 Jane Renfrew, *Paleoethnobotany*(London: Methuen, 1973)가 있다. 인더스강 유역의 하라파 문명을 포함해 인도아대륙 전반에 대해서는 Steven Weber, *Plants and Harappan Subsistence*(New Delhi: American Institute of Indian Studies, 1991), 신세계에서 재배한 작물에 대해서는 Charles Heiser, Jr., "New perspectives on the origin and evolution of New World domesticated plants: Summary," *Economic Botany* 44(3 suppl.): 111–16(1990)와 같은 저자의 "Origins of some cultivated New World plants," *Annual Reviews of Ecology and Systematics* 10:309–26(1979)가 있다. 메소아메리카에서 수렵·채집이 초기 농경으로 어떻게 전환했는지를 보여주는 듯한 멕시코의 한 유적지에 대한 연구로는 Kent Flannery, ed., *Guilá Naquitz*(New

York: Academic Press, 1986)가 있고, 잉카제국 시대에 안데스 지역에서 어떤 작물을 재배했고 현재의 잠재적 유용성은 무엇인지를 분석한 연구로는 National Research Council, *Lost Crops of the Incas*(Washington, D.C.: National Academy Press, 1989)가 있다. 미국 동부와 남서부에서 이루어진 식물의 작물화에 대해서는 Bruce Smith, "Origins of agriculture in eastern North America," *Science* 246:1566–71(1989); William Keegan, ed., *Emergent Horticultural Economies of the Eastern Woodlands*(Carbondale: Southern Illinois University, 1987); Richard Ford, ed., *Prehistoric Food Production in North America*(Ann Arbor: University of Michigan Museum of Anthropology, 1985); R. G. Matson, *The Origins of Southwestern Agriculture*(Tucson: University of Arizona Press, 1991)를 참조하기 바란다. Bruce Smith, "The origins of agriculture in the Americas," *Evolutionary Anthropology* 3:174–84(1995)에서는 소량의 식물 표본으로 연대를 측정하는 가속질량분석법에 근거해, 남북아메리카에서 식량 지배가 과거의 예측보다 나중에 시작되었다는 수정주의적 견해를 다루었다.

특정 지역에서 어떤 동물을 가축화했는지에 대한 연구는 다음과 같다. 유럽 중부와 동부에 대해서는 S. Bökönyi, *History of Domestic Mammals in Central and Eastern Europe*(Budapest: Akadémiai Kiadó, 1974)이 있고, 아프리카에 대해서는 Andrew Smith, *Pastoralism in Africa*(London: Hurst, 1992)가 있다. 안데스 지역에 대해서는 Elizabeth Wing, "Domestication of Andean mammals," pp. 246–64 in F. Vuilleumier and M. Monasterio, eds., *High Altitude Tropical Biogeography*(Oxford: Oxford University Press, 1986)가 있다.

특정 작물을 중점적으로 연구한 문헌을 소개하면 다음과 같다. Thomas Sodestrom et al., eds., *Grass Systematics and Evolution*(Washington, D.C.: Smithsonian Institution Press, 1987)에서는 여러 저자가 볏과 식물, 즉 오늘날 세계에서 가장 중요한 작물로 여기는 곡물이 속한 식물군을 다루었다. Hugh Iltis,

"From teosinte to maize: The catastrophic sexual transmutation," *Science* 222:886–94(1983)에서는 옥수수가 야생 원종인 테오신티로부터 번식을 통해 진화하는 극적 변화 과정을 다루었다. Yan Wenming, "China's earliest rice agricultural remains," *Indo-Pacific Prehistory Association Bulletin* 10:118–26(1991)은 남중국에서 쌀이 작물화된 과정을 다루었다. Charles Heiser, Jr.의 두 책, *The Sunflower*(Norman: University of Oklahoma Press, 1976)와 *The Gourd Book*(Norman: University of Oklahoma Press, 1979)은 특정 작물을 다룬 대중서이다.

특정 동물종의 가축화 과정을 집중적으로 설명한 논문과 책도 많다. R. T. Loftus et al., "Evidence for two independent domestications of cattle," *Proceedings of the National Academy of Sciences U.S.A.* 91:2757–61(1994)는 미토콘드리아 DNA에서 얻은 증거를 근거로, 소가 서유라시아와 인도아대륙에서 독자적으로 가축화되었다는 걸 증명한다. 말은 Juliet Clutton-Brock, *Horse Power*(Cambridge: Harvard University Press, 1992), Richard Meadow and Hans-Peter Uerpmann, eds., *Equids in the Ancient World*(Wiesbaden: Reichert, 1986), Matthew J. Kust, *Man and Horse in History*(Alexandria, Va.: Plutarch Press, 1983)와 Robin Law, *The Horse in West African History*(Oxford: Oxford University Press, 1980)에서 다루었다. 돼지를 다룬 연구서로는 Colin Groves, *Ancestors for the Pigs: Taxonomy and Phylogeny of the Genus Sus*(Technical Bulletin no. 3, Department of Prehistory, Research School of Pacific Studies, Australian National University [1981])가 있다. 라마는 Kent Flannery, Joyce Marcus, and Robert Reynolds, *The Flocks of the Wamani*(San Diego: Academic Press, 1989)에서 다루었다. 개에 대해서는 Stanley Olsen, *Origins of the Domestic Dog*(Tucson: University of Arizona Press, 1985)에서 다루었고, John Varner and Jeannette Varner, *Dogs of the Conquest*(Norman: University of Oklahoma Press, 1983)에는 스페인군이 남북아메리카를 정복할 때 개를 군사 무기로 이용해 인디언들을 죽였다는 주장이 담겨 있다. Clive Spinnage,

The Natural History of Antelopes(New York: Facts on File, 1986)는 영양의 생리를 설명하고 있어, 겉보기에 가축화에 적합한 후보종들이 실제로 전혀 가축화되지 않은 이유를 이해하는 데 출발점이 된다. Derek Goodwin, *Domestic Birds*(London: Museum Press, 1965)는 가축화된 조류를 다루었고, R. A. Donkin, *The Muscovy Duck Cairina moschata domestica*(Rotterdam: Balkema, 1989)에서는 신세계에서 가축화된 두 조류 중 하나를 다루었다. 끝으로 방사성탄소연대측정법을 보정하는 방법이 복잡한 이유를 다룬 연구서로는 G. W. Pearson, "How to cope with calibration," *Antiquity* 61:98 – 103(1987), R. E. Taylor, eds., *Radiocarbon after Four Decades: An Interdisciplinary Perspective*(New York: Springer, 1992), M. Stuiver et al., "Calibration," *Radiocarbon* 35:1 – 244(1993), S. Bowman, "Using radiocarbon: An update," *Antiquity* 68:838 – 43(1994)와 R. E. Taylor, M. Stuiver, and C. Vance Haynes, Jr., "Calibration of the Late Pleistocene radiocarbon time scale: Clovis and Folsom age estimates," *Antiquity* vol. 70(1996)가 있다.

11장

질병이 인구 변화에 미친 영향을 실감나게 묘사한 글로는 Thucydides, *Peloponnesian War*, 제2권의 페스트에 대한 설명에 비견할 것은 없다.

질병의 역사를 다룬 세 권의 고전을 꼽는다면, Hans Zinsser, *Rats, Lice, and History*(Boston: Little, Brown, 1935), Geddes Smith, *A Plague on Us*(New York: Commonwealth Fund, 1941), William McNeill, *Plagues and Peoples*(Garden City, N.Y.: Doubleday, 1976)가 있다. 특히 William McNeill은 의사가 아니라 저명한 역사학자로, 그의 저서는 프롤로그의 참고문헌에서 언급한 Alfred Crosby가 쓴 두 권의 책만큼이나 역사학자들이 질병의 영향을 인식하는 데 큰 도움을 주었다.

Friedrich Vogel and Arno Motulsky, *Human Genetics*, 2nd ed.(Berlin: Springer, 1986)는 인류유전학의 교과서로, 질병에 따른 인간의 자연선택 및 특정 질병에 대해 생기는 유전학적 저항력을 공부하는 데 더할 나위 없이 좋은 참고 서적이다. Roy Anderson and Robert May, *Infectious Diseases of Humans*(Oxford: Oxford University Press, 1992)는 질병 역학, 전염, 전염병학을 명쾌하게 수학적으로 다룬 책이다. MacFarlane Burnet, *Natural History of Infectious Disease*(Cambridge: Cambridge University Press, 1953)는 저명한 의학 연구자가 쓴 고전이고, Arno Karlen, *Man and Microbes*(New York: Putnam, 1995)는 비교적 최근에 발표된 대중서이다.

인간 감염병의 진화를 중점적으로 다룬 책과 논문으로는 Aidan Cockburn, *Infectious Diseases: Their Evolution and Eradication*(Springfield, Ill.: Thomas, 1967)과 같은 저자의 "Where did our infectious diseases come from?" pp. 103－13 in *Health and Disease in Tribal Societies, CIBA Foundation Symposium*, no. 49(Amsterdam: Elsevier, 1977); George Williams and Randolph Nesse, "The dawn of Darwinian medicine," *Quarterly Reviews of Biology* 66:1－62(1991); Paul Ewald, *Evolution of Infectious Disease*(New York: Oxford University Press, 1994)가 있다.

Francis Black, "Infectious diseases in primitive societies," *Science* 187:515－18(1975)에서는 풍토병과 급성병이 작은 고립 사회에 미치는 영향 및 존속 기간의 차이를 다루었다. Frank Fenner, "Myxoma virus and Oryctolagus cuniculus: Two colonizing species," pp. 485－501 in H. G. Baker and G. L. Stebbins, eds., *Genetics of Colonizing Species*(New York: Academic Press, 1965)는 오스트레일리아 토끼들 사이에 점액종 바이러스가 어떻게 확산하고 진화했는지를 다루었다. Peter Panum, *Observations Made during the Epidemic of Measles on the Faroe Islands in the Year 1846*(New York: American Public Health Association, 1940)은 저항력을 갖추지 못한 사람들에게 급성 전염병이 덮치면 인구 전체가 어

떻게 견잡을 수 없이 죽거나 면역력을 갖게 되는지를 설명한다. Francis Black, "Measles endemicity in insular populations: Critical community size and its evolutionary implication," *Journal of Theoretical Biology* 11:207-11(1966)는 전염병인 홍역을 자료로 삼아, 홍역을 유지하는 데 필요한 최소 인구 규모를 계산했다. Andrew Dobson, "The population biology of parasite-induced changes in host behavior," *Quarterly Reviews of Biology* 63:139-65(1988)에서는 기생충이 어떻게 숙주 행태에 변화를 주어 자신의 전염력을 높이는지 설명한다. Aidan Cockburn and Eve Cockburn, eds., *Mummies, Diseases, and Ancient Cultures*(Cambridge: Cambridge University Press, 1983)는 미라를 통해 과거에 질병이 어떤 영향을 미쳤는지 알아낼 수 있다는 걸 보여준다.

질병이 과거에 노출된 적 없는 사람들에게 미치는 영향을 다룬 연구도 많다. Henry Dobyns, *Their Number Became Thinned*(Knoxville: University of Tennessee Press, 1983)에서는 유럽인이 옮긴 질병에 아메리카 원주민이 95퍼센트까지 사망했다는 주장의 증거를 제시한다. 논쟁적인 쟁점을 다룬 책과 논문으로는 John Verano and Douglas Ubelaker, eds., *Disease and Demography in the Americas*(Washington, D.C.: Smithsonian Institution Press, 1992); Ann Ramenofsky, *Vectors of Death*(Albuquerque: University of New Mexico Press, 1987); Russell Thornton, *American Indian Holocaust and Survival*(Norman: University of Oklahoma Press, 1987); Dean Snow, "Microchronology and demographic evidence relating to the size of the pre-Columbian North American Indian population," *Science* 268:1601-4(1995)가 있다. 유럽인이 하와이의 폴리네시아인에게 옮긴 질병 때문에 인구가 감소한 사례를 다룬 책으로는 David Stannard, *Before the Horror: The Population of Hawaii on the Eve of Western Contact*(Honolulu: University of Hawaii Press, 1989)와 O. A. Bushnell, *The Gifts of Civilization: Germs and Genocide in Hawaii*(Honolulu: University of Hawaii Press, 1993)가 있

다. 1902~1903년 겨울에 유행한 이질로 거의 절멸 상태에 빠진 새들러뮤트 이누이트에 대한 이야기는 Susan Rowley, "The Sadlermiut: Mysterious or misunderstood?" pp. 361–84 in David Morrison and Jean-Luc Pilon, eds., *Threads of Arctic Prehistory*(Hull: Canadian Museum of Civilization, 1994)에서 다루었다. 반대로 유럽인이 해외에서 직면한 질병으로 사망한 사례는 Philip Curtin, *Death by Migration: Europe's Encounter with the Tropical World in the 19th Century*(Cambridge: Cambridge University Press, 1989)에서 다루었다.

특정 질병을 다룬 연구도 많다. Stephen Morse, ed., *Emerging Viruses*(New York: Oxford University Press, 1993)는 많은 장을 할애해 인간에게 '새롭게' 생긴 바이러스성 질병을 다루었고, Mary Wilson et al., eds., *Disease in Evolution*, Annals of the New York Academy of Sciences, vol. 740(New York, 1995)도 마찬가지이다. 림프절 페스트는 Colin McEvedy, "Bubonic plague," *Scientific American* 258(2): 118–23(1988)에서, 콜레라는 Norman Longmate, *King Cholera*(London: Hamish Hamilton, 1966)에서, 독감은 Edwin Kilbourne, *Influenza*(New York: Plenum, 1987)와 Robert Webster et al., "Evolution and ecology of influenza A viruses," *Microbiological Reviews* 56:152–79(1992)에서, 라임병은 Alan Barbour and Durland Fish, "The biological and social phenomenon of Lyme disease," *Science* 260:1610–16(1993)와 Allan Steere, "Lyme disease: A growing threat to urban populations," *Proceedings of the National Academy of Sciences* 91:2378–83(1994)에서 다루었다.

인간에게 말라리아를 옮기는 기생충의 진화 관계에 대해서는 Thomas McCutchan et al., "Evolutionary relatedness of Plasmodium species as determined by the structure of DNA," *Science* 225:808–11(1984)와 A. P. Waters et al., "Plasmodium falciparum appears to have arisen as a result of lateral transfer between avian and human hosts," *Proceedings of the National*

Academy of Sciences 88:3140–44(1991)를 참조하기 바란다. 홍역 바이러스의 진화 관계에 대해서는 E. Norrby et al., "Is rinderpest virus the archevirus of the Morbillivirus genus?" *Intervirology* 23:228–32(1985)와 Keith Murray et al., "A morbillivirus that caused fatal disease in horses and humans," *Science* 268:94–97(1995)를 참조하기 바란다. 경련성 기침으로도 알려진 백일해에 대해서는 R. Gross et al., "Genetics of pertussis toxin," *Molecular Microbiology* 3:119–24(1989)를 참조하고, 천연두에 대해서는 Donald Hopkins, *Princes and Peasants: Smallpox in History*(Chicago: University of Chicago Press, 1983); F. Vogel and M. R. Chakravartti, "ABO blood groups and smallpox in a rural population of West Bengal and Bihar(India)," *Human Genetics* 3:166–80(1966)과 내가 쓴 논문 "A pox upon our genes," *Natural History* 99(2): 26–30(1990)를 참조하기 바란다. 천연두와 관련된 질병, 원숭이 두창에 대해서는 Zdenek Jezek and Frank Fenner, *Human Monkeypox*(Basel: Karger, 1988), 매독에 대해서는 Claude Quétel, *History of Syphilis*(Baltimore: Johns Hopkins University Press, 1990), 결핵에 대해서는 Guy Youmans, *Tuberculosis*(Philadelphia: Saunders, 1979)가 읽을 만하다. 콜럼버스가 도착하기 전에도 아메리카 원주민이 결핵을 앓았다는 주장을 인정하는 논문으로는 Wilmar Salo et al., "Identification of Mycobacterium tuberculosis DNA in a pre-Columbian Peruvian mummy," *Proceedings of the National Academy of Sciences* 91:2091–94(1994)가 있고, 인정하지 않는 논문으로는 William Stead et al., "When did Mycobacterium tuberculosis infection first occur in the New World?" *American Journal of Respiratory Critical Care Medicine* 151:1267–68(1995)이 있다.

문자 전체와 특정한 문자 체계에 대해 일반적인 설명을 제공한 책으로는 David Diringer, *Writing*(London: Thames and Hudson, 1982), I. J. Gelb, *A Study of Writing*, 2nd ed.(Chicago: University of Chicago Press, 1963), Geoffrey Sampson, *Writing Systems*(Stanford: Stanford University Press, 1985), John DeFrancis, *Visible Speech*(Honolulu: University of Hawaii Press, 1989), Wayne Senner, ed., *The Origins of Writing*(Lincoln: University of Nebraska Press, 1991), and J. T. Hooker, ed., *Reading the Past*(London: British Museum Press, 1990)가 있다. David Diringer, *The Alphabet*, 3rd ed., 2 vols.(London: Hutchinson, 1968)은 중요한 문자 체계에 대해 포괄적으로 설명하며, 각 문자 체계로 쓰인 문서를 사진으로 보여준다. Jack Goody, *The Domestication of the Savage Mind*(Cambridge: Cambridge University Press, 1977)와 Robert Logan, *The Alphabet Effect*(New York: Morrow, 1986)는 문자, 특히 알파벳의 영향을 다루었다. 초기 문자의 쓰임새에 대해서는 Nicholas Postgate et al., "The evidence for early writing: Utilitarian or ceremonial?" *Antiquity* 69:459 – 80(1995)를 참조하기 바란다.

과거에는 판독할 수 없었던 문자의 해독 과정을 흥미진진하게 설명한 연구로는 Maurice Pope, *The Story of Decipherment*(London: Thames and Hudson, 1975), Michael Coe, *Breaking the Maya Code*(New York: Thames and Hudson, 1992), John Chadwick, *The Decipherment of Linear B*(Cambridge: Cambridge University Press, 1992), Yves Duhoux, Thomas Palaima, and John Bennet, eds., *Problems in Decipherment*(Louvain-la-Neuve: Peeters, 1989)와 John Justeson and Terrence Kaufman, "A decipherment of epi-Olmec hieroglyphic writing," *Science* 259:1703 – 11(1993)가 있다. Denise Schmandt-Besserat가 두 권으로 쓴 *Before Writing*(Austin: University of Texas Press, 1992)은 근 5,000년 동안 쓰인

점토판을 근거로 수메르문자의 기원을 재구성해냈다. Hans Nissen et al., eds., *Archaic Bookkeeping*(Chicago: University of Chicago Press, 1994)에서는 메소포타미아 점토판을 근거로 설형문자의 초기 단계를 연구했다. Joseph Naveh, *Early History of the Alphabet*(Leiden: Brill, 1982)은 동지중해 지역에서 알파벳이 나타난 과정을 추적했다. Gernot Windfuhr, "The cuneiform signs of Ugarit," *Journal of Near Eastern Studies* 29:48–51(1970)는 우가리트 문자를 다루었다. Joyce Marcus, *Mesoamerican Writing Systems: Propaganda, Myth, and History in Four Ancient Civilizations*(Princeton: Princeton University Press, 1992)와 Elizabeth Boone and Walter Mignolo, *Writing without Words*(Durham: Duke University Press, 1994)에서는 메소아메리카 문자 체계의 발달 과정과 쓰임새를 다루었다. William Boltz, *The Origin and Early Development of the Chinese Writing System*(New Haven: American Oriental Society, 1994)과 같은 저자의 "Early Chinese writing," *World Archaeology* 17:420–36(1986)는 중국 문자를 다루었다. 끝으로, Janet Klausner, *Sequoyah's Gift*(New York: HarperCollins, 1993)는 세쿼이아가 체로키족의 음절문자를 개발한 과정을 추적한 책으로, 어린아이는 물론 성인도 흥미롭게 읽을 수 있다.

13장

과학기술의 역사를 자세히 다룬 표준 도서로는 여덟 권으로 이뤄진 *A History of Technology*, by Charles Singer et al.(Oxford: Clarendon Press, 1954–84)가 있다. 단권으로 된 역사서로는 Donald Cardwell, *The Fontana History of Technology*(London: Fontana Press, 1994), Arnold Pacey, *Technology in World Civilization*(Cambridge: MIT Press, 1990)과 Trevor Williams, *The History of Invention*(New York: Facts on File, 1987)을 추천할 만하다. R. A. Buchanan,

The Power of the Machine(London: Penguin Books, 1994)은 1700년 이후에 발명된 과학기술의 역사를 짤막하게 다룬 역사서이다. Joel Mokyr, *The Lever of Riches*(New York: Oxford University Press, 1990)에서는 과학기술의 발전 속도가 시대와 장소에 따라 다른 이유를 추적했다. George Basalla, *The Evolution of Technology*(Cambridge: Cambridge University Press, 1988)는 진화론적 관점에서 과학기술의 변화 과정을 살펴보았고, Everett Rogers, *Diffusion of Innovations*, 3rd ed.(New York: Free Press, 1983)에서는 쿼티 자판을 비롯한 현대 혁신들의 전파 과정을 압축적으로 설명한다. David Holloway, *Stalin and the Bomb*(New Haven: Yale University Press, 1994)은 청사진, (스파이 활동에 의한) 아이디어 전파, 독자적인 발명이 소련의 원자폭탄 개발에 기여한 정도를 분석했다.

지역별 과학기술을 다룬 연구로는 Joseph Needham이 시리즈로 쓴 *Science and Civilization in China*(Cambridge: Cambridge University Press)가 탁월하다. 그중 16부로 구성된 다섯 권은 1954년 이후에 출간했고, 앞으로 12부가 더 나올 예정이다. Ahmad al-Hassan and Donald Hill, *Islamic Technology*(Cambridge: Cambridge University Press, 1992)는 이슬람 문화권에서, K. D. White, *Greek and Roman Technology*(London: Thames and Hudson, 1984)는 그리스·로마 시대에 완성된 과학기술의 역사를 요약한 것이다. 다른 사회와 경쟁하는 데 유용하게 쓰일 만한 과학기술을 채택했다가 다시 포기한 경우는 두 가지 사례가 확연히 눈에 띈다. 하나는 1543년에 일본이 화기를 채택한 뒤 포기한 경우이고, 또 하나는 중국이 1433년에 먼바다로 파견하던 선단을 중단한 사례이다. 전자는 Noel Perrin, *Giving Up the Gun*(Boston: Hall, 1979), 후자는 Louise Levathes, *When China Ruled the Seas*(New York: Simon and Schuster, 1994)를 참조하기 바란다. "The disappearance of useful arts," pp. 190–210 in W. H. B. Rivers, *Psychology and Ethnology*(New York: Harcourt, Brace, 1926)는 태평양 섬사람들에게서 확인할 수 있는 유사한 사례를 보여준다.

과학기술의 역사에 대한 논문은 The Society for the History of Technology가 1959년 이후 계절별로 발표하는 학술지 *Technology and Culture*에서 찾아볼 수 있다. John Staudenmaier, *Technology's Storytellers*(Cambridge: MIT Press, 1985)는 그 학술지에 처음 20년 동안 발표된 논문들을 분석했다.

과학기술의 역사에 관심 있는 사람들을 위해 전기, 직물, 야금술 등 특정 분야에 대해 집중적으로 쓴 문헌도 많다. Thomas Hughes, *Networks of Power*(Baltimore: Johns Hopkins University Press, 1983)는 1880년부터 1930년까지 서구 사회의 전기 보급 과정에서 사회·경제·정치·기술적인 요인이 미친 영향을 다루었다. Dava Sobel, *Longitude*(New York: Walker, 1995)는 바다에서 경도를 알아내는 문제를 해결한 존 해리슨의 크로노미터 개발 과정을 다루었다. E. J. W. Barber, *Prehistoric Textiles*(Princeton: Princeton University Press, 1991)에서는 유라시아에서 시작된 옷감의 역사를 9,000년 이상 전부터 추적한다. 넓은 지역, 나아가서 세계 전역을 대상으로 야금술의 역사를 다룬 연구로는 Robert Maddin, *The Beginning of the Use of Metals and Alloys*(Cambridge: MIT Press, 1988), Theodore Wertime and James Muhly, eds., *The Coming of the Age of Iron*(New Haven: Yale University Press, 1980), R. D. Penhallurick, *Tin in Antiquity*(London: Institute of Metals, 1986), James Muhly, "Copper and Tin," *Transactions of the Connecticut Academy of Arts and Sciences* 43:155－535(1973), and Alan Franklin, Jacqueline Olin, and Theodore Wertime, *The Search for Ancient Tin*(Washington, D.C.: Smithsonian Institution Press, 1978)이 있다. 한편 지역별 야금술의 역사는 R. F. Tylecote, *The Early History of Metallurgy in Europe*(London: Longman, 1987)과 Donald Wagner, *Iron and Steel in Ancient China*(Leiden: Brill, 1993)를 참조하기 바란다.

인간 사회를 무리사회, 부족사회, 군장사회, 국가로 분류하는 방법은 Elman Service가 쓴 두 권의 저서, *Primitive Social Organization*(New York: Random House, 1962)과 *Origins of the State and Civilization*(New York: Norton, 1975)을 크게 참조한 것이다. Morton Fried, *The Evolution of Political Society*(New York: Random House, 1967)는 다른 용어를 사용하지만 사회를 비슷하게 분류한다. 국가와 사회의 진화를 다룬 세 편의 중요한 논문을 꼽으면, Kent Flannery, "The cultural evolution of civilizations," *Annual Review of Ecology and Systematics* 3:399–426(1972)와 같은 저자의 "Prehistoric social evolution," pp. 1–26 in Carol and Melvin Ember, eds., *Research Frontiers in Anthropology*(Englewood Cliffs: Prentice-Hall, 1995)와 Henry Wright, "Recent research on the origin of the state," *Annual Review of Anthropology* 6:379–97(1977)가 있다. Robert Carneiro, "A theory of the origin of the state," *Science* 169:733–38(1970)에서는 땅이 생태학적으로 한계가 있을 때 전쟁을 통해 국가가 탄생한다고 주장한다. Karl Wittfogel, *Oriental Despotism*(New Haven: Yale University Press, 1957)은 국가 기원을 대규모 관개시설과 수자원 관리에서 찾는다. William Sanders, Henry Wright, Robert Adams가 *On the Evolution of Complex Societies*(Malibu: Undena, 1984)에 게재한 세 편의 글은 국가의 기원을 각각 다른 관점에서 살펴보고, Robert Adams, *The Evolution of Urban Society*(Chicago: Aldine, 1966)는 메소포타미아와 메소아메리카에서 나타난 국가의 기원을 비교한다.

지역별로 다르게 진행된 국가의 진화에 대한 연구도 다양하다. 메소포타미아는 Robert Adams, *Heartland of Cities*(Chicago: University of Chicago Press, 1981)와 J. N. Postgate, *Early Mesopotamia*(London: Routledge, 1992), 메소아메리카는 Richard Blanton et al., *Ancient Mesoamerica*(Cambridge:

Cambridge University Press, 1981)와 Joyce Marcus and Kent Flannery, *Zapotec Civilization*(London: Thames and Hudson, 1996), 안데스 지역은 Richard Burger, *Chavin and the Origins of Andean Civilization*(New York: Thames and Hudson, 1992)과 Jonathan Haas et al., eds., *The Origins and Development of the Andean State*(Cambridge: Cambridge University Press, 1987), 북아메리카 군장사회는 Robert Drennan and Carlos Uribe, eds., *Chiefdoms in the Americas*(Lanham, Md.: University Press of America, 1987), 폴리네시아 사회에 대한 연구로는 2장에서 인용한 책들, 줄루왕국에 대해서는 Donald Morris, *The Washing of the Spears*(London: Jonathan Cape, 1966)를 참조하기 바란다.

15장

오스트레일리아·뉴기니의 선사시대를 다룬 책으로는 Alan Thorne and Robert Raymond, *Man on the Rim: The Peopling of the Pacific*(North Ryde: Angus and Robertson, 1989), J. Peter White and James O'Connell, *A Prehistory of Australia, New Guinea, and Sahul*(Sydney: Academic Press, 1982), Jim Allen et al., eds., *Sunda and Sahul*(London: Academic Press, 1977), M. A. Smith et al., eds., *Sahul in Review*(Canberra: Australian National University, 1993), and Tim Flannery, *The Future Eaters*(New York: Braziller, 1995)가 있다. 첫 번째와 세 번째로 언급한 책은 동남아시아 섬들의 선사시대를 다루었다. 오스트레일리아의 역사를 다룬 최근의 저작으로는 Josephine Flood, *Archaeology of the Dreamtime*, rev. ed.(Sydney: Collins, 1989)이 있다. 오스트레일리아의 선사시대를 다룬 핵심적인 논문으로는 Rhys Jones, "The fifth continent: Problems concerning the human colonization of Australia," *Annual Reviews of Anthropology* 8:445–66(1979),

Richard Roberts et al., "Thermoluminescence dating of a 50,000-year-old human occupation site in northern Australia," *Nature* 345:153-56(1990)과 Jim Allen and Simon Holdaway, "The contamination of Pleistocene radiocarbon determinations in Australia," *Antiquity* 69:101-12(1995)가 읽을 만하다. Robert Attenborough and Michael Alpers, eds., *Human Biology in Papua New Guinea*(Oxford: Clarendon Press, 1992)는 뉴기니의 언어와 유전자뿐 아니라 고고학 자료까지 망라한 책이다.

멜라네시아 북부(비스마르크제도와 솔로몬제도, 뉴기니의 북동부와 동부)의 선사시대에 대해서는 위에서 언급한 Thorne and Raymond, Flannery, and Allen et al.의 책들을 참조하기 바란다. 멜라네시아 북부에 인간이 처음 정착한 시기를 더 뒤로 밀어낸 논문으로는 Stephen Wickler and Matthew Spriggs, "Pleistocene human occupation of the Solomon Islands, Melanesia," *Antiquity* 62:703-6(1988), Jim Allen et al., "Pleistocene dates for the human occupation of New Ireland, Northern Melanesia," *Nature* 331:707-9(1988), Jim Allen et al., "Human Pleistocene adaptations in the tropical island Pacific: Recent evidence from New Ireland, a Greater Australian outlier," *Antiquity* 63:548-61(1989)와 Christina Pavlides and Chris Gosden, "35,000-year-old sites in the rainforests of West New Britain, Papua New Guinea," *Antiquity* 68:604-10(1994)가 있다. 뉴기니 해안까지 닿은 오스트로네시아 확장에 대해서는 17장에서 소개한 참고문헌을 참조하기 바란다.

유럽인이 정착한 이후의 오스트레일리아 역사에 대해서는 Robert Hughes, *The Fatal Shore*(New York: Knopf, 1987)와 Michael Cannon, *The Exploration of Australia*(Sydney: Reader's Digest, 1987)가 읽을 만하다. Richard Broome, *Aboriginal Australians*(Sydney: Allen and Unwin, 1982)와 Henry Reynolds, *Frontier*(Sydney: Allen and Unwin, 1987)는 오스트레일리아 원주민을 집중적

으로 다루었다. 뉴기니의 역사를 최초의 문자 기록부터 1902년까지 믿기지 않을 정도로 자세히 추적한 책도 있다. 세 권으로 구성된 Arthur Wichmann, *Entdeckungsgeschichte von Neu-Guinea*(Leiden: Brill, 1909–12)가 그것이다. 이에 비하면 짧지만 역시 읽을 만한 뉴기니 역사서로는 Gavin Souter, *New Guinea: The Last Unknown*(Sydney: Angus and Robertson, 1964)이 있다. Bob Connolly and Robin Anderson, *First Contact*(New York: Viking, 1987)는 유럽인과 뉴기니 고원지대 사람의 첫 만남을 감동적으로 묘사했다. 뉴기니의 비오스트로네시아계 파푸아어군에 대한 자세한 분석으로는 Stephen Wurm, *Papuan Languages of Oceania*(Tübingen: Guntet Narr, 1982)와 William Foley, *The Papuan Languages of New Guinea*(Cambridge: Cambridge University Press, 1986)를 참조하기 바란다. 오스트레일리아 언어들에 대해서는 Stephen Wurm, *Languages of Australia and Tasmania*(The Hague: Mouton, 1972)와 R. M. W. Dixon, *The Languages of Australia*(Cambridge: Cambridge University Press, 1980)를 읽어보기 바란다.

뉴기니에서 시작된 식량 생산과 식물의 작물화를 다룬 문헌은 Jack Golson, "Bulmer phase II: Early agriculture in the New Guinea highlands," pp. 484–91 in Andrew Pawley, ed., *Man and a Half*(Auckland: Polynesian Society, 1991)와 D. E. Yen, "Polynesian cultigens and cultivars: The question of origin," pp. 67–95 in Paul Cox and Sandra Banack, eds., *Islands, Plants, and Polynesians*(Portland: Dioscorides Press, 1991)에서 찾을 수 있다.

인도네시아인과 토러스해협 섬사람들이 오스트레일리아와 교역하며 방문한 사례가 오스트레일리아 문화에 제한적으로 영향을 미칠 수밖에 없었던 이유를 분석한 논문과 책은 무수히 많다. C. C. Macknight, "Macassans and Aborigines," *Oceania* 42:283–321(1972)는 마카사르 사람들이 방문한 사례를 다루었고, D. Walker, ed., *Bridge and Barrier: The Natural and Cultural History of Torres Strait*(Canberra: Australian National University, 1972)는 토러스해협에서 이루어

진 접촉을 다루었다. 두 가지 접촉 사례는 위에서 인용한 Flood, White and O'Connell, and Allen et al.에서도 언급되었다.

태즈메이니아인을 처음 만난 때의 목격담은 N. J. B. Plomley, *The Baudin Expedition and the Tasmanian Aborigines 1802*(Hobart: Blubber Head Press, 1983), N. J. B. Plomley, *Friendly Mission: The Tasmanian Journals and Papers of George Augustus Robinson, 1829–1834*(Hobart: Tasmanian Historical Research Association, 1966)와 Edward Duyker, *The Discovery of Tasmania: Journal Extracts from the Expeditions of Abel Janszoon Tasman and Marc-Joseph Marion Dufresne, 1642 and 1772*(Hobart: St. David's Park Publishing, 1992)에 재수록되었다. 고립이 태즈메이니아 사회에 미친 영향을 다룬 논문으로는 Rhys Jones, "The Tasmanian Paradox," pp. 189–284 in R. V. S. Wright, ed., *Stone Tools as Cultural Markers*(Canberra: Australian Institute of Aboriginal Studies, 1977); Rhys Jones, "Why did the Tasmanians stop eating fish?" pp. 11–48 in R. Gould, ed., *Explorations in Ethnoarchaeology*(Albuquerque: University of New Mexico Press, 1978); D. R. Horton, "Tasmanian adaptation," *Mankind* 12:28–34(1979); I. Walters, "Why did the Tasmanians stop eating fish?: A theoretical consideration," *Artefact* 6:71–77(1981)와 Rhys Jones, "Tasmanian Archaeology," *Annual Reviews of Anthropology* 24:423–46(1995)가 있다. Robin Sim이 플린더스섬에서 시행한 고고학적 발굴의 결과는, 그가 직접 쓴 논문 "Prehistoric human occupation on the King and Furneaux Island regions, Bass Strait," pp. 358–74 in Marjorie Sullivan et al., eds., *Archaeology in the North*(Darwin: North Australia Research Unit, 1994)에 자세히 소개되어 있다.

16~17장

앞에서 언급한 참고문헌에는 동아시아 식량 생산(4~10장), 중국 문자(12장), 중국 과학기술(13장), 뉴기니 및 비스마르크제도와 솔로몬제도에 대한 일반적인 내용(15장)을 다룬 연구도 있다. James Matisoff, "Sino-Tibetan linguistics: Present state and future prospects," *Annual Reviews of Anthropology* 20:469–504(1991)에서는 중국티베트어족 및 그 어족과 친족 관계에 있는 언어들까지 살펴보았다. Takeru Akazawa and Emoke Szathmáry, eds., *Prehistoric Mongoloid Dispersals*(Oxford: Oxford University Press, 1996)와 Dennis Etler, "Recent developments in the study of human biology in China: A review," *Human Biology* 64:567–85(1992)에서는 물리적 증거를 바탕으로, 중국인 및 동아시아인의 친족 관계와 확산을 다루었다. Alan Thorne and Robert Raymond, *Man on the Rim*(North Ryde: Angus and Robertson, 1989)은 동아시아인과 태평양섬 사람들의 문화와 역사를 고고학적 관점에서 추적했다. Adrian Hill and Susan Serjeantson, eds., *The Colonization of the Pacific: A Genetic Trail*(Oxford: Clarendon Press, 1989)은 태평양 섬사람, 오스트레일리아 원주민, 뉴기니인의 유전자 정보를 해석해 그들의 정착 과정과 역사를 추론했다. 치아 구조에 근거한 증거는 Christy Turner III, "Late Pleistocene and Holocene population history of East Asia based on dental variation," *American Journal of Physical Anthropology* 73:305–21(1987)와 "Teeth and prehistory in Asia," *Scientific American* 260(2):88–96(1989)에서 분석한다.

지역별 고고학적 연구를 보면, 중국은 Kwangchih Chang, *The Archaeology of Ancient China*, 4th ed.(New Haven: Yale University Press, 1987), David Keightley, ed., *The Origins of Chinese Civilization*(Berkeley: University of California Press, 1983)과 David Keightley, "Archaeology and mentality: The making of China,"

Representations 18:91 – 128(1987)에서 다루었다. Mark Elvin, *The Pattern of the Chinese Past*(Stanford: Stanford University Press, 1973)에서는 정치적 통일 이후의 중국 역사를 추적했다. 동남아시아에 대한 고고학적 연구로는 Charles Higham, *The Archaeology of Mainland Southeast Asia*(Cambridge: Cambridge University Press, 1989)가 있고, 한국에 대해서는 Sarah Nelson, *The Archaeology of Korea*(Cambridge: Cambridge University Press, 1993), 인도네시아와 필리핀 및 열대권 동남아시아에 대해서는 Peter Bellwood, *Prehistory of the Indo-Malaysian Archipelago*(Sydney: Academic Press, 1985), 말레이반도에 대해서는 Peter Bellwood, "Cultural and biological differentiation in Peninsular Malaysia: The last 10,000 years," *Asian Perspectives* 32:37 – 60(1993), 인도아대륙에 대해서는 Bridget and Raymond Allchin, *The Rise of Civilization in India and Pakistan*(Cambridge: Cambridge University Press, 1982)을 참조하기 바란다. 특히 *Antiquity* 63:547 – 626(1989)에 실린 다섯 편의 논문과 Patrick Kirch, *The Lapita Peoples: Ancestors of the Oceanic World*(London: Basil Blackwell, 1996)는 라피타 문화를 강조하면서도 동남아시아와 태평양의 섬을 다루었다. 오스트로네시아 확장 전체에 대해서는 Andrew Pawley and Malcolm Ross, "Austronesian historical linguistics and culture history," *Annual Reviews of Anthropology* 22:425 – 59(1993)와 Peter Bellwood et al., *The Austronesians: Comparative and Historical Perspectives*(Canberra: Australian National University, 1995)를 참조하기 바란다.

Geoffrey Irwin, *The Prehistoric Exploration and Colonization of the Pacific*(Cambridge: Cambridge University Press, 1992)은 폴리네시아의 여행과 항해와 정착을 전반적으로 다룬 연구이고, 뉴질랜드와 폴리네시아 동부 정착 시기는 Atholl Anderson, "The chronology of colonisation in New Zealand," *Antiquity* 65:767 – 95(1991)과 "Current approaches in East Polynesian colonisation research," *Journal of the Polynesian Society* 104:110 – 32(1995), 또 Patrick Kirch and Joanna

Ellison, "Palaeoenvironmental evidence for human colonization of remote Oceanic islands," *Antiquity* 68:310－21(1994)에서 집중적으로 다루었다.

18장

이 장과 관련한 참고문헌 다수는 다른 장들의 참고문헌에서도 다시 언급된다. 잉카와 아즈텍의 정복에 대해서는 3장, 작물화와 가축화에 대해서는 4~10장, 감염병에 대해서는 11장, 문자에 대해서는 12장, 과학기술에 대해서는 13장, 정치제도에 대해서는 14장, 중국에 대해서는 16장을 참조하면 된다. 식량 생산이 시작된 시기에 대한 비교는 Bruce Smith, *The Emergence of Agriculture*(New York: Scientific American Library, 1995)에서 다루었다.

앞에서 언급한 참고문헌 외에 표 18.1에서 요약한 역사적 궤적을 다룬 연구로, 잉글랜드에 대해서는 Timothy Darvill, *Prehistoric Britain*(London: Batsford, 1987), 안데스 지역에 대해서는 Jonathan Haas et al., *The Origins and Development of the Andean State*(Cambridge: Cambridge University Press, 1987); Michael Moseley, *The Incas and Their Ancestors*(New York: Thames and Hudson, 1992)와 Richard Burger, *Chavin and the Origins of Andean Civilization*(New York: Thames and Hudson, 1992), 아마존강 유역에 대해서는 Anna Roosevelt, *Parmana*(New York: Academic Press, 1980)와 Anna Roosevelt et al., "Eighth millennium pottery from a prehistoric shell midden in the Brazilian Amazon," *Science* 254:1621－24(1991)가 있다. 메소아메리카에 대해서는 Michael Coe, *Mexico*, 3rd ed.(New York: Thames and Hudson, 1984), and Michael Coe, *The Maya*, 3rd ed.(New York: Thames and Hudson, 1984), 미국 동부에 대해서는 Vincas Steponaitis, "Prehistoric archaeology in the southeastern United States,

1970 – 1985," *Annual Reviews of Anthropology* 15:363 – 404(1986); Bruce Smith, "The archaeology of the southeastern United States: From Dalton to de Soto, 10,500 – 500 b.p.," *Advances in World Archaeology* 5:1 – 92(1986); William Keegan, ed., *Emergent Horticultural Economies of the Eastern Woodlands*(Carbondale: Southern Illinois University, 1987); Bruce Smith, "Origins of agriculture in eastern North America," *Science* 246:1566 – 71(1989); Bruce Smith, *The Mississippian Emergence*(Washington, D.C.: Smithsonian Institution Press, 1990); and Judith Bense, *Archaeology of the Southeastern United States*(San Diego: Academic Press, 1994)를 참조하기 바란다. 북아메리카 원주민을 간략하게 다룬 연구로는 Philip Kopper, *The Smithsonian Book of North American Indians before the Coming of the Europeans*(Washington, D.C.: Smithsonian Institution Press, 1986)가 있다. Bruce Smith, "The origins of agriculture in the Americas," *Evolutionary Anthropology* 3:174 – 84(1995)에서는 신세계의 식량 생산 시기에 대한 논쟁을 다루었다.

신세계의 식량 생산과 사회 형성이 늦어진 이유가 작물화할 수 있는 야생종의 한계보다 원주민의 문화와 심리에 있었다고 믿고 싶은 독자라면, 말이 도래한 뒤 그레이트플레인스의 원주민 사회가 어떻게 변했는지를 다룬 세 편의 연구서를 반드시 읽어봐야 한다. Frank Row, *The Indian and the Horse*(Norman: University of Oklahoma Press, 1955), John Ewers, *The Blackfeet: Raiders on the Northwestern Plains*(Norman: University of Oklahoma Press, 1958) 그리고 Ernest Wallace and E. Adamson Hoebel, *The Comanches: Lords of the South Plains*(Norman: University of Oklahoma Press, 1986).

식량 생산과 관련한 어족의 확산을 다룬 연구로, Albert Ammerman and L. L. *Cavalli-Sforza, The Neolithic Transition and the Genetics of Populations in Europe*(Princeton: Princeton University Press, 1984)은 유럽 편의 고전이라고 할 수 있다. 반면 Peter Bellwood, "The Austronesian dispersal and the origin of languages,"

Scientific American 265(1): 88-93(1991)은 오스트로네시아 세계의 고전으로 평가받는다. 세계 전체의 사례를 인용한 연구로는 프롤로그의 참고문헌에서 언급한 L. L. Cavalli-Sforza et al.가 쓴 두 권의 책과 Merritt Ruhlen의 책이 있다. 인도유럽어족의 확산을 완전히 상반되게 해석한 두 권의 책, Colin Renfrew, *Archaeology and Language: The Puzzle of Indo-European Origins*(Cambridge: Cambridge University Press, 1987)와 J. P. Mallory, *In Search of the Indo-Europeans*(London: Thames and Hudson, 1989)가 등장하며 논쟁의 범위가 확대되었다. 시베리아 너머까지 러시아어가 확산한 과정을 다룬 자료로는 George Lantzeff and Richard Pierce, *Eastward to Empire*(Montreal: McGill-Queens University Press, 1973)와 W. Bruce Lincoln, *The Conquest of a Continent*(New York: Random House, 1994)가 있다.

아메리카 원주민 언어와 관련해 별개의 많은 어족을 인정하는 다수 의견은 Lyle Campbell and Marianne Mithun, *The Languages of Native America*(Austin: University of Texas, 1979)에서 소개되어 있다. 반면 에스키모알류트어족과 나데네어족을 제외한 모든 원주민 언어를 하나의 어족, 즉 아메린드어족에 뭉뚱그리는 소수 의견은 Joseph Greenberg, *Language in the Americas*(Stanford: Stanford University Press, 1987)와 Merritt Ruhlen, *A Guide to the World's Languages*, vol. 1(Stanford: Stanford University Press, 1987)에서 소개되어 있다.

운송용 바퀴가 유라시아에서 기원하고 확산한 과정에 대한 교과서적 설명은 M. A. Littauer and J. H. Crouwel, *Wheeled Vehicles and Ridden Animals in the Ancient Near East*(Leiden: Brill, 1979)와 Stuart Piggott, *The Earliest Wheeled Transport*(London: Thames and Hudson, 1983)에서 찾을 수 있다. 그린란드와 아메리카에서 스칸디나비아인의 정착지가 형성되고 사라진 과정을 다룬 연구서로는 Finn Gad, *The History of Greenland*, vol. 1(Montreal: McGill-Queens University Press, 1971), G. J. Marcus, *The Conquest of the North Atlantic*(New York: Oxford University Press, 1981), Gwyn Jones, *The Norse Atlantic Saga*, 2nd ed.(New York: Oxford

University Press, 1986), Christopher Morris and D. James Rackham, eds., *Norse and Later Settlement and Subsistence in the North Atlantic*(Glasgow: University of Glasgow, 1992)가 있다. Samuel Eliot의 두 저서, *The European Discovery of America: The Northern Voyages, A.D. 500–1600*(New York: Oxford University Press, 1971)과 *The European Discovery of America: The Southern Voyages, A.D. 1492–1616*(New York: Oxford University Press, 1974)은 유럽인이 신세계로 항해하던 초기 단계를 완벽하게 그려낸 걸작이다. 유럽이 해외 개척에 나선 초기 단계는 Felipe Fernández-Armesto, *Before Columbus: Exploration and Colonization from the Mediterranean to the Atlantic, 1229–1492*(London: Macmillan Education, 1987)에서 다루었다. 콜럼버스가 역사상 가장 유명한 항해를 하며 하루하루를 기록한 일지를 재구성한 Oliver Dunn and James Kelley, Jr., *The Diario of Christopher Columbus's First Voyage to America, 1492–1493*(Norman: University of Oklahoma Press, 1989)도 놓쳐서는 안 될 책이다.

이 책에서는 어떤 종족이 다른 종족을 정복하거나 학살하는 과정을 대체로 냉정하게 설명했다. 이 때문에 거북해진 마음을 달래고 싶다면, 북캘리포니아의 소부족이던 야히족이 절멸한 뒤 최후의 생존자 이시가 극적으로 발견된 과정을 그려낸 고전, Theodora Kroeber, *Ishi in Two Worlds*(Berkeley: University of California Press, 1961)를 읽어보기 바란다. Robert Robins and Eugenius Uhlenbeck, *Endangered Languages*(Providence: Berg, 1991), Joshua Fishman, *Reversing Language Shift*(Clevedon: Multilingual Matters, 1991), Michael Krauss, "The world's languages in crisis," *Language* 68:4 – 10(1992)는 남북아메리카와 그 밖의 곳에서 사라진 원주민 언어를 중점적으로 다룬 연구서이다.

19장

아프리카 대륙의 선사시대와 역사시대를 고고학적 관점에서 접근한 책으로는 Roland Oliver and Brian Fagan, *Africa in the Iron Age*(Cambridge: Cambridge University Press, 1975), Roland Oliver and J. D. Fage, *A Short History of Africa*, 5th ed.(Harmondsworth: Penguin, 1975), J. D. Fage, *A History of Africa*(London: Hutchinson, 1978), Roland Oliver, *The African Experience*(London: Weidenfeld and Nicolson, 1991), Thurstan Shaw et al., eds., *The Archaeology of Africa: Food, Metals, and Towns*(New York: Routledge, 1993), David Phillipson, *African Archaeology*, 2nd ed.(Cambridge: Cambridge University Press, 1993)가 있다. 아프리카의 과거를 보여주는 언어학적 증거와 고고학적 증거 사이의 상관관계는 Christopher Ehret and Merrick Posnansky, eds., *The Archaeological and Linguistic Reconstruction of African History*(Berkeley: University of California Press, 1982)에서 간략하게 설명했다. Gerald Hartwig and K. David Patterson, eds., *Disease in African History*(Durham: Duke University Press, 1978)는 질병의 역할을 다루었다. 식량 생산과 관련해서는 4~10장의 참고문헌에 언급한 자료도 아프리카를 많이 다루었다. Christopher Ehret, "On the antiquity of agriculture in Ethiopia," *Journal of African History* 20:161 – 77(1979); J. Desmond Clark and Steven Brandt, eds., *From Hunters to Farmers: The Causes and Consequences of Food Production in Africa*(Berkeley: University of California Press, 1984); Art Hansen and Della McMillan, eds., *Food in Sub-Saharan Africa*(Boulder, Colo.: Rienner, 1986); Fred Wendorf et al., "Saharan exploitation of plants 8,000 years b.p.," *Nature* 359:721 – 24(1992); Andrew Smith, *Pastoralism in Africa*(London: Hurst, 1992); and Andrew Smith, "Origin and spread of pastoralism in Africa," *Annual Reviews of Anthropology* 21:125 – 41(1992)도 역시 주목할 만한 자료이다.

마다가스카르에 대한 정보를 얻기 위한 출발점으로는 Robert Dewar and Henry Wright, "The culture history of Madagascar," *Journal of World Prehistory* 7:417–66(1993)와 Pierre Verin, *The History of Civilization in North Madagascar*(Rotterdam: Balkema, 1986)가 안성맞춤이다. 마다가스카르에 정착한 사람들의 기원에 대한 언어학적 증거를 자세히 연구한 책으로는 Otto Dahl, *Migration from Kalimantan to Madagascar*(Oslo: Norwegian University Press, 1991)가 있다. A. M. Jones, *Africa and Indonesia: The Evidence of the Xylophone and Other Musical and Cultural Factors*(Leiden: Brill, 1971)에서는 인도네시아인이 동아프리카와 접촉했다는 증거로 악기를 제시한다. Robert Dewar, "Extinctions in Madagascar: The loss of the subfossil fauna," pp. 574–93 in Paul Martin and Richard Klein, eds., *Quaternary Extinctions*(Tucson: University of Arizona Press, 1984)는 마다가스카르에 인류가 일찍이 정착했다는 중요한 증거를 지금은 멸종한 동물의 뼈에서 찾는다. 그 이후로 흥미로운 화석 증거가 발견되었다는 사실은 R. D. E. MacPhee and David Burney, "Dating of modified femora of extinct dwarf Hippopotamus from Southern Madagascar," *Journal of Archaeological Science* 18:695–706(1991)에서 언급한다. 고식물학적 증거를 근거로, 마다가스카르에 인류가 정착한 시기를 판단한 연구로는 David Burney, "Late Holocene vegetational change in Central Madagascar," *Quaternary Research* 28:130–43(1987)가 있다.

20장

일본인의 기원을 가장 최근에 언급한 책으로는 Mark Hudson, *Ruins of Identity: Ethnogenesis in the Japanese Islands*(Honolulu: University of Hawaii Press, 1999)가 있고, 그보다 앞선 책으로는 C. Melvin Aikens and Takayasu Higuchi, *Prehistory of Japan*(New York: Academic Press, 1982), Keiji Imamura, *Prehistoric Japan: New Perspective on Insular East Asia*(Honolulu: University of Hawaii Press, 1996)가 있다. 한국과 관련해서는 Milledge Nelson, *The Archaeology of Korea*(Cambridge: Cambridge University Press, 1993)를 참조하기 바란다.

허드슨의 책이 고대 일본의 기원을 중점적으로 살핀다면, Edwin Resichauer, *Japan: The Story of a Nation*, 3rd ed.(Tokyo: Tuttle, 1981)은 국가의 형성부터 현대에 이르기까지 일본 역사 전반을 다루었고, Conrad Totman, *Early Modern Japan*(Berkeley: University of California Press, 1993)은 1568~1868년의 일본 역사를 집중적으로 다루었다. 일본인에게 문물을 전파한 한국인에 대해서 한국인의 시각으로 보고 싶다면 Wontack Hong, *Paekche of Korea and the Origin of Yamato Japan*(Seoul: Kudara International, 1994)을 참조하기 바란다.

이 책에서 다룬 세계 농경의 확산에 대해 최근 어떤 논의가 이루어지는지 관심 있는 독자에게는 Peter Bellwood and Colin Renfrew, eds., *Examining the Farming/Language Dispersal Hypothesis*(Cambridge: Mcdonald Institute of Archaeological Research, 2003)와 Peter Bellwood, *First Farmers: The Origins of Agricultural Studies*(Oxford: Blackwell, 2005)를 추천한다. 간략한 논문으로는 내가 쓴 "Evolution, consequences and future of plant and animal domestication," *Nature* 418:34-41(2002)과, 나와 벨우드가 함께 쓴 "Farmers and their languages: The first expansions." *Sciense* 300:597-603(2003)을 참조하기 바란다.

에필로그

Tjeerd van Andel et al., "Five thousand years of land use and abuse in the southern Argolid," *Hesperia* 55:103 – 28(1986), Tjeerd van Andel and Curtis Runnels, *Beyond the Acropolis: A Rural Greek Past*(Stanford: Stanford University Press, 1987), Curtis Runnels, "Environmental degradation in ancient Greece," *Scientific American* 272(3): 72 – 75(1995)은 그리스 문명의 쇠락과 환경의 악화 사이에 어떤 관계가 있었는지 추적했다. 요르단 페트라의 경우는 Patricia Fall et al., "Fossil hyrax middens from the Middle East: A record of paleovegetation and human disturbance," pp. 408 – 27 in Julio Betancourt et al., eds., *Packrat Middens*(Tucson: University of Arizona Press, 1990)에서, 메소포타미아의 경우는 Robert Adams, *Heartland of Cities*(Chicago: University of Chicago Press, 1981)에서 분석했다.

E. L. Jones, *The European Miracle*, 2nd ed.(Cambridge: Cambridge University Press, 1987)에서는 중국과 인도, 이슬람과 유럽의 역사가 다른 이유를 흥미롭게 해석했다. Louise Levathes, *When China Ruled the Seas*(New York: Simon and Schuster, 1994)는 중국에서 보물선 선단의 중단으로 이어진 권력투쟁을 흥미진진하게 그렸다. 16~17장에서 소개한 참고문헌은 초기 중국사에 대한 참고문헌이기도 하다.

중앙아시아 유목민이 유라시아에 정착한 농경 문명에 미친 영향을 다룬 연구로는 Bennett Bronson, "The role of barbarians in the fall of states," pp. 196 – 218 in Norman Yoffee and George Cowgill, eds., *The Collapse of Ancient States and Civilizations*(Tucson: University of Arizona Press, 1988)가 있다. 카오스 이론과 역사의 관련성은 Michael Shermer in the paper "Exorcising Laplace's demon: Chaos and antichaos, history and metahistory," *History and Theory* 34:59 – 83(1995)에서 다루었다. Shermer의 논문에서는 쿼티 자판이 승리하게 된 과정을 소개하고, Everett Rogers, *Diffusion of Innovations*, 3rd ed.(New York: Free Press, 1983)도 마찬가지이다.

1930년 히틀러를 거의 죽일 뻔했던 교통사고 목격담은 히틀러의 자동차에 동승했던 Otto Wagener의 회고록에 실려 있다. 그 회고록은 Henry Turner, Jr.가 편집한 *Hitler: Memoirs of a Confidant*(New Haven: Yale University Press, 1978)로 출간되었다. Turner는 David Wetzel, ed., *German History: Ideas, Institutions, and Individuals*(New York: Praeger, 1996)에 게재한 글, "Hitler's impact on history"에서, 히틀러가 1930년에 죽었으면 세계사가 어떻게 바뀌었을까 추정하기도 한다. 통사通史에 관심을 둔 역사학자들이 남긴 탁월한 역사서가 많지만, Sidney Hook, *The Hero in History*(Boston: Beacon Press, 1943), Patrick Gardiner, ed., *Theories of History*(New York: Free Press, 1959), Fernand Braudel, *Civilization and Capitalism*(New York: Harper and Row, 1979), Fernand Braudel, *On History*(Chicago: University of Chicago Press, 1980), Peter Novick, *That Noble Dream*(Cambridge: Cambridge University Press, 1988), Henry Hobhouse, *Forces of Change*(London: Sedgewick and Jackson, 1989)는 필독서라고 할 수 있다.

생물학자 에른스트 마이어는 여러 편의 논문에서, 생물학과 물리학의 차이를 중점적으로 비교하며 역사과학과 비역사과학의 차이를 다루었는데, 마이어의 주장은 대체로 인류사에도 적용될 수 있다. 그의 *Evolution and the Diversity of Life*(Cambridge: Harvard University Press, 1976), chap. 25와 *Towards a New Philosophy of Biology*(Cambridge: Harvard University Press, 1988), chaps. 1–2에서 그의 관점을 엿볼 수 있다.

유행병학자는 사람을 대상으로 실험실 실험을 하지 않고 인간의 질병에 대한 인과관계의 결론을 추론할 수 있다. A. M. Lilienfeld and D. E. Lilienfeld, *Foundations of Epidemiology*, 3rd ed.(New York: Oxford University Press, 1994). 내가 쓴 "Overview: Laboratory experiments, field experiments, and natural experiments," pp. 3–22 in Jared Diamond and Ted Case, eds., *Community Ecology*(New York: Harper and Row; 1986)는 생태학자의 관점에서 자연 실험의 효

용성을 분석한 글이다. Paul Harvey and Mark Pagel, *The Comparative Method in Evolutionary Biology*(Oxford: Oxford University Press, 1991)는 종을 비교함으로써 결론을 끌어내는 방법을 분석했다.

자료 제공

그림 12.2 J. Beckett/K. Perkins, American Museum of Natural History. Negative 2A17202.

그림 12.3 The Metropolitan Museum of Art, Rogers Fund, 1930(30.3.31) Image © The Metropolitan Museum of Art.

그림 13.1 Heraklion Archaeological Museum—Hellenic Ministry of Culture & Sports—Archaeological Receipts Fund.

사진 1 Irven DeVore, Anthro-Photo.

사진 2~5 Courtesy of the author.

사진 6 P. McLanahan, American Museum of Natural History. Negative 337549.

사진 7 Richard Gould, American Museum of Natural History. Negative 332911.

사진 8 Penny Tweedie / Alamy Stock Photo.

사진 9 J. W. Beattie, American Museum of Natural History. Negative 12.

사진 10 Bogoras, American Museum of Natural History. Negative 2975.

사진 11 AP Photo / Shizuo Kambayashi.

사진 12 Judith Ferster, Anthro-Photo.

사진 13 R. H. Beck, American Museum of Natural History. Negative 107814.

사진 14 Dan Hrdy, Anthro-Photo.

사진 15 Rodman Wanamaker, American Museum of Natural History. Negative 316824.

사진 16 Marjorie Shostak, Anthro-Photo.

사진 17 Boris Malkin, Anthro-Photo.

사진 18 Napoleon Chagnon, Anthro-Photo.

사진 19 Kirschner, American Museum of Natural History. Negative 235230.

사진 20 Jason Rothe / Alamy Stock Photo.

사진 21 Gladstone, Anthro-Photo.

사진 22 AP Photo / Jean-Jacques Levy.

사진 23 AP Photo.

사진 24 W. B., American Museum of Natural History. Negative 2A13829.

사진 25 AP Photo / Boris Yurchenko.

사진 26 Marjorie Shostak, Anthro-Photo.

사진 27 Irven DeVore, Anthro-Photo.

사진 28 Steve Winn, Anthro-Photo.

사진 29 J.B. Thorpe, American Museum of Natural History. Negative 336181.

사진 30 J. F. E. Bloss, Anthro-Photo.

사진 31 AP Photo / Denis Paquin.

사진 32 J. F. E. Bloss, Anthro-Photo.

사진 33 AP Photo / Sarah Fawcett.

찾아보기

ㅁ

ㅂ

ㅅ

ㅇ

ㅈ

ㅊ

■ ㅍ

■ ㅎ